Theriault/Newman

Oracle Sicherheitshandbuch

Marlene Theriault
Aaron Newman

Oracle Sicherheitshandbuch

Einen umfassenden Sicherheitsplan in der Oracle-Umgebung implementieren

HANSER

Die Autoren:
Marlene L. Theriault, mtheriault@mindspring.com
Aaron C. Newman, aaron@newman-family.com

Übersetzung dieses Titels aus der offiziellen, von ORACLE® autorisierten Oracle Press™-Reihe:
Thomas Demmig, Mannheim
Redaktionelle Bearbeitung: Anke Strübe, Mannheim
Übersetzung geprüft von Oracle Deutschland GmbH

Titel der Originalausgabe: „Oracle Security Handbook - Implement a Sound Security Plan in Your Oracle Environment“

www.hanser.de

Die Deutsche Bibliothek – CIP-Einheitsaufnahme

Ein Titeldatensatz für diese Publikation
ist bei Der Deutschen Bibliothek erhältlich.

Lektorat: Margarete Metzger
Herstellung: Irene Weilhart
Umschlaggestaltung: MCP • Susanne Kraus GbR, Holzkirchen
Satz: Anke und Martin Strübe, Mannheim
Datenbelichtung, Druck und Bindung: Kösel, Kempten
Printed in Germany

ISBN 3-446-21911-0

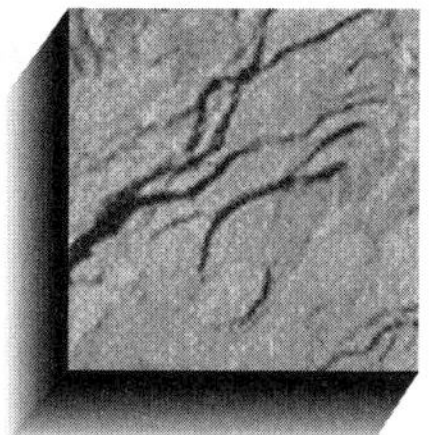

Inhaltsverzeichnis

Einleitung

Kürzlich kaufte Marlene Theriault in einem Supermarkt ein. Nachdem sie ein paar Einkäufe zusammengesucht hatte, begab sie sich zur Kasse, um dort zu bezahlen. Der Wachmann bei den Kassen schien sehr durcheinander zu sein. Sie fragte ihn, was denn los sei, und er erzählte ihr, dass er gerade erfahren habe, dass seine Identität gestohlen worden war und jemand seinen Namen, seine Sozialversicherungsnummer und sogar seinen Beruf als Teilzeit-Polizist benutzt hatte, um mehrere Kreditkarten-Konten zu eröffnen. Glücklicherweise hatte sich eine der Kreditkarten-Firmen mit ihm in Verbindung gesetzt, um ein paar Daten zu überprüfen, wodurch er auf das Ganze aufmerksam wurde. Es war für ihn furchtbar zu erfahren, dass seine persönlichen Daten durch eine Sicherheitslücke in einer Internetfirma ausgespäht worden waren, bei der er Einkäufe getätigt hatte. War dies ein isoliertes Ereignis? Eigentlich nicht. Mehr und mehr Menschen sehen sich damit konfrontiert, dass ihre wichtigsten persönlichen Daten gestohlen wurden, und viele Firmen treiben mit Sicherheitslücken und gestohlenen Informationen Handel.

Die Realität von Hackerangriffen und kompromittierenden Informationen im Internet begleitet uns täglich. Wir hielten es für an der Zeit, ein Oracle-Buch zu schreiben, das sich im Detail mit der Sicherung Ihres Systems vor dem Betriebssystem, bei der Installation und Konfiguration von Oracle, im Netzwerk und in der weiten Welt des Internets befasst. Daher beginnen wir unsere Reise durch die Sicherheitsthematik mit einem historischen Überblick über die Sicherheit in der Computerwelt und Oracle, damit Sie die Problembereiche besser verstehen, die die Evolution der Sicherheitstechnologien vorangetrieben haben.

Da wir glauben, dass der beste Ansatz zur Lösung jedweden Problems darin besteht, einen Aktionsplan zu skizzieren, zeigen wir Ihnen als Nächstes auf, welche Punkte Sie bedenken müssen, wenn Sie ein Sicherheitskonzept aufstellen. Wir führen Sie an die Sicherheitsansätze von Unix und Windows heran, und betrachten anschließend die Sicherheit innerhalb einer Oracle-Datenbank und in deren Umfeld. In diesem Buch finden Sie schrittweise Anleitungen, die Ihnen erklären, wie Sie Ihr System und Ihre Datenbank so sicher machen können, dass die Betriebssicherheit und der Schutz der sensiblen Daten Ihrer Firma gewährleistet ist.

Unser Ziel beim Schreiben dieses Buchs war es, Ihnen als Leser das Wissen zu vermitteln, das Sie brauchen, um Ihrer Firma die Informationen und Hilfsmittel zur Verfügung stellen zu können, die zum Verbessern und Schützen Ihrer Oracle Datenbank-Umgebung notwendig sind.

Teil I

Einstieg

Sicherheitsarchitektur

Die Welt rückt immer näher zusammen, und Informationen werden mit jedem neuen Tag besser zugänglich. Computer haben das tägliche Leben entscheidend verändert und verbessert, indem sie uns ermöglichen, spannende Dinge zu vollbringen, wie zum Beispiel Ideen mit Personen auszutauschen, die Tausende von Kilometern entfernt sind.

Während es immer einfacher wird, Daten gemeinsam zu nutzen, wächst gleichzeitig aber auch die Notwendigkeit, bestimmte Daten dem Zugriff zu entziehen. Denken Sie zum Beispiel an Ihre medizinischen Daten beim Arzt oder an Ihre finanziellen Daten. Was würde passieren, wenn diese Unterlagen in die falschen Hände gerieten? Die Konsequenzen könnten nicht nur für Sie, sondern auch für die Firma katastrophal sein, die für die Sicherheit Ihrer Daten verantwortlich ist. Datensicherheit kann als die Kombination von Methoden und Aktionen definiert werden, die eine Firma anwendet, um Informationen nicht in die falschen Hände gelangen zu lassen.

Wir sind der Meinung, dass Sie die Vergangenheit untersuchen und verstehen müssen, um die Zukunft begreifen zu können. Aus diesem Grund liefern wir im Folgenden einen kurzen Überblick über die Geschichte der Datensicherheit. Nach diesem Ausflug in die Vergangenheit werden wir einige der am häufigsten verwendeten Begriffe erläutern, die im Bereich Datensicherheit genutzt werden, und Sicherheitsmerkmale untersuchen, auf die sich die Industrie geeinigt hat. In Kapitel 2 zeigen wir Ihnen, wie die Oracle Corporation ihre Produkte entworfen hat, um die Sicherheitsbedürfnisse der Kunden zu befriedigen.

1.1 Entwicklungsgeschichte der Sicherheit

Einer der ersten überlieferten Fälle von Datensicherheit liegt über zweitausend Jahre zurück. Julius Caesar nutzte eine primitive Form der Verschlüsselung, um Nachrichten an seine Generäle in der ganzen Welt zu senden. Der Algorithmus, der heute als Caesar-Code bekannt ist, chiffriert die Bedeutung einer Nachricht, indem er jedes Zeichen der Nachricht um drei Buchstaben nach rechts verschiebt. In unserem Alphabet wird beispielsweise aus dem Satz „Ich liebe Sicherheit" die Zeichenfolge „Lfk olheh Vlfkhukhlw". Bei Caesar sollte die Verschlüsselung sicherstellen, dass die Schlachtpläne nicht in die Hände seiner Feinde fielen. Wenn jemand den Code knackte, bedeutete das für tausende römische Soldaten den Tod.

Um zu zeigen, wie das letzte Beispiel verschlüsselt wurde, nehmen wir ein Alphabet und verschieben jeden Buchstaben um drei Zeichen nach rechts. Dann können Sie auch überprüfen, ob wir den Satz richtig umgesetzt haben.

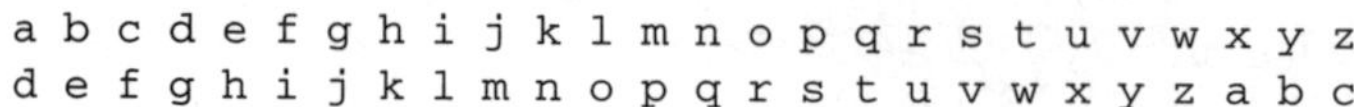

```
a b c d e f g h i j k l m n o p q r s t u v w x y z
d e f g h i j k l m n o p q r s t u v w x y z a b c
```

Warum hat Caesar einen so schwachen Algorithmus verwendet? Nun, seine Verschlüsselung war aus drei Gründen erfolgreich:

- Seine Feinde kannten die Idee der Verschlüsselung nicht.
- Der Algorithmus wurde absolut geheim gehalten.
- Es waren noch keine mathematischen Verfahren entdeckt worden, um Verschlüsselungen zu knacken.

Trotzdem wies der Algorithmus viele Schwachstellen auf, so dass er auf die Dauer nicht sicher sein konnte. Der entscheidende Punkt war, dass jede Nachricht leicht entschlüsselt werden konnte, sobald das Geheimnis einmal entdeckt worden war.

Die Sicherheit von heutigen Computern basiert auf denselben Prinzipien wie der Caesar-Code. Wir nutzen ausgeklügelte Verfahren, um die Darstellung von Daten so zu verändern, dass andere Personen diese Daten nicht mehr so einfach lesen können. *Verschlüsselung* (*Encryption*) ist die Veränderung von Informationen mit dem Ziel, ihren Inhalt zu verstecken. Verschlüsselung ermöglicht Ihnen, eine Nachricht zu schicken, die nur wir beide verstehen können, während andere Personen, die die Nachricht eventuell auch lesen, nichts damit anfangen können. Das Versenden von verschlüsselten Mitteilungen über das Internet ist ein klassisches Beispiel für die Nutzung dieser Technologie zum Verstecken von Daten. Wenn Sie auf ein verschlüsseltes Wort, einen Satz oder eine Nachricht einen Algorithmus anwenden, um seine ursprüngliche Form wiederherzustellen, haben Sie die Informationen wieder *entschlüsselt*.

Die Implementierung eines Sicherheitsalgorithmus entspricht einer Kette – sie ist nur so sicher wie ihr schwächstes Glied. Um Ihre Daten zu sichern, müssen Sie den Personen immer einen Schritt voraus sein, vor denen Sie die Daten schützen wollen. Das Sichern von Daten funktioniert genauso wie das Sichern Ihrer Wohnung. Das Auswählen eines Systems mit den passenden Fähigkeiten ist nur der erste Schritt zum Schützen der Wohnung. Zuerst entscheiden Sie sich für die Größe des Schlosses in der Eingangstür. Sie kaufen vielleicht eine Alarmanlage. Jemand kann aber immer noch durch ein Fenster eindringen, daher bringen Sie Gitter vor den Fenstern an. Nun findet jemand heraus, dass Sie ein Schlupfloch für Ihre Haustiere haben, daher verschließen Sie auch dieses. Wenn Sie einen Schlüssel verlieren, tauschen Sie die Schlösser aus. Wenn ein Schloss verrostet ist, besorgen Sie sich ein neues. Wie Sie sehen, ist Sicherheit ein fortschreitender Prozess, der Ihnen abverlangt, Probleme zu finden und zu lösen, bevor jemand anderes realisiert, dass diese Probleme existieren.

1.2 Sicherheit und Computer

In den letzten 50 Jahren haben sich Sicherheit und Technologie Hand in Hand entwickelt. Die Entstehung von Computern schuf auch die Notwendigkeit, festlegen zu können, wer diese neuen Maschinen nutzen durfte und wer nicht. Von den 50er bis zu den 70er Jahren waren die meisten Computer riesige Maschinen, die sich in gekühlten Räumen befanden und von Männern in weißen Kitteln bedient wurden. Der einzige Weg, den Rechner dazu zu bringen, das zu tun, was man wollte, bestand darin, Schalter auf einer Konsole zu betätigen oder ihn mit Lochkarten zu füttern. Für diese frühen Computer war Sicherheit einfach bereitzustellen. Ein Sicherheitskonzept bestand aus einem Wächter an der Tür und einem Ausweis für jeden Benutzer. Für diese riesigen Rechner war dieser Ansatz mehr als ausreichend.

In den 70er Jahren begann sich unsere vernetzte Zukunft abzuzeichnen, als Rechner von Universitäten und Behörden miteinander verbunden wurden. Plötzlich konnte man auf Informationen zugreifen, ohne direkt mit dem Computer verbunden zu sein. Die Universitäten griffen diese Möglichkeit begeistert auf, da sich damit immense Kosten sparen ließen. Über ein Netzwerk konnten sich viele Personen einen Drucker oder einen Computer effizient teilen. Allerdings veränderte die Entstehung von Netzwerken auch deutlich die Sicherheitsanforderungen an die Systeme. Jeder, der sich am Netzwerk anmelden konnte, hatte die Möglichkeit, jeden anderen Rechner zu kontrollieren, aber es gab auch nur sehr wenig Leute, die genug über die Kommunikation zwischen Maschinen wussten. Diejenigen, die etwas von Computern und Netzwerkkommunikation verstanden, hatten üblicherweise gute Absichten, und das Erstellen einer Verbindung zum Netzwerk war keine einfache Aufgabe. Daher stellten Sicherheitslücken damals kein wirkliches Risiko dar.

In den 80er Jahren tauchten Personal Computer auf allen Schreibtischen am Arbeitsplatz auf. Zum Austausch von Daten zwischen diesen PCs wurden Disketten verwendet, wobei Sicherheit damals bedeutete, eine Person physisch davon abzuhalten, den Rechner zu entwenden. Sensible Dateien konnten verschlüsselt werden, um sicherzustellen, dass nicht jedermann, der Zugriff darauf hatte, sie lesen konnte. Als Benutzer eines PCs hatte man häufig damit zu tun, größere Mengen an Disketten zu sortieren und zu verwalten. Auch wenn verschließbare Aktenschränke Teil der normalen Büroausstattung waren, ging man doch mehr und mehr dazu über, Panzerschränke für die wichtigen Disketten und Magnetbänder zu verwenden.

In den 90er Jahren tauchte ein unglaubliches Phänomen auf. PCs waren allgegenwärtig und konnten sich über Modemleitungen und Netzwerkkarten miteinander unterhalten. Sie konnten sich mit jedermann unterhalten, solange Sie etwas zu sagen hatten; das heißt, Ihr Computer verwendete eine Sprache und ein Netzwerkprotokoll, das kompatibel zu einer anderen Maschine war. Damit traten Sicherheitsaspekte jetzt in den Vordergrund.

1.2.1 Sicherheit in einer virtuellen Welt

Die digitale Revolution hat uns die Möglichkeit gegeben, innerhalb kürzester Zeit auf Informationen auf der ganzen Welt zugreifen zu können. Diese virtuellen Welten ermöglichen auch, dass Personen virtuelle Identitäten annehmen. Das anonyme Einsteigen und Aussteigen aus einer virtuellen Welt ist viel einfacher und schneller möglich, als die Identität eines anderen Menschen in der realen Welt anzunehmen.

Mit einem Rechner an jedem Arbeitsplatz lernten und verstanden immer mehr Menschen, wie ein Computer funktioniert, und wurden mit ihm vertraut. Sie begannen zu begreifen, dass man – wenn man clever genug war – mit einem Computer nahezu alles machen konnte, was man wollte, auch wenn das Gewünschte nicht erlaubt war. Das Erlernen der Fähigkeiten zum Eindringen in einen Computer begann in kleinen Gruppen im „Untergrund". Diese Gruppen verteilten Informationen und analysierten die Sicherheitsmöglichkeiten, um bestehende Löcher aufzudecken. Es entstand ein regelrechter Mythos darum, den Computer auszutricksen.

Die Medien spielten beim Entstehen von Vorurteilen über Computersicherheit eine große Rolle. Filme wie *War Games* oder *Sneakers* sorgten dafür, dass die Leute einen verfälschten Eindruck davon erhielten, was möglich war und was nicht. Durch die Medien wurde man in dem Glauben bestärkt, dass fehlende Computersicherheit katastrophale Auswirkungen auf die Gesellschaft haben würde. Militärische Geheimnisse könnten aufgedeckt oder weltweite Finanzsysteme ruiniert werden, wodurch sich ein umfassendes Chaos herbeiführen ließe.

Der erste Beweis dafür, wie empfindlich Computer waren, tauchte auf, als ein Student der Cornell University 1988 versehentlich einen Internetwurm freisetzte. Robert Morris, Jr., Sohn des Chefwissenschaftlers am National Computer Security Center, schrieb ein Programm, das sich selbst replizierte und von Computer zu Computer weiterverteilte. Es nutzte Fehler im E-Mail-Programm **sendmail** und dem Dämon **fingerd** aus. Beide Programme laufen im Hintergrund auf einem Server und warten auf Anfragen der Clients. Das Programm sendmail sendet und empfängt E-Mails. **fingerd** antwortet auf **finger**-Befehle. Der Befehl **finger** listet die Benutzer auf, die bei einem System angemeldet sind, und ist eigentlich dazu gedacht, dass Administratoren überprüfen können, wer aktuell verbunden ist.

Nachdem die Anfrage an eines der beiden Programme auf eine bestimmte Weise formatiert wurde, ließen sich Befehle in eine Anfrage einbetten, die vom Server ausgeführt wurden. Jemand ohne jegliche Benutzerkonten oder Berechtigungen auf den Rechnern konnte diese Sicherheitslöcher benutzen, um den Server Befehle ausführen zu lassen. Der Wurm sprang von Server zu Server und infizierte Tausende von Computern im ganzen Internet. Nachdem er sich auf einem Server eingenistet hatte, kopierte er sich selbst und verwendete den Server, um andere Server zu infizieren. Das Ergebnis? Eine große Zahl von Servern, die mit dem Internet verbunden waren, stürzte schließlich ab, nachdem die Systemressourcen durch den Wurm verbraucht waren.

Das Säubern und „Impfen" der Maschinen erforderte bei Organisationen auf der ganzen Welt den Einsatz von Personal und Ressourcen, um den Schaden zu beseitigen, den der Wurm verursacht hatte. Die Kosten wurden folgendermaßen ermittelt:

- Eingesetzte Mitarbeiter zum Säubern der Maschinen
- Zeit zum Erstellen und Installieren von Patches
- Verlust von Computerverfügbarkeit
- Verlust von Produktivität der Mitarbeiter, während die Computer offline waren
- Die Unsicherheit, die sich im Internet durch diese „Invasion" ausbreitete

Der Internetwurm von Morris verursachte einen monetären Schaden von geschätzten 100 Millionen US-Dollar. Glücklicherweise gab es keine direkten Schadensroutinen im Wurm, so dass keine Dateien gelöscht oder verändert wurden. Robert Morris erhielt eine Strafe von drei Jahren auf Bewährung, eine Geldstrafe von $10 000 und wurde verpflichtet, 400 Stunden gemeinnützige Arbeit zu leisten.

Dieser Wurm hatte aber auch ein konstruktives Ergebnis. Er sorgte dafür, dass nun jeder, der am Computer arbeitete, für die wirklichen Gefahren sensibilisiert wurde. Es war das erste von vielen weiteren gefährlichen Programmen, die das Internet trafen und die Sicherheit von Computern beeinträchtigten. Die Menschen begannen, mehr auf Sicherheit zu achten. Die Techniken des Wurms wurden analysiert und neue, defensivere Standards für das Entwickeln von Software etabliert. Administratoren bemerkten den Wert von Updates und Patches zum Stopfen von Sicherheitslöchern. Als Reaktion auf diesen Vorfall gründete das amerikanische Verteidigungsministerium das CERT (Computer Emergency Response Team). Die Aufgabe von CERT ist, solche Vorfälle zu verhindern, indem Administratoren auf das Potenzial dieser Attacken aufmerksam gemacht werden.

1.3 Die Gefahrenquellen kennen

Der Begriff *Gefahrenquellen* bezeichnet in diesem Buch diejenigen Personen, Regierungen, Unternehmen oder sonstigen Organisationen, vor denen Sie Ihr System schützen wollen. Gefahrenquellen können unabsichtlich oder auch bewusst Schaden anrichten. Das Ausmaß des Schadens ist unterschiedlich:

- Löschen Ihrer Daten
- Unbemerktes Ändern der Daten
- Auslesen der Daten, um Ihrem Unternehmen zu schaden
- Zerstören Ihres Systems

Um welche Gefahrenquellen Sie sich kümmern müssen, hängt von der Art der Daten ab, die Sie sichern möchten. Wenn die Informationen öffentlich sind, brauchen Sie sich nicht darum zu kümmern, wer sie liest. Manche Systeme dürfen Benutzern nur erlauben, ihre eigenen Daten zu ändern. Ihre genaue Situation diktiert, um welche Gefahrenquellen Sie sich kümmern müssen und wie Sie ihnen begegnen können.

Eine militärische Organisation unterhält unterschiedliche Informationsebenen, und dementsprechend sind unterschiedliche Gefahrenquellen relevant. In militärischen und staatlichen Organisationen werden Daten irgendwo zwischen „streng geheim" und „öffentlich" klassifiziert. Die größte Gefahrenquelle für streng geheime Daten sind fremde Regierungen, die über umfangreiche Organisationen verfügen, die sich nur mit der Analyse und Aufdeckung von Sicherheitslöchern oder Hintertürchen in anderen Systemen befassen. Aus diesem Grund werden Sie – hoffentlich – niemals streng geheime Informationen im Internet finden. Die Sicherheit des Internets weist einfach zu viele Schwachstellen auf, als dass ihm die nationale Sicherheit anvertraut werden könnte.

Neugierige Personen können eine größere Gefahrenquelle sein, wenn Sie versuchen, relativ unwichtige Daten zu sichern. Man hört immer wieder von jugendlichen Hackern, die es geschafft haben, in einen militärischen Computer einzudringen, der Daten von Fitnesstests oder Dienstplänen des Wachdiensts enthält. Das Militär setzt nur für die Sicherheit notwendige Schritte um, die mit den vorhandenen Ressourcen machbar sind. Und es gibt eben nicht genug Ressourcen, um alle militärischen Daten völlig sicher zu verwahren. Ebenso verfügen Firmen nicht immer über alle Möglichkeiten, die notwendig wären, um jede Informationseinheit über ihre Anlagen zu sichern. Es gibt immer eine Grauzone, in der unwichtigere Daten weniger gut gesichert werden, als es eigentlich notwendig wäre. Allerdings ist es auch eine Frage der jeweiligen Perspektive, welche Informationen am konsequentesten geschützt werden müssen.

Wir alle vertrauen Banken, dass sie unser Geld für uns aufbewahren und unsere Aufträge korrekt ausführen. Die größte Gefahrenquelle für eine Bank ist jemand, der versucht, an das Geld heranzukommen. Ist Ihnen bewusst, dass die Gefahrenquelle Diebstahl sowohl von außen als auch von innen droht? Es gibt genauso viele Diebstähle von Mitarbeitern wie von Außenstehenden. Diebstahl in Direktbanken basiert meistens auf einer Kooperation aus Insidern und Außenstehenden. Daher müssen Banken sicherstellen, dass niemand unbegrenzten Zugriff auf ein bestimmtes Computersystem hat. Banksysteme müssen so eingerichtet werden, dass sichergestellt ist, dass für jede Transaktion eine entsprechende Erlaubnis vorliegt.

Ein Beispiel für eine andere Art von Gefahrenquelle betrifft gemeinnützige Organisationen. Es gibt nur sehr wenige Leute, die bei ihnen einbrechen und Geld stehlen wollen, da solche Gruppen meist nur über ein beschränktes Budget verfügen. Es gibt auch selten geheime Informationen, die geschützt werden müssen, stattdessen stellt Vandalismus die größte Gefahrenquelle dar, verursacht von Personen, die andere politische Ansichten vertreten als die Organisation. Sie könnten versuchen, die Organisation in Verlegenheit zu bringen oder zu verhindern, dass Leute auf Informationen der Organisation zugreifen können. Gemeinnützige Organisationen haben meistens geringe Sicherheitsstandards, da sie nicht über genügend Geld verfügen, um Administratoren zu bezahlen, die ihre Systeme sicher machen könnten. Zudem sind sie der Meinung, dass die Wahrscheinlichkeit für einen Angriff recht gering ist, da es nicht viel gibt, was ein Vandale zerstören könnte. Allerdings sehen es viele Vandalen als Herausforderung an, in solche Systeme einzudringen, und da die Sicherheit ziemlich lax gehandhabt wird, stellen gemeinnützige Organisationen ein leichtes Ziel dar.

In einer perfekten Welt gäbe es keine Gefahrenquellen und Sie könnten jemandem auf der anderen Seite der Erde genauso vertrauen wie Ihrem Nachbarn. Aber dies ist keine perfekte Welt, und es gibt Personen, vor denen Sie die Daten Ihrer Firma schützen sollten. Wenn Sie dafür verantwortlich sind, die Werte Ihres Unternehmens zu schützen, müssen Sie wissen, wie und vor wem Sie diese Werte schützen sollten. Lassen Sie uns nun die verschiedenen Gefahrenquellen betrachten, die Ihnen und Ihrem System drohen können.

1.3.1 Gefahrenquellen von innen

Personen, die einen autorisierten Zugang zu Ihrem internen Netzwerk haben, können als *interne Gefahrenquellen* klassifiziert werden. Diese Personen haben üblicherweise direkten Zugriff auf Ihr Netzwerk innerhalb Ihrer Firewall, und Sie setzen ein gewisses Maß an Vertrauen in sie. Es kann sich um Mitarbeiter, Berater, Zeitarbeiter oder auch Spione handeln, die als normale Mitarbeiter eingestellt wurden.

Es gibt häufig Grauzonen im Umgang mit Mitarbeitern. Naive Mitarbeiter können Grenzen überschreiten, ohne etwas falsch machen zu wollen. Stellen Sie sich einen Mitarbeiter vor, der sich selbst Superuser-Berechtigungen erteilt. Er kann als Sicherheitsgefahr angesehen werden, selbst wenn er keine unerlaubten Aktionen durchführt, solange er diese Rechte besitzt. Sie können dies mit dem Anfertigen von Nachschlüsseln für ein Bankschließfach vergleichen, die man behält. Ist das kriminell? Vielleicht, vielleicht auch nicht. Aber es ist auf jeden Fall ein unangemessenes Verhalten und kann für einen Arbeitgeber durchaus Grund sein, den Mitarbeiter zu entlassen.

Es gibt auch unbescholtene Mitarbeiter, die aus Bequemlichkeit, notgedrungen oder aus Nachlässigkeit die vorgeschriebenen Sicherheitsregeln verletzen oder unzureichende Sicherheitspraktiken ausnutzen. Diese Mitarbeiter hegen keine bösen Absichten, sind aber trotzdem ernste Gefahrenquellen. Sie verwenden Passwörter aus Bequemlichkeit gemeinsam, und setzen dadurch Ihr System der Gefahr aus, geknackt zu werden. Wenn Sie das Anlegen neuer Benutzer vereinfachen, ohne die Sicherheitsanforderungen zu vernachlässigen, haben Mitarbeiter keinen Anlass, Passwörter gemeinsam zu nutzen. Mit anderen Worten: Wenn Sie herausfinden, warum sich Benutzer nicht an Ihre Sicherheitsrichtlinien halten, können Sie vielleicht auch eine Lösung finden, um die „Sicherheitsvergehen" zu reduzieren.

Häufig hilft es schon, die Benutzer für die verschiedenen Gefahrenquellen zu sensibilisieren, um Ihrer Firma Sicherheitsprobleme zu ersparen. Mit dem richtigen Auftreten und einer taktvollen Benutzerschulung können viele potenzielle Gefahrenquellen ausgeschaltet werden. Denken Sie daran, dass die meisten Mitarbeiter gute Arbeit leisten wollen und gerne Lob und Anerkennung erhalten. Der Hinweis auf korrektes sicherheitsrelevantes Verhalten bei einem bestimmten Mitarbeiter kann für die anderen schon Anregung genug sein, es ihm gleich zu tun.

Gefahrenquellen durch Administratoren

Die größten Gefahren gehen von Administratoren aus. Wie können Administratoren Gefahrenquellen sein? Nun, Sie vertrauen ihnen voll und ganz. Das Problem ist, dass Menschen ab und zu den Arbeitgeber wechseln, und Ihr bester Administrator morgen für Ihren größten Konkurrenten arbeiten kann. Manchmal ändern sich auch die anständigsten Leute, und aus einem glücklichen Mitarbeiter wird leicht ein unzufriedener. Wenn Personen die Abteilung wechseln, kann sich die Situation zum Beispiel komplett ändern. Jemand, der unter seinem bisherigen Vorgesetzten ein zufriedener, ausgeglichener Mitarbeiter war, kann mit der neuen Geschäftsführung völlig unzufrieden sein. Wenn jemand die Abteilung wechselt, kann es sein, dass er nicht bereit ist, die ihm bisher zugänglichen geheimen Informationen auch weiterhin geheim zu halten.

Der Umgang mit der Gefahrenquelle Administrator kann zugleich politisch und problematisch sein. Denken Sie daran, dass Sie nie all Ihr Vertrauen in einen einzelnen Mitarbeiter setzen. Es gibt keinen einfachen Weg um zu verhindern, dass jemand, der für seine Aufgaben Administratorrechte benötigt, sie auf unrechte Weise einsetzt. Sie können aber eine Umgebung schaffen, in der es für einen Einzelnen schwierig ist, böswillig vorzugehen, ohne dabei entdeckt zu werden. Zu den Vorsichtsmaßnahmen gehören zum Beispiel:

- Überwachen von administrativen Aufgaben
- Review von Skripten und Aufgaben durch eine zweite Person, bevor sie ausgeführt werden
- Prozesse so gestalten, dass zwei Personen zum Erfüllen einer Aufgabe notwendig sind
- Unterschiedliche Aufgaben an unterschiedliche Administratoren vergeben
- Nur die für die Aufgaben unbedingt nötigen Berechtigungen vergeben

Gefahrenquellen durch Endbenutzer

Endbenutzer stellen in mehrfacher Hinsicht eine Gefahrenquelle dar, sie sind aber normalerweise nicht böswillig. Aber auch ohne böse Absicht durchgeführte Aktionen sind nicht weniger wichtig als vorsätzliche Aktionen. Die meisten Gefahrenquellen in dieser Kategorie fallen unter den Typ „naiver Mitarbeiter“, den wir bereits erwähnten in diesem Kapitel. Der beste Weg, Sicherheitsprobleme durch Endbenutzer auszuschließen, ist eine Kombination aus technischen und didaktischen Lösungen.

Endbenutzer haben typischerweise Zugriff auf eine bestimmte Menge an Daten, um diese zu betrachten, zu verändern, etwas hinzuzufügen und eventuell auch zu löschen. Sie haben vielleicht Zugriff auf Informationen über ihren eigenen Verkaufsbezirk oder die eigenen Mitarbeiterdaten, aber es ist nicht ratsam, ihnen Berechtigungen für andere Mitarbeiterdaten zu gewähren, wenn es für ihre Arbeit nicht notwendig ist.

Auch wenn Endbenutzer normalerweise nicht böswillig vorgehen, kann der zu leichte Zugriff auf Daten dazu führen, dass neugierige Mitarbeiter das ihnen eigentlich zustehende Zugriffslevel überschreiten. Es liegt in der Natur der meisten Menschen, dass sie an den Gehältern ihrer Kollegen interessiert sind. Wenn sie wissen, dass sie unentdeckt bleiben, betreiben die meisten einigen Aufwand, um an diese Daten zu gelangen. Ebenso wird ein Verkäufer, dessen Lebensunterhalt von neuen Verkaufsmöglichkeiten abhängt, sicher sehr interessiert an den potenziellen Kunden anderer Mitarbeiter sein.

Bei Administratoren handelt es sich normalerweise um eine kleine Zahl bekannter Mitarbeiter. Bei Endbenutzern kann die Situation ganz anders sein. Computer können gleichzeitig eine große Zahl von Endbenutzern verwalten, und wenn diese Anzahl steigt, verlieren Sie immer mehr die Kontrolle über das Verhalten jedes einzelnen Mitarbeiters, der sich an Ihrem System anmeldet. Wenn es sich um zehn Benutzer handelt, ist das Verfolgen der einzelnen Aktionen noch sehr einfach. Bei tausend Benutzern ist es schon weitaus schwieriger, die individuellen Verhaltensweisen zu beobachten oder zu bestimmen, welche Benutzer genauer überwacht werden sollten.

Eine andere Gefahrenquelle im Zusammenhang mit Endbenutzern besteht dann, wenn die Sicherheitsmaßnahmen in einer Client-Applikation umgesetzt werden statt auf dem Server. Viele Applikationen basieren auf der Logik, die im Frontend auf dem

Client realisiert wurde, um Daten zu validieren oder vorzuverarbeiten, bevor sie an den Server gesendet werden. Schlaue Mitarbeiter suchen immer nach Vereinfachungen oder Abkürzungen, um die Produktivität ihrer Abteilung zu steigern. Leider sind Abkürzungen nicht immer eine gute Idee, besonders wenn ein Benutzer die Client-Applikation umgeht, um Datensätze aus dem System zu entfernen und er dabei unbeabsichtigt einen Fehler macht. Viele Administratoren sind sich der Gefahren bewusst, die von Applikationen wie Microsoft Access oder SQL*Plus ausgehen, wenn sie in die Hände von Benutzern geraten, die ein wenig zu viel und doch nicht genug wissen.

Um dieses Problem zu verhindern, sollten Applikationen entworfen werden, die von Anfang an auf Sicherheit ausgerichtet sind. Verlassen Sie sich nie nur auf Client-Code zum Validieren oder Verifizieren von Berechtigungen. Stellen Sie sicher, dass dies auf dem Server geschieht, wo man es nicht umgehen kann.

Effekte bedingt durch die Organisationsgröße

Beim Thema Computersicherheit vertrauen viele kleine Organisationen ihren Mitarbeitern völlig. Sie haben oft nicht die Ressourcen, um die richtigen Verfahrensweisen umzusetzen, da es nicht genug Mitarbeiter gibt, an die Berechtigungen und Aufgaben delegiert werden könnten. Häufig wird davon ausgegangen, dass die Mitarbeiter einer solch kleinen Firma schließlich handverlesen sind und man ihnen daher voll vertrauen könne. Einer der Autoren dieses Buchs arbeitete einmal für eine kleine Firma, bei der ihm am ersten Tag gesagt wurde: „So arbeiten wir: Wir geben Dir volle Zugriffsberechtigung auf alles, da wir davon ausgehen, dass Du ein erfahrener Benutzer bist und diese Berechtigungen brauchst, um Deine Aufgaben erfolgreich durchzuführen. Wenn Du diese Möglichkeiten missbrauchst, wirst Du gefeuert. Punkt." Dieser Ansatz schien für diese Firma sehr gut zu funktionieren, auch wenn man ihn ebenso aus einem anderen Blickwinkel betrachten könnte. Man könnte auch sagen: „Bisher hatten sie nur kein Problem, auf das sie aufmerksam wurden."

Für größere Unternehmen ist es nicht praktikabel, Mitarbeitern zu vertrauen, bis sie sich nicht mehr als vertrauenswürdig erweisen. Die Wahrscheinlichkeit, dass ein böswilliger Mitarbeiter dabei ist, der nicht entdeckt wird, nimmt zu, und die Kosten können für die Firma bei einem Vertrauensmissbrauch viel zu hoch werden. Definitionsgemäß tendieren große Unternehmen dazu, viel mehr Geld im Umlauf zu haben, und damit erhöht sich die Chance, dass sich Computerspionage für eine Person auszahlt, die bereit ist, Risiken einzugehen. Je größer also eine Firma ist, desto verführerischer wird eine Sicherheitslücke, und desto vorsichtiger muss die Firma sein, um sicherzustellen, dass die Sicherheitsmaßnahmen greifen und wirken.

Ein bisschen Paranoia ist notwendig, wenn Sie Ihr System sichern wollen. Sie sollten daran denken, dass Personen, denen Sie heute vertrauen, in Zukunft beim Wachsen der Firma nicht mehr vertrauenswürdig sein könnten. Es gibt keine universelle Formel, um das Risiko für jede Gefahrenquelle bestimmen zu können, aber verschiedene Faktoren müssen berücksichtigt werden:

- Die Anzahl der Benutzer in Ihrem internen Netzwerk
- Die Anzahl der Personen, die Zugang zu Ihrem System haben
- Die Verteilung der Verantwortlichkeiten in Ihrer Organisation
- Die Art der Daten, die Sie sichern wollen

1.3.2 Externe Gefahrenquellen

In den bisherigen Abschnitten haben wir Gefahrenquellen beleuchtet, die Ihrem System von Personen innerhalb Ihrer Organisation drohen können, oder von Personen, denen Zugriff auf Ihr System gewährt wurde. In der heutigen Computerumgebung tätigt Ihre Firma entweder schon Geschäfte mit anderen Firmen oder Gemeinschaften, oder sie wird es in den nächsten ein bis zwei Jahren vermutlich tun. Sie haben sicherlich schon von mehr als einem Vorstandsvorsitzenden einer großen Firma gehört, dass Ihre Firma nicht mehr lange bestehen kann, wenn sie keine Geschäfte via Internet tätigt. Eine absurde Vorstellung, nicht wahr?

In diesem Abschnitt betrachten wir die Gefahrenquellen, die entstehen, wenn Sie Ihre Firma mit der großen weiten Welt verbinden. Zuerst definieren wir, was wir mit *externen Gefahrenquellen* meinen. Eine externe Gefahrenquelle ist jede Person, die keine Berechtigung hat, auf Ihr System oder Netzwerk zuzugreifen. Diese Personen befinden sich üblicherweise außerhalb Ihrer Firewall. Denken Sie daran, dass eine Firewall im Allgemeinen die meisten, aber nicht alle diese Gefahrenquellen aufhalten kann. Leider gibt es einige wirklich clevere Wege, Ihre Verteidigung zu umgehen oder zu durchbrechen.

Ihre Organisation schützen

Das erste Problem, auf das Sie stoßen könnten, wenn Sie versuchen, unerwünschte Personen aus Ihrem System herauszuhalten, ist eine Firewall, die nicht richtig konfiguriert wurde. Sie müssen vielleicht aus verschiedenen Gründen diverse Ports offen halten. Wir haben schon viel zu häufig sehr überzeugende Business-Szenarien gesehen, die als Begründung für eine schlechte Firewall-Sicherheit herhalten mussten. Wenn Lücken in einer Firewall-Software gefunden wurden, stellen die Hersteller häufig Patches zur Verfügung. Die größte Sorge ist die, dass ein böswilliger Hacker in Ihr System eindringen will und dabei eine bisher unbekannte Lücke entdeckt. Wenn diese Art des Angriffs Ihre Verteidigung umgeht, haben Sie so gut wie keine Chance, Schaden von Ihrem System abzuwenden.

Ein alternativer Zugang zu Ihrem Netzwerk lässt sich eventuell durch eine gängige Praxis namens *War Dialing* finden. Dabei wird ein Computer verwendet, um zufällig

Durchwahlnummern einer Firma zu wählen und nach einem Computer zu suchen, der am anderen Ende der Leitung hängt. Wenn Sie zum Beispiel wissen, dass die Rufnummer der Zentrale 234-1000 lautet, können Sie versuchen, die Nummern 234-1001 bis 234-9999 zu wählen. Das Ziel ist dabei, jemanden zu finden, der seinen Computer so eingerichtet hat, dass er eingehende Anrufe annimmt, um von zu Hause aus arbeiten zu können. Sie können versuchen, dieses Verhalten bei Ihren Benutzern zu unterbinden, aber leider ist dies in einer Firma mit Tausenden von Maschinen so gut wie unmöglich, besonders, wenn die Benutzer wissen, dass es falsch ist und ihre Aktivitäten verbergen. Es muss nur ein Fehlverhalten vorkommen, um Ihr Netzwerk in Gefahr zu bringen.

Neuerdings ist die am häufigsten benutzte Vorgehensweise, um die Grenzen zu Ihrem Netzwerk zu überwinden, die Verwendung von *Trojanischen Pferden*, die in E-Mails eingebettet sind. Wir haben alle vom Melissa- und ILoveYou-Virus gehört. Beide griffen auf Adressbücher in Outlook zurück, um sich selbst an andere Benutzer zu versenden. Die E-Mail-Server vieler Firmen waren für Stunden lahm gelegt, während die Folgen der Angriffe beseitigt werden mussten. So schlimm diese Viren auch erscheinen, sie sind doch deutlich ungefährlicher als komplexere Versionen anderer Viren, die wir schon sahen. Viren wie Melissa trampeln durch Ihr Netzwerk wie eine Horde Elefanten, und auch wenn Sie nicht wissen, welcher Virus das Problem verursacht hat, sehen Sie doch schnell, dass Sie ein Problem haben, mit dem Sie sich beschäftigen müssen.

Andere Viren, wie zum Beispiel der QAZ Trojan, sind viel schwieriger zu identifizieren. Der QAZ Trojan installiert unauffällig seine Routinen auf Ihrem System und beginnt seine Kommunikation mit dem Angreifer, wobei er Informationen über Ihr System verschickt, die es dem Außenstehenden ermöglichen, weitere, mit noch mehr Rechten ausgestattete Zugriffsmöglichkeiten auf Ihr Netzwerk zu erhalten. Das Aufdecken solcher Angriffe ist weitaus schwieriger, da sie versuchen, quasi unter dem Radar der Sicherheits-Tools und Administratoren zu bleiben.

Diese Art des Angriffs wurde verwendet, um die Microsoft Corporation im Oktober 2000 zu treffen. Ein unvorsichtiger Mitarbeiter erhielt eine E-Mail mit einem Anhang. Als er diesen unklugerweise öffnete, wurde der QAZ Trojan auf dem System von Microsoft installiert, wodurch er mit einem Angreifer irgendwo in Asien kommunizieren konnte. Der Fehler dieses einzelnen Mitarbeiters öffnete ein virtuelles Tor in der „Mauer" um Microsoft herum. Glücklicherweise wurde nur wenig Schaden angerichtet, aber Sie sehen daran, wie selbst die Sicherheit der vorsichtigsten Organisationen durch ein einzelnes schwaches Glied beeinträchtigt werden kann.

Wie Hacker angreifen

Externe Angreifer haben vermutlich keinerlei Informationen über Ihr System. Der erste Schritt, den ein gründlicher Angreifer durchführen wird, ist das Sammeln von Informationen. Vielleicht beginnt er damit, zu beobachten, was andere Personen im Netzwerk tun. Oder er sammelt Daten über Software-Versionen und -Patches. Diese Informationen nutzt er, um sich eine Angriffstaktik zurechtzulegen.

Die bekannteste und üblichste externe Gefahrenquelle für Ihr System ist der *Hacker*, ein Wort, das von Kontroversen und Konfusion begleitet ist. Viele Leute, vor allem die, die sich selbst als Hacker bezeichnen, sind der Meinung, dass dieser Begriff missbraucht wird.

Ursprünglich war ein Hacker jemand, der genug Programmierfähigkeiten besaß, um

- den Code anderer Programmierer zu lesen,
- zu verstehen, was der ursprüngliche Programmierer versuchte zu tun, und
- den Code zu ändern, um alte Funktionen schneller zu machen oder neue auszuführen.

Das heißt, ein Hacker war jemand, der den Code eines Anderen verstehen und verbessern konnte.

Es gibt nun viele verschiedene Richtungen in der Hackergemeinde. Eine der Richtungen ist eine Gruppe, die es vorzieht, Hacker oder *White Hats* genannt zu werden, und damit eine Art von ehrenwertem Hacken verbindet. Diese Personen beziehen ihre Motivation aus der Neugierde und dem Interesse, Computer sicherer zu gestalten. Um in diese Kategorie zu passen, darf ein Hacker keine Gesetze brechen oder auf Maschinen zugreifen, für die er keine Zugriffsberechtigung hat. Niemand aus dieser Gruppe ist eine Gefahrenquelle für Ihre Computersicherheit. Tatsächlich könnte Ihre Firma sogar einen White Hat damit beauftragen, die Sicherheit Ihres Systems zu untersuchen.

Eine andere Gruppe wird als *Cracker* oder *Black Hats* bezeichnet. In dieser Gemeinschaft bestimmt die Prahlerei den Platz in der Hackordnung. Wen Sie gehackt haben und welche Webseite Sie verunstalteten, bestimmt Ihr Ansehen in der Gruppe. Leider gibt es viele sehr fähige Personen in dieser Gruppe, und ihre Motivation ist im Allgemeinen, Unfug anzustellen. Die Gemeinde der Cracker und Black Hats ist sehr inhomogen, sie reicht von Jugendlichen, die zu viel Zeit haben, bis zu professionellen Kriminellen, die sich im Computerbereich ausgezeichnet auskennen. Die professionellen Kriminellen sind üblicherweise nicht die, die gefasst werden, und man hört sehr selten von ihnen.

Innerhalb der Cracker oder Black Hats gibt es eine separate Gruppe namens *Script Kiddies*. Diese Personen nutzen Skripte oder Hack-Tools, um in Netzwerke einzubrechen. Andere Hacker betrachten die Script Kiddies als unwürdig, da sie als Trittbrettfahrer die Arbeit anderer ausnutzen statt selber Logik und Gerissenheit einzusetzen, um in Systeme einzubrechen. Auch wenn es nobler sein mag, mit dem eigenen Knowhow in Systeme einzudringen, Fazit ist, dass es illegal und unmoralisch ist, ohne Einladung in ein fremdes System einzusteigen.

Selbst wenn kein Schaden verursacht wird, gibt es doch schwer wiegende moralische Vorbehalte dagegen, ein White Hat zu sein. Diese entwickeln ein Tool häufig nur, um ein Konzept zu überprüfen. Das Tool deckt entweder einen wunden Punkt eines Systems auf oder wird dazu genutzt, das eigene System des White Hats zu testen. Das Entwickeln solcher Tools hat keine negativen Auswirkungen, bis es einem Black Hat in die Hände fällt. Wenn ein White Hat allen Administratoren ein Tool zur Verfügung stellt, damit sie ihr Netzwerk überprüfen können, wird es unweigerlich auch den Weg zu einem oder mehreren Black Hats finden. Hält ein White Hat ein Tool unter Verschluss, können die Löcher in vielen Netzwerken nicht gestopft werden, und der White Hat hat der Gemeinschaft einen schlechten Dienst erwiesen.

Eine dritte Gruppe sind die *Gray Hats*, die erst vor kurzem auftauchten. Der Begriff „Gray Hat" entstand zur Bezeichnung einer Gruppe, die sich zwischen Black und White Hats gebildet hat. Viele Hacker waren früher Black Hats, haben ihre Aktivitäten aber mittlerweile umgestellt. Viele White Hats unterhalten enge Freundschaften mit Black Hats. Die Welt der Computersicherheit lässt sich eben nicht einfach in gut und böse unterteilen. Statt Schwarz oder Weiß anerkennen die Gray Hats eher die verschiedenen Schattierungen von Schwarz bis Weiß, die existieren.

1.3.3 Warum gibt es Sicherheitslöcher?

Inzwischen müssen Sie sich gefragt haben: „Warum existieren all diese Sicherheitslöcher? Können wir sie nicht einfach beheben?" Beide Fragen sind exzellent. Aber um diese Fragen zu beantworten, müssen wir näher betrachten, was die Probleme verursacht und was getan werden muss, um sie zu beheben.

Fehlerhafte Systemkonfigurierung

Der häufigste Grund für Sicherheitslöcher ist, dass die Sicherungsfunktionalitäten des Systems nicht korrekt aktiviert wurden. Es passiert leicht, dass ein Server eingerichtet und dabei vergessen wird, das Standardpasswort zu ändern. Sie denken vielleicht, das sei trivial, aber es passiert viel häufiger, als wir annehmen. Die meisten Systeme werden mit sehr lockeren Systemeinstellungen installiert. Ihr System mag über die neuesten Sicherheits-Features verfügen, von der Verschlüsselung bis zu Zertifikaten, aber wenn diese Features nicht aktiviert oder nicht richtig konfiguriert wurden, helfen Sie Ihrem System in keiner Weise.

Wessen Fehler ist das dann? Die meisten Probleme entstehen aus einer Kombination vieler Faktoren, und sie reichen vom Fehlen gut ausgebildeter Mitarbeiter bis hin zu schwachen Standardeinstellungen der Software, die nicht abgeändert werden. Man kann es nicht leugnen – einen Rechner zum Laufen zu bringen und zu unterhalten ist nicht immer eine einfache Aufgabe. Sicherheit ist eines der Hauptprobleme in der Aufgabenliste des Administrators.

Wenn Sie der Systemadministrator sind, wissen Sie selbst, dass Sie oft überarbeitet sind und nicht die Zeit haben, sich durch komplexe Systeme zu arbeiten, um nach falsch gesetzten Optionen zu stöbern. Das Aufdecken falscher Einstellungen entspricht der berühmten Suche nach der Nadel im Heuhaufen. Häufig ist es Ihre Aufgabe, Ihnen unvertraute Systeme zu verwalten, und selbst wenn Sie mit einem System vertraut sind, bieten die Software-Pakete auf den Rechnern so viele neue Möglichkeiten, dass es schwierig ist, immer auf dem neuesten Stand zu sein.

Wenn Sie ein Software-Entwickler oder Software-Verkäufer sind, haben Sie auch einen schwierigen Job. Als Entwickler ist es Ihr Ziel, die Installation und Einrichtung Ihrer Software so einfach wie möglich zu gestalten, während Sie so viele neue Features in die Software einbauen, wie Sie können, um Ihrer Firma mehr Geld einzubringen. Leider geht die Einfachheit der Software-Installation häufig zu Lasten sauberer Sicherheitsstandards. Da Software-Verkäufer den Zugriff auf die neuen Features so einfach wie möglich gestalten wollen, drängen sie häufig darauf, ihr Produkt mit der höchsten Berechtigungsstufe zu installieren. In der Praxis werden Sie zum Schutz Ihrer Daten den Zugriff auf die tollen neuen Möglichkeiten zunächst soweit einschränken, bis sie vollständig getestet wurden. Sie haben nun also Benutzer, die ungeduldig darauf warten, mit den neuen Features arbeiten zu können, aber es fehlte Ihnen die Zeit zu lernen, wie diese Features sicher eingerichtet werden oder ob es neue Sicherheitslöcher gibt. Was sollen Sie also tun? Nun, offensichtlich ist es Ihre Aufgabe, ein unsicheres System in ein sicheres umzuwandeln. Dem entspricht die Suche und das Beheben von Problemen im System.

Eine bessere Strategie, wenn auch nur von wenigen Software-Häusern angewendet, ist die Möglichkeit, die Software mit den restriktivsten Berechtigungen zu installieren. Wenn Sie eine notwendige Berechtigung bemerken, können Sie diese aktivieren und beobachten. Dieser Ansatz erlaubt es Ihnen, die gewünschten Features einzusetzen, dabei aber so wenig Berechtigungen wie möglich zu vergeben. Sie müssen sich keine Gedanken darüber machen, welche Berechtigungen noch darauf warten, Ihnen Probleme zu bereiten. Wir haben das Gefühl, dass wir Sie warnen sollten, denn obwohl diese Strategie zur Umsetzung der Sicherheitsanforderungen die wesentlich praktikablere ist, werden Sie sich ab und zu mit der Feindseligkeit von Benutzern, Entwicklern und Verkäufern konfrontiert sehen. Jeder wartet ungeduldig darauf, die Software komplett und sofort einsetzen zu können, und wird normalerweise keine Geduld für Ihre Vorsicht aufbringen, da Sie eher als Hindernis betrachtet werden auf dem Weg zu einfacheren Arbeitsabläufen.

Herstellerfehler

Gekaufte Software kann mit Sicherheitslöchern ausgeliefert werden. Wir hoffen alle, dass die liefernden Firmen ihr Bestes geben, um Produkte ohne solche Probleme auszuliefern, aber schlechte Programmierpraktiken führen unweigerlich zu versehentlichen Sicherheitslöchern. Manche Programmiertechniken sind heutzutage dafür bekannt, Sicherheitsprobleme zu verursachen, es ist aber leider sehr schwierig, ihr Auftreten gänzlich zu beseitigen, da sie über den gesamten Quelltext verteilt sind.

Eines der häufigsten Probleme wird als *Buffer Overflow* bezeichnet. Ein Buffer Overflow entsteht, wenn ein Programm einen Speicherbereich mit mehr Daten füllt als er aufnehmen kann. Wenn das Programm über das Ende des Puffers hinauszuschreiben beginnt, kann sich der Ausführungspfad des Programms ändern. Buffer Overflows erzeugen echte Probleme, wenn sie aus der Ferne genutzt werden, bevor man authentifiziert wurde. Das Entdecken eines Buffer Overflows in einem bekannten Software-Paket, wie zum Beispiel einem Web-Server, kann den Namen eines Hackers sehr bekannt machen.

Als Beispiel schauen wir uns an, wie ein Buffer Overflow in einem Web-Server funktioniert. Wenn Sie eine Anfrage zum Durchsuchen einer Web-Site nach dem Begriff „Sicherheit" stellen, wird die Anfrage vom Browser wie folgt gestellt:

```
http://www.domainname.com/search.idc?search=Sicherheit
```

Dieser Befehl sorgt dafür, dass der Parameter **search** mit dem Begriff „Sicherheit" an die Webseite search.idc geleitet wird. Der Code hinter search.idc wird zum Zuweisen der Parameter genutzt. Dabei wird eine Variable oder auch ein Puffer initialisiert und mit dem übergebenen Wert gefüllt. Wenn man richtig vorgeht, prüft der Code die Länge des Parameters und kopiert nur eine begrenzte Anzahl an Zeichen in den Puffer. Wenn der Programmierer vergisst, die Länge der Zeichenkette zu kontrollieren, kann der Code den übergebenen Parameter in andere Speicherbereiche schreiben.

Ein böswilliger Benutzer schickt nun den Befehl

```
http://www.domainname.com/search.idc?search=xxxxxxxxxxxxxxxxxxxxxxxxx
xxx0x230x150x170x450x560x00
```

Beachten Sie die Hexadezimalzahlen, die in der Zeichenkette aufgeführt sind. Diese Zahlen stehen dort, um bestimmte Stellen im Speicher mit neuem Maschinensprachcode zu überschreiben, um irgendeine Art potenziell schädlicher Aktionen durchzuführen. Sie haben nun den Web-Server erfolgreich veranlasst, Ihren Code mit eventuell erweiterten Privilegien statt seinen eigenen auszuführen.

Der entscheidende Punkt hierbei ist, dass Programmierer Fehler machen. Sie prüfen nicht immer die Größe des Puffers oder kontrollieren, dass die Daten in einem gültigen Format eingegeben wurden. Bei der Software-Entwicklung ist es sehr einfach, in die Falle zu tappen, zwar zu wissen, welche Parameter erwartet werden, aber nicht darauf zu achten, wie sich das System verhält, wenn ein Benutzer andere Parameter angibt. Wie wir hier gezeigt haben, können die Annahmen eines Programmierers bezüglich der erhaltenen Werte zu Fehlern führen, die Sicherheitslöcher verursachen können.

Sicherheitslöcher, die vom Hersteller erzeugt werden, sind äußerst unangenehm, da Sie nicht viel tun können, bis sich der Hersteller dazu entschließt, das Problem zu lösen. Auch wenn Sie das Problem selbst nicht beheben können, sind Sie doch dafür verantwortlich darauf zu achten, dass der Hersteller sich auch wirklich darum kümmert. Die einzige – allerdings normalerweise nicht durchführbare – Alternative hierzu bestünde darin, die eigene Firma dazu zu bewegen, das Produkt nicht einzusetzen, bis das Sicherheitsloch behoben ist. Dieses Vorgehen ist viel effektiver, wenn der Hersteller noch Geld von Ihnen bekommt und sich dieser Betrag zurückhalten lässt, bis ein Patch eingetroffen ist. Allerdings kann es sein, dass der Hersteller durch das Einspielen dieses Patches neue Sicherheitslöcher aufreißt, die vielleicht noch schwer wiegender sind.

Missbrauch durch den Benutzer

Tatsache ist, die meisten Benutzer sehen Sicherheitsvorschriften als Schikane an. Viele Benutzer betrachten Sicherheit als unwillkommenes, wenn auch notwendiges Übel, und versuchen, die Sicherheitsrichtlinien auch einzuhalten, mit denen sie vertraut gemacht wurden. Wenn Sie allerdings diese Richtlinien nicht allen Benutzern Ihres Systems deutlich machen, können sie nicht wissen, was von ihnen erwartet wird. Auch wenn die Richtlinien sehr einschränkend sind, müssen Sie mit dem Widerstand von überarbeiteten Benutzern rechnen, die die Regeln zwar umsetzen wollen, aber nicht die Zeit dazu haben.

Ein gängiges Problem ist, die Kennwörter im Auge zu behalten. Wir sind uns sicher, dass Sie sich schon viele verschiedene Kennwörter für die unterschiedlichen Systeme gleichzeitig merken mussten. Wenn Benutzer in diese Situation geraten, gehen sie den natürlichen Weg. Sie werden zu bequem oder zu clever, oder vergessen einfach eines oder mehrere von ihren Kennwörtern. Haben Sie sich noch nie ein Kennwort aufgeschrieben und in Ihrer Schreibtischschublade, unter der Tastatur oder an einem anderen offensichtlichen Platz versteckt? Wir wissen, dass wir das getan haben – und zwar mehr als einmal. Wir wissen auch, dass manche ihr Kennwort in der Mitte eines Textes auf dem Kalender verstecken. Wir haben auch schon gesehen, wie eine Personal Identification Number (PIN) deutlich sichtbar als Geldbetrag notiert wurde. Das heißt, die PIN 1589 wurde als $ 15.89 auf der Rückseite eines Scheckhefts notiert.

1.4 Herausfinden, wer was tun kann

Sicherheit bedeutet, dass nur Benutzer mit dem Bedarf und der Berechtigung für den Zugriff auf ein System die Erlaubnis haben, die entsprechenden Daten in dem System zu bearbeiten, zu löschen oder zu betrachten. In manchen Fällen bezieht sich der Begriff *berechtigte Benutzer* auf jedermann, allerdings mit einigen Einschränkungen bezüglich der Benutzerkonten. Einer bestimmten Benutzergruppe kann es zum Beispiel erlaubt sein, Informationen anzuzeigen und hinzuzufügen, aber nicht, sie zu verändern oder zu löschen.

In diesem Abschnitt des Kapitels werden wir die Begriffe und die vielen Themen analysieren, die für den Zugriff auf ein System von Bedeutung sind. Wir werden Ihnen auch die Möglichkeiten zeigen, die Sie haben, um die Identität eines Benutzers festzustellen.

1.4.1 Authentifizierung

Wenn Sie durch den Türspion Ihrer Haustür schauen und feststellen, dass die Person auf der anderen Seite ein Freund, ein Verwandter oder eine andere Person ist, der Sie Zugang zu Ihrer Wohnung gewähren wollen, akzeptieren Sie diese Person durch eine visuelle Untersuchung. Wenn Sie jemandem Ihren Führerschein, Ihren Reisepass oder eine andere Art von Ausweis mit einem Bild vorweisen, damit er Ihre Identität überprüfen kann, werden Sie durch das präsentierte Zeugnis akzeptiert. Mit anderen Worten, die Person kann Ihr Bild mit Ihren physischen Charakteristika vergleichen, um zu entscheiden, ob sie Sie sind. Aber was passiert, wenn Sie eine Person oder ihren Ausweis mit Bild nicht inspizieren können? Wenn Sie Mitarbeiter einer Bank sind und mit jemandem am Telefon sprechen, sehen Sie die Person in diesem Moment normalerweise nicht. Welchen Beweis benötigen Sie, um der Person soweit zu vertrauen, dass Sie ihr vertrauliche Daten übermitteln? Üblicherweise hat die Person am anderen Ende der Leitung schon einen bestimmten Begriff oder persönliche Informationen wie den Mädchennamen der Mutter oder das Geburtsdatum übermittelt, was Sie als Identitätsbeweis nutzen können. Nachdem der Begriff oder die Daten geliefert wurden, müssen Sie im Gegenzug die Person als die akzeptieren, die sie zu sein behauptet. In der Praxis ist dies kein schlechter Ansatz, da es sehr unwahrscheinlich ist, dass jemand anderes den Mädchennamen Ihrer Mutter oder einen Begriff kennt, der für Sie eine besondere Bedeutung hat, solange Sie ihn dieser Person nicht mitteilen.

Ein bisschen Terminologie

Der Prozess, der genutzt wird um herauszufinden, ob ein Benutzer auch die Person ist, die er oder sie zu sein vorgibt, wird als *Authentifizierung* bezeichnet. Im Cyberspace ermöglicht Ihnen die digitale Authentifizierung, Ihre Identität zu beweisen, wenn physische Aspekte nicht genutzt werden können. Leider ist die Authentifizierung noch weit davon entfernt, perfekt zu sein. Auch in der realen Welt kann die Person auf der anderen Seite des Türspions oder am anderen Ende der Telefonleitung nicht die sein, als die sie sich ausgibt. Genauso in der digitalen Welt: Eine Person mit dem richtigen Zeugnis, wie einem Kennwort, kann authentifiziert werden, aber trotzdem nicht die Person sein, die berechtigt Zugang zu Ihrem System hat.

Das *Lauschen am Draht* (*Sniffing the wire*) bezieht sich auf das Beobachten von Paketen im Netzwerk. Administratoren nutzen das Lauschen, um Netzwerkprobleme diagnostizieren zu können. Aber es kann auch bösartig verwendet werden. *Sniffers* – Software, die zum Lauschen am Draht verwendet wird – können Pakete belauschen, die zwischen anderen Computern transportiert werden. Netzwerkkarten sind normalerweise so konfiguriert, dass sie Pakete ignorieren, die nicht zu der physischen Adresse der Karte passen. Die meisten Netzwerkkarten haben allerdings einen „promiskuitiven Modus", der ihnen erlaubt, alle Pakete im Kabel zu sehen. Software-Pakete wie der Network Monitor von Microsoft oder Sniffer von Network Associates sind sehr effektiv beim Abfangen von Daten aus dem Netzwerk und ihrer lesbaren Darstellung. Mit diesen Informationen können Sie beobachten, was zwischen zwei Maschinen kommuniziert wird. Geraten Sniffers in die falschen Hände, können sie ein erhebliches Risiko für Ihr Netzwerk darstellen, da sie all die unsicheren Daten anzeigen, die zwischen Applikationen ausgetauscht werden.

Spoofing bezeichnet den Vorgang, sich als andere Internet Protocol (IP)-Adresse zu maskieren. Ich kann zum Beispiel von meinem Computer mit der IP-Adresse 192.1.1.15 aus ein Paket verschicken, das behauptet, es käme von 192.1.1.25. Durch die Formatierung von Paketen mit gefälschten Adressen bin ich in der Lage, mich als ein anderer Computer auszugeben.

Stellen Sie sich Spoofing in der Praxis vor. Sie haben einen Wachmann, der Ihr Schließfach in einer Bank bewacht. Personen nähern sich dem Wachmann und er fragt nach einem Kennwort. Die Person, die Zugang erlangen will, teilt ihm das Kennwort mit. Stellen Sie sich nun vor, dass Sie auf dem Weg zu Ihrem Bankschließfach sind. Nehmen wir an, dass wir am Eingang stehen und vorgeben, die Wachleute zu sein. Dabei fragen wir nach Ihrem Kennwort. Sie haben keinen Grund daran zu zweifeln, dass wir echte Wachleute sind, daher geben Sie uns das Kennwort. Nun haben wir das Kennwort und können selbst zum echten Wachmann gehen und Zutritt erhalten, auch wenn er uns eigentlich nicht zusteht.

Spoofing ist nicht immer so geradlinig. Der Wachmann könnte in der Zentrale anrufen und sich das Kennwort bestätigen lassen. Wir könnten den Anruf abfangen und vorgeben, die Zentrale zu sein. Dann teilt uns der Wachmann das Kennwort mit. In diesem Fall täuschen wir die Zentrale.

Das Szenario mit dem Wachmann, der in einer Zentrale anruft, um die Kennungen zu überprüfen, ähnelt der zentralen Authentifizierung. In diesem Zusammenhang speichert die zentrale Authentifizierung die Merkmale zur Benutzeridentifizierung für viele Server an einer zentralen Stelle auf einem einzelnen Computer, zum Beispiel in einem LDAP-Verzeichnis. Bei der serverbasierten Authentifizierung verwaltet jeder Server seine eigenen Kennwörter, Benutzer und Berechtigungen. Zentrale Authentifizierung minimiert den Aufwand, der nötig ist, um die Sicherheitsanforderungen auf vielen verschiedenen Servern zu verwalten. Allerdings handelt man sich damit das Risiko ein, dass ein Angreifer sich als zentrales Verzeichnis ausgibt. Um diese Form des Spoofings zu vermeiden, ist es entscheidend, dass das zentrale Verzeichnis eine Zwei-Wege-Authentifizierung durchführt. Einfache Authentifizierungsmethoden erfordern nur, dass sich der Client authentifiziert. Bei der Zwei-Wege-Authentifizierung müssen sich sowohl der Server als auch der Client voreinander ausweisen und die entsprechende Identität überprüfen.

In unserem Beispiel, bei dem der Wachmann die Zentrale anruft, fangen wir den Anruf ab und stehlen das Kennwort. Wir können das System auch auf einem anderen Weg angreifen. Anstatt darauf zu warten, dass jemand sich anmeldet, kann sich auch ein Angreifer anmelden und ein falsches Kennwort vergeben. Der Server leitet das falsche Kennwort dann an den zentralen Authentifizierungs-Server weiter. Der Angreifer gibt nun vor, dieser Authentifizierungs-Server zu sein, und teilt dem anfragenden Server mit, das Kennwort sei korrekt, auch wenn es das in Wirklichkeit nicht ist. Da der anfragende Server keinen Grund hat, daran zu zweifeln, dass er mit dem echten Authentifizierungs-Server kommuniziert, erlaubt er dem Angreifer, auf sein System zuzugreifen. Eine Zwei-Wege-Authentifizierung hilft auch hier, solche Angriffe abzuwehren.

Eine der Herausforderungen beim Spoofen einer Nachricht ist, zu vermeiden, dass das System, das Sie imitieren wollen, auf Ihre Nachricht anspricht und aufmerksam wird, weil es eine Nachricht von sich selbst erhält. Es gibt viele verschiedene Wege, das zu verhindern. Eine Methode ist, die Kommunikation abzuschließen, bevor die andere Seite eine Chance zur Reaktion hat. Wenn der Angreifer näher am Server ist, kann er die Kommunikation beenden, bevor der eigentliche Server reagiert. „Näher“ heißt hier zum Beispiel im gleichen Subnetz wie der Server, während der echte Authentifizierungs-Server mehrere beschäftigte Router und langsamere Netzwerke entfernt ist. Bis der echte Authentifizierungs-Server geantwortet hat, hat der ursprüngliche Server die Kommunikation schon beendet und betrachtet die Antwort vom Authentifizierungs-Server als Fehler. Diese notwendige Nähe zu erreichen, kann für Angreifer schwierig sein, daher wird diese Methode selten effektiv eingesetzt, aber es ist gut, darüber Bescheid zu wissen.

Eine andere Möglichkeit, den Authentifizierungs-Server am Reagieren zu hindern, besteht darin, ihn abzuschießen. Sie können dies auch ohne Berechtigungen auf dem Server ausführen, wenn Sie einen Ansatz verfolgen, der als *Denial of Service* (DoS) bekannt ist. DoS-Angriffe senden ungültige Daten in einem Format, das die Server-Software durcheinander bringt und bewirkt, dass der Server abstürzt. Die meisten Software-Pakete sind in irgendeiner Form durch diesen Angriff verwundbar. Das Schreiben von Software, die stabil genug ist, um allen Formen von DoS-Angriffen zu widerstehen, ist sehr schwierig. Außerdem sind viele Hersteller der Meinung, dass DoS-Angriffe nicht so wichtig sind wie andere Sicherheitselemente. Ein Denial of Service-Angriff wird häufig eher als Ärgernis denn als echte Gefahr betrachtet.

Eine weitere Angriffsart, bekannt als Distributed Denial of Service (DDoS)-Angriff, koordiniert eine große Anzahl von Clients, auch als *Zombies* bezeichnet, die das Ziel mit eingehenden Paketen so sehr überlasten, bis es überrannt wird und abstürzt. Ein effektiver DDoS erfordert vom Hacker, dass er in viele ungesicherte Computer eindringt, zum Beispiel an einer Universität, und dann diese Computer so manipuliert, dass sie von einer einzelnen Masterkonsole aus angesprochen werden können. Dann wird ein gleichzeitiger Angriff von allen Zombies auf das Ziel gestartet.

Das Spoofen einer Organisation von außerhalb ist extrem schwierig, da Firewalls dabei helfen, Leute davon abzuhalten, eine IP-Adresse in einem anderen Netzwerk zu spoofen. Wenn Sie ein Paket senden, enthält es die Startadresse oder auch die Adresse, die vorgibt, die Startadresse zu sein. Diese Adresse wird als Quelladresse bezeichnet. Ein Paket enthält außerdem noch eine Zieladresse, nämlich die Adresse, für die das Paket gedacht war. Um Spoofing zu verhindern, verwerfen Firewalls Pakete, die von außen kommen, aber Quelladressen haben, die eigentlich innerhalb Ihrer Firewall liegen müssten. Um erfolgreich spoofen zu können, benötigt ein Angreifer einen Proxy oder einen Mittelsmann im Netzwerk. Dieser interne Proxy muss vom externen Angreifer kontrolliert werden können, um gespoofte Pakete senden zu können.

Source Routing ist eine Option im Internet Protocol, die es erlaubt, die Standardroute durch eine spezielle Route zu überschreiben. Üblicherweise nimmt ein Paket vom Computer in New York nach Los Angeles die kürzeste Route. Angenommen, Sie kopieren Ihre Backup-Dateien ein Mal am Tag und wollen eine alternative Route nutzen, um nicht alle Ressourcen zu verbrauchen, die Ihr Kunde benötigt. Um die Datei dazu zu bringen, einen anderen Weg zu nehmen, passen Sie den IP-Header so an, dass Source Routing aktiviert ist, und erstellen eine Source Routing-Tabelle mit der alternativen Route. Diese Tabelle gibt eine Reihe von Routern an, über die sich das Ziel erreichen lässt.

Source Routing kann nun dazu genutzt werden, eine Adresse zu spoofen, indem der Eindruck erweckt wird, als ob sie aus der Organisation heraus und wieder hinein geroutet worden sei. Angenommen, wir haben drei Computer, zwei innerhalb einer Organisation und einen außerhalb. Der Computer außerhalb der Organisation, der spooft, kann ein Paket erstellen, die Source Routing-Option aktivieren und eine Source Routing-Tabelle anlegen, der zufolge das Paket das Netzwerk der Organisation vom einen Computer aus verlässt, über das Netzwerk des Spoofers läuft, und zum anderen Computer zurückkehrt. Wenn der Spoofer das Paket verschickt, sieht es so aus, als ob es mitten auf seiner Reise wäre.

Bis Anfang der 90er Jahre waren viele Router so konfiguriert, dass sie Source Routing erlaubten. Seitdem wurde dies aufgrund der Sicherheitsrisiken im Internet allgemein deaktiviert. Wir haben die Beschreibung zur Funktionsweise von Source Routing nur der Vollständigkeit halber aufgenommen, damit Sie verstehen, warum es als solch großes Sicherheitsrisiko betrachtet wird.

Eine weitere Methode, sich als ein anderer Server zu maskieren, ist das *DNS Poisoning.* DNS ist das Protokoll, das zum Auflösen von Host-Namen in IP-Adressen genutzt wird. Ein DNS-Server verwaltet eine Sammlung dieser Namen und Adressen. Wenn Sie Zugang zu einer DNS-Datenbank erlangen, lässt sie sich korrumpieren und sie können die IP-Adresse, die mit einem Namen verbunden ist, ändern, damit er auf eine andere Adresse zeigt. Dieses Vorgehen unterscheidet sich etwas vom bereits erwähnten Spoofing. Statt die aktuelle Adresse eines anderen Computers zu fälschen, tricksen Sie den anderen Server aus, indem Sie ihn glauben machen, der Host habe eine andere IP-Adresse, als er tatsächlich hat.

DNS Poisoning wird genutzt, um Web-Sites zu verunstalten, ohne in sie einzudringen. Stattdessen wird der DNS-Server angegriffen und die IP-Adresse des zu verunstaltenden Web-Servers wird so umgeändert, dass sie auf einen anderen Server zeigt, der eine verunstaltete Version des Originals enthält. Personen außerhalb der Organisation erscheint es, als ob das, was sie für die korrekte Web-Site halten, gehackt worden sei. In Wirklichkeit wurde sie nie angezeigt.

Das Vortäuschen eines anderen Computers kann sehr wertvolle Informationen liefern, zum Beispiel Kennwörter. Wenn wir einen Server spoofen können, an dem sich ein Benutzer authentifiziert, können wir vielleicht den Client dazu bringen, uns das Kennwort zu schicken. Wenn wir stattdessen den Client spoofen, der sich mit dem Server verbindet, können wir als dieser Client Befehle senden.

Die Frage besteht weiterhin: „Wie kann ich sicher sein, dass ich der bin, als der ich mich ausgebe, in einem Netzwerk, das nur Nullen und Einsen übermittelt?" Um zu verstehen, wie Authentifizierung durchgeführt wird, müssen Sie die Grundlagen der Verschlüsselung kennen lernen. Im nächsten Abschnitt beschreiben wir die gebräuchlichsten Arten der Verschlüsselung, und wie sie zur Authentifizierung verwendet werden.

Private Key-Verschlüsselung

Private Key-Verschlüsselung nutzt einen *symmetrischen Algorithmus* für das Verschlüsseln (*Encryption*) und Entschlüsseln (*Decryption*) von Daten. In einem symmetrischen Algorithmus sind die Schlüssel zum Ver- und Entschlüsseln der Daten gleich oder lassen sich voneinander ableiten. Wenn Sie den Schlüssel kennen, können Sie jede Nachricht ver- oder entschlüsseln. Daher muss der Schlüssel geheim gehalten werden beziehungsweise privat bleiben, wie der Name schon sagt. Beide Seiten einer Kommunikation müssen den geheimen Schlüssel kennen. Einige der Probleme bei der Private Key-Verschlüsselung sind:

- Jede Person, mit der Sie kommunizieren wollen, muss eine Kopie des Schlüssels erhalten.
- Sie müssen einen sicheren und ungefährlichen Weg zum Verteilen des Schlüssels finden.
- Jeder, der eine Kopie Ihres Schlüssels erhält, kann Ihre private Kommunikation lesen.

- Sie müssen unterschiedliche private Schlüssel für jede Person haben, mit der Sie kommunizieren.
- Es kann schwierig sein, sich zu merken, welcher Schlüssel zu welcher Person gehört.

1973 startete das National Institute of Science and Technology (NIST) einen Auswahlprozess für einen symmetrischen Standardalgorithmus, der für die Verschlüsselung genutzt werden kann. Der Algorithmus sollte flexibel, sicher, schnell und lizenzfrei sein. IBM reichte einen Kandidaten ein. Da die National Security Administration (NSA) mehr Fachwissen auf diesem Gebiet hatte als jede andere Organisation, griff das NIST auf sie zurück, um die Sicherheit des Algorithmus zu evaluieren. Dabei nahm die NSA diverse Änderungen vor, unter anderem reduzierte sie die Schlüssellänge auf 56 Bits und passte mehrere *S-Boxes* an. Eine S-Box ist eine Gruppe von Zahlen, die beim Berechnen des Algorithmus verwendet werden. Wir sind uns nicht ganz sicher, warum diese Änderungen vorgenommen wurden. Manche vermuteten, dass damit sichergestellt werden sollte, dass die Verschlüsselung für die NSA noch entschlüsselbar blieb. Andere nehmen an, dass die Anpassungen in den S-Boxes einige statistische Schwächen im Algorithmus beheben sollten, während eine weitere Gruppe mutmaßt, dass diese Änderungen eine geheime Falltür darstellen, deren mathematische Eigenschaften der NSA das Entschlüsseln von Nachrichten erlauben. Diese Fragen wurden nie zur vollen Zufriedenheit geklärt. Unabhängig von den Diskussionen wählte das NIST IBMs Algorithmus als den Data Encryption Standard oder auch DES. Für die folgenden 25 Jahre wurde der DES der De-facto-Standard für Private Key-Verschlüsselung.

1997 wollte das NIST nun einen neuen Standard auswählen, um den DES zu ersetzen. Das größte Problem beim DES war seine Schlüssellänge. Durch die Erhöhung der Prozessorleistungen und die Entwicklung von Maschinen zum Brechen des DES war die Verschlüsselung zu schwach geworden. Der neue Algorithmus wurde Advanced Data Encryption (AES) getauft. Im Oktober 2000 wählte das NIST den Rijndael-Algorithmus (gesprochen „Reindoll"), der von zwei belgischen Kryptographen entworfen worden war, als neuen Standard aus. Nun wird der Algorithmus von der akademischen Gemeinschaft analysiert, bevor er offiziell als Standard akzeptiert werden kann. AES wurde aus denselben Gründen gewählt wie der DES – Flexibilität, Geschwindigkeit, Sicherheit und Lizenzfreiheit.

Eine wichtige Eigenschaft bei der Verschlüsselung ist die möglichst gleichmäßige Verteilung jedes einzelnen eingegebenen Zeichens über die gesamte Ausgabe. Mit anderen Worten, jedes ausgegebene Zeichen sollte von jedem Eingabezeichen abhängig sein. Ohne diese Eigenschaft ist das Finden eines Schlüssels recht einfach. Ein Beispiel für eine schwache Verschlüsselung fanden wir in einem Software-Paket, das wir gerade untersucht haben. Dort kann ein Kennwort in der lokalen Registry gespeichert werden, um es in Client-Applikationen zu nutzen. Das Kennwort wird dabei nur mithilfe von Ersetzungen (Substitutionen) verschlüsselt, nicht mit Vertauschungen (Permutationen). So wird auf das erste Zeichen eine Abbildung angewendet, die es durch einen anderen Buchstaben ersetzt. Der zweite Buchstabe nutzt eine andere Abbildung, und so weiter bis zum Ende des Kennworts. Durch die Verschlüsselung der Zeichen aaa, bbb, ccc, ... bis ZZZ können wir eine Reihe von Abbildungen erstellen, jeweils eine für jede Position im Kennwort, mit denen wir jedes Zeichen an jeder Stelle entschlüsseln können, unabhängig von den anderen Buchstaben. Diese Abbildungen führen Substitutionen durch. Aber jede ist unabhängig, da es keine Permutationen gibt. Es werden keine Zeichen durcheinander gewürfelt. Ein stärkerer Algorithmus würde die Substitution für den ersten Buchstaben durchführen, und dann diverse Zeichen vertauschen. Dieser Vorgang würde für jede Stelle vorgenommen werden. Bei der schwachen Verschlüsselung führt das Austauschen eines einzelnen Zeichens in der Eingabe dazu, dass sich nur ein einzelner Buchstabe in der Ausgabe ändert. Mit dem stärkeren Algorithmus führt das Ändern eines einzelnen Zeichens bei der Eingabe dazu, dass sich jeder Buchstabe der Ausgabe ändert und es dadurch sehr schwer wird, den ursprünglichen Text aus dem chiffrierten zu ermitteln.

Public Key-Verschlüsselung

Im Jahr 1976 wurde eine neue Art der Verschlüsselung entdeckt, die auf asymmetrischen Schlüsseln basiert. Die Idee war, einen Algorithmus zu finden, der Daten mit einem Schlüssel verschlüsseln und mit einem anderen entschlüsseln konnte. Zuerst müssen Sie einen Decryption-Schlüssel wählen, aus dem dann der Encryption-Schlüssel berechnet wird. Der entscheidende Punkt des Algorithmus ist, dass man mit dem Encryption-Schlüssel nicht den Decryption-Schlüssel ermitteln kann. Anders ausgedrückt sollte der Algorithmus es leicht machen, die Encryption- und Decryption-Schlüssel zu finden, aber ausschließen, dass aus dem Encryption- der Decryption-Schlüssel berechnet werden kann.

Bei symmetrischer Verschlüsselung können Sie den Decryption-Schlüssel nicht öffentlich machen, da dann jeder die Möglichkeit hätte, alle Ihre Nachrichten sowohl zu ver- als auch zu entschlüsseln. Bei asymmetrischer Verschlüsselung können Sie den Encryption-Schlüssel öffentlich machen. Jeder darf Nachrichten mit Ihrem Encryption- oder „öffentlichen“ Schlüssel (Public Key) verschlüsseln, aber nur Sie können die Nachricht mit Ihrem „privaten“ Decryption-Schlüssel entschlüsseln.

Ron Rivest, Adi Shamir und Leonard Adleman entwickelten einen neuen Public Key-Algorithmus. Benannt nach den Initialen seiner „Entdecker“, war RSA der erste Public Key-Algorithmus, der Verschlüsselung, Authentifizierung und digitale Signaturen implementierte. RSA Data Securities, Inc., besaß das Patent für RSA, bis es im Oktober 2000 auslief. Auch wenn der RSA-Algorithmus in den ersten 25 Jahren seines Bestehens nicht lizenzfrei war, entwickelte er sich trotzdem zum Industriestandard. Aufgrund der Lizenzproblematik wurde der RSA niemals offiziell als Standard von der NIST verabschiedet. Da er nun frei zugänglich ist, dürfte sich die Public Key-Verschlüsselung weiter verbreiten.

RSA-Verschlüsselung basiert auf der Schwierigkeit, große Primzahlen zu zerlegen. Bevor wir uns ein Beispiel anschauen, sollten Sie sich daran erinnern, dass sich eine Primzahl nur durch 1 oder sich selbst teilen lässt. Die Zahlen 11 und 13 sind zum Beispiel Primzahlen. Um nun die RSA-Verschlüsselung zu verstehen, wählen Sie zwei sehr große 56-Bit-Primzahlen. Diese beiden Werte werden in eine Formel gesteckt, um den privaten Schlüssel zu ermitteln. Danach multiplizieren Sie diese beiden Zahlen miteinander. Das Ergebnis ist eine Zahl, die sich nur durch die beiden ursprünglichen Primzahlen, sich selbst und 1 teilen lässt. Diese Zahl ist der öffentliche Schlüssel. Wie Sie sehen, konnten wir aus den beiden ursprünglichen Zahlen einen privaten und einen öffentlichen Schlüssel ermitteln. Nun können wir unseren öffentlichen Schlüssel jedermann bekannt geben. Ein Angreifer könnte unseren privaten Schlüssel nur dann ermitteln, wenn er die ursprünglichen Primzahlen ermittelt; das aber würde heißen, er muss den öffentlichen Schlüssel faktorisieren. Wenn die Zahlen groß genug sind, ist das Herausfinden der beiden einzigen Primteiler eine unglaublich aufwändige Aufgabe.

Lassen Sie uns ein paar Zahlen wählen, um zu sehen, wie das funktioniert. Die Zahlen 3 und 5 sind Primzahlen. Wenn sie miteinander multipliziert werden, erhält man 15, was als öffentlicher Schlüssel verwendet wird. Wenn ich Ihnen die Zahl 15 angebe und Sie auffordere, die Primteiler zu finden, müssten Sie bei 1 anfangen und alle Werte ausprobieren, bis Sie die beiden Werte herausbekommen[1]. Das Ganze ist natürlich für kleine Werte trivial. Nun wählen wir zwei etwas größere Zahlen aus, wie etwa 31 und 37. Wenn diese beiden Werte miteinander multipliziert werden, erhält man die Zahl 1147, was sich leicht berechnen lässt. Wenn ich Ihnen aber den Wert 1147 angebe, dauert es schon eine Weile, um die beiden Faktoren zu ermitteln. Computer arbeiten solche Aufgaben sehr schnell ab. Bei Public Key-Verschlüsselung ist das Ziel, einen Schlüssel zu wählen, der so groß ist, dass das Berechnen der Faktoren für einen Computer zu schwierig ist. Die aktuelle 128-Bit-Verschlüsselung ist so entworfen, dass es selbst mit einer großen Menge an bereitgestellten Computer-Ressourcen Millionen Jahre dauern würde, die Faktoren eines öffentlichen Schlüssels zu ermitteln.

Sie müssen allerdings berücksichtigen, dass sich die Technologie in naher Zukunft schnell weiterentwickeln kann. Ein Durchbruch in der Mathematik zum Bestimmen von Faktoren könnte alle aktuell verschlüsselten Daten verwundbar machen. Für Organisationen, die ihre Daten langfristig schützen wollen, kann solch ein mathematischer Durchbruch ein echtes Sicherheitsproblem darstellen. Nehmen wir zum Beispiel einmal an, die Regierung hätte geheime Daten, vielleicht Pläne für eine Atombombe, mittels verschlüsselter Funkkanäle vor 20 Jahren übertragen. Zum damaligen Zeitpunkt konnte man aufgrund der verfügbaren Technologie davon ausgehen, dass es 100 Millionen Jahre dauern würde, den privaten Schlüssel zu berechnen. Mit den unglaublichen Fortschritten im Technologiebereich und umfangreichen Ressourcen-

[1] *Anm. d. Übers.*: Es reicht hier natürlich, die Primzahlen maximal bis zur Wurzel des Ergebnisses zu testen. Aber auch das ist für große Zahlen nahezu unmöglich.

Pools, wie dem Internet, könnte diese Nachricht aber in ein oder zwei Jahren geknackt werden. In diesen Fällen ist es durchaus angebracht, sich nicht nur auf den mathematischen Aspekt der Verschlüsselung zu verlassen, wenn es um das Sichern wirklich geheimer Daten geht.

NIST hat nie einen Public Key-Algorithmus als Standard veröffentlicht, hauptsächlich wegen der Lizenzkosten von RSA und seinem Status als De-facto-Standard am Markt. Nun ist RSA lizenzfrei und wir werden sehen, ob das NIST nun RSA als Public Key-Verschlüsselungsstandard verabschiedet, und ob DSA durch RSA ersetzt wird.

Hybrid-Verschlüsselung

Rückblickend ist das größte Problem bei der Public Key-Verschlüsselung seine geringe Geschwindigkeit. Um dieses Problem zu lösen, wurden kombinierte Verschlüsselungsarten genutzt. Hybrid-Technologie nutzt die Public Key-Verschlüsselung, um einen geheimen Sitzungsschlüssel auszuhandeln, der dann für symmetrische Verschlüsselung genutzt wird. Ein typisches Beispiel dafür ist eine Kombination des DES und des *Diffie-Hellman-Algorithmus.*

Dabei wollen Client und Server eine Verbindung aufbauen, die abhörsicher ist. Zunächst wird eine Zufallszahl generiert und mit dem Diffie-Hellman-Algorithmus untereinander ausgetauscht. Nun kennen zwar beide Seiten, aber keine unerwünschten Mithörer diese Zufallszahl. Mit dieser Zahl als Schlüssel für den DES können Sie sicher Nachrichten hin und her schicken. Die Zufallszahl ist im Endeffekt ein Sitzungsschlüssel für diese Verbindung geworden. Bei der nächsten Verbindung wird ein neuer Schlüssel verwendet. RSA Data Securities, Inc. hatte das Patent auf den Diffie-Hellman-Algorithmus, bis es 1997 auslief.

Digitale Signaturen

Es gibt ein komplettes Studiengebiet, das sich mit Handschriftenerkennung und Unterschriftenüberprüfung befasst. Die Art, wie Sie mit Ihrem Namen unterschreiben, ist zugleich persönlich und eindeutig. Jemand kann versuchen, Ihre Unterschrift zu fälschen, aber der Winkel des Stiftes sowie Andruck und Pausen beim Unterschreiben werden nie Ihrer Schreibweise entsprechen. Da Sie im Cyberspace nicht wirklich unterschreiben können, wird stattdessen ein Mechanismus namens *Digitale Signatur* genutzt.

Digitale Signaturen basieren auf den gleichen Prinzipien wie die Public Key-Verschlüsselung, sie werden aber für einen anderen Bereich benötigt. Sie bieten eine numerische Methode zum Überprüfen, ob Sie ein Dokument erstellt oder unterschrieben haben. Um ein Dokument elektronisch zu unterzeichnen, müssen Sie zunächst aus dem Dokument mithilfe einer Einwegfunktion einen Hash-Wert ermitteln. Dieser Hash-Wert wird nun mit dem privaten Schlüssel verschlüsselt und als Unterschrift an das Dokument angehängt. Nachdem das Dokument einmal signiert wurde, kann jeder überprüfen, dass Sie es geschickt haben, indem er die Signatur mit dem öffentlichen

Schlüssel entschlüsselt und den ermittelten Hash-Wert mit dem aus dem Dokument generierten vergleicht. Wenn beide Werte übereinstimmen, müssen Sie das Dokument gesendet haben, da nur Sie eine Signatur berechnet haben konnten, die zum Dokument und Ihrem öffentlichen Schlüssel passt.

RSA bietet auch die Möglichkeit, Nachrichten digital zu signieren. Allerdings griff das NIST auf einen anderen Algorithmus für das digitale Signieren zurück, der als Digital Signature Algorithm (DSA) bekannt ist. Dieser Standard wurde ein Problem für das NIST. Viele Organisationen hatten schon in den RSA investiert, sowohl für die Verschlüsselung als auch für das digitale Signieren, und viele von ihnen kämpften gegen die Anpassung des DSA.

Digitale Signaturen sind bei Online-Transaktionen sehr wichtig. In naher Zukunft werden zwei Parteien in der Lage sein, Verträge zum Kauf eines Hauses legal zu unterzeichnen, ohne dazu je im selben Raum anwesend gewesen zu sein. Und in nicht so ferner Zukunft werden wir vielleicht alle elektronisch wählen gehen, ohne unser Haus verlassen zu müssen, indem wir uns mit digitalen Signaturen ausweisen.

1.4.2 Autorisierung

Nachdem Sie einmal authentifiziert wurden, kommt die *Autorisierung* ins Spiel. So muss zum Beispiel ein System, das Sie schon als Joe identifiziert hat, nun noch kontrollieren, ob Joe berechtigt ist, auf das Schließfach zuzugreifen, eine bestimmte Datei zu öffnen oder die Festplatte zu formatieren. Autorisierung basiert auf dem Vergleichen einer Identität mit einer Liste von Rechten, Privilegien oder Zugriffsbereichen.

Ihre Identität wird in der digitalen Welt üblicherweise als ein *Zugriffs-Token* (*Access Token*) gespeichert. Wenn Sie sich an einem System anmelden, wird ein Token erstellt, das anzeigt, wer Sie sind. Wenn Sie auf Objekte zugreifen, wird Ihr Zugriffs-Token gegen eine Liste von Benutzern abgeglichen. Diese *Zugriffskontroll-Liste* (*Access Control List, ACL*) gibt an, wer das Recht hat, bestimmte Software, Verzeichnisse, Dateien oder andere Objekte im System zu nutzen. Diese Zugriffs-Token und die Zugriffskontroll-Liste müssen geschützt werden, um die korrekte Autorisierung Gewähr leisten zu können.

Zugriffs-Token und ACLs werden im Speicher als Strukturen abgelegt. Im Juni 1997 wurde in Windows NT 4.0 ein Fehler entdeckt, der es Benutzern ermöglichte, ihre eigenen Zugriffs-Token zu editieren. Die Funktion **NtAddAtom** prüfte die Ausgabeadresse nicht korrekt. Diese Funktion wird im privilegierten Modus ausgeführt und hat die Möglichkeit, in den Kernelspeicher zu schreiben. Mit dieser Funktion kann sich ein normaler Benutzer selbst zur Administratorengruppe hinzufügen. Ein Programm namens GetAdmin wurde geschrieben, um diesen Fehler auszunutzen, und Microsoft veröffentlichte einen Patch, der verhindert, dass das Programm sinnvoll eingesetzt werden kann.

1.4.3 Systemintegrität

Systemintegrität ist ein umfangreiches Thema, das die Qualität und Zuverlässigkeit Ihres Systems behandelt. Es gibt viele Wege, wie die Systemintegrität verletzt werden kann. Um sie intakt zu halten, müssen Sie sicherstellen, dass Angreifer den berechtigten Benutzern den Zugang nicht verwehren können, keine Daten zerstören, die Anweisungen im System nicht abändern oder sogar das gesamte System zerstören können.

Ein Denial of Service ist eine Form des Angriffs auf die Systemintegrität. Wir sind sicher, dass Sie mit uns übereinstimmen, wenn wir sagen, dass ein System, auf das nicht zugegriffen werden kann, nutzlos ist. In Unternehmen, in denen die Geschwindigkeit des Informationsflusses von hoher Bedeutung ist, können Denial of Service-Angriffe hohe Kosten verursachen. Für die meisten Organisationen kann eine Schädigung ihrer Reputation erhebliche Auswirkungen haben, aber für einen Online-Shop kann ein Bericht über Hacker, die in sein Netzwerk eingedrungen sind, katastrophale Vertrauensverluste bei den Kunden bedeuten. Es ist schon schwierig genug, Leute dazu zu bringen, ihre Kreditkarten online zu nutzen, aber Kunden werden vielleicht zu Ihrem Konkurrenten wechseln, wenn sie nicht sicher sind, dass die Kreditkarteninformationen bei Ihnen geschützt sind.

Das Ändern von Daten in einer Weise, die nur sehr schwer entdeckt werden kann, ist eine sehr subtile Form der Verletzung der Systemintegrität. Sie werden es womöglich gar nicht bemerken, wenn zufällig Datensätze gelöscht oder nur minimal verändert werden, aber wenn Sie feststellen, dass an einem einzelnen Datensatz herumgepfuscht wurde, erscheinen auch alle anderen Datensätze suspekt. Das manuelle Überprüfen sämtlicher Datensätze in Ihrer Datenbank kann unglaublich teuer und zeitraubend sein.

Ein anderer Angriff auf die Systemintegrität betrifft Änderungen am Software-Code. Wenn ein Hacker Code in einem System modifizieren kann, ist es ihm möglich, seine eigenen Sicherheitsmodule einzubinden, um dann auf alles zuzugreifen, was ihn interessiert. *Root Kits* arbeiten nach diesem Prinzip. Sie werden geschrieben, um die Kernfunktionalität eines Programms zu ändern oder auszutauschen. Mit einem Root Kit kann ein System so angepasst werden, dass es die Wünsche des Hackers erfüllt.

Datensicherungen sind wichtig, um Lücken in der Systemintegrität vorzubeugen und die Folgen zu beseitigen. Wenn ältere Systemzustände aufbewahrt werden, ist die Wiederherstellung eines Datums vor dem Einbruch möglich. Programme wie zum Beispiel Tripwire wurden entwickelt, um den Status Ihrer ausführbaren Dateien zu einem Startzeitpunkt aufzuzeichnen. Sie können so den ursprünglichen Zustand mit dem eines späteren Zeitpunkts vergleichen, um die Codeintegrität zu kontrollieren. Dieser Ansatz funktioniert natürlich nur dann, wenn Sie sicher sind, dass die ursprüngliche Software selbst noch nicht modifiziert wurde, um die Änderungsmeldungen zu vermeiden.

1.4.4 Ein Blick auf verschiedene Authentifizierungsmodelle

Wie bereits erläutert, geht es bei der Authentifizierung um das korrekte Identifizieren eines Benutzers. Es gibt viele clevere Wege, einen Benutzer richtig zu authentifizieren. Keine Methode ist perfekt und jede hat ihre Stärken und Schwächen. Um die passende Art für Ihre Implementierung herauszusuchen, müssen Sie Ihre spezifischen Gegebenheiten und Anforderungen miteinbeziehen. Sie werden feststellen, dass einige verfügbare Methoden zu teuer sind, während andere technisch nicht durchführbar sind.

Ein Problem mit vielen kommerziellen Authentifizierungsmechanismen ist, dass sie auf proprietären Algorithmen basieren. Eine Lektion, die Kryptographen gelernt haben, ist, dass private Algorithmen üblicherweise nicht die sichersten sind. Ein sicherer Algorithmus steht unter Beobachtung durch die Nutzer, inklusive der Analyse durch die akademische Gemeinschaft und die Behörden. Es gibt viele freie Implementierungen von sehr sicheren Verschlüsselungsmethoden, und der Versuch, das Rad neu zu erfinden, ist keine sinnvolle Vorgehensweise.

Die beste Möglichkeit, um als Software-Hersteller sicherzustellen, dass es keine Schwachpunkte in seinem Produkt gibt, ist das Veröffentlichen der Implementierung. Wenn es dann Probleme gibt, finden andere die Lücken und teilen sie Ihnen mit. Wenn die Implementierung dagegen verborgen ist, werden sich nur diejenigen damit beschäftigen, die Schaden anrichten wollen, und sie werden Lücken eher ausnutzen als melden.

Kennwörter

Der häufigste Weg, sich selbst an einem System zu authentifizieren, ist die Verwendung eines Kennworts. Die Kennwortimplementierung variiert allerdings von System zu System. Bei den einfachsten Versionen gibt es ein einzelnes Kennwort, um alle Benutzer zu authentifizieren. Die Sicherheit eines solchen Systems muss als sehr schwach eingestuft werden. Dieser Ansatz wird genutzt, um Evaluations-Software beim Download zu schützen. Das Kennwort ist nur dazu gedacht, den Benutzer zunächst zu einem Verkäufer zu leiten, bevor er eine Testversion der Software herunterlädt. Da das Ziel darin besteht, das Produkt zu testen und zu kaufen, ist der wahre Grund in diesem Szenario natürlich nicht, Leute vom Zugriff auf dieses System abzuhalten.

Die meisten Systeme haben komplexere Kennwortmechanismen und erfordern für jeden Benutzer ein eigenes Kennwort. Eine weitere Anforderung ist, dass das tatsächliche Kennwort nicht einfach lesbar auf dem Rechner abgespeichert wird. Verschlüsselungsexperten haben dieses Problem mithilfe von Einweg-Hash-Funktionen gelöst. Einweg-Hash-Funktionen führen Substitutionen und Permutationen auf dem (lesbaren) Eingabetext durch und geben eine eindeutige Ausgabe aus, die als kodierter Text (*Cipher Text*) bezeichnet wird.

Einweg-Hash-Funktionen ähneln der Private Key-Verschlüsselung in der Hinsicht, dass sie nicht leicht umkehrbar sind. In einem Einweg-Hash können Sie den kodierten Text einfach aus dem Originaltext ermitteln, das Berechnen des ursprünglichen Texts aus dem kodierten Text ist aber sehr schwierig. Einweg-Hash-Algorithmen arbeiten nur in eine Richtung. Daten können verschlüsselt, aber nicht entschlüsselt werden. In einem starken Einweg-Algorithmus lässt sich das ursprüngliche Kennwort nicht mehr ermitteln, sobald es gehasht wurde.

Wie bereits ausgeführt, sollten die Systeme die Kennwörter nicht im Klartext ablegen. Bei einem starken Kennwortmechanismus wird das Kennwort nicht beim Anlegen abgespeichert, sondern erst gehasht, und dieser Hash-Wert wird dann abgelegt. Wenn der Benutzer sich nun am System anmelden will, nimmt der Anmeldeprozess das vom Benutzer eingegebene Kennwort, hasht es und vergleicht den neuen Hash mit dem gespeicherten Wert. Wenn sie passen, hat der Benutzer das richtige Kennwort angegeben.

Es gibt Wege, einen Einweg-Hash zu überrennen, indem *Brute Force* angewendet wird. Dabei wird jede mögliche Kombination von Eingabewerten verwendet, um das ursprüngliche Kennwort zu ermitteln. Dadurch, dass jedes mögliche Kennwort gehasht und mit dem gespeicherten Hash-Wert verglichen wird, kann das Kennwort eventuell ermittelt werden. Um diese Art von Angriffen zu verhindern, sollte eine minimale Kennwortlänge vorgegeben werden. Ein sechs Zeichen langes, groß- und kleinschreibungsunabhängiges, alphanumerisches Kennwort hat 2 176 782 336 (36 hoch 6) mögliche unterschiedliche Kennwörter. Das sind zwei Milliarden unterschiedliche Kennwörter, die Sie durch den Algorithmus schieben und vergleichen müssen. Im Durchschnitt benötigt man eine Milliarde Verschlüsselungen und Vergleiche, um das passende Kennwort zu finden. Wenn die Kennwortlänge und der Zeichenumfang erhöht wird, lassen sich die Kennwörter vor einer Entschlüsselung komplett schützen.

Eine effektivere Vorgehensweise beim Angriff ist die Verwendung eines Verzeichnisses mit gebräuchlichen Wörtern und ihren Abwandlungen. Häufig haben Benutzer Kennwörter wie WERDER oder ELISABETH1. Durch Heuristiken lässt sich die durchschnittliche Zahl der Versuche in den Bereich von 10 bis 10000 reduzieren, einer Menge, die klein genug ist, um von einem normalen Pentium-Computer in vernünftiger Zeit gehasht und verglichen zu werden, bevor sie ungültig werden. Daher müssen Sie zusätzlich noch verhindern, dass die Leute Zugriff auf die in Ihrem System gespeicherten Kennwort-Hashes bekommen. In älteren Unix-Versionen enthielt die Datei /etc/password die Kennwort-Hashes im Klartext. Mit diesen Hashes benötigte man zum Finden eines Kennwortes nur etwas Glück und Rechenzeit. Die meisten Unix-Versionen speichern die Kennwort-Hashes nun in einer separaten Datei, die als Schatten-Passwortdatei bezeichnet wird. Der Zugriff auf diese Schattendatei ist ausschließlich auf den Root-Zugang beschränkt.

Ein Weg, um starke Kennwort-Hashes zu knacken, ist das Erzeugen einer Datenbank mit diesen Werten. Wenn jeder Hash 10 Bytes lang ist und die dazugehörigen Kennwörter ebenfalls, benötigt man für das Erzeugen und Speichern von 100 Millionen Kennwörtern eine Festplatte mit 2GB Speicher. Die meisten aktuellen Festplatten kommen mit einem solchen Umfang spielend zurecht. Nun muss man statt massiver Berechnungen für einen Brute Force-Angriff einfach nur noch in der Datenbank nachschauen, um innerhalb weniger Sekunden zu dem Hash das passende Kennwort zu ermitteln.

Um die Verwendung solcher großer vorberechneter Listen mit Passwort-Hashes zu vermeiden, können Hashes mit *Salts* aufgefüllt werden. Ein Salt ist eine zufällige Zahl, die zum Hash-Wert addiert und mit ihm zusammen abgespeichert wird. Das Hinzufügen eines Saltwerts zu einem Passwort-Hash erhöht die Anzahl der möglichen Hash-Werte um die Anzahl der Saltwerte. Das Berechnen des Hashs aus dem Passwort ist nur unwesentlich aufwändiger. Das Hinzufügen eines Salts mit einem Wertumfang von einer Million erhöht den benötigten Platz für eine vorberechnete Liste um den Faktor eine Million. Dies ist normalerweise genug, um solche Listen unbrauchbar zu machen.

Zertifikate

Zertifikate bieten eine Möglichkeit, die Public Key-Authentifizierung zu verwalten. Um mithilfe von Public Keys mit einer Person zu kommunizieren, müssen Sie zunächst ein Zertifikat für diese Person herunterladen. Ein Public Key-Zertifikat enthält eine Kopie des öffentlichen Schlüssels, die durch eine dritte Partei, eine so genannte *Zertifizierungsstelle* (*Certificate Authority*), signiert wurde. Wenn Sie ein Zertifikat verwenden, verhindern Sie, dass jemand anderes Ihren öffentlichen Schlüssel durch seinen eigenen ersetzt. Zertifikate, die durch eine dritte Partei ausgestellt wurden, der beide Teilnehmer an der Kommunikation trauen, werden auf einem Public Key Infrastructure (PKI)-Server abgelegt. Der PKI-Server hat einen öffentlichen Schlüssel, der bekannt gegeben wird, und einen privaten Schlüssel, der geheim gehalten wird. Alle Zertifikate, die der PKI-Server verwaltet, werden mit seinem privaten Schlüssel signiert. Wenn nun ein Client ein Zertifikat herunterlädt, verifiziert er es mit dem öffentlichen Schlüssel des PKI-Servers. Nachdem Sie das Zertifikat einmalig heruntergeladen haben, haben Sie nun den öffentlichen Schlüssel desjenigen, dem Sie Nachrichten zukommen lassen wollen. Um sich zu authentifizieren, fordern Sie vom Gegenüber eine Einladung an. Das Gegenüber lädt sich ein Zertifikat mit Ihrem öffentlichen Schlüssel vom Server und sendet Ihnen eine Einladung, die mit Ihrem öffentlichen Schlüssel verschlüsselt ist. Nur Sie haben den privaten Schlüssel, um die Einladung entziffern zu können. Sie verschlüsseln nun die Einladung mit dem öffentlichen Schlüssels des Gegenübers. Nur er hat die Möglichkeit, die Einladung zu lesen. Wenn das Gegenüber Ihre Nachricht entschlüsselt und sie mit der ursprünglichen Einladung übereinstimmt, sind Sie authentifiziert.

X.509-Zertifikate, die auf dem ISO-System basieren, sind der gebräuchlichste Typ für Zertifikate, die heute verwendet werden.

Ein Blick auf SSL

Bisher haben wir die Infrastruktur mit öffentlichen und privaten Schlüsseln als Methoden für die sichere Übertragung und den Empfang von Daten über unsichere Netzwerke hinweg betrachtet. Nun wenden wir uns den Protokollen zu, die zum Verschlüsseln Ihrer Nachricht genutzt werden, bevor sie durch das Netzwerk geschickt und auf dem Zielcomputer wieder entschlüsselt wird.

Bevor wir die Diskussion vertiefen, sollten Sie sich mit ein paar Begriffen vertraut machen. Der erste ist *Cipher Suite*, eine Sammlung von Authentifizierungs-, Verschlüsselungs- und Datenintegritätsalgorithmen, die zum Austausch von Nachrichten zwischen Netzwerkknoten genutzt werden. Der nächste Begriff ist *SSL* (*Secure Sockets Layer*), ein Standardprotokoll für das Sichern von Netzwerkverbindungen. SSL bietet Authentifizierung, Verschlüsselung und Datenintegrität mittels einer Public Key-Infrastruktur. Während des Aushandelns der SSL-Verbindung einigen sich zum Beispiel die beiden betroffenen Knoten auf eine Cipher Suite, die gemeinsam für den Austausch von Daten genutzt werden kann. Die Netscape Communications Corporation entwickelte den SSL-Protokoll-Standard.

SSL wird für eine Public Key-Infrastruktur genutzt. Es dient zum Sichern von Datentransporten zwischen einem Client oder Server und einem oder mehreren anderen Servern, oder zwischen einem Server und allen Clients. Sie können SSL alleine oder mit anderen Authentifizierungsmethoden nutzen, und Sie können SSL so konfigurieren, dass entweder nur die Authentifizierung des Servers benötigt wird oder sich Client und Server authentifizieren müssen.

Kerberos und Sicherheit

Vor einiger Zeit erhielt einer der Autoren dieses Buchs eine E-Mail, die über Systemadministratoren berichtete, die plötzlich auf dem Boden liegend vorgefunden wurden, weil ihr Gehirn aufgrund der vielen zu merkenden Kennwörter einen Kurzschluss erlitten hatte. Die magische Zahl, ab der laut diesem Witz der Kurzschluss eintritt, lag bei 30. Zu dem Zeitpunkt, zu dem die Nachricht einging, merkte sich der Autor genau 37 unterschiedliche Kennwörter. Natürlich handelte es sich bei dieser E-Mail um einen Witz, aber Sie sollten wirklich einmal darüber nachdenken, welchen Stress es für manche Benutzer bedeutet, sich zwei, drei oder vier Kennwörter gleichzeitig merken zu müssen. Bei der Zahl der Computer, die heutzutage für das Erledigen von Geschäften und das Surfen im Internet genutzt werden, kann die Anzahl der Kennwörter, die man sich merken muss, schon nervtötend sein. Wäre es nicht wunderbar, wenn Sie sich nur ein Kennwort merken müssten, und dieses auch nur einmal beim Anmelden am ersten System anzugeben wäre? Die Beschreibung passt zu einem Feature, das als *Single Sign-On* bezeichnet wird, und es gibt ein Standardprotokoll namens Kerberos, das es unterstützt.

Das Protokoll beschreibt Standards, die es Benutzern ermöglichen, sich selbst einmalig an einem zentralen Authentifizierungsmechanismus anzumelden und dann diverse Konten anzusprechen, ohne sich erneut authentifizieren zu müssen. Kerberos wurde entworfen, um eine starke Client/Server-Applikations-Authentifizierung mittels Public Key-Verschlüsselung zu ermöglichen. Sie können eine kostenlose Kopie dieses Protokolls vom Massachusetts Institute of Technology (MIT) erhalten.

Ein Produkt namens CyberSafe stellt Single Sign-On, eine zentralisierte Passwortverwaltung, Datenbank-Link-Authentifizierung und verbesserte PC-Sicherheit mit dem Kerberos-Protokoll zur Verfügung. Kerberos ist ein Authentifizierungssystem, das auf geteilten Geheimnissen und dem Vertrauen in die Sicherheit der dritten Partei basiert. CyberSafe TrustBroker ist ein kommerzieller Kerberos-basierter Authentifizierungs-Server. Um dieses Produkt zu nutzen, muss der Kerberos-Authentifizierungs-Server auf einem Rechner installiert werden, der physisch sicher untergebracht ist.

Biometrie

Haben Sie schon einmal einen Film gesehen, in dem die Hand oder das Auge von jemandem gescannt wurde, um seine Identität zu überprüfen? Wenn ja, haben Sie *Biometrie* in Aktion erlebt. Biometrie ist eine Form der Identifikation, die jene Eigenschaften einer Person nutzt, die nur schwer nachgeahmt werden können. Die üblichen Formen sind Fingerabdrücke, Retina-Scans und Spracherkennung. Bei steigender Genauigkeit bietet die Biometrie einige wundervolle Einsatzmöglichkeiten, unterliegt aber auch Beschränkungen.

Das Authentifizieren einer Person über das Internet mittels eines Fingerabdrucks ist eine schlechte Idee, da es furchtbar einfach ist, sich praktisch jeden beliebigen Fingerabdruck zu besorgen. Biometrie funktioniert nur dann, wenn Sie das Eingabegerät kontrollieren können. So kann zum Beispiel ein Wachmann am Eingang eines Gebäudes positioniert werden, der kontrolliert, ob Sie Ihren eigenen Finger für den Fingerabdruck-Scan verwenden oder Ihr eigenes Auge für einen Retina-Scan. Mit einem PC zuhause könnten Sie eventuell das Gerät umgehen und Nachrichten erstellen, die denen Ihres Erkennungsgeräts gleich sind.

Ein anderes Problem bei der Biometrie ist, dass ein Fingerabdruck oder ein Retina-Scan nicht ungültig gemacht werden kann, nachdem er einmal gestohlen wurde. Wenn zum Beispiel ein Kennwort in Ihrem System gehackt wurde, können Sie ein neues Kennwort vergeben, um den Eindringling zu blockieren. Wenn ein Angreifer aber Ihren Retina-Scan besitzt, können Sie nicht viel tun, um Ihr Auge anzupassen und einen neuen Scan herzustellen. Bei einem ordentlich betreuten Eingabegerät können Sie das Problem abmildern, indem Sie sicherstellen, das die gerade zu scannende Person tatsächlich Ihre eigenen Eigenschaften „nutzt“.

Smart Cards

Wir alle kennen Kreditkarten und wir alle kennen Taschenrechner. Stellen Sie sich nun einen sehr kleinen Taschenrechner in der Größe einer Kreditkarte vor. Stellen Sie sich weiter vor, eine Zahl einzugeben, eine Taste zu drücken und eine andere Zahl angezeigt zu bekommen. Smart Cards sind Geräte von der Größe einer Kreditkarte, die auf Basis von kryptografischen Algorithmen Zahlen ermitteln. Der Schlüssel zu Ihrer Sicherheit ist, dass Smart Cards zerstörungssicher sind.

Nun, „zerstörungssicher" ist nicht der richtige Ausdruck. Sie sind recht resistent gegen äußere Einflüsse. Aber vor allem haben die Hersteller diese Karten so entworfen, dass sie unbrauchbar werden, wenn sie geöffnet werden und der eingebaute Chip der Umgebungsluft ausgesetzt ist. Natürlich kann ein Krimineller dafür sorgen, dass die Raumluft von der geöffneten Smart Card fern gehalten wird. Die Technologie, um einen solchen Chip zu schützen, steht in einem andauernden Wettlauf mit denjenigen, die versuchen, sie auszutricksen. Aber der Aufwand für solch einen Angriff ist nicht unerheblich, und normalerweise außerhalb der Möglichkeiten der meisten Kriminellen.

Smart Cards werden typischerweise genutzt, um ein zweites Informationselement bei der Authentifizierung anzugeben. Wenn Sie sich anmelden, geben Sie zunächst ein Kennwort ein. Dann werden Sie dazu aufgefordert, den PIN von der Karte abzutippen. Dieser PIN ändert sich sehr häufig. Ungefähr jede Minute wird ein neuer erstellt. Durch Eingabe des richtigen PINs und Kennworts erhalten Sie dann den gewünschten Zugang. Smart Cards erhöhen die Sicherheit bei der Authentifizierung, indem vom Benutzer nicht nur das Kennwort, sondern auch noch ein Zugriff auf die Smart Card gefordert wird.

Sicherheitsimplementierung bei Oracle

Da Sie dieses Buch lesen, können wir einige allgemeine Annahmen und Aussagen über Sie machen. Sie sind, auf die eine oder andere Weise, an Themen zu einer Oracle-Datenbank interessiert. Beispielsweise sind Sie Administrator einer Datenbank oder eines Systems, für die Sicherheit verantwortlich, IT-Manager, Endbenutzer einer Oracle-Datenbank oder vielleicht ein neuer Hacker mit bösartigen Absichten, der gerne neue Wege zum Eindringen in eine Oracle-Datenbank kennen lernen möchte.

Hat Sie der letzte Teil der obigen Aufzählung erschreckt oder überrascht? In der Realität durchforsten die Jungs, die lernen wollen, wie man auf eine Oracle-Datenbank zugreifen kann, um dort Schaden anzurichten, vermutlich die vielen Web-Sites, die detaillierte Informationen für genau dieses Vorgehen liefern. Sie dagegen lesen dieses Buch wahrscheinlich, um zu erfahren, wie Sie die Angriffspunkte in Ihrer Datenbank ausfindig machen und Ihr System dagegen schützen können. Wie wir beim Spielen diverser Sportarten gelernt haben, ist Angriff manchmal die beste Verteidigung. Daher glauben wir, dass der beste Weg, Ihr Systems gegen einen Angriff zu schützen, darin besteht, sich in die Denkweise eines Hackers zu versetzen, und von dort aus zu starten.

Um Ihnen dabei zu helfen, Ihre Datenbank sicherer zu machen, möchten wir Ihnen einige Hintergrundinformationen zur Entstehungsgeschichte von Oracles Sicherheitsimplementierung geben. Wir hoffen, dass wir Ihnen die von der Oracle Corporation gewählten Ansätze verständlich machen können, damit Sie die richtigen Entscheidungen treffen können.

Während wir dieses Hintergrundmaterial durchgehen, sollten Sie immer im Hinterkopf behalten, dass es viele Sicherheitsschichten gibt, die Sie beachten müssen: Betriebssystem, Datenbank, (internes) Netzwerk und Internet. Der Rest dieses Buchs kümmert sich detailliert um jede dieser Schichten, aber fürs Erste wollen wir kurz die verschiedenen Sicherheitsbereiche betrachten, die zu beachten sind. Um das Ganze verständlicher und übersichtlicher zu machen, geben wir Ihnen zunächst einen Überblick über die Hintergrundprozesse bei Oracle.

Aus Betriebssystemsicht müssen Sie den ausführbaren Code von Oracle und die Dateien in Ihren Datenbanken schützen. Oracle lässt viele Serverprozesse ausführen, damit Ihre Datenbanken laufen. Auf einem Unix-System werden diese Prozesse als *Hintergrundprozesse* (*Background Processes*) bezeichnet, da sie unabhängig von den anderen Prozessen im Hintergrund laufen. Auf einem Windows-System handelt es sich dagegen um *Threads*, die alle in einem ausführbaren Programm ablaufen. Daher gibt es in einem Oracle-System zu jedem Zeitpunkt zwei verschiedene Prozesstypen: die Hintergrundprozesse von Oracle und die Benutzerprozesse. Die Hintergrundprozesse von Oracle führen den Code aus, der mit den eigentlichen Datenbankdateien im System interagiert. Keinem anderen Prozess sollte es erlaubt sein, direkt mit den Datenbank- und Logdateien auf Betriebssystemebene zu kommunizieren.

Die unterschiedlichen Prozesse haben Namen und Funktionen, die in Tabelle 2-1 beschrieben sind. Einige dieser Prozesse sind optional und nur dann vorhanden, wenn die dazugehörigen Aufgaben aktiviert sind.

Tabelle 2-1: Hintergrundprozesse von Oracle und ihre Funktionen

Prozessname	Funktion	Aufgaben
PMON	Prozessmonitor	Stellt den Prozess wieder her, wenn ein Benutzerprozess fehlschlägt; wenn der Benutzerprozess abgeschlossen wird, räumt er den Cache auf und gibt die genutzten Ressourcen frei; überwacht die Dispatcher und Serverprozesse, und startet sie bei Bedarf neu
SMON	Systemmonitor	Führt ein Crash-Recovery durch, wenn eine defekte Instanz neu startet; führt nahe beieinander liegende Erweiterungen in den per Verzeichnis verwalteten Tablespaces der Datenbank zusammen
DBWn	Database-Writer (bis zu 9)	Schreibt geänderte Datenbank-Blöcke aus dem Datenbank-Puffercache in die entsprechenden Datendateien auf den Festplatten
LGWR	Log-Writer-Prozess	Schreibt Redo Log-Einträge in eine Redo Log-Datei auf der Festplatte
RECO	Recoverprozess	Löst verteilte Transaktionen auf, die stillstehen, weil ein Netzwerk- oder Systemfehler in der verteilten Datenbank aufgetreten ist

Tabelle 2-1: Hintergrundprozesse von Oracle und ihre Funktionen (Fortsetzung)

Prozessname	Funktion	Aufgaben
ARCH	Archive-Log-Writer	Kopiert die Online Redo Log-Dateien auf Archivplatten, wenn sie ihre Obergrenze erreicht haben oder ein Log-Wechsel stattfindet
CKPT	Checkpoint-Prozess	Fordert die DBWn bei Checkpoints auf, alle geänderten Datenbank-Puffer aus der System Global Area (SGA) in die Datendateien auf den Festplatten zu schreiben, und aktualisiert alle Daten- und Kontrolldateiköpfe, um die aktuellste Checkpointzeit plus Datum zu zeigen
Dnnn	Dispatcher (systemabhängige Obergrenze)	Wird bei Multithreaded-Serverkonfigurationen mit mindestens einem Prozess für jedes verwendete Kommunikationsprotokoll genutzt, um die Anfragen von den angemeldeten Benutzern an verfügbare Serverprozesse zu leiten und die Ergebnisse zurückzugeben
LCK0	Lock	Wird für Inter-Instanz-Locking im Oracle Parallel Server genutzt
SNPn	Job-Warteschlange (bis zu 36)	Aktualisiert Snapshots in einer verteilten Datenbankkonfiguration; führt Job-Anfragen aus, die durch DBMS_JOB erzeugt wurden; leitet wartende Nachrichten an Warteschlangen in anderen Datenbanken weiter
QMNn	Warteschlangen-Monitor (bis zu 10)	Überwacht die Nachrichten-Queues für das Oracle Advanced Queuing

Benutzer kommunizieren mit den Daten, die innerhalb der Datendateien abgelegt sind. Sie sollten niemals direkten Zugriff auf das Dateisystem von Oracle bekommen. Da Backups eine lebenswichtige Rolle für das Reparieren oder Wiederherstellen Ihrer Datenbanken spielen, müssen Sie natürlich Ihre Backup-Dateien genauso schützen. Wenn ich als Hacker eine Kopie Ihres Datenbankexports erhalte, kann ich Ihre Datenbank auf meinem System wiederherstellen. Ich kann dann Ihre Firmendaten und den Aufbau der Datenbank analysieren. Wenn Sie irgendwelche Datenbank-Links zu anderen Datenbanken angelegt haben, kann ich diese Informationen ausnutzen und weitere Systeme von Ihnen erreichen. Denken Sie auch daran, die Bänder mit den Backups Ihrer Datenbank zu schützen. Wir werden uns mit dem Sichern der Backups in Kapitel 3 intensiver beschäftigen, wenn wir einen detaillierten Sicherheitsplan diskutieren und erstellen.

Aus Sicht der Datenbank müssen Sie dafür sorgen, dass nur gültige und autorisierte Benutzer mit der Datenbank und ihren Inhalten arbeiten können. Sie haben die Möglichkeit, sowohl Zugriff zu gewähren als auch die Aktionen der Benutzer zu überwachen. Wie in Kapitel 1 besprochen, müssen Sie sicherstellen, dass nur authentifizierte und autorisierte Benutzer Zugriff auf Ihre Netzwerksysteme haben, sei es direkt oder mittels Intra- und Internetapplikationen. Ein Teil der Datenbanksicherheit beruht auch darauf, dass Sie die Benutzerkonten prüfen, die automatisch beim Erstellen Ihrer Datenbank angelegt werden. Es ist unabdingbar, dass Sie wissen, wofür die einzelnen Konten genutzt werden und ob Sie sie so belassen wie sie sind, oder Benutzernamen und Passwörter anpassen, oder sie sogar aus dem System entfernen. Wir werden dies detaillierter in Kapitel 7 besprechen.

Da Datenbanken mittlerweile sowohl im internen als auch im frei zugänglichen Teil Ihres Firmennetzwerkes verteilt sein können, müssen Sie Gewähr leisten, dass Ihre Daten sicher durch Ihre Netzwerke transportiert werden können. Dadurch, dass immer mehr Geschäfte über das Internet abgewickelt werden, wurden Sicherheitsrisiken ein wichtiges Thema. Sicherheit im Netzwerk und im Intra- bzw. Internet wird in Teil IV dieses Buchs behandelt.

Mit diesen vier Bereichen im Gedächtnis wenden wir uns nun der Geschichte von Oracle seit den Anfängen im Jahr 1979 bis heute zu. Beim Entstehen dieses Buchs ist die aktuelle Release Oracle8*i*, Release 3 (Version 8.1.7), und Oracle9*i* wurde angekündigt. Wir werden versuchen, so viele Informationen wie möglich zu diesen beiden Releases mit aufzunehmen.

2.1 Hintergründe der Sicherheit bei Oracle

Ausgehend von der Prämisse aus Kapitel 1, dass zum Verständnis von Gegenwart und Zukunft zunächst die Vergangenheit verstanden werden muss, wollen wir zunächst einen Blick auf die Computerumgebung werfen, die zu Beginn der 80er existierte. Wir geben einen kurzen Überblick über Oracles generelle Produkthistorie, wobei wir genauer auf die unterschiedlichen Ansätze eingehen, die Oracle für die Datensicherheit genutzt hat, damit Sie sehen, wo Oracle stand, wie sich das Produktportfolio weiterentwickelt hat und welche Rolle die Sicherheitsimplementierung für den Erfolg von Oracle spielte.

Es mag Sie überraschen, dass einer der ersten Datenbank-Kunden von Oracle die Central Intelligence Agency (CIA) war. Um die Auswirkungen dieser frühen Beziehung zwischen Oracle und der CIA zu verstehen, wollen wir uns anschauen, was passiert, wenn Sie in einer aktuellen Version des Oracle-RDBMS versuchen, auf eine Tabelle zuzugreifen, deren Name falsch geschrieben wurde. Hier der Aufbau der Tabelle EMPLOYEES im Schema MYUSER:

```
describe EMPLOYEES
Name                    Null?   Type
---------------------   -----   --------------
EMP_LAST_NAME                   VARCHAR2(20)
EMP_FIRST_NAME                  VARCHAR2(15)
EMP_MIDDLE_NAME                 VARCHAR2(15)
SALARY                          NUMBER(7,2)
DEPARTMENT                      NUMBER(2)
POSITION                        VARCHAR2(15)
```

Nun nehmen wir an, dass Sie die folgende Abfrage stellen und dabei den Tabellennamen falsch schreiben:

```
select EMP_LAST_NAME
  from EMLPOYEES;
 from EMLPOYEES
      *
ERROR at line 2:
ORA-00942: table or view does not exist
```

Wie Sie sehen, erhalten Sie eine Fehlermeldung mit der Nummer ORA-00942: "table or view does not exist." Wir können es nicht beweisen, aber einem der Autoren wurde erzählt, dass diese Fehlermeldung als eine der ersten Sicherheitsmaßnahmen bei Oracle eingeführt und von der CIA angefordert wurde, um eventuelle Hacker zu verunsichern. Dahinter stand der Gedanke, dass Hacker, die versuchen den Namen eines Datenbank-Objekts zu erraten, durch eine Fehlermeldung wie „Tabellenname falsch geschrieben" oder „Es gibt eine Tabelle mit einem ähnlichen Namen" erfahren würden, dass sie auf dem richtigen Weg sind. Animiert durch eine solche Meldung würden sie es mit ähnlichen Namen und Schreibweisen versuchen, bis sie schließlich den richtigen Namen herausfänden. Sie erhalten dieselbe Fehlermeldung, wenn zwar der Name korrekt ist, Ihnen aber die Berechtigungen für diese Tabelle fehlen. Die Meldung „table or view does not exist" ist eine gute Möglichkeit um aufzuzeigen, dass eine Fehlermeldung erscheint, ohne jemandem zusätzliche Hilfe zu geben, der Zugang erlangen will. Es schützt auch gegen Hacker, da diese nie wissen können, ob die Tabelle tatsächlich nicht existiert. Sie sehen also, dass bereits im Jahr 1979, als Oracle die Version 2.0 seines RDBMS herausbrachte, Sicherheitsüberlegungen von den Entwicklern, Managern und Kunden angestrengt wurden.

In den späten 70ern und den frühen 80ern waren Computer groß und in einem gut gesicherten Computerraum nicht leicht erreichbar. Sie mussten physisch am Computer arbeiten und benötigten sowohl ein Kennwort für das Betriebssystem als auch für die Datenbank, um Zugriff auf eine Oracle-Datenbank zu erhalten. Ihre Kennwörter für Betriebssystem und Datenbank durften gleich sein, aber im Unterschied zum Passwort des Betriebssystems, das nach einiger Zeit ungültig wurde, gab es keine Möglichkeit, Ihr Oracle-Passwort verfallen zu lassen. Allerdings mussten Sie für den Zugriff auf das System noch immer am Wachmann an der Tür zum Computerraum vorbei.

2.1.1 Über Backups

Es gibt auf der Welt nur zwei Sorten von Computerbenutzern: Die, die Daten verloren haben, und die, die noch welche verlieren werden. Die Methoden zum Schützen von Daten haben sich mit den Jahren radikal verändert, und die Tools von Oracle wurden geändert, um mit der Technologie Schritt zu halten. Auch wenn wir in diesem Buch noch detaillierter über Backups zum Sichern von Daten sprechen werden, wollen wir uns hier ein wenig Zeit nehmen, um zu untersuchen, warum Backups ein Eckpfeiler Ihres Sicherheitskonzepts sein sollten.

Was kann schief gehen?

Wie können Daten in Ihrem System oder Ihrer Datenbank verloren gehen? Es gibt tatsächlich viele verschiedene Möglichkeiten, zum Beispiel

- **Benutzerfehler** Ein Benutzer löscht ungewollt den falschen Datensatz oder die falsche Datensatzgruppe.
- **Entwickler-Fehler** Ein Entwickler schreibt Code zum Entfernen von Daten, und dieser Code verhält sich in der Entwicklungs- und Testumgebung anders als in der Produktionsdatenbank.
- **Administrator-Fehler** Ein Datenbank-Administrator glaubt fälschlicherweise, eine Entwicklungstabelle zu entfernen, befindet sich aber stattdessen in der Produktionsdatenbank.
- **Hacker-Fehler** Ein Hacker dringt in das System ein und entfernt mutwillig Daten.
- **Hardware-Fehler** Ein Teil des Rechners, wie die Festplatte oder ein Controller, geht kaputt, und Sie kommen entweder nicht mehr an die Daten heran oder die Daten wurden zerstört.
- **Naturkatastrophen** Ein Feuer oder eine Überschwemmung zerstört die Datenzentrale, wo Ihre Computer stehen.

In dieser Liste gehen die ersten vier Punkte direkt oder indirekt auf menschliches Fehlverhalten in Kombination mit Softwarefehlern zurück, während die letzten beiden Punkte außerhalb Ihres Einflussbereichs liegen. Im Folgenden ein Beispiel, wie ein menschlicher Fehler ungewollt auftreten kann, und warum Sie eine effektive Backup-Strategie brauchen, um Ihre Daten zu schützen und wiederherstellbar zu halten.

Einer der Autoren arbeitete mit einem wirklich guten Entwickler zusammen, der normalerweise seine Programme wiederholt testete, um sicherzustellen, dass mit den Prozeduren nichts schief gehen konnte. Eines Tages startete er einen Job auf dem Produktionssystem. Der Job war erstellt worden, um Informationen über Käufer zu entfernen, die länger als sechs Monaten keinen Auftrag mehr getätigt hatten. Der Job funktionierte sowohl auf dem Entwicklungs- als auch auf dem Testsystem reibungslos.

Tatsächlich verrichtete er auch auf dem Produktionssystem seine Aufgabe wunderbar, allerdings hatte der Entwickler vergessen, dass die Tabelle, aus der er löschte, eine Reihe von Dummy-Einträgen enthielt, die für die Funktion des Systems unabdingbar waren, aber nie aktualisiert wurden. Nach dem Löschen der Datensätze dauerte es eine Weile, bis neu eingehende Aufträge, die mithilfe der nun fehlenden Dummy-Datensätze hätten bearbeitet werden sollen, fehlschlugen. Während der Fehlersuche wurden Hunderte weitere neue Aufträge verarbeitet. Es dauerte mehrere Stunden, bis eine lauffähige Lösung gefunden war, um die fehlenden Daten wiederherzustellen, ohne die neuen Aufträge zu verlieren, die erfolgreich abgearbeitet worden waren. Die Lösung des Problems bestand darin, aus dem Backup der letzten Nacht die Tabelle in die Entwicklungsdatenbank einzuspielen, von wo aus die fehlenden Datensätze mit einer trickreichen SQL-Anweisung über einen Datenbank-Link in das Produktionssystem kopiert werden konnten.

Daten, die sehr subtil von jemandem geändert wurden, der in Ihr System eingedrungen ist, lassen sich meist noch viel schwieriger entdecken und reparieren als Daten, die absichtlich entfernt wurden. Beide Situationen können aber Probleme bereiten, und meist sind die Lösungen zum Beheben des Schadens sehr ressourcen- und personalaufwändig.

Sie müssen für alle und jedweden der aufgeführten Notfälle gerüstet sein, um sicherzustellen, dass die Daten Ihrer Firma geschützt sind. Betrachten wir nun die ersten Backup- und Recovery-Optionen von Oracle, um Ihnen ein Gefühl für die Richtung zu geben, die Oracle einschlug, um Benutzer beim Datenschutz in einer Oracle-Datenbank zu unterstützen.

Ich kann nicht mit ihnen leben/Ich kann nicht ohne sie leben

Wie würden Sie sich fühlen, wenn Sie gerade mehrere Tage oder Wochen damit verbracht hätten, Informationen in Ihre Datenbank einzugeben, und jemand dann „ungewollt" alle Daten löscht? Würden Sie sich niedergeschlagen und wütend fühlen, weil Sie ganz von vorne anfangen müssten? Oder wären Sie ärgerlich, aber nicht am Boden zerstört, denn Sie wüssten, dass Sie eine aktuelle Backup-Kopie der Datenbank haben, die kurz vor dem Löschen der Daten erstellt worden ist? Lassen Sie uns einen Schritt weitergehen. Wie würden Sie sich fühlen, wenn Sie die Datenbank wiederherstellen wollen und feststellen, dass Ihr System das Backup nicht lesen kann? Aua! Das wäre wirklich schmerzlich, oder? Frühere Oracle Datenbank-Administratoren sahen sich manchmal mit diesem Problem konfrontiert.

Ursprünglich bot Oracle zwei Tools namens „Export" und „Import" an. Die Betriebssystemsoftware bot den Administratoren weiterhin die Möglichkeit, alle Dateien eines Systems auf andere Platten oder, üblicherweise, auf Bänder zu kopieren. Damit hatten Sie einige begrenzte Optionen um sicherzustellen, dass Sie im Falle eines Falles in der Lage waren, eine zerstörte Datenbank wiederherzustellen.

Um einen Export der kompletten Datenbank zu erstellen, muss Ihre Datenbank hochgefahren und verfügbar sein. Das Export-Tool nutzt SQL-Anweisungen, um die Daten aus jedem Objekt auszulesen, und sowohl die Struktur als auch die Daten in eine Binärdatei zu schreiben. Wenn die Daten dann wieder eingespielt werden müssen, liest das Import-Tool die Export-Datei ein und baut die Objekte wieder genauso auf, wie sie zum Zeitpunkt des Exports bestanden.

Mit dem Export-Tool können Sie eine *Momentaufnahme* (einen so genannten *Snapshot*) erstellen, von einer oder mehreren Tabellen, einer Gruppe von Benutzerobjekten oder der gesamten Datenbank zu einem bestimmten Zeitpunkt des Exports. Mit dem Import-Tool können Sie dann die gespeicherten Objekte wiederherstellen. Durch das Export- und Import-Tool haben Sie also die Möglichkeit, eine neue Datenbank so zu erstellen und mit Daten zu füllen, dass sie genau wie eine bestehende Datenbank aussieht, Sie können bestimmte Objekte in der aktuellen Datenbank wiederherstellen oder eine Datenbank von einem in ein anderes System transportieren.

Leider schrieb die erste Version des Export-Tools die exportierten Informationen nicht immer richtig in die Datei, und das Import-Tool verarbeitete die Export-Datei auch nicht richtig. Es gab Zeiten, in denen sich das Wiedererstellen einer Oracle-Datenbank so schwierig wie das Zusammensetzen eines Puzzles mit diversen fehlenden Teilen gestaltete.

Bei den frühen Versionen mussten sich Oracle-Administratoren noch weniger vor Benutzerpannen oder Angriffen von außen fürchten, als vor Fehlfunktionen der Oracle-Software. Oracles Code war zuzeiten ihr schlimmster Feind, wenn es sich um Backups und Recoveries handelte.

2.1.2 Die Sicherheit robuster machen

Wenn Sie in den Anfangstagen der Oracle-Produkte mit Ihrer Datenbank „sprechen“ wollten, mussten Sie Sprachen namens User Friendly Interface (UFI) und Procedural UFI benutzen, die Vorläufer von SQL und PL/SQL. Oracle wurde auf einige wenige große Betriebssysteme portiert, wie IBM-Mainframes und Digital VAX. Ihre Benutzerformulare waren tatsächlich grafische Programme, die Oracles Interactive Forms (IAF)-Paket verwendeten, den Vorgänger des Oracle Developer-Toolkits. Sie erstellten eine Quelldatei mit einer Erweiterung „.inp“. Dann kompilierten Sie die Formulare mit Interactive Graphics (IAG)-Befehlen, und konnten schließlich die Ausgabedateien mit dem Befehl **runform** starten.

Frühe Datenbank-Benutzer mussten normalerweise auf ihre Applikation mit einem gesicherten Front-End zugreifen, das einen Benutzernamen und ein Kennwort benötigte. Aber solange die Applikation hinter den Formularen keinen Mechanismus für den Verfall von Kennwörtern hatte, wurde das Benutzerkennwort nie ungültig. Um neue Kennwörter zu erzwingen, musste der DBA die Kennwörter aller Benutzer ändern. Diese Aktion war für den DBA zeitaufwändig und lästig, denn nachdem alle Kennwörter geändert waren, musste der DBA jedem Benutzer mitteilen, dass sein altes Kennwort nicht mehr funktionierte. Zudem musste er dafür sorgen, dass die neuen Kennwörter nicht in falsche Hände gerieten. Es gab verschiedene Ansätze, aber alle hatten Nachteile und potenzielle Sicherheitslücken. Die drei möglichen Vorgehensweisen und ihre jeweiligen Probleme lauten:

- Alle Kennwörter werden auf den gleichen Wert gesetzt. Das Problem dabei ist, dass ein Benutzer auf ein fremdes Konto zugreifen kann, solange dessen Benutzer das Kennwort noch nicht geändert hat.
- Die Kennwörter werden auf einen bekannten Wert gesetzt, wie zum Beispiel die Telefonnummer des Benutzers. Wenn ein Benutzer aber sein neues Kennwort erhält, kann er sich die Kennwörter der anderen Benutzer auch denken.
- Neue Kennwörter werden zufällig generiert und der Administrator teilt sie dem kennwortgeschützten Voice-Mail-System mit. Diese Methode ist halbwegs sicher.

Über Berechtigungen

Bis zur Version 6 des RDBMS gab es nur drei Berechtigungsebenen, die Benutzern zugewiesen werden konnten, wenn sie sich bei der Datenbank anmelden wollten: die Berechtigungen Connect, Resource und DBA. Mit der Connect-Berechtigung konnte der Benutzer gerade mal eine Sitzung eröffnen und vielleicht ein, zwei Dinge mehr tun. Die Resource-Berechtigung war für Personen gedacht, die Objekte wie zum Beispiel Tabellen, Indizes und Views in der Datenbank anlegen wollten. Die Berechtigung DBA ermöglichte jedem, der sie erhielt, die vollständige Kontrolle über die Datenbank. Die Sicherheit war bestenfalls ein vorläufiges Gerüst.

Um damals eine Oracle-Datenbank zu erstellen, mussten Sie direkt mit dem System verbunden sein, auf dem die Datenbank laufen sollte, entweder über eine Telnet-Sitzung oder mit einem angeschlossenen Terminal. Sie erstellten Ihre Datenbank auf einem Digital VAX-System mit dem Befehl **ccf** (create contiguous file), als dessen Parameter ein Dateiname und eine Größe mitgegeben wurden. Wenn die Größe nicht mehr ausreichte, konnten Sie die Daten mit einem Export-Tool auslagern, die Datei mit einem größeren Umfang erneut anlegen und die Daten wieder importieren. Mit dem Oracle Data Loader (ODL) ließen sich Daten in die Datenbank laden und mit dem Oracle Display System (ODS) konnte man die Datenbank überwachen, allerdings war dieses Tool bekanntermaßen widerspenstig! Um die Datenbank zu starten, führten Sie den Befehl **ior** (initialize Oracle) auf Betriebssystemebene aus. Es gab sowohl eine Before Image (BI)-Protokolldatei, um die Daten vor einer Änderung aufzunehmen, als auch eine After Image (AI)-Protokolldatei für die Daten nach Änderungen. Sie nutzten Terminals, die direkt mit dem Computer verbunden waren. Diese wurden als "dumm„ bezeichnet, da sie keinerlei eigenen Speicher oder Grafik-Fähigkeiten besaßen. Sie konnten von einem entfernten Computer aus nicht direkt mit der Datenbank kommunizieren. Die Sicherheitseinstellungen waren sehr rigide und in vielerlei Hinsicht auch zu simpel.

Wenn Sie in eine Oracle-Datenbank einbrechen wollten, mussten Sie tatsächlich in das Gebäude und den Raum eindringen, in dem der Computer stand. Wenn Sie sich am Betriebssystem mit dem Benutzerkonto anmelden konnten, das die Oracle-Datenbank und die Programme verwaltete, war das für Oracle und das Betriebssystem eine ausreichende Authentifizierung, um Sie alles machen zu lassen, was Sie wollten. Es gab genügend Fallstricke, in denen Sie und das gesamte System sich verfangen konnten.

Als sich die Produkte weiterentwickelten, erhielt man die folgenden drei Tools:

- FASTFORM Ein Tool zum Generieren von Blöcken in SQL*Forms
- CRT Ein Tool zum Beeinflussen der Anzeigenoptionen
- rpt (später in Oracle Report umbenannt) Ein Reportgenerator zum Anzeigen von flexibel formatierten Berichten

Das rpt-Tool war ein Interpreter im Gegensatz zu einem Compiler, der ausführbare Dateien produzierte. Da jeder Befehl erst bei seinem Auftauchen analysiert wurde, war rpt sehr langsam. Zudem war es sehr schwerfällig im Gebrauch. Das Layout des Reports musste vordefiniert und vorformatiert sein, so dass Sie für jedes Element genau wussten, wo es auf der Seite angezeigt wurde. Wenn sich eine Spaltenbreite änderte, musste eventuell der gesamte Report neu berechnet und umgeschrieben werden. Sie konnten entweder einen Benutzernamen und ein Kennwort hartcodiert im Report ablegen oder bei jedem Aufruf ein Fenster öffnen, das den Benutzer danach fragte. Name und Kennwort wurden innerhalb der Datenbank validiert, so dass es oft „einfacher" war, die Werte fest abzuspeichern und den Report automatisch ausführen zu lassen. Wenn der Report Informationen abhängig von den Berechtigungen des Benutzers anzeigen sollte, gestaltete sich das Entwickeln sehr aufwändig, da umfangreicher Code dafür geschrieben werden musste.

Software-Entwicklung in den Anfängen

Die erste Release des Oracle RDBMS besaß einige große Einschränkungen und Features, die nicht wirklich ausgereift waren. Aber wie bei jeder anderen Software gibt es einen kontinuierlichen Wachstumsprozess und Weiterentwicklungen. Irgendwann während des Entwicklungsprozesses muss sich der Hersteller entschließen, die erste Version zu veröffentlichen, um die Reaktionen darauf beobachten zu können. Es gibt üblicherweise nur wenige spezielle Features, die sich die Mehrheit der Firmen wünscht. Diese Features werden von den meisten Kunden schnell implementiert, wobei man häufig auf Schwierigkeiten trifft, und dann zum Beispiel sagt:

- „Das ist okay, aber das Produkt muss bestimmte Dinge wirklich können."
- „Hey, wir haben erwartet, dass das Produkt auf diese Weise funktioniert, nicht auf jene."
- „Wir hatten so viele Probleme beim Implementieren dieses Features, dass es praktisch nutzlos ist, wie es ausgeliefert wurde."
- „Können Sie nicht eine <Gewünschtes einsetzen>-Funtionalität einbauen?"

Basierend auf den Rückmeldungen, die eine Firma erhält, werden Verbesserungen oder Änderungen an der Software vorgenommen. Manchmal ist die erste Software-Version so fehlerbehaftet, dass alsbald ein neuer Patch verteilt wird, der die fehlerhafte Version ersetzt. Von Oracles erster Release, der Version 2.0 des RDBMS, bis zur Version 5 gab es nur wenige bedeutsame Änderungen an den Produkten. Allerdings handelte es sich bei der Version 4 um eine jener Releases, die so viele Probleme bereitete, dass manche Oracle-Entwickler nie zugeben würden, daran gearbeitet zu haben.

In den ersten Jahren nach der Veröffentlichung der Oracle Release bestand die größte Herausforderung für DBAs darin, die Datenbank überhaupt am Laufen zu halten und es den Benutzern zu ermöglichen, erfolgreich auf ihre Daten zuzugreifen. Es gab Datenbankabstürze, die nicht nur das System mitrissen, sondern zum Teil auch noch die Daten durcheinander würfelten, so dass sie komplett neu aufgebaut werden musste. Der Versuch, das System zu tunen, um die Geschwindigkeit zu erhöhen, und zu überwachen, wer auf was im System zugriff, waren nahezu unlösbare Aufgaben. Oracle steckte in den Kinderschuhen, und die DBAs versuchten nur, dieses neue und befremdliche Etwas zu bändigen. Obwohl es in den ersten Versionen noch Defizite bei den Sicherheitsoptionen gab, betraf das die meisten Benutzer nur am Rande, und daher tat sich diesbezüglich auch in den weiteren Releases recht wenig. Es gab keine User Groups, an die man sich wenden konnte, wenn man Fragen hatte. Heutzutage gibt es eine große Anzahl wunderbarer User Groups und Mailinglisten, die einem mit Rat und Hilfe zur Seite stehen.

Der übliche Ansatz, eine Oracle-Datenbank umzurüsten, bestand darin, das komplette neue Softwaresystem über das alte zu installieren. Wenn etwas schief ging, hatte man eben Pech gehabt. Die meisten Unternehmen hatten einen Entwickler, der gleichzeitig für die Datenbankadministration und die Entwicklungsaufgaben verantwortlich war. Das Arbeiten mit den rudimentären Tools nötigte es einem Entwickler ab, sich sehr kreativ und intensiv mit den Tools zu beschäftigen, um Aufgaben erledigen zu können, die heute simpel erscheinen. Heutzutage ist die Produktreihe von Oracle zugleich komplex, umfangreich und stabil. Es gibt eine große Auswahl an Entwicklungs-Tools, die Sie nutzen können, um Endanwendern effektive Lösungen für ihre Probleme zur Verfügung stellen zu können. Zu den neuesten Tools gehören JDeveloper, Java Applets und Servlets, XML, SQL, PL/SQL und JSQL.

Das Konzept von Benutzern als Entität, die Datenbankobjekte besitzen kann, gab es schon immer in einer Oracle-Datenbank. Wie bereits erwähnt, haben sich allerdings die Zugriffsebene, die Berechtigungen, die ein Benutzer besitzen kann, und die Art, wie diese Berechtigungen vergeben werden, im Lauf der Jahre drastisch verändert.

Ein weiteres Feature, das von Anfang an vorhanden war und sich stark gewandelt hat, ist die so genannte *View*. Um das zugrunde liegende Konzept zu verstehen, nehmen wir an, dass Sie eine Tabelle namens VENDORS mit einer Spalte CHRG_CARD_NUM besitzen. Sie möchten, dass Ihre Mitarbeiter die Daten in dieser Tabelle einsehen können, nicht aber die Nummer der Kreditkarte des Verkäufers. Um dieses Problem zu lösen, können Sie eine View auf die Tabelle VENDORS definieren, die nur den Namen, die Adresse und die Telefonnumer anzeigt. Somit ist eine View ein Mechanismus, der es den Benutzern ermöglicht, nur eine Teilmenge an Informationen aus einer oder mehreren Tabellen zu sehen. In früheren Versionen von Oracle ließen sich Views nur dazu verwenden, Informationen anzuzeigen. Seit einigen Versionen können Benutzer auch die Informationen in einer View über die View verändern. Wir werden uns mit Views desweiteren in diesem Kapitel und in Kapitel 9 beschäftigen.

Im Laufe der Jahre hat die Oracle Corporation viel Zeit, Geld und Anstrengung investiert, um effektive, sichere Tools für die industrielle Verwendung zu produzieren. Viele der ursprünglichen Sicherheitsmechanismen sind – mit einigen Verbesserungen – auch in der heutigen Computerumgebung noch verwertbar.

Von Anfang an mussten Manager und Administratoren wissen, wer mit ihren Systemen und Datenbanken kommuniziert und welche Aktivitäten dabei durchgeführt werden. Es bestand immer Bedarf an Überwachungsmöglichkeiten, sowohl für das Betriebssystem als auch für die Datenbanken. Die Oracle Corporation hat hart daran gearbeitet, effektive Audit-Lösungen für ihre Kunden zu schaffen, und diese Lösungen wurden mit der Zeit kontinuierlich weiterentwickelt.

Lassen Sie uns einen Blick auf die Änderungen werfen, die von der Version 5 bis zur Gegenwart an den Sicherheitsoptionen vorgenommen wurden.

Ein Blick auf Version 5

Als Version 5 des RDBMS verfügbar wurde, ließen sich einige wichtige Fortschritte im Bereich der Computer- und der Oracle-Technologie verzeichnen. Gegen Ende der Oracle Version 4 Releases kam die erste für einen Personal Computer entwickelte Version auf den Markt. Allerdings war diese Version auf dem PC ausgesprochen instabil. Oracle for DOS (Disk Operating System) hielten wir erst ab Version 5.0.b und 5.0.c für wirklich beachtenswert. Tatsächlich hatte praktisch jeder, der damals mit Oracle zu tun hatte, eine Kopie von einer der PC-Versionen in seinem Bücherregal stehen (allerdings nicht notwendigerweise auch auf seinem Rechner). Warum? Weil die PC-Version preiswert war und mit einem kompletten Set von gebundenen Büchern ausgeliefert wurde – was viel mehr wert war als die Kosten für das Produkt selbst!

Bisher sind wir in diesem Kapitel immer stillschweigend davon ausgegangen, dass ein Benutzer sowohl ein Datenbankkonto als auch eine Zugriffsmöglichkeit auf das Betriebssystem hatte (ob direkt oder indirekt), auf dem die Datenbank lief. Bis Version 5 konnten Sie auf die Datenbank nur direkt vom Betriebssystem aus zugreifen.

Daher war das andere signifikante Ereignis bezüglich der Version 5 die Auslieferung eines Netzwerkprodukts namens SQL*Net Version 1.0, wodurch sich die Arbeit mit Oracle-Datenbanken komplett veränderte. Die erste Version von SQL*Net war sehr simpel, aber sauber geschrieben und effektiv. Die Software lief auf vielen verschiedenen Maschinen. Aus Sicht des Clients packten Treiber zusammen mit einem Programm die Informationen in gleichförmige Pakete. Die Pakete wurden über das Netzwerk an einen Server geschickt. Auf der Serverseite wurden sie ausgepackt und in eine komplette Transaktion umgesetzt, die in der Datenbank verarbeitet wurde. Die Datenbankergebnisse wurden wiederum in Paketen über das Netzwerk zum Client-Rechner transportiert, wo sie entpackt und der Client-Software präsentiert wurden.

Mit der Entwicklung von SQL*Net wurden Sicherheitsüberlegungen sehr viel wichtiger. Plötzlich konnte jemand mit einem PC aus größerer Entfernung und nach einer deutlich zu laschen Identifikationsprüfung auf den Computer zugreifen. Wenn man auf die Datenbank direkt vom Betriebssystem aus zugreift, auf dem sie läuft, muss man sich zunächst erfolgreich beim Betriebssystem authentifizieren. Wenn man dagegen von einem anderen Computer aus direkt auf die Datenbank zugreift, umgeht man die Sicherheitseinstellungen des Betriebssystems und muss nur ein akzeptables Passwort für die Datenbank kennen. Die Netzwerk-Software von Oracle, die standardmäßig über TCP/IP läuft, überprüft, ob Sie über die Berechtigung verfügen, auf die angesprochene Datenbank zuzugreifen, sie kümmert sich aber nicht um die Betriebssystemsicherheit.

Obwohl Oracle keine anderen Tools zum Sichern und Wiederherstellen der Datenbank implementiert hat, waren die Export- und Import-Tools am Ende von Version 5 weitaus stabiler und einfacher im Gebrauch. Die Zerstörung von Daten kam deutlich seltener vor, und die Fehler, die von Benutzern und Entwicklern begangen wurden, stellten zusammen mit System- und Hardware-Fehlern eine größere Gefahrenquelle für die Datenbank dar als die eigenen Tools. Sie konnten zuverlässig eine Entwicklungs- oder Testumgebung erstellen, um Ihr Produktionssystem zu spiegeln, oder Sie konnten eine Datenbank recht einfach von einem System auf ein anderes migrieren, indem Sie die folgenden Schritte ausführten:

1. Ausführen des Export-Tools, um eine Kopie der bestehenden Datenbank anzulegen.
2. Eine neue Datenbank entweder auf dem bestehenden oder einem anderen System erstellen.
3. Die Daten aus der Export-Datei in die neue Datenbank importieren.

Das Elegante bei diesem Vorgehen war, dass dieselbe Export-Datei auf vielen verschiedenen Betriebssystemen genutzt werden konnte. Seit der ersten Version von SQL*Net konnten Sie sich über eine Export-Datei auf einem PC mit einer Datenbank auf einer Digital VAX verbinden, und die Daten erfolgreich dorthin importieren. Diese Aufgabe erscheint heutzutage trivial, aber damals war das erstaunlich.

2.1.3 Version 6 und neue Sicherheitsansätze

Zu der Zeit, zu der Oracle Version 6 ausgeliefert wurde, forderten die Benutzer mehr Sicherheits-Features, die leichter zu implementieren waren. Die drei Pseudo-Privilegien, die bisher im Oracle RDBMS existierten, wurden nun durch ein neues Konzept namens *Rollen* (*Roles*) ersetzt. Jede der neuen Rollen enthielt einen eindeutigen Satz an Berechtigungen, die Sie einem Benutzer zuweisen konnten, und jede Rollenebene wies diesen Benutzern mehr Freiheiten und Berechtigungen zu. Wir haben die drei von Oracle vorgegebenen Berechtigungsebenen bereits in diesem Kapitel beschrieben. Die neuen Oracle-Rollen nutzten weiterhin die alten Namen, boten aber einen anderen Sicherheitsansatz. Sie konnten nun genau sehen, welche Berechtigungen auf welcher Ebene zugewiesen worden waren. Tabelle 2-2 zeigt die neuen Rollen und die Möglichkeiten, die sie dem Benutzer bot.

Tabelle 2-2: Verfügbare Berechtigungen in Version 6.

Rolle	Zugewiesen an	Berechtigungen
connect	Benutzer	Verbinden mit der Datenbank; Views, Synonyme und Datenbank-Links anlegen; Daten verändern; Benutzer- und Tabellenexporte durchführen
resource	Entwickler	Berechtigungen auf Tabellen, Indizes, Cluster und Sequenzen erstellen und vergeben
dba	Datenbankadministratoren	Berechtigungen vergeben und entziehen; administrative Aufgaben durchführen; Public Objects erstellen; Benutzer anlegen und ändern; Benutzerdaten einsehen; alle Arten von Exporten durchführen

Das Problem bei diesen neuen Rollen bestand darin, dass es keine Zwischenstufen gab. Sie konnten keine eigenen Rollen anlegen, um die Berechtigungen einzuschränken, die Sie einem Benutzer zuteilen wollten. Sie konnten ihm zwar individuelle Berechtigungen zuweisen, diese aber nicht so leicht auf eine ganze Gruppe ausdehnen.

Was ist mit dem Auditing?

Ab Version 6 bot Oracle viele Optionen zum Überwachen Ihrer Datenbank an. Wenn Sie in dieser Version das Auditing aktivierten, wurden alle Überwachungsaktionen in eine Tabelle namens SYS.AUD$ geschrieben. Dabei ließen sich Login-Versuche, Zugriffe auf Objekte und Datenbankaktionen auditieren. Standardmäßig wurden sowohl erfolgreiche wie auch erfolglose Befehle protokolliert. Sie konnten dies allerdings beeinflussen, indem Sie Ihre Audit-Umgebung einrichteten. Das Problem dabei ist, dass basierend auf der Anzahl der Zugriffe, die auf Ihrer Datenbank pro Tag, Woche oder Monat ausgeführt wurden, eine große Zahl an Datensätzen erzeugt werden kann. Der Umfang der Daten, die in der Tabelle SYS.AUD$ gespeichert werden, kann problematisch werden, und Oracle ermöglichte es Administratoren, die Audit-Daten zu löschen oder zu verschieben.

Um das Auditing in einer Datenbank der Version 6 zu aktivieren, nehmen Sie einen Eintrag in der init.ora für die Datenbank vor und setzen den Parameter **audit_trail** auf TRUE. Standardmäßig steht er auf FALSE. Nachdem Sie das Auditing eingeschaltet haben, können Sie verschiedene Überwachungsaktionen durchführen. Sie können die erfolgreichen oder erfolglosen Login-Versuche auditieren und die Ergebnisse mit der View DBA_AUDIT_CONNECT vergleichen.

Action Audits zeichnen jede Aktion auf, die ein Datenbankobjekt betrifft, und sind Überwachungen auf Systemebene. In Version 6 konnten nur CONNECT, RESOURCE und DBA auditiert werden. Dabei gaben Sie zum Beispiel den folgenden Befehl ein:

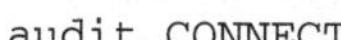

```
audit CONNECT
```

Object Audits verfolgen, wie der Name schon vermuten lässt, die Änderungen an Objekten. Sie können einen Audit-Datensatz jedes Mal erstellen lassen, wenn ein Benutzer Daten in eine bestimmte Tabelle einfügt. Um jede Aktion zu auditieren, die an einer Tabelle vorgenommen wird, können Sie den Befehl **audit all on** nutzen.

Wenn Sie clever waren, haben Sie auch die Tabelle SYS.AUD$ selbst überwachen lassen, um sicherzustellen, dass niemand an ihrem Inhalt herumpfuscht und sein Vorgehen zu verschleiern sucht.

Backup-Verbesserungen in Version 6

In Version 6 wurden die Protokolldateien Before Image und After Image durch einen komplett neuen Ansatz ersetzt, der sich um die Änderungsverfolgung und die Datenkonsistenz kümmerte. Es gab neue Arten von Protokolldateien, die als Redo Logs und Rollback-Segmente bezeichnet wurden. *Redo Logs* wurden und werden verwendet, um die Datenänderungen zu sichern, bevor sie in die Datenbankdateien geschrieben werden. *Rollback-Segmente* dagegen waren und sind dazu da, eine konsistente Sicht auf die Daten zu bieten, bevor Änderungen vorgenommen und bestätigt werden. Auch wenn diese Features nicht direkt mit der Sicherheit einer Datenbank zu tun zu haben scheinen, bilden sie doch die Basis dafür, dass Sie mit den in den Redo Logs gespeicherten Informationen ein Datenbank-Recovery durchführen können. Die Rollback-Segmente bieten einen Bereich, in dem die Daten während der Wiederherstellung aufbewahrt werden können.

Wenn Sie eine Datenbank erstellen, müssen Sie mindestens zwei Redo Log-Dateien anlegen. Oracle schreibt dann in eine Redo Log-Datei, bis ein so genannter Checkpoint erreicht wurde, die Redo Log voll ist oder der Log-Writer-Prozess einen Redo Log-Switch anfordert. Normalerweise fängt Oracle bei einem Redo Log-Switch damit an, in die nächste verfügbare Log-Datei zu schreiben. Alle dort gespeicherten Daten werden dabei überschrieben. Redo Logs werden zirkulär überschrieben. Oracle bietet Administratoren einen *Archivierungsmodus* (*Archive Log Mode*), mit dem alle Datenbankänderungen, die in Redo Log-Dateien gespeichert wurden, in einen anderen Bereich des Systems kopiert werden können. Durch die Speicherung der Redo Log-Dateien als Archivierungsdateien stellt Oracle einen Mechanismus zum Wiederherstellen der Daten und der Datenbank zur Verfügung. Wenn Ihre Datenbank von einem Hacker heimgesucht wurde, können Sie damit den Zustand von vor dem Angriff wiederherstellen.

Das Einschalten des Archivierungsmodus ermöglicht es Ihnen, eine Datenbank auch zu einem Zeitpunkt nach der letzten kompletten Sicherung auf Dateiebene wiederherzustellen. Um eine sinnvoll nutzbare Sicherung auf Dateiebene vorzunehmen, müssen Sie die Datenbank herunterfahren, eine Kopie der Dateien herstellen, die Ihre Datenbank ausmachen, und dann die Datenbank neu starten. Mit aktiviertem Archivierungsmodus können Sie die Datenbank bis zur letzten bestätigten Transaktion innerhalb der archivierten Protokolldateien oder bis zu jedem beliebigen Zeitpunkt davor herstellen. Sie möchten Ihre Datenbank vielleicht bis kurz vor den Moment wiederherstellen, als ein Angriff erfolgte. Natürlich bedeutet das, dass Ihre Datenbank während dieser Zeit nicht verfügbar ist. Außerdem können Sie keine Export-Datei nutzen, um die Datenbank auf den Zustand zum Zeitpunkt des Exports zu bringen, und dann die Archivierungsdateien verwenden, um die Datenbank zu aktualisieren. Diese beiden Methoden zur Wiederherstellung schließen sich gegenseitig aus.

Mit Version 6 erhielten Sie also die Möglichkeit, aus verschiedenen Optionen zu wählen und neue Ansätze zu verfolgen, um Ihre Firmendaten zu schützen und wiederherstellen zu können. Sie konnten nun Exporte und Importe zum Wiederherstellen einer oder mehrerer Tabellen oder einer ganzen Datenbank zu einem bestimmten Zeitpunkt nutzen. Oder Sie verwendeten Archivierungsdateien in Kombination mit Sicherungen auf Dateiebene, um Tablespaces oder eine komplette Datenbank bis zu einem Zeitpunkt wiederherzustellen, der nach der letzten Dateisicherung lag.

2.1.4 Nun kommt Oracle7

In den frühen 90ern hatte sich die Client/Server-Technologie in den Unternehmen ausgebreitet, und nun gab es überall PCs und überall Datenbanken! Plötzlich waren wir mit „Automationsinseln“ konfrontiert und mit redundanten Datenbanken, die alle die gleiche Aufgabe hatten, aber jeweils eine eigene Nomenklatur für die Objekte und Aufgaben. Niemand wusste, wem man die Schuld geben konnte, wenn etwas nicht funktionierte, und schlimmer noch, niemand wusste, an wen man sich wenden konnte, um es wieder in Gang zu bringen. Jeder schien mindestens eine eigene private Datenbank zu haben, die er auch nicht aufgeben wollte. Es gab weiterhin Mainframes, die die aufwändigen Prozesse im Unternehmen durchführten, aber die Computerwelt begann, sich aufzusplittern.

Mit der Veröffentlichung von Oracles Version 7 versuchte Oracle, die Sichtweise auf seine Produkte zu ändern, daher veränderte man den Namen in „Oracle7“. Mehr und mehr Features wurden eingeführt, um immer größere Datenbanken zu unterstützen. Mit jeder neuen Release von Version 7 wurde das Produkt größer und reifer. Ab Version 7.3 konnte man auf die Daten über Views fast genauso einfach zugreifen, wie direkt über Tabellen. Datenbanken und Data Warehouses entstanden, und entstehen immer noch, überall auf der Welt in immer größerer Zahl.

Die Ausbreitung der Data Warehouses

Mehr und mehr Unternehmen entdeckten die Vorteile, die sich aus der Bereitstellung großer Datenmengen in riesigen Tabellen innerhalb von Datenrepositories, so genannten Data Warehouses, ergaben. Mit einem Data Warehouse konnten die verschiedenen Führungsebenen gleichzeitig auf dieselben Daten zugreifen und damit zeitnahere und objektivere Entscheidungen treffen. Data Warehouses bieten einen Weg, um Ihre Firmendaten einfacher in mehr Mitarbeiterebenen zu verteilen.

Als mehr Daten verfügbar wurden, wollte das Management natürlich noch mehr Daten zur Entscheidungsfindung haben. Plötzlich sah sich jeder in der Firma mit der Forderung konfrontiert, seine Daten mit diesem riesigen Datenlager zu verschmelzen. Ein Problem, das diesem Ansatz innewohnte, war der langsame und ineffiziente Zugriff auf die gespeicherten Daten. Um bei der Lösung dieses Problems zu helfen, fügte Oracle in Version 7.3 eine Erweiterung namens **union all** hinzu, die es in Kombination mit dem Befehl **create view** den Entwicklern ermöglichte, die Daten einer riesigen Tabelle in mehrere kleinere Tabellen aufzuteilen, und diese Informationen dann in einer großen View wieder logisch miteinander zu verknüpfen.

Um zu verstehen, wie das funktioniert, nehmen wir an, dass Sie eine Tabelle haben, in der Sie die Verkaufsdaten zu Ihren Produkten speichern. Diese Tabelle hat Millionen von Zeilen. Sie enthält eine Datumsspalte, in der das Auftragsdatum abgelegt ist. Wenn Sie nun sehen wollen, wie viele Artikel Ihr Unternehmen im Januar verkauft hat, müsste Oracle in jede Zeile dieser riesigen Tabelle schauen, um herauszufinden, ob sie dazu passt. Die Abfrage dazu wäre zwar einfach und übersichtlich, würde aber vermutlich eine sehr lange Zeit laufen.

Jetzt erstellen Sie eine Tabelle für jeden Monat des Jahres. Ihre erste Tabelle heißt JANUARY_ORDERS und Sie speichern dort nur die Aufträge, die Sie in diesem Monat erhalten haben. Nachdem Sie alle zwölf Tabellen angelegt haben, können Sie in Version 7 eine Sicht erstellen, und mit Hilfe von **union all** alle zwölf Tabellen in dieser einen großen Pseudo-Tabelle kombinieren. Ein Teil der Syntax dazu könnte wie folgt aussehen:

```
create view ALL_ORDERS as
  select ORDER_ID, CUSTOMER_NAME, PART_NO
  from   JANUARY_ORDERS
union all
  select ORDER_ID, CUSTOMER_NAME, PART_NO
  from   FEBRUARY_ORDERS
union all ...
```

Nachdem Sie die View zusammengestellt haben, müssen Sie noch den unterliegenden Code dazu schreiben, um festzulegen, in welcher Tabelle die einzufügenden Daten tatsächlich stehen sollen. Wenn Informationen gelöscht werden sollen, müssen Sie auch Code schreiben, der herausfindet, in welcher Tabelle die Daten tatsächlich liegen, um sie dort zu entfernen. Mit anderen Worten, jede Aktion, die Benutzer mit den Daten in Ihrer View durchführen wollen, muss von jemandem geschrieben werden.

Dieser Ansatz erwies sich als sehr fehleranfällig und lästig. Wenn Sie allerdings nur die Daten eines bestimmten Monats sehen wollten, funktionierte es wunderbar. Bei Anzeige sämtlicher Daten oder der von Januar, März und Mai konnte die Abfrage groß und unhandlich werden. Wie Sie bald sehen werden, begann Oracle dieses Problem mit der Veröffentlichung von Oracle8.0 zu lösen. Während dieser Zeit entstand der Begriff *VLDB* (*Very Large Database*), was eine Datenbank mit mehreren Gigabytes an Daten repräsentierte. Niemand kannte sich mit der Verwaltung solch immenser Datenmengen aus. Zum Vergleich, heutzutage können Datenbanken auch noch im Terabyte-Bereich und darüber hinaus agieren.

Rollen, Berechtigungen und Views spielten eine wichtige Rolle bei der Zugriffskontrolle auf bestimmte Bereiche eines Data Warehouses. Sie konnten drei oder vier spezielle Rollen mit unterschiedlichen Privilegien erstellen und diese Rollen dann den entsprechenden Benutzern des Data Warehouses zuweisen. Um Bereiche mit Informationen vor manchen Benutzern zu verbergen, erstellten Sie Views. Dann schrieben Sie Ihre Applikation so, dass über Views auf Daten zugegriffen und Daten verändert werden konnten.

Audit-Verbesserungen

Ab Version 7 fügte Oracle einige Verbesserungen zu den Audit-Möglichkeiten hinzu. Sie konnten nun Trigger zum Erweitern der Überwachungsmöglichkeiten nutzen. Wie Sie sehen, gab es Probleme mit dem grundlegenden Auditing in einer Oracle-Datenbank.

Sie konnten Änderungen an einer Tabelle protokollieren und dabei mitteilen, wer die Änderungen wann vorgenommen hat. Es gab aber keine Möglichkeit festzustellen, welche Daten geändert wurden. Mit den selbst geschriebenen Triggern konnten Sie die Benutzerdaten aufzeichnen und sogar vermerken, wie die Daten vor und nach der Änderung aussahen. Dieses Feature war besonders wichtig beim Löschen von Daten.

Die Software der Version 7 ließ auch zu, dass die Audit-Daten innerhalb oder außerhalb der Datenbank abgelegt wurden. Sie konnten Oracle anweisen, die Daten in einer Datei des Betriebssystems zu speichern. Alle schon aus Version 6 bekannten Möglichkeiten blieben bestehen, während zusätzliche Optionen zur Verfügung gestellt wurden, um die Fähigkeiten beim Auditing zu verbessern.

Um Audit-Informationen einzusehen, riefen Sie die Sicht DBA_AUDIT_SESSION auf, die die Sicht DBA_AUDIT_CONNECT aus Version 6 ersetzte. Ab Version 7 konnten Sie sogar spezielle Benutzeraktionen überwachen.

Backup-Verbesserungen

Vom Standpunkt der Sicherheit aus tauchten nun Probleme beim Schutz der Unternehmensdaten auf. Verfügbarkeit, Backup- und Recovery-Verfahren wurden immer wichtiger. Wie können Sie Ihre Datenbank sichern und sie gleichzeitig verfügbar und konsistent halten? Zur Erinnerung: Um eine Datenbank zu exportieren, musste Ihre Datenbank laufen und verfügbar sein, aber mit einem Export konnten Sie sie nur bis zu dem Zeitpunkt wiederherstellen, zu dem der Export gezogen wurde. Um eine Sicherung auf Dateiebene vorzunehmen, mussten Sie die Datenbank herunterfahren und eine Kopie der Dateien machen, die die Datenbank enthalten. Nachdem Sie aber einmal eine Dateisicherung gemacht hatten, konnten Sie mit den Archivierungsdateien die Datenbank auf einen Stand nach der Dateisicherung bringen. In Version 7 bot Oracle eine neue Möglichkeit namens *Hot Backups*, die es Ihnen ermöglichte, eine Kopie der Datenbankdateien zu machen, während die Datenbank lief. Allerdings waren Hot Backups umständlich und führten zu einigen schwer wiegenden Problemen. Wurde Ihre Datenbank heruntergefahren oder stürzte ab, solange sie sich im Hot Backup-Modus befand, hatten Sie Schwierigkeiten, die Datenbank wiederherzustellen.

Viele Unternehmen benötigen ihre Datenbanken inzwischen 24 Stunden am Tag, 7 Tage die Woche und 365 Tage im Jahr. War eine Datenbank nicht verfügbar, musste es eine Möglichkeit geben, sie schnell wieder zum Laufen zu bringen. Hot Backups waren keine Lösung für dieses Problem. Wenn Sie aber eine Kopie Ihrer Datenbank hätten, die immer auf dem neuesten Stand war, könnten Sie nahezu ohne Zeitverlust auf die Kopie umschalten, ohne den Benutzern allzu viele Probleme zu bereiten. Zunächst würden Sie eine zweite Datenbank aufbauen, die ein exakter Spiegel der Produktionsdatenbank wäre. Sie könnten dann Oracle anweisen, die Archivierungsdateien automatisch zur (zweiten) Standby-Datenbank zu kopieren und die Protokolldateien nachzufüllen, um die Standby-Datenbank auf dem gleichen Stand wie die Produktionsdatenbank zu halten.

Häufig wurde eine Standby-Datenbank nicht in derselben Weise gesichert wie eine Produktionsdatenbank, und auch weniger auf Benutzeraktionen hin überwacht. Deshalb konnte eine Standby-Datenbank zum primären Ziel eines Hackers werden. Er würde die Datenbank vielleicht nicht verändern wollen, sondern wäre vielmehr sehr interessiert an den dort lagernden Firmeninterna, die hier nicht ausreichend geschützt waren.

Ein anderes Problem, das in Oracle7 im Zusammenhang mit Standby-Datenbanken auftrat, war der Stillstand des Oracle-Prozesses, nachdem die ersten Archivierungsdateien hineinkopiert worden waren. Sie mussten den Prozess manuell neu starten, um sicherzustellen, dass die Standby-Datenbank auf demselben Stand wie Ihre Produktionsdatenbank blieb. Die Standby-Datenbank blieb im Recovery-Modus, damit jede neue Archivierungsdatei auch zügig eingespielt werden konnte.

Ein weiteres Problem mit der ersten Welle von Standby-Datenbank-Code war, dass Sie eine Routine erstellen mussten, die automatisch jede neue Archivierungsdatei auf den Rechner mit der Standby-Datenbank kopierte. Da es keine mitgelieferte Routine zum automatischen Kopieren und Hinzufügen gab, hing Ihre Standby-Datenbank normalerweise immer hinter der Produktionsdatenbank hinterher. Meistens wurden die Vorgänge automatisch mithilfe eines Cron-Jobs oder einer Batch-Datei gestartet. Sie mussten für jeden der folgenden Schritte einen separaten Job nutzen:

- Um gesicherte Archivierungsdateien vom Produktionssystem zu löschen, die eine bestimmte Anzahl von Tagen alt sind.
- Um die neuesten Archivierungsdateien zu kopieren, die noch nicht auf die Standby-Maschine kopiert wurden.
- Nachdem die neuen Protokolldateien kopiert wurden, muss kontrolliert werden, ob der Recovery-Prozess läuft, und falls nicht, muss er neu gestartet werden.
- Um Log-Dateien vom Standby-System zu löschen, die schon eingefügt worden sind.

Aus der Sicherheitsperspektive betrachtet konnte jede Sicherheitslücke oder jeder Schaden durch Hacker dazu führen, von der Produktionsdatenbank auf die Standby-Datenbank wechseln zu müssen. Wenn Sie die Standby-Datenbank kurzfristig verfügbar machen wollten, war die Wahrscheinlichkeit ziemlich groß, dass sie eben doch nicht synchron zur Produktionsdatenbank lief. Ein weiteres Problem war, dass nach einem Wechsel zur Standby-Datenbank der Weg zurück zur Produktionsdatenbank sehr schwierig war.

Benutzerdefinierte Rollen

Als die Produkte von Oracle beliebter wurden, wuchs auch das Bedürfnis nach Mechanismen, mit denen man bessere Sicherheitsvorkehrungen bei geringerem administrativem Aufwand umsetzen konnte. Daher entwickelte Oracle Verbesserungen für die effektivere Verwaltung der Daten- und Datenbanksicherheit. Einer der größten Fortschritte, die Oracle in Version 7 machte, war die Möglichkeit, dass ein DBA neue Rollen definieren und diese den Benutzern zuweisen konnte.

Um zu verstehen, warum diese Verbesserung einen deutlichen Unterschied bei der Sicherheitsimplementierung in einer Firma ausmacht, stellen Sie sich einmal vor, Sie würden 15 Benutzer verwalten. In diesem Szenario sind Sie der Datenbank-Administrator. Es gibt eine Applikation, die auf Ihrer Datenbank läuft, und jeder der 15 Benutzer muss in der Lage sein, sich mit der Datenbank zu verbinden und die Applikationstabellen einzusehen. Dazu können Sie jedem Benutzer die Berechtigungen „Create Session" und „Select" für die entsprechenden Tabellen zuweisen. Das klingt einfach, nicht wahr? In der Praxis lassen sich die Aufgaben auch sehr leicht erledigen.

Angenommen, sieben der Benutzer müssen Informationen in einige der Applikationstabellen eingeben, während andere Benutzer nur Daten in anderen Tabellen aktualisieren und löschen dürfen. Hmm. Sie könnten eine Reihe von Skripten erstellen, die die Rechte an den entsprechenden Tabellen Benutzer für Benutzer zuweisen. Bisher ist das immer noch recht einfach.

Aber was passiert, wenn es Tausende von Benutzern gibt und Hunderte von Tabellen und Views, für die es abhängig von verschiedenen Kriterien unterschiedliche Berechtigungen gibt? Jetzt stehen Sie einer ziemlich einschüchternden Aufgabe gegenüber. Mit benutzerdefinierten Rollen können Sie eine Reihe von Standardrollen erstellen, die die am häufigsten benötigten Berechtigungen enthalten. Nachdem die Rollen einmal definiert wurden, ist es sehr leicht, die passende Rolle dem Benutzer zuzuweisen, der die entsprechenden Berechtigungen benötigt.

Stellen Sie sich zum Beispiel drei verschiedene Ebenen von Benutzern vor: Administratoren, Manager und einfache Angestellte. Jede Ebene hat andere Bedürfnisse und Aufgaben. Ein einfacher Angestellter kann nur neue Informationen in das System eingeben und bestehende Informationen betrachten und abändern. Ein Manager muss, falls nötig, Daten löschen, aber auch die Aufgaben eines einfachen Angestellten erfüllen können. Ein Administrator muss nicht mit den Unternehmensdaten arbeiten können, dafür aber neue Benutzer anlegen und diesen Benutzern die entsprechenden Rechte zuweisen. Unter diesen Bedingungen kann man drei verschiedene Rollen anlegen und diese mit CLERK_ROLE, MANAGER_ROLE und ADMIN_ROLE bezeichnen. Der CLERK_ROLE können die Berechtigungen zum Einfügen, Aktualisieren und Selektieren von entsprechenden Tabellen erteilt werden. Die MANAGER_ROLE erhält die CLERK_ROLE sowie die Berechtigungen, aus den entsprechenden Tabellen zu löschen. Die ADMIN_ROLE enthält keine der beiden anderen Rollen, dafür aber die

Berechtigungen, Benutzer anzulegen und Rollen zuzuweisen. Wenn Ihr Unternehmen 18 neue Angestellte zur gleichen Zeit einstellt, können Sie sich sicherlich vorstellen, wie einfach es ist, nur die neuen Benutzer anzulegen und jedem von ihnen die CLERK_ROLE zuzuweisen.

Auf der anderen Seite ist es eben auch leicht, allen Angestellten in der Firma die Berechtigung an einer neuen Applikation (bzw. deren Tabellen) zu erteilen, indem die notwendigen Berechtigungen der CLERK_ROLE zugewiesen werden. Sie sehen, jede neu zugewiesene Berechtigung steht sofort allen Benutzern mit der entsprechenden Rolle zur Verfügung.

Ein kostenpflichtiges Sicherheits-Tool

Die Oracle Corporation bewies, dass sie auf die Sicherheitsanforderungen und Sorgen ihrer Kunden einging, indem sie ein zusätzliches Sicherheits-Tool in Version 7 veröffentlichte. Es hatte den Namen Trusted Oracle7. Das verwendete Sicherheitsmodell ist ein modifiziertes Bell-LaPadula, bei dem das Label eines Benutzers nicht unter dem Label des Datensatzes liegen darf. Also muss die Benutzerstufe im Datensatz eine hierarchische Komponente mit einem Superset von Aufteilungen enthalten. Durch die Verwendung eines hierarchischen Ansatzes mit aufgeteilten Daten kann ein Unternehmen ein mehrstufiges Sicherheitskonzept einführen und den einzelnen Benutzern Zugriff auf die einzelnen Ebenen erteilen. Ihre Firma könnte sich zum Beispiel dazu entscheiden, die folgenden drei Sicherheitslabels für ihre Geschäftsdaten festzulegen:

- **Vertraulich** Firmendaten, die nur vertrauenswürdigen Mitarbeitern zugänglich gemacht werden, die damit arbeiten müssen.
- **Geheim** Informationen, die potenziell mehr Schaden anrichten können und nur Mitarbeitern zugewiesen werden, deren Bedarf an diesen Daten und deren Vertrauenswürdigkeit überprüft wurde.
- **Streng geheim** Informationen, die ein Unternehmen potenziell Bankrott gehen lassen könnten, und nur ausgesprochen vertrauenswürdigen Mitarbeitern zustehen.

Innerhalb eines Datensatzes kann es eine oder mehrere Aufteilungen geben. Jeder Benutzer, der in der Trusted Oracle7-Datenbank registriert wurde, erhielt ein oder mehrere dieser Labels und Abschnitte. Jeder Datensatz wurde zusammen mit einem Sicherheitslabel und den dazugehörigen Abschnitten in die Datenbank eingefügt. Wenn Benutzer auf die Datenbank zugriffen, wurde ihre Sicherheitsberechtigung mit dem Sicherheitslabel und den Abschnitten des Datensatzes in der entsprechenden Tabelle verglichen. Es wurden dann nur die Bereiche angezeigt, die mit dem Sicherheitslabel und dem Abschnitt des Benutzers übereinstimmten. Diese Vorgehensweise wird als Mandatory Access Control (MAC) bezeichnet, im Gegensatz zur Discretionary Access Control, und wird zum Beispiel beim Militär verwendet.

Ein Problem des ursprünglichen Ansatzes war, dass Sie die Daten nicht feiner als die festgelegten Labels unterteilen konnten, sofern Sie keine ausreichenden Berechtigungen hatten. Wenn Sie zum Beispiel drei verschiedene Projekte A, B und C hatten und es notwendig war, dass bestimmte Benutzer alle Daten des einen Projekts, aber nicht des anderen Projekts sehen konnten, mussten Sie mit den oben beschriebenen Labels – vertraulich, geheim und streng geheim – neun unterschiedliche Kombinationen anlegen, um sicherzustellen, dass jemand mit dem Label „vertraulich" für das Projekt A keine Informationen aus den anderen Projekten erhalten konnte. Stellen Sie sich den Aufwand beim Initialisieren vor, wenn Sie eine sehr fein unterteilte Sicherheitsstruktur auf Datensatzebene für 30 Projekte und Millionen von Datensätzen erstellen müssten!

Die ursprüngliche Trusted Oracle7-Software ließ sich nur aufwändig installieren, war unbequem und schwer zu konfigurieren. Während der Entwicklung von Version 7.0 bis Version 7.2.3 verbesserte Oracle das Produkt Trusted Oracle7 immer weiter und baute es zu einem Hochsicherheits-Tool aus. Trotzdem war ihm kein großer Erfolg beschieden.

Einer der größten Kritikpunkte war das komplizierte Einteilen, wenn bei einer großen Anzahl von Projekten viele Zugriffsunterteilungen vorzunehmen waren. Erinnern Sie sich daran, dass es in Version 6 nur vorgefertigte Rollen von Oracle gab. In Version 7 konnten Sie selbst definierte Rollen erstellen, womit Oracle hoffte, dieses Problem in Trusted Oracle7 zu lösen. Nun konnten Sie eine Rolle für jedes Projekt anlegen und diese Rolle den entsprechenden Personen zuweisen. Jeder erhielt weiterhin eine Sicherheitsstufe, aber nun kontrollierte Trusted Oracle7 sowohl die Stufe wie auch die Rolle, um herauszufinden, welche Daten angezeigt werden konnten. Unglücklicherweise erging es Trusted Oracle7 damit auch nicht besser als vorher.

Unternehmen, die einen erhöhten Sicherheitsbedarf in ihren Systemen hatten, aber dieses neue Tool nicht einsetzen wollten, übten einigen Druck auf Oracle aus, andere und bessere Sicherheits-Features zur Verfügung zu stellen.

Oracles Advanced Networking Option

1996 kam die Version 7.3 von Oracle heraus. Mit dieser Release präsentierte Oracle seine „neue" kostenpflichtige Sicherheitsoption, die als Oracle Advanced Networking Option bekannt wurde.

Lassen Sie uns einen Moment innehalten, um uns die Computerumgebung vor Augen zu halten, die zum Zeitpunkt der Veröffentlichung von Version 7.3 vorherrschte. Die Netzwerk-Tools hatten sich soweit entwickelt, dass immer mehr Computer einfach miteinander verbunden werden konnten. Das 1994 eingeführte World Wide Web-Konsortium war dafür gedacht, gemeinsame Protokolle zu entwickeln, um sich zwischen den verschiedenen vernetzten Systemen austauschen zu können. Mit den ersten Browsern, wie zum Beispiel Mosaic, konnten auch Benutzer außerhalb der Universitäten und Regierungsstellen leicht auf Informationen zugreifen. Plötzlich war das World

Wide Web von Zuhause aus erreichbar. Zugegeben, die Mehrheit der frühen Web-Surfer waren technologisch deutlich versierter als man heutzutage zum Surfen sein muss. Unternehmen begannen damit, sowohl Intranet- als auch Internet-Sites zu erstellen, um ihre verschiedenen Firmenstandorte zu verbinden.

In den nächsten Jahren bauten die Firmen immer mehr auf Netzwerke, um ihre internen Daten zu transportieren, und der Schutz dieser Daten vor neugierigen Augen von draußen wurde immer wichtiger. Es gab nun viele verschiedene Arten von Sicherheitsanforderungen, die an die Oracle-Umgebung gestellt wurden. Dabei konnte es sich zum Beispiel um folgende handeln:

- Kontrollierter Zugriff auf die Datenbank, der leicht überprüft werden konnte
- Schutz der Daten beim Verschieben von einem Rechner auf einen anderen
- Unterschiedliche Zugriffsberechtigungen auf Daten in einer bestimmten Tabelle oder einer Gruppe von Tabellen
- Verbesserte Client/Server-Authentifizierung
- Unterstützung verschiedenster Authentifizierungs- und Autorisierungsmechanismen von Fremdherstellern
- Unterstützung unterschiedlicher Verschlüsselungs- und Prüfsummen-Techniken
- Unterstützung von Single Sign-On und digitalen Signaturen.

Nun waren System-, Datenbank- und Sicherheitsadministratoren damit konfrontiert, den Herausforderungen entgegenzutreten, die beim Schützen der Daten innerhalb und außerhalb der Datenbanken auftraten. Die neue Oracle Advanced Network Option nahm für sich in Anspruch, die Netzwerkkommunikation zu verschlüsseln und stark zu authentifizieren.

In Version 7.3 war die Installation und Konfiguration dieser neuen Option zwar deutlich besser als Trusted Oracle7, aber noch lange nicht so stabil, wie es sich Oracle und die Kunden erhofft hatten. Sie verbesserte eher die Netzwerksicherheit als den Zugriff auf die Informationen in einer Datenbank. Mit dieser Maßnahme gab es wegen des nötigen Ressourcen-Overheads leider auch erhebliche Performanceeinbrüche. Jede Anfrage an die Datenbank musste auf dem Client verschlüsselt und auf dem Server wieder entschlüsselt werden, während jede Antwort des Servers dort erst verschlüsselt und auf dem Client entschlüsselt wurde. Die Header-Daten, die mit jedem Paket verschickt wurden, waren ausgesprochen umfangreich, und die Überprüfung, ob auch kein Paket manipuliert worden war, sehr zeitaufwändig. Die Oracle Advanced Network Option bot verschiedene Verschlüsselungsstufen und erweiterte Client/Server-Authentifizierung sowie Unterstützung für Fremdsoftware wie Kerberos, CyberSafe, SecurID und biometrische Authentifizierungsverfahren.

Aufgrund der Probleme, die bei der neuen Option auftraten, drängten die Unternehmen Oracle dazu, eine robustere Kennwortverwaltung und feiner unterteilbare Sicherheitsoptionen einzubauen. Oracles Reaktion darauf war, Oracle8*i* zu produzieren und zu veröffentlichen.

2.1.5 Einführung von Oracle8

Lassen Sie uns – wie schon bei Version 7.3 – einen Moment innehalten und die technologischen Anforderungen betrachten, die die in Oracle8.0 veröffentlichten Features hervorbrachten.

Die Veränderung hin zu größeren Datenbanken begann Anfang bis Mitte der 90er Jahre. Der Schwerpunkt verlagerte sich auf eine bessere Unterstützung von VLDBs mit Oracle8. Die Nutzung von Views, die **union all** verwendeten, genügte nicht allen Kunden. Mit Oracle8 führte Oracle partitionierte Tabellen und Indizes ein. Die Fähigkeit, große Tabellen und Indizes einfach in kleinere Tabellen und Indizes aufzuteilen, ermöglichte es Oracle-Datenbanken, ungehinderter wachsen zu können. Durch das Partitionieren kann eine Tabelle leicht auf viele Festplatten verteilt werden, während Oracle dafür sorgt, dass die Daten an die richtige Stelle gelangen. Es wurden weitere Features eingeführt, um die Verteilung von Daten und Datenbanken in der ganzen Welt zu ermöglichen. Wir haben nun sowohl Parallel Server- als auch Parallel Query-Optionen, um das Verarbeiten der Daten zu beschleunigen. Alle diese Verbesserungen sind darauf ausgerichtet, schneller, einfacher und billiger arbeiten zu können. Allerdings gibt es nun neue Sicherheitsaspekte, die durch das Verteilen von Datenbanken und den transparenten Zugriff wichtig werden.

Verbesserungen der Kennwortverwaltung

Wie viele unterschiedliche Kennwörter nutzen Sie bei Ihrer täglichen Arbeit? Wir kennen Systemadministratoren und DBAs, die sich bis zu 40 oder 50 Kennwörter merken müssen. Benutzer müssen sich normalerweise mehr als ein Kennwort merken, um auf die Applikationen zugreifen zu können, mit denen sie arbeiten. Was geschieht meistens, wenn sich Benutzer mehrere Kennwörter merken müssen? Oft werden sie auf einen Zettel geschrieben und an einer „unauffälligen" Stelle befestigt, zum Beispiel auf der Seitenwand des Monitors oder in der Schreibtischschublade. Wenn sie ihre eigenen Kennwörter auswählen, nutzen sie entweder immer dasselbe oder nur leicht unterschiedliche Variationen des gleichen Wortes für jedes Konto, oder sie verwenden leicht zu erratende Begriffe wie die Namen von Familienangehörigen, Haustieren oder beliebten Charakteren aus Büchern, Filmen und TV-Serien. Was am häufigsten geschieht, wenn sich Benutzer viele verschiedene Kennwörter merken müssen, ist, dass sie sie vergessen! Dann haben üblicherweise die Systemverwalter den größten Aufwand.

Lange Jahre konnten Systemadministratoren die Kennwörter im Betriebssystem einfach verwalten. Denn sie konnten:

- ein Kennwort eines neu angelegten Kontos verfallen lassen, so dass der Benutzer ein neues Kennwort wählen musste, bevor er sich richtig anmelden konnte
- Kennwörter in regelmäßigen Zeitabständen verfallen lassen, so dass die Benutzer immer wieder neue Kennwörter verwenden mussten
- Kennwörter erzwingen, die vorgegebenen Kriterien entsprachen
- eine Kennwort-Historie führen, um sicherzustellen, dass ein Benutzer das Kennwort nicht ändern und es gleich danach wieder auf den alten Wert zurücksetzen konnte
- ein Konto sperren, wenn es zu viele Zugriffe mit einem falschen Kennwort gab.

Auch wenn alle diese Punkte der Sicherheit dienlich sind, ist der letzte Punkt doch der wichtigste, um die Sicherheit eines Systems zu erhalten, da dadurch Konten deaktiviert werden können, in die versucht wurde, einzubrechen.

Bis zu Oracle8 vergaben Sie beim Erstellen eines Benutzerkontos ein initiales Kennwort und teilten dem Benutzer seinen Kontonamen und das Kennwort mit. Es gab keine Möglichkeit, den Benutzer dazu zu zwingen, sein Kennwort zu ändern oder ein Kennwort so anzulegen, dass es noch vor dem ersten echten Zugriff angepasst werden musste. Sie konnten den Benutzern nur vertrauen, dass sie ihre Kennwörter regelmäßig änderten, was nur die wenigsten taten. Endbenutzer haben selten die Erlaubnis, auf eine Oracle-Datenbank mit SQL*Plus zuzugreifen. Daher mussten Sie eine kleine Applikation schreiben, um die Benutzer ihr Kennwort ändern lassen zu können.

Mit der Veröffentlichung von Oracle8.0 gab es nun diverse Passwortmanagement-Optionen. Plötzlich waren alle Features, die dem Administrator auf Betriebssystemebene zur Verfügung standen, auch in der Oracle-Datenbank verfügbar. Sie können nun:

- Kennwörter beim nächsten Mal verfallen lassen oder einen Zeitpunkt angeben, bis zu dem sie geändert sein müssen
- Kennwörter erzwingen, die bestimmten vorgegebenen Mustern entsprechen
- eine Kennwort-Historie verwalten, damit nicht dasselbe Kennwort immer wieder benutzt wird
- ein Benutzerkonto unter Oracle explizit sperren.

Wir werden ihnen noch viel mehr über das Kennwortmanagement in Kapitel 8 erzählen. Behalten Sie erst einmal im Gedächtnis, dass dies ein großer Schritt voran war für die Sicherheit einer Oracle-Datenbank.

Oracle über verschiedene Zugriffsmechanismen ansprechen

Laut einem kürzlich erschienenen Artikel in einem Magazin einer Fluggesellschaft melden sich alle Mitarbeiter der Stadt Oceanside im Bezirk San Diego County an ihren Computern mit einem Fingerabdruck-Scanner an, anstatt einen Benutzernamen und ein Kennwort einzugeben. Warum hat die Stadt diese Methode eingeführt? Weil die Mitarbeiter immer wieder ihre Kennwörter vergaßen und das Verwalten ihrer Systeme ständig beeinträchtigt wurde. Dagegen vergisst oder verliert ein Mitarbeiter seinen Fingerabdruck eher selten. Wenn Sie eine Saisonkarte für Disney World in Orlando, Florida, besitzen, erhalten Sie Zugang zum Park mit einem Fingerabdruck, und in Texas und Arizona stehen bereits über 180 Geldautomaten, die es dem Benutzer ermöglichen, über eine Gesichtserkennung an sein Bankkonto zu gelangen. Sie können die gleichen Geräte auch in Casinos in Nevada antreffen. Wenn Sie es nicht bereits tun, können Sie bald auf Ihren eigenen Compaq-Laptop oder Ihr Notebook mit einem Scan Ihres Fingers zugreifen.

Die Verwendung von biometrischen Daten für den Zugriff auf einen Computer kann gut oder schlecht sein. Die Verwendung eines Fingerabdrucks kann gut sein, da der Fingerabdruck jeder Person einmalig ist. Die Gesichtserkennung ist allerdings nicht ganz so sicher, da man das Tool überlisten kann. Mithilfe einer guten Maskenbildnerin kann man das Gesicht einer Person leicht an das einer anderen anpassen. Wir glauben allerdings, dass es in naher Zukunft eine leicht nutzbare Technologie zum Erkennen der eindeutigen Merkmale einer Person geben wird.

Wie wir in Kapitel 1 erwähnt haben, gibt es neben biometrischen Verfahren diverse Produkte von Fremdherstellern, die genutzt werden können, um Zugriff auf einen Computer zu erhalten. Nahezu alle in Kapitel 1 beschriebenen Produkte sowie SecurID, RADIUS und Indentix werden von der Oracle Advanced Networking Option sowohl in Version 7.3 wie auch in Version 8.0 unterstützt. Dabei wurden die Algorithmen zur Unterstützung der Produkte optimiert, um die Performance zu verbessern. Bedenken Sie aber, dass das Modifizieren eines bekannten Algorithmus Schwachstellen einfügen kann. Die weiteren erwähnten Sicherheits-Features aus Version 7.3 wurden ebenfalls verbessert, um sie für Unternehmen attraktiver zu machen.

Es gab nun eine neue Sicherheitsoption namens Oracle Security Server, um das Verwalten von Single Sign-Ons und digitalen Signaturen zu erleichtern. *Single Sign-On* ermöglicht es Benutzern, sich einmalig an einer zentralen Authentifizierungsstelle zu identifizieren und dann verschiedene Server anzusprechen, ohne sich jedes Mal neu anmelden zu müssen. Das Konzept war hervorragend, aber der Oracle Security Server wurde leider sehr ineffektiv umgesetzt. Das Tool wurde mit jeder neuen Release von Oracle8.0 modifiziert, aber von der Oracle-Kundschaft großenteils ignoriert.

Verbesserungen des Auditings in Oracle8

Ab Oracle8 war nun ein fein einstellbares Datenbank-Auditing auf System-, Schema- und Objektebene möglich. Sie können jede Berechtigung und jede verfügbare Aktion in einer Oracle-Datenbank überwachen. Sie können die Informationen an mehr als einem Ort speichern und die Tabelle SYS.AUD$ auch in einen anderen Tablespace als SYSTEM verschieben, um dessen Fragmentierung zu verhindern. Die Tabelle SYS.AUD$ ist übrigens die einzige SYSTEM-Tabelle, die Sie verschieben oder aus der Sie direkt Daten löschen können. Sie dürfen diese Tabelle sogar komplett entfernen.

Wenn Sie die Überwachung in Oracle8 aktivieren wollen, lassen Sie das Skript cataudit.sql laufen, um die folgenden Auditing-Views zu erstellen:

- STMT_AUDIT_OPTION_MAP
- AUDIT_ACTIONS
- ALL_DEF_AUDIT_OPTS
- DBA_STMT_AUDIT_OPTS
- USER_OBJ_AUDIT_OPTS, DBA_OBJ_AUDIT_OPTS
- USER_AUDIT_TRAIL, DBA_AUDIT_TRAIL
- USER_AUDIT_SESSION, DBA_AUDIT_SESSION
- USER_AUDIT_STATEMENT, DBA_AUDIT_STATEMENT
- USER_AUDIT_OBJECT, DBA_AUDIT_OBJECT
- DBA_AUDIT_EXISTS
- USER_TAB_AUDIT_OPTS

Diese Views ermöglichen Ihnen, die Ergebnisse Ihrer Überwachungsbemühungen einfacher anzeigen zu lassen. Trotz aller Verbesserungen beim Auditing können Sie aber immer noch nicht exakt feststellen, welche Daten modifiziert wurden, welche Zeilen gelöscht wurden und wie der Inhalt eines gelöschten Datensatzes aussah.

Datensicherung und Wiederherstellung in den späten 90ern

Mit Oracle8.0 wurde ein Tool namens RMAN eingeführt, das das Sichern und Wiederherstellen von Daten entscheidend verbesserte. Mit RMAN können Sie ein komplettes Backup auf Dateiebene von allen Datenbankdateien durchführen, während die Datenbank verfügbar ist. Sie können die Ergebnisse der Sicherung entweder auf der Festplatte oder auf Bändern ablegen. Damit können Sie Daten zu einem bestimmten Zeitpunkt wiederherstellen oder bis Sie die Operation abbrechen, und sogar nur die geänderten Blöcke einer Datendatei einspielen statt den ganzen Zeilenset.

Eine andere Möglichkeit, die mit Oracle8.0 verfügbar wurde, ist das Wiederherstellen von Tablespaces zu einem bestimmten Zeitpunkt. Das neue Tool wurde erstellt, um die

Arbeit mit Data Warehouses zu vereinfachen. Sie können damit einen Teil der Datenbank zu einem anderen Zeitpunkt wiederherstellen als den Rest der Datenbank. Sie werden sich fragen, warum man das tun sollte. Angenommen, Sie haben verschiedene Applikationen in derselben Datenbank, aber in unterschiedlichen Tablespaces gespeichert. Innerhalb der Applikationen läuft alles seinen gewohnten Gang. Jemand mit Zugriff auf die Tabellen von Applikation B hält sich für sehr clever, ist dabei unvorsichtig und löscht direkt in der Datenbank (statt in der Applikation) eine große Zahl von Datensätzen aus verschiedenen Tabellen. Ohne weiter nachzudenken, verlässt dieser Benutzer SQL*Plus, und die Änderungen werden automatisch bestätigt. Diese Aktionen werden erst entdeckt, wenn Probleme auftauchten.

In den meisten Fällen mussten Sie die Datenbank herunterfahren und einen Stand einspielen, der vor der Löschaktion lag, wenn ein solches Szenario vor Oracle8 eintrat. Jeder, der mit der Datenbank arbeitete, wurde gestört, und alle Daten, die nach der Löschung eingegeben worden waren, gingen verloren.

Mit dem neuen Tool für zeitabhängiges Wiederherstellen von Tablespaces kann die Arbeit in der übrigen Datenbank fortgeführt werden und nur die Benutzer, die mit dem „angeschlagenen" Tablespace zu tun haben, sind betroffen. Er kann repariert werden, indem die letzte Sicherung eingespielt wird, die vor der Löschung gezogen wurde.

Die Standby-Datenbank-Technologie wurde in Oracle8.0 verbessert, um eine besser nutzbare Lösung für schnelle Wiederherstellungen von Datenbanken anzubieten. Statt Archivierungsdateien mit einer selbst geschriebenen Routine von einer Plattform auf die andere verschieben zu müssen, konnten Sie nun mehr als ein Ziel für diese Dateien angeben. Außerdem standen Ihnen Parameter zur Verfügung, mit denen sich Regeln definieren ließen, falls eine Archivierungsdatei einmal nicht erfolgreich kopiert werden konnte.

2.2 Oracle8*i* und das Internet

Mit Oracle8*i* kehren wir nun wieder zu zentralisierteren Computerumgebungen und Backend-Servern zurück. Oracle implementierte mehr Features, um das Internet und Firmen-Intranets zu unterstützen, und es großen Gruppen von Personen zu ermöglichen, auf diese Backend-Server zuzugreifen. Im Unterschiede zu früher sind Computerressourcen allerdings unglaublich günstig geworden und die Rechenleistung wuchs exponentiell. Die Backend-Server können nun mit einer Prozessorlast umgehen, die noch vor wenigen Jahren unvorstellbar war.

Mit der Release Oracle8.0 schien die Oracle Corporation auf dem richtigen Weg zu sein bei ihren Versuchen, stabilere Sicherheitsoptionen zu bieten, aber perfekt war es noch nicht. Die Release Oracle8*i*, die als erste Release von Oracle speziell dafür konzipiert wurde, elektronischen Handel im Internet zu treiben (üblicherweise als E-Commerce bezeichnet), bot diverse neue Sicherheits-Features und viele Verbesserungen zu den vorhandenen Tools an.

Oracle8*i* enthielt 157 neue beziehungsweise verbesserte Features, einschließlich der Fähigkeit, eine Datenbank aus SQL*Plus herunterzufahren und wieder neu zu starten, sofern man als „internal" angemeldet war. Dies ist sowohl ein willkommenes als auch ein beunruhigendes Feature. Standardmäßig lautet das Kennwort für INTERNAL „ORACLE". Wenn jemand über SQL*Plus Zugang zu Ihrer Datenbank erhält und das Standardkennwort nicht geändert wurde, kann sich diese Person bequem als INTERNAL verbinden und hat damit freie Hand in Ihrer Datenbank, um nach Belieben jeden Befehl auszuführen oder die Datenbank herunterzufahren.

Bis Oracle8*i* schrieben Sie eine PL/SQL-Prozedur auch in dem Schema, in dem sie gespeichert wurde. Der Besitzer des Schemas musste Zugriff auf alle Informationen haben, die die Prozedur beeinflussten. Wenn ein Benutzer die Prozedur startete, erbte er alle Rechte des Prozedur-Eigentümers an den Daten. Das war nicht immer der beste Ansatz, die Datensicherheit zu Gewähr leisten.

Seit Oracle8*i* gibt es ein neues Feature namens *Invoker's Rights*, das es einem Entwickler ermöglicht Prozeduren zu schreiben, ohne die Rechte an den unterliegenden Tabellen und Views zu besitzen. Wenn ein Benutzer die Prozedur startet, muss er die korrekten Berechtigungen dazu besitzen. Mit anderen Worten, die Prozedur kann so geschrieben werden, dass sie mit den Rechten des Aufrufers läuft und nicht mit denen des Erstellers. Das Auditieren von Benutzern ist mit diesem Feature deutlich einfacher geworden. Invoker's Rights werden für das Ausführen von Java-Programmen benötigt, die in Oracle8*i* integriert sind, um die Internet-Kommunikation zu erleichtern.

2.2.1 Neue Möglichkeiten für Standby-Datenbanken

Mit Oracle8*i* erhalten Sie die Fähigkeit, eine komplett automatisierte Standby-Datenbank laufen zu lassen. Sie können jetzt nicht nur eine zweite Datenbank auf einer anderen Plattform haben, die bei Datenbankfehlern einspringt, diese zweite Datenbank lässt sich auch in Zeiten größten Andrangs noch im schreibgeschützten Modus nutzen. Und so funktioniert es: Sie bauen eine Standby-Datenbank auf und füllen Sie mit der letzten Version der Produktionsdatenbank. Für Ihre geschäftigsten Zeiten schalten Sie die Datenbank in den schreibgeschützten Modus um und nutzen sie für das Erstellen von Berichten oder das Beantworten von Benutzeranfragen, die keine Daten ändern. Wenn wieder ruhigere Zeiten eintreten, setzen Sie die Datenbank zurück in den Standby-Modus und bringen sie mit den ausstehenden Archivierungsdateien auf den Stand der Produktionsdatenbank. Falls Sie auf Ihre Standby-Datenbank umschalten müssen, während sie im schreibgeschützten Modus läuft, müssen Sie sie natürlich zurück in den Standby-Modus schalten und die ausstehenden Archivierungsdateien einspielen, bevor sie zum Gebrauch bereitgestellt wird. Wenn Ihre Produktionsmaschine nicht mehr erreichbar ist, sind Sie nicht mehr in der Lage, die Standby-Datenbank auf den Stand der zuletzt bestätigten Transaktion zu bringen und werden einige Transaktionen verlieren, die nach dem Einspielen der letzten Archivierungsdatei in die Standby-Datenbank durchgeführt wurden. In der Praxis ist dies allerdings ein sehr kleiner Preis für die schnelle Verfügbarkeit bei Ausfällen.

Oracle Fail Safe ist ein weiteres Produkt, das mit Oracle8*i* für Windows NT ausgeliefert wird. Dieses Produkt wird verwendet, um ein schnelles Wechseln im Fehlerfall und das Zurückwechseln für Windows-Cluster zu ermöglichen. Es ist dafür gedacht, verschiedene Servertypen zu überwachen und umzuschalten, nämlich:

- Oracle Datenbank-Server der Versionen 7 bis 8*i*
- Oracle Forms und Report-Server
- Oracle Portal (einschließlich WebDB in den Releases 2.1, 2.2 und 2.5)
- Oracle Application Servers und Oracle Applications Release 11i
- Oracle HTTP Server (mit Unterstützung durch Apache)

Weiter oben in diesem Kapitel erwähnten wir, dass es sehr schwierig sein kann, eine Produktionsdatenbank nach einem Wechsel zur Standby-Datenbank wieder auf den aktuellsten Stand zu bringen. Mit Oracle Fail Safe können Sie problemlos zurückschalten, wann immer Sie wollen. Sie können wechseln, sobald der Fehler auf der Produktionsdatenbank behoben wurde oder zu einem beliebigen späteren Zeitpunkt. Natürlich müssen Sie in diesem Fall nicht mehr auf ihre ursprüngliche Produktionsdatenbank zurückwechseln. Mit diesem Produkt können Sie einen Wechsel auf ein System durch Lastenausgleich vornehmen oder ein Datenbank-Upgrade durchführen.

In jeder Situation, in der Sie mehr als eine Datenbank verfügbar haben, müssen Sie natürlich darauf achten, ob jemand Zugang zu einer Datenbank erhält und dort genug Informationen sammeln kann, um die andere Kopie zu kompromittieren. Mit anderen Worten, je mehr Standby-Datenbanken verfügbar sind, desto größer sind die Chancen, dass ein Hacker Zugriff auf eine Datenbank in Ihrem System erhält. Wir werden darauf im Verlauf dieses Buch noch ausführlicher eingehen.

2.2.2 Ein Blick auf die Features von Oracle8*i* Advanced Security

Die Oracle Advanced Security-Option, die die Oracle Advanced Network-Option ersetzt, bietet viele Features, die Ihnen ermöglichen, Ihre wertvollen Unternehmensdaten zu schützen. Dazu gehört die Möglichkeit, Daten verschlüsselt mit dem SSL-Protokoll zu transportieren und zu empfangen, und dabei verschiedene Verschlüsselungsalgorithmen wie RSA und DES zu verwenden.

Verwenden von SSL

Blicken wir kurz zurück, um Ihr Gedächtnis zum Thema SSL-Verschlüsselung aufzufrischen. SSL nutzt zunächst einen Public Key-Algorithmus, um einen geheimen, zufällig generierten Schlüssel auszutauschen, der für jede Benutzersitzung einmalig ist. Dieser Schlüssel wird dann genutzt, um die Mitteilungen mit einem symmetrischen Schlüsselalgorithmus wie RC4 oder DES zu verschlüsseln. Wenn der Schlüssel zu Beginn jeder Sitzung geändert wird, sollten alle Übertragungen zwischen Client und Server während dieser Sitzung geschützt sein. Daher bringt dem Hacker das Knacken eines Schlüssels nicht viel, er ist bald geändert. Der Performance-Verlust, der durch den Overhead des Ver- und Entschlüsselns entsteht, wird als minimal angesehen. Wie in früheren Versionen unterstützt Oracle Schlüssel von 40 Bits, 56 Bits oder 128 Bits Länge. Denn je länger ein Schlüssel ist, desto schwieriger ist es, eine verschlüsselte Mitteilung zu knacken.

Wir haben erwähnt, dass das Untersuchen von Paketen, die durch das Netzwerk transportiert werden, üblicherweise als *Packet Sniffing* oder *Local Area Network Monitoring* bezeichnet wird, und dabei die Pakete nur analysiert, aber nicht verändert werden. Der Schaden, der durch Packet Sniffing angerichtet werden kann, liegt im Potenzial eines Hackers, kompromittierende Informationen zu finden. Schlimmer als das Sniffen in Paketen ist allerdings die Möglichkeit, dass jemand ein Paket abfängt und dessen Inhalt verändert. Stellen Sie sich zum Beispiel vor, wie schrecklich es wäre, wenn Sie ein Kundenterminal einer Bank nutzen, um Geld von Ihrem Sparbuch auf Ihr Girokonto zu überweisen, und jemand die Pakete modifizierte. Anstatt $1000 von Ihrem einen Konto auf Ihr anderes zu transferieren, könnte Ihr Geld schließlich auf dem Konto des „Einbrechers" landen.

Um sicherzustellen, dass eine Nachricht auf keinen Fall verändert wird, generiert SSL einen kryptografisch sicheren Digest für jede gesendete Nachricht. Was bedeutet das? Ein Lauscher kann die gesendeten Pakete abhören, sie aber nicht lesen. Er kann das Übertragungsprotokoll aber angreifen, indem er ein paar der verschlüsselten Zeichen umstellt. Das kann Ihre Mitteilung durcheinanderbringen oder dazu führen, dass der Empfänger die Daten falsch interpretiert. Ein Digest verhindert dies. Bevor die Daten verarbeitet werden, berechnet der Empfänger den Digest aus der erhaltenen Nachricht, vergleicht ihn mit dem erhaltenen Digest und verwirft das Paket, falls sie nicht übereinstimmen.

Der Nachrichten-Digest wird entweder mit dem MD5- oder dem SHA-Algorithmus generiert, um eine kryptografische Prüfsumme zu erstellen. Die SHA-Option ist etwas langsamer als MD5, aber der produzierte Digest ist dafür länger. Somit ist die Nachricht besser gegen Brute Force-Angriffe und Inversionsattacken geschützt.

Über Authentifizierungs-Tools

Wir erwähnten bereits kurz das Single Sign-On, erläuterten es aber nicht weiter. Dieses Feature, das in der Oracle Advanced Security-Produktfamilie verfügbar ist, ermöglicht es Benutzern, sich einmalig bei einem zentralen Authentifizierungsmechanismus, dem so genannten *Network Authentication Server*, anzumelden, und dann auf viele verschiedene Konten zuzugreifen, ohne sich jedes Mal wieder anmelden zu müssen. Wenn der Benutzer zu Beginn authentifiziert ist, wird eine Nachricht in einem sicherheitssystemspezifischen oder benutzerspezifischen Ort abgelegt. Dieser Ort wird als *Wallet* des Benutzers bezeichnet. Nachdem eine Nachricht im Wallet hinterlegt wurde, kann jeder andere Logon-Server die Zeugnisse des Benutzers einsehen, um zu überprüfen, ob der Benutzer auch der ist, der er zu sein vorgibt.

Oracle unterstützt verschiedene Fremdprodukte, die Ihrem System Single Sign-On zur Verfügung stellen. Tabelle 2-3 listet diese Produkte mit einer kurzen Beschreibung auf.

Tabelle 2-3: Authentifizierungsmethoden von Fremdherstellern

Produkt	Beschreibung
Secure Sockets Layer (SSL)	Ein Standardprotokoll für sichere Netzwerkverbindungen. SSL bietet Authentifizierung, Datenverschlüsselung und Datenintegrität. Es arbeitet mit einer Public Key Infrastructure (PKI). SSL wird genutzt, um geschützte Kommunikation von beliebigen Clients oder Servern zu einem oder mehreren Oracle-Servern, oder von einem Oracle-Server zu Clients zu ermöglichen. Sie können SSL alleine oder zusammen mit anderen Authentifizierungsmethoden verwenden und es so konfigurieren, dass nur Server-Authentifizierung oder Client- und Server-Authentifizierung notwendig ist.
Remote Authentication Dial-In User Service (RADIUS)	Dieses Client-Server-Protokoll ermöglicht Authentifizierung und Zugriff aus der Ferne und verwendet verschiedenste Authentifizierungsmechanismen wie Token Cards, Smart Cards und biometrische Verfahren.
Kerberos und CyberSafe	In Verwendung mit Oracle Advanced Security stehen Single Sign-On und eine zentrale Kennwortspeicherung, Authentifizierung von Database Links und verbesserte PC-Sicherheit zur Verfügung. Kerberos ist ein vertrauenswürdiges Authentifizierungssystem von dritter Seite, das auf verteilten Geheimnissen basiert und annimmt, dass diese dritte Seite sicher ist. CyberSafe TrustBroker ist ein kommerzieller Kerberos-basierter Authentifizierungs-Server.

Tabelle 2-3: Authentifizierungsmethoden von Fremdherstellern (Fortsetzung)

Produkt	Beschreibung
Smart Cards (RADIUS-kompatibel)	Eine Smart Card ist ein System in der Größe einer Kreditkarte, mit einem kleinen integrierten Schaltkreis, der von Lesegeräten am Client oder Server ausgelesen wird. Die Smart Card speichert üblicherweise Benutzernamen und Kennwort zur Identifizierung. Da sie von einem Lesegerät am Client gelesen wird, kann sich ein Benutzer von jedem Arbeitsplatzrechner aus anmelden, an dem solch ein Gerät steht.
Token Cards (SecurID- oder RADIUS-kompatibel)	Token Cards sehen wie ein kleiner Taschenrechner aus und haben eine Tastatur. Manche Token Cards zeigen ein dynamisch generiertes Kennwort an, das mit einem Authentifizierungs-Server synchronisiert wird. Andere verarbeiten eine Eingabe, die der Server vorgibt, und geben ein Ergebnis aus, das der Benutzer dem Server mitteilen muss.
Biometrische Authentifizierung (Identix- oder RADIUS-kompatibel)	Die biometrische Authentifizierung von Identix wird genutzt, um Authentifizierungsdaten auf Fingerabdruckbasis zwischen dem Authentifizierungs-Server und dem Client auszutauschen. Diese Form der Authentifizierung wird sowohl auf den Clients als auch am Oracle-Server genutzt. Andere RADIUS-kompatible biometrische Authentifizierungssysteme können in Oracle Advanced Security integriert werden, um Oracle-Benutzer zu identifizieren.
Bull Integrated System Management (ISM)	Dieses von Bull Worldwide Information Systems angebotene Produkt bietet eine Vielzahl von Verwaltungs-Tools für den Systemadministrator. Es ist allerdings nur auf AIX-Plattformen verfügbar.

Authentifizierung eines Benutzers über das Netzwerk

Bevor wir tiefer in Oracles Implementierung der Authentifizierung einsteigen, wollen wir uns anschauen, wie ein Authentifizierungs-Server im Netzwerk einen Benutzer erkennt. Hier die Schritte dazu:

1. Ein Benutzer versucht, auf einen Server zuzugreifen, indem er die Authentifizierungsdienste anfordert. Er bietet eine bestimmte Art der Identifizierung an, um seine Identität zu beweisen.
2. Der Server authentifiziert den Benutzer und stellt ihm ein Ticket oder Zeugnis zu. Das Zeugnis wird üblicherweise im Wallet des Benutzers in einem Verzeichnis seines Systems oder an einer zentralen Stelle des Systems gespeichert. Das Ticket kann ein Verfallsdatum enthalten, muss es aber nicht.

3. Wenn der Benutzer eine Verbindung zu einer Oracle-Datenbank aufbauen will, werden die Zeugnisse des Benutzers an den Oracle-Server geschickt.
4. Der Server sendet die Zeugnisse weiter an den Authentifizierungs-Server, um eine Bestätigung für deren Gültigkeit zu erhalten.
5. Der Oracle-Server erhält die Mitteilung, dass der Authentifizierungs-Server die Zeugnisse akzeptiert.
6. Wenn die Zeugnisse gültig sind, führt der Oracle-Server die angeforderten Aufgaben aus. Wenn sie nicht akzeptiert wurden, verweigert der Server den Zugriff des Clients.

Betrachten wir nun die Architektur der Oracle Advanced Security.

Authentifizierung versus Autorisierung

Oracle8*i* bietet schon standardmäßig Rollen und Privilegien, um die Autorisierung von Benutzern in einer Oracle-Datenbank zu kontrollieren. Zusammen mit den Authentifizierungsmethoden von Oracle Advanced Security werden diese Features noch einmal deutlich verbessert. Auf einer Solaris-Plattform zum Beispiel unterstützt Oracle Advanced Security die Distributed Computing Environment (DCE)-Autorisierung. Es stimmt, dass DCE den Ruf hat, schwer zu verwalten zu sein. Trotzdem sind ihre Sicherheitsoptionen ausgesprochen zuverlässig.

Sie können die Oracle Advanced Security Option mit Oracles Implementierung der Lightweight Directory Access Protocols (LDAP, in Version 3)-kompatiblen Verzeichnisse kombinieren, um das Oracle Internet Directory für Benutzerverwaltung, Autorisierungsspeicherung und -anforderung einzusetzen.

Wir haben es bisher noch nicht erwähnt, aber der größte Teil der Features der Oracle Advanced Security basieren auf dem Netzwerkprodukt von Oracle, Net8, und werden auch darüber konfiguriert. Sie konfigurieren Oracle Advanced Security, indem Sie die passenden Parameter in der Net8-Konfigurationsdatei sqlnet.ora ablegen. Sie finden diese Datei auf einem Unix-System im Verzeichnis $ORACLE_HOME/network/admin und auf Windows NT-Systemen unter ORACLE_HOME\Network\Admin. Wir werden Ihnen mehr über die Konfigurationsparameter in Kapitel 12 erzählen. Sie können Verschlüsselung, Datenintegrität und andere Möglichkeiten von Oracle Advanced Security über Net8 aktivieren.

So gut die Oracle8*i*'s Advanced Security-Option auch klingt, es gibt inzwischen noch mehr Möglichkeiten, eine Oracle-Datenbank abzusichern, wie wir im Folgenden sehen werden.

Eine Desupport-Mitteilung für Oracle8*i*, Release 8.2

In den letzten Releases von Oracle ermöglichte es der Befehl **connect internal** einem Datenbank-Administrator, sich mit dem Kern einer Oracle-Datenbank zu verbinden und sehr privilegierte Aktionen, wie das Erstellen, Starten und Stoppen einer Datenbank, durchzuführen. Denken Sie daran, dies ist nicht dasselbe wie jedes andere Benutzerkonto, zu dem Sie vielleicht Zugang haben. Dieses Konto verbindet Sie direkt mit dem empfindlichsten und privilegiertesten Bereich einer Oracle-Datenbank.

Vor kurzem hat Oracle nun bekannt gegeben, dass dieses Feature ab der Version Oracle8*i*, Release 8.1.7 nicht mehr unterstützt wird. Da **connect internal** schon so lange bekannt ist, wird es als sehr hohes Sicherheitsrisiko angesehen. Zu viele Leute wissen, wie man darauf zugreifen kann, um eine Oracle-Datenbank zu manipulieren.

Bisher hatten Sie verschiedene Möglichkeiten, sich für administrative Aufgaben mit einer Oracle-Datenbank zu verbinden, unter anderem mit

- connect internal oder connect internal/<Passwort>
- connect / as sysdba
- connect <Benutzername/Passwort> as sysdba

Aber was wird **connect internal** ersetzen? Ganz einfach, wie schon bei Oracle7 empfiehlt Oracle, **connect / as sysdba** oder **connect / as sysoper** zu verwenden. SYSDBA und SYSOPER sind Bezeichnungen, die Sie einem Benutzer zuweisen können, um es ihm zu ermöglichen, privilegiertere Datenbankaktionen durchzuführen. SYSDBA ermöglicht es, eine Datenbank zu erstellen, und bietet mehr Berechtigungen als SYSOPER.

Zudem wird mit Oracle9*i* der Server Manager verschwinden. Daher müssen Sie sich dann bei SQL*Plus als SYSDBA anmelden, um Ihre Datenbank herunterzufahren.

Auch wenn Oracle schon seit Oracle7 warnt, dass **connect internal** nicht mehr unterstützt werden wird, existiert es aus Kompatibilitätsgründen immer noch. Es sieht aber so aus, als ob es tatsächlich in Oracle9*i* nicht mehr vorhanden sein wird.

Virtual Private Databases

Zu der Zeit, als Oracle die erste Version von Oracle8*i* veröffentlichte, begannen sich mit den verschiedenen Technologie-Trends auch die entsprechenden Sicherheitsprobleme abzuzeichnen, zum Beispiel:

- Mehr Kunden führten mehr Transaktionen über das Internet durch und benötigten daher besseren Zugang zu den Unternehmensdatenbanken.
- Firmen lagerten immer mehr Routineaufgaben aus.
- Mehr Unternehmen waren Application Service Provider (ASP) geworden und stellten Hosting-Dienste für viele unterschiedliche Kunden auf denselben Systemen und Datenbanken zur Verfügung.

- Die Sicherheitskontrolle durch die Applikationen war nicht immer ein erfolgreicher und effektiver Ansatz.
- Das Erzwingen komplexer Zugriffskontroll-Richtlinien war schwierig.

In allen diesen Fällen ist das Kernproblem, zu kontrollieren, wer welche Daten sehen und manipulieren darf. Sie wollen zwar, dass Ihre Kunden die Möglichkeit haben, auf Ihre Datenbank zuzugreifen, um Inhalt und Status der eigenen Online-Bestellungen einsehen zu können, aber Sie möchten sicher nicht, dass sie auf Ihr firmeninternes Bestellsystem Zugriff erhalten. Wenn Sie ein ASP sind, müssen Sie ein System zur Verfügung stellen, in dem jeder Kunde seine eigene sichere Umgebung hat, die er sich seinen Wünschen entsprechend anpassen kann.

Wenn Sie die Datensicherheit in und über eine Applikation kontrollieren, besteht die Möglichkeit, dass ein Benutzer auf die Datenbank außerhalb der Applikation zugreift. Erinnern Sie sich noch an den Endbenutzer aus Kapitel 1, der um Zeit zu sparen direkt mit SQL*Plus in die Datenbank ging, und dort Datensätze veränderte und löschte? Der Schaden, den die Firma durch diese Aktion erlitt, war nicht unerheblich. Die Gefahr, dass auf die Datenbank über Reportgeneratoren und ODBC-Treiber zugriffen wird, ist ein weiteres Problem, das viele Unternehmen betrifft. In beiden Situationen ist es deutlich besser, die Sicherheit schon in der Datenbank zu Gewähr leisten statt erst in der Applikation. Auf diesem Weg sind die Sicherheitsmechanismen auch dann aktiv, wenn der Benutzer versucht, die Applikation zu umgehen und direkt auf die Daten zuzugreifen. Aber wie wollen Sie die Kontrollen in der Datenbank sicherstellen? Rollen, Views, gewährte Berechtigungen und Stored Procedures haben jeweils ihre Schwächen.

Um die Probleme zu lösen, die mit den neuen Technologie-Trends verbunden sind, hat Oracle die Virtual Private Database eingeführt, um in Oracle8*i* fein dosierbare Zugriffskontrollen kombiniert mit einem sicheren Applikationskontext zu bieten. Damit muss eine Organisation die Sicherheitsmaßnahmen nur einmal auf dem Datenserver einbauen. Da die Sicherheitsrichtlinien mit den Daten verbunden sind und nicht mit der Applikation, werden die entsprechenden Regeln immer eingehalten.

ASPs können nun bei der Vergabe von Zugriffsrechten an Kunden deutlich entspannter vorgehen, da die Sicherheit schon auf dem Server überwacht wird und sich die Daten physisch trennen lassen. Mit anderen Worten, Virtual Private Databases sollen die Probleme lösen, die beim Verwalten von Daten vieler verschiedener Firmen in einer zentralen Datenbank auftauchen. Der ASP muss sicherstellen, dass Benutzer nur auf Daten ihrer eigenen Firma zugreifen können. Die Virtual Private Databases basieren auf verschiedenen Mechanismen, um die Daten jedes einzelnen Unternehmens und jedes Benutzers geheim zu halten. Zunächst sind alle Daten in allen Tabellen mit einer Company ID versehen. Sie können Benutzern einen bestimmten Schlüssel zuweisen und dann festlegen, dass Benutzer nur auf die Zeilen zugreifen können, die zu ihrem Schlüssel passen. Jede gestellte Abfrage enthält eine **where**-Klausel, die dem Benutzer nur die Daten seiner Firma zurückliefert. Wenn ein Benutzer Änderungen an Daten in einer Virtual Private Database vornimmt, modifiziert Oracle den Befehl so, dass der Benutzer transparent nur die Daten ändern kann oder zurückbekommt, mit denen er arbeiten darf. Innerhalb einer Virtual Private Database müssen den Benutzern immer noch die entsprechenden Rechte für jede Tabelle zugewiesen werden, aber sie müssen keine weiteren Berechtigungen vergeben, um einen Benutzer davon abzuhalten, auf fremde Daten zuzugreifen.

Wir werden uns mit diesem neuen Produkt detailliert in Kapitel 12 befassen. Nun wollen wir einen Blick auf ein anderes neues Produkt werfen, das auf Virtual Private Databases basiert und diese verbessert.

Trusted Oracle7 ändert seinen Namen

Für Oracle8*i* wurde ein „neues" Produkt namens Oracle Label Security angekündigt. Dieses neue Produkt wurde zunächst in Oracle 8*i*, Release 3 für Solaris veröffentlicht und wirbt damit, eine fertig vorbereitete Richtlinienoption für Virtual Private Databases zu sein. Oracle Label Security basiert auf den gleichen Labels, die wir weiter oben in diesem Kapitel beschrieben haben, und kann die Sicherheitslabels der US-Regierung und der Verteidigungseinrichtungen wiedergeben, oder an Ihre persönliche Umgebung angepasst werden. So kann zum Beispiel die Personalabteilung Regeln auf Mitarbeiterebene haben, die für die gleiche Datenbank gelten wie die Regeln der Hausverwaltung, die aber wiederum komplett anders aufgebaut sein können. Die Fähigkeit, jede Richtlinie unabhängig konfigurieren und anpassen zu können, unterscheidet dieses Produkt von Trusted Oracle7 und macht es besser.

Sie können verschiedene Konfigurations- und Anpassungsaktivitäten mit einer GUI-Schnittstelle namens Oracle Policy Manager vornehmen, so dass Sie damit die Oracle Label Security und ihre Richtlinien verwalten können. Der Oracle Policy Manager ermöglicht Ihnen, Folgendes durchzuführen:

- Richtlinien zu definieren
- Label-Definitionen festzulegen
- Zugriffsberechtigungen zu definieren und zuzuweisen
- Label-Funktionen anzugeben
- SQL-Richtlinien zu bestimmen

Ein Sicherheitsadministrator kann einem Benutzer Zugriffslabel und Berechtigungen zuweisen. Wenn der Benutzer versucht, eine Aufgabe wie das Selektieren von Zeilen aus einer Tabelle durchzuführen, prüft die Oracle Label Security seine Berechtigungen und Zugriffslabel, um die richtigen Zeilen herauszufinden, die aus der Tabelle angezeigt werden. Ein Benutzer kann nur auf die Zeilen zugreifen und sie verändern, die die passenden Zugriffslabels in den entsprechenden Tabellen der Datenbank haben.

In der Praxis ist die Anzahl der Tabellen, die Labeling-Technologie benötigen, sehr gering, und die Oracle Label Security kann einzelnen Tabellen oder ganzen Schemata zugewiesen werden. Wenn Sie diese Option auf Schema-Ebene anwenden, wird allen Tabellen, die danach angelegt werden, automatisch die Richtlinie zugewiesen. Für jede Tabelle lassen sich aber auch danach noch die Beschränkungen einstellen.

Werfen wir nun einen kurzen Blick auf die Architektur der Oracle Label Security. Jede Zeile in einer Tabelle, der die Oracle Label Security zugewiesen wurde, enthält die eigentlichen Daten und einen zweiten Abschnitt, das so genannte *Label.* Es enthält drei Komponenten: eine hierarchische Ebene oder Klassifikation, ein oder mehrere horizontale Abschnitte oder Kategorien, und eine oder mehrere Gruppen.

Wir sprachen bereits über drei Sicherheitsebenen, die viele Unternehmen und Regierungen nutzen: Vertraulich, Geheim und Streng Geheim. Die Architektur von Oracle Label Security bildet die Ebenen und Abschnittskomponenten auf das System ab, Sie können aber auch Ihre eigenen Ebenen und Abschnitte definieren, die auf den Anforderungen Ihrer Firma und deren Sicherheitswünschen basieren. Ein kommerzielles Unternehmen kann zum Beispiel eine einzelne Ebene namens „Firmenintern“ festlegen. Wenn Sie nur eine Ebene definieren, enthält eine Zeile in der Tabelle entweder dieses Label oder keins. Ein Mitarbeiter, der nicht die Zugriffsebene „Firmenintern“ besitzt, kann nur die Zeilen sehen, die dieses Label nicht haben.

Tabelle 2-4 zeigt mögliche Werte für jede der drei Komponenten. Beachten Sie bitte, dass es keinerlei Beziehungen zwischen den Komponenten in dieser Tabelle gibt. Alle drei sind einfach mögliche Werte, die basierend auf den Anforderungen Ihrer Firma zugewiesen werden können. Beachten Sie auch, dass es leere Bereiche in der Tabelle gibt. Es ist kein Problem, leere Bereiche zu haben, da sich alle diese Beispiele auf ihre Überschrift beziehen und die Zeilen voneinander unabhängig sind. Stellen Sie sich zum Beispiel vor, Sie haben eine Ebene „Firmenintern“, die Sie vielen verschiedenen Abschnitten oder Gruppen zuweisen wollen. Abschnitte können die unterschiedlichen Abteilungen Ihres Unternehmens abbilden oder die einzelnen Büros im Gebäude. Gruppen können Beschäftigungsbereiche wie Manager, Programmierer, Küchenpersonal oder Verkäufer darstellen. Sie entscheiden, wie Sie die Benutzer im Produkt aufteilen möchten.

Tabelle 2-4: Mögliche Werte für Label-Komponenten

Ebene	Abschnitt	Gruppe
Firmenintern	Physik-Labor	Wissenschaftler
Vertraulich	Bücherei	Manager
Nur zum Betrachten	Intern	CTO

Tabelle 2-4: Mögliche Werte für Label-Komponenten (Fortsetzung)

Ebene	Abschnitt	Gruppe
Empfindlich	Extern	
Jeder		

Wie Sie sehen, können Sie die zuzuweisenden Werte selbst festlegen, so dass Sie Ihren realen Bedürfnissen entsprechen und Sie keine „fremde“ Struktur adaptieren müssen. Dieses Vorgehen gibt Ihnen die Freiheit, Ihr Sicherheitsmodell im Tool zu modellieren. Oracle Label Security unterstützt bis zu 9999 unterschiedliche Abschnitte. Es bietet zudem Überwachungsmöglichkeiten, mit denen wir uns in Kapitel 12 näher befassen werden.

Planen Sie Ihre Sicherheit

Was ist der erste Schritt, um eine komplexe Aufgabe erfolgreich zu erledigen? Natürlich das Erstellen eines Plans. Immer wenn Sie ein Projekt beginnen, definieren Sie zunächst Ihre Ziele und überlegen, wie diese erreicht werden können. Das Implementieren von Sicherheitsaspekten ist da keine Ausnahme. Das Sichern Ihrer Datenbanksysteme ist eine sehr aufwändige Aufgabe, die erfordert, dass Sie Entscheidungen abhängig von vielen Variablen treffen, wie wir in den letzten beiden Kapitel beschrieben haben. Sicherheitsbelange müssen ernst genommen werden, und sich ihre Wichtigkeit nicht im Voraus bewußt zu machen ist ein sicheres Rezept, um zu scheitern oder in einem Desaster zu enden.

Bevor wir fortfahren, wollen wir uns die Unterschiede zwischen einem Sicherheitsplan, einer Sicherheitsrichtlinie und einer Sicherheitsprozedur klar machen. Ein *Sicherheitsplan* besteht aus allen vorgeschlagenen Methoden oder Vorgehensweisen, die dazu gedacht sind, Ihre digitalen Schätze zu bewachen. Ein Sicherheitsplan setzt die Ziele und Strategien fest, die Sie nutzen wollen, und stellt die Obermenge Ihrer Richtlinien, Prozeduren und sonstigen Dokumente dar. Eine *Sicherheitsrichtlinie* ist ein Set von Regeln und Standards, die dazu dienen, die Sicherheit in einer Organisation aufrechtzuerhalten. *Sicherheitsprozeduren* sind die detaillierten Schritte, die Sie ausführen, um Ihre Sicherheitsrichtlinien zu erfüllen und die Ziele zu erreichen, die Sie in Ihrem Sicherheitsplan festgelegt haben.

Wenn Sie schon ein bestehendes System haben, brauchen Sie nicht zu glauben, dass es für das Erstellen eines Sicherheitsplans schon zu spät wäre. Planung ist zu vielen Zeitpunkten wichtig. Ein organisationsweiter Plan hilft beim Festlegen der generellen Sicherheitsbedenken, aber viele Organisationen beschäftigen sich noch immer mit diesen grundlegenden Dingen, auch wenn die Systeme schon lange bestehen und die Prozeduren genutzt werden. Leider sehen sich diese Unternehmen mit einem mühevollen Unterfangen konfrontiert, da das Ändern des Status Quo immer deutlich schwieriger ist, als das Richtige von Anfang an zu tun.

Planungen sind auch notwendig, wenn eine neue Datenbank oder eine Applikation, die auf eine Datenbank zugreift, erstellt wird. Sie sind – hoffentlich – in der Lage, bestehende Sicherheitsrichtlinien anzupassen, statt bei Null anzufangen, wenn ein neues Datenbanksystem eingerichtet wird. Sie müssen aber auf jeden Fall jedes System dahingehend analysieren, was für Änderungen an den Richtlinien notwendig werden.

3.1 Festlegen Ihres Sicherheitsplans

Ein Sicherheitsplan ist eine Sammlung von Prozeduren und Richtlinien, mit denen die Sicherheitsrisiken in Bezug auf das Aufbauen und Verwenden eines Computersystems reduziert werden sollen. Allerdings ist der Begriff „Sicherheitsplan" sehr weit reichend. Daher wollen wir zunächst definieren, was unserer Meinung nach in einem Sicherheitsplan enthalten sein sollte. Denken Sie daran, dass kein einziger Sicherheitsplan für alle Datenbanken, Systeme oder Organisationen passt. Viele Details tragen zu einem erfolgreichen Sicherheitsplan für Ihre spezielle Organisation bei.

In kleinen, wenig komplexen Systemen mögen Sicherheitspläne nur in den Köpfen der Benutzer und Administratoren der Datenbank existieren. Kleine Organisationen dokumentieren ihre Prozeduren oftmals nicht in formaler Weise. Sicherheitsprozeduren werden befolgt, weil sich jemand die Zeit genommen hat, einen neuen Mitarbeiter so einzuweisen, dass er eine Aufgabe in einer bestimmten Art angeht.

In größeren, komplexeren Datenbanken reduziert das saubere Dokumentieren eines detaillierten Sicherheitsplans das Risiko, dass der Plan nicht befolgt wird. Wenn ein Plan nicht ordentlich dokumentiert wurde – niedergeschrieben und nach Fertigstellung an die Mitarbeiter weitergeleitet – schlägt die Kommunikation über die richtigen Vorgehensweisen fehl und die Mitarbeiter fangen an, die richtigen Prozeduren misszuverstehen und in Frage zu stellen. Wenn Sie Ihren Sicherheitsplan dokumentieren, gibt es weniger Spielraum für Fehler. Ohne einen geschriebenen Plan können die Mitarbeiter nur von Annahmen über das richtige Vorgehen ausgehen und Sicherheitsverpflichtungen werden vernachlässigt, da die Angestellten unsicher sind, worin ihre spezifische Bedeutung für die Sicherheit besteht.

Wenn Sie einmal sehen wollen, was geschriebener Text bewirken kann, schreiben Sie doch beim nächsten Erstellen einer Richtlinie für irgendetwas eine E-Mail, und drucken Sie sie andererseits aus und verteilen Sie sie. Sie werden sehen, wenn Personen etwas auf dem Bildschirm lesen, vergessen sie es normalerweise schnell wieder, lesen es gar nicht bis zum Ende oder ignorieren die Mitteilung gänzlich. Das liegt in der Natur der Sache. Wenn man allerdings etwas auf Papier erhält, liest man es im Allgemeinen vollständig und erinnert sich auch länger an den Inhalt. Wenn Sie wollen, dass eine Richtlinie tatsächlich befolgt wird, drucken Sie sie aus und verteilen sie. Natürlich sollten Sie sicherstellen, dass die Geschäftsführung die Richtlinie genehmigt und unterstützt, bevor Sie sie umsetzen. Es ist dann später, wenn die Richtlinie verletzt wurde, einfacher, den Regelverstoß nachzuweisen.

Ein niedergeschriebener Plan hilft auch den Mitarbeitern, die richtigen Entscheidungen zu treffen, da sie die Gründe für die Regeln erfahren und die Folgen bei einer Verletzung dieser Regeln absehen können. Ein Sicherheitsplan sagt den Mitarbeitern: „Sicherheit ist wichtig und wir erwarten, dass Sie diesen Richtlinien folgen“, anstatt mehrdeutige Signale auszusenden, für deren Interpretation die Mitarbeiter Zeit und Arbeit aufwenden müssen. Eine Sicherheitsrichtlinie zeigt die Regeln und Ansprüche auf, die ein Arbeitgeber an seine Beschäftigten stellt. Wenn dann ein Mitarbeiter seinen Arbeitsplatzrechner verlässt, ohne ihn zu sperren oder sich vom Server abzumelden, verletzt er eindeutig die Regeln, die durch den Plan vorgegeben wurden, und die Vorgesetzten können leichter disziplinarische Maßnahmen ergreifen.

Die Dokumentation von Sicherheitsprozeduren erleichtert auch die Publikation dieser Prozeduren. Manche Sicherheitsprozeduren können und sollten im Mitarbeiterhandbuch enthalten sein. Sie haben vielleicht Partner, die auf Ihr Datenbanksystem zugreifen dürfen. Sie können Ihre dokumentierten Prozeduren den Partnern zukommen lassen, bevor Sie die Erlaubnis erhalten, auf Ihre Oracle-Datenbank zuzugreifen. Ihre Verträge können auch Klauseln enthalten, die das Anwenden der Richtlinien erzwingen. Durch das Dokumentieren der Prozeduren können Sie sicherstellen, dass Ihre Partner sie nicht in Gefahr bringen.

Auch wenn Sie Ihren Sicherheitsplan dokumentiert haben, ist Ihre Aufgabe damit noch nicht erfüllt. So wie Sicherheit ein fortlaufender Prozess ist, ist Ihr Sicherheitsplan ein lebendiges Dokument und sollte angepasst werden, um die Änderungen an den Datenbanken und Organisationen zu reflektieren. Wenn der Plan fertig ist, sollte er regelmäßig überprüft werden.

Das größte Problem beim erfolgreichen Erstellen und Umsetzen eines Sicherheitsplans ist die Zustimmung der Geschäftsführung. Mit der Sicherheit ist es ähnlich wie mit einer Unfallversicherung, die als Geldverschwendung betrachtet wird, bis Ihnen ein Unglück widerfährt und Sie sie brauchen. Wenn Sie Ihren Vorgesetzten und dessen Vorgesetzten nicht dazu bringen können, Ihnen die Ausgaben für eine anständige Sicherheitsplanung zuzugestehen, sollten Sie ihnen aktuelle Beispiele von Sicherheitslöchern zeigen, die die betroffenen Unternehmen Millionen gekostet und ihrem Ruf deutlich geschadet haben. Es wird leider kein Problem sein, in Ihrer Lokalzeitung Artikel über Firmen zu finden, die „gehackt“ wurden, so wie neulich in einem Artikel in der *Washington Post* über einen Einbruch in eine medizinische Web-Site berichtet. Tausende Patientendaten waren heruntergeladen worden. Glücklicherweise war der Hacker jemand, der keinen Schaden anrichten, sondern eher auf die Verletzlichkeit der Site hinweisen wollte. Trotzdem kann dieser Angriff auf die Privatsphäre für die betroffenen Patienten nachteilige Konsequenzen haben. Sie können Ihr Management auch daran erinnern, dass eine Unze Vorbeugung auf jeden Fall besser als ein Pfund Heilung ist.

Wie sich Ihre Organisation auch entscheidet, ob für eine detaillierte Dokumentation der Sicherheitsprozeduren, für einen eher informellen Sicherheitsplan oder auch dazu, das Problem komplett zu ignorieren, Sie haben wenigstens einen Versuch gestartet.

In Anhang B haben wir einige von Lisa Auerbach entwickelte Checklisten aufgeführt, anhand derer die Sicherheitsrisiken eingeschätzt werden können. Sie zeigen viele Bereiche auf, die Sie in Ihren Sicherheitsplan integrieren sollten.

3.1.1 Der Sicherheitskompromiss

Wenn Sie mit der Analyse der Kosten beginnen, die Ihrem Unternehmen beim Verlust von Daten entstehen, werden Sie realisieren, dass es – wie überall im Leben – Kompromisse geben muss. In einer idealen Welt wären Sie in der Lage, dem Management zu garantieren, dass keinerlei Daten jemals auf Ihrem System verloren gehen werden. Allerdings ist dies keine ideale Welt, und daher lässt es sich nicht vermeiden, dass irgendein Ereignis einmal dafür sorgen wird, dass Daten vernichtet werden. Ihr Ziel sollte sein, den Idealpunkt zu finden zwischen dem Risiko, das Sie eingehen wollen, und dem Geld, das Ihre Firma auszugeben bereit ist, um den Verlust von Informationen zu vermeiden. Abbildung 3-1 zeigt ein Diagramm, das den abnehmenden Vorteil von reduzierten Risiken bei gleichzeitiger Investition von mehr Geld deutlich macht.

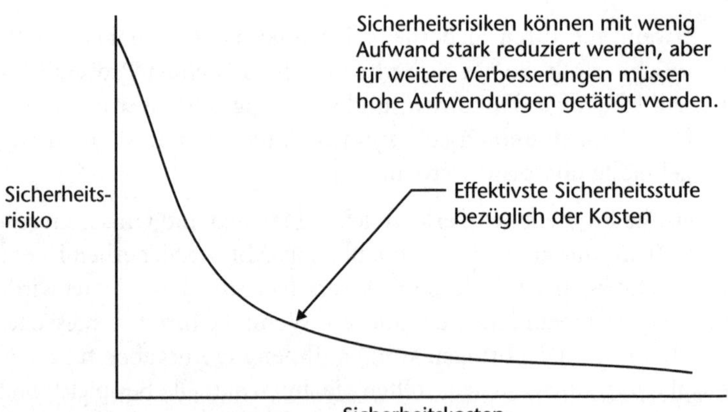

Abbildung 3-1: Relation von Risiko und Kosten

Das Umsetzen von Sicherheitsplänen ist ein Kompromiss zwischen Effizienz und reduziertem Risiko. Das Einführen strengster Sicherheitsprozeduren ist oft nicht praktikabel wegen der zusätzlich entstehenden Kosten für weitere Sicherheitssoftware, das Trainieren der Benutzer und die Durchführung komplexer Prozeduren.

Als derjenige, der den Sicherheitsplan entwickelt, haben Sie die Aufgabe, die Datenbanken in Ihrem Unternehmen zu schützen. Ihr Ziel ist, das Sicherheitsniveau zu finden, das zu Ihrer Situation passt. Wenn Sie zu viel Sicherheit durchsetzen wollen, stellen Sie sich selber schnell ins Abseits, da Sie Ihre ganze Energie darauf verwenden, Sicherheitsbedenken vorzutragen, und darüber Ihre Kunden vergessen. Die Sicherheit übertreiben zu wollen ist genauso schlecht, wie nicht weit genug zu gehen. Sie werden nie eine perfekte Sicherheit für Ihr System erreichen, und falls Sie es dennoch versuchen, werden Sie sehr schnell aus dem Geschäft sein. Kunden, die 15-stellige Kennwörter benutzen sollen, die außerdem alle zwei Wochen zu ändern sind, werden sich schnell überlegen, nicht so viel Zeit dafür aufbringen zu können, sich Kennwörter auszudenken und einzuprägen. Sie werden eher zu Ihrem Konkurrenten gehen, als sich Ihren Sicherheitsanforderungen zu beugen.

Wenn Sie zu viel auditieren, wird Ihre Systemleistung zum Erliegen kommen. Diese Verlangsamung wird Ihre Endbenutzer nicht gerade erfreuen. Wie oft haben Sie eine Suchmaschine im Internet aufgerufen, Ihren Suchbegriff eingegeben und nach 30 Sekunden des Wartens den Cancel-Knopf betätigt, um zu einer anderen Suchmaschine zu wechseln? Die Leute sind sehr ungeduldig und wollen ihre Informationen sofort. Besonders wenn es um Kommunikation im Internet geht, geben Benutzer schon nach kurzem Warten auf, da sie keine Ahnung haben, wie lange es noch dauern kann.

Wenn Sie andererseits die Sicherheit zu lasch handhaben, bringen Sie sich selbst und Ihre Kunden in Gefahr. Die Herausforderung besteht darin, einen Mittelweg zu finden, der die höchste Sicherheit zum niedrigsten Preis bietet, sowohl finanziell als auch hinsichtlich des Verlusts von Mitarbeiterproduktivität.

3.1.2 Die Rolle eines Sicherheitsplans

Richtlinien können für viele verschiedene Personengruppen innerhalb und außerhalb Ihrer Firma entwickelt werden. So können zum Beispiel die Prozeduren für den Zugriff auf viele Oracle-Datenbanken in die folgenden Kategorien unterteilt werden.

- Interne Endbenutzer, inklusive Applikationsentwickler und Applikationsnutzer
- Externe Endbenutzer, inklusive Verkäufer, Berater und Zeitarbeiter
- Administratoren

Die Prozeduren für externe Benutzer müssen darauf ausgelegt sein, Ihre Datenbank zu schützen, da sich externe Benutzer nicht immer so sehr um die Sicherheit sorgen wie Sie oder die internen Mitarbeiter. Zum Beispiel müssen Sie womöglich einigen externen Endbenutzern erlauben, neue Konten anzulegen. Sowohl in der Oracle Applications-Umgebung als auch bei PeopleSoft Applications ist es einer Person außerhalb der Datenbank-Administrationsgruppe erlaubt, Benutzerkonten innerhalb der Applikation anzulegen, die auf die Oracle-Datenbank zugreift. Ein privilegiertes Konto greift dann im Auftrag des Applikationsbenutzers auf die Datenbank zu. Sie und Ihre Firma müssen entscheiden, ob ein externer Endbenutzer dieses Privileg haben soll. Die meisten externen Endbenutzer sind Professionelle, die sich um die Sicherheit Ihres Systems sehr bemühen, solange sie für Sie arbeiten, aber Sie sollten nicht vergessen, dass sie schon morgen für Ihren Konkurrenten arbeiten können. Legen Sie genau fest, ob Sie externen Mitarbeitern privilegierte Zugriffe auf Ihr System zugestehen wollen.

Die Berechtigungen von Administratoren unterscheiden sich stark von denen normaler Mitarbeiter und erfordern strenge Prozeduren, um sicherzustellen, dass die Kennwörter sicher gewählt werden oder neue Konten richtig eingerichtet werden.

Wir empfehlen Ihnen, eine Richtlinie zu erstellen, die Oracle-Berechtigung **create user** keinem Benutzer zu erteilen, der nicht Mitarbeiter der Firma ist. Weiterhin schlagen wir vor, administrative Datenbank-Berechtigungen nur denjenigen zu erteilen, die sie unbedingt benötigen. Dies werden wir in diesem Buch noch genauer diskutieren.

Die Aufgabe von Sicherheitsplänen ist bei vielen Organisationen die, rechtliche oder branchenspezifische Anforderungen abzudecken. Minimale Sicherheitsstandards werden häufig von Organisationen wie Sicherheitsgruppen, Industriestandard-Instituten oder regierungseigenen Institutionen verwaltet. So gibt zum Beispiel in den USA der Health Insurance Portability and Accountability Act (HIPAA) von 1996 Anforderungen an die Sicherheit und Überwachung von medizinischen Organisationen und Datensätzen vor, die durch Regierungsbeschluss ab dem Jahr 2003 umgesetzt werden müssen. Mit HIPAA müssen alle Anbieter medizinischer Hilfeleistungen, Verbindungsbüros und Krankenversicherer bestimmte Stufen der Vertraulichkeit und Integrität von Patienteninformationen erfüllen.

Viele Organisationen werden sich dafür entscheiden, strengere Richtlinien umzusetzen als die, zu denen sie verpflichtet sind. Diese Art von proaktivem und weiter gehendem Handeln bringt einem Unternehmen zusätzliche Sicherheit, denn selbst wenn sie ihre eigenen Richtlinien verletzen, gibt es einen Toleranzbereich, in dem die gesetzlichen Regelungen noch nicht betroffen sind.

3.1.3 Globale versus lokale Richtlinien

Stellen Sie sich Ihre Sicherheitsrichtlinien als Gesetze vor, die einen Staat regieren. Normalerweise gibt es eine Verfassung, die die grundlegenden Rechte, Privilegien und Pflichten der Bürger des Staates darlegt. Sie beschreibt aber nicht im Detail jedes Gesetz, wie diese Gesetze überwacht werden und wie die Strafen für die Verletzung der Gesetze aussehen. Diese Details werden durch die gesetzgebenden Organe der entsprechenden Länder oder Städte festgelegt.

Ihre Sicherheitsrichtlinie sollte auf die gleiche Weise modelliert werden. Lokale Richtlinien, für bestimmte Server gedacht, entsprechen in unserem Vergleich den lokalen

Gesetzen. Analog zur Verfassung hat ein Unternehmen eine globale Richtlinie, die allgemeine, grundlegende Standards festlegt, die für das gesamte Unternehmen gelten sollen. Die globale Richtlinie enthält vielleicht keine technischen Details, sondern gibt stattdessen generellere Sicherheitsregeln an, die auf abstrakterer Ebene beschrieben sind. Sie beschreibt eher die gültigen Prinzipien statt spezielle Implementierungsdetails. Globale Richtlinien gehen vielleicht gar nicht mal auf Datenbanken ein, sondern legen Regeln fest, die für alle Arten von Software gültig sind.

Wenn man sich die US-Regierung ansieht, erhält man ein gutes Beispiel für eine globale Richtlinie. Die Regierung hat viele Aufgaben und manche Bereiche erfordern strengere Sicherheitsbestimmungen als andere. Im Ganzen hat die US-Regierung Standards zu vielen Sicherheitsaspekten festgelegt, die von allen Abteilungen eingehalten werden müssen. So ist zum Beispiel DES der Standard für die Verschlüsselung von Dokumenten.

Es gibt Industriestandards zum Bereich Sicherheit, die von vielen Unternehmen auf der ganzen Welt akzeptiert werden. In den 80er Jahren wurden die Trusted Computer System Evaluation Criteria (TCSEC) in den USA entwickelt und genutzt. Die TCSEC, auch als Orange Book bekannt, bietet verschiedene Evaluationsstufen von D (minimaler Schutz) bis A (verifizierter Schutz). Die bekanntesten Stufen sind C2 und B1. C2 basiert auf Discretionary Access Control, während die Grundlage B1 die Mandatory Access Control ist. Viele Software-Pakete, einschließlich Oracles Datenbank-Software, haben die C2-Zertifizierung erhalten. Oracle hat für Trusted Oracle7 auch die B1-Zertifizierung erhalten, aber der Markt für solche Produkte war nie wirklich vorhanden. Es blieb immer ein Nischenprodukt, und Oracle hat daher Trusted Oracle7 fallen gelassen und sich einer anderen Strategie für den Markt mit hohen Sicherheitsanforderungen zugewandt.

Die aktuelle Sammlung von Regelungen durch die International Standards Organisation (ISO) wird als Common Criteria for Information Technology Security Evaluation, oder kurz CC, bezeichnet. Die CC spezifizieren nicht genau, wie ein Software-Paket Sicherheits-Features zur Verfügung stellen soll. Stattdessen umreißt es die IT-Kriterien, die innerhalb der internationalen Gemeinschaft nützlich sind. Der Standard ist tatsächlich ein Evaluationshandbuch, mit dem man festlegen kann, ob ein System bestimmten Sicherheitsstandards entspricht. Wenn ein System alle Ziele der CC erfüllt, wird es als zertifiziert angesehen. Beachten Sie, dass die Zertifizierung nicht einem bestimmten Software-Paket erteilt wird, sondern der Implementierung der Software. Als Oracle die CC-Überprüfung durchführte, setzte es einen zu überprüfenden Server auf, der zeigte, dass Oracle ein Software-Paket ist, das die Standards erfüllen kann oder zu den CC passt.

Impliziert eine globale Richtlinie, dass alle Daten gleich vorsichtig zu behandeln sind? Sicherlich nicht. In manchen Fällen werden Ausnahmen und Erweiterungen der globalen Richtlinie benötigt. Trotzdem legt eine generelle Verschlüsselungs-Richtlinie den Grundstein für die Standardisierung und bietet einen Leitfaden, so dass die einzelnen Abteilungen keine Entscheidungen für Dinge treffen müssen, mit denen sie sonst nichts zu tun haben.

Lokale Richtlinien behandeln die Bedürfnisse einer Abteilung in einer Organisation, einer einzelnen Datenbank oder einem System. Sie ergänzen die globalen Richtlinien um technische Details und einzelne Prozeduren, die für eine allgemeinere Beschreibung zu detailliert sind. Lokale Richtlinien kümmern sich um die Punkte und Probleme einer speziellen Instanz und legen die Ausnahmen fest, wenn bestimmte Kriterien erfüllt wurden.

Globale Richtlinien sind wichtig, da sie ein unternehmensweites Sicherheitsniveau vorgeben, das individuelle Systeme so nicht vorgeben können. Schwache lokale Sicherheitsrichtlinien können auch schwache Verbindungen in der Sicherheit der gesamten Organisation bewirken. Wenn eine einzelne Applikation die in den globalen Richtlinien festgelegten Regeln ignoriert oder bricht, stehen alle anderen Systeme in ihrem internen Netzwerk auf der Kippe. Daher sollten Ausnahmen zu den globalen Richtlinien beschränkt sein. Wir sagen nicht, dass Ausnahmen niemals erlaubt sein sollten, aber man sollte sie nur dort genehmigen, wo sie Sinn machen und mit Verstand und Vorsicht eingesetzt werden.

Lokale Richtlinien nehmen Rücksicht auf die spezifischen Details einer Situation und erlauben Änderungen der globalen Richtlinie. Wenn es in einem Geschäftsablauf Sinn macht, kann sich das Risiko lohnen, solange sich alle beteiligten Parteien darüber im Klaren sind, dass etwas Unvorhergesehenes und Kostenintensives geschehen kann. Unvorhergesehene Probleme tauchen viel häufiger bei E-Commerce-Applikationen auf, die schnell freigegeben wurden. Unternehmen befürchten so sehr, dass sie den Internet-Boom verpassen, dass sie lieber das Risiko eines Sicherheitseinbruchs in Kauf nehmen als mögliche Nachteile gegenüber der Konkurrenz. Viele Unternehmen sehen sich damit konfrontiert, Geschäftsvorgänge gegen mögliche Risiken abwägen zu müssen.

Es gibt aber Momente, da sollten Sie und Ihre Firma kein Risiko eingehen. Nichts rechtfertigt es, die Fundamente Ihres Unternehmens zu gefährden. Wenn Sie ein erfolgreiches Versicherungsunternehmen haben, das auf engen Kundenbeziehungen basiert, sollten Sie auf jeden Fall vermeiden, eine Internetapplikation einzusetzen, in der keine Sicherheitsaspekte berücksichtigt wurden. In diesem Fall sollte es der lokalen Sicherheitsrichtlinie nicht erlaubt sein, die globalen Sicherheitsstandards zu übergehen.

Wenn Sie Ausnahmen zustimmen, müssen Sie Wege finden, das Risiko zu minimieren, indem Sie zusätzliche Kontrollen im System einführen. In einem Unternehmen, in dem einer der Autoren arbeitete, legte die Sicherheitsrichtlinie fest, dass Passwörter für sämtliche Systeme nicht in Klartext gespeichert werden dürfen. Für lokale Anmeldungen erfüllt Oracle diese Richtlinie, indem die Passwörter gehasht und nur diese Werte in der Tabelle SYS.USER$ abgespeichert werden. Allerdings speichert Oracle die Passwörter von verlinkten Systemen im Klartext. Die entwickelte Applikation musste auf verknüpfte Server zugreifen können, um lokale Informationen von entfernten Oracle-Datenbanken aktualisieren zu können. Es wurde eine Ausnahme für die Richtlinie beantragt und zugestimmt, indem der Zugriff auf die Tabelle SYS.LINK$ nur auf die Benutzer SYS und SYSTEM eingeschränkt wurde. Zusätzlich durfte kein Benutzer die Berechtigung SELECT FROM ANY erhalten. Sie sehen an diesem Beispiel, dass eine Ausnahme gemacht werden kann, solange weitere Vorsichtsmaßnahmen getroffen werden.

Auf der anderen Seite sollten Sie eine Datenbank so weit wie möglich von den anderen Systemen isolieren, wenn Ausnahmen gemacht werden, die die Sicherheit empfindlich reduzieren, damit die anderen Systeme nicht gefährdet werden. So sollten Sie zum Beispiel vermeiden, den Server zu verknüpfen und ihn oder die Datenbank mit anderen Applikationen zu teilen.

3.1.4 Verantwortlichkeit zuweisen

Sicherheitspläne sollten Personen und Abteilungen Verantwortlichkeiten zuweisen. Wenn die verantwortlichen Beteiligten benannt werden, wissen die Mitarbeiter, dass sie auch verantwortlich sind, wenn etwas schief geht. Dieser Anreiz reicht meistens aus, um sicherzustellen, dass die Aufgabe ordentlich erledigt wird. Wie Sie wissen, können Sie Verantwortlichkeit auch generell zuweisen statt einer bestimmten Person. Auf diese Weise gibt es keine Zuständigkeitsprobleme, wenn ein Mitarbeiter die Firma verlässt. Anstatt also zum Beispiel Mary die Verantwortung für die Sicherheit in einem bestimmten Bereich zuzuweisen, können Sie dokumentieren, dass der Financial Manager die Verantwortung hat.

Seien Sie vorsichtig, wenn Sie der geeignetsten Position alle Verantwortung für die Sicherung der Datenbank zuweisen. Häufig erhält der DBA die komplette Verantwortung für alle Aspekte der Datenbanksicherheit. Das kann unfair sein. Wenn Sie Entwickler haben, die Stored Procedures entwerfen, sollte ein Teil der Verantwortung auf sie abgewälzt werden, um sicherzustellen, dass der von ihnen geschriebene PL/SQL-Code auch sicher ist. Jemand wie der Systemadministrator sollte für die Betriebssystemsicherheit verantwortlich sein, da dies oft außerhalb des Einflussbereichs eines DBA liegt. In diesem Fall sollte der entsprechende Systemadministrator benannt und über seine Verantwortlichkeit informiert werden. Zudem sollte er darüber unterrichtet sein, wie ein Sicherheitsloch im Betriebssystem auch die Datenbank beeinflussen kann. Manche Unternehmen haben einen eigenen Sicherheitsadministrator, dessen Verantwortung durch den Sicherheitsplan beschrieben sein sollte. Netzwerkadministratoren und deren Aufgaben sollten ebenfalls aufgenommen werden.

Ein weiterer Schritt, mit dem Sie die sicherheitsspezifischen Aspekte mit einer bestimmten Position verknüpfen können, ist die Aufnahme der Punkte in die Arbeitsplatzbeschreibung der entsprechenden Person. Ein Mitarbeiter wird nicht viel Enthusiasmus für die Sicherheitsaufgaben aufbringen, wenn seine Leistungsvereinbarung auf anderen Aspekten seines Jobs basiert und nicht auch auf der Einhaltung der Sicherheitsvorschriften. Wenn man die Sicherheitsaufgaben nicht mit in die Arbeitsplatzbeschreibung aufnimmt, sagt man damit: „Wir denken, dass Sicherheit sehr wichtig ist, aber wir geben Dir keine Zeit und keine Anerkennung dafür."

Um die notwendigen Verantwortlichkeiten zu dokumentieren, können Sie damit beginnen, das System in unterschiedliche Komponenten aufzuteilen. Tabelle 3-1 zeigt mögliche Gruppierungen.

Tabelle 3-1: Mögliche Zusammenstellungen von Komponenten

Komponente	Typischer Verantwortlicher	Beschreibung
Daten	Business Manager	Besteht aus den Daten, die in Tabellen gespeichert werden. Wenn die Verantwortung dem Business Manager statt dem Datenbank-Administrator zugewiesen wird, lassen sich passende Geschäftsvorgänge entwickeln, die auch den Sicherheitsanforderungen genügen.
Datenbank	Datenbank-Administrator	Besteht aus der Oracle-Software, Konfigurationsdateien, Tabellenberechtigungen und anderen Oracle-Funktionen.
Betriebssystem	Betriebssystem-Administrator/ Sicherheitsverantwortlicher	Besteht aus der Betriebssystem-Software. Dazu gehört auch, dass aktuelle Patches eingespielt werden, das Betriebssystem auf Einbrecher überwacht wird, Kennwörter verwaltet und andere Sicherheits-Features beachtet werden.
Hardware	Hardware-Techniker	Besteht aus der Hardware. Die Hardware-Sicherheit ist hauptsächlich für Systeme wie öffentliche Kioske, Geldautomaten und andere ungesicherte Terminals wichtig.
Netzwerk	Netzwerk-Administrator	Besteht aus der Verkabelung, Routern, Switches, Hubs, Firewalls und Intrusion Detection Tools.
Internetzugriff	Sicherheitsverantwortlicher/ ISP	Besteht aus dem Zugriffsweg ins Internet.

In Tabelle 3-1 sollten Sie beachten, dass nicht alle Komponenten von eigenen Mitarbeitern verwaltet werden. Manche Bereiche Ihrer Oracle-Datenbank können von Fremdfirmen betreut werden, beispielsweise Sicherheitsberater, Sicherheitsprovider und Verkäufer. In diesen Fällen sollten Sie mit diesen Firmen eine Kontaktmöglichkeit ausmachen, die 24 Stunden am Tag und sieben Tage die Woche erreichbar ist. Denken Sie daran, dass die meisten Sicherheitsprobleme nicht mitten an einem Werktag entstehen, und dass Sie in solchen Fällen normalerweise sofortige Hilfe benötigen. Falls Sie allerdings einen solchen 24/7-Support missbrauchen, sollten Sie sich nicht wundern, wenn Sie in einem wirklich ernsten Fall keine Unterstützung erhalten.

Falls die Sicherheitsaspekte ausgelagert werden, kann das richtige Formulieren eines Vertrags den Partner daran binden, das zu tun, wofür Sie bezahlt haben. Im Vertrag sollten Sie detailliert beschreiben, welche Dienste der Partner leisten muss, welcher Support erwartet wird (einschließlich der Antwortzeiten bei Fragen und Problemen) und wer zu kontaktieren ist, wenn ein Problem auftaucht. Stellen Sie sicher, dass diejenigen Ihrer Mitarbeiter, die mit dem Partner zu tun haben, genau wissen, welche Pflichten dieser hat.

3.1.5 Prozeduren

Zu Beginn dieses Kapitels erklärten wir, dass Prozeduren schrittweise Anweisungen sind, mit denen Sie sicherstellen, dass die Sicherheitsrichtlinien korrekt befolgt werden. Prozeduren sollten als schrittweise Liste oder als Flußdiagramm dokumentiert werden. Das Dokumentieren der Prozeduren reduziert das Risiko, dass von den korrekten Sicherheitsmaßnahmen abgewichen wird. Sie kann so einfach sein wie: „Wenn Sie abends das Büro verlassen wollen, melden Sie sich vom Server und von Ihrem PC ab." Prozeduren können auch sehr komplex sein und viele detaillierte Schritte enthalten.

In den nächsten Abschnitten wollen wir verschiedene Prozedurtypen untersuchen, die Sie in Ihrem Sicherheitsplan aufnehmen können.

Server-Setup

Sicherheitsprozeduren fangen mit dem Setup Ihres Server an. Hier beginnt der ordentliche Schutz Ihrer Datenbank mit dem sicheren Installieren des Betriebssystems und der Datenbank-Software. Das Installieren und Sichern der verschiedenen Betriebssysteme ist normalerweise die Aufgabe des Systemadministrators.

Hardening ist ein Begriff, der das Sichern eines Systems beschreibt. Meistens ist Software ist bei der Installation nur mit Standardeinstellungen ausgestattet, die nicht die bestmöglichen Sicherheitseinstellungen bieten. Um ein System zu schützen, müssen Sie die neuesten Sicherheits-Patches einspielen, sichere Passwörter nutzen, das Auditing aktivieren und mögliche Sicherheitslücken eliminieren.

Obgleich wir versuchen werden, verschiedene Aspekte beim Sichern des Betriebssystems abzudecken, da sie sich auf eine Oracle-Datenbank auswirken, empfehlen wir Ihnen dringlichst, sich weiterer Informationsquellen zum Thema „Betriebssystemsicherheit“ zu bedienen, falls Sie die Person sind, die für die Installation des Betriebssystems verantwortlich ist. Wenden Sie sich an den Hersteller oder einen der vielen Sicherheitsberater, um Vorgehensweisen kennen zu lernen, die die Sicherheit Ihres Betriebssystems verbessern.

Das Erstellen einer neuen Datenbank bedeutet oft auch, dass Sie die Software auf einem Betriebssystem installieren, das bereits eingerichtet ist und genutzt wird. Das Problem dabei ist, dass Sie hinsichtlich der Integrität des Betriebssystems nicht sicher sein können. Der Server könnte vorher schon unsichere Daten gespeichert haben, weil die Abwehrmaßnahmen nicht ausreichend waren. Er könnte schon angegriffen worden sein und nun von einem Hacker gesteuert werden, der still und heimlich eine Hintertür eingebaut hat. Das sichere Installieren Ihrer Datenbank-Software ist nutzlos, wenn das Betriebssystem weit offen steht.

Außerdem sollte man bedenken, dass jedes andere System, das sich den Server mit der Datenbank teilt, als Angriffspunkt dienen kann. Wenn Sie Ihre Software zusammen mit anderen Applikationen auf einem Rechner installieren, vertrauen Sie im Grunde darauf, dass jede andere Applikation auf diesem Computer sicher ist, und alle anderen Administratoren vertrauenswürdig und umsichtig in ihren Sicherheitspraktiken sind.

Stellen Sie sich vor, Sie installieren Software auf einem Unix-Rechner, auf dem sich andere Benutzer anmelden oder ein Gastkonto verfügbar ist. In früheren Versionen von Oracle für Unix wurde während der Installation das Verzeichnis /tmp/oraInstall erstellt und eine Skriptdatei in diesem Verzeichnis aufgebaut. Der Installationsprozess erforderte dann, dass Sie dieses Skript unter dem Root-Konto ausführten. Die Datei wurde mit schwachen Berechtigungen geschrieben und ein Benutzer konnte das Skript abändern, bevor der Installierende eine Möglichkeit hatte, es auszuführen.

Wir führen dieses Beispiel nicht auf, um dieses spezielle Sicherheitsproblem hervorzuheben, sondern um Ihnen zu zeigen, welche Risiken bestehen, wenn sich andere Benutzer mit dem Server verbinden können, auf dem die Installation ablaufen soll. Dieses Thema ist eines von vielen Sicherheitsproblemen, die auftauchen können, wenn die Integrität des unterliegenden Systems unbekannt ist.

Das Erstellen eines Servers von Grund auf ist die sicherste Methode, die Sie verfolgen können. Zunächst formatieren Sie die Festplatte des Servers neu, installieren das Betriebssystem Ihrer Wahl und sorgen dafür, dass es so sicher wie möglich wird. Verbinden Sie den Server erst dann physisch mit dem Netzwerk, wenn alle Elemente des Systems, einschließlich der Datenbank, dem entsprechenden Sicherheitsstand angepasst wurden.

Der nächste Schritt besteht in der Installation der Datenbank-Software. Denken Sie daran, dass ein Hacker schon angreifen könnte, solange Sie noch installieren, oder wenn die Installation zwar abgeschlossen ist, Sie aber die Standardpasswörter noch nicht geändert haben. Die meisten Leute berücksichtigen nicht, dass ein Hacker wissen könnte, wann der Server installiert wird; in den meisten Fällen ist das Risiko minimal, aber es ist dennoch vorhanden. Um die Integrität des Rechners sicherzustellen, sollten Sie die Software komplett installieren und konfigurieren, bevor Sie sich mit dem Netzwerk verbinden.

Um Oracle sicher zu installieren, sollten Sie zunächst ein vertrauenswürdiges Medium als Quelle benutzen. Die Installation der Software über das Netzwerk kann sehr bequem sein. Wenn Sie sich allerdings auch nicht die kleinste Chance leisten können, dass sich ein Sicherheitsproblem einschleichen kann, sollten Sie eine CD-ROM nutzen, bei der Sie die Integrität testen können. Wenn Sie über das Netzwerk installieren wollen, ermöglichen Sie es einem Hacker, die Verbindung umzuleiten und eine Oracle-Version bereitzustellen, die mit einem Trojaner infiziert ist.

Serverkonfiguration

In den nächsten Schritten wird der Server sicher konfiguriert. Normalerweise sollten diese Schritte schon bei der Installation des Servers vorgenommen werden, wenn ein neues System eingerichtet wird. Allerdings kann es nötig sein, sie nachträglich zu implementieren, wenn der Server bereits eingerichtet wurde.

Wenn wir von sicherer Konfiguration der Datenbank-Software reden, meinen wir Aktionen wie die folgenden:

- Setzen der passenden Parameter in der View V$PARAMETERS
- Aktivieren der Passwortmanagement-Optionen
- Ändern aller Standardpasswörter
- Löschen der Standardbenutzer, die nicht benötigt werden
- Entfernen aller unnötigen Berechtigungen in der Datenbank
- Aktivieren weiterer Datenbank-spezifischer Sicherheits-Features

Diese Prozeduren dienen dazu, Fehlkonfigurationen vorzubeugen und den Schaden zu reduzieren, wenn Ihre Verteidigungsmaßnahmen durchbrochen werden.

Auditing

Prozeduren und Richtlinien sollten so gewählt werden, dass möglichst wenig überwacht werden muss. Das Auditing in Oracle ist sehr fein einstellbar und kann umfangreiche Datenmengen hervorrufen. Um die Audit-Richtlinien richtig zu setzen, müssen Sie einen Kompromiss finden zwischen dem Erfassen von zu vielen Daten, die sich schlecht auswerten lassen und die Systemressourcen reduzieren, und von zu wenig Daten, wodurch Sie wichtige Ereignisse verpassen könnten.

Wenn Sie sich für eine Audit-Richtlinie entscheiden, legen Sie fest, welche Tabellen am gefährdetsten sind. Bei manchen Daten sollten alle Aktionen überwacht werden, einschließlich der **select**-Befehle. Dazu können Tabellen mit Gehaltsdaten gehören, bei denen schon die Ansicht als Sicherheitsloch betrachtet werden kann. Tabellen, in denen häufig Werte nachgeschlagen, aber nur selten verändert werden, sollten nicht für **select**-Befehle überwacht werden, sondern nur für die Befehle **update**, **insert** und **delete**.

Bei manchen Daten ist es schwierig, das richtige Audit-Niveau zu finden, so zum Beispiel bei Tabellen mit Kundendaten. Bei diesen Tabellen kann eine große Zahl von Transaktionen stattfinden, und das Über-Auditieren kann kontraproduktiv sein. Schätzen Sie die Tabelle ein, indem Sie sich fragen, wie oft Änderungen an dieser Tabelle vorgenommen werden. Führen Sie Messungen durch, um herauszufinden, wie oft die Tabelle in **select**-Befehlen vorkommt. Fragen Sie sich: „Wie schwierig wäre es, die Daten wiederherzustellen?“ Je größer die Zahl der Transaktionen auf die Daten ist, desto weniger sollte die Tabelle auditiert werden. Je vertraulicher die Daten sind und je schwieriger sie sich wiederherstellen lassen, desto mehr sollten Sie auditieren. Denken Sie daran, die Häufigkeit miteinzubeziehen, in der Sie die Audit-Daten überprüfen und löschen möchten, um sicherzustellen, dass im Bereich der Audit-Daten kein Speichermangel vorkommt. Bedenken Sie auch, dass Sie Angriffe verpassen können, wenn Sie die Audit-Daten nicht regelmäßig kontrollieren.

Manche Ereignisse sind so heikel und kommen so selten vor, dass Sie sich den Luxus leisten sollten, sie in allen Instanzen zu überwachen. Der Befehl **grant** zum Beispiel wird selten verwendet und ist so gefährtlich, dass die Entscheidung zum Auditing klar sein sollte. Die Befehle **create user** und **create table** sind andere Beispiele, während der empfindlichste Bereich die DBA-Rolle und ihre unterliegenden Berechtigungen ist.

Auch bei reger DBA-Aktivität ist das Auditing der DBA-Rolle mit ihren Berechtigungen zum Erstellen von Links, Benutzern, Synonymen, Rollen, sowie das Zuweisen von Rechten und Ändern von Audit-Optionen sehr wichtig.

Audit-Prozeduren

Neben dem richtigen Ausmaß an Überwachung gibt es noch andere Richtlinien im Zusammenhang mit dem Auditing, die Sie berücksichtigen sollten, zum Beispiel, wann das Audit-Protokoll gelöscht werden soll. Die Größe der Protokolldaten nimmt mit der Zeit zu und es ist regelmäßig nötig, alte Transaktionen zu löschen, um Platz für neue zu schaffen. Der Zeitpunkt dazu sollte im Voraus festgelegt werden. Bei älteren Versionen von Oracle löschten Sie die Audit-Daten normalerweise erst dann, wenn der Plattenplatz zu knapp wurde. Das war sehr unpraktisch, da die Benutzer gesperrt waren, solange der DBA die Daten aufräumte. Nun können Sie Tasks zum Löschen der Protokolldaten in festgelegten Intervallen erstellen. Sie haben die Wahl, selbst zu bestimmen, ob die Tasks zu bestimmten Zeiten laufen sollen oder nur dann, wenn eine gewisse Kapazitätsgrenze erreicht wurde.

Wir schlagen allerdings vor, dass Sie die Audit-Daten vor dem Löschen auf ein Offline-Medium, wie Backup-Bänder oder CD-ROM, sichern. Damit haben Sie die Möglichkeit, auch auf sehr alte Daten zugreifen zu können, wenn Sie jemals Beweise für Gerichtsverfahren benötigen. Nachdem Sie die Audit-Daten gesichert haben, sollten Sie das Medium auch für den richtigen Zeitraum beschriften, um die Daten später wiederfinden zu können, ohne sich durch eine Reihe unbeschrifteter Bänder arbeiten zu müssen. Vergewissern Sie sich auch, dass Ihre Sicherungsdaten an einem geschützten Platz außerhalb der eigentlichen Abteilung lagern. Damit schützen Sie sich vor katastrophalen Verlusten und verhindern, dass Mitarbeiter, die ihre Aktivitäten verbergen wollen, die Bänder stehlen können. Sorgen Sie dafür, dass die Bänder niemals überschrieben werden. Einer der Autoren arbeitete für ein Unternehmen, das die Sicherungsbänder monatlich wiederverwendete. Wenn Sie mehr als einen Monat zurückgehen müssen und Ihre Firma eine solche Richtlinie umgesetzt hat, können Sie die Daten nicht wiederherstellen, um einen eventuellen Einbruch zu überprüfen.

Sie müssen eine passende Größe für die Audit-Daten finden. Budgetgrenzen können bei manchen Systemen den Speicherplatz zum Auditieren einschränken. Festplatten sind heutzutage recht günstig, so dass sich die meisten Geschäfte entscheiden, eine eigene Festplatte für das Auditing einzusetzen. Damit haben Sie nicht nur genug Platz für die Daten, sondern erreichen auch noch eine Performanceverbesserung, da das Schreiben der Audit-Daten nicht mit den eigentlichen Daten der Benutzer- oder Systemtabellen konkurrieren muss.

Eine weitere Entscheidung, die Sie bei Oracle treffen müssen, betrifft den Ort, an dem die Daten protokolliert werden sollen. Oracle erlaubt, entweder in die Tabelle SYS.AUD$ zu schreiben oder in eine Datei des Betriebssystems. Beide Möglichkeiten haben Vor- und Nachteile. Beim Speichern der Audit-Information in der Tabelle SYS.AUD$ lassen sich die Daten bequem abfragen und von einem betrügerischen Betriebssystemnutzer schlechter verändern. Wenn die Audit-Information dagegen in einer Datei abgelegt wird, sind sie vor den Datenbankbenutzern geschützt. Damit lassen sich gut die Aktivitäten der Datenbank-Administratoren aufzeichnen, die keinen Zugriff auf das Betriebssystem haben. Das Fernhalten der Audit-Daten vom Datenbank-Administrator ist ein effektives Mittel, um dessen Aktionen zu protokollieren. Denken Sie daran, dass Administratoren noch immer das Auditing deaktivieren und dann unerwünschte Aktionen durchführen können. Allerdings wird dann auch dieses Deaktivieren protokolliert, so dass man durchaus noch nachhaken kann.

Die Dokumentation der schädlichen Aktivitäten in Ihren Audit-Daten ist allerdings noch nicht ausreichend. Viel wichtiger ist die regelmäßige Analyse der Protokolldaten, damit Angriffe entdeckt werden können. Oracle liefert eingebaute Funktionen mit, um die Audit-Daten ordentlich aufbereitet betrachten zu können. Leider gibt es keine einfache Methode, um die Daten zu analysieren. Wir schlagen vor, häufige Intervalle auszuwählen, für die dann die Daten ausgedruckt und auf unübliche Aktionen untersucht werden.

Client-Sicherheit

Einer der am häufigsten vernachlässigten Schritte, den Sie berücksichtigen müssen, ist das ordentliche Sichern der Clients. Dies ist keine einfache Aufgabe. Sie sehen sich den gleichen Herausforderungen wie beim Aufsetzen des Datenbank-Servers gegenüber, nämlich der möglicherweise unklaren Integrität des Betriebssystems. Wenn es Hunderte von Clients gibt oder sich die Clients von jedem Rechner aus anmelden können, ist es schwierig sicherzustellen, dass kein Angreifer in die benutzten Arbeitsplatzrechner eingedrungen ist. Wenn dort bösartige Software durch einen Angreifer installiert wurde, kann sie potenziell alles protokollieren, was der Benutzer tut. Nachdem die Aktionen aufgezeichnet wurden, lässt sich damit der Client weiter untergraben oder dem Server wird Schaden zugefügt.

Für Datenbanksysteme mit sehr vertraulichen Daten sollten Richtlinien etabliert werden, damit sich Clients nur von internen, gesicherten Arbeitsplatzrechnern aus anmelden können. Diese Rechner sollten regelmäßig überprüft werden, um sicherzustellen, dass sie weiterhin geschützt sind.

Manche streng vertraulichen Systeme müssen in Kauf nehmen, dass sich Endbenutzer von unsicheren Arbeitsplatzrechnern aus anmelden. In diesem Fall sollten strenge Sicherheitsrichtlinien dafür sorgen, dass Tools von Fremdherstellern, insbesondere Smart Cards, eingesetzt werden, damit sich die oben beschriebenen Angriffe vermeiden lassen. Untersuchen wir dieses Risiko, und wie eine Smart Card dieses Problem angeht. Stellen Sie sich zum Beispiel vor, dass Sie ein Verkäufer sind, der sich von einem Terminal Ihrer öffentlichen Bücherei anmeldet, um zu überprüfen, ob neue Aufträge in der Oracle-Datenbank eingegangen sind. Morgens hat allerdings ein Hacker einen Keyboard-Lauscher installiert, der alle Tastendrücke aufzeichnet. Wenn Ihr Unternehmen nur eine einfache Passwort-Authentifizierung nutzt, um den Zugriff auf die Datenbank zu ermöglichen, konnte der Hacker Ihr Kennwort leicht stehlen. Mit einer Smart Card übertragen Sie einen *Passcode* bei jeder Anmeldung. Dieser Passcode ist jedes Mal unterschiedlich. Der nächste Passcode wird von der Smart Card kryptografisch starkt verschlüsselt generiert. Es ist nicht möglich beziehungsweise derzeit sehr schwierig, den nächsten Passcode zu ermitteln, ohne die Smart Card und die PIN zu besitzen. Wenn ein Hacker nun den von Ihnen gesendeten Passcode sieht, kann er ihn nicht nutzen, um sich selbst anzumelden. Somit bleibt Ihre Datenbank sicher.

Die Sicherheit des Clients ist für Administratorkonten noch viel wichtiger. Dort sollten sehr strenge Richtlinien gesetzt werden, die festlegen, wo und wie das Konto genutzt werden darf. Administratoren sollte es nicht erlaubt sein, sich von Computern anderer Benutzer aus anzumelden. Wir können dies noch an einem Beispiel verdeutlichen. Als regulärer Benutzer des Systems kann ein böswilliger Mitarbeiter versuchen, Administratorenrechte auf dem Server erlangen. Er installiert einen Trojaner auf seinem System, der alle an Oracles Login-Prompt eingegebenen Passwörter notiert. Der

Datenbank-Administrator kommt zu dieser Maschine und prüft, ob die Verbindung funktioniert, indem er sein eigenes Administratorkonto und Kennwort verwendet, womit der Mitarbeiter nun diese Informationen für seine eigenen, potenziell gefährlichen Zwecke protokolliert hat.

Support-Prozeduren

Sicherheitsprozeduren sollten auch für den sicheren technischen Support Ihrer Datenbank eingeführt werden. Ein üblicher Weg, in ein System einzubrechen, ohne technische Finessen zu nutzen, ist das *Social Engineering*. Ein Beispiel dafür ist, jemanden vom technischen Support dazu zu bringen, das Passwort eines anderen Kontos zurückzusetzen, so dass Sie darauf zugreifen können. Social Engineering ist eine Kunst, die sehr stark davon abhängt, dass sie „offiziell" erscheint. Wenn man beim Support anruft und vorgibt, ein wichtiger Kunde zu sein, der nicht auf sein Konto zugreifen kann, und deshalb fordert, das Kennwort zurückzusetzen, kann man den Techniker schon verunsichern und dafür sorgen, dass er hilft, weil er befürchtet, sonst Ärger zu bekommen. Ein anderer potenziell effektiver Ansatz des Social Engineerings ist, den Administrator per Telefon zu kontaktieren und vorzugeben, ein Außendienstmitarbeiter zu sein, der unterwegs ist und sein Kennwort vergessen hat, aber dringend Zugriff auf das System benötigt, um einen wirklich großen Auftrag abzuschließen.

Um Social Engineering zu verhindern, sollten die Prozeduren so definiert sein, dass der technische Support den wichtigen Kunden und Außendienstmitarbeitern helfen kann, ohne Hackern eine Chance zu geben. Dabei kann es schon reichen, das geänderte Passwort auf der sicheren Voicebox des Mitarbeiters zu hinterlassen oder den Kontenbesitzer auf seiner registrierten Telefonnummer zurückzurufen, statt einem eingehenden Anruf zu vertrauen. Für diese Strategie müssen Sie allerdings im Voraus planen und zum Beispiel die Handynummern des Außendienstes abspeichern, um sicherzustellen, dass Sie nicht von einem Hacker hereingelegt werden, der eine falsche Nummer vorgibt.

Ein häufiges Supportproblem bei Oracle sind die Verbindungen. Die Support-Prozeduren können von einem Techniker erfordern, dass er sich selbst zum fraglichen Arbeitsplatzrechner begibt und das Problem analysiert. Wie wir schon weiter oben bei der Diskussion der Client-Sicherheit aufzeigten, sollte ein Techniker dem Betriebssystem, auf dem er arbeitet, nicht ohne weiteres trauen. Die Richtlinien sollten vorgeben, dass Techniker nie versuchen, sich von einem ungesicherten Arbeitsplatzrechner aus mit der Datenbank zu verbinden oder einer Software ein Passwort mitzuteilen, auch wenn sie ein Problem lösen müssen. Stattdessen sollte immer der Benutzer, der Probleme hat, sein Passwort eingeben, wenn es erforderlich ist.

Backup-Prozeduren

Das Sichern der Datenbank und des Betriebssystems ermöglicht, das System wieder auf einen Status zu bringen, der zeitlich vor einem Angriff liegt. Zudem lassen sich dadurch gerichtlich verwertbare Beweise aufzeichnen, die den Tathergang und Zeitpunkt des Angriffs beschreiben können.

Backup-Prozeduren sollten festlegen, dass regelmäßig Sicherungen vorgenommen werden und auf Offline-Medien, wie Bändern oder CD-ROM, gespeichert werden. Ähnlich wie bei den Prozeduren für das Sichern der Audit-Daten, sollten die Backups der Datenbank und des Betriebssystems ordentlich und eindeutig beschriftet und an einem sicheren Ort verwahrt werden, wo sie vor Desastern und Diebstahl geschützt sind.

Konten- und Passwortverwaltung

Sie sollten auch für das Verwalten der Benutzerkonten sinnvolle Prozeduren festlegen. Das ist besonders dann wichtig, wenn die Kontenverwaltung an zentraler Stelle von einer Gruppe vorgenommen wird, die für Operationen auf verschiedenen Systemen zuständig ist. Mit zunehmender Anzahl der zu verwaltenden Systeme nimmt die Vertrautheit mit jedem einzelnen System ab und die Fehlerchancen erhöhen sich. Sie werden feststellen, dass ein größeres Vertrauen in Prozeduren notwendig ist, um der Unsicherheit mit den Systemen entgegenzuwirken und Fehler zu vermeiden.

Das Erstellen eines Benutzerkontos erfolgt in mehreren Schritten. Bevor irgendeiner dieser Schritte durchgeführt wird, sollten Prozeduren vorhanden sein, die sicherstellen, dass der Datenbank-Administrator eine Bestätigung der Abteilung erhält, für die das Konto angelegt werden soll. Dann muss das Konto erstellt und ein Kennwort vergeben werden. Nun werden Berechtigungen und Rollen zugewiesen. Sie können diese Aufgabe am besten erledigen, indem Sie vorher ein Skript erstellen und dies für jedes neue Konto ausführen. Ein Skript minimiert die Schritte, die Sie durchführen müssen, und kann als Teil der Prozeduren für eine einfache und exakte Wiederverwendung genutzt werden.

Das Auswählen und Mitteilen eines eindeutigen Passworts an einen neuen Benutzer muss auf der Grundlage der bestehenden Prozeduren vorgenommen werden. Wie wir schon erwähnten, sollte Ihre Richtlinie festlegen, dass ein Konto anfangs mit einem zufälligen Kennwort ausgestattet wird, das dem Benutzer auf seine Voice-Mailbox gesprochen oder per verschlüsselter E-Mail zugesendet wird. Sorgen Sie dafür, dass das Kennwort beim ersten Benutzen ungültig wird, damit der Benutzer gezwungen ist, das bekannte Kennwort sofort zu ändern und durch ein unbekanntes Passwort seiner Wahl zu ersetzen. Sie sollten dieselben Sicherheitsschritte auch dann vornehmen, wenn Sie ein Kennwort zurücksetzen.

Prozeduren sollten auch für das Entziehen von Rollen definiert sein, wenn der Benutzer auf das System keinen Zugriff mehr haben soll. Wenn ein Mitarbeiter die Firma verlässt oder einen neuen Aufgabenbereich erhält, sollten die bisherigen Zugriffsberechtigungen überprüft und angepasst werden. Wenn Sie feststellen, dass das Konto gelöscht werden müsste, sollten Sie über Prozeduren verfügen, die sicherstellen, dass das Konto auch korrekt und vollständig gelöscht wird. Auch die Business Manager sollten dafür mitverantwortlich sein, da der Datenbank-Administrator nicht immer wissen kann, wann das Konto nicht mehr benötigt wird.

Datenbank-Administratoren können die Sicht DBA_USERS verwenden, um herauszufinden, wann ein Benutzerkonto das letzte Mal genutzt und wann das Kennwort geändert wurde. Mit einer Liste, die brachliegende Konten enthält, die seit einer gewissen Anzahl von Tagen nicht mehr genutzt wurden, können Sie zu den Verantwortlichen der einzelnen Abteilungen gehen und feststellen, welche Benutzer entfernt werden können. Manche Unternehmen verlangen, dass ein Benutzer niemals entfernt wird. In diesem Fall zeigt eine Statusspalte an, dass der Angestellte kein gültiger Benutzer des Systems mehr ist, anstatt ihn komplett zu löschen. Dies bezeichnet man üblicherweise als *Deaktivierung* eines Benutzers. Zum Deaktivieren eines Benutzerkontos stehen mehrere Möglichkeiten zur Verfügung. So können Sie zum Beispiel die Berechtigung **create session** entziehen. Ab Oracle 8.0 lässt sich ein Konto auch sperren. Beide Wege führen zum gleichen Ergebnis. Der unerwünschte Benutzer ist für den Datenbank-Administrator weiterhin sichtbar, aber deaktiviert, so dass das Konto nicht genutzt werden kann.

Interne Audits der Datenbank

Wir haben uns bisher mit dem Auditing als dem Aufzeichnen von Aktionen auf der Datenbank und zur Abspeicherung in den Protokolldateien befasst. In diesem Abschnitt behandeln wir das Auditing als unabhängige Prüfung eines Systems, ähnlich dem Prüfen der Finanzberichte einer Aktiengesellschaft. Ein *Sicherheitsaudit* ist einfach eine Überprüfung Ihrer Sicherheit als Ganzem durch einen Auditor.

Eine nützliche Strategie für doppelte Kontrollen des Datenbank-Administrators ist das Durchführen von Audits zur Datenbanksicherheit. Eine interne Abteilung oder ein externer Sicherheitsberater kann diese Audits durchführen. Wenn das Unternehmen groß genug ist, um die notwendigen Ressourcen für eine eigene Audit-Abteilung bereitstellen zu können, können die Kosten geringer sein als bei Beauftragung einer externen Stelle. Mittlere oder kleinere Firmen haben wahrscheinlich nicht genug Aufgaben für einen eigenen Vollzeit-Auditor, der schließlich auch ausgebildet und bezahlt werden muss.

Regelmäßige Audits sollten vierteljährlich oder jährlich geplant werden. Wenn Sie das erste Mal diesen Prozess durchführen, ist es nur fair, dem Administrator Zeit zum Vorbereiten zu geben. Nachdem sich aber alles eingespielt hat, sollten auch überraschende Stichproben durchgeführt werden, um sicherzustellen, dass die Sicherheit nicht nur zum Audit-Termin Gewähr leistet ist.

Bei Audits sollten sowohl die bestehenden Prozeduren überprüft als auch die Datenbank auf Sicherheitslöcher kontrolliert werden. Wenn Ihre Prozeduren ordentlich dokumentiert sind und befolgt werden, sind Audits kurz und schmerzlos. Um die Datenbank überprüfen zu können, benötigen die Auditoren einige Berechtigungen auf dem Server. Bevorzugt sollten diese auf *reine Lesetätigkeiten* beschränkt sein. Sie können ein Benutzerkonto speziell für Auditoren einrichten, wie Sie es auch für normale Benutzer tun. Mit Skripten für das Erstellen des Kontos und das Zuweisen von Berechtigungen ist diese Aufgabe schnell erledigt. Nachdem ein Audit abgeschlossen wurde, entfernen Sie das Audit-Konto und benutzen die Skripte, um das Konto wieder einzurichten, wenn das nächste Audit ansteht. Das Entfernen von Konten, die nicht länger genutzt werden, reduziert die Möglichkeit potenzieller Angriffe, die sonst gegen bekannte Audit-Konten stattfinden könnten.

Erfahrene Audit-Teams werden vielleicht sogar eine etwas andere Form von Audits durchführen – einen Angriffs-Test (*Penetration Test* oder *Pen Test*). Normale Audits werden von innen nach außen durchgeführt, was bedeutet, dass der Auditor Zugriff auf die Datenbank hat und nachsieht, ob er als Datenbank-Benutzer Sicherheitslöcher finden kann. Ein Pen Test geht von außen nach innen vor, wobei der Auditor Angriffe gegen die Datenbank simuliert, ohne ein Konto innezuhaben. Professionelle Teams, die solche Aktionen vornehmen, werden als *Tiger Teams* bezeichnet. Sie führen alle möglichen Angriffstypen gegen den Server durch, wie Social Engineering, das Raten von Passwörtern und Ausnutzen von Löchern in der Software.

Auditoren werden oft zu einer Gruppe, vor denen Angestellte Informationen eher geheim zu halten versuchen als sie ihnen mitzuteilen. Eine unglückliche Auffassung besagt, dass man bei einem Audit nicht viel gewinnen, sondern nur verlieren kann. Dieses unkooperative Verhalten entsteht dann, wenn Administratoren für fehlgeschlagene Audits gerügt, für erfolgreiche Audits aber nicht belohnt werden. Stattdessen sollten Unternehmen für eine Umgebung sorgen, in der Auditoren zu einer erfolgreichen Sicherheitsumgebung beitragen können. Wenn Sie die Rolle des Auditors erweitern können um die Verantwortung, die Administratoren zu unterstützen durch Verbesserungsvorschläge zu den Richtlinien oder beim Einführen von Tools, um die Sicherheit insgesamt zu erhöhen, tragen Sie viel dazu bei, dass sich die Einstellung, Audits und Auditoren seien negativ, ändert.

Pläne zur Wiederherstellung nach Katastrophen

Ein Katastrophenplan wird entworfen, um im Falle von Naturkatastrophen wie Überschwemmungen, Feuer oder Erdbeben Instruktionen parat zu haben. Der Plan sollte auch vorsehen, was im Falle von Sicherheitsverstößen zu geschehen hat. Manche Systeme werden als zu wichtig eingestuft, um längere Zeit auszufallen, beispielsweise, wenn die Folgen eines Störfalls zu beseitigen sind. Für Datenbanken, die ständig verfügbar sein müssen, sollten Sie ein alternatives System für Störfälle bereithalten, das ebenfalls vor Sicherheitslöchern geschützt werden muss. Ein Katastrophenplan sollte auch die

Schritte beinhalten, mit denen man den primären Server wieder zum Arbeiten bringen kann.

Prozeduren zur Reaktion auf Bedrohungen

Wir kennen Geschichten über Reaktionen auf Hacker-Angriffe aus der Frühzeit der Computer, die heute naiv wirken. In einer dieser Geschichten informiert eine betroffene Firma die Behörden darüber, dass in einen ihrer Computer eingebrochen wurde. Die Polizei evakuierte die Leute aus dem Gebäude und platzierte eine Kette von Polizisten um das Gebäude herum. Wir wissen heute, wie unsinnig diese Reaktion war, aber selbst heute haben nur wenige Unternehmen eine Vorstellung davon, wie sie auf Sicherheitsprobleme reagieren sollen. Sie müssen einen Reaktionsplan für Bedrohungen ausarbeiten, damit schnell reagiert werden kann, um weitere Schäden zu vermeiden.

Eines der größten Probleme, dem sich die Oracle Corporation gegenüber sieht, wenn eine neue Sicherheitslücke in ihrer Software aufgetaucht ist, ist das Durchführen aller notwendigen Rückportierungen aller Oracle-Versionen auf allen Plattformen, um sicherzustellen, dass die Sicherheitslücke auch wirkungsvoll in jeder Version behoben wurde. *Rückportieren* bedeutet für Oracle das Konfigurieren und Testen vieler verschiedener Versionen von Oracle auf vielen Versionen der unterschiedlichen Betriebssysteme, um die Konsistenz zwischen den Plattformen sicherzustellen. Diese Aufgabe kann für ein Unternehmen dieser Größenordnung sehr schwierig sein. Nachdem alle Rückportierungen abgeschlossen wurden, muss jeder Lizenzinhaber über die Installation aller Sicherheits-Patches informiert werden. Leider sorgt die Installierung des Patches manchmal für andere Fehler, da Oracle bei der Veröffentlichung des Patches unter einem solchen Zeitdruck steht, dass zum kompletten Testen nur wenig Zeit zur Verfügung steht.

Organisationen sollten einen Plan ausarbeiten, wie die Informationen über neu entdeckte Sicherheitslücken verbreitet werden. Als zum Beispiel eine Warnung über ein Sicherheitsproblem im Listener-Dienst veröffentlicht wurde, gab es eine Menge Verwirrung darüber, wo der Patch zu finden war. Auf Oracle MetaLink, der von Oracle unterstützten Web-Site für technischen Support, beschwerten sich Leute darüber, dass sie dem Link gefolgt waren, den Patch aber nicht gefunden hatten. In einem der Oracle IRC-Chatrooms wurde den Leuten mitgeteilt, dass ein Patch schon vor Monaten veröffentlicht worden war, der den Fehler behob. Der Umfang an Fehlinformationen und Verwirrung war in dieser Situation überhaupt nicht hilfreich.

Wenn man einen einzelnen Ansprechpartner hat, der für das Sammeln und Verbreiten der korrekten Informationen bei den Datenbank-Administratoren verantwortlich ist, die über die Probleme und Lösungen Bescheid wissen müssen, kann eine Organisation effektiv mit dieser Situation umgehen. Der Kontakt sollte den Patch herunterladen und testen, Fragen beantworten und Antworten von Oracle einholen.

Wenn eine Sicherheitslücke entdeckt wird, muss eine Organisation festlegen, wie sie auf diese Neuigkeit reagiert. Wenn eine Oracle-Datenbank irgendwie mit dem Internet verbunden ist, müssen Sie den Patch vermutlich sofort einspielen. Wenn sich Ihr Oracle-Server aber innerhalb der Firewall befindet, können Sie zunächst die Vorteile und Risiken der sofortigen Installierung gegeneinander abwägen. Vermutlich werden Sie den Patch zunächst auf einem Entwicklungs- oder Testsystem installieren, oder andere Möglichkeiten wie Workarounds ausloten, wodurch sich die Installierung eines Patches erübrigen würde. Der weiter oben erwähnte Bug im Listener hatte einen Workaround, der viel leichter umzusetzen war als die Installierung des Patches. Man musste ein Kennwort für den Listener-Dienst erstellen. Viele Datenbank-Administratoren kannten den Workaround nicht und verschwendeten viel Zeit und Aufwand mit der Installation des Patches, obwohl der Workaround ausgereicht hätte. Ihre Entscheidung über die Reaktion auf einen neuen Patch für ein entdecktes Sicherheitsloch kann firmenweit oder auch nur systemspezifisch getroffen werden.

Ein anderer wichtiger Aspekt bei der Reaktion auf Bedrohungen ist das Erkennen eines Angriffs. Die aktuellen Tools sind nicht praktisch für das Anzeigen von Angriffen. Bis bessere Tools entwickelt sind, handelt es sich beim Erkennen von Angriffen um einen aufwändigen manuellen Prozess, bei dem die Audit-Daten kontrolliert, Leistungseinbrüche überprüft, und unberechtigte Tätigkeiten und Datenbank-Shutdowns beobachtet werden müssen. Um zu kontrollieren, wer an der Datenbank angemeldet ist, kann man aus der View V$PROCESS selektieren. Datenbank-Administratoren, die etwas Zeit finden, können sich mit der Entwicklung von eigenen Intrusion Detection Systems beschäftigen, einer aufwändigen und schwierigen Aufgabe.

Sobald Sie entdecken, dass Sie von jemandem angegriffen werden, müssen Sie reagieren. Ein entsprechender Plan sollte die Schritte aufführen, mit denen man den Ursprung des Angriffs aufdecken kann. Wenn Sie feststellen, dass die Angriffe innerhalb der eigenen Organisation oder Firewall durchgeführt werden, sollten Sie die Netzwerkroute verfolgen, um den physischen Standort des Angreifers festzustellen. Wenn Sie dagegen merken, dass der Angriff von außerhalb erfolgt, sollten Sie zuerst Ihre Firewalls oder Router so umkonfigurieren, dass diese jede Anfrage der angreifenden IP-Adresse ablehnen. Sprechen Sie auch Ihren ISP an, um Hilfe bei der Identifikation der Angriffsquelle und der zukünftigen Vermeidung von Angriffen zu erhalten. Wenn der schlimmste Fall eingetreten ist und Sie davon ausgehen, dass Ihre Datenbank tatsächlich in Gefahr ist, sollten Sie notfalls als Erstes den Netzwerkstecker von der Netzwerkkarte des betroffenen Rechners abziehen.

Was Sie bei einem Angriff nicht tun sollten, ist voreilig zu reagieren. Überlegen Sie, was Sie tun, und bedenken Sie die Auswirkungen. Vielleicht werden Sie gar nicht angegriffen. Vielleicht sollten Sie mehr über den Angriff herausfinden, bevor Sie den Angreifer wissen lassen, dass Sie ihn entdeckt haben. Das Buch „Kuckucksei" von Cliff Stoll beschreibt eine wahre Geschichte über einen Systemadministrator, der einen Hacker überführt. Dabei wird der Hacker über Monate beobachtet, bevor er gefasst wird. Wenn der Hacker in dem Buch gewusst hätte, dass er beobachtet wird, wäre er nie aufgeflogen.

Prozeduren zum Wiederherstellen nach Angriffen

Was machen Sie, nachdem ein Sicherheitsloch aufgetreten ist? Die Prozeduren für kurz- und langfristige Aktionen sollten in einem Plan für die Wiederherstellung nach einem Angriff detailliert beschrieben werden. Diese Prozeduren können Teil Ihres Planes zur Wiederherstellung nach Desastern oder ein separates Dokument sein. Vor allem muss Ihnen klar sein, wie die Geschehnisse zu analysieren sind, wie Störungen festgestellt und Schäden für die Zukunft vermieden werden können. Wenn Ihr Plan zur Wiederherstellung nach Desastern weit verbreitet wird, empfehlen wir Ihnen, den Plan für die Wiederherstellung nach Angriffen separat zu erstellen. Sie können auch sowohl einen vertraulichen Plan als auch einen Plan zur allgemeinen Verteilung erstellen. Der vertrauliche Plan enthält dann Informationen, die selbst bereits als Sicherheitslücke betrachtet werden können.

Sie müssen überlegen, ob Sie bestimmte Organisationen wie die Polizei, das BKA oder das Bundesamt für Sicherheit in der Informationstechnik (BSI) informieren wollen. Da Unternehmen nur sehr widerwillig zugeben, Opfer eines Angriffs geworden zu sein, kann das Informieren anderer Institutionen ein heikler Punkt sein. Aber solange Unternehmen Informationen über den Angriff zurückhalten, ist das Aufspüren der Kriminellen sehr schwierig.

In den Fällen, in denen ein Hacker in das System eingedrungen ist, Sie aber nicht herausfinden können, was geändert worden ist, ist die beste, wenn auch nicht einfachste Reaktion, das System von Grund auf neu aufzusetzen. Formatieren Sie die Festplatte neu, installieren Sie das Betriebssystem und die Datenbank-Software, und konfigurieren Sie die Sicherheitsoptionen. Danach spielen Sie die letzte Datensicherung vor dem Angriff wieder ein. Bevor Sie damit beginnen, sollten Sie verstanden haben, wie Ihr System überlistet werden konnte, so dass Sie beim erneuten Aufsetzen des Systems die entsprechenden Sicherheitslöcher schließen können.

Genehmigte Softwarelisten

Große Organisationen sollten sich auf genehmigte Softwareversionen festlegen, die die akzeptierten Sicherheitsstandards der Organisation erfüllen. Für viele Unternehmen ist das Fehlen der Möglichkeit, in Oracle7 ein Kennwort zu sperren, Grund genug, alle Datenbanken unter Oracle8 oder neuer laufen zu lassen. Für das Erstellen einer Liste müssen alle verschiedenen Softwareversionen geprüft und verglichen werden.

Das eigene Überprüfen der Oracle-Software ist keine leichte Aufgabe, und es ist wahrscheinlich besser, wenn Sie sich Unterstützung bei einer Sicherheitsberatungsfirma holen, die mehr Erfahrung in diesem Bereich hat.

Um die Liste aufzubauen, sollten Sie das gesamte System in seine Einzelteile, wie Client, Server und Fremdprodukte, unterteilen. Jeder Mitarbeiter sollte wissen, welche Software auf seinem PC zulässig ist. Es gibt viele Produkte, die dafür sorgen, dass Software automatisch auf die Client-Rechner verteilt wird, aber es ist für einen Mitarbeiter sehr einfach, eigene Software zu installieren, die Ihr System gefährden kann. Daher sollten Sie eine klare Richtlinie für erlaubte Software aufstellen und eine Prozedur einrichten, die es erforderlich macht, dass Mitarbeiter eine Erlaubnis erhalten, bevor irgendetwas auf ihren Systemen installiert wird.

Da jeder Server an einer zentralen Stelle steht, haben Sie mehr Kontrolle über die Software, die auf diesen Maschinen installiert ist. Fremdprodukte müssen genau überprüft werden, bevor sie installiert werden dürfen. Vordefinierte Standards und Prozeduren für die Evaluation der Software hilft beim Verwalten einer sichereren Umgebung.

3.2 Risiken einschätzen

Sicherheit ist immer ein Abwägen zwischen Kosten, Bequemlichkeit und dem Risiko. Ein optimales Sicherheitsniveau herzustellen ist mehr eine Kunst als eine Wissenschaft. Wenn Sie konkrete Messmethoden einführen, lässt sich die Entscheidung etwas objektiver treffen.

In diesem Abschnitt des Kapitels wollen wir aufzeigen, wie Sie die Risiken einschätzen können, damit Sie einige solide Werte erhalten und über kohärente Informationen verfügen, die Sie der Geschäftsführung präsentieren können, um für Rückfragen zum Systemschutz gewappnet zu sein. Wenn Sie zum Beispiel zur Geschäftsführung gehen und sagen: „Ich muss *x* Euro für Sicherheits-Tools ausgeben," werden Sie zuerst gefragt werden, „Warum?" Wenn Sie eine kurze Liste mit möglichen Risikobereichen zusammengestellt haben und einen effektiven Plan, wie diese Risiken zu reduzieren sind, wird Sie Ihre Geschäftsführung viel eher unterstützen.

3.2.1 Wie angreifbar ist Ihr System?

Die Analyse Ihrer Angreifbarkeit beginnt mit einer Inventur der Systemkomponenten. Stellen Sie die Versionsnummern für jede der folgenden Komponenten zusammen:

- Listener-Dienste
- Datenbank-Software
- Add-ons von Fremdherstellern
- Server-Betriebssysteme
- andere Software auf dem Server

- Client-Software von Oracle
- Client-Betriebssysteme

Nachdem Sie die Software gründlich inventarisiert haben, können Sie damit beginnen, Informationen über die Sicherheit der einzelnen Komponenten zu sammeln. Untersuchen Sie jede Komponente auf Ihre möglichen Sicherheitslecks, um herauszufinden, wie ein Angreifer in das System eindringen könnte. Testen Sie diese Möglichkeiten, um zu sehen, ob Sie selbst in eines Ihrer Systeme mit den bekannten Angriffsmöglichkeiten einbrechen können. Schließlich weisen Sie jeder Systemkomponente einen Wert zu, der ihre Anfälligkeit repräsentiert, und Sie sollten versuchen, diese Klassifizierung möglichst noch auf einer tieferen Ebene vorzunehmen, wie zum Beispiel Client für Client.

Je mehr Informationen Sie über die Clients zusammentragen können, desto genauer können Sie Ihr Risiko einschätzen. Wenn möglich, sollten Sie eine Liste der Benutzer zusammenstellen, die Zugriff auf die Datenbank haben. Wir meinen damit nicht einfach die Liste der Benutzer in der View DBA_USERS, sondern eher eine Zusammenstellung der aktuellen Namen, der Standorte und der Kontaktmöglichkeiten der einzelnen Benutzer.

Beim Sammeln dieser Informationen werden Sie vielleicht Dinge über Ihre Benutzer erfahren, die Sie vorher noch nicht wussten. So haben Sie vielleicht bisher noch nicht bemerkt, dass manche Benutzer in einem anderen Gebäude arbeiten, oder Sie stellen fest, dass es neue Benutzer gibt, die noch nicht in die Sicherheitsprozeduren eingewiesen wurden.

Auch wenn Sie Ihr eigenes Einschätzungsschema entwerfen können, wollen wir Ihnen hier ein typisches Klassifizierungsschema vorstellen. Tabelle 3-2 zeigt einige der üblichen Stufen und ihre Interpretation auf.

Tabelle 3-2: Übliche Risikoklassifizierungen

Stufe	Interpretation
Nicht sicher	Jedes System, bei dem man wenig bis gar keine Hacker-Erfahrung haben muss, um einzubrechen.
Wenig sicher	Eine Softwarekomponente, die Wissen und die passenden Tools erfordert, um einzubrechen.
Moderat	Es existieren Sicherheitslücken, aber ein Hacker müsste ein eigenes Tool entwickeln, um sie auszunutzen.
Sehr sicher	Systeme, die keine bekannten Sicherheitslücken enthalten oder bei denen alle Softwarekomponenten gepatcht wurden.

Wenn Sie ein System als „sehr sicher“ klassifizieren, heißt das allerdings nicht, dass keine Sicherheitslücken existieren, sondern nur, dass keine bekannt sind. Leider gibt es viele Sicherheitslücken, die nur darauf warten, entdeckt zu werden.

Der Kontext einer Komponente sollte auch Rücksicht auf die Umgebungsfaktoren nehmen. Wenn eine Komponente zum Beispiel hinter einer Firewall platziert wurde, erhöht sich die Sicherheitsklassifizierung um eine Stufe. Für Systeme, die direkt mit dem Internet verbunden sind, wird die Klassifikation um eine Stufe reduziert.

Nachdem Sie jede Komponente nach Sicherheitsproblemen klassifiziert haben, müssen Sie sich einen Gesamtüberblick verschaffen. Wenn Sie Ihr System grafisch darstellen, können Sie sich leichter ein Bild vom Gesamtsicherheitsstatus machen. Dabei werden Sie vielleicht feststellen, dass zwar die Datenbank stark gesichert ist, die Clients aber nur moderat, so dass Sie im Ganzen ein moderat sicheres Datenbanksystem haben. Solange Sie irgendeine wenig sichere Komponente in Ihrem System haben, ist das ganze System auch nur wenig sicher. Wenn Sie alle Komponenten als sehr sicher klassifiziert haben, können Sie außerordentlich stolz darauf sein und davon ausgehen, dass das komplette Datenbanksystem sehr sicher ist. Abbildung 3-2 zeigt die vielen Komponenten eines Datenbanksystems auf und führt auch vor, wie ein einziger Schwachpunkt die Sicherheit des gesamten Systems reduzieren kann. Beachten Sie, dass es nur einen Bereich mit moderater Sicherheit gibt, aber dieser eine Bereich schwächt das gesamte System, da er eine Möglichkeit bietet, in das System einzudringen und andere, sicherere Bereiche zu untergraben.

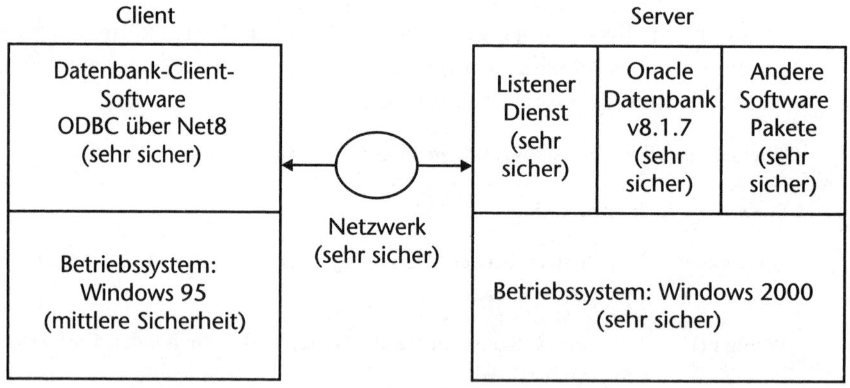

Abbildung 3-2: Datenbanksystem mit moderatem Sicherheitsniveau

3.2.2 Werte einschätzen

Um zu wissen, wie groß das bestehende Risiko ist, müssen Sie auch einschätzen, welche Kosten ein Einbruch in das System verursachen kann. Diese Kosten hängen natürlich davon ab, wie wertvoll Ihre Daten sind. Eine Einschätzung der vorhandenen Werte verschafft Ihnen einen viel besseren Überblick über jene Stellen, an denen Sie Ihre Sicherheitsbemühungen verstärken sollten.

Wenn möglich, sollten Sie den verschiedenen Ereignis-Szenarien, die die Datenbank betreffen können, eine Schadenssumme zuordnen. Diese Szenarien beinhalten:

- Die Datenbank wurde zerstört und das System muss komplett neu erstellt werden.
- Die Datenbank lässt sich ein oder zwei Tage nicht nutzen.
- Die Datenbank lässt sich für ein paar Minuten oder Stunden nicht nutzen.
- Eine Applikation in der Datenbank wurde kompromittiert und muss neu eingespielt werden.
- Ein Konkurrent stiehlt alle Daten aus der Datenbank.
- In die Datenbank wurde mit administrativen Rechten eingedrungen.
- In die Datenbank wurde mit normalen Rechten eingedrungen.

Wenn Ihre Datenbank zerstört wurde, kann Ihr Verlust aus dem Wert der Kundenliste, dem Umsatzverlust durch verlorene Aufträge oder dem Verlust des Vorsprungs vor der Konkurrenz plus den Kosten bestehen, die intern zum Wiedereinrichten der Datenbank anfallen. Versuchen Sie, für jeden der möglichen Punkte zu bestimmen, welcher Betrag dafür anfallen würde, und addieren Sie diese, um die Schadenssumme zu erhalten, die bei einer Zerstörung Ihrer Datenbank anfällt. So stürzte einem Internet-Blumenhandel kurz vor Muttertag 1999 der Server ab, und allein die Kosten für verlorene Aufträge lagen bei über einer Milliarde Dollar.

Wenn ein Denial of Service erfolgreich gegen Ihre Datenbank ausgeführt wurde, können Ihre Verluste auch das Folgende beinhalten:

- Verlust von Verkäufen, die von Konkurrenten übernommen wurden
- Vertrauensverlust in Ihr System
- Produktivitätsverlust der Mitarbeiter, die nur untätig warten können, bis das System wieder verfügbar ist
- Kosten für das Beseitigen des Problems

Wieder erhalten Sie mit dieser Summe einen Kostenfaktor, den Sie für die Offline-Zeit der Datenbank veranschlagen können.

Was würden Sie verlieren, wenn es einem Hacker gelänge, kritische Daten zu stehlen und diese der Öffentlichkeit zugänglich zu machen? Was würde es Ihr Unternehmen kosten, wenn Ihre Konkurrenten Zugriff auf Ihre Datenbank erhielten und Ihre Kundenliste oder Geschäftsgeheimnisse ausspionierten? Wenn bei einem Unternehmen wie Oracle die Sicherheitsschranken überwunden würden, könnte der Sourcecode an die Öffentlichkeit gelangen, was die Angreifbarkeit der Datenbank noch erhöhen würde, oder die Konkurrenten von Oracle könnten sich manche der proprietären Techniken aneignen.

Wenn Sie den Verlust einschätzen, der Ihrer Datenbank entstehen kann, rechnen Sie auch den Schaden hinzu, den ein normaler Benutzer des Systems verursachen kann. Was wäre, wenn ein Hacker auf das System über ein normales Benutzerkonto zugreifen könnte, ohne DBA-Privilegien zu besitzen? Könnte er wichtige Daten in der Datenbank löschen oder schädigende Daten eingeben, die die Systemintegrität gefährdeten? Könnte er beispielsweise zum eigenen finanziellen Vorteil Daten eingeben und sich auf die Gehaltsliste setzen?

Und was wäre, wenn es einem Hacker gelänge, auf die Datenbank durch einen Account mit DBA-Privilegien zuzugreifen? Damit könnte er praktisch alles tun, was er will. Könnte er durch die Datenbank auf das Betriebssystem zugreifen? Könnte er auf verschlüsselte Daten zugreifen? Das Beantworten all dieser Fragen verschafft Ihnen einen Überblick darüber, wie groß Ihre Risiken sind.

Stellen Sie sich die Auswirkungen eines Sicherheitslochs auf anderen Systemen vor. Datenbanken sind üblicherweise nur ein Teil eines Systems in einer Organisation. So könnte zum Beispiel eine Datenbank Ihre Kundeninformationen enthalten und mit diesen die Fertigungssysteme füttern. Wenn Ihre Datenbank geknackt wird, erlangt der Hacker damit auch Zugang zu anderen Systemen. Er kann dann einen Pfad für den Angriff auf weitere Systeme anlegen.

In all diese Verlustszenarien müssen Sie auch die Kosten miteinbeziehen, die durch Mitarbeiter der IT-Abteilung entstehen, wenn ein System wieder aufgesetzt oder auf korrupte Daten überprüft werden muss. Jede Stunde, die Ihre Mitarbeiter mit dem Reparieren eines Systems verbringen, fehlt ihnen für das Erstellen und Entwickeln anderer Systeme, mit denen Ihr Unternehmen einen Vorsprung vor anderen Firmen gewinnen könnte oder sich Kosten reduzieren lassen.

Bei manchen Systemen werden Sie nicht direkt beziffern können, wie hoch der Geldwert der Datenbank ist. Viele Datenbanken erzeugen keinen Umsatz, sondern unterstützen andere Systeme oder Organisationen, die Einkünfte erzielen und ohne diese Datenbank-Unterstützung stillstünden. Wenn Sie Schwierigkeiten haben, den Geldwert Ihrer Datenbank zu beziffern, sollten Sie ein Klassifizierungssystem benutzen. Klassifizieren Sie Ihr System nach einer Skala von 1 bis 10 für die kritischen Bereiche der Datenbank, wobei 1 einem Randeffekt entspricht und 10 dem Hauptgeschäftsfeld.

Das Einschätzen des tatsächlichen Risikofaktors eines Systems bedeutet, alle hier aufgeführten Faktoren zu berücksichtigen und den Aufwand für Einbrüche in das System, das Angriffsrisiko und den Wert der zu schützenden Daten zu analysieren. Auf Grund dieser Informationen können Sie nun eine effektive Risikoanalyse durchführen.

3.2.3 Alternative Lösungen

Wenn Sie eine Lebensversicherung abschließen, hoffen Sie, damit für Ihre Lieben vorzusorgen, falls Ihnen etwas Unvorhergesehenes zustößt. Ebenso wie Sie eine Versicherung zum Schutz der eigenen Person und Ihrer Vermögenswerte abschließen, können Sie auch eine Versicherung gegen Daten- und Systemverluste abschließen. Verschiedene Versicherungsunternehmen bieten mittlerweile Policen an, die für Verluste bei Systemangriffen aufkommen. Dahinter steht der Gedanke, das Risiko gleichmäßig auf alle versicherten Unternehmen zu verteilen, um die wenigen Betroffenen zu entschädigen, die durch Einbrüche große Verluste erleiden. Die Versicherungsraten können reduziert werden, wenn Sie Ihre Datenbank richtig sichern und die passenden Tools und Berater nutzen. Viele Details zu diesen Versicherungen werden noch immer ausgearbeitet. Wir erwähnen diese Möglichkeit hier eher, um einen weiteren potenziellen Weg zum Schützen Ihres Systems aufzuzeigen.

3.3 Lebenszyklen einer Datenbank

Wie Sie einen Sicherheitsplan erstellen und umsetzen, hängt vom Lebenszyklus Ihrer Datenbank ab, das heißt, ob sie neu oder veraltet ist. Bei neuen Systemen haben Sie bessere Möglichkeiten, sie von Grund auf zu sichern, bei älteren Systemen ist die Herausforderung schon deutlich größer.

In den folgenden Abschnitten erörtern wir Ihre Möglichkeiten, einen Sicherheitsplan sowohl für neue als auch für ältere Systeme zu erstellen.

3.3.1 Ältere Systeme

Es gibt viele Altsysteme auf der Welt. Wir kennen ein paar Oracle-Systeme, die noch unter den Versionen 5, 6 und 7 auf sehr alter Hardware laufen. Die Unternehmen, die diese Systeme nutzen, haben entschieden, dass es gute Gründe dafür gibt, sie nicht zu aktualisieren.

Manchmal sorgen Beschränkungen dafür, dass ein System nicht aktualisiert wird. Die bestehende Hardware kann vielleicht keine aktuellere Version unterstützen oder die Betriebssysteme werden von den neueren Oracle Datenbank-Versionen nicht mehr unterstützt. Viele Organisationen wollen ein altes System auch deshalb nicht aktualisieren, weil es problemlos läuft. Das Risiko, dass ein solcher „Dinosaurier" nach der Aktualisierung nicht mehr lauffähig ist, ist einfach zu groß. Dies ist vor allem dann der Fall, wenn das System alt ist und der Hersteller keinen Support mehr bietet.

Hersteller wie Oracle haben große Schwierigkeiten damit, ältere Systeme zu unterstützen und Bug-Fixes zu erstellen. Wenn sich Oracle dazu entscheidet, eine Version oder ein Produkt nicht mehr zu unterstützen, gibt es zunächst mehrere warnende Ankündigungen, und die Version der Software wird aus Oracles technischem Supportsystem entfernt. Wenn Sie sich mit einem Problem zu einer nicht mehr unterstützten Version melden, werden Sie nicht abgewiesen, aber Oracle wird keine neuen Patches mehr erstellen, um beim Lösen des Problems zu helfen. Mit anderen Worten, der technische Support wird weiterhin versuchen, Ihnen zu helfen, solange das Problem nicht in einer neueren Version beseitigt wurde. Daher ist es besonders aufwändig, ein Altsystem ordentlich zu sichern, wenn Sie nicht planen, es zu aktualisieren.

Bei einem Altsystem besteht eine wachsende Ungewissheit über die Integrität des Systems. Irgendwann müssen Sie überprüfen, ob die Integrität des Systems noch intakt ist. Bevor Sie von dessen Gültigkeit ausgehen können, sollten Sie es gründlich auditieren. Es besteht immer die Gefahr, dass vor Jahren eine Hintertür installiert wurde, die noch immer funktioniert. Unbemerkt von den Administratoren kann jemand eine Ihrer System-DLLs durch eine Trojaner-DLL ersetzt haben, die es ihm ermöglicht, in Ihr System einzudringen.

Das Sicherheitsprogramm Tripwire von Tripwire, Inc., kann Ihr System analysieren und den Status aller ausführbaren Dateien und DLLs protokollieren. Wenn jemand in das System eindringt und die Software ändert, bemerkt Tripwire diese Änderung. Bei einem alten System können Sie zwar nicht sicher sein, was vor dem Audit geschehen ist, aber Sie können Prozeduren implementieren, um Änderungen festzustellen, die nach dem Audit vorgenommen werden.

Auch wenn Sie schon eine Sicherheitsrichtlinie ausgearbeitet haben, kann es notwendig sein, dass Sie auf Grund technischer Randbedingungen Ausnahmen bei Altsystemen machen müssen. Wenn Ihre Sicherheitsrichtlinie zum Beispiel erfordert, dass Kreditkarteninformationen verschlüsselt abgespeichert werden, sie aber eine Oracle-Datenbank der Version 7.3 laufen lassen, die (anders als Oracle8*i*) über keine eingebaute Verschlüsselung verfügt, können Sie die Anforderungen Ihres Sicherheitsplans für diese Datenbank nicht umsetzen.

Wenn Sie sich zu einer Ausnahme von Ihrer Richtlinie entschließen, müssen Sie Ihre Geschäftsvorgänge im Hinterkopf behalten. Wenn Kreditkarteninformationen betroffen sind, werden Sie vermutlich wegen der Sensibilität der Daten keine Ausnahme machen wollen. Es gibt aber Fälle, in denen eine Ausnahme gemacht werden kann, weil das Risiko minimal ist. Wenn alle Sicherheitsvorkehrungen für das System ansonsten sehr sicher sind, können Sie entscheiden, dass das Risiko reduziert wurde und ruhig eine Ausnahme gemacht werden kann.

Es gibt geschickte Möglichkeiten, das Risiko bei einem Altsystem zu reduzieren. Wenn eine Datenbank durch einen Pufferüberlauf angreifbar ist, können Sie Paketfilter verwenden, um zu verhindern, dass bösartige Pakete den Server erreichen. Wenn die Datenbank in einem sicheren Subnetz untergebracht wird und ein Router oder eine Firewall die eingehenden Pakete auf diejenigen beschränkt, die von bekannten Clients kommen, reduzieren Sie diese Gefahrenquelle. Diese Maßnahmen beseitigen das Risiko nicht völlig, aber sie erhöhen die Ansprüche an das Können und Glück eines Hackers, um in das System einzudringen.

Sie können auch improvisieren, wenn Ihre Sicherheitsrichtlinie bestimmte Features erfordert, die Ihre Datenbank-Technologie nicht bietet. Ihre Sicherheitsrichtlinie kann zum Beispiel festlegen, dass Passwörter nach 30 Tagen ungültig werden, aber Ihr Oracle-Altsystem oder das Betriebssystem unterstützen keine Passwortalterung. Stattdessen können Sie die Passwörter manuell am Ersten eines jeden Monats zurücksetzen. Ihre Sicherheitsrichtlinie kann erfordern, dass sichere Passwörter benutzt werden. Oracle Version 8 und neuer unterstützen die Fähigkeit, Skripte zum Validieren der Passwortsicherheit zu schreiben. In einem Altsystem unter Oracle 7 können Sie ein Tool verwenden, das überprüft, ob sichere Passwörter benutzt werden.

Die Strategie des Improvisierens bei Sicherheits-Features baut darauf auf, dass die Benutzer die Sicherheitsrichtlinien gut kennen und die Prozeduren auch einhalten. Denken Sie an das Beispiel, in dem Passwörter zu jedem Monatsanfang zurückgesetzt werden. Wenn Ihre Benutzer mit den Sicherheitsprozeduren nicht gut vertraut sind, die Notwendigkeit der Sicherungen nicht einsehen und keinen finanziellen Anreiz für die Einhaltung der Regeln bekommen, werden sie einfach ihr Kennwort jedesmal auf den alten Wert zurücksetzen. Damit wird natürlich die beabsichtigte Wirkung bei der Passwortsicherheit verfehlt.

Ihre Organisation muss auch strengere Maßnahmen vorsehen, um für das Improvisieren zur Rechenschaft zu ziehen und jegliche Möglichkeit auszuschließen, dass Benutzer die Systemsicherheit dadurch gefährden, dass sie Prozeduren ignorieren oder umgehen.

3.3.2 Neue Systeme

Wenn Sie ein neues Datenbanksystem sichern sollen, haben Sie Gelegenheit, eine sehr sichere Plattform zu erstellen. Um eine sichere Installation durchzuführen, benutzen Sie die Setup-Prozeduren des Servers, die wir weiter oben in diesem Kapitel besprochen haben. Sie sollten sowohl das Betriebssystem als auch die Datenbank-Software direkt von einer Original-CD-ROM installieren und das System komplett einrichten, bevor Sie es mit dem Netzwerk verbinden. Führen Sie die Prozeduren Schritt für Schritt aus und stellen Sie sicher, dass jeder Punkt in der Checkliste erfüllt wurde.

Sie möchten vielleicht noch einen Schritt weiter gehen, und das Betriebssystem und die Datenbank mit Tools zur Beurteilung der Sicherheit überprüfen. Diese Tools finden die bekanntesten Sicherheitslücken, wenn Sie nicht über die Zeit oder die Ressourcen verfügen, sie selbst zu suchen.

Richlinien zu Architekturentscheidungen

Wenn Sie eine neue firmeninterne Applikation auf einer Oracle-Datenbank entwickeln, sollte Sicherheit ein Faktor beim Entwerfen des Systems sein. Täglich tauchen viele neue Technologien auf, manche von ihnen sind sehr sicher, andere nicht. Es ist eine komplexe Aufgabe, die Implikationen zu verstehen und die Sicherheit in dreischichtigen verteilten Applikationen ordentlich zu implementieren. Wenn eine Technologie für den Einsatz in einem neuen Projekt in Betracht kommt, sollten Sie sie überprüfen und Empfehlungen zu ihrer Sicherheit geben, um die Stärken und Schwächen dieser Technologie hervorzuheben.

Nachdem der Entwurf der Architektur komplett ist, sollten Sie ein Sicherheits-Review durchführen, um zu garantieren, dass der Entwurf Ihren Sicherheitsstandards genügt. Fassen Sie die Entwurfsdokumente der Datenbank-Designer zusammen und lassen Sie sich von den Programmierern beim Analysieren des Systems in Bezug auf offensichtliche Fehler helfen. Suchen Sie nach Wegen, um das Sicherheitsmodell zu umgehen und sorgen Sie dafür, dass die Sicherheit auf dem Server und nicht auf dem Client garantiert wird.

Wir haben viele Fälle gesehen, in denen der Client die Aufgabe hatte, die Sicherheit zu garantieren, oder Daten auf unsichere Art gefiltert wurden. Ein Benutzer startet eine Applikation, die ihn als Benutzer NELSON anmeldet. Er führt einen **select**-Befehl für alle Datensätze der Tabelle SALES durch, die mit seinem Namen verknüpft sind. Über die Frontend-Applikation ist Nelson auf das Betrachten und Ändern seiner eigenen Datensätze beschränkt. Wenn Nelson allerdings SQL*Plus auf seinem Arbeitsplatzrechner hat oder installieren kann, kann er die Sicherheitsvorkehrungen umgehen, sich direkt in SQL*Plus anmelden und einen **select**-Befehl auf alle Zeilen aller Benutzer durchführen. Um ein System ordentlich zu schützen, sollten Sie den Benutzern keinen direkten Zugriff auf die Tabellen gewähren. Stattdessen sollten Sie die Logik in einer Prozedur oder View unterbringen, die nur die Datensätze für den aktuellen Benutzer zurückliefert, und ihm nur die Berechtigung geben, die Prozeduren auszuführen. Auf diese Weise übertragen Sie die Sicherheit effektiv vom Client auf den Server.

Dieses Beispiel zeigt auch die Wichtigkeit von fein unterteilbaren Autorisierungen. Im obigen Fall ermöglicht es Oracle nicht, die Autorisierung auf bestimmte Zeilen in einer Tabelle zu beschränken. Es gibt neue Features in Oracle, wie die Virtual Private Database, die solch feinere Unterteilungen ermöglichen. Aber bisher haben die meisten relationalen Datenbanksysteme das gleiche Problem – dass es nämlich sehr schwierig ist, Zugriffe auf ausgewählte Zeilen zuzulassen. Feiner unterteilte Berechtigungen bleiben ein wichtiges Feature, das in Ihren Applikationen über Views, Prozeduren oder Virtual Private Databases umgesetzt werden muss.

Flexibilität ist ein weiterer Faktor, den Sie beim Prüfen oder Auswählen eines Architekturansatzes berücksichtigen sollten. Eine unflexible Architektur basiert auf speziellen Eigenschaften, die in zukünftigen Versionen des Produkts nicht mehr unterstützt werden könnten oder in keinem anderen Datenbank-Produkt existieren. Das Vertrauen auf die Namen der Tabellen im Data Dictionary ist ein Beispiel für eine unflexible Architektur. Wenn Sie sich nicht auf spezielle Features oder Funktionalitäten festlegen, erhalten Sie sich die Flexibilität, andere Versionen zu nutzen oder sogar die Datenbank zu wechseln, falls dies nötig wird. Wenn Sie einen Angriffspunkt finden oder Änderungen an Ihrer Applikation vornehmen, hilft Ihnen die Flexibilität dabei, die benötigten Korrekturen zügig umzusetzen. Wenn Sie zum Beispiel auf einem Feature einer älteren Oracle-Version wie dem Konto INTERNAL aufbauen, und Oracle den Support für INTERNAL einstellt, wie sie es ja schon angekündigt haben, kann Ihr Sicherheitsmodell völlig durcheinander geraten. Wenn Sie Ihr System flexibel entwerfen, können Sie besser auf Sicherheitsprobleme reagieren.

3.3.3 Datenbank-Software-Pakete evaluieren

Applikationen, die Oracle-Datenbanken als Backend nutzen, sind sehr beliebt. Üblicherweise sind es Business-Applikationen, mit denen Sie Ihre Organisation besser verwalten können. Dabei hat die Zahl der Pakete stark zugenommen, die mit jeder Datenbank zusammenarbeiten können, die eine ODBC-Schnittstelle bietet, und Oracle ist eines der am häufigsten verwendeten Backends. Die Applikationen bauen auf Oracle auf und beeinflussen die Sicherheit Ihrer Datenbank ebenso, wie Ihre Datenbanksicherheit die Sicherheit der Applikationen beeinflusst. Einige der bekanntesten Applikationen sind

- SAP R/3 beziehungsweise mySAP.com
- PeopleSoft
- Onyx

Es gibt buchstäblich Hunderte von anderen kleineren, weniger bekannten Applikationen, die häufig verwendet werden.

Das Planen der Sicherheit für eine Applikation eines Drittherstellers unterscheidet sich nur wenig von der Planung für ein proprietäres System. Einer der Unterschiede ist, dass Sie kein Feedback während der ersten Entwicklungsschritte des Systems erhalten. Das führte bei vielen dieser Applikationen zu einem schlechten Design.

Bevor diese Pakete implementiert werden, sollten Sie sich versichern, dass Sie das inhärente Sicherheitsmodell analysiert und verstanden haben. Lassen Sie sich eine Kopie der technischen Dokumentation und ein Sicherheitshandbuch für das Produkt aushändigen. Ein Data Dictionary der Tabellen, die die Applikation erstellt und verwendet, ist ebenfalls sehr nützlich. Stellen Sie einen Fragebogen zusammen und lassen sie ihn der technischen Supportabteilung des Herstellers zukommen, um alle offenen Punkte zu klären, die in der Dokumentation nicht behandelt wurden. Halten Sie Ausschau nach Sicherheitsberichten in Zeitschriften und anderen Quellen. Sprechen Sie andere Benutzer der Software an und fragen sie, ob sie ihr Wissen über die Sicherheit der Software mit Ihnen teilen. Mit anderen Worten, stellen Sie sicher, dass Sie ein gut informierter Kunde sind.

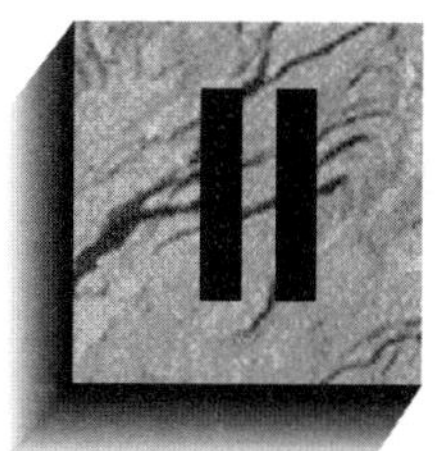

Teil II

Das Betriebssystem sicherer machen

Datenbanksicherheit unter Unix-Betriebssystemen

Einer der Aspekte, die wir in diesem Buch sehr betonen, ist, dass ein System immer nur so sicher ist wie sein schwächstes Glied. Daher ist das Sichern Ihrer Datenbank nur ein Teil des Sicherungskonzepts für Ihr gesamtes System. Der andere Teil betrifft das Sichern der Dienste und Systeme, die mit Ihrer Datenbank interagieren. Die größte und wichtigste Komponente außerhalb der Datenbank, um die Sie sich kümmern müssen, ist das Betriebssystem. Es ist ein komplexes System mit ebenso vielen, wenn nicht noch mehr Sicherheits-Features als die Datenbank, die eingerichtet und konfiguriert werden müssen, und Sie müssen sehr genau beobachten, wie das Datenbanksystem mit Ihrem Betriebssystem zusammenarbeitet.

Auf Grund der vielen Betriebssysteme, auf die die Oracle-Software portiert wurde, wäre das Beschreiben sämtlicher Details zur richtigen Sicherung des Betriebssystems eine Aufgabe, die viele Bücher füllen würde. In diesem Teil des Buchs wollen wir Ihnen ein grundlegendes Verständnis der Sicherung von Betriebssystemen für Oracle-Datenbanken vermitteln. Wir werden die minimalen Anforderungen zur Sicherung Ihres Betriebssystems erläutern sowie die offensichtlichsten und häufigsten Sicherheitsprobleme anschneiden, die Ihnen begegnen werden.

Nach dieser Vorrede sehen Sie sich nun einer umfangreichen Aufgabe gegenüber: So viel über Betriebssystemsicherheit zu lernen wie über Datenbanksicherheit, oder jemanden zu finden, der über Know-how in Sachen Betriebssystemsicherheit verfügt. Die Prinzipien, die für Datenbanksicherheit gültig sind, gelten auch für die Betriebssystemsicherheit. Wenn Ihr Hersteller ein Sicherheitshandbuch anbietet, sollten Sie es von dessen Webseite herunterladen. Sie können auch eine Suchmaschine im Internet nutzen, um weitere Quellen zu orten.

4.1 Warum wir ein Betriebssystem brauchen

Das Betriebssystem ist eine generische Schnittstelle, die sich zwischen den Software-Applikationen und der zu Grunde liegenden Hardware befindet. Ohne die vom Betriebssystem bereitgestellten Dienste müsste jedes Software-Paket seine eigenen Low-Level-Routinen für das Speichern von Dateien oder die Kommunikation mit anderen Applikationen schreiben. Das Betriebssystem ermöglicht mehreren Software-Programmen, sich Ressourcen zu teilen, ohne einander in die Quere zu kommen.

Überlegen Sie einmal, wie Programme Dateien auf einer Festplatte speichern. Die Festplatte in Ihrem Computer bietet keine eigene Dateiverwaltung. Sie gibt Ihnen nur eine Serie von Bits, die von einem gegebenen Zylinder, Sektor und Kopf gelesen oder auf diese geschrieben werden kann. Das Betriebssystem wandelt diese Bits auf der Festplatte in Dateinamen und Ablageplätze um und stellt sicher, dass ein Programm nicht von einem anderen überschrieben wird. Das Betriebssystem dient als Proxy zwischen Software-Programmen und der Festplatte und bietet eine sichere, effektive Methode, die Festplatte gemeinsam zu nutzen.

Das Betriebssystem stellt auch abstrakte Ressourcen zur Verfügung, die von der Hardware unabhängig sind. Viele Applikationen müssen zum Beispiel über ein Netzwerk kommunizieren. Dies geschieht mit einer Netzwerkkarte, die im Computer installiert ist. Viele verschiedene Hersteller bauen Netzwerkkarten, die Ihnen unzählige Möglichkeiten zur Hardwareauswahl bieten. Das Problem ist, dass jedes Gerät unterschiedlich angesprochen wird. Das Betriebssystem stellt nun eine Schnittstelle zur Verfügung, um Netzwerkfunktionen allgemein nutzen zu können, ohne wissen zu müssen, von welchem Hersteller die Hardware ist. Gerätetreiber, die vom Hardwarehersteller entwickelt wurden, akzeptieren generische Befehle vom Protokoll-Stack und wandeln Sie in die Hardware-Sprache um.

Andere wichtige Funktionen, die vom Betriebssystem ausgeführt werden, sind unter anderem das Laden und Ausführen von Programmen und das Verwalten des Speicherplatzes von mehreren Prozessen. Wenn ein Computer hochfährt, führt er zunächst Befehle aus, die an eine bestimmte Stelle der Festplatte geschrieben wurden. Sie können Ihre eigene Software auf der Festplatte speichern, um sie beim Start der Maschine laden zu lassen, aber Sie verfügen nicht über die vom Betriebssystem vorgehaltene Funktionalität, um andere Programme auszuführen und verschiedene Speicherbereiche zu verwalten, wenn Sie nicht auch selbst Routinen dafür entwickeln.

4.1.1 Betriebssystemtypen

Es gibt viele unterschiedliche Betriebssysteme, jedes mit eigenen Stärken und Schwächen. Wenn Sie sich den Luxus erlauben können, Ihr Betriebssystem auszuwählen, können Sie bereits hier Ihren Sicherheitsanforderungen entgegenkommen. Allerdings werden Sie meist keine Gelegenheit bekommen, sich für ein bestimmtes Betriebssystem zu entscheiden, und müssen dann aus dem Vorhandenen das Beste machen.

Betriebssysteme unterscheiden sich in vielen Punkten. Die Entscheidung für ein Betriebssystem hängt von vielen Faktoren ab, wobei die Sicherheit nur ein Aspekt ist. Tabelle 4-1 beschreibt einige Gesichtspunkte bei der Auswahl eines Betriebssystems.

Tabelle 4-1: Gesichtspunkte bei der Auswahl eines Betriebssystems

Abwägung	**Erläuterung**
Zuverlässigkeit	Zuverlässigkeit definiert, wie stabil ein Betriebssystem ist. Sie kann durch Features, wie geschützten Speicher, verbessert werden. Zuverlässigkeit hängt nicht nur vom Betriebssystem ab, sondern auch von den Applikationen, die auf ihm laufen.
Skalierbarkeit	Skalierbarkeit gibt an, wie gut das System mit großen Mengen an Arbeit klarkommt. Dabei kann es sich um eine große Zahl von Verbindungen, Transaktionen oder Prozessen handeln. Große Datenbanken, die mit vielen Benutzern gleichzeitig umgehen müssen, benötigen ein Betriebssystem, das auch mit Gigabytes an Speicher und mehreren Prozessoren umgehen kann.
Preis	Das Budget, das für ein System vorgesehen ist, diktiert meistens die Wahl des Betriebssystems. Manche Betriebssysteme sind umsonst, andere ausgesprochen teuer. Der Preis hängt auch eng mit der im nächsten Punkt aufgeführten TCO zusammen.
TCO (Total Cost of Ownership)	Die Anschaffungskosten für eine Software sind ein einzelner Faktor der Gesamtkosten, die ein System verursacht. Ein System kann geringe Anschaffungskosten, aber ungeahnte zusätzliche Kosten für Support, Aktualisierungen und Verwaltungsaufgaben verursachen.
Benutzerfreundlichkeit	Manche Betriebssysteme sind leichter zu bedienen und intuitiver. Dies kann ein Fluch und ein Segen zugleich sein. Ein System, das einfach zu benutzen ist, wird im Endeffekt vielleicht nur wegen seiner Benutzerfreundlichkeit von jemandem verwaltet, der damit nicht sehr vertraut ist.
Interoperabilität	Interoperabilität mit anderen Produkten und Industriestandards kann den Wert eines Systems ausmachen. Software, die nicht gut mit anderen Systemen zusammenarbeitet, kann zu weniger Funktionalität und schlechteren Verbindungen zwischen Systemen führen.

Unix

In den späten 60er Jahren suchten die Bell Laboratories von AT&T, heute als Lucent Technologies bekannt, nach einem Betriebssystem, das ein zuverlässiges Multitasking bot. Nach einigen wenig erfolgreichen Anläufen entstand in den frühen 70ern Unix als ein flexibles Tool, das von Programmierern für Programmierer entwickelt worden war. Das System entstand auf der Basis eines Softwareprinzips, nach dem ein System aus kleinen, wenig komplexen Modulen aufgebaut ist, anstatt zu versuchen, ein monolithisches Betriebssystem zu erstellen, das sämtliche Bedürfnisse abdeckt.

Seit der ursprünglichen Version von Unix in den 70ern wurden viele neue Varianten entwickelt. Manche bestanden aus komplett neu geschriebener Software. Trotzdem blieben die Funktionalität und der Ursprung eindeutig. Die momentan führenden Varianten von Unix sind in Tabelle 4-2 aufgeführt.

Tabelle 4-2: Führende Unix-Betriebssystem-Varianten

Version	Details
Sun Solaris	Momentan das führende Unix und die erste Plattform, auf die Oracle portiert wurde. Solaris wird von Sun Microsystems entwickelt und läuft auf SPARC- und Intel-Rechnern.
HP-UX	Eine andere beliebte Unix-Version, die zu Hewlett Packard gehört. HP-UX ist teuer und dafür entworfen, auf richtig großen Server zu laufen.
AIX	AIX wird von IBM entwickelt und läuft auf deren proprietärer RS/6000-Hardware. AIX ist sehr gut skalierbar und sehr teuer.
Linux	Ein ziemlich neuer Ableger von Unix, der ursprünglich von Linus Torvalds als Hobby unter der GNU General Public License entwickelt wurde. Der Sourcecode ist offen und die Software kostenfrei. Um Linux herum ist eine ganze Industrie entstanden. Linux gibt es von vielen Distributoren, wie Red Hat, Slackware und SuSE Linux.

Unix ist seit jeher für seine hohe Zuverlässigkeit, Skalierbarkeit und Interoperabilität bekannt. Sie werden feststellen, dass dies für die meisten Unix-Varianten gilt. Die Nachteile von Unix sind der Preis, die Total Cost of Ownership und die Benutzerfreundlichkeit. Der Kaufpreis für die bekanntesten lizensierten Unix-Versionen ist genauso wie der Preis für die Hardware, auf denen es läuft, sehr hoch. Aufgrund der Komplexität kann das Verwalten des Systems eine schwierige Aufgabe sein, die das Einstellen teurer Spezialisten erfordert und damit zu einer höheren TCO führt. Die Benutzerschnittstelle ist für technisch nicht versierte Benutzer wenig intuitiv, allerdings haben einige der neuesten Fortschritte dies geändert.

Windows

Microsoft ist der führende Hersteller von Desktop-Betriebssystemen, seit das Unternehmen von IBM dazu auserkoren wurde, das Disk Operating System (DOS) für Personal Computers zu entwickeln. Nach vielen Jahren als unangefochtener Eigentümer des Desktops unternimmt Microsoft Anstrengungen, eine Serverplattform zu entwickeln, die die Daten ähnlich wie bei Unix behandelt. Microsofts erster Versuch, eine Serverplattform zu entwickeln, war Windows NT, ein Betriebssystem, dessen Oberfläche den „normalen" Desktop-Betriebssystemen gleicht, aber eine komplett andere Funktionalität bietet.

Windows NT wurde sehr beliebt, weil es einfach zu nutzen ist und die Lizenzkosten niedrig sind. Es läuft hauptsächlich auf Intel-Prozessoren, die viel günstiger als die typische Unix-Hardware sind. Nicht sehr teure, gut geschulte MCSEs (Microsoft Certified System Engineers) sind ausreichend vorhanden und helfen dabei, die TCO für einen Windows-Server niedrig zu halten.

Dafür hat Windows NT Probleme in anderen Bereichen. Die Zuverlässigkeit verbesserte sich mit jeder neuen Version von Windows NT, aber es hält sich immer noch die Auffassung, dass Windows keine stabile Plattform für unternehmenskritische Applikationen ist.

Ein größeres Problem für Microsoft war die Skalierbarkeit. Oracle ist auf den Speicher und die Prozessoren beschränkt, die das Betriebssystem Windows NT verwalten kann. Die Obergrenze von Windows NT liegt bei 4GB Speicher, von denen 2GB für Applikationen nutzbar sind. Eine übliche Aussage war, dass Windows NT mit mehr als zwei Prozessoren nicht gut skaliert. Diese Probleme hinderten Microsoft am Erfolg im Marktsektor für große Unternehmensserver, aber Windows NT wurde ein Favorit für kleine Datenbank-Installationen mit einer begrenzten Anzahl an Benutzern.

Nun hat Microsoft eine neue Version seines Betriebssystems auf den Markt gebracht, Windows 2000. Microsoft hat mit seiner neuen Version eine viel bessere Skalierbarkeit und Zuverlässigkeit versprochen. Während dieses Buch geschrieben wurde, stand ein Urteil darüber noch aus, da viele der größten Sites nur widerwillig auf die neue Plattform wechseln, bis es schlüssigere Beweise für die Skalierbarkeit und Zuverlässigkeit gibt. Die ersten Berichte, die wir erhielten, deuten darauf hin, dass Windows 2000 sehr stabil ist. Ein uns bekannter Benutzer hat berichtet, dass es absolut keine „Blue Screens of Death" mehr gibt, wenn Oracle auf Windows 2000 läuft. Wir finden das sehr ermutigend. Für die Skalierbarkeit bietet Oracle eine Multithreaded Server (MTS)-Option für ihre Netzwerkkomponente Net8 an. Diese Option hilft dabei, die benötigten Betriebssystemressourcen zu reduzieren und damit die Zahl der Benutzer zu erhöhen, die Ihr System unterstützen kann. Wir behandeln die Windows-Betriebssysteme detaillierter in Kapitel 5.

4.2 Unix absichern

Unix ist das am häufigsten gewählte Betriebssystem für eine Oracle-Datenbank. Oracle wurde traditionell im Hinblick auf Unix entworfen, und die beiden Systeme arbeiten sehr gut zusammen. Wenn Sie Unix eingerichtet haben, müssen Sie das Betriebssystem auf schnellstem Wege sichern und lernen, wie Sie die Datenbank in dieser Umgebung sicher einrichten.

Unix gibt es bemessen an der Computer-Zeitrechnung schon sehr lange, was bedeutet, dass das Betriebssystem im Lauf der Jahre von vielen verschiedenen Personen sehr genau unter die Lupe genommen wurde. Wie Sie sich vorstellen können, sorgten diese Untersuchungen dafür, das ein sehr stabiles und sicheres System entstanden ist. Aber beachten Sie, dass trotz all der Jahre der intensiven Beobachtung immer noch täglich neue Sicherheitslücken entdeckt werden. Warum das? Weil neue Features hinzugefügt, Verbesserungen vorgenommen und neue Unix-Varianten wie Linux erstellt wurden, und damit auch neue Sicherheitsprobleme auftauchen. Zudem können Fehler, die in einer Version behoben wurden, in einer anderen wieder auftauchen und dort gefixt werden.

Ein Teil der Aufgabe, Ihr Betriebssystem sicher zu halten, besteht darin, über Sicherheits-Patches auf dem Laufenden zu sein und sie zu installieren. Wenn Sie kein Vollzeit-Sicherheitsverantwortlicher sind, müssen Sie diese Arbeit nicht unbedingt selbst übernehmen. Viele größere Organisationen beauftragen eine Person oder Abteilung damit, sich durch die verschiedenen Listserver und Newsgroups zu arbeiten, wie zum Beispiel BugTraq von SecurityFocus.com, um nur die wichtigen Informationen herauszufiltern und den interessierten Personen zukommen zu lassen.

4.2.1 Grundlegende Sicherheits-Features von Unix

Die Sicherheit von Unix ist komplex, aber mit einem kurzen Überblick über die Funktionsweise der grundlegenden Sicherheits-Features kommen Sie schon weit, was den Schutz des Betriebssystems betrifft. Die meisten Sicherheits-Features sind bei Unix sehr einfach zu nutzen, sobald Sie die Konzepte verstanden haben und die Syntax beherrschen. Unix liefert ein Hilfesystem mit, das detailliert die Verwendung jedes Befehls erläutert. Wenn Sie mehr über einen Befehl erfahren möchten, können Sie sich die Hilfedatei mit dem Befehl **man** anzeigen lassen. Wenn Sie zum Beispiel mehr Informationen zum Befehl **su** suchen, sollten Sie folgenden Befehl ausprobieren:

```
# man su
```

Um unsere Nomenklatur für die Codelistings deutlich zu machen, beachten Sie bitte dass am Beginn jeder durch den Benutzer eingegebenen Zeile entweder ein Nummernzeichen (#) oder ein Dollarzeichen ($) zu sehen ist. Diese beiden Zeichen stehen für den Prompt, den Sie an Ihrem Terminal sehen, der aber nicht von Ihnen eingegeben wird. Zeilen ohne Prompt sind Ausgaben des Befehls. Das Nummernzeichen steht für Befehle, die als Root ausgeführt werden, während das Dollarzeichen der Prompt für alle anderen Benutzer ist.

Ein weiterer Punkt, den wir erwähnen müssen, bevor wir richtig loslegen, ist die Definition des Root-Benutzers. Das Root-Benutzerkonto ist das administrative Konto, das die Berechtigungen besitzt, jeglichen Befehl auf dem Betriebssystem auszuführen. Beachten Sie, dass das Root-Benutzerkonto wie alle Benutzerkonten unter Unix groß- und kleinschreibungssensitiv ist. Das *Rooten Ihres Rechners* bedeutet, dass ein Angreifer Zugriff auf Ihr System als Root-Benutzer erlangt hat. Die meisten Hacker streben an, der Root-Benutzer zu werden, und wenn sie Erfolg haben, haben sie die volle Kontrolle über Ihren Rechner.

Dateiberechtigungen

Berechtigungen sind eines der unflexibelsten Features von Unix. Es stellt drei Berechtigungsebenen zum Schützen von Dateien und Verzeichnissen zur Verfügung: den Dateibesitzer, die Dateigruppe und alle anderen Benutzer. Dateiberechtigungen können nicht direkt einem Einzelnen erteilt oder entzogen werden. Diese Einschränkung kann das gemeinsame Nutzen von Dateien erschweren.

Es gibt drei verschiedene Berechtigungstypen: Lesen, Schreiben und Ausführen. Es gibt noch weitere Einstellungen, die aber keine Berechtigungen sind, sondern eher beeinflussen, wie eine ausführbare Datei gestartet wird. Wir werden diese Berechtigungen in diesem Kapitel noch erörtern.

Dateiberechtigungen unter Unix werden normalerweise in zwei verschiedenen Formaten angezeigt. Das erste ist ein zehn Zeichen langer String. Die folgenden Zeilen zeigen, wie diese Berechtigungen in einer Verzeichnisliste aussehen:

```
$ ls -l
total 110
drwxr-xr-x 11 oracle  oinstall  512 Jan  9  18:35 Apache
lrwxrwxrwx  1 oracle oinstall  37 Jan  9  17:19 JRE -> /o8/oracle.swd.jre
-rwxr-xr-x  5 oracle  oinstall 7876 Jan  9  18:35 root.sh
drwxrwxrwx  5 oracle  oinstall  512 Jan  9  15:13 jdbc
```

In diesem Beispiel steht zu Beginn jeder Zeile eine Reihe von Buchstaben. Die letzten neun Buchstaben stellen die Dateiberechtigungen dar, während der erste Buchstabe angibt, ob es sich bei dieser Zeile um eine Datei (-), ein Verzeichnis (d) oder um einen symbolischen Link (l) handelt. Nach dem ersten Zeichen gibt es drei Gruppen mit jeweils drei Zeichen. Die ersten drei Zeichen geben die Berechtigungen des Dateibesitzers an, die nächsten drei Zeichen die der Dateigruppe und die letzten drei Zeichen die Berechtigungen für alle anderen Benutzer. Die erste Position jeder Gruppe ist die *Lese*-Position, und wird durch ein „r" (read) dargestellt. Die zweite Position ist die *Schreib*-

Position, ausgedrückt durch ein „w“ (write), während die dritte Position mit einem „x“ (execute) für Ausführen steht. Abbildung 4-1 zeigt eine Übersicht über die Dateiberechtigungen und ihre Bedeutung.

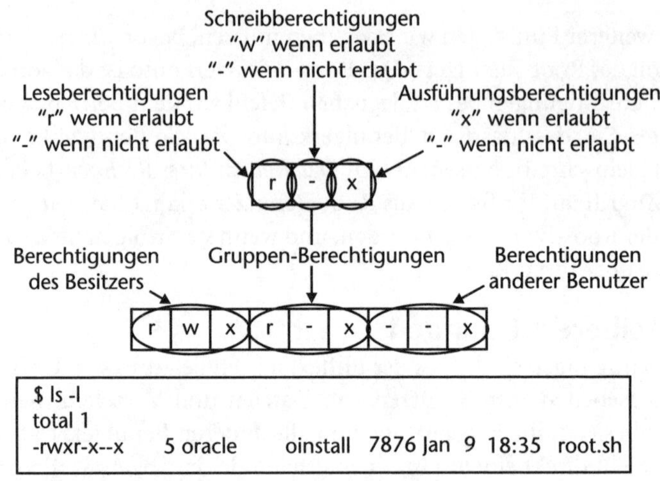

Abbildung 4-1: Dateiberechtigungen unter Unix

Wenn eine dieser Berechtigungen erteilt wird, wird das entsprechende Zeichen in der Liste angezeigt. Wird die Berechtigung nicht erteilt, steht stattdessen an der entsprechenden Stelle ein Strich (-). Als kurzes Beispiel betrachten wir eine Datei mit Lese-, Schreib- und Ausführungsberechtigungen für den Dateibesitzer, Lese- und Ausführungsberechtigungen für die Dateigruppe und nur Leseberechtigungen für alle anderen Benutzer, wobei die Ausgabe wie folgt aussieht:

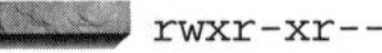

```
rwxr-xr--
```

Es gibt auch noch eine alternative Form für die Dateiberechtigungen. Dabei wird eine dreistellige Zahl genutzt, deren Ziffern von 0 bis 7 reichen. Die erste der drei Ziffern steht für die Berechtigungen des Eigentümers, die nächste Ziffer für die Gruppenberechtigungen und die letzte Ziffer für die Berechtigungen der anderen Benutzer. Zu erkennen, welche Berechtigungen hinter einer Zahl stecken, ist etwas schwieriger. Die Zahl ist tatsächlich eine binäre Bitmaske, bei der das erste Bit für Lesen, das zweite für Schreiben und das dritte für Ausführen steht. Das bedeutet, dass das binäre 010 den reinen Lesezugriff darstellt. Ein binäres 010 entspricht einer oktalen 2, was als Berechtigung angezeigt wird. Wenn Lese- und Schreibrechte erteilt wurden, wäre die Berechtigungsmaske binär 110, das bedeutet in oktaler Schreibweise 4 + 2 = 6. Wenn Ihnen dies nicht einleuchten sollte, prägen Sie sich einfach die Werte aus Tabelle 4-3 ein.

Tabelle 4-3: Umwandlung von Berechtigungsmasken aus dem Binärsystem in Ziffern

Berechtigungen	Oktal	Binär	Berechtigungen
Nur Ausführen	1	001	--x
Nur Schreiben	2	010	-w-
Ausführen und Schreiben	3	011	-wx
Nur Lesen	4	100	r--
Ausführen und Lesen	5	101	r-x
Lesen und Schreiben	6	110	rw-
Lesen, Schreiben und Ausführen	7	111	rwx

Um eine Datei mit Lese-, Schreib- und Ausführungsberechtigungen für den Dateibesitzer, Leseberechtigungen für die Dateigruppe und Lese- und Ausführungsberechtigungen für alle anderen Benutzer zu versehen, entsprechen die Berechtigungen der Zahl 745. Eine Datei, die für jeden frei nutzbar ist, hätte eine Maske mit dem Wert 777.

Wenn auf eine Datei zugegriffen wird, wirft das Betriebssystem einen Blick auf die Attribute der Datei und vergleicht sie mit den Attributen des aktuellen Benutzers, um herauszufinden, ob ausreichende Berechtigungen existieren. Zuerst wird geprüft, ob der aktuelle Benutzer der Dateibesitzer ist. Wenn dem so ist, werden die Berechtigungen des Eigentümers kontrolliert. Beachten Sie, dass der Eigentümer keinerlei Zugriff erhält, wenn er als Eigentümer keine Berechtigungen hat, auch wenn alle anderen Benutzer oder die Gruppe entsprechende Berechtigungen besitzt. Wenn der aktuelle Benutzer nicht der Eigentümer ist, werden die Gruppenberechtigungen kontrolliert. Das Betriebssystem prüft, ob die primäre Gruppe des Benutzers mit der Dateigruppe übereinstimmt oder ob die Dateigruppe als Mitglied den aktuellen Benutzer hat, was bedeutet, dass die Dateigruppe eine sekundäre Gruppe des aktuellen Benutzers ist. Wenn das stimmt, werden nur die Gruppenberechtigungen geprüft. Wenn der aktuelle Benutzer in der Gruppe ist, aber nicht der Eigentümer der Datei ist, werden die Gruppenberechtigungen genutzt, auch wenn die Berechtigungen für alle anderen Benutzer weniger restriktiv sind. Nur wenn der aktuelle Benutzer weder dem Dateibesitzer entspricht noch ein Mitglied der Dateigruppe ist, werden die Berechtigungen für alle anderen Konten verwendet.

Was bedeuten nun die Lese-, Schreib- und Ausführungsberechtigungen genau? Das hängt davon ab, ob es sich um eine Datei oder ein Verzeichnis handelt.

Bei einer Datei ermöglichen es Ihnen die Leseberechtigungen, den Inhalt der Datei zu betrachten. Die Schreibberechtigungen erlauben das Löschen oder Verändern einer Datei. Allerdings können Sie eine Datei ohne Leseberechtigung nicht mit einem Editor verändern, da der aktuelle Inhalt der Datei nicht angezeigt werden kann. Wie der Name schon ausdrückt, ermöglichen es die Ausführungsberechtigungen für eine Datei, diese auszuführen. Das Verweigern der Ausführungsberechtigungen für eine Datei, für die man aber Leseberechtigungen hat, bedeutet nicht, dass sie nicht ausgeführt werden kann, da sie trotzdem immer noch an eine andere Stelle kopiert und dort ausgeführt werden kann.

Bei einem Verzeichnis ermöglichen es Ihnen die Leseberechtigungen, die Dateien im Verzeichnis aufzulisten. Schreibberechtigungen erlauben das Erstellen, Umbenennen und Löschen von Dateien im Verzeichnis; allerdings können Sie ohne Ausführungsberechtigung für ein Verzeichnis keine dieser Aufgaben erledigen. Sie können Dateien in Verzeichnissen löschen, erstellen und umbenennen, wenn Sie dort Ausführungs- und Schreibberechtigungen haben, auch wenn Sie keine Leseberechtigung besitzen. Ausführen eines Verzeichnisses bedeutet, dass Sie von Ihrer momentanen Pfadposition in das Verzeichnis wechseln dürfen oder auf Dateien in diesem Verzeichnis zugreifen können, allerdings nur, wenn Sie die entsprechenden Rechte an den Dateien haben.

Wenn Sie für ein Verzeichnis keine Ausführungsberechtigungen haben, können Sie auf nichts unterhalb dieses Verzeichnisses zugreifen, auch wenn Sie Berechtigungen an Dateien in diesem Verzeichnis haben. Sie können den Lese- oder Änderungszugriff auf einen ganzen Verzeichnisbaum beschränken, indem Sie die Lese-, Schreib- und Ausführungsberechtigungen für die oberste Ebene des Baumes entziehen. Wenn Sie allerdings die Ausführungsberechtigungen für das Verzeichnis vergeben, können die Benutzer in das Verzeichnis wechseln und alle möglichen Aktionen mit den Dateien durchführen, für die sie Berechtigungen auf Dateiebene haben, auch wenn sie kein Inhaltsverzeichnis des Ordners ausgeben können oder neue Dateien erstellen dürfen.

Der Besitz einer Datei beinhaltet verschiedene Berechtigungen. Sie können alle Berechtigungen für den Besitzer der Datei entfernen und sich damit selbst von der Datei aussperren. Das ist kein Problem, da der Besitzer der Datei die Berechtigungen auch dann ändern kann, wenn er keine Lese-, Schreib- oder Ausführungsberechtigungen hat.

Um die Berechtigungen zu ändern, nutzen Sie den Befehl **chmod**. Dieser Befehl kann genutzt werden, um absolute Berechtigungen durch Angabe der gewünschten Werte als erstem Parameter, und der Datei oder dem Verzeichnis als zweitem Parameter zu setzen. Zum Beispiel:

```
$ chmod 571 <Dateiname>
```

Aus der Übersetzung in Tabelle 4-3 können Sie ersehen, dass die angegebene Datei die folgenden Berechtigungen enthält: Lesen, Schreiben, Ausführen für den Dateibesitzer, Lesen und Ausführen für die Gruppe, und Ausführen für jeden anderen.

Ein anderes erwähnenswertes Sicherheits-Feature ist die Fähigkeit, den Eigentümer oder die Gruppe einer Datei oder eines Verzeichnisses zu ändern. Auf den ersten Blick könnte der Eindruck entstehen, es sei möglich, dass der Besitzer einer Datei die Eigentumsrechte an andere Benutzer und Gruppen weitergeben könnte. Dies ist nicht der Fall, da dadurch Sicherheitslöcher entstehen könnten, auf die wir später eingehen werden. Nur der Root-Benutzer kann den Eigentümer oder die Gruppe einer Datei ändern.

Benutzer, Gruppen und Passwörter

Unix ermöglicht es Ihnen, Benutzer anzulegen, um Personen zu authentifizieren, und Gruppen zu erstellen, um gemeinsame Berechtigungen zu nutzen. Jedes Konto sollte beim Erstellen einer primären Gruppe zugewiesen werden, kann aber auch gleich mehreren sekundären Gruppen zugewiesen werden. *Gruppen* sind Listen von Benutzern. Anders als bei vielen anderen Systemen lassen sich bei Unix keine Gruppen in anderen Gruppen platzieren. Gruppen werden mehreren Benutzern zugewiesen, und Benutzer können in mehreren Gruppen Mitglied sein, so dass es eine N:N-Beziehung zwischen Benutzern und Gruppen gibt.

Unter Unix wurden die Benutzerliste und die dazugehörigen Kennwort-Hashes traditionell in der Datei /etc/passwd gespeichert, die von allen Benutzern lesbar, aber nur vom Root-Benutzer editierbar ist. Kennwort-Hashes werden bei Unix mit Einwegfunktionen wie dem MD5 Message Digest-Algorithmus generiert. (Siehe Kapitel 1 für weitere Informationen zu dem MD5-Algorithmus.)

Andere Informationen, die in der Kennwortdatei abgelegt werden, sind der Kontoname, die primäre Gruppe, das Home-Verzeichnis des Benutzers und ein Kommentarfeld. Da der Algorithmus zum Erzeugen der Kennwörter eine Einwegfunktion ist, blieben Passwörter geheim, bis Hacker herausbekamen, dass Benutzer unsichere Passwörter aus einer relativ kleinen Menge von Möglichkeiten wählten, wie zum Beispiel Wörter aus einem Wörterbuch. Durch die Verschlüsselung aller dieser möglichen Passwörter anhand einer Wortliste konnten die generierten Hashes mit den gespeicherten verglichen werden. Auf einem normalen Computer konnte ein unsicheres Passwort innerhalb von Minuten geknackt werden. Dies wurde behoben, indem die Hashes in die neue Datei /etc/shadow verschoben wurden, die nur für den Root-Benutzer lesbar ist. Damit wurde das Knacken von Passwörtern deutlich eingeschränkt. Die restlichen Benutzerinformationen verblieben in der Datei /etc/passwd.

Die Liste der Gruppen unter Unix wird in einem ähnlichen Format in einer öffentlich lesbaren Datei namens /etc/groups gespeichert. Gruppen können Kennwörter zugewiesen werden, auch wenn dies selten geschieht. Um zu vermeiden, dass diese Kennwörter geknackt werden, wurde eine Datei /etc/gshadow erstellt, um die Kennwort-Hashes der Gruppen dort abzuspeichern.

Nahezu alle Systeme bieten die Möglichkeit, diese versteckten Dateien zum Speichern der Benutzer- und Gruppen-Kennwörter zu nutzen. Allerdings müssen Sie bei einigen Systemen diese Option erst aktivieren. Um die Konten-Kennwörter zu schützen, sollten Sie kontrollieren, ob diese Option auf Ihrem Host-Rechner aktiviert ist.

Ist sie nicht aktiviert, können Sie die Dateien mit den Befehlen **pwconv** und **grpconv** erstellen. Der Befehl **pwconv** entfernt die Hashes aus der Datei /etc/passwd und erstellt eine neue Datei shadow mit den Benutzernamen und den Kennwort-Hashes. Der Befehl **grpconv** führt dasselbe für die Gruppen und die Datei /etc/gshadow aus.

Im Folgenden ist ein gekürztes Beispiel für die Dateien passwd und shadow angegeben. Beachten Sie, dass das Konto bin mit einem Kennwort-Hash versehen ist, der nie aus einem gültigen Kennwort entstehen konnte. Der Hash-Algorithmus für diese Unix-Version generiert immer Hashes mit einer Länge von 34 Zeichen. Setzen Sie den Kennwort-Hash auf eine Länge von eins, sorgen Sie dafür, dass sich niemand mit diesem Konto direkt am System anmelden kann.

```
# more /etc/passwd
root:x:0:0:root:/root:/bin/bash
bin:x:1:1:bin:/bin:
oracle:x:500:500:Oracle software owner:/usr/oracle:/bin/bash
# more /etc/shadow
root:$1$qmYf3Y6$aa/.JDnJTiTA5O/vXbSuv5/:11896:0:99999:7:::
bin:*:11896:0:99999:7:::
oracle:$1$Ys4lgTdu$t9sMNcRrXbIzjwKCs3mPq/:11308::99999::::
```

SUID und SGID

Viele Funktionen müssen auf Dateien zugreifen, für die der Benutzer, der den Befehl gerade ausführt, keine Zugriffsberechtigungen hat. Ein gutes Beispiel dafür ist das Ändern Ihres eigenen Kennworts, da diese Aktion den verschlüsselten Hash-Wert in der Datei /etc/shadow ändern muss. Die meisten Benutzer benötigen die Möglichkeit, ihr eigenes Kennwort zu ändern, auch wenn Sie ihnen niemals Änderungsberechtigungen an der Datei geben dürfen, da dann auch alle Kennwörter anderer Konten angepasst werden könnten. Um dieses Problem zu lösen, bietet Unix die Möglichkeit, eine ausführbare Datei mit der ID des Dateibesitzers laufen zu lassen. Damit kann ein normaler Benutzer eine bestimmte Datei mit den Berechtigungen eines anderen Kontos ausführen. Die Datei zum Ändern Ihres Kennworts, **passwd**, gehört dem Root-Benutzer und wird effektiv mit dessen ID ausgeführt. Führt nun ein Benutzer **passwd** aus, kann die Datei /etc/shadow verändert werden, da Sie nun die Berechtigungen des Root-Benutzerkontos verwenden.

Um eine Datei mit der effektiven ID und damit den Berechtigungen des Dateibesitzers laufen zu lassen, müssen Sie das SUID-Bit der Berechtigungsmaske für die Datei auf

ON setzen. Das Setzen dieses Bits funktioniert ähnlich wie das Ändern von Dateiberechtigungen. Die Befehle und eine Verzeichnisliste werden im folgenden Beispiel gezeigt:

```
$ ls -l
total 1
-rwxr-xr-x  11 root   root   512 Jan  9 18:35 testfile
$ chmod u+s testfile
$ ls -l
total 1
-rwsr-xr-x  11 root   root   512 Jan  9 22:40 testfile
```

Beachten Sie, dass die Ausführungsberechtigung für den Dateibesitzer nun von „x" nach „s" geändert wurde. Das SUID-Bit ist nun aktiv.

Das gleiche Konzept gilt auch für die Dateigruppe. Sie können eine Datei so anpassen, dass sie die GID (oder Gruppen-ID) der Dateigruppe nutzt, indem Sie das SGID-Bit auf ON setzen. Hier ein Beispiel für das Setzen des SGID-Bits für die gleiche Datei.

```
$ chmod g+s testfile
$ ls -l
total 1
-rwsr-sr-x  11 root   root   512 Jan  9 22:40 testfile
```

Um entweder das SUID- oder das SGID-Bit auf OFF zu setzen, verwenden Sie die gleichen Befehle wie oben, ersetzen aber das Plus (+) durch ein Minus (-).

Verzeichnisse können auch das SUID- oder SGID-Bit gesetzt haben. SGID auf einem Verzeichnis unterscheidet sich sehr von SGID auf einer Datei. SGID bewirkt, dass alle Dateien in dem Verzeichnis eher einer Gruppe der Verzeichnisgruppe zugewiesen werden statt der Gruppe des Dateierstellers. Beachten Sie, dass dieses Feature nicht rückwirkend arbeitet, das bedeutet, die Gruppen bereits bestehender Dateien werden nicht aktualisiert. Das Setzen der SUID auf ein Verzeichnis hat keinen Effekt.

Auditing des Betriebssystems

Das Betriebssystem bietet mit dem syslogd-Dämon ein Audit-Feature. Diese Dateien werden normalerweise irgendwo unter dem Verzeichnis /var abgelegt. Bei Red Hat Linux finden Sie die meisten Log-Dateien unter dem Verzeichnis /var/log. Auf Solaris liegen sie unter /var/adm und /var/log. Sie sollten sicherstellen, dass nur der Root-Benutzer Lese- und Schreibberechtigungen auf diese und alle anderen Protokolldateien hat. Auch wenn es sich üblicherweise um Textdateien handelt, gibt es keinen einfachen Weg, sie zu analysieren.

Sie sollten Ihre Protokolldateien häufig überprüfen, um nach Verbindungen mit unbekannten oder nicht autorisierten IP-Adressen zu suchen. Zudem sollten Sie Ausschau nach Aktivitäten halten, die wie Port-Scans auf Ihrem Rechner aussehen, und viele Versuche in kurzer Zeit anzeigen, sich mit den unterschiedlichsten Ports von derselben IP-Adresse aus zu verbinden.

Das Auditieren mancher Funktionen erfordert einfach das Erstellen der Dateien, in die die Protokollinformationen geschrieben werden. Um zum Beispiel die Versuche zu protokollieren, den Befehl **su** auszuführen, oder um fehlgeschlagene Verbindungen anzuzeigen, müssen Sie nur die Dateien /var/adm/loginlog und /var/adm/sulog „touchen". Das Touchen einer Datei bedeutet, den Befehl **touch** mit dem Dateinamen anzugeben, um eine leere Datei zu erstellen:

```
$ touch <Dateiname>
```

Sie können weitere Audit-Optionen aktivieren und den Ort ändern, an den die Protokolldateien geschrieben werden, indem Sie Änderungen an der Datei /etc/syslog.conf vornehmen. Um eine gründlichere Überwachung des Befehls **su** und der Verbindungsversuche bereitzustellen, können Sie aus der Zeile in der Konfigurationsdatei, die mit „auth" beginnt, das Kommentarzeichen entfernen. Denken Sie aber daran, dass damit zusätzlicher Overhead entsteht, wenn der Server eine große Anzahl an Verbindungen abwickelt.

Umgebungsvariablen

Umgebungsvariablen sind Strings mit einem zugewiesenen Namen. Jede Shell-Sitzung unter Unix hat einen eigenen Satz Umgebungsvariablen. Es gibt viele verschiedene Verwendungszwecke für sie, wobei einer in Abkürzungen für lange Strings besteht. Sie können benannte Stringwerte nutzen, um beliebig lange Befehle abzukürzen, die Sie selbst häufig verwenden. Sie können zum Beispiel eine Umgebungsvariable namens SM für das Server-Manager-Programm erstellen. Um auf eine Umgebungsvariable nach ihrer Entstehung zu verweisen, müssen Sie ihr ein Dollarzeichen voranstellen. Die Unix-Shell nutzt das Dollarzeichen, um die Umgebungsvariablen zu erkennen. Anstatt **svrmgrl** einzugeben, können Sie den gleichen Befehl in drei Zeichen ausführen, **$SM**.

Der Vorteil der Verwendung von Umgebungsvariablen wird noch deutlicher, wenn man mit ihnen auf ein Verzeichnis verweist. Eine Variable mit dem Namen ORACLE_HOME wird von jedem Konto genutzt, das vom Betriebssystem aus auf die Oracle-Software zugreift. Diese Variable vereinfacht einen Befehl zum Wechseln des Verzeichnisses, wie zum Beispiel **cd /export/home/software/oracle/817** zu **cd $ORACLE_HOME**.

Zusätzlich bauen viele Programme auf Umgebungsvariablen auf, um Parameter bei der Ausführung zu setzen oder zu ändern. Variablen können manchmal Standardwerte haben, die durch das Setzen einer Umgebungsvariablen überschrieben werden. So sucht Oracle zum Beispiel nach Dateien zur Netzwerkkonfiguration im Verzeichnis $ORACLE_HOME/network/admin, solange Sie nicht eine Umgebungsvariable namens TNS_ADMIN erstellt haben, die dann das Standardverzeichnis überschreibt.

Abhängig von der Shellsprache, die Sie unter Unix verwenden, unterscheiden sich die Befehle zum Setzen einer Umgebungsvariablen. Mit einer Korn- oder Bourne-Shell setzen zum Beispiel die folgenden Befehle eine Umgebungsvariable namens ORACLE_HOME:

```
$ ORACLE_HOME=/export/home/oracle
$ export ORACLE_HOME
```

Nachdem der Wert einmal gesetzt wurde, können Sie auf dieses Verzeichnis mit der Umgebungsvariablen verweisen. Der nächste Befehl ändert das Verzeichnis auf /export/home/oracle/dbs:

```
$ cd $ORACLE_HOME/dbs
```

Es gibt viele Sicherheitsprobleme, die mit Umgebungsvariablen zu tun haben. Das erste Problem ist, dass viele Programme davon ausgehen, dass die Umgebungsvariablen korrekt angelegt sind. Ein Programm kann also eine Umgebungsvariable benutzen um herauszufinden, aus welchem Verzeichnis zu lesen oder zu schreiben ist. Normalerweise ist das kein Problem, da Sie durch das Ausführen einer Datei nicht mehr Berechtigungen erhalten, als Sie ohnehin schon besitzen. Wenn aber bei einem solchen Programm das SUID- oder SGID-Bit gesetzt wurde, wird es zu einem Problem. Wenn ein Hacker nämlich die Umgebungsvariable verfälscht, kann er ein Programm dazu veranlassen, in Verzeichnissen zu lesen oder zu schreiben, für die er keine Berechtigungen hat.

Ein anderes Problem besteht, wenn Sie die Umgebungsvariablen anderer Benutzer ändern können. Umgebungsvariablen werden für ein Konto gesetzt, indem die Befehle zum Erstellen der Variablen in eines der vielen Start-Skripte des Home-Verzeichnisses des Benutzers eingefügt werden. Abhängig von Ihrer Standard-Shell kann es sich bei diesen Dateien um die Konfigurationsdateien .profile, .cshrc und .login handeln. Diese Dateien müssen geschützt werden, da sonst jeder, der sie ändern kann, die Umgebungsvariablen eines Benutzers verändern und zusätzliche Befehle hinzufügen kann, die dann beim Anmelden des Benutzers an das System ausgeführt werden.

Wenn Sie die Umgebungsvariable PATH falsch konfigurieren, können Sie ein weiteres Problem erzeugen. Diese Variable wird dazu verwendet, Dateien zum Laden zu finden, wenn Sie einen Befehl ausführen. Wenn es mehrere Verzeichnisse im PATH gibt, wird jedes von ihnen durchsucht, bis die erste Datei gefunden wurde, die dem angeforderten Dateinamen entspricht. Aus Bequemlichkeitsgründen fügen manche das aktuelle Verzeichnis hinzu, indem Sie „." an die Variable PATH anhängen. Dies ist eine sehr schlechte Praktik, da dadurch Dateien in nicht vertrauenswürdigen Verzeichnissen ausgeführt werden könnten. Trojanische Pferde können in Verzeichnissen untergebracht werden, um von unverdächtigen Personen gestartet zu werden. Ein Hacker erstellt zum Beispiel ein Skript, das die Bourne-Shell /bin/sh in das Verzeichnis /tmp kopiert und das SUID-Bit setzt. Er nennt dieses Skript nun „sl" und stellt es in ein frei zugängliches Verzeichnis. Irgendein unverdächtiger Benutzer arbeitet in diesem Verzeichnis und gibt den Befehl **ls** unabsichtlich als **sl** ein, womit das Skript ausgeführt wird. Das Konto des Benutzers, der den Schreibfehler begangen hat, wurde nun gehackt. Jedes Konto kann nun die Bourne-Shell im Verzeichnis /tmp ausführen und hat, da das SUID-Bit gesetzt wurde, die Berechtigungen des gehackten Benutzers. Aus diesem Grund sollten Sie niemals das aktuelle Verzeichnis als Teil der Variable PATH aufnehmen.

Symbolische Links

Unix bietet die Möglichkeit, symbolische Verknüpfungen, so genannte *Links*, von einer Datei oder einem Verzeichnis auf eine andere Datei oder ein anderes Verzeichnis zu setzen. Symbolische Links stellen Abkürzungen für Verweise auf andere Verzeichnisse dar. Oracle nutzt zum Beispiel einen symbolischen Link, um eine Verbindung von einem Unterverzeichnis unter ORACLE_HOME zu einem allgemeinen Java Runtime Environment (JRE) aufzubauen. Der symbolische Link erlaubt es Oracle, eine einzelne Instanz des JRE zu installieren und die Bibliothek mit vielen anderen Installationen zu teilen, wodurch der Ressourcenverbrauch reduziert und sichergestellt wird, dass eine bestimmte JRE-Bibliothek von jedem genutzt wird. Hier ist ein Verzeichnisauszug, der zeigt, wie ein symbolischer Link aussieht:

```
lrwxrwxrwx  1 oracle oinstall 22 Jan 13 15:37 JRE -> /export/jre/1.1.8
```

Symbolische Links können unter ganz bestimmten Umständen, die Ihnen bewußt sein sollten, Probleme bereiten. Wenn die Dateiberechtigungen für ein Verzeichnis auch die Schreibberechtigung erhalten, kann in diesem Verzeichnis ein Link zu einer anderen, nicht existierenden Datei erstellt werden. Wenn nun jemand eine Datei öffnet, die dem Namen des Links entspricht, und dann in diese Datei schreibt, wird die Datei angelegt, auf die der Link verweist. Wenn die Datei mit einer Schreibberechtigung für jeden erstellt wurde, haben Sie soeben irgendwo eine Datei angelegt, die jemand anderes ändern kann. Wenn ein Hacker zum Beispiel weiß, dass ein Programm im Verzeichnis /tmp eine Datei mit dem Namen „file1“ und Änderungsberechtigungen für jedermann erstellt, kann er einen Link für „file1“ erzeugen, der auf eine nicht existierende Datei, beispielsweise .rhosts, im Home-Verzeichnis des Programmbesitzers verweist. Ist „file1“ erstellt, kann der Hacker die Datei .rhosts editieren, da die Berechtigungen auf 777 gesetzt wurden, und so jedermann Zugriff auf das Konto des Programmbesitzers verschaffen.

Der Verweis auf die Datei .rhosts ist ein einzelnes Beispiel für die missbräuchliche Verwendung dieser Verknüpfungen. Die Datei .rhosts enthält eine Liste der vertrauenswürdigen Hosts und wird verwendet, um es anderen Clients zu ermöglichen, sich über den Befehl **rlogin** mit diesem Konto zu verbinden, ohne ein Kennwort angeben zu müssen. Bevor das Spoofen eine allgemein bekannte Gefahrenquelle wurde, vereinfachte die Datei .rhosts Verbindungen zu mehreren Systemen enorm. In unserer aktuellen Umgebung ist die Verwendung der Datei .rhosts sehr unsicher.

Daher sollten Sie es Programmen nicht erlauben, Dateien zu erstellen, die Berechtigungen für alle Benutzer in Verzeichnissen ablegen, auf die alle Benutzer schreibenden Zugriff haben. Denn damit ermöglichen Sie garantiert jemandem, in das Konto des Programmbesitzers einzudringen.

4.2.2 Das Betriebssystem sichern

Es gibt einige Schritte, die Sie durchführen müssen um sicherzustellen, dass das Betriebssystem geschützt ist. Beginnen Sie damit sicherzustellen, dass alle Konten mit guten Passwörtern geschützt sind, die eine passende Verfallszeit haben und nicht erneut verwendet werden können. Jedes Betriebssystem hat eigene Methoden, um diese Features zu aktivieren, aber die meisten Systeme unterstützen den Verfall und das Sperren von Passwörtern.

Sie müssen auch die Hardware selbst schützen. Außer dem Einschließen des Rechners in einem sicheren Raum gibt es verschiedene Wege, Passwörter zu setzen, um zu verhindern, dass der Server von einem anderen Gerät aus gestartet wird. Die Vorgehensweisen unterscheiden sich je nach Betriebssystem. Bei einem Intel-Server können Sie ein CMOS-Kennwort setzen, um zu verhindern, dass jemand die Startreihenfolge ändert und dann von einem anderen Medium aus startet. Allerdings hält diese Sicherung jemanden mit ausreichend Zeit und physischem Zugriff auf den Server nicht davon ab, von CD-ROM oder Diskette zu starten, da es möglich ist, das CMOS-Kennwort mittels ein paar Schaltern auf der Hauptplatine zurückzusetzen.

Unter Solaris können Sie das EEPROM-Kennwort setzen, um zu verhindern, dass Benutzer EEPROM-Befehle ausführen. Seien Sie aber vorsichtig mit diesem Kennwort, denn wenn Sie es verlieren, müssen Sie das EEPROM auf der CPU ersetzen. Aus dem gleichen Grund schützt das Kennwort nicht vor Leuten, die den Server öffnen und das EEPROM ersetzen können. Wenn Solaris auf einem Intel-Rechner läuft, wird die EEPROM-Funktionalität durch eine Datei simuliert, die im Bootbereich des Startmediums liegt.

Um bestimmte DoS-Angriffe zu verhindern, sollten die Festplatten sinnvoll partitioniert werden. Die von uns vorgeschlagene Methode ist, eine separate Partition für das Verzeichnis /var zu erstellen, da dort E-Mail-Dateien und die meisten Protokolldaten abgelegt werden. Wenn für /var eine eigene Partition erstellt wird, können Sie verhindern, dass jemand Ihr System mit Informationen aus Protokolldateien flutet und damit versucht, den gesamten vorhandenen Plattenplatz zu verbrauchen. Wenn das Verzeichnis /var auf einer eigenen Partition liegt, ist der Speicherplatz für die Applikation nicht betroffen.

Unabhängig von dem System, das Sie nutzen, sollten Sie sicherstellen, dass die neuesten Sicherheits-Patches installiert sind. Leider unterscheiden sich die Prozesse zum Einspielen der Patches sehr bei den verschiedenen Unix-Varianten. Bei Red Hat Linux können Sie nach den neuesten Sicherheitslücken und den entsprechenden Patches dafür auf http://www.redhat.com suchen. Leider gibt es dort keine Möglichkeit, alle Patches auf einmal herunterzuladen, so dass Sie sich selbst durch die wichtigsten Fixes durcharbeiten müssen, um sie alle nacheinander herunterzuladen und zu installieren. Sie erhalten eine Beschreibung für jedes Problem und einen Verweis auf eine ftp-Datei. Patches werden bei Red Hat als aktualisierte „Pakete" verteilt, die durch den RPM eingespielt werden, auch bekannt als der RPM Packet Manager. (Der Name ist ein alter Witz, der auf einer anderen Unix-Software namens GNU basiert, die für „GNU Not UNIX" stand.)

Sicherheitsfixes für Sun Solaris können Sie auf http://sunsolve.sun.com finden. Sun kommt Ihnen entgegen und stellt eine einzelne Datei zum Herunterladen zur Verfügung, die die wichtigsten Sicherheitsfixes beinhaltet. Die Sun-Patches sind komprimierte Dateien, die in ein einzelnes Verzeichnis entpackt werden und ein Startup-Skript enthalten, das normalerweise installpatch heißt. Auch mit diesem einzelnen großen Patch müssen Sie sich beständig über die neuesten Patches informieren, um zu erfahren, ob dem zusammenfassenden Patch neue Patches hinzugefügt wurden.

Wenn Sie sich die Sicherheits-Patches der Hersteller anschauen, werden Sie feststellen, dass viele der Patches keine Sicherheitsprobleme im Betriebssystem beheben, sondern in anderen Applikationen, die mit dem Betriebssystem ausgeliefert und installiert werden. Ein gutes Beispiel dafür ist sendmail, ein bekanntes Programm, das auf nahezu allen Unix-Versionen mitinstalliert wird. Es gibt viele Probleme mit veralteten Versionen von sendmail, die zu Sicherheitslücken im System führen können. Eine Frage, die Sie sich wie wir hoffen schon selbst gestellt haben, ist: „Warum benötige ich sendmail auf meinem Oracle-Datenbankserver?" Nun, die Antwort ist, dass Sie es wahrscheinlich nicht benötigen! Sie brauchen auch viele andere Dämonen und Software-Pakete nicht, die auf einem Betriebssystem installiert sind, das Sie nur als dedizierten Oracle-Server einsetzen wollen. Erinnern Sie sich daran, dass jedes zusätzliche Paket, das auf Ihrem System läuft, die Chance auf eine Lücke erhöht, durch die ein Angreifer eindringen kann.

Um diese Gefahr zu reduzieren, sollten Sie nur die benötigten Pakete installieren. Die gleiche Strategie trifft für das Installieren von Oracle zu. Wenn Sie zum Beispiel die Features des Intelligent Agents nicht nutzen wollen, mit denen Sie entfernte Datenbanken mit der Oracle Enterprise Manager-Suite verwalten können, sollten Sie diesen Teil gar nicht erst installieren. Wenn Sie bei Unix den http- oder News-Server nicht benötigen, werden Sie diese Software-Pakete auch nicht einrichten. Wenn Sie sie in Zukunft doch noch brauchen, können Sie sie immer noch installieren.

Ein weiterer wichtiger Schritt zum Reduzieren potenzieller Sicherheitslöcher auf Ihrem System ist das Schließen aller Netzwerkdienste, die Sie nicht benötigen. Auf einem Server, der nur für Oracle genutzt wird, sollten Sie alle Netzwerkdienste deaktivieren, außer denen, die Sie direkt benötigen, wie ssh, ftp, telnet und Ihre Oracle-Server.

Viele Netzwerkserver, wie DNS oder der Apache Web Server, sind unabhängig von anderen Prozessen. Das bedeutet, dass sie als eigenständige Applikationen laufen und mit einem bestimmten TCP/IP-Port verbunden sind. Sie müssen daher jeden der Prozesse individuell stoppen. Normalerweise werden die Dienste mit Skripten beim Startup gestartet. Dateien, die in den Verzeichnissen /etc/rc2.d und /etc/rc3.d liegen, sind Start-Skripte, die beim Hochfahren des Systems ausgeführt werden.

Eine ganze Reihe von anderen Netzwerkdiensten werden mit dem Superserver inetd gestartet, der auf einer Reihe von TCP/IP-Ports auf eintreffende Pakete lauscht. Wenn von einem dieser Ports eine Anfrage nach einer neuen Verbindung eintrifft, sucht sich inetd den passenden Dienst heraus, startet ihn und übergibt ihm die Verbindung. Inetd kümmert sich um Programme wie finger, ftp, telnet, rexec und rlogin.

Eine Möglichkeit, um zu erfahren, welche Dienste auf Ihrer Maschine laufen, ist die Verwendung des Befehls **ps** (Process Status). Um eine Liste von Prozessen zu erhalten, die aktuell auf Ihrem Server laufen, geben Sie den Befehl **ps** ein und analysieren das Ergebnis. Das unten angegebene Beispiel verwendet den Modifikator „e", der die Informationen aller Prozesse ausgibt, und „f", das eine komplette Liste erzeugt. Die Ausgabe wird nach dem Befehl angezeigt. Auf dem Server in diesem Beispiel laufen verschiedene Netzwerkdienste, wie sendmail, ein RPC-Server, ein NFS-Server und inetd.

```
#ps -ef
 UID   PID  PPID  C     STIME TTY         TIME CMD
root   219     1  0  16:16:23 ?          0:00 /usr/lib/sendmail -bd -q1h
root   165     1  0  16:12:09 ?          0:01 /usr/sbin/syslogd
root   139     1  0  16:09:36 ?          0:01 /usr/sbin/inetd -s
root   144     1  0  16:12:07 ?          0:00 /usr/lib/nfs/statd
root   117     1  0  16:07:43 ?          0:00 /usr/sbin/rpcbind
root  1006   139  0  12:00:53 ?          0:00 in.telnetd
root  1014  1008  1  12:02:34 pts/1      0:00 ps -ef
```

Eine andere gute Möglichkeit, die offenen Ports auf Ihrem System zu überprüfen, ist das Nutzen eines Portscanners. Es gibt viele frei verfügbare Portscanner, aber der beliebteste ist nmap, den Sie von http://www.insecure.org/nmap herunterladen können. Die meisten dieser Tools sind leicht zu nutzen und sollten Ihnen in weniger als einer Minute die offenen Ports auf Ihrem System anzeigen können. Bevor Sie einen Portscanner gegen Ihr System laufen lassen, sollten Sie Ihre Firmenrichtlinien prüfen, damit Sie gegen keine Regeln verstoßen.

Nun müssen Sie noch wissen, wie der inetd umkonfiguriert wird, um die gestarteten Dienste einzuschränken. Lassen Sie uns zunächst einen Blick auf die Datei /etc/services werfen. Diese Datei wird genutzt, um die Ports auf die Dienste abzubilden – so sollte zum Beispiel ftp mit Port 21 verknüpft werden und telnet mit Port 23. Die Datei, die der inetd-Dienst nutzt, um herauszufinden, auf welchen Ports er lauschen soll, ist /etc/inetd.conf. Diese Datei enthält eine Liste mit Namen von Diensten, dem Protokolltyp, der bei einer Anfrage auszuführenden Datei und dem Benutzer, unter dem der

Dienst laufen soll. Beachten Sie, dass in der Datei inetd.conf keine Portnummern angegeben werden. Der inetd schaut stattdessen in der Datei /etc/services nach.

Um einen bestimmten Server zu deaktivieren, müssen Sie nur die Zeile für diesen Server in der Datei inetd.conf auskommentieren. Eine Zeile wird auskommentiert, indem eine Raute an den Anfang der Zeile geschrieben wird. Im Folgenden ein Beispiel einer verkürzten Datei inetd.conf mit einigen deaktivierten Diensten.

```
$ more /etc/inetd.conf
# Configuration file for inetd(1M). See inetd.conf(4).
# Syntax for socket-based Internet services:
#  <service_name> <socket_type> <proto> <flags> <user>
<server_pathname> <args>
ftp     stream  tcp    nowait  root    /usr/sbin/in.ftpd       in.ftpd
telnet  stream  tcp    nowait  root    /usr/sbin/in.telnetd    in.telnetd
#shell  stream  tcp    nowait  root    /usr/sbin/in.rshd       in.rshd
#login  stream  tcp    nowait  root    /usr/sbin/in.rlogind    in.rlogind
#exec   stream  tcp    nowait  root    /usr/sbin/in.rexecd     in.rexecd
#uucp   stream  tcp    nowait  root    /usr/sbin/in.uucpd      in.uucpd
```

Nachdem Sie die notwendigen Änderungen vorgenommen haben, müssen Sie den inetd neu starten. Das Vorgehen unterscheidet sich bei den verschiedenen Betriebssystemen. Auf Solaris senden Sie mit dem folgenden Befehl ein Signal an den inetd:

```
# killall -HUP inetd
```

Auf den neueren Versionen von Red Hat Linux wurden die inetd-Dateien umbenannt in xinetd. Die Konfigurationsdateien basieren auf den gleichen Prinzipien. Sie müssen allerdings in der Datei /etc/xinetd.conf nachschauen, die auf die einzelnen Dienst-Dateien im Verzeichnis xinetd.d verweist. Sie können auch das Tool linuxconf verwenden, um die Dienste herunterzufahren und xinetd zu konfigurieren. Starten Sie den xinetd-Dienst mit dem folgenden Befehl neu:

```
# /etc/rc.d/init.d/xinetd restart
```

4.3 Oracle unter Unix sichern

Sie müssen feststellen, wie das System genutzt werden soll, bevor Sie sich dazu entscheiden können, wie strikt Sie die Sicherheit umsetzen. Unix war schon immer ein Mehrbenutzersystem, was bedeutet, dass das System von mehreren Benutzern verwendet wird, die gleichzeitig angemeldet sein können. Der Unix-Rechner wird geteilt, indem sich entfernte Clients mittels telnet, ftp oder anderen Netzwerkprotokollen verbinden. Wenn Ihr Unix-System Benutzern mit unterschiedlichen Vertrauensebenen Zugang gewähren muss, wird das Sichern der Datenbank deutlich schwieriger.

Viele Administratoren haben den Vorteil, mit Oracle auf einem Server arbeiten zu können, der nur für diesen Zweck gedacht ist, was das Schützen der Datenbank sehr vereinfacht. Wenn die Benutzer, die sich mit dem Server verbinden, nur vertrauenswürdige Administratoren sind, können Sie mehr Zeit und Ressourcen in das Sichern der Verbindungen stecken, anstatt einzelne Dateien zu schützen.

Es gibt viele Möglichkeiten zwischen diesen beiden Extremen. Oft teilt sich eine Oracle-Datenbank einen Server mit einer anderen Datenbank aus einer anderen Abteilung des Unternehmens, oder eine andere Applikation läuft bereits auf dem Rechner. In all diesen Situationen müssen Sie eine nutzbare Einrichtungsroutine entwickeln, um die benötigten Benutzer und Gruppen zu erstellen, und Berechtigungen an Dateien und Verzeichnisse zuzuweisen.

Die Granularität beim Einrichten der Betriebssystemsicherheit hängt von der Verwendung des Systems ab, auf dem Oracle liegt. Im besten Fall wird die Hardware und das Betriebssystem nicht mit anderen Applikationen oder Benutzern geteilt. Im schlimmsten Fall installieren Sie die Datenbank auf einem Server, der schon produktiv eingesetzt wird und viele Benutzer hat, die sich direkt mit dem System verbinden.

Wenn Sie Benutzer haben, die sich direkt mit dem Betriebssystem verbinden, müssen Sie sich mit den zu Grunde liegenden Dateiberechtigungen vertraut machen und auf die cleveren Tricks achten, die zum Einbrechen in Ihr System genutzt werden können. Das Risiko interner Gefahrenquellen erhöht sich erheblich, wenn sich andere Benutzer als die Administratoren mit dem Betriebssystem verbinden können. In dieser Situation müssen Sie das Unix-System mit einem sehr feinen Kamm untersuchen.

In einem Szenario, in dem der Unix-Server dediziert für Oracle eingesetzt wird, wird Ihre Arbeit deutlich einfacher. Sie müssen weiterhin die Schnittstellen Ihrer Maschine sichern, aber das Risiko interner Angriffe ist reduziert. Damit ist nicht gemeint, dass Sie das System nicht auch im Inneren sichern sollten, aber das Risiko, dass jemand auf dieser Stufe angreifen kann, ist deutlich reduziert.

Einer der besten Wege, mit der Sicherheit unter Unix umzugehen, ist, den Zugriff auf das Betriebssystem auf System- und Datenbankadministratoren zu beschränken. Es gibt viele Mängel beim Sichern von Software-Paketen unter Unix, und Oracle hat manche davon geerbt.

4.3.1 Wie die Oracle-Datenbank arbeitet

Wenn Sie auf einem Unix-System die Oracle-Datenbank starten, werden diverse unterschiedliche Prozesse erstellt. Es gibt vier getrennte Prozesse, die immer gestartet werden: PMON (Process Monitor), SMON (System Monitor), DBWR oder in neueren Versionen DBW0 (Database Writer) und LGWR (Log Writer). Einige der anderen Prozesse, die gestartet werden können, sind RECO (Recovery Process), CKPT (Checkpoint Process) und ARCH (Archiver Process).

Oracle wird mit einer einzelnen Datei gestartet und läuft mit der SUID, so dass die Oracle-Software all das tun kann, was dem Oracle-Benutzer erlaubt ist. Beachten Sie, dass der Oracle-Benutzer nichts mit dem Root- oder einem anderen Benutzerkonto machen kann. Die ausführbaren Oracle-Dateien stehen zwischen dem Benutzer und dem Betriebssystem. Um zu verstehen, wie dies funktioniert, stellen Sie sich die Programmdatei von Oracle als Kassierer einer Bank vor, beim dem Sie Kunde sind. Sie interagieren mit der Bank über den Kassierer. Alles funktioniert normalerweise bestens. Sie können sich die Oracle-Programmdatei als einen Kassierer mit einem ganz speziellen Regelsatz vorstellen, den er einhalten muss. Die Herausforderung für einen Hacker besteht nun darin, Schlupflöcher in den Regeln zu finden, um den Kassierer dazu zu bringen, Aktionen auszuführen, für die die Regeln nicht entworfen wurden.

In einer Client-Server-Umgebung sendet ein entfernter Benutzer Befehle an den Server, die mit den Oracle-Berechtigungen ausgeführt werden. Die Regeln sind so ausgelegt, dass ein Benutzer nur eine kleine Untermenge an Funktionen nutzen darf. Wenn ein Hacker, der sich als Client ausgibt, einen Weg findet, die Datenbank auszutricksen, um das zu tun, was er möchte, kann er die Oracle-Software dazu bringen, auf dem Rechner den Code seiner Wahl auszuführen.

4.3.2 Oracle unter Unix installieren

Wenn Sie die Oracle-Software unter Unix installieren, besorgen Sie sich eine Kopie der Installationsanleitung für Ihr Betriebssystem. Sie können die neuesten Dokumentationen in HTML oder im Adobe Acrobat-Format von Oracles Web-Site erhalten, genauer von http://technet.oracle.com/doc/index.htm. Ihr Download hängt von der Version Ihres Betriebssystems ab. Lesen Sie die gesamte Anleitung durch, um das Know-how zum Installieren der Datenbank zu erhalten. Dieser Leitfaden liefert Ihnen auch einige grundlegende Informationen zum sicheren Installieren.

In den folgenden Absätzen möchten wir die Sicherheitsschritte hervorheben, die in der Installationsanleitung aufgeführt sind, die Schwierigkeiten bei jedem Schritt erläutern und einige Schritte anpassen oder hinzufügen, um die Sicherheit zu erhöhen. Manche dieser Schritte können abhängig von Ihrer Unix-Version ein wenig abweichen. Für die meisten Versionen dürften die Befehle aber ähnlich sein. Sie müssen eventuell nur etwas nachforschen, um die exakte Syntax herauszufinden.

Bevor Sie mit einer Installation der Oracle-Software unter Unix beginnen, müssen Sie einige vorbereitende Schritte ausführen. Gehen wir wieder davon aus, dass das Betriebssystem zu diesem Zeitpunkt sicher ist und Sie, wenn möglich, nicht mit dem Netzwerk verbunden sind.

Der erste Sicherheitsschritt vor der Installation besteht im Erstellen der Konten und Gruppen, die die Oracle-Software installieren und verwenden werden. Oracle empfiehlt, eine Gruppe namens oinstall zu erstellen und sie als primäre Gruppe beim Installieren der Software zu nutzen. Die Installationsanleitung empfiehlt dann, eine Gruppe zu erstellen, die die OSDBA-Rolle definiert. Diese gibt jedem Mitglied der Gruppe volle Administrationsprivilegien auf der Datenbank, einschließlich der Fähigkeit, sich als SYSDBA zu verbinden. Diese Gruppe wird als sekundäre Gruppe für das Konto festgelegt, mit der die Software installiert wird.

Sie sollten der Versuchung widerstehen, die Oracle-Software über das Root-Konto zu installieren. Oracle empfiehlt dringend, dies nicht zu tun, da das Betriebssystem damit den Launen der Datenbank ausgeliefert ist. Beachten Sie auch, dass Oracle empfiehlt, das Konto für keinerlei andere Verwendung zu nutzen. Das bedeutet, dass Sie nicht versuchen sollten, das Konto mit anderen Programmen gemeinsam zu nutzen, etwa für eine Installation von SAP auf dem gleichen Unix-Rechner. Das gemeinsame Verwenden eines Benutzers schwächt die Sicherheit, da der Einbruch in ein System gleich mehrere Systeme betrifft. Wenn die Applikationseigentümer isoliert werden, kann jede Applikation ihren eigenen Bereich nutzen.

Die Installationsanleitung schlägt als Nächstes vor, ein Konto mit dem Namen oracle anzulegen, auf dem die Software installiert wird, und das gleichzeitig der Eigentümer ist. Dieses Konto sollte als primäre Gruppe oinstall und als sekundäre Gruppe dba erhalten.

Sie können Benutzer und Gruppen entweder über die Befehlszeile oder mit den GUI-Tools Ihres Betriebssystems erstellen. Unter Linux können Gruppen und Konten mit dem Programm linuxconfig angelegt werden, bei Solaris kann das Programm admintool genutzt werden. Auf der Befehlszeile ist die Syntax für die meisten Unix-Versionen sehr ähnlich. Im Folgenden sehen Sie die Befehle, die zum Erstellen der Gruppen und Benutzer verwendet werden können.

```
# groupadd oinstall
# groupadd dba
# useradd -g oinstall -G dba -d /usr/oracle oracle
# passwd oracle
New password: XXXXXXXXXX
Reenter new password: XXXXXXXXXX
Passwd (SYSTEM): passwd successfully changed for oracle
```

Wenn ein Konto mit dem Befehl **useradd** erzeugt wurde, wird es gesperrt, bis der Befehl **passwd** ausgeführt wurde. Das Sperren des Kontos verhindert, dass sich jemand mit dem Konto anmeldet, bevor ein sicheres Kennwort gesetzt werden konnte.

Es gibt viele Dinge, auf die man bei den von Oracle vorgeschlagenen Setup-Routinen achten sollte. Eines ist, dass der Besitz der Dateien von der dba-Gruppe getrennt ist. Dadurch können Benutzer zu der dba-Gruppe hinzugefügt werden, damit sie Administrationsberechtigungen für die Datenbank erhalten, ohne dass sie Eigentumsrechte an der Software erhalten. Auf diesem Weg können Sie einem Benutzer Zugriff auf die komplette Datenbank erteilen, ohne dass er an die Betriebssystemdateien herankommt.

Andere Namen wählen

Sie können viele zusätzliche Schritte unternehmen, um das Sicherheitsmodell zu verbessern. Fangen Sie damit an, andere Namen für die Konten und Gruppen zu wählen, um damit das Risiko zu reduzieren, dass Hacker die Konten- und Gruppennamen erraten und damit eine der Hürden für den Zugriff auf das System überwinden. Da zum Beispiel die meisten Datenbank-Administratoren das Unix-Konto oracle nennen, ist dieses Konto ein bekanntes Ziel, das ein Hacker angreifen kann. Wenn Sie den Kontonamen ändern, wird die Administration des Systems allerdings ein wenig schwieriger, da andere Datenbank-Administratoren nur mit den Standardnamen vertraut sind. Deshalb müssen Sie den hierfür erforderlichen Aufwand gegen die Vorteile einer erhöhten Sicherheit abwägen. Als guten Kompromiss könnte man Namen wählen, die den Standardnamen ähneln, so wie oracle817 oder oracle9, damit man sie sich trotzdem leicht merken kann.

Wenn Sie die Gruppe oinstall einrichten, sollten Sie einen eigenen Namen wie oragrp wählen. Bei der dba-Gruppe sollten Sie oradba verwenden und für den Software-Eigentümer als Kontoname oraowner nutzen. In Ihrer eigenen Installation sollten Sie natürlich andere Namen verwenden, um Ihren Server eindeutig zu machen.

Ein anderer Grund, die dba-Gruppe umzubenennen, ist, dass bei Existenz einer Gruppe namens dba der Oracle-Installer die Möglichkeit überspringt, eine Gruppe für den Betriebssystem-Operator anzugeben, die auch als OSOPER-Rolle bekannt ist. Sie werden feststellen, dass das Nutzen der Rolle OSOPER beim Aufteilen der Administrationsaufgaben sehr hilfreich sein kann.

Für die Paranoiden unter uns können Sie das bekannte Konto oracle als Falle nutzen, um alle unerlaubten Versuche, auf das Konto des Oracle-Benutzers zuzugreifen, protokollieren zu können. Erstellen Sie ein Konto namens oracle und entfernen Sie alle Berechtigungen, oder sperren Sie den Benutzer. Beobachten Sie dann die Protokolldateien, um alle Verbindungsversuche mit diesem Konto zu entdecken. Wenn Sie richtig motiviert sind, können Sie ein Shell-Skript schreiben, das Ihnen wöchentlich eine Liste mit Zugriffsversuchen auf das oracle-Konto zumailt. Viel mehr können Sie nicht tun, um den Gruppen eine Falle zu stellen. Kontrollieren Sie nur regelmäßig die Gruppenmitglieder, um herauszufinden, ob irgendwelche unüblichen Konten hinzugefügt wurden, die dort nicht sein sollten.

Beschränken Sie die Nutzung des Oracle Software-Eigentümers

Viele Installationen verwenden das Konto des Oracle Software-Eigentümers bei der tagtäglichen Arbeit mit der Datenbank. Obwohl diese Konstellation bequem und leicht umzusetzen ist, sorgt sie nicht für ein sicheres und verantwortliches System. Um diese Nachteile zu vermeiden, erstellen Sie besser ein neues Unix-Konto für jeden Datenbank-Administrator. Stellen Sie sich zum Beispiel vor, Sie haben drei verschiedene Datenbank-Administratoren, die sich mit der Datenbank verbinden können müssen, um die Datenbank zu stoppen, zu starten oder um neue Instanzen zu erstellen. Dazu wird der Software-Eigentümer nicht benötigt. Legen Sie stattdessen ein eigenes Konto für jeden Administrator an.

Was Sie damit zu vermeiden suchen ist, die Datenbank mit einem einzigen Konto zu verwalten, das von mehreren Personen genutzt wird. Wenn Sie getrennte Konten zur Verfügung stellen, und die Nutzung eines gemeinsamen Kontos nicht erlauben, schützen Sie nicht nur die Installation, sondern stärken auch noch die Verantwortlichkeit, da Sie die einzelnen Aktionen jedes Datenbank-Administrators besser verfolgen können.

Nach dem Installieren der Software können Sie das Konto des Besitzers so sperren, dass niemand mehr direkt darauf zugreifen kann. Das folgende Code-Beispiel zeigt, wie man dies erreicht. Setzen Sie den Hash-Wert des Kennworts auf einen Wert, der keinem Hash-Wert eines gültigen Kennworts entsprechen kann. Ein ungültiger Hash sperrt das Konto, so dass der einzige Weg, das Konto zu nutzen – abgesehen natürlich von einem Zurücksetzen des Kennworts – die Verwendung des Befehls **su** von einem privilegierten Konto aus ist, wie zum Beispiel von Root. Wie im Beispiel gezeigt, kann das Sperren eines Kontos auf Systemen wie Linux, die den Parameter -p für den Befehl **useradd** unterstützen, sehr leicht vorgenommen werden. Andere Systeme wie Solaris erfordern, dass Sie die Datei /etc/shadow manuell anpassen, um das Kennwort auf „X" oder einen anderen unmöglichen Hash setzen.

Im Folgenden sind nun die Standardbefehle aufgeführt, die Sie zum Erstellen unserer neuen Gruppen- und Benutzerschemata nutzen können. Setzen Sie Ihre eigenen Namen für die Benutzer und Gruppen ein. Im Beispiel erstellen wir eine Gruppe für die Rolle OSDBA, eine für die Rolle OSOPER, ein Konto für den Software-Eigentümer, zwei separate Konten für Datenbank-Administratoren und ein drittes Konto für einen Datenbank-Operator. Der erste Befehl **useradd** kann nicht funktionieren, wenn Ihr Betriebssystem den Parameter -p nicht unterstützt. Wenn dem so ist, lassen Sie den Parameter weg und passen die Datei /etc/shadow manuell an.

```
# groupadd oragroup
# groupadd oradba
# groupadd oraoper
# useradd -g oragroup -G oradba -d /usr/oraowner oraowner -p X
# useradd -g oradba -d /usr/bob bob
# passwd bob
New password: XXXXXXXXXX
Reenter new password: XXXXXXXXXX
Passwd (SYSTEM): passwd successfully changed for bob
# useradd -g oradba -d /usr/sue sue
# passwd sue
New password: XXXXXXXXXX
Reenter new password: XXXXXXXXXX
Passwd (SYSTEM): passwd successfully changed for sue
```

```
# useradd -g oraoper -d /usr/sally sally
# passwd sally
New password: XXXXXXXXXX
Reenter new password: XXXXXXXXXX
Passwd (SYSTEM): passwd successfully changed for sally
```

Dateien mit anderen Installationen gemeinsam nutzen

Auf ein einzelnes Konto als Besitzer mehrerer Oracle-Installationen zu vertrauen, ist keine gute Idee. Wenn zwei Datenbank-Administratoren einen Server gemeinsam nutzen und jeder eine andere Installation verwendet, müssen Sie diese beiden Software-Komponenten eventuell getrennt halten und verhindern, dass die eine auf die andere zugreift. Beide Installationen benötigen allerdings Zugriff auf verschiedene Dateien wie die oratab und die Verzeichnisse oraInventory. Die einfachste Lösung ist, dasselbe Konto und dieselbe Gruppe zum Installieren der Software zu nutzen, auch wenn die beiden Datenbanken damit nicht voreinander geschützt sind.

Eine andere Lösung ist, eine weitere Gruppe zu erstellen, wie etwa orashare, und die gemeinsam genutzten Dateien mit dieser Gruppe zu verbinden. Setzen Sie Berechtigungen, damit der Besitzer und die Gruppe lesen, schreiben und ausführen dürfen, entfernen Sie die Schreibberechtigung für alle anderen Benutzer und fügen Sie jeden Oracle-Besitzer in die Gruppe orashare ein. Mit diesem Setup kann jede Installation die Datei aktualisieren, erlaubt aber der anderen Installation keinen Zugriff.

Die Umask setzen

Bevor wir mit der Installation fortfahren, setzen Sie die umask für den Oracle Software-Besitzer. Die umask legt die Standardberechtigungen für neue Dateien eines Benutzers fest. Wenn ein Konto eine Datei erstellt, muss eine Standardmenge an Berechtigungen existieren, bevor irgendeine Berechtigung explizit vergeben wird. Die aktuelle Benutzermaske, welche mit dem Befehl **umask** gesetzt wird, legt die Standardberechtigungen für eine Datei fest. Eine umask mit dem Wert 777 würde dazu führen, dass Dateien ohne Berechtigungen erstellt würden, während eine umask mit dem Wert 000 Dateien mit allen Berechtigungen erstellen lässt.

Die Installationsanleitung von Oracle empfiehlt, die umask auf 022 zu setzen. Damit erhält der Besitzer neu erstellter Dateien alle Berechtigungen, während die Gruppenmitglieder und die anderen Benutzer Lese- und Ausführungsberechtigungen erhalten.

Der Befehl **umask** sollte in einem der Anmeldeskripte eingefügt werden, so zum Beispiel in der Datei .profile des Home-Verzeichnisses des Oracle-Besitzers. Wenn umask nicht festgelegt ist, wird stattdessen die System-umask verwendet, die für das System im Startskript /etc/profile festgelegt wird. Die System-umask ist standardmäßig sowohl bei Linux wie auch bei Solaris auf 022 gesetzt.

Abhängig vom von Ihnen ausgewählten Berechtigungsmodell für Dateien sollten Sie die umask entsprechend setzen, bevor Sie die Installation starten. Schauen Sie sich die folgenden Berechtigungsmodelle an, um herauszufinden, welche umask zu Ihrer Datenbank passt.

Dateiberechtigungsmodelle von Oracle

Oracle empfiehlt, bei der Installation der Software die folgenden Dateiberechtigungen zu vergeben:

- Das Konto, das zur Installation genutzt wird, sollte alle Dateien und Verzeichnisse besitzen und Lese-, Schreib- und Ausführungsberechtigungen auf allen Dateien haben.
- Die Gruppe oinstall sollte Lese-, Schreib- und Ausführungsberechtigungen für das Verzeichnis oraInventory haben, aber nicht auf andere Dateien schreiben dürfen.
- Kein anderer Benutzer sollte Schreibzugriff auf irgendeine Datei unter ORACLE_HOME besitzen.

Die meisten Oracle-Installationsanleitungen führen die empfohlenen Dateieinstellungen auf, die sich aus diesen Vorschlägen ableiten. Oracle liefert viele unterschiedliche Standardeinstellungen für verschiedene Verzeichnisse und Dateien mit. Wir empfehlen Ihnen, eventuell eines der alternativen Dateiberechtigungsmodelle zu wählen.

Alternative Dateiberechtigungsmodelle

Es gibt bessere Wege, Ihre Datenbankdateien zu sichern, die auch Ihnen mehr Vorteile bringen. Wir werden uns über verschiedene Methoden unterhalten. Manche sind einfach und nicht sehr detailliert. Andere sind sehr ausgefeilt und erfordern mehr Verwaltungsaufwand. Schauen Sie sich die unterschiedlichen Optionen an und suchen Sie sich die für die Sicherheitsanforderungen Ihrer Firma passendste heraus.

Es gibt viele Probleme mit der Standardkonfiguration. Zunächst wollen Sie vermutlich nicht allen Benutzern Lese- und Ausführungsberechtigungen erteilen. Wie wir später demonstrieren werden, ist diese Sicherheitseinstellung von vorneherein mangelhaft und schlicht nicht sicher. Weiterhin wollen Sie sicherlich auch verschiedenen Benutzern unterschiedliche Zugriffsberechtigungen erteilen. Manche Benutzer sollen nur SQL*Plus starten dürfen, während einige die Rolle SYSDBA und andere den kompletten Zugriff auf ORACLE_HOME benötigen. Schließlich werden Sie Zuständigkeiten und Kontrollmechanismen für alle Konten ermöglichen wollen, auch für jene mit Zugriff auf das Dateisystem. Dies sind ziemlich fortgeschrittene Ziele, und Sie werden sie vielleicht nicht ganz erreichen, aber mit den richtigen Berechtigungen können Sie es potenziellen Hackern deutlich schwerer machen, die Regeln zu verletzen.

Das einfachste Sicherheitssetup wurde für eine Datenbank entworfen, bei der nur völlig vertrauenswürdige Datenbank-Administratoren mit dem Verzeichnis ORACLE_HOME arbeiten. Wenn Sie irgendeine Berechtigung an den Betriebssystem-Dateien im Verzeichnis ORACLE_HOME zuteilen, teilen Sie den kompletten Zugriff zu. Dieses Setup hat nur eine einzige Gruppe – eine, die alle Dateien im Verzeichnis ORACLE_HOME besitzt und die Rolle OSDBA hat. Legen Sie für jeden Datenbank-Administrator, der sich mit dem Betriebssystem verbinden muss, ein eigenes Unix-Konto an und fügen Sie dieses Konto der Gruppe hinzu. Sperren Sie das Konto, das die Dateien besitzt, und verwenden Sie es nur zum Aktualisieren und für Notfälle.

Nach der Installation setzen Sie für das komplette Verzeichnis ORACLE_HOME die kompletten Berechtigungen für den Dateibesitzer und die Gruppe, während andere Benutzer keinerlei Berechtigung erhalten. Die einzige weitere Änderung, die Sie durchführen müssen, ist das Entfernen von Schreibberechtigungen auf diversen Verzeichnissen. Dabei handelt es sich um ORACLE_HOME/rdbms/log, ORACLE_HOME/rdbms/audit und die Verzeichnisse mit den Datendateien. Durch die Zugriffsbeschränkung auf diese Verzeichnisse erschweren Sie das Löschen der Protokolldateien erheblich und verhindern, dass ein Datenbank-Administrator die Datenbank-Dateien verändert und dabei das Audit-System umgeht.

Auch wenn dieses Setup es Ihnen nicht ermöglicht, die Berechtigungen detailliert auf Betriebssystemebene anzupassen, können doch mehrere Datenbank-Administratoren die Datenbank verwalten, ohne sich ein gemeinsames Software-Eigentümerkonto teilen zu müssen, und es verhindert Probleme, die auftreten können, wenn andere Benutzer Zugriff auf ORACLE_HOME erhalten.

Am anderen Ende des Spektrums können Sie ein Setup konfigurieren, das extrem flexibel und sicher, aber auch viel schwieriger zu verwalten ist. In diesem Setup können Sie sowohl Benutzer haben, denen nur der Zugriff auf SQL*Plus erlaubt ist, als auch getrennte OSDBA- und OSPER-Gruppen. Beginnen Sie mit dem Erstellen der folgenden Gruppen:

- **ORA_ALL** Alle Benutzer, die auf das Verzeichnis ORACLE_HOME zugreifen dürfen. Jeder Benutzer in jeder der folgenden Gruppen sollte auch in dieser Gruppe Mitglied sein.
- **ORADBA** Benutzer, die die Rolle OSDBA erhalten sollen. Jeder Benutzer dieser Gruppe sollte auch Mitglied der Gruppe ORA_ALL sein.
- **ORAOPER** Benutzer, die die Rolle OSOPER erhalten sollen. Jeder Benutzer dieser Gruppe sollte auch Mitglied der Gruppe ORA_ALL sein.
- **ORASTARTUP** Benutzer, die eine Instanz starten können oder andere SUID-Tools verwenden sollen. Diese Gruppe sollte eine Kombination von Benutzern aus den Gruppen ORADBA und ORAOPER sein.
- **ORAOWNER** Benutzer, die kompletten Zugriff auf die Betriebssystem-Dateien erhalten sollen. Dies ist die primäre Gruppe des Kontos, das die Oracle-Software besitzt. Jeder Benutzer dieser Gruppe sollte auch in den Gruppen ORA_ALL und ORASTARTUP Mitglied sein.

Abbildung 4-2 zeigt die Hierarchie von Oracles empfohlenen Gruppen. Setzen Sie nun die folgenden Berechtigungen in genau der angegebenen Reihenfolge um:

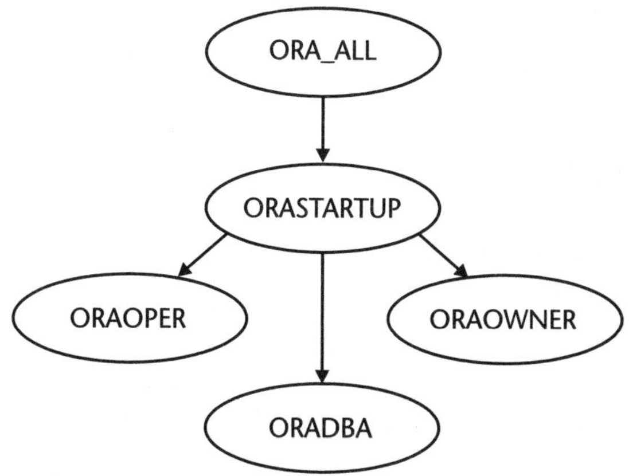

Abbildung 4-2: Oracles empfohlene Gruppen

- Ändern Sie die Gruppe des Verzeichnisses ORACLE_HOME auf ORA_ALL und setzen Sie die Berechtigungen auf 750. Damit wird jedem, der nicht explizit zu ORA_ALL hinzugefügt wurde, der Zugriff auf alle Oracle-Dateien verweigert.
- Ändern Sie die Gruppe aller Dateien und Verzeichnisse unterhalb von ORACLE_HOME auf ORAOWNER, wie dies standardmäßig schon der Fall ist. Setzen Sie als Berechtigungen 775.
- Alle Verzeichnisse, in denen Sie Datendateien speichern, erhalten die Berechtigungen 700. Damit kann auch die Gruppe ORAOWNER nicht direkt auf diese Dateien zugreifen.
- Setzen Sie für die Audit-Verzeichnisse und ORACLE_HOME/rdbms/log die Berechtigungen auf 750. Damit können auch Administratoren keine neuen Dateien mehr in diesen Verzeichnissen anlegen. Überprüfen Sie, ob erstellte Dateien ohne Schreibberechtigungen für die Gruppe oder andere Benutzer entstehen, da diese ansonsten Daten aus den Audit-Protokollen entfernen könnten.
- Für die Programmdatei von Oracle (und alle anderen Oracle-Programme mit SUID) ändern Sie die Gruppe in ORASTARTUP und setzen die Berechtigungen auf 6710.
- Setzen Sie die umask für den Oracle Software-Eigentümer auf 002. Damit werden neue Dateien ohne Schreibberechtigungen für andere Benutzer erstellt.

Diese Architektur bietet sehr viele Vorteile, nämlich

- sie verweigert allen Benutzern den Zugriff, ermöglicht Ihnen aber, beschränkten Zugriff für SQL*Plus-Benutzer zu erteilen,
- sie bietet die Möglichkeit, OSDBA- und OSOPER-Benutzer anzugeben, die nicht vollen Zugriff auf das Dateisystem haben,
- sie ermöglicht einzelnen Unix-Benutzern den Zugriff auf Steuerdateien im Verzeichnis ORACLE_HOME,
- sie verhindert, dass Benutzer mit vollständiger Kontrolle über das Verzeichnis ORACLE_HOME Audit-Protokolle löschen und Datendateien verändern oder einsehen können.

```
--ufl (oracle, ORAINSTALL, rwx------)
    --SID1
    --SID1
        --rbs1.dbf
        --system01.dbf
        --temp01.dbf
        --users01.dbf
— ORACLE_HOME (oracle, ORA_ALL, rwxr-x---)
    --dbs (oracle, ORAINSTALL, rwxrwx---)
    —rdbms (oracle, ORAINSTALL, rwxrwxr-x)
        =log (oracle, ORAINSTALL, rwxr-x---)
        =audit (oracle, ORAINSTALL, rwxr-x---)
        —public (oracle, ORAINSTALL, rwxrwxr-x)
    —root.sh (oracle, ORAINSTALL, rwxrwxr-x)
    —network (oracle, ORAINSTALL, rwxrwxr-x)
    —bin (oracle, ORAINSTALL, rwxrwxr-x)
        =oracle (oracle, ORASTARTUP, rws--s---)
        =dbsnmp (root, ORAINSTALL, rwsr-x---)
        —sqlplus (oracle, ORAINSTALL, rwxrwxr-s)
```

Legende:
- ······ Alle Benutzer können lesen
- — ORA_USER kann lesen/ ORAINSTALL kann editieren
- - - Nur oracle hat Berechtigungen
- -- ORAINSTALL kann editieren
- = ORAINSTALL sehen oder ausführen
- ≡ ORASTARTUP kann ausführen

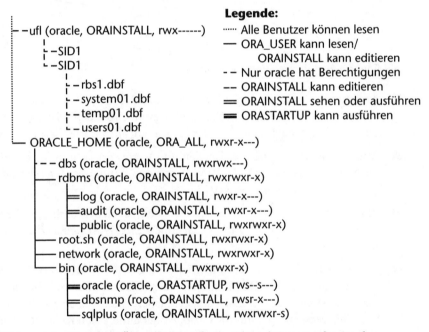

Abbildung 4-3: Verkürzte Übersicht über die Dateiberechtigungen für Oracle

Es gibt natürlich auch mit dieser Architektur Probleme. Das Aufsetzen und Verwalten der Konten kann komplex sein, und für ein paar administrative Aufgaben müssen Sie das Konto des Oracle-Besitzers nutzen. Dabei handelt es sich um das erneute Erstellen von SUID-Programmen, das Entfernen von Audit-Protokollen und das direkte Administrieren der Datenbankdateien. Sie müssen den Aufwand und die Vorteile gegeneinander abwägen und entscheiden, welche Methode für Sie effektiver und effizienter ist. Abbildung 4-3 zeigt eine verkürzte Übersicht über die Oracle-Dateien und ihre empfohlenen Berechtigungen. Beachten Sie, dass die Dateien, die mit der Oracle-Datenbank verknüpft sind, nur für die Interaktion mit Oracle beschrieben sind. Sie müssen sicherstellen, dass niemand interaktiv auf diese Dateien zugreifen kann, da dadurch Ihre Datenbank beschädigt werden könnte.

Ob Sie gerade Oracle installieren oder nur Ihre Sicherheitseinstellungen überarbeiten, Unix bietet Befehle, die rekursiv Dateiberechtigungen und Dateigruppen umsetzen können. Wir zeigen Ihnen die Mächtigkeit dieser Befehle anhand eines Beispiels zum Ändern der Gruppen und Berechtigungen aller Dateien im Verzeichnis ORACLE_HOME. Das „R" gibt an, dass sich der Befehl rekursiv ab dem aktuellen Verzeichnis durch die gesamte Unterverzeichnisstruktur arbeiten soll.

```
# chgrp -R ORAOWNER $ORACLE_HOME
# chmod -R 775 $ORACLE_HOME
```

Gefährdete Dateien

Es gibt einige sehr „empfindliche" Dateien auf dem Server, die beim Setzen der Berechtigungen mit besonderer Sorgfalt bedacht werden müssen. Diese Dateien enthalten Kennwörter oder Kennwort-Hashes, die für die Authentifizierung unterschiedlicher Dienste benötigt werden. Prüfen Sie, ob die Dateien dieser Gruppe auf Ihrem System so gut gesichert sind, dass kein anderer Benutzer jemals Berechtigungen lesen, schreiben oder ausführen kann.

Die erste dieser Dateien ist die Konfigurationsdatei des Listeners, listener.ora, die im Verzeichnis $ORACLE_HOME/network/admin zu finden ist. Wenn ein Kennwort gesetzt wurde, um nicht berechtigten Benutzern das Herunterfahren des Listener-Dämons zu verbieten, wird die Authentifizierung über einen Wert gehandhabt, der in der Konfigurationsdatei abgelegt ist. In Versionen vor Oracle8 wurde das Kennwort in dieser Datei im Klartext abgespeichert. Seit Version 8 wird stattdessen ein 16-Zeichen-Hash-Wert genutzt.

Dass jemand die Kontrolle über Ihren Listener-Dienst erzielt, scheint keine echte Gefahrenquelle zu sein, aber es gibt Möglichkeiten, den Listener zu verwenden, um in die Datenbank einzudringen. Sie können zum Beispiel mit dem Listener Verbindungen auf einen entfernten Server umbiegen, auf dem Benutzernamen und Kennwörter aufgezeichnet werden, wenn ein Verbindungsversuch vorgenommen wird.

Die Passwortdateien für entfernte Rechner enthalten sehr empfindliche Informationen und benötigen besonders sichere Berechtigungseinstellungen. Für jede Instanz kann eine Datei erstellt werden, mit der entfernte Benutzer die Datenbank verwalten können. Diese Dateien finden sich üblicherweise im Verzeichnis $ORACLE_HOME/dbs und haben den Namen orapw<SID>, wobei <SID> mit der SID der Datenbank ersetzt wird, mit der die Datei verbunden ist. Jede Datei enthält die Kennwort-Hashes für zwei Arten von Konten. Das interne Konto mit dem Standardkennwort „oracle" wird in dieser Datei gespeichert. Sie enthält zudem die Hashes der Kennwörter für jedes Oracle-Konto, das SYSDBA- oder SYSOPER-Rechte besitzt. Die Werte für die SYSDBA- und SYSOPER-Konten entsprechen dabei denen in der Tabelle SYS.USER$ in der Datenbank.

Beide Kontenarten, die in der Kennwortdatei gespeichert werden, sind mächtige Konten, daher ist das Fernhalten von Betriebssystem-Benutzern von diesen Dateien grundlegend wichtig. Einige der Risiken sind dadurch reduziert, dass nur die Hashes der Kennwörter gespeichert werden, aber nur wenn die Kennwörter sicher genug sind, einer Brute Force-Attacke zu wiederstehen. Aus diesem Grund sollten Sie die Berechtigungen so setzen, dass andere Benutzer die Kennwortdateien gar nicht einsehen können.

Wenn Sie das Kennwort oder Konto ändern, das vom Intelligent Agent zum Verbinden mit der Datenbank genutzt wird, müssen Sie das neue Kennwort oder den neuen Kontennamen im Klartext in einer Konfigurationsdatei speichern. Der Intelligent Agent vor Version 7.3.3 schaute in der Datei snmp.ora nach, während seit Version 7.3.3 die Datei snmp_rw.ora genutzt wird. Diese Dateien finden sich unter dem Verzeichnis $ORACLE_HOME/network/admin. Die Berechtigungen sollten so gesetzt sein, dass kein Benutzer sie verändern, lesen oder ausführen darf.

4.3.3 Ein sicheres temporäres Verzeichnis nutzen

Während einer Oracle-Installation wird eine Reihe von Arbeitsdateien in ein temporäres Verzeichnis geschrieben und von dort gelesen. Diese Dateien werden mit der umask des Installationskontos erstellt, die normalerweise den Wert 022 hat. Damit kann kein anderer Benutzer diese Dateien verändern, was genau dem gewünschten Verhalten entspricht. Leider gibt es da ein Problem. Wenn Sie kein Verzeichnis vorgeben, schreibt der Oracle-Installer die Dateien in das Verzeichnis /tmp. In diesem Verzeichnis können alle Benutzer Dateien und Verzeichnisse erstellen. Wenn ein Angreifer die Namen der Verzeichnisse und Dateien kennt, die das Installationsprogramm in das temporäre Verzeichnis schreibt, kann er diese Dateien mit der Berechtigung 777 vor der Installation anlegen.

Wenn die Installation nun damit beginnt, Dateien zu erstellen und zu kopieren, werden die vom Angreifer schon erstellten Dateien überschrieben, wobei aber die neuen Dateien die Berechtigungen und Besitztümer der alten Daten übernehmen und es dem Hacker somit erlauben, die temporären Dateien während der Installation zu verändern. Auf diesem Weg können Trojaner in die Installation eingeschleust werden.

Um das Problem zu vermeiden, sollten Sie das temporäre Verzeichnis auf einen sicheren Ordner umsetzen – einen, der nur die Berechtigungen 700 hat. Dann müssen Sie dem Universal Installer noch mitteilen, dass er dieses Verzeichnis nutzen soll, indem eine Umgebungsvariable erstellt wird. Es hängt dabei von der Oracle-Version ab, wie diese Variable heißt. In früheren Versionen von Oracle hatte sie den Namen TMPDIR während aktuelle Versionen TMP_DIR nutzen. Welche Variable zu verwenden ist, können Sie der Installationsanleitung für Ihr System entnehmen.

4.3.4 Raw Devices sichern

Ein *Raw Device* ist eine Partition auf der Festplatte, die nicht vom Dateisystem von Unix gemountet oder kontrolliert wird. In manchen Fällen kann man die Leistung einer Applikation, wie zum Beispiel einer Datenbank, steigern, indem man ihr erlaubt, direkt mit einem speziellen Gerätetreiber auf die Festplatte zu schreiben und von ihr zu lesen. Seit einiger Zeit geraten Raw Devices etwas außer Mode, da der Leistungszuwachs minimal und ihre Verwaltung recht kompliziert ist. Raw Devices bieten andere Vorteile, und wenn Sie Oracles Parallel Server Option verwenden, benötigen Sie auf den meisten Plattformen noch Raw Devices.

Wenn Sie Raw Devices einsetzen wollen, müssen Sie etwas vorausplanen, bevor Sie die Festplatten partitionieren. Raw Devices müssen einer bestimmten Datenbank zugewiesen werden – sie können also nicht von anderen Prozessen oder anderen Applikationen genutzt werden, einschließlich weiterer Instanzen von Oracle. Um die Namen der Raw Devices zu erhalten, führen Sie den Befehl **ls** im Verzeichnis /dev/rdsk aus.

Von der Sicherheit her unterscheiden sich Raw Devices nicht sehr von normalen Dateien. Das Lesen und Schreiben von und auf diese Devices wird wie bei anderen Dateien gehandhabt. Wenn andere Benutzer die Berechtigung zum Lesen und Schreiben haben, kann der Inhalt dieser Dateien verändert, kopiert oder eingesehen werden, auch wenn Sie etwas mehr technisches Wissen dafür benötigen.

Das Raw Device muss von Root erstellt werden, da nur dieses Konto Partitionen erstellen und verwalten kann. Nachdem Sie die Partition erstellt haben, sollten Sie die Eigentumsrechte auf den Oracle Software-Eigentümer umlegen, die Dateigruppe auf die Oracle-Installationsgruppe setzen und die Dateiberechtigungen ändern. Im Folgenden erhalten Sie die Befehle, die Sie zum Durchführen dieser Aufgabe nutzen können. Natürlich sind die tatsächlichen Namen Ihrer Devices von Ihrem Server abhängig.

```
# chown oracle /dev/rdsk/dks2d2s3
# chgrp oinstall /dev/rdsk/dks2d2s3
# chmod 700 /dev/rdsk/dks2d2s3
```

Um die Raw Devices nutzen zu können, müssen Sie eine Datenbank erstellen oder verändern, damit diese auf das Device verweist. Um eine Datenbank zu erstellen, müssen Sie sich mit der Instanz mit SYSDBA-Privilegien verbinden. Es folgt ein Beispiel für das Erstellen einer Datenbank mit einem Raw Device. Sie sollten außerdem symbolische Verknüpfungen auf Raw Devices aus Ihrem Verzeichnis ORACLE_HOME nutzen, anstatt direkt auf ihre physischen Positionen zuzugreifen.

```
create database TESTDB
logfile '/oracle/dbs/logfile1.f' size 100K,
'/oracle/dbs/logfile2.f' size 100K
datafile '/dev/rdsk/dks2d2s3' size 10000K reuse;
```

4.3.5 Oracle-Dateien mit aktivem SUID-Bit

Wie bereits in diesem Kapitel erwähnt, kann es sehr gefährlich sein, ausführbaren Dateien mit gesetztem SUID- oder SGID-Bit zu vertrauen. Mit diesen Dateien lassen sich unter einem Konto Instruktionen mit den Berechtigungen eines anderen Kontos ausführen. Für Oracle gibt es zwei verschiedene Arten von SUID – bei der einen ist der Oracle Software-Besitzer der Dateibesitzer, während bei der anderen Root der Besitzer ist. Wenn eine Datei das Eigentum des Oracle Software-Besitzers ist und deren SUID-Bit gesetzt wurde, besteht ein Risiko, dass irgendjemand, der die Datei ausführt, im Endeffekt der Oracle Software-Besitzer werden kann. Obwohl das natürlich schlecht ist, ist es noch viel gefährlicher bei Dateien mit SUID-Bit, die Root gehören, da sie vollen Zugriff auf das Betriebssystem erlauben. Diese Dateien werden erstellt, wenn der Benutzer Root die Skripte root.sh oder orainstRoot.sh ausführt.

Als Datenbank-Administrator sollten Sie so viele Dateien wie möglich deaktivieren, das heißt, dass Sie das SUID-Bit bei Dateien, die Sie nicht benötigen, ausschalten. Als Root-Benutzer und Besitzer des Rechners sollten Sie nur sehr zurückhaltend beim Setzen des SUID-Bits für Dateien sein. Damit setzen Sie nämlich großes Vertrauen in den Besitzer der Oracle-Software, da Sie ihm damit das Recht erteilen, eine Datei mit kompletten Administrationsrechten im Betriebssystem auszuführen. Als Nächstes muss ein Datenbank-Administrator nur noch herausfinden, wie er die Programmdatei dazu bringt, das zu tun, was er möchte.

Vor Oracle 8*i* Release 2 (8.1.6) wurde während der Installation der Oracle-Software bei über 22 ausführbaren Dateien das SUID-Bit gesetzt. Tabelle 4-4 führt die verschiedenen Dateien und dazugehörigen Beschreibungen auf.

Tabelle 4-4: Oracle-Dateien, die mit gesetztem SUID-Bit installiert wurden

Datei(en)	Besitzer	Beschreibung
dbsnmp	root	Programmdatei des Intelligent Agent. Sie wird nicht benötigt, wenn der Oracle Enterprise Manager nicht den Intelligent Agent zum Zugriff auf entfernte Datenbanken nutzt.
oratclsh	root	Eine TCL-Shell zum Debuggen von TCL-Skripten. Sie muss auf Produktionsservern immer deaktiviert sein. Das Debuggen von Skripten sollte auf einem Entwicklungsserver durchgeführt werden und das SUID-Bit sollte deaktiviert sein. Es gibt bekannte Sicherheitslücken in diesem Skript, die es einem Unix-Benutzer erlauben, Root-Zugriff zu erhalten.

Tabelle 4-4: Oracle-Dateien, die mit gesetztem SUID-Bit installiert wurden (Fortsetzung)

Datei(en)	Besitzer	Beschreibung
osh	root	Wird genutzt, um die ulimit der Dateigröße zu erhöhen, die der Oracle-Prozess öffnen kann. Entfernen Sie das SUID-Bit von dieser Datei.
cmctl	oracle	Connection Manager Control Utility. Der Connection Manager arbeitet als Router, über den Verbindungsanfragen von Clients entweder an den nächsten Hop oder direkt an den Server gesendet werden. Deaktivieren Sie ihn, wenn er nicht benötigt wird. Es gibt für ihn veröffentlichte Sicherheitslücken.
cmadmin	oracle	Verwaltungsprozess für den Oracle Connection Manager. Deaktivieren Sie ihn, wenn der Connection Manager nicht genutzt wird.
cmgw	oracle	Gateway-Prozess für den Oracle Connection Manager. Deaktivieren Sie ihn, wenn der Connection Manager nicht genutzt wird.
lsnrctl, tnslsnr	oracle	Controller und Dämon für den Oracle Listener. Das SUID-Bit kann vom lsnrctl entfernt werden. Dann können Sie allerdings eventuell den BEQUEATH-Adapter nicht nutzen.
namesctl, names	oracle	Controller und Dämon für den Oracle Name Server. Das SUID-Bit kann vom namesctl entfernt werden. Dann können Sie allerdings eventuell den BEQUEATH-Adapter nicht nutzen.
oemevent	oracle	Ereignisverwaltung zum Versenden von Nachrichten an den Oracle Intelligent Agent. Entfernen Sie das SUID-Bit, wenn Sie keine Ereignisse nutzen.
onrsd	oracle	Oracle Names Client Cache-Tool. Entfernen Sie das SUID-Bit, wenn Sie den Oracle Names Server nicht nutzen.
oracle	oracle	Die Oracle Datenbank-Engine. Das SUID-Bit muss laut Oracle auf jeden Fall gesetzt sein, wir empfehlen aber, diese Datei noch stärker zu sichern. Dazu sei auch auf die Diskussion im Text verwiesen.
osslogin	oracle	Tool zum Herunterladen eines Wallets oder zum Generieren eines privaten Schlüssels im Klartext, indem ein verschlüsselter privater Schlüssel in einem Wallet entschlüsselt wird. Entfernen Sie das SUID-Bit, wenn Sie kein SSL verwenden.

Tabelle 4-4: Oracle-Dateien, die mit gesetztem SUID-Bit installiert wurden (Fortsetzung)

Datei(en)	Besitzer	Beschreibung
otrccol, otrccref, otrcrep, otrcfmt, trcasst, trcroute	oracle	Trace-Tool. Entfernen Sie das SUID-Bit, wenn kein Tracing durchgeführt wird.
tnsping	oracle	Ping-Tool zum Testen des Listener-Dienstes. Durch das Entfernen des SUID-Bits kann der BEQUEATH-Adapter eventuell nicht mehr funktionieren.

In Oracle8*i* Release 3 (8.1.7) wurde das SUID-Bit für die meisten dieser Dateien ausgeschaltet. Es blieb nur für die Oracle Datenbank-Engine oracle und den Intelligent Agent dbsnmp. Auch wenn das auf On gesetzte SUID-Bit hier keine optimale Situation erzeugt, können Sie es nicht einfach deaktivieren, wenn Sie bestimmte Funktionalitäten nutzen wollen.

Beide Programmdateien werden über Controller-Programme gestartet. Die Datenbankengine wird üblicherweise vom Server Manager gestartet, einer Programmdatei namens svrmgrl. Die Datei dbsnmp wird durch das Listener Control-Tool gestartet, eine Datei namens lsnrctl. Diese zusätzliche Komplexitätsebene macht das direkte Ausführen der Programmdateien so viel komplizierter. Die Controller-Programme starten die Dienste nur, wenn der ausführende Benutzer das richtige Kennwort kennt oder der passenden Gruppe angehört. Leider lässt sich ein Hacker mit dem entsprechenden Wissen dadurch nicht davon abhalten, herauszufinden, was die entsprechenden Controller-Programme tun, um dann ähnliche Aktionen durchzuführen und die entsprechenden Sicherheitskontrollen zu umgehen. Alle Berechtigungen, die vom Server Manager benötigt werden, sind standardmäßig öffentlich, so dass es nicht viel gibt, was Sie davon abhalten kann, eine Oracle-Instanz direkt zu starten, indem Sie herausfinden, was der Controller tut.

Lassen Sie uns einen Blick auf die Programmdatei von Oracle werfen. Mit dem Tool **truss** können Sie sehen, welche Dateien von der Oracle-Programmdatei geöffnet werden. Es liefert eine Übersicht über die Systemaufrufe und Signale, die ein Prozess als Ergebnis zurückbekommt. In der Ausgabe werden Sie feststellen, dass viele Dateien in ORACLE_HOME aufgerufen werden, einschließlich dem Verzeichnis dbs, in dem die Konfigurationsdateien für eine Instanz gespeichert sind. Ein Trick ist, zu versuchen, Ihr Verzeichnis ORACLE_HOME auf ein anderes Verzeichnis umzuleiten, zum Beispiel /tmp. Was passiert nun, wenn Sie **truss** mit der Programmdatei von Oracle erneut laufen lassen? Oracle versucht, das Verzeichnis dbs im Verzeichnis /tmp zu öffnen.

Was bedeutet das? Schlechte Nachrichten – jeder mit Berechtigungen zum Ausführen der Datei oracle kann sie auf sein eigenes gefälschtes Verzeichnis verweisen, zum Beispiel auf /usr/hacker, und eine Instanz von Oracle mit eigenen Kennwort- und Konfigurationsdateien starten. Aber was können Sie dann damit tun? Nachdem Sie die Instanz einmal gestartet haben, können Sie die ergaunerte Instanz nutzen, um mit dem Paket UTL_FILE jede Datei zu lesen oder zu schreiben, die der Oracle Software-Besitzer erreichen kann. Damit erhalten Sie im Endeffekt vollen Zugriff auf das Benutzerkonto des Software-Besitzers.

Wir führen dieses Beispiel nicht dazu auf, um Ihnen zu zeigen, wie Oracle kompromittiert werden kann, sondern um zu erläutern, warum es keine gute Idee ist, allgemeinen Zugriff auf eine Datei zu gewähren, die mit SUID-Rechten gestartet wird. Auch wenn dieses Problem gelöst ist, kann jemand anderes ein anderes Problem aufdecken, der clever und neugierig genug ist. Nachdem Sie nun gesehen haben, wie ein Hacker Berechtigungen für alle Benutzer verwenden kann, entfernen Sie alle Berechtigungen für andere Benutzer auf allen Dateien mit gesetztem SUID-Bit. Vergessen Sie auch nicht, das Gleiche für alle verknüpften Programmdateien wie oracleO oder dbsnmpO durchzuführen. Hier ein Beispiel zum Entfernen dieser Berechtigungen von der Datei oracle:

```
$ chmod 770 $ORACLE_HOME/bin/oracle
```

Eine andere Strategie zum Starten der Datenbank besteht darin, das SUID-Bits zu entfernen und festzulegen, dass nur Personen aus der primären Gruppe der Datenbank die Datenbank starten können. Diese Methode erfordert allerdings, dass alle Datenbank-Dateien und Protokollverzeichnisse durch die primäre Gruppe der Datenbank-Software editierbar sind, was derzeit vom technischen Support von Oracle nicht unterstützt wird.

Wenn Sie den Intelligent Agent nicht nutzen, entfernen Sie das SUID-Bit von dieser Datei. Wenn Sie dieses Feature verwenden müssen, sichern Sie sie so gut wie möglich. Der Administrator des Unix-Systems muss sich darüber im Klaren sein, dass es Wege geben kann, um mit der Programmdatei Zugriff auf das Root-Konto zu erlangen. Es muss also ein gewisses Vertrauen zum Datenbank-Eigentümer bestehen. Für den ultraparanoiden Systemadministrator mag diese Option nicht in Frage kommen. In diesem Fall sollten Sie sich eine Kopie der Datei dbsnmp von einer unabhängigen, vertrauenswürdigen Stelle besorgen, die eben nicht der Datenbank-Administrator ist, und mit dieser Kopie die Version des Oracle Software-Eigentümers ersetzen, bevor das SUID-Bit gesetzt wird. Dies ist notwendig, da der Besitzer der Software die Datei dbsnmp leicht mit einem Trojaner versehen kann, wenn er will.

Als Besitzer der Datenbank möchten Sie vielleicht nicht, dass alle Ihre Datenbank-Administratoren einen möglichen Zugang zum Betriebssystem erhalten. Daher benötigen Sie einen anderen Ansatz beim Zuteilen von Berechtigungen an diese Datei. Eine Möglichkeit ist, eine neue Gruppe zu erstellen, der Datei diese Gruppe zuzuweisen und dort nur die Benutzer aufzunehmen, denen Sie die richtige Handhabe einer SUID-Datei zutrauen, die Root gehört. Das würde bedeuten, die Berechtigungen auf rwx--x--- zu setzen.

4.3.6 OSDBA, OSOPER und Internal

OSDBA und OSOPER sind Rollen, die auf dem Betriebssystem erstellt werden und es einem Unix-Konto erlauben, sich mit der Datenbank als SYSDBA oder SYSOPER zu verbinden. Während der Vorinstallation fordert Oracle Sie dazu auf, zwei oder drei Gruppen zu erstellen, eine für den Besitz der Software und die anderen zum Abbilden der OSDBA- und OSOPER-Rollen. Standardmäßig werden diese beiden Rollen in einer einzigen Gruppe zusammengefasst, die häufig den Namen dba trägt. Wenn das Konto zum Installieren der Software kein Mitglied der Gruppe dba ist, erscheint das Fenster Privileged Operating System Groups und wartet auf Ihre Eingabe der beiden zu verwendenden Gruppen. An dieser Stelle können Sie immer noch dieselbe Gruppe für beide Rollen angeben. Wenn Sie die Gruppe dba nutzen, erhalten Sie dieses Fenster nicht und müssen die Einstellungen manuell setzen.

Da Ihnen das Aufteilen der Rollen in zwei Gruppen eine deutlich verbesserte Zugriffskontrolle ermöglicht, ist dies ein nettes Feature. Bevor Sie also mit der Installation starten, sollten Sie die beiden Gruppen anlegen und keine von ihnen dba nennen. Wenn Sie die Software schon installiert haben und die Datenbank für die Benutzung der beiden Gruppen anpassen wollen, können Sie die Gruppen durch das Bearbeiten der Datei $ORACLE_HOME/rdbms/lib/config.s ändern. Diese Datei enthält zwei Bereiche, die die zu verwendenden Rollen enthalten:

```
                                .L12:
/* 0x0008          15 */              .ascii   "dba\0"
/* 0x0014          20 */              .align   4
                                .L13:
/* 0x0014          22 */              .ascii   "dba\0"
```

Tauschen Sie die dba im Abschnitt L12 durch die Gruppe OSDBA aus, und ersetzen Sie die dba im Abschnitt L13 durch die Gruppe OSOPER. Diese Datei muss dann noch in die Datenbank-Engine gelinkt werden. Daher müssen Sie in das Verzeichnis $ORACLE_HOME/bin wechseln und die Programmdatei mit dem Parameter **oracle** neu linken. Die neue Programmdatei wird dann so eingerichtet, dass die von Ihnen angegebenen Gruppen genutzt werden.

Die Rolle OSOPER wird als Konto des Betriebssystem-Operators für Oracle genutzt. Benutzer in dieser Gruppe haben die Möglichkeit, eine Datenbank hoch- oder herunterzufahren, und die Protokolldateien zu archivieren und wieder einzuspielen. OSOPER-Benutzer können auch den Befehl **alter database** auszuführen, allerdings nur mit den Optionen **open, mount** und **backup**. OSOPER erhält nicht die Berechtigung **create**

session, sondern eher **restricted session**, was einem Gruppenmitglied erlaubt, sich mit einer Datenbank zu verbinden, die nicht komplett geöffnet wurde. Daher kann man mit der Rolle OSOPER eine Instanz starten, ohne die DBA-Rolle zugewiesen bekommen zu haben.

Um sich mit der Datenbank als SYSOPER zu verbinden, führen Sie den folgenden Befehl vom Server Manager-Prompt aus:

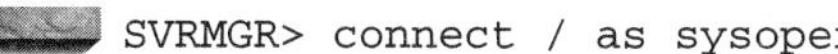

```
SVRMGR> connect / as sysoper
```

OSDBA ist ein signifikant mächtigeres Konto. Alle Berechtigungen der Gruppe OSOPER werden auch OSDBA zugeteilt, zudem alle Systemberechtigungen mit der Möglichkeit, diese an weitere Benutzer zu verteilen. OSDBA hat auch die Berechtigung, eine neue Datenbank zu erstellen. Die Rolle hat nahezu kompletten Zugriff auf Ihre Datenbank, um auszuführen, was immer der Unix-Benutzer wünscht, daher sollte die Vergabe dieser Berechtigung sehr beschränkt erfolgen. Das Verbinden mit einer Datenbank erfolgt als SYSDBA auf dem gleichen Weg wie bei SYSOPER, Sie müssen nur die Rolle ersetzen:

```
SVRMGR> connect / as sysdba
```

Eine andere Verbindungsmöglichkeit zur Datenbank ist die Verwendung des Kontos INTERNAL. Auf diese Weise erhält das Betriebssystem-Konto alle Berechtigungen der OSDBA-Rolle. Jeder in der Rolle des OSDBA kann sich über das INTERNAL-Konto anmelden, das auf das Konto SYS von Oracle abgebildet wird. Es gibt verschiedene Methoden, sich als INTERNAL anzumelden, aber alle erfordern, dass der Parameter **remote_password_file** in der Datei init.ora für die Datenbank korrekt gesetzt wurde. Dabei wird ein Kennwort genutzt, um jeden Betriebssystem-Benutzer zu identifizieren.

Auch wenn der Befehl CONNECT INTERNAL in Oracle8*i* funktioniert, wird er in Oracle9*i* nicht weiter unterstützt. Die Verwendung des Server Managers (svrmgr) wurde auch entfernt. In Oracle9*i* können Sie sich nur über **connect internal as sysdba** und **connect internal as sysoper** oder **connect / as sysdba** und **connect / as sysoper** anmelden. Als dieses Buch entstand, schien es keinen Bedeutungsunterschied zwischen den verschiedenen Schreibweisen von **connect** zu geben.

4.3.7 Eine Warnung zur Nutzung von SQL*Plus

SQL*Plus ist ein einfaches Tool zum Ausführen von SQL-Befehlen auf einer Oracle-Datenbank. Es kann im Batch-Modus ausgeführt werden, indem Ihr Benutzername und das Kennwort des Oracle-Kontos als Parameter an SQL*Plus übergeben werden, oder im interaktiven Modus, wenn Sie Ihren Benutzernamen und das Kennwort nach Aufforderung eingeben. Da SQL*Plus effizient und simpel ist, wird es sehr häufig verwendet, besonders wenn Batch-Aufgaben ausgeführt werden sollen.

Das Problem ist, dass wenn Benutzername und Kennwort als Parameter an SQL*Plus übergeben werden, der Prozessstatus-Befehl **ps**, der die laufenden Unix-Prozesse auflistet, das Passwort und den Benutzernamen jedem Unix-Benutzerkonto mitteilt, wie im Folgenden gezeigt:

```
$ ps -ef | grep sqlplus
  oracle   671   670  2 23:38:10 pts/1    0:00 sqlplus scott/tiger
```

Sie können dieses Problem mit unterschiedlichen Methoden lösen. Wenn Sie im interaktiven Modus arbeiten, warten Sie immer auf den Prompt, bevor Sie Ihren Benutzernamen und Ihr Kennwort angeben. Im Batch-Modus sollten Sie sicherstellen, dass das Passwort nicht als sichtbarer Parameter an SQL*Plus weitergeleitet wird. Eine einfache Möglichkeit dazu ist, das Passwort mit dem Befehl **echo** über eine Pipe an SQL*Plus zu leiten.

```
$ echo manager sqlplus -s system
```

Solange das Programm läuft, zeigt **ps** das Kennwort nicht mehr an:

```
$ ps -ef | grep sqlplus
  oracle   729   329  1 00:24:31 pts/1    0:00 sqlplus -s system
```

Eine andere Methode ist, eine Datei mit dem Benutzernamen und dem Kennwort zu erstellen und diese dann per Pipe an SQL*Plus weiterzuleiten. Unabhängig vom gewählten Weg sollten Sie sicherstellen, dass die Berechtigungen für diese Dateien auf 700 gesetzt werden, damit niemand anderes die Skripte ansehen oder ausführen kann.

Dieses Problem ist nicht SQL*Plus-spezifisch, ja nicht einmal Oracle-spezifisch. Jede ausführbare Datei, die ein Passwort als Parameter übernimmt, hat dieses Problem. Andere Beispiele sind der Server Manager **svrmgrl** oder das Listener Control Utility **lsnrctl**. Als Oracle Datenbank-Administrator müssen Sie sicher sein, dass Ihre Skripte kein Passwort enthalten, das vom Befehl **ps** angezeigt werden kann, und dass Benutzer keine Passwörter über die Befehlszeile an Programme schicken.

4.3.8 Die Audit-Daten im Betriebssystem schreiben

Eines der besten Sicherheits-Features von Oracle ist die Fähigkeit, Audit-Datensätze ins Betriebssystem zu schreiben. Die Audit-Daten können entweder in eine Datei des Betriebssystems geschrieben werden oder in eine SQL-Tabelle. Wenn die Audit-Daten ins Betriebssystem geschrieben werden, lassen sich die Aktivitäten in der Datenbank so protokollieren, dass kein Datenbank-Benutzer, nicht einmal ein Administrator, seine Tätigkeiten verbergen kann.

Bei der traditionellen Vorgehensweise, dem Schreiben der Audit-Daten in eine SQL-Tabelle, kann ein Angreifer seine Spuren leicht komplett verwischen, wenn er einmal Zugang zur Datenbank erhalten hat. Das Protokollieren von Audit-Daten mit dem Betriebssystem erschwert das Entfernen von Spuren erheblich. Außerdem haben Sie damit eine weitere Möglichkeit, die Aktivitäten der Datenbank-Administratoren zu überwachen.

Wenn Sie dieses Feature nutzen wollen, müssen Sie sicherstellen, dass die Konfiguration richtig eingerichtet wurde. Der Parameter **audit_trail=os** muss in der Datei init.ora gesetzt werden. Diese Anweisung teilt der Datenbank-Engine mit, dass die Audit-Daten in eine Betriebssystem-Datei geschrieben werden sollen. Standardmäßig werden die Protokolldaten im Verzeichnis $ORACLE_HOME/rdbms/audit abgelegt. Die Dateien werden dynamisch vom Oracle-Prozess in einem Format erzeugt, das die Prozess-ID der Instanz enthält, um einen eindeutigen Dateinamen zu erhalten. Das Verzeichnis wird mit Lese- und Schreibberechtigung angelegt und die Dateien im Verzeichnis erhalten Lese- und Schreibberechtigung für den Dateibesitzer und die Gruppe. Das ist schon ein guter Anfang, da die Dateien damit vor dem Zugriff anderer Personen geschützt sind.

Eine Änderung, die an diesen Berechtigungen vorgenommen werden sollte, ist das Entfernen der Gruppenberechtigungen für das Verzeichnis. Dann kann niemand außer dem Oracle-Benutzer diese Dateien verändern oder einsehen, was Ihnen ermöglicht, das Verhalten der Datenbank-Administratoren zu überwachen, ohne dass diese ihre Tätigkeiten verbergen könnten.

Ein weiterer empfehlenswerter Schritt ist, Oracle so zu konfigurieren, dass die Daten in das Verzeichnis $ORACLE_HOME/admin/<Datenbankname>/adump zu schreiben, wobei <Datenbankname> der globale Datenbankname für diese Instanz ist. Auf diese Weise werden die Daten jeder Instanz getrennt verwaltet, und die Dateien befinden sich näher bei den anderen Protokolldateien.

Sicherheitsoptionen von Oracle und Windows NT/2000

Es gibt viele verschiedene Sicherheitsaspekte, für die Windows-Umgebung Bedeutung haben. Wenn Sie Ihr Windows-Betriebssystem von Anfang an sichern, müssen Sie überlegen, ob auf Ihr System von Benutzern zugegriffen wird, die sich direkt mit dem Betriebssystem verbinden und dann die Datenbank ansprechen, oder ob sie direkt über Netzwerkverbindungen und den Oracle Listener mit der Datenbank kommunizieren. Ein Computer, auf den über Datenbank-Verbindungen zugegriffen wird, benötigt natürlich strengere Sicherheitsstrukturen, um sicherzustellen, dass das Betriebssystem nicht angegriffen und kompromittiert wird.

Sie müssen sich mit verschiedenen Zugriffsebenen innerhalb des Systems beschäftigen und entscheiden, wie Ihre Kennwortrichtlinien umgesetzt werden sollen. Machen Sie sich mit den Methoden zur Dateisicherung vertraut und lernen Sie, wie diese effektiv eingerichtet und genutzt werden. Sie müssen sicherstellen, dass Benutzer mit ihren eigenen Dateien arbeiten können, andererseits aber Ihre System- und Oracle-Dateien aber vor unberechtigtem Zugriff schützen.

In diesem Kapitel wollen wir untersuchen, wie Windows NT/2000 funktioniert, wie Oracle in einer Windows-Umgebung arbeitet und mit welchen Bereichen Sie sich befassen müssen, wenn Sie Ihr System schützen wollen.

5.1 Grundlagen von Windows NT/2000

Betrachten wir zu Beginn unserer Untersuchung einen Computer, auf dem das Betriebssystem Windows NT installiert werden soll. Wenn Sie derjenige sind, der das Betriebssystem installieren soll, übernehmen Sie die Rolle des Systemadministrators mit allen Berechtigungen und der vollen Kontrolle über das System. Sie sind vermutlich derjenige, der Folgendes entscheiden und festlegen soll:

- Kennwörter von Administratorenkonten
- Wichtige Dateien und Verzeichnisse, die geschützt werden müssen
- Registry-Zugriffe und -Berechtigungen
- Ob auf das System über Netzwerkverbindungen oder über die System-Anmeldung zugegriffen werden soll
- Wie viele Benutzer das System verwalten soll und welche Rechte sie erhalten
- Das Einrichten von Benutzerkonten und die Anforderungen an Kennwörter
- Sonstige Richtlinieneinstellungen
- Ob der Computer Teil einer Domäne sein wird

Natürlich kann Ihr System auch schon eingerichtet sein und Sie müssen nur die Vielzahl an bestehenden Einstellungen und Richtlinien prüfen, um herauszubekommen, ob sie tatsächlich sinnvoll für die Sicherheit des Systems sind. Wenn Sie nicht alle Punkte in der obigen Liste verstehen, sollten Sie sich darum nicht allzu viele Sorgen machen, da wir jeden einzelnen Punkt besprechen werden.

5.1.1 Sicherheitsfragen zu Windows NT untersuchen

Im folgenden Abschnitt werden wir jede der oben aufgeführten Sicherheitsfragen behandeln. Auch wenn manche Themen mit Oracle nichts zu tun zu haben scheinen, können sie sich alle auf Oracle auf einem Windows-System auswirken und es beeinflussen.

Kennwörter von Administratorenkonten

Wenn man ein Windows NT-System installiert, wird standardmäßig ein Konto namens Administrator angelegt, damit Sie die notwendigen Aufgaben zum Konfigurieren und Administrieren Ihres Systems durchführen können. Sie müssen bei der Wahl des Kennworts für dieses Konto besonders vorsichtig sein. Denn sobald das Kennwort des Administrators geknackt wurde, ist nicht nur die Sicherheit des eigentlichen Systems gefährdet, sondern auch noch die Sicherheit jedes anderen Systems, auf das Zugriff besteht.

Ein sinnvolles Vorgehen ist, den Namen des Administrator-Kontos zu ändern. Dieses Konto ist ein sehr bekanntes Ziel und wenn Sie den Namen ändern, zwingen Sie Hacker dazu, nicht nur das Kennwort zu erraten, sondern auch noch den Namen des Kontos. Zugegeben, es gibt Tools, die den Hacker dabei unterstützen, den Namen des Administrator-Kontos herauszufinden, auch wenn er geändert wurde. Daher kann das Ändern des Namens allein einen Angreifer nicht davon abhalten, in Ihren Server einzubrechen, aber jede Maßnahme, die den Einbruch erschwert, ist sinnvoll.

Wie in Kapitel 3 erwähnt, empfehlen wir bei mehr als einem Systemadministrator, die Aufgaben zu unterteilen und separate Konten für jeden Aufgabenbereich oder jede Person anzulegen. Sie müssen bei der Auswahl der Kennwörter große Vorsicht walten lassen, um alle Konten mit administrativen Berechtigungen auf Ihrem System zu sichern. Sorgen Sie dafür, dass die gewählten Kennwörter nicht leicht zu erraten sind und in keiner Weise in persönlichem Bezug zu dem Besitzer stehen. Um das Erraten von Kennwörtern zu erschweren, empfehlen wir, für alle administrativen Konten Kennwörter mit mindestens zehn Zeichen zu nutzen, wobei Buchstaben und Sonderzeichen gemischt werden. Das folgende Kennwort ist zum Beispiel sehr gut:

```
il1keor#cle
```

Beachten Sie, dass sowohl Zahlen wie auch Sonderzeichen in dem Kennwort vorkommen. Dieses Kennwort ist nicht nur sicher, sondern auch noch leicht zu merken, so dass ein Systemadministrator nicht so schnell in Versuchung gerät, es aufzuschreiben.

Wichtige Dateien und Verzeichnisse schützen

Windows NT unterscheidet sich von anderen Betriebssystemen in vielen Punkten. Ein wichtiger Unterschied ist die Art, wie gemeinsam genutzte Ressourcen behandelt werden. Unix ermöglicht es üblicherweise vielen Personen, sich mit Telnet zu einem Server zu verbinden und die Befehle von einem entfernten Bildschirm aus einzugeben, die dann auf dem Server ausgeführt werden. Windows NT-Server werden selten auf diese Weise genutzt. Auch wenn Windows 2000-Server einen Telnet-Dienst bieten, wird er normalerweise nicht verwendet.

Sie greifen auf Dateien und Programme auf zwei Arten zu. Zum einen können Sie sich direkt zum Server begeben und sich dort anmelden. Zum anderen können Sie *Freigaben* (*Shares*) nutzen. Freigaben erlauben es einem entfernten Benutzer, ein Laufwerk mit einem entfernten Dateisystem zu verbinden und die Dateien so zu behandeln, als seien sie lokale Dateien. Diese Fähigkeit wird durch ein Protokoll namens Server Messaging Block (SMB) bereitgestellt.

Generell sollten Sie das direkte Anmelden am Datenbank-Server auf die Administratoren beschränken. Sie müssen eventuell einen Server mit vielen Konten gemeinsam nutzen, die Zugriff auf die Betriebssystemdateien haben. Um sich gegen missbräuchliche Verwendung anderer Konten zu schützen, sollten Sie Berechtigungen für die Dateien und Registry-Schlüssel einrichten, die von der Oracle-Installation genutzt werden.

Während der Installation des Betriebssystems werden Sie darum gebeten, eine Partition in einem von vielen möglichen Formaten anzulegen. Windows NT und Windows 2000 unterstützen verschiedene Formate, die in Tabelle 5-1 aufgeführt sind.

Tabelle 5-1: Partitionsformate der Windows-Betriebssysteme

Format	Beschreibung
File Allocation Table (FAT und FAT32)	Ursprünglich für Windows 95 und DOS entworfen. Dieses Format unterstützt keine Berechtigungen, so dass Sie Ihre Dateien damit nicht richtig sichern können.
High Performance File System (HPFS)	Erste Verbesserung zum FAT, von IBM für OS/2 entwickelt. Windows NT unterstützt Lese- und Schreibzugriffe für dieses Format, empfiehlt seine Verwendung aber nicht.
New Technology File System (NTFS)	Zuerst in Windows NT 3.5 eingeführt. Es bietet die Möglichkeit, Berechtigungen sehr fein unterteilt für einzelne Dateien zu setzen.
New Technology File System (NTFS) v5.0	Eingeführt mit Windows 2000. Bietet alle bestehenden Features von NTFS, fügt aber die Fähigkeit hinzu, Platzbegrenzungen für Benutzer festzulegen. Windows NT 4.0 kann dieses Format nutzen, wenn das Service Pack 4 installiert ist.
Encrypted File System (EFS)	Kein wirkliches Format, sondern eine Erweiterung des Dateisystems in Windows 2000, um Dateien verschlüsselt abspeichern zu können.

Wenn die verwendete Partition nicht mit NTFS formatiert wurde, sollten Sie sie mit dem Tool **convert** umwandeln. Vor dem Konvertieren sollten Sie die Festplatte sichern. Auch wenn wir beim Konvertieren nie ein Problem hatten, können Sie all Ihre Daten verlieren, falls doch mal eins auftritt. Sie sollten dabei auch bedenken, dass die Aktion nicht rückgängig zu machen ist. Wenn Sie einmal auf NTFS umgestellt haben, können Sie nicht wieder nach FAT zurückkehren.

Hinweis:
Bei RISC-Servern, wie MIPS und Compaq Alpha, muss die Startpartition als FAT formatiert sein. Das bedeutet, dass Sie ***convert*** *auf einem RISC-Server nicht für die Startpartition ausführen sollten.*

Um eine Partition zu konvertieren, öffnen Sie eine Eingabeaufforderung und geben den folgenden Befehl ein (ersetzen Sie „c:“ durch die zu formatierende Partition):

```
convert c: /fs:NTFS
```

Wenn **convert** die Partition nicht sperren kann, da ein anderer Prozess darauf zugreift, werden Sie darauf hingewiesen und können sich dazu entscheiden, die Konvertierung beim nächsten Systemstart durchführen zu lassen. Bestätigen Sie mit „Ja“ und starten Sie das System neu.

Auf einem NTFS-Laufwerk enthalten Dateien und Verzeichnisse eine Zugriffskontrollliste (Access Control List, ACL), die gegen unberechtigte Benutzer schützt. Die ACL enthält alle Benutzer und Gruppen, die auf die Datei oder das Verzeichnis zugreifen dürfen. Sie können die Sicherheitseinstellungen für eine Datei oder ein Verzeichnis sehen, indem Sie den Windows Explorer aufrufen, das Verzeichnis oder die Datei markieren und File | Properties | Security (Datei | Eigenschaften | Sicherheitseinstellungen) anwählen. Beachten Sie, dass die Registerkarte „Security" nur existiert, wenn die Datei auf einer NTFS-Partition abgelegt wurde. In Abbildung 5-1 haben wir einen Ordner im Verzeichnis C:\Documents ausgewählt. Für ein Verzeichnis gibt es auf einem Windows NT-System drei Registerkarten: General, Sharing und Security (Allgemein, Freigabe und Sicherheitseinstellungen). Für eine Datei gibt es nur zwei: General und Security. Wir werden zunächst die grundlegenden Sicherheitseinstellungen für Dateien und Verzeichnisse von Windows NT beschreiben und dann die Unterschiede zu einer Windows 2000-Installation aufführen.

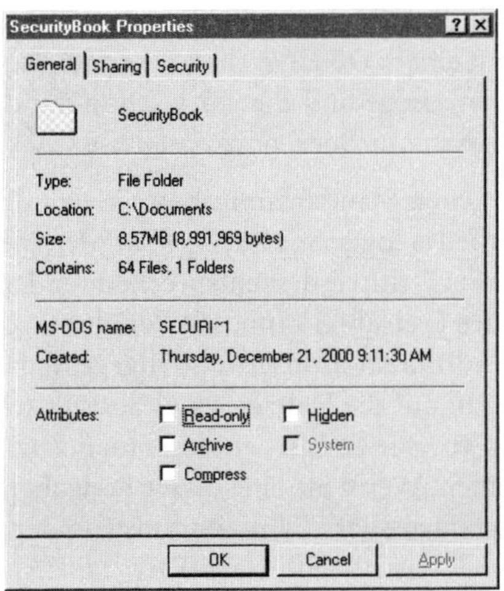

Abbildung 5-1: Verzeichniseigenschaften

Wenn Sie ein Verzeichnis markieren und das Fenster „Properties" öffnen, wird standardmäßig die Registerkarte „General" angezeigt. Auf dieser wird die Gesamtzahl an Ordnern und Dateien und ihre summierte Größe zusammen mit den allgemeinen Dateiattributen und der Lage auf der Festplatte angegeben. Die Attribute sind Read-only, Archive, Compress, Hidden und System (Schreibgeschützt, Archiviert, Komprimiert, Versteckt und System). Für die meisten Ordner ist das Attribut System ausgegraut und nicht nutzbar.

Die Registerkarte „Sharing" ermöglicht, entfernten Benutzern Zugriff auf das Verzeichnis zu erlauben. Das Anlegen von Freigaben sollte aber mit Bedacht erfolgen. Wenn eine neue Freigabe erstellt wird, erhält die Gruppe „Everyone" (Jeder) standardmäßig volle Zugriffsrechte. Die tatsächlichen Berechtigungen für freigegebene Verzeichnisse basieren auf einer Kombination der zugewiesenen NTFS-Berechtigungen und den Berechtigungen, die mit der Freigabe verknüpft sind. NT nutzt dabei die restriktivste Berechtigung, um Zugriffe zu verwehren. Wenn also Everyone vollen Zugriff auf die Freigabe erhält und die NTFS-Berechtigungen nur Lesen zulassen, erhält ein Benutzer, der über eine Freigabe auf das Verzeichnis zugreift, nur lesende Berechtigung. Um mögliche Fehler auszuschließen, sollten Sie die gewünschten Berechtigungen sowohl auf NTFS- wie auch auf Freigabeebene zuweisen. Damit können Sie sicher sein, dass keine Datei vergessen wurde oder eine neu angelegte Datei die falschen Berechtigungen hat.

Es gibt spezielle Freigaben, die als versteckte Freigaben bezeichnet und den Clients nicht von alleine angeboten werden. Jeder mit den entsprechenden Berechtigungen kann sich mit einer versteckten Freigabe verbinden. Allerdings wird die Freigabe nicht im Windows Explorer einer entfernten Maschine angezeigt, so dass jemand, der sie nicht kennt, auch nichts davon mitbekommt. Freigaben werden versteckt, wenn der Freigabename mit einem Dollarzeichen ($) endet. Sie können Ihre eigenen versteckten Freigaben erstellen, einige sind aber auch schon standardmäßig eingerichtet. ADMIN$ verweist auf den Systemordner, normalerweise C:\WINNT.

Viele der verborgenen Standardfreigaben werden durch die Administratorengruppe kontrolliert. Für jedes logische Laufwerk auf dem Server wird eine Freigabe namens C$ erstellt, wobei „C" durch den entsprechenden Laufwerksbuchstaben ersetzt wird. Auf administrative Freigaben kann, wie der Name schon vermuten lässt, nur von Benutzern aus der Administrationsgruppe zugegriffen werden. Auch wenn diese Freigaben für den Zugriff auf die Dateien eines Servers sehr praktisch sind, ziehen es viele Administratoren vor, sie zu löschen, um einen Zugriff aus der Ferne auf diese Laufwerke zu vermeiden. Wenn Sie eine dieser Freigaben löschen, kehrt sie zurück, wenn das System neu gestartet wird. Um dies zu verhindern, können Sie den Parameter **AutoShareServer** im Registry-Schlüssel HKEY_LOCAL_MACHINE\SYSTEM\CurrentControlSet\Services\LanManServer\Parameters auf 0 setzen. Dieses Vorgehen funktioniert mit Windows NT 4.0. In Windows 2000 wird diese Einstellung nicht mehr unterstützt.

Ein anderer Ansatz zum Verhindern von Freigaben jeder Art ist das Stoppen des Server-Dienstes. Durch den Server-Dienst kann man das SMB-Protokoll nutzen. Wenn er deaktiviert wird, kann sich kein entferntes System mit dem Dateisystem des Servers verbinden.

Sowohl für Dateien als auch für Verzeichnisse enthält die Registerkarte „Security" drei Optionen: Permissions, Auditing und Ownership (Berechtigungen, Überwachung und Besitzer). Abbildung 5-2 zeigt die verfügbaren Optionen für eine Datei, bei der die Registerkarte Security angewählt wurde.

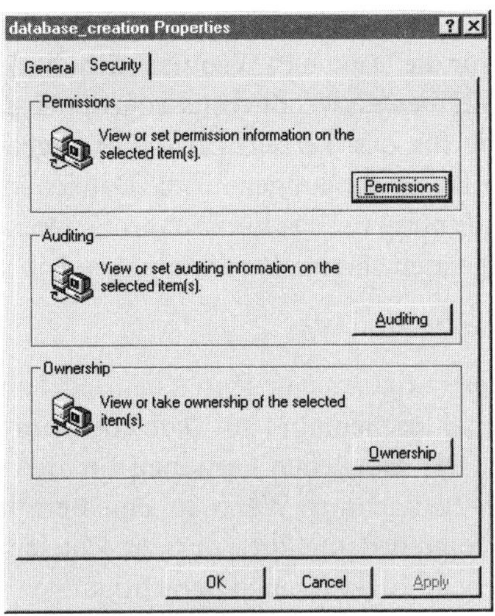

Abbildung 5-2: Dateieigenschaften

Untersuchen wir zunächst die Berechtigungsoptionen. Abbildung 5-3 zeigt eine Standardliste von Benutzern und deren zugewiesene Berechtigungen. Sie enthält drei Benutzer: Administrators, Everyone und System (Administratoren, Jeder und System). Da Windows NT als ein sehr vertrauenswürdiges und offenes System entworfen wurde, hat man großen Wert auf Netzwerkressourcen und die gemeinsame Nutzung von Dateien gelegt.

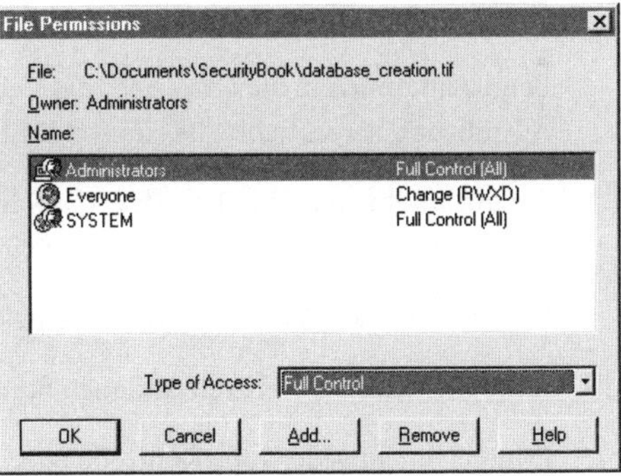

Abbildung 5-3: Das Fenster für Dateiberechtigungen

Weiterhin wurde darauf geachtet, sich auch über eine anonyme Verbindung leicht verbinden zu können, bei der der normale Benutzername oder die Kennwort-Authentifizierung nicht benötigt wird. Dazu existiert ein eingebautes Konto namens „Everyone", dem die Berechtigung **change** zugewiesen wird. Wenn Sie noch einmal Abbildung 5-3 betrachten, können Sie die vier Buchstaben nach der Berechtigung **change** sehen:

„RWXD". Diese zeigen an, dass der Benutzer Lese-, Schreib-, Ausführungs- und Löschberechtigungen für die Datei hat. Wenn Sie sich die ACL eines Verzeichnisnutzers vornehmen, sehen Sie, dass es zwei Buchstabengruppen gibt. Die erste Gruppe zeigt die Berechtigungen, die für das Verzeichnis selber angelegt wurden, während die zweite Gruppe die Zugriffsberechtigungen für die Dateien im Verzeichnis angibt. Daher kann zum Beispiel ein Eintrag für das Verzeichnis C:\Documents\Security für den Benutzer Everyone die folgenden **change**-Berechtigungen haben:

```
Everyone Change(RWXD)(RWX)
```

Dieses Set von Berechtigungen bedeutet, dass jeder auf Verzeichnisebene lesen, schreiben, ausführen und löschen, und auf Dateiebene im Verzeichnis lesen, schreiben und ausführen kann. Die möglichen Optionen für Benutzerberechtigungen in der ACL sind in Tabelle 5-2 aufgeführt. Wenn auf eine Berechtigungsgruppe für ein Verzeichnis ein Stern (*) folgt, bedeutet dies, dass die Dateien innerhalb des Verzeichnisses die auf Verzeichnisebene zugewiesenen Berechtigungen nicht erben.

Tabelle 5-2: Optionen und deren Berechtigungen für Zugriffskontroll-Listen

Berechtigung	**Aktion**
No Access	Erlaubt keinerlei Zugriff auf die Datei oder das Verzeichnis.
List	Zeigt den Inhalt des Verzeichnisses an. Dies entspricht der Berechtigung „Read" auf Dateiebene.
Read	Ermöglicht dem Benutzer das Lesen des Inhalts der Datei oder des Verzeichnisses. Die Ausführungsberechtigung ist eingeschlossen.
Add	Benutzer können in die Datei oder das Verzeichnis schreiben. Die Ausführungsberechtigung ist eingeschlossen.
Add + Read	Benutzer können in die Datei oder das Verzeichnis schreiben und daraus lesen. Die Ausführungsberechtigung ist eingeschlossen.
Change	Ermöglicht Read (R), Write (W), Execute (X) und Delete (D).
Full Control (All)	Ermöglicht alle verfügbaren Aktionen für diese Datei oder das Verzeichnis.
Special directory access	Ermöglicht entweder volle Kontrolle oder eine Untermenge von bestimmten Berechtigungen, einschließlich Read (R), Write (W), Execute (X), Delete (D), Take Ownership (P) und Change Ownership (O).
Special file access	Ermöglicht entweder undefinierten Zugriff, volle Kontrolle oder eine Untermenge von bestimmten Berechtigungen, einschließlich Read (R), Write (W), Execute (X), Delete (D), Take Ownership (P) und Change Ownership (O).

Ihre erste Aufgabe sollte es sein, die an die Gruppe Everyone vergebenen Berechtigungen zu entfernen. Die Gruppe Everyone ist eine eingebaute Gruppe, die nicht entfernt werden kann und alle Benutzer einschließlich den anonymen Verbindungen enthält. Diese Gruppe erlaubt es anonymen Verbindungen nicht, Ihre Dateien zu lesen, sie kann aber Kontennamen auflisten und mögliche Freigaben sehen.

Um den Umgang damit etwas zu erleichtern, hat Microsoft im Service Pack 3 für Windows NT 4.0 eine neue Gruppe namens Authenticated Users (Authentifizierte Benutzer) hinzugefügt. Diese Gruppe entspricht der Gruppe Everyone, allerdings ohne die anonymen Verbindungen. Administratoren, die die Nutzung anonymer Verbindungen begrenzen möchten, können den Parameter **RestrictedAnonymous** im Registry-Schlüssel HKEY_LOCAL_MACHINE\SYSTEM\CurrentControlSet\Control\LSA auf den Wert 1 setzen, wobei der Typ REG_DWORD verwendet werden muss.

Denken Sie daran, dass Sie Freigaben, Druckerberechtigungen und andere Netzwerkressourcen auf Ihrem System genau unter die Lupe nehmen.

Standardmäßig wird Oracle so installiert, dass alle Dateien der Administrationsgruppe gehören und Everyone vollen Zugriff hat. Everyone hat also auch Zugriff auf alle Unterverzeichnisse und die dortigen Daten.

Um die Überwachung von Verzeichnissen oder Dateien zu aktivieren, müssen Sie zunächst das Auditieren ermöglichen, indem Sie eine Audit-Richtlinie mit dem User Manager erstellen. Wir werden im weiteren Verlauf des Kapitels mehr über den User Manager und Sicherheitsrichtlinien lernen. Hier setzen wir einfach voraus, dass Sie eine Audit-Richtlinie eingeführt haben und nun Ihre Dateien und Verzeichnisse überwachen können.

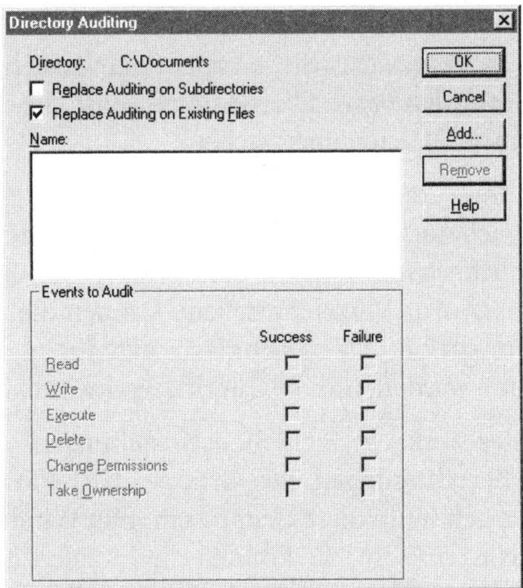

Abbildung 5-4: Überwachungsfunktionen für ein Verzeichnis

Um die Datei- oder Verzeichnisüberwachung zu aktivieren, nutzen Sie die Auditing-Option. Abbildung 5-4 zeigt das entsprechende Dialogfenster.

Wenn Sie die Schaltfläche „Add" (Hinzufügen) wählen, wird eine Liste der auf Ihrem System verfügbaren Gruppen angezeigt, und Sie können eine oder mehrere zu überwachende Gruppen auswählen. Sie können auch einzelne Benutzer zum Auditieren auswählen. Die möglichen Überwachungsoptionen sind Read, Write, Execute, Delete, Change Permissions und Take Ownership (Lesen, Schreiben, Ausführen, Löschen, Berechtigungen ändern und Besitz übernehmen). Sie können entweder erfolgreiche, fehlgeschlagene oder beide Zugriffsarten überwachen. Nehmen wir zum Beispiel an, dass Sie jeden auditieren wollen, der erfolgreich eine Datei aus dem Verzeichnis C:\Documents gelöscht hat. Sie würden dann Add anklicken und die Gruppe Everyone auswählen. Dann klicken Sie in der Spalte Success auf die Option Delete.

Die Audit-Daten werden in die Ereignisprotokolle geschrieben. Um diese einzusehen, starten Sie am DOS-Prompt das Programm **eventvwr** oder rufen die Ereignisanzeige (Event Viewer) von der Systemsteuerung (Control Panel) aus auf. Die Dateien, in denen die Daten im Endeffekt gespeichert werden, sind AppEvent.evt, SecEvent.evt und SysEvent.evt im Verzeichnis C:\WINNT\system32\config.

Wie der Name schon impliziert, ermöglicht Ihnen die Funktion Take Ownership, selbst der Besitzer eines Verzeichnisses oder einer Datei zu werden. Wenn Sie diese Option auswählen, werden Sie gefragt, ob Sie den Besitz übernehmen wollen oder die Aktion abbrechen möchten. Wenn ein Benutzer den Besitz übernehmen kann, wie dies jedem in der Administratoren-Gruppe auch ohne explizite Berechtigungen möglich ist, kann er die Berechtigungen der Datei ändern und damit Zugriffsmöglichkeiten erhalten, die er eigentlich nicht haben sollte. Besitz kann allerdings nur übernommen, und nicht zurück- oder weitergegeben werden. Wenn Sie Dateien finden, die den Besitz gewechselt haben, wissen Sie, dass jemand versucht hat, Zugriff auf eine Datei zu erlangen, indem er den Besitz übernehmen wollte. Sie sollten die Aktion Take Ownership für die Oracle-Dateien überwachen.

Bei einer Windows 2000-Installation gibt es prinzipiell die gleichen Sicherheitsmöglichkeiten, die sich nur etwas in der Darstellung und den Berechtigungen geändert haben. So ermöglicht Windows 2000 zum Beispiel der Gruppe Everyone vollen Zugriff auf Verzeichnisse. Auf Verzeichnisebene können Sie das Cachen von Dokumenten oder Programmdateien in Verzeichnissen aktivieren, die mit anderen Benutzern gemeinsam genutzt werden, um die Zugriffsgeschwindigkeit zu erhöhen.

Wenn Sie die Registerkarte „Sicherheitseinstellungen" anwählen, sehen Sie jede Gruppe und deren Berechtigungen. Die Gruppe „CREATE OWNER" ist unter Windows 2000 sichtbar. Auch wenn diese Gruppe schon in Windows NT besteht, ist sie dort nur für Verzeichnisse wirksam. Sie können die initiale Registerkarte „Sicherheitseinstellungen" in Abbildung 5-5 sehen.

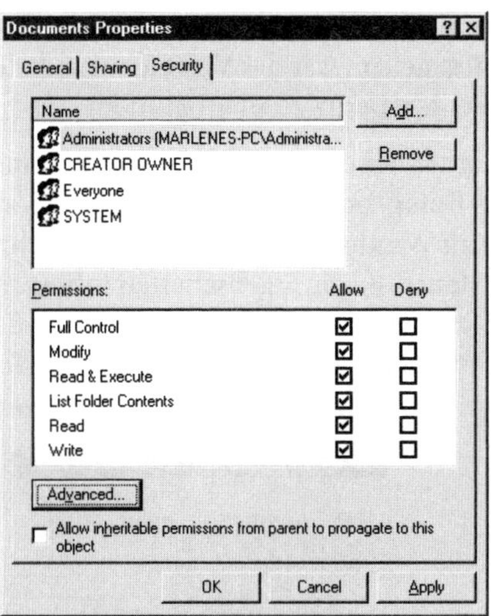

Abbildung 5-5: Sicherheitseinstellungen für ein Verzeichnis in Windows 2000

Beachten Sie auch die Schaltfläche „Advanced" (Erweitert) am unteren Ende des Fensters. Wenn Sie sich gewundert haben, wohin die Möglichkeit gewandert war, Berechtigungen, Überwachungsoptionen und den Besitz einzustellen, ist dies die Stelle, nach der Sie suchen. Abbildung 5-6 zeigt dieses Fenster, wobei die Registerkarte „Owner" (Besitzer) ausgewählt ist.

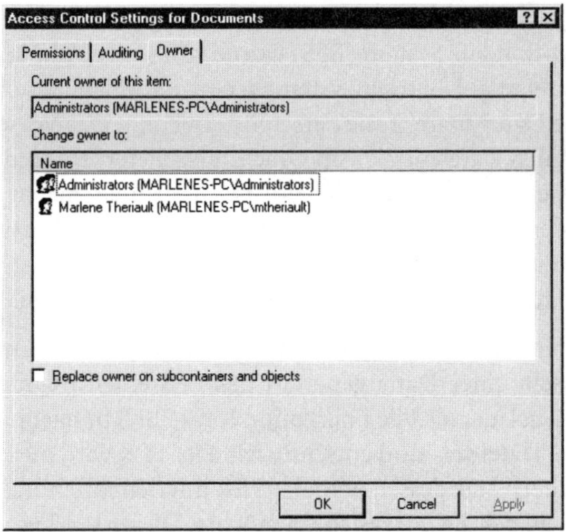

Abbildung 5-6: Besitzer-Optionen für die Zugriffskontrolle in Windows 2000

Wie Sie sehen, ist die Besitzer-Option in Windows 2000 sehr viel nützlicher geworden. Sie können nun feststellen, wer das Verzeichnis oder die Datei im Moment besitzt und wer das Recht hat, den Besitz zu übernehmen.

Ein wichtiges Feature bei der Dateisicherheit in Windows 2000 ist die Fähigkeit, Verschlüsselung auf Datei- oder Verzeichnisebene zu aktivieren. Sie können dies erreichen, indem Sie im Windows Explorer das Verzeichnis oder die Datei markieren und mit der rechten Maustaste die Eigenschaften öffnen. Auf der Registerkarte General klicken Sie auf die Schaltfläche Advanced im Bereich der Attribute. Abbildung 5-7 zeigt die erweiterten Attribute. Wie Sie sehen, befindet sich die Option zum Verschlüsseln der Inhalte am unteren Ende dieses Fensters.

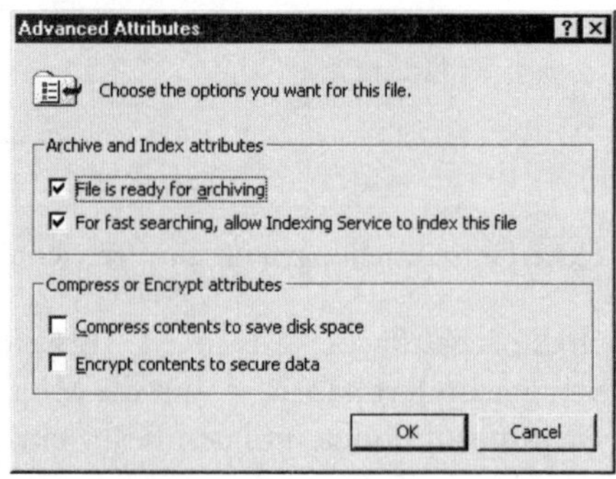

Abbildung 5-7: Erweiterte Attribute unter Windows 2000, aufgerufen von der Registerkarte mit den allgemeinen Attributen

Das Encryption File System (EFS) wurde von vielen Administratoren gefordert. Wenn Sie die Dateien auf Betriebssystemebene verschlüsseln, verhindern Sie, dass jemand, der auf die Datei zugreift, sie entschlüsseln kann. Das Verschlüsseln der ausführbaren und normalen Dateien, die von Oracle ausgeliefert wurden, macht wenig Sinn, da der Inhalt dieser Dateien nicht geheim ist. Allerdings macht die Verschlüsselung Sinn, wenn Sie den Inhalt der Datenbankdateien geheim halten wollen. Die Verschlüsselung von Dateien verursacht natürlich einen Leistungsverlust, aber wenn die Sicherheit Vorrang hat, können Sie diesen Nachteil in Kauf nehmen.

EFS kombiniert eine Verschlüsselung über öffentliche und private Schlüssel. Beim Verschlüsseln einer Datei generiert das EFS einen pseudozufälligen symmetrischen DES-Schlüssel, der als File Encryption Key (FEK) bezeichnet wird. Mit diesem Schlüssel wird die Datei ver- und entschlüsselt. Der FEK wird niemals zusammen mit der Datei gespeichert. Stattdessen wird der FEK mit dem öffentlichen Schlüssel des Benutzers verschlüsselt, der die Datei sichern möchte. Dieser Wert wird dann als Attribut der Datei abgelegt. Um die Datei zu entschlüsseln, nutzt das EFS den privaten Schlüssel zum Entschlüsseln des FEK, mit dem dann die Datei wieder in ihren Ursprungszustand gewandelt wird. Windows 2000 verschlüsselt Ihren privaten Schlüssel wiederum mit einem anderen Schlüssel, der abhängig von Ihrer Authentifizierung als Besitzer der Datei erstellt wird.

Eines der Probleme bei der Verschlüsselung ist, dass bei Verlust Ihres privaten Schlüssels auch alle Ihre verschlüsselten Dateien verloren sind. Microsoft sorgt hier für Abhilfe, indem es einen Recovery Agent für jede Datei angibt. Wenn man den FEK mit dem öffentlichen Schlüssel des Besitzers verschlüsselt, wird gleichzeitig eine Kopie mit dem öffentlichen Schlüssel des Recovery Agent verschlüsselt. Wenn der private Schlüssel des Besitzers verloren wurde, kann der Recovery Agent immer noch den FEK entschlüsseln und die Datei wiederherstellen.

Wenn der Server Teil einer Active Directory-Domäne ist, kann der Recovery Agent ein beliebiger Domänen-Benutzer sein. Ansonsten handelt es sich beim Recovery Agent um das Konto des Administrators. In diesem Fall müssen Sie noch dafür sorgen, dass der private Schlüssel des Recovery Agent gesichert wird. Sie können zum Beispiel den Schlüssel auf eine Diskette kopieren und ihn von der Festplatte löschen.

Einer der wichtigsten Gründe für die Verwendung des EFS ist der Schutz Ihrer Dateien, falls jemand das NT-Betriebssystem umgeht und auf die Daten zugreifen will. Auch wenn das EFS nicht verhindern kann, dass die Dateien gestohlen werden, sind sie dann immerhin nutzlos, da sie unlesbar sind. Jemand mit Zugang zum Rechner selber kann eine Diskette einlegen, den Rechner neu starten und auf Ihre Festplatte zugreifen, ohne auf die NTFS-Berechtigungen Rücksicht zu nehmen. Wenn die Dateien verschlüsselt sind, ist das Ignorieren der Berechtigungen müßig, da man den Inhalt nicht ohne den privaten Schlüssel nutzen kann.

Registry-Zugriff und Berechtigungen

Sowohl auf einem Windows NT- wie auch auf einem Windows 2000-Server wird ein zentrales Verzeichnis mit Konfigurationsdaten verwendet, um die installierte Hard- und Software zu verwalten. Dieses Verzeichnis wird als Registry bezeichnet und Sie können mit den Programmen regedit.exe oder regedt32.exe darauf zugreifen, indem Sie diese Programme mit Start | Run aufrufen. Die Registry wird in einer Reihe von Binärdateien abgespeichert und besteht aus Sammlungen von *Schlüsseln* (*Keys*) und ihren dazugehörigen *Werten* (*Values*). Die Schlüssel sind in einer hierarchischen Struktur abgelegt. Sie können auf eine Position in der Registry auf dieselbe Weise wie auf ein Verzeichnis zugreifen. Im Prinzip können Sie sich die Registry-Schlüssel als Verzeichnisse und die Werte als Dateien in diesen Verzeichnissen vorstellen.

Es gibt viele Sicherheitseinstellungen, die mit der Registry verknüpft sind. Wenn Sie regedt32.exe starten, können Sie in einem Menüpunkt zur Sicherheit die Einstellungen für das gesamte Windows NT-System vornehmen. Wie bei den Verzeichnis- und Datei-Registerkarten „Security“ können Sie im Menüpunkt „Security“ der Registry Berechtigungen, Überwachungsoptionen und Besitzer verwalten.

Standardmäßig sind in den Berechtigungen für die Registry-Werte drei Gruppen aufgeführt. Die Administratoren- und Systemgruppen erhalten volle Zugriffsberechtigungen, und die Gruppe Everyone nur Lesezugriff. Sie können Berechtigungen entweder für einen bestimmten zu verändernden Schlüssel oder für alle Schlüssel unterhalb des Primärschlüssels vergeben. Mit einem Kontrollkästchen können Sie festlegen, ob die untergeordneten Schlüssel eingeschlossen werden sollen.

Sie müssen bei Änderungen an der Registry sehr vorsichtig vorgehen, da eine Panne bei der Eingabe dazu führen kann, dass Sie Ihr gesamtes Windows NT- oder 2000-System sowie die Oracle-Umgebung neu aufsetzen müssen (was nicht Ihr Hauptlebensinhalt sein sollte).

Hinweis:
Sichern Sie immer Ihre Registry, bevor Sie Änderungen vornehmen, um sicherzustellen, dass Sie eine Möglichkeit haben, alles rückgängig zu machen.

Wenn Sie den Menüpunkt „Security" anwählen, erscheint ein Fenster wie in Abbildung 5-8, das die Sicherheitseinstellungen für den Registry-Schlüssel anzeigt, den Sie markiert haben. Abbildung 5-9 zeigt das entsprechende Gegenstück in Windows 2000.

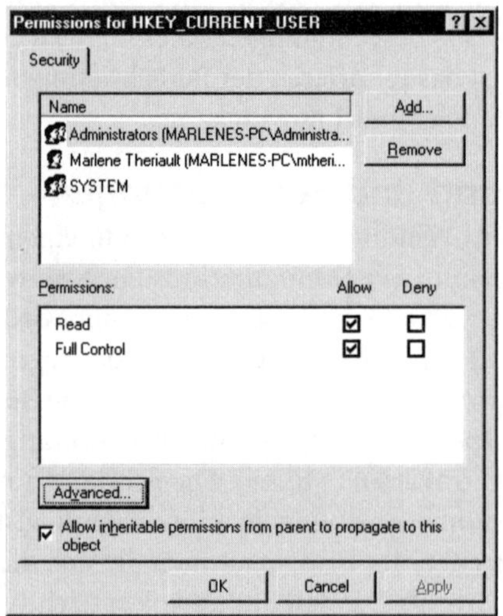

Abbildung 5-8: Sicherheitsberechtigungen für Windows NT

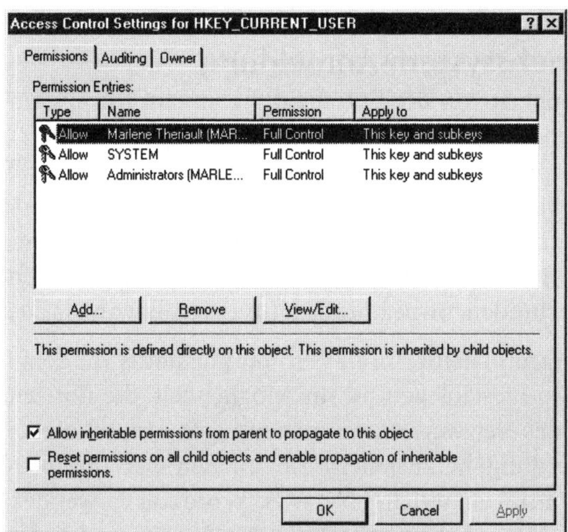

Abbildung 5-9: Zugriffskontrolleinstellungen für Windows 2000

Wenn Sie die Option View/Edit in Abbildung 5-9 anwählen, erhalten Sie ein in Abbildung 5-10 gezeigtes Fenster, in dem Sie unter Windows 2000 Berechtigungen zuweisen oder anpassen können.

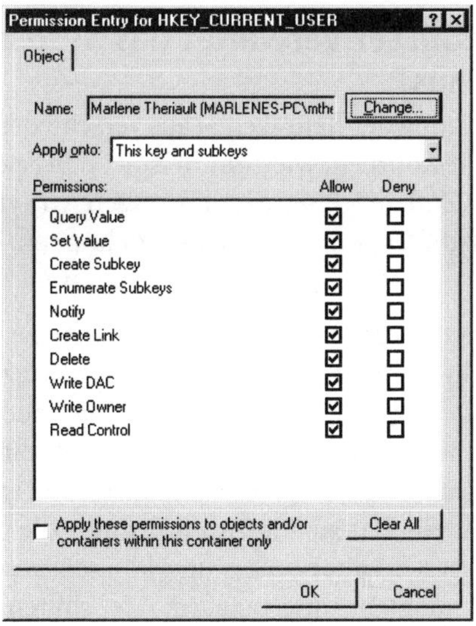

Abbildung 5-10: Fenster zum Zuweisen oder Verändern von Berechtigungen

Wir werden auf die Oracle Registry-Sicherheit im weiteren Verlauf dieses Kapitels noch eingehen.

Systemzugriff über Netzwerkverbindungen oder die Betriebssystem-Anmeldung

In Abhängigkeit von der Entscheidung, ob auf Ihr System über Netzwerkverbindungen oder über die Betriebssystem-Anmeldung zugegriffen wird, unterscheiden sich die Sicherheitsplanungen grundlegend. Obwohl Sie bei der Sicherung eines vernetzten Rechners wesentlich strengere Maßstäbe anlegen werden, sollten Sie bei Rechnern, auf die direkt zugegriffen wird, nicht nachlässiger sein, besonders, wenn diese für den Zugang ins Internet genutzt werden. In dem Moment, in dem Sie sich mit Systemen außerhalb verbinden, öffnen Sie sich für Angriffe von Hackern.

Der Hauptgrund dafür, Ihren Verbindungsstatus vor dem Installieren der Betriebssystem-Software festzulegen, ist die Möglichkeit, die notwendigen Konfigurationsparameter für das Netzwerk zusammenzutragen, um schon bei der Installation eine Netzwerkverbindung herzustellen. Sie müssen bei Ihrem Netzwerk-Administrator in Erfahrung bringen, welches Netzwerkprotokoll verwendet wird und welche IP-Adresse Ihr Rechner erhalten soll. Weiterhin benötigen Sie die Adresse des DNS und die standardmäßige Gateway-IP-Adresse, die in Ihrem Netzwerk genutzt wird, damit sie eingegeben werden können, wenn Sie während der Installation dazu aufgefordert werden. Wenn Sie das Netzwerk nicht zu Beginn einrichten, können Sie dies später nachholen, indem Sie Start | Settings | Control Panel | Networking (Start | Einstellungen | Systemsteuerung | Netzwerk) anwählen.

Wie viele Benutzer verwaltet das System und wie sehen ihre Rechte aus?

Die Berücksichtigung der Benutzer ist aus verschiedenen Gründen wichtig. Sie müssen die physischen Ressourcen, wie zum Beispiel den Speicher, bestimmen, den jeder Benutzer benötigt. Zudem sollten Sie abschätzen, wie viele Daten die Benutzer dem System täglich hinzufügen, um sicherstellen zu können, dass Sie über genug Plattenkapazität verfügen.

Aus der Sicherheitsperspektive betrachtet müssen Sie bedenken, wer auf Ihr System zugreifen wird und welche Berechtigungen jeder Benutzer benötigt. Wir sind uns im Klaren darüber, dass Sie womöglich nicht derjenige sind, der die Berechtigungen der Benutzer festlegt, aber Sie sollten darauf vorbereitet sein, Empfehlungen und Vorschläge machen zu können. Wie wir später noch ausführen werden, glauben wir nicht, dass jemand anderes als ein Datenbank-Administrator die DBA-Rolle oder die entsprechenden Berechtigungen erhalten sollte, und können unsere Position auch mit sehr überzeugenden Argumenten untermauern. Sie sollten darauf vorbereitet sein, jeden Sicherheitsaspekt begründen zu können, wenn Sie Ihr Management zum Beispiel davor warnen möchten, mehr Berechtigungen für Ihr System oder Ihre Datenbank zu vergeben, als notwendig sind. Die meisten Manager wollen sicherstellen, dass ihr System ausreichend geschützt ist, gleichzeitig möchten sie aber, dass ihre Mitarbeiter ausgelastet sind. Daher wird die Firmenleitung nicht gerne Sicherheitsmaßnahmen bewilligen, die

die Leistungsfähigkeit ihrer Mitarbeiter beeinträchtigen, solange sie von Ihnen keine triftigen Gründe dafür erfährt.

Einrichten von Benutzerkonten und Anforderungen an Kennwörter

Bevor Sie Ihr Betriebssystem installieren, sollten Sie sich mit der Geschäftsführung zusammensetzen und festlegen, wer im System Benutzerkonten anlegen darf und wie Kennwörter eingerichtet, verteilt und geändert werden. Wenn Sie die Benutzerkonten erstellen, müssen Sie jeden Benutzernamen und die Applikationen kennen, die jeder Benutzer benötigt, um die entsprechenden Berechtigungen vergeben zu können. Wenn Sie eine große Zahl von Benutzern auf Ihrem System haben, sollten Sie sich überlegen, Benutzergruppen anzulegen und die Berechtigungen den Gruppen statt den einzelnen Benutzern zuzuweisen.

Eine der besten Möglichkeiten, die Oracle-Dateien auf einem Windows NT-System zu schützen, ist das Festlegen des Servers als dedizierten Oracle-Rechner, wann immer das möglich ist. Zudem sollte außer den System- und Datenbank-Administratoren niemand Zugriff auf das Betriebssystem erhalten. Wenn sich allerdings auch „normale“ Benutzer an Ihrem System anmelden dürfen, können Sie dies über Start | Programs | Administrative Tools (Common) | User Manager (Start | Programme | Verwaltung (Allgemein) | Benutzermanager) erledigen.

Im Menü User können Sie auswählen, ob Sie einen neuen Benutzer oder eine neue Gruppe anlegen möchten. Wenn der Benutzer oder die Gruppe angelegt wird, können Sie ihm/ihr schon Berechtigungen zuweisen. Standardmäßig wird bei der Installation der Oracle-Software eine Gruppe namens ORA_DBA angelegt. Wenn Sie dieser Gruppe einen Benutzer zuordnen, kann er sich an der Datenbank ohne Kennwort mit DBA-Berechtigungen anmelden. Wir empfehlen daher unbedingt, dieser Gruppe keinen Benutzer zuzuweisen, solange er nicht Verwaltungsaufgaben auf der Datenbank zu erledigen hat, die diese Berechtigungen benötigen.

Das zweite Menü behandelt die Richtlinien. Sie können dabei Konten, Benutzerrechte und Überwachungsinformationen konfigurieren.

Wie in Abbildung 5-11 zu sehen ist, gibt es im Fenster „Account Policy“ (Kontenrichtlinien) umfangreiche Kennwortoptionen. Sie können die maximale Lebensdauer eines Kennworts festlegen und bestimmen, wie oft das Kennwort verfällt. Sie können den Verfall vorgeben und den Benutzer zwingen, das Kennwort zu ändern, wenn er sich zum ersten Mal anmeldet oder innerhalb eines gewissen Zeitraums. Die minimale Kennwortlänge kann ebenso festgelegt werden wie die Möglichkeit, auch leere Kennwörter zuzulassen. Wir empfehlen, keine leeren Kennwörter zu erlauben, wenn Sie keinen wirklich guten Grund dafür haben. Durch die Kennworthistorie stellen Sie sicher, dass ein Benutzer, der sein Kennwort ändern soll, es nicht nur kurzfristig ändert, um gleich wieder das alte zu nutzen. Weiterhin können Sie das Sperren von Konten aktivieren. Damit lassen sich fehlgeschlagene Kennworteingaben abfangen. Wenn ein Benutzer bei der Eingabe seines Passworts nicht aufpasst und sich vertippt, wird er beim zweiten oder dritten Versuch vermutlich vorsichtiger sein. Wenn ein Hacker ein Kennwort erraten will, benötigt er vermutlich mehr als drei Versuche. Wenn Sie ein Konto nach einer gewissen Anzahl von Fehlversuchen sperren lassen, haben Sie eine bessere Chance, Einbruchsversuche aufzudecken. Dazu müssen Sie festlegen, ob ein Konto nach einer gewissen Zeit automatisch wieder frei gegeben wird oder ob es gesperrt bleibt, bis sich ein Systemadministrator darum kümmert. Es gibt für beide Optionen gute Argumente. Wir bevorzugen die Freigabe durch einen Systemadministrator, um sicherzustellen, dass Sie Einbruchsversuche auch mitbekommen. Die endgültige Entscheidung liegt natürlich bei Ihnen und Ihrem Management.

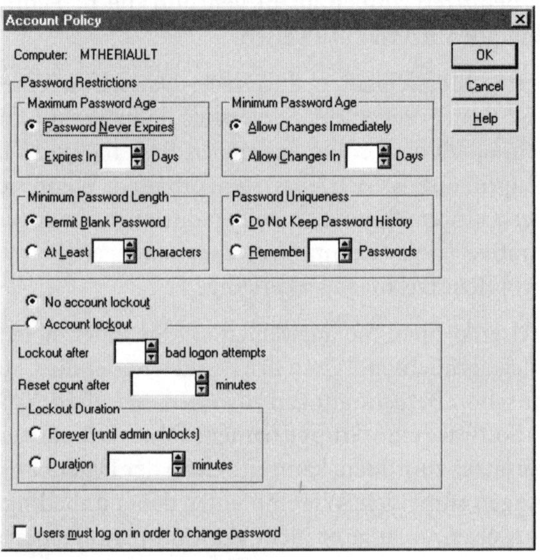

Abbildung 5-11: Bildschirm für Kontenrichtlinien

Andere Richtlinieneinstellungen

Außer dem Fenster für die Kontenrichtlinien gibt es im Menü „Policies" zwei weitere Punkte zum Thema Benutzerrechte und Überwachung. Die Aktionen, die Sie einem Benutzer erlauben können, beinhalten Folgendes:

- Diesen Computer über das Netzwerk ansprechen
- Dateien und Verzeichnisse sichern
- Die Systemzeit ändern
- Das System von einem anderen System aus herunterfahren
- Gerätetreiber laden und entfernen

- Lokal anmelden
- Audit- und Sicherheitsprotokolle verwalten
- Dateien und Verzeichnisse wiederherstellen
- Das System herunterfahren
- Besitz an Dateien oder anderen Objekten erlangen
- Traverse-Checking umgehen (erweitertes Recht)
- Als Dienst anmelden (erweitertes Recht)

Da diese Aktivitäten potenzielle Sicherheitsrisiken darstellen, empfehlen wir, sie sehr sorgsam und auch nur den entsprechenden Benutzern, wie zum Beispiel den Systemadministratoren, zuzuweisen.

Bei den Überwachungsrichtlinien können Sie, wie in Abbildung 5-12 gezeigt wird, das erfolgreiche und/oder erfolglose Durchführen folgender Aktionen durch einen Benutzer oder eine Gruppe überwachen:

- An- und Abmelden
- Zugriff auf Dateien und Objekte
- Verwenden von Benutzerrechten
- Benutzer- und Gruppenverwaltung
- Änderung von Sicherheitsrichtlinien
- Herunter- und Hochfahren des Systems
- Verfolgen von Prozessen

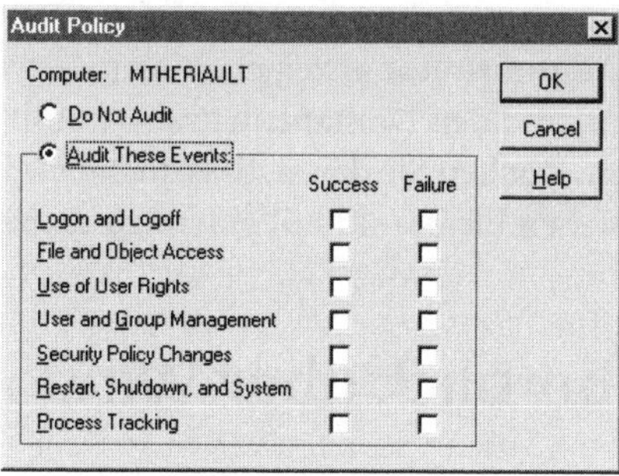

Abbildung 5-12: Fenster mit Überwachungsrichtlinien

Auch wenn Sie nicht für die Systemverwaltung zuständig sind, empfehlen wir doch, sich mit den verfügbaren Optionen und deren Folgen für die Sicherheit vertraut zu machen, um einen neuen Benutzer oder eine neue Gruppe auf Ihrem Windows NT-System einrichten zu können.

Domänen im Netzwerk und ihre Kriterien

Windows NT-Domänen sind Gruppen von Computern, die eine gemeinsame Sicherheitsbasis nutzen. Eine Windows NT-Domäne unterscheidet sich sehr von einer Internet-Domäne. Internet-Domänen sind hierarchisch aufgebaut und beinhalten keinerlei explizite Berechtigungen aufgrund des Domänennamens. Windows NT-Domänen sind flach und können nur kombiniert werden, indem sie Domäne für Domäne verbunden werden. Aufgrund der flachen Architektur sind Domänen nicht beliebig skalierbar, da der erforderliche Overhead durch die vielfache Verknüpfung untereinander zu groß wird.

Ein Windows NT-Server kann ein Domänencontroller, ein Backup-Domänencontroller oder ein unabhängiger Server sein. In den ersten beiden Fällen können sich Benutzer nur an der Domäne anmelden, denn es existieren keine lokalen Konten. Bei einem unabhängigen Server können sich Benutzer sowohl an der Domäne als auch direkt am Server anmelden.

Wenn Sie das Betriebssystem installieren, müssen Sie vorher schon wissen, ob der Rechner als einzelner Server mit einer eigenen Sicherheitsauthentifizierung genutzt werden soll, oder ob er Mitglied einer Domäne wird. Wenn ein Windows NT-Server als ein solches Mitglied eingerichtet wird, lässt sich der Verwaltungsaufwand auf dem lokalen Server reduzieren, da Sie statt der eigenen Serverkonten die Domänenkonten verwenden können. Für Datenbank-Administratoren, die mehrere Datenbanken auf verschiedenen Servern verwalten, ist dies ein sehr mächtiges Feature. Der Datenbank-Administrator kann dann die gleichen Konten auf vielen verschiedenen Servern nutzen.

Nachdem Sie Ihr Windows NT-System im Netzwerk installiert und konfiguriert haben, werden Sie beim Anmelden nach Ihrem Benutzernamen, dem Passwort und – falls Sie in einer Domäne sind – dem Namen der Domäne gefragt, bei der Sie sich anmelden wollen. Nach Ihren ersten Installationsschritten wird der Anmeldebildschirm standardmäßig den Administrator anzeigen. Normalerweise zeigt die Anmeldemaske immer den Benutzer- und den Domänennamen an, mit denen Sie sich zuletzt am System angemeldet haben. Denken Sie daran, dass auch bei einer Domäne das lokale Administrator-Konto bestehen bleibt und mit einem guten Kennwort gesichert werden muss.

5.2 Überblick über Windows NT mit Oracle

Um wirklich effektiv zu sein, sollten sich die Sicherheitsüberlegungen auf jeden Aspekt Ihres Systems beziehen, angefangen mit der Installation des Betriebssystems und den Oracle-Produkten, über die Erstellung der Datenbank und der Applikationen bis hin zur Bereitstellung der Produktionsumgebung und darüber hinaus. In diesem Kapitel wollen wir Sie durch die sichere Installation von Oracle in einer Windows-Umgebung führen.

Da wir Informationen über Windows NT und Windows 2000 aufführen, haben wir uns entschieden, ein Konzept zunächst im Zusammenhang mit NT zu präsentieren, und dann die Unterschiede der Anwendung oder der Darstellung unter Windows 2000 aufzuzeigen.

Lassen Sie uns ein bisschen darüber reden, wie Windows NT konfiguriert wird, damit Sie leichter mit dem System arbeiten können. Natürlich ist eine detaillierte Darstellung des Betriebssystems im Rahmen dieses Buchs nicht möglich, aber wir meinen, dass Sie – zumindest prinzipiell – verstehen müssen, wie NT funktioniert, bevor Sie die Implementierung von Oracle auf NT verstehen können.

5.2.1 Wie Windows NT funktioniert

Windows NT ist ein 32-Bit-Betriebssystem. Das bedeutet, dass der physische Speicher mit 32-Bit-Adressen adressiert wird. Da es für jede Adresse eine feste Größe gibt, ist auch eine maximale Anzahl von Adressen festgelegt, die das Betriebssystem unterstützen kann. Daher kann Windows NT nicht mehr als 4GB physikalischen Speicher adressieren. Denken Sie daran, dass die 4GB auf dem Wert 2^{32} basieren. Tatsächlich können Applikationen nur zwischen 2GB und 3GB des Speichers verwenden, da das Betriebssystem für sich selbst Speicher innerhalb der 4GB reserviert. Für Compaq Alpha-Rechner unterstützt Windows NT eine 64-Bit-Architektur, wodurch die Alphas sehr viel mehr Speicher ansprechen können.

Windows NT arbeitet sowohl mit CISC (Complete Instruction Set Command)- als auch mit RISC (Reduced Instruction Set Command)-Architekturen zusammen. Nun sollten wir darauf hinweisen, dass das Betriebssystem um einen Kernel herum gebaut ist, der so klein und effizient wie möglich entworfen wurde. Der Kernel enthält die grundlegendsten und wichtigsten Betriebssystemfunktionen, während der Rest der notwendigen Betriebssystemaktivitäten von verschiedenen Subsystemen verarbeitet wird, die vom Kernel kontrolliert werden.

Aber wie entscheidet der Kernel, welches Subsystem zu einem bestimmten Zeitpunkt laufen soll? Windows NT nutzt dafür eine Methode, die als *preemptives Multitasking* bekannt ist, um herauszufinden, welches Subsystem läuft und welches pausiert, damit ein anderes Subsystem ausgeführt werden kann. Der Bereich des Kernels, der diese Aktivitäten kontrolliert, wird als *Scheduler* bezeichnet.

Betriebssystem-Konfiguration

Windows NT ist in den Kernel und verschiedene Subsysteme aufgeteilt, wobei jeder Teil bestimmte Aufgaben übernimmt. Abbildung 5-13 zeigt einen Überblick über die Architektur von Windows NT. Beachten Sie, dass die Applikationen im User Mode laufen, während die Subsysteme und der Kernel im Kernel Mode arbeiten. Schauen Sie sich auch an, wo wir die Oracle-Applikation platziert haben. Alle Oracle-Prozesse laufen im User Mode und nutzen APIs (Application Programming Interfaces), um die gewünschten Speicherbereiche anzusprechen.

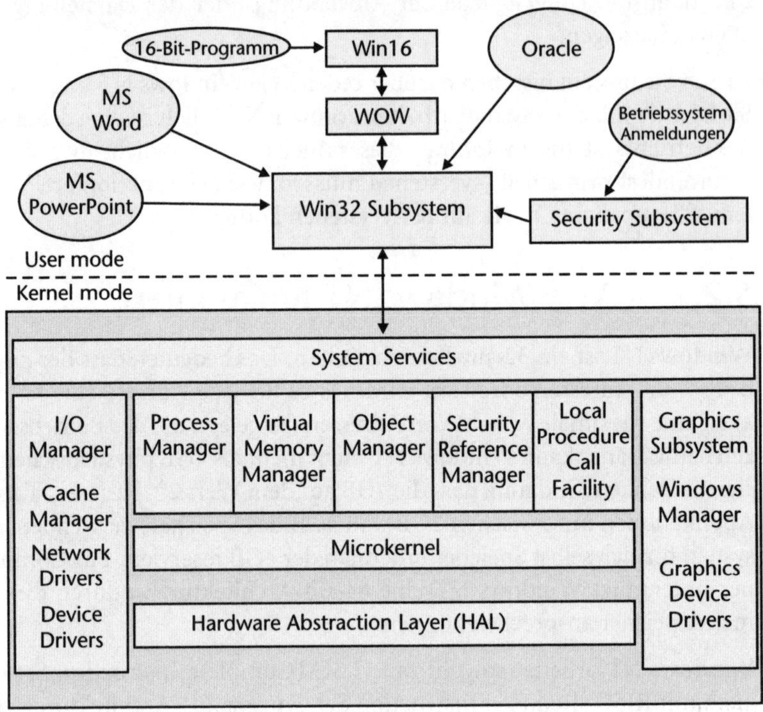

Abbildung 5-13: Ein vereinfachter Überblick über das Betriebssystem Windows NT

Auf der untersten Ebene werden die meisten Interaktionen zwischen Windows NT und der eigentlichen Computer-Hardware durch den Hardware Abstraction Layer (HAL) abgehandelt, auch wenn manche Gerätetreiber direkt mit der Hardware kommunizieren. Wie schon erwähnt, verwaltet der Kernel die Interaktion mit allen anderen Subsystemen und die Kommunikation zwischen ihnen und dem HAL. Tabelle 5-3 zeigt die anderen NT-Komponenten und Ihre Verantwortungsbereiche.

Tabelle 5-3: Kernel-Komponenten und ihre Verantwortungsbereiche

Komponente	**Verantwortungsbereich**
I/O Manager	Kontrolliert Ein- und Ausgaben
Process Manager	Erstellt und verwaltet Systemprozesse (außer dem Scheduling, das vom Kernel verwaltet wird)

Tabelle 5-3: Kernel-Komponenten und ihre Verantwortungsbereiche (Fortsetzung)

Komponente	Verantwortungsbereich
Virtual Memory Manager	Kontrolliert die Anforderung und Verwendung des Systemspeichers
Object Manager	Erstellt, modifiziert und löscht Systemobjekte (Datenstrukturen)
Security Reference Manager	Arbeitet mit dem Objekt Manager zusammen, um systemweite Sicherheitseinstellungen umzusetzen. Dabei werden Zugriffe auf Objekte und Systemressourcen erlaubt oder verweigert; er basiert auf Security Access Tokens (SAT)
Local Procedure Call Facility	Kontrolliert Interprozess-Kommunikation
Graphics Subsystem	Kontrolliert die Schnittstelle zu grafischen Anzeigesystemen

Die Dienste und Funktionen auf Systemebene, die von den Komponenten zur Verfügung gestellt werden, ermöglichen normale Prozesse im User Mode, um die allgemeinen Aufgaben erledigen zu können. Manche der Systemdienste laufen selbst im User Mode.

Das im User Mode laufende Win32-Subsystem bietet eine Reihe von Subroutinen der Standardbibliotheken über APIs. Diese Routinen ermöglichen es Benuterapplikationen, Operationen auszuführen, Ressourcen anzusprechen und Systemdienste anzufordern. Beachten Sie, dass manche Applikationen direkt mit dem Win32-Subsystem kommunizieren, während andere indirekt darauf zugreifen. Unabhängig davon, ob eine Applikation über eines oder mehrere Subsysteme kommuniziert, tauschen sich alle Applikationen über das Win32-Subsystem aus. So kommuniziert zum Beispiel wie in Abbildung 5-13 ein DOS-basiertes 16-Bit-Programm mit einem Subsystem, das zur Verwaltung der 16-Bit-Systemaufrufe entworfen wurde. Diese Aufrufe werden durch ein Subsystem namens „Windows on Win32" (WOW) in 32-Bit-Aufrufe umgewandelt und dann verarbeitet.

In Abbildung 5-13 sind zwei unterschiedliche Sicherheits-Subsysteme dargestellt: das Security Subsystem im User Mode und der Security Reference Manager im Kernel Mode. Jedes der beiden Subsysteme dient einem anderen Zweck. Wie Sie in Tabelle 5-3 gesehen haben, kümmert sich der Security Reference Manager um die Objekt-Sicherheit. Das Sicherheits-Subsystem im User Mode verwaltet andererseits die Benutzerauthentifizierung bei der Anmeldung.

Wie Unix und Compaq OpenVMS hat NT die globalen Netzwerk-Standards wie TCP/IP und SNMP implementiert. Oracle empfiehlt, als Kommunikationsprotokoll unter Windows NT TCP/IP zu nutzen.

5.2.2 Prozesse versus Threads

Wenn Sie ein Unix-System betrachten, werden Sie feststellen, dass es verschiedene identifizierbare Prozesse gibt. Im folgenden Listing weist der Parameter -v Unix an, alles auszuwählen, was nicht dem folgenden String entspricht. Der Befehl weist an, nach allen Prozessen mit der Zeichenkette „ora" zu suchen, dabei aber die Wörter „LOCAL" und „grep" auszuklammern. In der folgenden Ausgabe gibt es neun getrennte Oracle-Prozesse sowie den Listener, die auf dem Unix-System laufen.

```
$ ps -ef|grep ora|grep -v LOCAL|grep -v grep
oracle 221 1 0 Jun 15 ? 37:03/oracle/bin/tnslsnr LISTENER -inherit
oracle 258 1 0 Jun 15 ? 307:15 ora_dbw0_test
oracle 254 1 0 Jun 15 ? 0:01 ora_pmon_test
oracle 260 1 0 Jun 15 ? 0:40 ora_arch_test
oracle 262 1 0 Jun 15 ? 26:32 ora_lgwr_test
oracle 264 1 0 Jun 15 ? 1:43 ora_ckpt_test
oracle 266 1 0 Jun 15 ? 0:10 ora_smon_test
oracle 268 1 0 Jun 15 ? 0:02 ora_reco_test
oracle 272 1 2 Jun 15 ? 1991:58 ora_d000_test
oracle 19971 1 1 Jul 28 ? 197:17 ora_s000_test
```

Die Ausgabe zeigt die Hintergrundprozesse der Instanz TEST an.

Die NT-Architektur besitzt eine eingebaute Multithreading-Fähigkeit, so dass ein einzelnes Programm viele verschiedene Aufgaben im Grunde zur selben Zeit ausführen kann. In einer NT-Umgebung für Oracle8*i* läuft jeder Task als konkurrierender Thread in einem einzelnen Prozess, der Programmdatei Oracle.exe. In Oracle 8.0 heißt diese Datei Oracle80.exe. Die Threads, die im selben Programm laufen, teilen sich den gleichen Code, den Speicherplatz und andere Strukturen, und reduzieren damit den Ressourcen-Overhead des Systems.

In anderen Betriebssystemen benötigt jeder eigene Prozess seine eigene Code-Implementierung. Dadurch, dass mehrere Threads in einem Programm laufen, verringert Oracle die Anzahl der Code- und Datensegmente sowie der Stacks, die für die Verarbeitung notwendig sind, und reduziert damit auch den Speicherverbrauch. Allerdings betrifft jeder Speicherzugriff alle Threads. Der größte Vorteil beim Multithreading ist der Performance-Gewinn, da mehrere Threads gleichzeitig ausgeführt werden können, ohne den Adressraum hin- und herschieben zu müssen. Dies ist besonders bei einer Mehrprozessormaschine wichtig.

Sie können den Windows NT Task Manager nutzen, um die aktuell auf Ihrem NT-System laufenden Prozesse anzuzeigen. Sie erreichen ihn, indem Sie STRG-ALT-ENT gleichzeitig drücken und in der erscheinenden Dialogbox die Option „Task Manager" anwählen. Wenn der Task Manager dann angezeigt wird, wählen Sie die Registerkarte Processes (Prozesse).

Seit Oracle8.0.4 können Sie mehrere ORACLE_HOME-Verzeichnisse auf demselben System gleichzeitig mit unterschiedlichen Versionen des RDBMS nutzen. Das bedeutet, dass Sie auf derselben Maschine Datenbanken der Versionen 7.3.4, 8.0.5, 8*i* Release 2 und 8*i* Release 3 gleichzeit laufen lassen können! Wir wissen, dass dies ein bisschen verwirrend klingt, wo wir doch gerade erzählt haben, dass mehrere Home-Verzeichnisse seit Version 8.0.4 möglich sind. Zur Klarstellung: Wenn Sie schon eine Installation der Version 7.3 auf Ihrem System haben, können Sie die Versionen 8.0, 8*i* oder 9*i* in anderen ORACLE_HOME-Verzeichnissen installieren und haben keine Probleme mit den verschiedenen Home-Verzeichnissen. Allerdings können Sie keine zwei Versionen von 7.3 auf derselben Maschine installieren und erwarten, dass beide funktionieren.

Um Oracle-Prozesse und Listener zu starten und zu stoppen, müssen Sie entweder auf das Service-Fenster zurückgreifen oder Befehle an der DOS-Kommandozeile eingeben. Sie können für jede Version einen Listener auf Ihrem System zur gleichen Zeit laufen lassen. sollten aber wirklich nur den mit der höchsten Versionsnummer nutzen, um sich mit allen Datenbanken auf Ihrem Rechner zu verbinden.

Über Oracle-Dienste

Jede Oracle-Instanz auf einem NT-System läuft als separater *Dienst* (*Service*) oder ausführbares Programm, um das sich NT kümmert und das gestartet wird, wenn NT startet. Ein Dienst kann im Hintergrund laufen oder so konfiguriert werden, dass er im Vordergrund mit Benutzern interagiert. Er kann gestartet werden und laufen, auch wenn kein Benutzer am System angemeldet ist. Dies ist ein wichtiges Feature, da Sie nicht wollen, dass Ihr Datenbank-Server davon abhängig ist, dass sich jemand an der Maschine angemeldet hat.

Um auf das Service-Fenster von NT 4.0 zugreifen zu können, rufen Sie Start | Settings | Control Panel (Start | Einstellungen | Systemsteuerung) auf und wählen die Services-Option aus (das Icon mit den zwei Zahnrädchen). In Oracle8.0 gibt es zwei separate Diensteinträge, die im Fenster angezeigt werden, während es bei Oracle8*i* nur einen Eintrag gibt. Um einen Dienst für eine neue Datenbank anzulegen, können Sie in 8*i* den Befehl **oradim** oder in Version 8.0 den Befehl **oradim80** an der DOS-Kommandozeile eingeben. Das Aufrufen des Befehls ohne Parameter gibt Ihnen die mögliche Syntax aus.

Abbildung 5-14 zeigt das Service-Fenster von Windows NT mit einigen gestarteten Oracle-Prozessen. Standardmäßig wird jede Datenbank und der Listener so eingerichtet, dass sie automatisch gestartet werden.

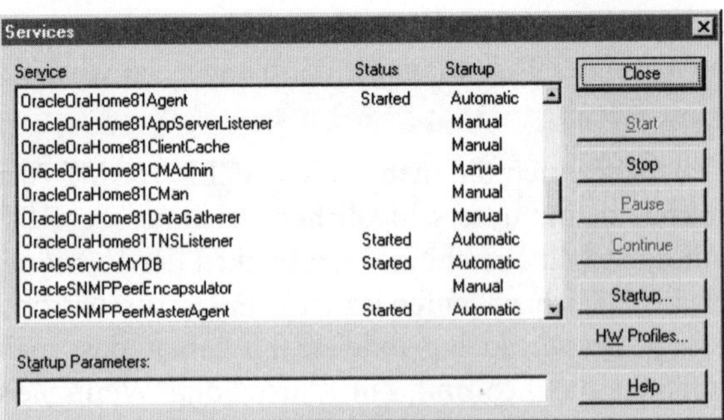

Abbildung 5-14: Windows NT Service-Fenster mit einigen gestarteten Oracle-Prozessen

In Windows 2000 können Sie das Service-Fenster nicht direkt über Start | Settings | Control Panel | Services starten. Alle Verwaltungs-Tools wurden in einem Untermenü Administration (Verwaltung) gebündelt, wo sich auch das Service-Fenster findet. Auch die Darstellung und der Inhalt des Service-Fensters hat sich geändert. Abbildung 5-15 zeigt den Bereich mit den Oracle-Diensten unter Windows 2000.

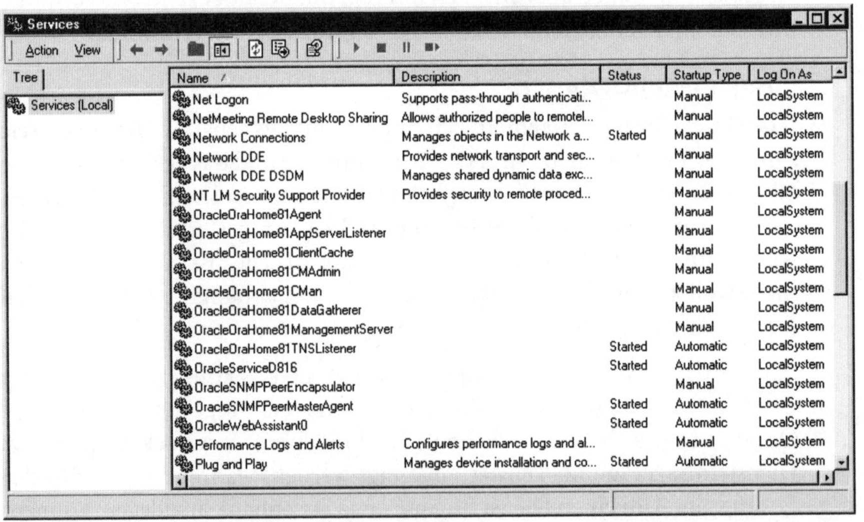

Abbildung 5-15: Windows 2000 Service-Fenster mit einigen gestarteten Oracle-Prozessen

5.2.3 Die Oracle-Threads anzeigen

Sie können die Oracle-Threads anzeigen lassen, indem Sie die Option „Performanc Monitor" im Task Manager anwählen. Aufeinander folgende Thread-Nummern wer den genutzt, um jeden Thread zu identifizieren, es werden aber keine Thread-Name zur Verfügung gestellt. Oracle-Threads werden in der folgenden Reihenfolge zugewie sen: Thread 0 ist der Dispatcher-Thread. Er verwaltet Eingaben vom Listener-Prozess (der durch die Dienste gestartet wird). Thread 1 ist der Arbeits- oder Ausführungsprozess, der durch den Dispatcher-Thread angeforderte Prozesse abarbeitet. Dieser Thread ruft normalerweise einen anderen Thread auf, wenn auf dedizierten Servern eine Verbindung eingeht. Tabelle 5-4 zeigt die grundlegende Thread-Zuweisung, nachdem der Dispatcher- und Arbeits- oder Ausführungs-Thread gestartet wurden. Diese Zuweisung wird normalerweise sowohl in Oracle8.0 als auch in 8*i* genutzt.

Tabelle 5-4: Grundlegende Thread-Zuweisungen

Thread	Nummer
PMON	2
DBW0	3
LGWR	4
CKPT	5
SMON	6
RECO	7

Wenn die Archivierung aktiviert wurde, wird dem Prozess ARCH der Thread 4 zugewiesen und die anderen Threads werden um eine Nummer verschoben. LGWR wird dann Thread 5, CKPT Thread 6 und so weiter. In Oracle8*i* wurden die heterogenen Service-Agents an das Multithreading angepasst und arbeiten jetzt ähnlich wie in der Oracle Multithreaded Server (MTS)-Architektur. Es gibt nun eine Reihe von Dispatchern, die Anfragen von Oracle Datenbank-Server-Prozessen erhalten und die Ergebnisse zurückliefern. Es gibt zudem einen Pool an Task-Threads, um Anfragen zu verarbeiten und Ergebnisse zu berechnen. Auf diesem Weg kann eine größere Anzahl von gleichzeitigen Benutzersitzungen bedient werden. Auch wenn in Windows NT keine individuellen Thread-Namen von Oracle-Prozessen sichtbar sind (weder vom Task Manager noch vom Service-Fenster), können Sie diese im Alert Log finden, wenn die Datenbank gestartet wird. Sie finden das Alert Log für jede Datenbank generell im Verzeichnis ORACLE_HOME\Admin\<Datenbank-Name>\bdump. Abbildung 5-16 zeigt den Windows Explorer mit dem entsprechenden Verzeichnis und der dort sichtbaren Datei.

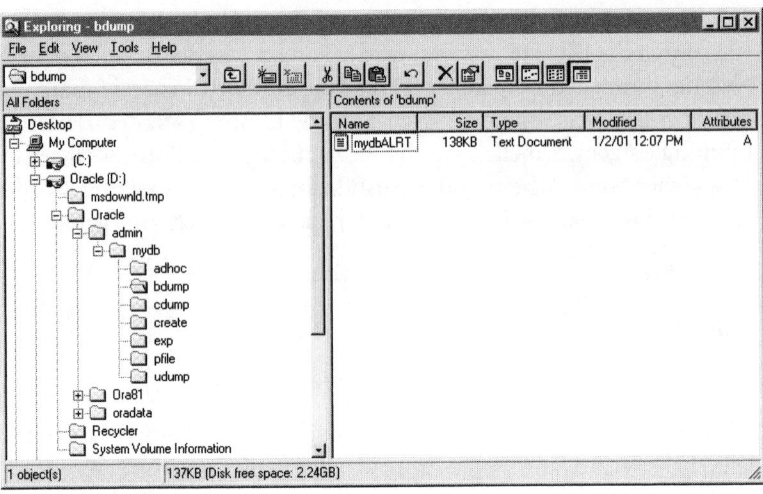

Abbildung 5-16: Standort des Alert Logs

Ein Beispielabschnitt des Alert Logs sieht so aus:

```
PMON started with pid=2
DBW0 started with pid=3
LGWR started with pid=4
CKPT started with pid=5
SMON started with pid=6
RECO started with pid=7
```

Wenn Sie Administrations-Berechtigungen auf Ihrer Oracle-Datenbank haben, erhalten Sie die Liste der Threads und ihrer Zuordnungen in SQL*Plus auch über die folgende Abfrage:

```
select b.NAME BKPR, s.USERNAME SPID, p.PID
  from V$BGPROCESS b, V$SESSION s, V$PROCESS p
 where p.ADDR = b.PADDR(+)
   and p.ADDR = s.PADDR
BKPR  SPID                              PID
----- ------------------------------ ---------
PMON                                      2
DBW0                                      3
LGWR                                      4
CKPT                                      5
SMON                                      6
RECO                                      7
SNP0                                      8
SNP1                                      9
      DBSNMP                             12
      SYS                                13
```

Hinweis:
Der Listener- und der Dispatcher-Prozess tauchen in dieser Liste nicht auf.

Auf diesem Weg können Sie erkennen, welcher Prozess mit welchem Thread verknüpft ist. Allerdings wird die Nummer wiederverwertet, wenn ein Prozess endet. Daher kann es schwierig sein, einen Benutzer zu überwachen, indem man einen Thread beobachtet. Wenn das Resource Kit auf Ihrem Rechner verfügbar ist, können Sie den Befehl **tlist** nutzen, um die Threads eines Prozesses zu untersuchen.

5.2.4 Oracle und die Windows-Registry

Jede Oracle-Datenbank und alle Pfade der Oracle-Software werden in der Registry abgelegt. Die wichtigen Root-Schlüssel in der Registry für Oracle-Installationen und deren Inhalte werden in Tabelle 5-5 gezeigt.

Tabelle 5-5: Wichtige Root-Schlüssel in der NT-Registry

Schlüssel	Inhalt
HKEY_LOCAL_MACHINE (HKLM)	Informationen über Hardware, Security Accounts Manager, Sicherheit, Software und das System
HKEY_USERS (HKU)	Ein Unterschlüssel für jedes Benutzerkonto auf der lokalen Maschine
HKEY_CURRENT_CONFIG (HKCC)	Informationen über das gesamte System
HKEY_CLASSES_ROOT (HKCR)	Informationen über Dateiverknüpfungen und applikationsspezifische Daten für OLE
HKEY_CURRENT_USER (HKCU)	Ein Profil für den aktuellen Benutzer (tatsächlich ein Zeiger auf HKCU\SID)

Die Werte enthalten Systemeinstellungen, die als *Daten* (*Data*) bekannt sind. Es gibt elf verschiedene Datentypen für die Werte von Registry-Schlüsseln. Tabelle 5-6 zeigt die fünf am häufigsten genutzten Datentypen.

Tabelle 5-6: Die fünf am häufigsten genutzten Datentypen in der Registry

Datentyp	Wert
REG_BINARY	Binäre Daten
REG_DWORD	Ganzzahlige Daten (häufig in hexadezimaler Darstellung angezeigt)

Tabelle 5-6: Die fünf am häufigsten genutzten Datentypen in der Registry (Fortsetzung)

Datentyp	Wert
REG_SZ	String-Wert
REG_MULTI_SZ	Eine Liste von Strings, wobei jeder String in einer eigenen Zeile angezeigt wird
REG_EXPAND_SZ	Ein String, der erweiterbare Parameter enthält. Die Variablen werden durch ihre aktuellen Werte ersetzt, wenn der Schlüssel genutzt wird.

Die Registry ist aus Sicherheitsgründen wichtig, da wie bei Betriebssystemdateien der Besitzer und Berechtigungen für individuelle Registry-Schlüssel und deren Unterschlüssel gesetzt werden können. Es gibt Zugriffsberechtigungen und Berechtigungsgruppen, die mit den Schlüsseln verbunden sind. Um auf den Menüpunkt Security | Permissions (Sicherheit | Berechtigungen) zugreifen zu können, müssen Sie die Registry mit dem Programm regedt32.exe öffnen. Sie sollten aber auf jeden Fall immer die Auswirkungen Ihrer Änderungen an der Registry durchdenken, da das Begrenzen der Zugriffsmöglichkeiten dazu führen kann, dass normale Systemfunktionen nicht mehr arbeiten. Die Zugriffsberechtigungen sind in Tabelle 5-7 zu sehen.

Tabelle 5-7: Zugriffsberechtigungen für die Registry

Zugriffsberechtigungen	Aktionen
Full Control (Vollzugriff)	Alle Berechtigungen
Query Value (Wert abfragen)	Den aktuellen Wert des Schlüssels sehen
Set Value (Wert festlegen)	Den aktuellen Wert des Schlüssels ändern
Create Subkey (Unterschlüssel erstellen)	Einen Unterschlüssel erstellen oder hinzufügen
Enumerate Subkey (Unterschlüssel auflisten)	Den Baum mit den Werten der Unterschlüssel einsehen
Notify (Benachrichtigen)	Das Auditieren von Änderungen an einem Schlüssel ermöglichen
Create Link (Verknüpfung erstellen)	Eine Verknüpfung zu diesem Ort erstellen
Delete (Löschen)	Einen Schlüssel entfernen
Write DAC (DAC schreiben)	Die Berechtigungen für einen Schlüssel anpassen

Tabelle 5-7: Zugriffsberechtigungen für die Registry (Fortsetzung)

Zugriffsberechtigungen	**Aktionen**
Write Owner (Besitzer festlegen)	Den Besitz an einem Schlüssel übernehmen
Read Control (Lesezugriff)	Die Sicherheitseinstellungen eines Schlüssels einsehen

Die gesetzten Berechtigungen sind eine Kombination von Zugriffsberechtigungen der Registry. Die Lese-Berechtigung besteht aus vier Berechtigungen: Wert abfragen, Unterschlüssel auflisten, Benachrichtigen und Lesezugriff. Wie der Name schon sagt, sind im Vollzugriff alle verfügbaren Berechtigungen gesetzt.

Warum sollten Sie sich für die Registry interessieren? Nun, sie ermöglicht Ihnen nicht nur, die Anzahl der verschiedenen installierten ORACLE_HOMEs zu erfahren, indem Sie im Schlüssel HKEY_LOCAL_MACHINE\SOFTWARE\ORACLE\ALL_HOMES nachschauen. Sie bietet Ihnen auch viele Möglichkeiten, Ihr System sicherer zu machen.

Der Wert **home_counter** des Registry-Schlüssels ALL_HOMES gibt die Zahl der auf Ihrem System installierten Oracle-Versionen an. Der numerische Wert **last_home** enthält den Registry-Schlüssel für die letzte Oracle-Installation. Wenn der Wert zum Beispiel 0 ist, enthält der Schlüssel HOME0 die Werte der letzten Installation. Jedes separate ORACLE_HOME hat eine ID mit einer unterschiedlichen Nummer, wie ID0 und ID1. In jeder IDx-Liste gibt es einen Parameter **path** mit der Angabe eines Verzeichnisses.

Abbildung 5-17 zeigt einen Ausschnitt aus der Registry für eine Installation einer Oracle-Datenbank auf einem Windows NT-System, und Abbildung 5-18 enthält den gleichen Ausschnitt für ein Windows 2000-System. Der auffälligste Unterschied zwischen den beiden Bildschirmen ist die Angabe des Datentyps bei Windows 2000.

Unter HKEY_LOCAL_MACHINE\SYSTEM\CurrentControlSet\Services finden sich die Einträge für jeden Dienst, der unter Start | Settings | Control Panel | Services angezeigt wird. Diese Informationen können lebenswichtig sein, wenn Sie manuell „aufräumen“ müssen, falls eine Oracle-Installation fehlgeschlagen ist und Sie von vorne beginnen müssen.

Wie in diesem Kapitel schon erwähnt, müssen Sie bei Änderungen oder anderen Aktivitäten an der Registry sehr vorsichtig vorgehen und sicherstellen, dass Sie vorher eine Sicherungskopie erstellt haben. Mit dem Registry-Editor können Sie die Menü-Option **Export Registry File** (Registrierungsdatei exportieren) verwenden, um eine Kopie der Registry auf der Festplatte zu speichern.

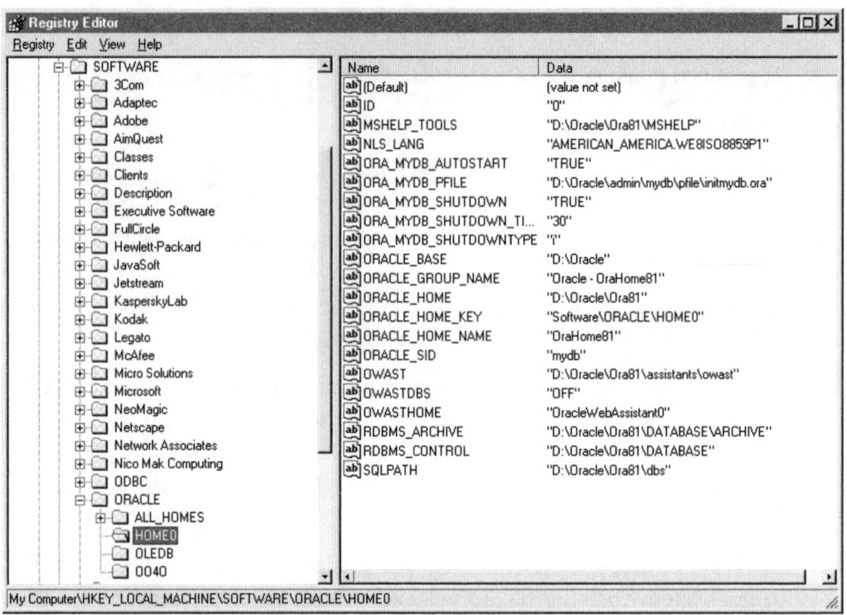

Abbildung 5-17: Registry unter Windows NT mit einer Oracle-Datenbank

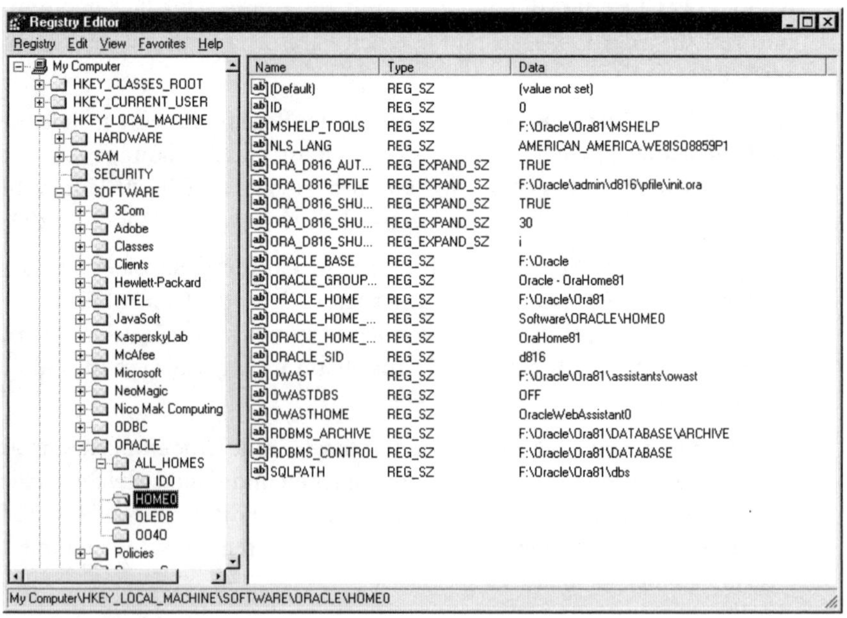

Abbildung 5-18: Registry unter Windows 2000 mit einer Oracle-Datenbank

5.3 Oracle auf Ihrem Windows NT/2000-System schützen

Nachdem Sie nun gesehen haben, wie die Windows-Umgebung eingerichtet wird und Oracle mit ihr zusammenarbeitet, wenden wir uns den Sicherheitsüberlegungen zu, die Sie vor der Installation zum Schutz der physischen Oracle-Dateien anstellen müssen.

Bevor Sie mit der Oracle-Installation beginnen, sollten Sie unbedingt die Installationsdokumentation lesen. Durch die Release Notes und die Installationsinformationen finden Sie geänderte Features und Ressourcenanforderungen heraus. Um die Installationsinformationen auf Ihrer Oracle CD-ROM zu finden, legen Sie sie in ein CD-ROM-Laufwerk ein und suchen nach einem Ordner namens „doc". In diesem Ordner sollten Sie eine HTML-Datei mit dem Namen „Index" suchen. Darin gibt es Links auf die Release Notes und die Installationsinformationen sowohl im HTML- als auch im PDF-Format.

Es gibt zwei Arten von Dateien, um die Sie sich besonders kümmern müssen: den Oracle Software-Code und die Dateien, aus denen Ihre Datenbank besteht. Konzentrieren wir uns zunächst auf die Software, und vertiefen anschließend die Überlegungen zu den Oracle-Datenbankdateien. In den Kapiteln 7 bis 10 behandeln wir die Sicherheit innerhalb der Oracle-Datenbank.

5.3.1 Die Oracle-Software schützen

Die erste Entscheidung, der Sie sich zu Beginn der Installation Ihrer Oracle-Software gegenüber sehen, ist, ob Sie die richtige Version des Betriebssystems mit den entsprechenden Service Packs und Hot Fixes installiert haben. Sobald Sie sicher sind, dass Sie eine Betriebssystem-Version haben, die von Oracle unterstützt wird, sollten Sie bestimmen, wie viel Platz auf Ihrer Festplatte für die Installation benötigt wird. Denken Sie dabei auch daran, dass es komprimierte Dateien gibt, die der Oracle Universal Installer entpacken wird. Daher sollten Sie die Größe der entpackten Dateien miteinberechnen. Sie müssen auch den ungefähren Platzbedarf berechnen, den Sie für Ihre Datenbank reservieren wollen, um sicherzustellen, dass für das Einrichten einer initialen Test-Datenbank genug Platz vorhanden ist. Von dieser Information ausgehend können Sie entscheiden, wo Sie die Oracle-Dateien installieren wollen. Oracle benötigt ein eigenes Konto, das ausschließlich für die Installation der Software verwendet wird.

Das Benutzerkonto für Oracle erstellen

Wenn Sie Ihr Benutzerkonto für Oracle erstellen, müssen Sie sicherstellen, dass das Konto der Administratorgruppe zugewiesen wird. Daraufhin wird dieses Konto in die Gruppe ORA_DBA aufgenommen und erhält automatisch das Sysdba-Privileg. Wie bereits weiter oben in diesem Kapitel erwähnt, ermöglicht die Gruppe ORA_DBA einem Benutzer, sich an der Datenbank als INTERNAL anzumelden, ohne ein Kennwort eingeben zu müssen. Wir haben dort auch empfohlen, diesen Zugriff niemanden außerhalb der Datenbank-Administratorgruppe zu gestatten. Denken Sie daran, dass Sie das Konto nicht ORACLE nennen, sondern eher einen Namen wählen sollten, der nicht so leicht zu erraten ist, um das Konto vor Hacker-Angriffen zu schützen. Wenn sich in der Praxis ein Benutzer allerdings direkt am System anmelden kann und den Befehl **path** startet, wird auch angezeigt, wo die Oracle-Verzeichnisse zu finden sind.

Jedes Konto, das Sie in die Gruppe ORA_DBA aufnehmen, erhält die Rollen OSDBA und OSOPER, womit sich die Benutzer sowohl als SYSDBA oder SYSOPER als auch als INTERNAL anmelden können. Sie können den Zugriff von Konten auch auf eine einzelne Instanz auf dem System beschränken, indem Sie eine Gruppe ORA_<SID>_DBA anlegen und nutzen.

Setzen Sie den Parameter ORACLE_HOME nie manuell in der Registry, da er während der Installation der Software automatisch erstellt und in die Registry eingetragen wird. Wenn Sie diesen Wert manuell setzen, verlieren Sie die Möglichkeit, mehrere ORACLE_HOME-Verzeichnisse nutzen zu können. Auf einem Oracle8*i*-System wählt Oracle standardmäßig die Festplatte mit dem größten freien Platz. Dann wird ORACLE_HOME auf <Ausgewähltes Verzeichnis>\ORACLE\ORA81 gesetzt. Sie können diesen Standardwert ändern. Wenn Sie eine neue Version von Oracle auf einem System installieren, auf dem schon eine ältere Version existiert, müssen Sie ein neues Verzeichnis erstellen, um Ihre neue Oracle-Installation unterbringen zu können. Die aktuelle Software-Installation läuft sehr geradlinig ab, und die Details sind nicht Thema dieses Buches.

Bevor Sie Ihre Datenbank erstellen, sollten Sie die Verzeichnisse auf Ihrem NTFS-Dateisystem anlegen, in denen die Datenbankdateien gespeichert werden sollen. Stellen Sie sicher, dass der Besitzer der Verzeichnisse das Oracle-Konto ist, das Sie vorher angelegt hatten, und dass dieses Konto der Administrator-Gruppe angehört. Gewähren Sie der Gruppe ORA_DBA Vollzugriff auf diese Dateien, und der Gruppe Everyone die Berechtigung **No Access** (Kein Zugriff). Sie sollten auch die Unterverzeichnisse für die Administratoren an diese Sicherheitseinstellungen anpassen. Nachdem diese Aufgaben abgeschlossen sind, können Sie alle Ihre Datenbank-Administratoren in die Gruppe ORA_DBA eintragen. Solange die Oracle-Dienste laufen, können Sie diese so anpassen, dass Sie von jemandem ausgeführt werden, der die Dienste starten und stoppen kann.

Wie bereits erwähnt, sind die Oracle-Dateien auf einem Windows NT-System am Besten geschützt, wenn der Server soweit wie möglich als dedizierter Oracle-Server genutzt wird. Stellen Sie sicher, dass niemand anderes als die System- und Datenbank-Administratoren Zugriff auf die Betriebssystem-Ebene der Maschine haben.

In allen anderen Fällen müssen Sie festlegen, wer der Oracle-Benutzer ist und die Berechtigungen entsprechend setzen. Wenn Sie zum Beispiel Entwickler haben, die sich per Telnet mit dem NT-System verbinden, um SQL*Plus auszuführen, sollten Sie eine Gruppe namens SQL_USER einrichten und dieser Gruppe die Leseberechtigungen an der Datei sqlplus.exe erteilen. Danach setzen Sie jeden der Entwickler in diese Gruppe. Genauso können Sie vorgehen, wenn Sie Oracle Applications installiert haben. Sie erstellen dann eine Gruppe FINAPPS mit den passenden Berechtigungen und weisen dieser Gruppe die entsprechenden Benutzer zu.

Wenn Sie ein System „erben", auf dem Oracle schon läuft, können Sie nicht viel an ORACLE_HOME ändern. Die Mehrzahl der Oracle-Applikationen ist durch Kennwörter geschützt, aber Sie müssen sicherstellen, dass die Datei orapwd auf Verzeichnisebene geschützt ist. Wir werden uns mit dem orapwd-Tool noch in Kapitel 7 beschäftigen. An dieser Stelle genügt es daran zu denken, dass orapwd nur mit dem Benutzerkonto ORACLE gestartet werden kann. Wenn Sie versuchen, dieses Tool aus einer nichtprivilegierten Gruppe zu starten, wird Oracle Sie zwar nicht davon abhalten, Sie erhalten aber irgendwann während der Ausführung einen seltsamen Fehler. Sie können die Datei orapwd an eine andere Stelle verschieben, indem Sie den entsprechenden Registry-Eintrag anpassen, wie wir in Kapitel 7 zeigen werden.

Hinweis:

Ich habe die folgenden Referenzbücher für dieses Kapitel genutzt: Essential Windows NT System Administration von AEleen Frisch, O'Reilly and Associates, Inc., 1998 und Oracle8i Installation Guide Release 3 (8.1.7) for Windows NT, Oracle Corporation, 2000.

Authentifizierung im Betriebssystem

Es gibt mehr als einen Weg, einen Benutzer in einer Oracle-Datenbank zu authentifizieren. Tatsächlich ist die Anzahl der unterschiedlichen Authentifizierungsmöglichkeiten etwas verwirrend. Oracle unterstützt die Integration mit mehreren unterschiedlichen offenen Standards, mit eigenen proprietären Standards, mit vielen verschiedenen Drittherstellern und mit dem Betriebssystem.

Die Authentifizierung über das Betriebssystem nutzt die Bestätigungen, die vom Betriebssystem gespeichert und verwaltet werden, um die Identität einer Person zu überprüfen. Auch wenn Oracle die Authentifizierungsmechanismen von vielen Betriebssystemen unterstützt, werden wir uns hier nur um zwei Beispiele kümmern: die Authentifizierung unter Windows NT und Unix. Dieses Kapitel wird sich dabei mehr mit der Authentifizierung unter Windows NT beschäftigen, da diese deutlich komplexer in seiner Nutzung ist. Das Authentifizieren von Unix-Benutzern in Oracle ist vergleichsweise einfach; daher werden wir die Unix-Authentifizierung nach der Windows NT-Authentifizierung nur kurz abhandeln. Die Authentifizierung über das Betriebssystem ist nur eine der Möglichkeiten, externe Benutzer in einer Datenbank zu validieren. Andere Protokolle, wie SSL und RADIUS, können als zusätzliche oder alternative Möglichkeiten genutzt werden, werden aber hier nicht behandelt, da wir uns auf die eigentliche Authentifizierung über das Betriebssystem konzentrieren wollen.

Die Entwickler bei Oracle stellten vor einiger Zeit fest, dass die Authentifizierung direkt über die Datenbank nicht für alle Kunden eine adäquate Herangehensweise darstellt. Um eine flexiblere Architektur und einen reduzierten Verwaltungsaufwand zu erreichen, wurden Features hinzugefügt, damit die Datenbank mit der Betriebssystemsicherheit übereinstimmt. Die Datenbank kann so eingestellt werden, dass sie dem Betriebssystem vertraut und es einem Benutzer, der schon vom Betriebssystem bestätigt wurde, ermöglicht, sich mit der Datenbank zu verbinden, ohne ein weiteres Kennwort angeben zu müssen.

Oracles Einsatz der Betriebssystem-Authentifizierung ist sehr leistungsfähig. Viele der frühen Sicherheitsüberprüfungen von Oracle werden mit der Betriebssystem-Authentifizierung durchgeführt, da die Prüfkriterien Authentifizierungsmaßnahmen vorsehen, die nicht direkt von der Datenbank unterstützt werden. Das Betriebssystem bietet eine reiche Auswahl an Sicherheitsmaßnahmen, die Datenbank-Administratoren für die Datenbank-Konten nutzen können.

Es hat noch andere Vorteile, die Authentifizierung der Datenbank-Konten mit der Betriebssystem-Sicherheit zu kombinieren. Wenn die Authentifizierung außerhalb der Datenbank vorgenommen wird, können Sie die Verwaltung der Konten zentral durchführen und damit auch die Verwaltungskosten reduzieren. Das Zentralisieren der Konten reduziert nicht nur den Verwaltungsaufwand, sondern erleichtert auch den Endbenutzern das Leben, weil sie sich nicht so viele Kennwörter und Benutzernamen merken müssen. Diese Kombination von Vorteilen macht die Authentifizierung über das Betriebssystem so interessant.

6.1 Authentifizierung konfigurieren

Wenn Sie die Authentifizierung durch das Betriebssystem verwenden, müssen Sie sich intensiv mit dem zu Grunde liegenden System befassen, um Ihre Datenbank richtig zu schützen. Wenn Sie nicht völlig verstehen, wie dieses Feature funktioniert, überlassen Sie es dem Zufall, ob Sie das System falsch konfigurieren und dadurch einen Zugang zu Ihrer Datenbank offen lassen. Die Dokumentation zu diesem Thema ist spärlich und sorgt meistens dafür, dass Sie Annahmen treffen, die nicht richtig sind. In diesem Kapitel wollen wir versuchen, nicht nur die Nutzung der Betriebssystem-Authentifizierung zu behandeln, sondern auch zu zeigen, was unter der Oberfläche passiert. Das Verständnis der Interna der Datenbanksicherheit ermöglicht Ihnen, sich selbst vor potenziellen Sicherheitslücken zu schützen.

Die Zusammenarbeit dieser Features hängt von verschiedenen Faktoren ab, unter anderem von

- der verwendeten Oracle-Version,
- dem Betriebssystem, unter dem Oracle läuft,
- der Version des Betriebssystems und
- der Konfiguration des Netzwerks.

So geht Oracle zum Beispiel mit den Sicherheitsoptionen von Windows NT anders um als mit denen von Unix. Sogar verschiedene Versionen desselben Betriebssystems werden von der Datenbank unterschiedlich behandelt, wie Sie bei Windows NT und Windows 2000 sehen werden.

6.1.1 Parameter setzen

Oracle besitzt eine Reihe von konfigurierbaren Initialisierungsparametern, um festzulegen, wie Datenbankbenutzer durch das Betriebssystem authentifiziert werden. Tabelle 6-1 führt diese Parameter auf und beschreibt ihre Effekte.

Tabelle 6-1: Konfigurationsparameter in der Datei init.ora

Parameter	Standardwert	Beschreibung
os_authent_prefix	OPS$ oder " "	Zeichen, mit denen die Namen aller Datenbankbenutzer beginnen müssen, die über das Betriebssystem authentifiziert werden sollen.
remote_os_authent	FALSE	Wird dieser Parameter auf TRUE gesetzt, verzichtet die Datenbank auf eine eigene Authentifizierung und vertraut dem Betriebssystem des Clients.
os_roles	FALSE	Ermöglicht, dass die Mitgliedschaft in Rollen durch das Betriebssystem verwaltet wird.
remote_os_roles	FALSE	Ermöglicht es entfernt authentifizierten Benutzern, die Rollen des Betriebssystem zu nutzen.

Um die aktuellen Werte der Konfigurationsparameter zu ermitteln, führen Sie den folgenden Befehl in SQL*Plus aus:

```
select *
  from V$PARAMETER;
```

Die Ausgabe dieses Befehls ist sehr lang, daher werden Sie die Auswahl der Zeilen vermutlich reduzieren wollen, um nur die in Frage kommenden Parameter betrachten zu können. Dies erreichen Sie, indem Sie eine WHERE-Klausel anhängen, wie im folgenden Beispiel zu sehen ist:

```
select NAME, VALUE
  from V$PARAMETER
 where NAME = 'remote_os_authent';
```

Mit dem Befehl **show parameters** können Sie diese Informationen ansprechend formatiert ausgeben lassen. Dieser Befehl ist deutlich einfacher zu nutzen als das direkte Selektieren aus der Tabelle. Allerdings sind Sie beim direkten Selektieren aus der Tabelle V$PARAMETERS flexibler in der Auswahl der Zeilen und Spalten.

Es gibt verschiedene Methoden, die Parameter zu setzen. Sie können den Wert in der Datei init.ora setzen, die von der Instanz verwendet wird. Wenn Sie diese Datei öffnen, sehen Sie, dass schon einen Reihe von Parametern existiert. Sie können noch nicht eingetragene hinzufügen, indem Sie diese in eine neue Zeile einfügen. Wir empfehlen, eine neue Zeile am Ende der Datei zu erstellen, so dass Sie Ihre hinzugefügten Parameter besser im Auge behalten können. Geben Sie den Parameter und den gewünschten Wert im folgenden Format an:

```
remote_os_authent=FALSE
```

Eine andere Möglichkeit, die Parameter zu bearbeiten, ist die Verwendung der Administrations-Tools von Oracle, wie zum Beispiel DBA Studio oder Oracle Enterprise Manager. Manche Parameter sind dynamisch, das heißt, geänderte Werte werden sofort umgesetzt. Die oben aufgeführten Parameter sind nicht dynamisch und werden erst beim nächsten Start der Datenbank wirksam. Daher müssen Sie nach Änderungen an diesen Parametern die Datenbank herunterfahren und neu starten.

Die Standardwerte für diese Parameter werden bei der Installation gesetzt und verwendet, wenn keine anderen Werte explizit angegeben sind. Glücklicherweise hat Oracle die Standardwerte so ausgewählt, dass sie sehr restriktiv sind, so dass keine Sicherheitslöcher entstehen, solange kein Parameter explizit geändert wird. Mit anderen Worten, diese Werte sind gut, sofern nicht Sie oder jemand anderes sie ändert. Auch wenn wir prinzipiell jeden Parameter kurz beschreiben, hängt das Detailverhalten vom verwendeten Betriebssystem ab.

Der Parameter **os_authent_prefix** wurde ursprünglich in älteren Versionen von Oracle genutzt, um zu kennzeichnen, dass ein Konto von einem Betriebssystembenutzer mit dem gleichen Namen verwendet werden konnte, ohne ein Kennwort angeben zu müssen. Dies vereinfachte den Anmeldeprozess, wenn sich die meisten Benutzer an der Datenbank als Unix-Benutzer verbanden. Heutzutage besteht dieses Feature nur noch aus Gründen der Abwärtskompatibilität. Oracle empfiehlt allerdings, einen Leerstring einzutragen, damit kein Präfix vor dem Namen notwendig ist.

Der Parameter **remote_os_auth** gilt für Datenbankbenutzer, die durch das Betriebssystem authentifiziert werden. Er ermöglicht entfernten Clients zu entscheiden, ob der Benutzer derjenige ist, der er vorgibt zu sein. Seine Verwendung war ursprünglich für Bereiche gedacht, in denen Sicherheit keine große Rolle spielte. Dies ist allerdings Jahre her, als wir alle noch nicht wie heute miteinander über das Internet verbunden waren.

Mit dem Parameter **os_roles** können Sie kontrollieren, welche Rollen den Betriebssystembenutzern über das Betriebssystem statt über die Datenbank zugewiesen wurden. Dies ist nützlich, wenn Sie schon eine komplexe Rollenstruktur für die Betriebssystembenutzer aufgebaut haben. Anstatt die Zuweisung von zwei Rollensets zu verwalten, können Sie mit dem Parameter **os_roles** die Verwaltung auf ein einziges Rollenset reduzieren.

Der Parameter **remote_os_roles** ermöglicht es einem Client, der entfernt authentifiziert wurde, Betriebssystemrollen zu nutzen. Dieser Parameter war für Situationen gedacht, in denen Sicherheit kein Problem ist. Ansonsten sollte er immer auf FALSE gesetzt sein.

6.1.2 TNS-Protokoll

Damit Sie leichter verstehen, wie die Betriebssystem-Authentifizierung funktioniert, wollen wir einen Blick auf das Transparent Network Substrate (TNS)-Protokoll und die direkte Anmeldung bei Oracle werfen. Das TNS-Protokoll definiert die Sprache, die zwischen der Datenbank und dem Client gesprochen wird und unter anderem auch die Authentifizierung ermöglicht. Während wir einige Details des TNS-Protokolls betrachten, wollen wir die nebensächlichen Punkte aus den Nachrichten herausfiltern, um die Information in einem Format darzustellen, das leichter verständlich ist.

Die Datenbank-Software führt den Authentifizierungsprozess durch. Dabei müssen die Nachrichten auf Ihrem Weg vom Client zur Datenbank und zurück diverse Software-Schichten passieren. Von der Client-Applikation wird die Nachricht an die TNS-Schicht weitergegeben, die sie formatiert und an den Protokoll-Stack des Betriebssystem weiterleitet. Dieser versendet sie über das Kabel an den Protokoll-Stack des Servers. Die Nachricht wird dort der TNS-Schicht übergeben, die sie an die Datenbank-Software weiterleitet.

Wir möchten das Handshake-Protokoll anhand einer Verbindung zu einer Datenbank demonstrieren:

```
sqlplus system/manager@dbname
```

SQL*Plus leitet die von Ihnen angegebenen Parameter an die TNS-Schicht weiter. Um die Verbindung aufzubauen, sendet die TNS-Schicht einen Verbindungsstring mit Informationen über den Client an die Datenbank. Wir interessieren uns hier für den letzten Teil des Strings, der angibt, welcher Betriebssystembenutzer die Verbindung aufbauen will.

```
(DESCRIPTION=(ADDRESS=(PROTOCOL=TCP)(HOST=192.168.1.150)(PORT=1521))
(CONNECT_DATA=(SID=test)(CID=(PROGRAM=c:\OraNT8i\bin\SQLPLUS.EXE)
(HOST=MY_COMPUTER)(USER=Administrator))))
```

Die TNS-Schicht auf dem Client nutzt Systemaufrufe, um den Betriebssystembenutzer zu ermitteln und in den Verbindungsstring eintragen zu können. Dieser Kontenname wird von der Datenbank in einer internen Tabelle abgelegt und kann über die Sicht V$SESSIONS eingesehen werden. Es gibt allerdings keinen Test für die Authentizität des Benutzernamens, so dass diese Information relativ leicht gefälscht werden kann.

Nachdem die Verbindung initiiert wurde, werden die zu nutzenden Authentifizierungsprotokolle ausgehandelt. Dazu sendet der Client eine Secure Network Services-Nachricht mit der Frage, ob ein bestimmter Authentifizierungsmechanismus genehm ist. Die Datenbank antwortet, ob der entsprechende Dienst verfügbar ist oder nicht, und fordert alle weiteren gewünschten Protokolle vom Client an. Diese ersten beiden Schritte sind in Abbildung 6-1 dargestellt.

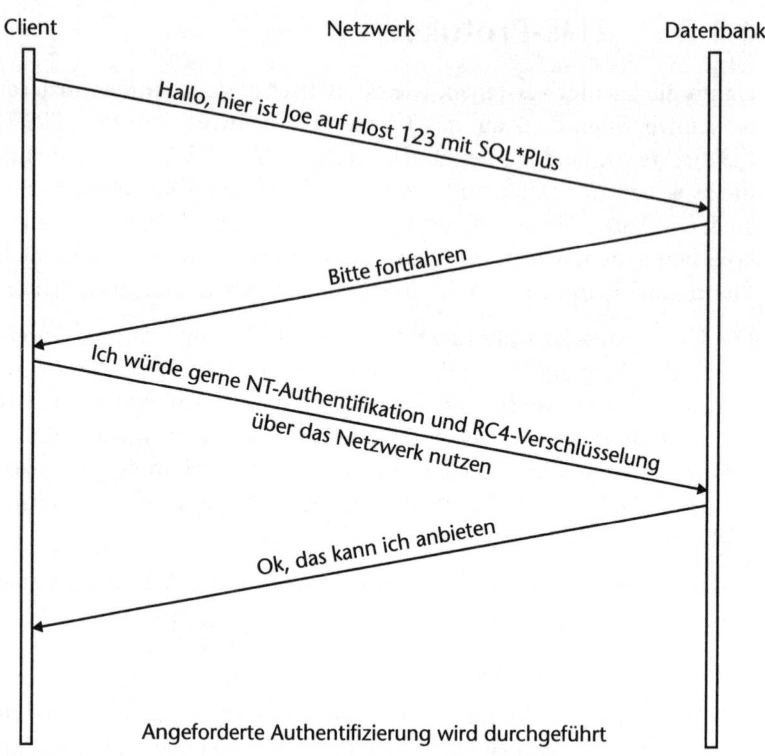

Abbildung 6-1: Anforderung des Secure Network Services

Nachdem die Protokollfragen über die Secure Network Services geklärt wurden, wird der Datenbankbenutzer über das Oracle Passwort Protocol (auch als O3LOGON bezeichnet) authentifiziert. Dieses Protokoll führt eine Frage- und Antwort-Sequenz durch, um in der Datenbank kontrollieren zu können, ob der Client das richtige Kennwort kennt, ohne dass es von einem Mitlauschenden abgehört werden kann. Ein Benutzername wird der Datenbank mitgeteilt, wie in der folgenden Nachricht zu sehen ist. Dieser Schritt wird als O3LOGA bezeichnet. Das folgende Paket zeigt einen Verbindungsversuch, der über das Benutzerkonto system gestartet wird.

```
system.....AUTH_TERMINAL.....MY_COMPUTER.........AUTH_PROGRAM_
NM.....sqlplus.exe.........AUTH_MACHINE.....MY_DOMAIN\MY_
COMPUTER..........AUTH_PID.....2004:1596....
```

Die Datenbank antwortet, indem sie eine Zufallszahl, die mit der DES-Verschlüsselung erzeugt wurde, mit dem Kennwort-Hash des Benutzers versendet. Die Zufallszahl wird als Sitzungsschlüssel genutzt und ändert sich bei jeder Verbindung. Daher unterscheidet sich die Antwort jedes Mal, wenn Sie sich mit der Datenbank verbinden.

```
AUTH_SESSKEY.....C0CDDB5966B1BD98
```

Der Client entschlüsselt die Antwort mit dem Kennwort-Hash, um die von der Datenbank gewählte Zufallszahl zu bestimmen. Niemand, der der Unterhaltung zuhört, wird die Zufallszahl ohne den Kennwort-Hash bestimmen können. Der Client nutzt nun die Zufallszahl, um in seiner Antwort das Kennwort per DES zu verschlüsseln.

```
system.....AUTH_PASSWORD.....25517EA432526DA61.........AUTH_
TERMINAL.....MY_COMPUTER.........AUTH_PROGRAM_
NM.....sqlplus.exe.........AUTH_MACHINE.....MY_DOMAIN\MY_
COMPUTER..........AUTH_PID.....2004:1596.........AUTH_ACL.....4000
```

Das Oracle Password Protocol ist in Abbildung 6-2 zu sehen.

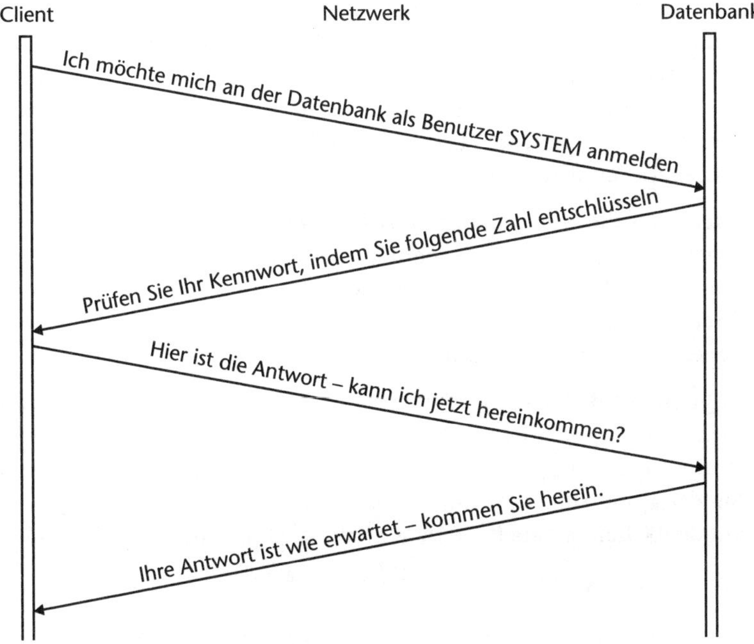

Abbildung 6-2: Das Oracle Password Protocol

Nachdem Sie nun über ein Basiswissen in Sachen Anmeldesequenz und Datenbank-Authentifizierung verfügen, können wir Ihnen zeigen, in welcher Hinsicht sich die Anmeldung über das Betriebssystem davon unterscheidet.

6.2 Authentifizierung mit Windows

Der Unterschied zwischen dem Server und dem Betriebssystem kann verwirrend sein, wenn man über die Authentifizierung von Windows spricht. Einige der Begriffe müssen erst geklärt werden, da sie austauschbar genutzt werden können, was sehr verwirrend sein kann. Hier wird mit dem Begriff *Datenbank* die Oracle Datenbank-Software bezeichnet, ausschließlich der Client-Software. *Server* ist das Betriebssystem, auf dem die Datenbank läuft. *Client* ist der Computer, von dem aus sich der Benutzer verbinden will. Client und Server können derselbe Computer sein, aber hier wollen wir von unterschiedlichen Rechnern ausgehen.

Die Windows NT-Authentifizierung wird nicht direkt durch die Datenbank vorgenommen. Wenn ein Client die NT-Authentifizierung nutzen möchte, verwendet Oracle Aufrufe des Windows API, um die Identität des Clients zu überprüfen. Das Betriebssystem erstellt, empfängt, speichert oder übermittelt transparent für den Benutzer die Kennwort-Hashes an die Oracle-Software. Diese entscheidet, ob ein Benutzer authentifiziert wird, aber das Betriebssystem führt die eigentliche Arbeit durch.

Oracle hat die Nutzung der Betriebssystem-Authentifizierung schon vor Oracle7 ermöglicht. Allerdings gab es seitdem viele Änderungen und Erweiterungen an der Integration der Datenbank mit dem Betriebssystem. Wenn Sie von Version zu Version wechseln, kann es kompliziert sein zu verstehen, wie diese Features auf den verschiedenen Plattformen funktionieren.

Wenn sich ein Oracle-Client über die Windows NT-Authentifizierung verbinden will, müssen sowohl der Client als auch die Datenbank für die Nutzung der NTS-Authentifizierung konfiguriert sein. Sie können die NTS-Authentifizierung aktivieren, indem Sie der Datei sqlnet.ora im Verzeichnis $ORACLE_HOME\network\admin sowohl auf dem Client als auch auf dem Server die folgende Zeile hinzufügen:

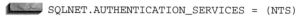

```
SQLNET.AUTHENTICATION_SERVICES = (NTS)
```

Dieser Eintrag wird standardmäßig vorgenommen, wenn man den Client-Treiber von Oracle8*i* unter Windows NT oder Windows 2000 installiert. Wenn allerdings eine ältere Version des Treibers installiert wurde oder der Oracle8*i*-Client auf Windows 98 oder Windows 95 installiert wird, müssen Sie diesen Parameter selbst setzen. Wenn Sie den Wert aus der Datei auf dem Server entfernen, können Sie verhindern, dass sich Benutzer mit ihrer NT-Authentifizierung an der Datenbank anmelden.

Was bewirkt diese Einstellung genau? Im Wesentlichen teilt sie dem TNS-Treiber auf dem Client mit, die Verwendung der NTS-Authentifizierung anzufordern, wenn die Secure Network Services ausgehandelt werden. Der Client schickt eine Anfrage zum NTS-Dienst und die Datenbank antwortet, indem sie bestätigt, dass sie NTS unterstützt. Dieser Schritt wird durchgeführt, bevor die eigentliche Authentifizierung des Datenbankbenutzers begonnen wird. Auch wenn der Datenbankbenutzer angewiesen wurde, den Benutzernamen und das Kennwort von Oracle zu verwenden, wird die Windows NT-Authentifizierung durchgeführt, wenn AUTHENTICATION_SERVICES auf NTS gesetzt wurde. Natürlich können Sie sich immer noch erfolgreich an der Datenbank anmelden, wenn die NT-Authentifizierung fehlschlug.

Anschließend werden die eigentlichen Bestätigungen von Windows vom Client an den Server gesendet. Die Art der Übertragung hängt dabei von den beteiligten Software-Versionen ab, wie in Tabelle 6-2 zu sehen.

Tabelle 6-2: Standardauthentifizierung

Windows-Version	Oracle-Version	Standardauthentifizierung
Windows 2000 auf Client und Server in einer Windows 2000-Domäne	Version 8.1.6 oder neuer auf Client und Server	Kerberos
Windows 95 oder 98 auf dem Client	Jede	LAN Manager
Windows NT 4.0, Service Pack 4 oder neuer auf dem Client, Server und Domänencontroller	Jede	NTLM
Jede andere Kombination	Jede	LAN Manager und NTLM

Wie Sie sehen, bietet Windows verschiedene Wege, um einen Betriebssystembenutzer zu authentifizieren. Jede der Methoden setzt ein Challenge-Response-Protokoll ein, mit dem ein Client ein Kennwort authentifizieren kann, ohne es selber über das Netzwerk zu schicken. Die Standardmethoden zur Authentifizierung wurden mit jeder Release verbessert. Trotzdem sind aus Gründen der Abwärtskompatibilität die alten Methoden noch im Einsatz und führen dabei natürlich zu weniger sicheren Systemen.

Der LAN Manager ist einer der ersten Standards, der von Microsoft für seine eigenen Authentifizierungsmodelle übernommen wurde. Da die Kennwort-Hashes des LAN Managers weniger sicher sind als andere aktuellere Standards, wird von seiner Verwendung abgeraten. Er wird aber in Windows 98 und 95 wegen der Abwärtskompatibilität weiter verwendet. Kennwort-Hashes für den LAN Manager werden erstellt, indem das Kennwort in Großbuchstaben umgewandelt (wobei die Passwort-Sicherheit reduziert wird), der Schlüssel in zwei Hälften geteilt (wobei wiederum der Hash geschwächt wird) und jede Hälfte per DES verschlüsselt wird. Wegen der reduzierten Sicherheit können Brute Force-Attacken auf LAN Manager-Authentifizierungen schneller und effizienter durchgeführt werden.

Eine sicherere Methode ist dagegen NTLM. Es nutzt sicherere Kennwort-Hashes, die Brute Force-Attacken besser widerstehen können. Für den NTLM-Hash wird das Kennwort in Unicode umgewandelt und mit dem MD4-Algorithmus verschlüsselt. Die Verwendung von Unicode vergrößert die Anzahl der Zeichen, auf die ein Brute

Force-Angriff durchgeführt werden muss. Mit dem MD4-Algorithmus erhält man sicherere Hashes, da jedes Zeichen des Kennworts über den gesamten 16-Byte-Hash verteilt wird. Dagegen wird beim Hash des LAN Managers jedes Zeichen nur über 8 Bytes des Hashs verteilt.

Wie Sie in Tabelle 6-2 sehen können, wird bei einer Verbindung über Windows 95 oder 98 lediglich die Authentifizierung über den LAN Manager unterstützt. Wenn Sie sich von einem Client unter Windows NT oder Windows 2000 anmelden, kann auch die Authentifizierung über NTLM genutzt werden. Wenn allerdings auch nur eine der Komponenten – einschließlich Client, Server oder Domänencontroller – bei der Authentifizierung nicht das Service Pack 4 oder höher aufweist, fragen die Clients bei der Verbindung leider sowohl nach NTLM als auch dem LAN Manager. Dadurch wird die Sicherheit auf den kleinsten gemeinsamen Nenner eingestellt – den LAN Manager. Um dies zu verhindern, können Sie den Server so konfigurieren, dass alle Verbindungen via LAN Manager abgewiesen werden. Allerdings verhindert dies, dass sich Clients unter Windows 95 oder 98 noch anmelden können.

6.2.1 Bestätigungen über das Netzwerk versenden

Windows muss den Kennwort-Hash über das Netzwerk verschicken, ohne diesen Wert einem Mitlauschenden zugänglich zu machen. Die Anmeldung sendet zu Beginn eine zufallsgenerierte 8-Byte-Anfrage an den Client:

```
NTLMSSP........81C1CDC731A3BA2B......MY_COMPUTER
```

Der Client teilt das Kennwort in drei 7-Byte-Werte auf, die als DES-Schlüssel zum Entschlüsseln dienen. Die Anfrage wird dann drei Mal verschlüsselt, je ein Mal mit jedem Schlüssel, und die Ergebnisse werden in einer 24-Byte-Anwort aneinander gehängt. Beachten Sie, dass die Antwort bei Verwendung des NTLM 48 Bytes lang ist – 24 Bytes für den LAN Manager und 24 Bytes für die Antwort von NTLM. Wenn Sie nur den LAN Manager oder NTLM verwenden, wird die Antwort 24 Bytes lang sein.

```
NTLMSSP.......MY_COMPUTERTESTUSERMY_
LAPTOP.....EAE082E3E7B438E2C95AC7D18541D15D597DC5BBF40C445B0EBA848E3E2
49B34498FD833D4F7CB31B546686FC16977FB
```

Der Server empfängt die Antwort. Wenn der zu authentifizierende Betriebssystembenutzer lokal auf dem Server vorhanden ist, wird der Kennwort-Hash des Benutzers mit der 8-Byte-Anfrage verschlüsselt und die Ergebnisse werden miteinander verglichen. Wenn sie übereinstimmen, hat der Client seine Identität bewiesen. Wenn der Benutzer einer Domäne angehört, wird der Hash auf dem Domänencontroller gespeichert, so dass die Antwort und der Hash an diesen weitergeleitet werden müssen, der dann prüft, ob das Ergebnis stimmig ist.

Worauf bei diesem Protokoll hingewiesen werden sollte, ist, dass das eigentliche Kennwort zu keinem Zeitpunkt bekannt sein muss. Die Kenntnis des Passwort-Hashs reicht aus, um sich an der NT-Domäne anmelden zu können. Daher sind die Hashes „Passwort-äquivalent“ und müssen genauso geschützt werden wie Passwörter. Wegen der Passwort-Äquivalenz reduziert auch das häufige Wechseln des Passworts den Schaden, der durch einen gestohlenen Passwort-Hash verursacht werden kann.

6.2.2 Einen Windows-Datenbankbenutzer erstellen

Die Verwendung der Betriebssystem-Authentifizierung verhindert nicht, dass man noch Benutzer in der Datenbank anlegen muss. Die Authentifizierung über das Betriebssystem nimmt einem zwar viel Arbeit ab, vor allem im Bereich der Passwortverwaltung, aber manche administrativen Dinge müssen weiterhin in der Datenbank vorgenommen werden. So werden in der Datenbank zum Beispiel Objekt- und Systemberechtigungen an Benutzer und Rollen vergeben. Um die Betriebssystem-Authentifizierung zu nutzen, müssen Sie einen Datenbankbenutzer erstellen und ihn mit dem passenden Benutzernamen des Betriebssystems verbinden.

Es gibt verschiedene Möglichkeiten, einen Benutzer in der Datenbank zu erstellen, der durch das Betriebssystem authentifiziert wird. Im folgenden Beispiel wird ein Datenbankbenutzer für das NT-Konto NELSONACCT in der Windows NT-Domäne ALPHA erstellt. Das Beispiel setzt voraus, dass der Parameter **os_authent_prefix** auf OPS$ gesetzt ist.

```
create user "OPS$NELSONACCT\ALPHA"
identified externally;
```

Die Verwendung von doppelten Anführungszeichen

Es gibt verschiedene Faktoren, die beim Erstellen eines Kontos zu beachten sind, wie die Tatsache, dass der Benutzername in doppelte Anführungszeichen gestellt ist. Wenn Sie spezielle Zeichen, wie zum Beispiel den Backslash, als Teil eines anderen Worts ohne doppelte Anführungszeichen verwenden, versteht Oracle die Anweisung nicht und meldet einen Syntaxfehler. Wenn Sie keine doppelten Anführungszeichen verwenden, werden Kleinbuchstaben in Großbuchstaben umgewandelt, so dass die folgenden Zeilen statt des Benutzer evelyn den Benutzer EVELYN in die Datenbank eintragen würden.

```
create user evelyn
identified by NEWPASSWORD;
```

Wenn Sie doppelte Anführungszeichen benutzen, wird der Benutzername nicht konvertiert, sondern die Zeichen werden so eingetragen, wie sie angegeben wurden. Dies ist wichtig, denn wenn Sie Kleinbuchstaben in dem Benutzernamen innerhalb der Anführungszeichen verwenden, wird der Benutzer genau so angelegt wie eingegeben. Im

Gegenzug werden Sie dann feststellen, dass die Datenbank bei der Anmeldung Probleme haben wird, Ihren Benutzernamen zu finden, weil der Windows NT-Benutzername vor der Suche in Großbuchstaben umgewandelt wird. Dieses Problem tritt nicht nur bei externer Authentifizierung auf, sondern auch bei den regulären Datenbankbenutzern. Wenn Sie einen Backslash oder Kleinbuchstaben mittels doppelter Anführungszeichen in einen normalen Datenbank-Benutzernamen aufnehmen, müssen Sie den Benutzernamen auch bei der Anmeldung in doppelte Anführungszeichen einschließen.

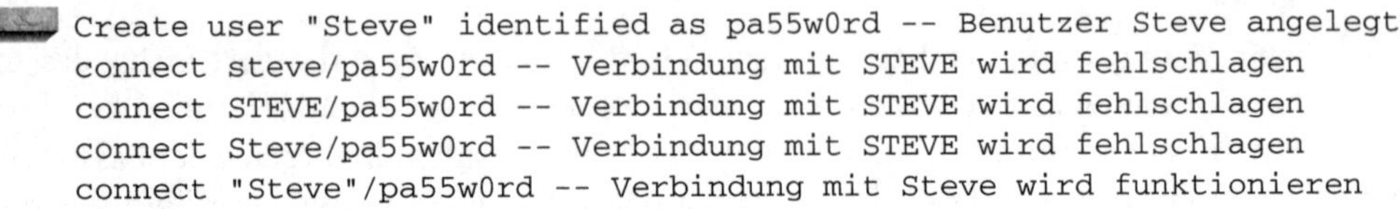

```
Create user "Steve" identified as pa55w0rd -- Benutzer Steve angelegt
connect steve/pa55w0rd -- Verbindung mit STEVE wird fehlschlagen
connect STEVE/pa55w0rd -- Verbindung mit STEVE wird fehlschlagen
connect Steve/pa55w0rd -- Verbindung mit STEVE wird fehlschlagen
connect "Steve"/pa55w0rd -- Verbindung mit Steve wird funktionieren
```

Wenn Sie also einen Benutzer in der Datenbank anlegen, sollten Sie sich vergewissern, dass nur Großbuchstaben verwendet wurden. Dies ist bei der Verwendung der Oracle-GUI-Tools wie dem DBA-Studio normalerweise kein Problem, da diese Programme alles in Großbuchstaben umwandeln und bei Bedarf automatisch in doppelte Anführungszeichen setzen.

Nun werden Sie vielleicht sagen: „Aber ein paar meiner Windows NT-Benutzernamen enthalten Groß- und Kleinbuchstaben.“ Keine Sorge, dies dürfte kein Problem sein. Ihre NT-Benutzernamen werden intern von der Datenbank in Großbuchstaben umgewandelt, so dass auch ein Benutzername, der nur aus Kleinbuchstaben besteht, als Datenbank-Benutzernamen in Großbuchstaben angelegt wird. Windows erzwingt, dass Domänennamen in Großbuchstaben geschrieben werden.

Präfixe für Benutzernamen

In früheren Versionen von Oracle wurde die Identifikation eines Kontos durch das Betriebssystem über das Präfix „OPS$“ vor dem Benutzernamen ermöglicht. In aktuellen Versionen ist dieser Wert über den Parameter **os_authent_prefix** konfigurierbar. In Oracle7 und Oracle8 besaß er den Standardwert OPS$. In Oracle8*i* ist der Standard ein leerer String, oder "". Oracle empfiehlt zurzeit, den Parameter **os_authent_prefix** mit der folgenden Zeile in der Datei init.ora auf einen Leerstring zu setzen:

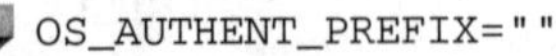

```
OS_AUTHENT_PREFIX=""
```

Dadurch können Sie Datenbankbenutzer ohne ein Präfix anlegen und die Administration etwas weniger komplex gestalten. Auch wenn es nicht empfehlenswert ist, kann man den Parameter **os_authent_prefix** auf einen Wert mit Kleinbuchstaben setzen. Dies beeinflusst aber nicht die Erstellung von Passwörtern, da die Datenbank die Benutzernamen weiterhin in Großbuchstaben umwandelt, bevor sie verglichen werden. Selbst wenn Sie für diesen Wert Kleinbuchstaben verwenden, müssen Sie Ihre Konten also weiterhin mit Großbuchstaben anlegen.

Identified Externally

Die nächste Besonderheit beim Erstellen von Benutzern mit externer Authentifizierung ist die Angabe der Phrase **identified externally** anstelle eines Passworts. Wenn Sie ein Konto mit **identified externally** anlegen, wird es mit dem ungültigen Passwort-Hash EXTERNAL erstellt, was dafür sorgt, dass man das Konto auf keinen Fall mittels der Datenbank-eigenen Authentifizierung ansprechen kann.

Auch wenn **identified externally** die empfohlene Methode für das Anlegen von Datenbankbenutzern mit externer Authentifizierung ist, ist es nicht die einzige. Ursprünglich wurden Betriebssystembenutzer mit Datenbankbenutzern einzig darüber verbunden, dass der Kontoname ein Präfix hatte. Im Folgenden ein Beispiel für diese ältere Methode.

```
create user "OPS$MYDOMAIN\MYNEWUSER"
identified by "hard.2gu3sspa55"
```

Die Verwendung der doppelten Anführungszeichen um das Kennwort hat nur den Sinn, den Punkt als Sonderzeichen im Kennwort zu ermöglichen. Der Hauptunterschied zwischen den beiden Methoden ist, dass man sich bei Konten, die mit dem alten Format angelegt wurden, auch noch direkt an der Datenbank anmelden kann, zum Beispiel über

```
connect /
connect "OPS$MYDOMAIN\MYNEWUSER"/"hard.2gu3sspa55"
```

Wenn Sie einen Datenbankbenutzer mit dem Präfix OPS$, aber ohne **identified externally** anlegen, sollten Sie sicherstellen, dass ein sicheres Kennwort verwendet wird, auch wenn Sie sich nur über die Betriebssystem-Authentifizierung anmelden wollen. Zudem müssen Sie sich weiterhin mit den Kennwörtern beschäftigen, um sie zum Beispiel verfallen zu lassen oder zu sperren, da diese Konten immer noch für Passwort-Angriffe empfänglich sind, wenn Benutzer den eigentlichen Oracle-Namen und das Kennwort herausfinden.

Glücklicherweise kann man nur dann auf Konten sowohl über die Windows NT-Authentifizierung zugreifen als auch direkt über die Anmeldung an Oracle, wenn der Parameter **os_authent_prefix** auf OPS$ gesetzt wurde. Sobald ein anderer Wert oder ein Leerstring verwendet wird, kann ein Konto entweder über externe Authentifizierung oder über die Datenbank-Authentifizierung erreicht werden, aber nicht über beide. In diesem Fall können Sie ein Konto, das extern zu authentifizieren ist, nur über die Phrase **identified externally** kennzeichnen.

Domänenname

Ob oder wie der Domänenname als Präfix zum Datenbank-Benutzernamen hinzugefügt wird, hängt von der Version und der Konfiguration von Oracle ab. In Oracle8*i* und neuer wird standardmäßig die Domäne im Benutzernamen erwartet. In älteren Versionen wurde der Domänenname standardmäßig nicht hinzugefügt. In all diesen Versionen unter Windows NT kann der Standarddomänenname geändert werden, indem der entsprechende Wert in der Registry angepasst wird. Der zu ändernde Wert ist OSAUTH_PREFIX_DOMAIN im Schlüssel HKEY_LOCAL_MACHINE\SOFTWARE\ORACLE oder, bei mehreren ORACLE_HOME-Verzeichnissen, HKEY_LOCAL_MACHINE\SOFTWARE\ORACLE\HOMEID. Wird dieser Wert auf TRUE oder FALSE gesetzt, können Sie die Standardeinstellung ändern. Seien Sie beim Ändern der Standardeinstellung vorsichtig, da bestehende Benutzer dadurch bei der Arbeit mit der Datenbank unterbrochen werden könnten oder Sie vielleicht nicht mehr den Verwaltungsassistenten für Windows NT nutzen können.

6.2.3 Einen Windows-Benutzer erstellen

Ein wichtiges Konzept, das Sie bei der Authentifizierung über Windows NT verstehen müssen, ist der Unterschied zwischen lokalen und Domänenbenutzern. Ein lokaler Windows NT-Benutzer existiert auf einem bestimmten Computer, der wiederum zu einer Domäne gehört oder nicht, und erhält Zugriffsrechte auf diesen Computer. Die Passwort-Hashes werden lokal gespeichert und zum Authentifizieren muss man nicht am Domänencontroller anfragen. Windows NT-Domänenbenutzer gehören zu einer Domäne. Ihre Kennwort-Hashes sind auf dem Domänencontroller gespeichert, und bei der Anmeldung an einem Computer innerhalb der Domäne werden ihre Berechtigungen an den Domänencontroller weitergeleitet. Einem Domänenkonto können der Zugriff und Berechtigungen für jeden Computer innerhalb der Domäne erteilt werden. Der entscheidende Punkt ist also, dass einem lokalen Windows NT-Benutzer nur Berechtigungen für den Computer erteilt werden können, auf dem das Konto existiert, während einem Windows NT-Domänenbenutzer der Zugriff auf alle Computer in der Domäne gestattet werden kann.

Es gibt kleine Unterschiede zwischen dem Erstellen eines Windows NT-Domänenkontos und dem eines lokalen Windows NT-Kontos. Um ein lokales Windows NT-Konto anzulegen, wählen Sie Start | Programs | Administrative Tools (Common) | User Manager (Start | Programme | Verwaltungsprogramme (allgemein) | Benutzerverwaltung). Dort können Sie lokale Benutzer erstellen, verändern oder löschen. Man kann auf sie zugreifen, indem man den Benutzernamen statt mit einem Domänennamen mit dem Namen des Computers verknüpft. Dies macht auch Sinn, da die Authentifizierung unabhängig von einer Domäne am Computer stattfindet. Auf einem Domänencontroller können keine lokalen Benutzer erstellt werden, da er sich nur um Domänenbenutzer kümmert.

Um einen Windows NT-Domänenbenutzer anzulegen, läuft die Prozedur sehr ähnlich ab. Allerdings wird eine andere Applikation genutzt. Wählen Sie dafür Start | Programs | Administrative Tools (Common) | User Manager for Domains (Start | Programme | Verwaltungsprogramme (allgemein) | Benutzerverwaltung für Domänen).

Abbildung 6-3 zeigt dieses Programm mit einer Liste der üblichen Benutzer und Gruppen. Dieses Tool wird standardmäßig auf Domänencontrollern installiert. Wenn es nicht auf Ihrem Arbeitsplatzrechner vorhanden ist, können Sie sich die Datei usrmgr.exe von einem Domänencontroller auf Ihren Computer kopieren. Sie benötigen Systemadministratorenrechte in der Domäne, um Benutzer anlegen zu können. Mit dem User Manager for Domains können Sie auch lokale Benutzer auf einer entfernten Maschine erstellen, indem Sie den Menüpunkt Users | Select Domain wählen und den Namen des entfernten Rechners als **\\computername** angeben.

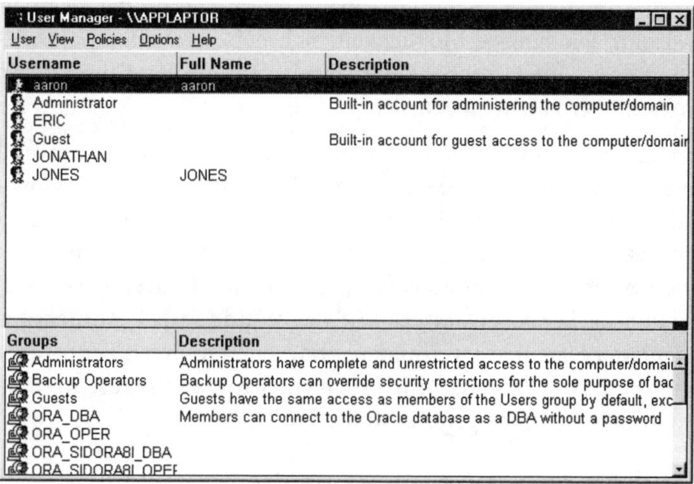

Abbildung 6-3: User Manager für Domänen

Auch wenn das Erstellen von lokalen Benutzern unter Windows 2000 etwas anders abläuft, werden sie auf dieselbe Weise gespeichert und verwaltet wie bei Windows NT. Öffnen Sie das Control Panel und klicken Sie doppelt auf das Icon Users and Passwords, um das entsprechende Fenster zu erhalten. Wählen Sie die Registerkarte Advanced und klicken Sie auf die Schaltfläche Advanced, um das Fenster für die lokalen Benutzer und Gruppen zu öffnen. Hier können Sie mit der rechten Maustaste auf den Benutzer-Ordner klicken, New User auswählen und die entsprechenden Felder ausfüllen.

Verbinden mit einer Datenbank über Windows

Wie Sie sich über ein Windows NT-Konto mit einer Datenbank verbinden, hängt von den Einstellungen ab, mit denen Sie das Konto angelegt haben. Wenn Sie zum Beispiel bei Oracle8*i* einen Datenbankbenutzer erstellt haben, müssen Sie den Kontext des Benutzers angeben. Der Kontext kann dabei einer der folgenden sein:

- Die Domäne der Datenbank
- Eine Domäne, der die Datenbank vertraut
- Der lokale Computername

Der Weg, auf dem das Windows NT-Konto erstellt wurde, bestimmt auch, welcher Kontext zu verwenden ist. Wenn das NT-Konto ein Domänenkonto ist, müssen Sie den Datenbankbenutzer mit dem Domänennamen als Präfix erstellen. Wenn es sich um ein lokales NT-Konto handelt, muss der lokale Computername als Präfix genutzt werden. Wenn sich die Datenbank nicht in einer Domäne befindet, sondern auf einem Stand Alone-Server (allein stehendener Server) läuft, können Sie dem Benutzernamen keine Domäne oder vertrauenswürdigen Domänennamen voranstellen, da es für Stand Alone-Server keine gibt. Ein allein stehender NT-Server ist einer Arbeitsgruppe zugewiesen, Sie können sich an der Datenbank aber nicht mit dem Namen der Arbeitsgruppe anmelden. Die einzige Möglichkeit, sich bei einem Stand-alone-Server anzumelden, besteht darin, die Datenbankkonten mit dem lokalen Computernamen als Präfix vor dem Benutzernamen zu erstellen.

Nun haben Sie entschieden, welches Windows NT-Konto verwendet werden soll und wie ein Konto in der Datenbank mit Verbindung zum Windows NT-Konto erstellt wird. Jetzt müssen Sie festlegen, wie Clients auf die Datenbank zugreifen sollen. Da verschiedene Client-Konfigurationen möglich sind, müssen Sie sich im Klaren darüber sein, wie die Windows NT-Sicherheit funktioniert, bevor Sie einen Benutzer die Verbindung herstellen lassen. Mit der Windows NT-Authentifizierung können Sie sich mit der Datenbank verbinden, ohne einen weiteren Benutzernamen und Passwort anzugeben. Dies kann natürlich auch ein Schwachpunkt sein, wenn nicht klar ist, welches Konto eigentlich genutzt werden soll.

Stand Alone-Server

Wenn Sie sich mit einer Oracle-Datenbank verbinden, die sich nicht in einer Domäne befindet, können Sie auf das Konto mit unterschiedlichen Methoden zugreifen. Natürlich sind auf einem Stand-alone-Server nur lokale Windows NT-Konten möglich. Wie verbinden wir uns dann mit der Datenbank von einem entfernten Client aus? Eine Möglichkeit ist, den Benutzernamen und das Kennwort des Domänenkontos mit dem des lokalen Kontos abzustimmen. Wir wollen dies an einem Beispiel demonstrieren.

Auf dem Server haben Sie ein Windows NT-Konto namens MYDATABASE\MYUSER mit dem Kennwort MARYBOPEEP. In der Datenbank gibt es einen Benutzer namens MYDATABASE\MYUSER und dem Passwort-Hash EXTERNAL. Außerdem sind Sie mit Ihrem Arbeitsplatzrechner bei der Domäne mit dem Windows NT-Konto MYDOMAIN\MYUSER und dem Kennwort MARYBOPEEP angemeldet. Da MYUSER und MARYBOPEEP zu beiden Konten passen, erlaubt der Server dem Windows NT-Domänenkonto den Zugriff auf die Datenbank als lokales Konto ohne Angabe eines Benutzernamens oder Passworts.

Wenn Ihr Benutzername und die Passwörter nicht für beide Benutzer gleich sind, müssen Sie eine andere Verbindungsmethode verwenden. Um dieses Problem zu lösen, müssen Sie auf Ihrem Arbeitsplatzrechner einen lokalen Benutzer anlegen, der zum lokalen NT-Benutzer auf dem Server passt. Im Beispiel MYCLIENT\MYUSER werden bei der Anmeldung an der Oracle-Datenbank Ihre Bestätigungen an den Server gesendet, und wenn Kennwort und Benutzername übereinstimmen, können Sie auf die Datenbank als MYDATABASE\MYUSER zugreifen.

Ein Problem, das Ihnen bei diesem Vorgehen auffallen wird, ist, dass die Passwörter synchronisiert werden müssen. Daher muss das entsprechende Kennwort auf dem Client-Rechner immer nachgezogen werden, wenn das Kennwort auf dem Datenbank-Server geändert wird, was nicht sehr praktisch ist. Die Vorteile, die Sie durch die Verwendung der Betriebssystem-Authentifizierung auf einem Stand-alone-Server erhalten, werden durch das Verwalten der Konten wahrscheinlich ausgeglichen.

Beachten Sie, dass manche der hier erklärten Punkte von der aktuellen Oracle-Dokumentation abweichen. Die Dokumentation von Oracle8*i* zeigt, wie man einen Datenbankbenutzer mit einem lokalen NT-Konto verknüpfen kann, indem der Registrywert OSAUTH_PREFIX_DOMAIN geändert wird und die Datenbankkonten ohne Domänenpräfix genutzt werden.

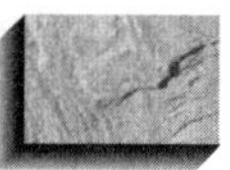

Hinweis:
Wir empfehlen die Verwendung des lokalen Computernamens, um Mehrdeutigkeiten zu vermeiden und eine bessere Kontrolle über die Konten zu Gewähr leisten.

Domänen-Server

Wenn sich die Oracle-Datenbank auf einem Server innerhalb einer Domäne befindet, läuft der Zugriff auf die Datenbank anders ab. Wenn das NT-Konto einer Domäne angehört, wird Ihr Datenbankbenutzer als MYDOMAIN\MYUSER angelegt. Um auf dieses Konto zuzugreifen, müssen Sie sich an einer Maschine in dieser Domäne anmelden. Wenn Sie dann versuchen, sich mit der Datenbank zu verbinden, werden Ihre Bestätigungen an den Server weitergeleitet und Sie werden mit der Datenbank als MYDOMAIN\MYUSER angemeldet. Was aber, wenn Sie sich von einem NT-Arbeitsplatzrechner außerhalb der Domäne anmelden müssen? Leider können Sie sich dann nicht über die NT-Authentifizierung verbinden, auch wenn Benutzername und Kennwort des Kontos auf Ihrem Client exakt mit den Werten des Domänenkontos übereinstimmen. Dieses Problem tritt auf, weil der Server versucht, Sie zu authentifizieren, dabei feststellt, dass Ihr Kontext nicht zur Domäne MYDOMAIN passt und dann versucht, Sie mit einem lokalen Benutzer anzumelden. Da das Konto MYDATABASE\MYUSER weder auf der Datenbank noch auf dem Betriebssystem besteht, schlägt der Anmeldeversuch über die NT-Authentifizierung fehl.

Das bedeutet nicht, dass ein Angreifer von einem nicht vertrauenswürdigen Client aus nicht auf die Datenbank zugreifen kann. Wir stellen nur fest, dass Ihre Benutzer sich nicht mit den üblichen Tools anmelden können. Ein Beispiel für den Zugriff auf die

Datenbank von einem nicht vertrauenswürdigen Client aus wäre ein Windows 95- oder Windows 98-Client. Im Gegensatz zu dem Hinzufügen eines NT-Arbeitsplatzrechners zu einer Domäne, wofür Sie die passenden Domänenberechtigungen besitzen müssen, lässt sich der Kontext des Clients auf einem Rechner unter Windows 95/98 leicht ändern. Sie haben natürlich keinerlei Berechtigungen, solange Sie keinen Benutzernamen und kein Kennwort für die Domäne besitzen, aber Sie können trotzdem von einem nicht vertrauenswürdigen Rechner aus auf die Datenbank zugreifen, das heißt einem, der nicht zur Domäne hinzugefügt wurde.

Wenn sich der Server in einer Domäne befindet und Sie die Datenbank so einrichten, dass sie lokale NT-Konten nutzt, können Sie auf diese Konten nicht zugreifen, solange Sie an der Domäne angemeldet sind. Wenn Sie zum Beispiel den Benutzer MYDATABASE\MYUSER in der Datenbank erstellt haben und versuchen, auf die Datenbank mit dem NT-Konto MYDOMAIN\MYUSER zuzugreifen, wird der Server versuchen, einen Benutzer namens MYDOMAIN\MYUSER zu finden, der nicht existiert, weshalb die Verbindung fehlschlägt. Damit sich Ihre Benutzer an der Datenbank mit der NT-Authentifizierung anmelden können, müssen sie sich lokal an ihrem Rechner mit einem Konto und einem Kennwort anmelden, die zu dem entsprechenden lokalen NT-Benutzer auf dem Server passen.

Oracle unterstützt die Authentifizierung von Windows NT-Domänenbenutzern, die sich nicht in der Domäne des Servers befinden. Domänen können so eingerichtet werden, dass sie sich zur Authentifizierung auf andere Domänen beziehen. Die Beziehung zwischen Domänen wird mit *Trust* (Vertrauen) bezeichnet. Eine *trusting* Domain (vertrauende Domäne) nutzt eine andere Domäne, um die Authentifizierung ausgesuchter Benutzer durchzuführen. Die andere Domäne, die die Authentifizierung durchführt, ist die *trusted* Domain (vertrauenswürdige Domäne). Benutzern einer trusted Domain kann der Zugriff auf die trusting Domain erteilt werden. Wenn ein Benutzer aus einer trusted Domain auf Ressourcen der trusting Domain zugreift, werden die Bestätigungen zuerst an den Controller der trusting Domain gesendet. Dieser Domänencontroller kann den Benutzer nicht überprüfen, da er die entsprechenden Benutzerberechtigungen nicht kennt. Stattdessen übergibt die trusting Domain die Berechtigungen an den Domänencontroller der trusted Domain, und dieser führt die Authentifizierung durch.

Wenn man sich an einer Datenbank mit einem Windows NT-Benutzer aus einer trusted Domain anmeldet, wird die NT-Authentifizierung so durchgeführt, als befände sich der Benutzer in der Domäne des Servers, es sei denn, es wird der Domänenname der trusted Domain verwendet. Der Datenbankbenutzer wird als TRUSTEDDOMAIN\MYUSER eingerichtet und muss sich am Client mit TRUSTEDDOMAIN\MYUSER anmelden. Der Versuch, auf einen Datenbankbenutzer einer trusted Domain von einem lokalen NT-Konto oder einem NT-Konto aus in einer untrusted Domain (nicht vertrauenswürdigen Domäne) zuzugreifen, schlägt fehl, auch wenn Benutzername und Kennwort passen.

Windows 95/98

Viele Endbenutzer verwenden weiterhin Windows 95 und Windows 98, deshalb sollten Sie bei der Nutzung der Betriebssystem-Authentifizierung auch wissen, wie diese Plattformen die NT-Benutzer bei Oracle authentifizieren. Windows 95/98 führt eigentlich keine Authentifizierung an einem Domänencontroller durch, wenn sich ein Benutzer anmeldet. Benutzername und Kennwort werden lokal gespeichert und nicht mit dem Konto auf dem Domänencontroller abgeglichen. Die Authentifizierung wird nur dann durchgeführt, wenn der Client versucht, auf eine Ressource in der Domäne zuzugreifen. Um den Kontext des Benutzers zu setzen, öffnen Sie die Systemsteuerung und dort das Netzwerk-Fenster. In diesem Fenster wählen Sie die Registerkarte Identification und geben den gewünschten Kontext im Feld Workgroup ein. Nachdem Sie diesen Wert geändert haben, müssen Sie den Client neu starten, damit die Änderung wirksam wird.

Um einen neuen Benutzernamen und ein neues Kennwort zu setzen, öffnen Sie die Systemsteuerung und klicken doppelt auf das Icon User. Im daraufhin erscheinenden Fenster klicken Sie auf Add New und geben Name und Kennwort des Benutzers in der Domäne an. Die Authentifizierung eines Betriebssystembenutzers von einem Windows 95- oder Windows 98-Client wird an einer Oracle-Datenbank genauso durchgeführt wie bei einem Windows NT-Client, allerdings fallen die NTLM-Hashes weg.

Windows NT-Authentifizierung vor Oracle8*i*

Der Oracle8*i*-Client wurde so entworfen, dass er den momentan angemeldeten Windows NT-Benutzer für die Betriebssystem-Authentifizierung verwendet. Die ist restriktiver als bei anderen Formen des Zugriffs auf entfernte Ressourcen. So erlaubt Ihnen Windows NT zum Beispiel, sich mit Dateifreigaben auf einzelnen Servern mit verschiedenen NT-Konten anzumelden, während Sie mit einem ganz anderen NT-Konto angemeldet sind. Beim Oracle8*i*-Client können Sie auf so viele Datenbanken zugreifen, wie Sie wollen, solange sie alle dasselbe NT-Konto benutzen. Das bedeutet nicht, dass Sie sich nicht gleichzeitig mit anderen Authentifizierungsmodi bei weiteren Datenbanken anmelden können, sondern dass die NT-Authentifizierung nur das Konto der aktuellen Verbindung verwenden kann.

Mit dem Client von Oracle8.0 oder älter können Sie sich über die Betriebssystem-Authentifizierung bei verschiedenen Datenbanken mit unterschiedlichen NT-Konten gleichzeitig anmelden. Dies war erlaubt, weil die älteren Client-Treiber auf einem Mechanismus namens Named Pipes basierten, um den NT-Benutzer zu authentifizieren. Es gibt bei Named Pipes allerdings Nachteile. Wenn Sie zum Beispiel mit dem Server über ein anderes NT-Konto verbunden waren, das keinen Zugriff auf die Datenbank hatte, hängte sich die Datenbankverbindung an diese Verbindung dran und erlaubte Ihnen nicht, ein anderes NT-Konto zu nutzen. Um das Problem zu lösen, mussten Sie Ihre NT-Sitzung beenden und sich erneut anmelden.

Weiterhin war es vor Oracle8*i* mit den Standardeinstellungen nicht möglich, den Domänen- oder Computernamen dem Datenbank-Benutzernamen als Präfix mitzugeben. Sie konnten dieses Verhalten ändern, indem Sie den Wert OSAUTH_PREFIX_DOMAIN in der Registry auf TRUE setzten. Das Standardverhalten sorgte dafür, dass nicht eindeutig klar war, ob ein Domänenbenutzer oder ein lokaler Benutzer mit dem Datenbankkonto verbunden werden sollte. Das Anpassen von OSAUTH_PREFIX_DOMAIN sorgt dafür, dass die Datenbankbenutzer anders benannt werden, es ändert aber nicht die grundlegende Verhaltensweise der Client-Verbindung. Wenn Sie versuchen, sich mit einem Domänen-NT-Benutzer an der Datenbank anzumelden, der entsprechende Benutzername aber ein lokaler NT-Benutzer ist, wird die Verbindung fehlschlagen. Dasselbe geschieht, wenn ein Benutzer aus einer untrusted Domain versucht, sich zu verbinden. Wenn nur ein Windows NT-Domänenbenutzer für den Datenbankbenutzer existiert, aber kein lokaler Windows NT-Benutzer, wird die Verbindung fehlschlagen, selbst wenn Benutzername und Kennwort passen.

Bei allen Versionen des Clients sind Verbindungsversuche zur Datenbank mittels NT-Authentifizierung zu beachten, bei denen der NT-Benutzer ein abgelaufenes Kennwort oder ein gesperrtes Konto hat. Wenn dies passiert, kann Oracle keine eindeutige Rückmeldung abgeben und die Verbindung schlägt einfach fehl. Dies tritt meistens dann auf, wenn ein Benutzer schon am Betriebssystem angemeldet ist und die Sperrung des Kontos oder das Ablaufen des Kennworts erst danach wirksam wird. Wenn Sie beim Authentifizieren bei einem Oracle-Server mit Ihrem NT-Konto aus unerfindlichen Gründen Probleme bekommen, sollten Sie sich einmal ab- und wieder anmelden, um zu kontrollieren, ob es sich nicht um ein Problem mit Ihrem Konto oder Kennwort handelt.

Wenn eine Verbindung zur Datenbank über die Betriebssystem-Authentifizierung aufgebaut werden soll, sind die Fehlermeldungen von Oracle selten hilfreich. Es gibt zwei Meldungen, die Ihnen bei Problemen am häufigsten begegnen. Die eine lautet

```
ORA-01004: default username feature not supported; logon denied
```

Diese Meldung erscheint normalerweise dann, wenn das vom Client gesendete NT-Kennwort nicht korrekt ist oder das Windows NT-Konto schlicht nicht existiert (was leicht der Fall sein kann, wenn Sie sich mit einem Stand Alone-Server oder als lokaler NT-Benutzer verbinden). Dieser Fehler tritt üblicherweise nicht auf, wenn Sie sich über ein NT-Domänenkonto von einem Windows NT-Client verbinden, da das Kennwort schon geprüft wurde, als Sie sich am Client angemeldet haben. Die zweite Meldung ist

```
ORA-01017: invalid username/password; logon denied
```

Der Fehler ORA-01017 wird nur angezeigt, wenn der NT-Benutzer erfolgreich authentifiziert wurde, die Datenbank aber keinen Datenbankbenutzer finden kann, der zum NT-Konto passt. Im Allgemeinen bedeutet das, dass der Datenbankbenutzer falsch angelegt wurde. Wenn die Betriebssystem-Authentifizierung genutzt wird, liegt der Unterschied zwischen der ersten und der zweiten Fehlermeldung darin, dass beim Fehler ORA-01017 kein Datenbankbenutzer für das Windows NT-Konto gefunden wurde, während die Fehlermeldung ORA-01004 bedeutet, dass der Windows NT-Benutzer nicht existiert oder ein falsches Kennwort angegeben wurde.

Automatische Windows-Verbindung

Die Oracle-Dokumentation führt auch Verbindungen über automatische Anmeldungen auf. Dieses Feature ermöglicht es einem Client, einfach das Konto festzulegen, zu dem verbunden werden soll. Wenn das Konto existiert, verbindet sich der Client dorthin. Automatische Anmeldungen werden ermöglicht, indem man den Parameter **remote_os_authent** in der Datei init.ora auf TRUE setzt. Natürlich besteht die Gefahr, dass man sich mit dem Setzen dieses Parameters eine große Sicherheitslücke in seinem System schafft. Auch wenn wir dringend abraten, dieses Feature zu nutzen, verursacht das alleinige Setzen dieses Parameters noch kein Sicherheitsloch. Benutzen Sie dieses Feature, können Sie sich nur mit einem Konto verbinden, das mit **identified externally** oder dem Präfix OPS$ erstellt worden ist. Zudem muss der Client weiterhin die passenden Bestätigungen zur Verfügung stellen, wenn die Datenbank für andere Secure Network Services, wie zum Beispiel NTS, konfiguriert wurde.

Wenn Sie versuchen, sich mit einer automatischen Verbindung anzumelden, akzeptiert die Datenbank den Benutzernamen, der mit dem Verbindungsstring mitgeteilt wird. Dieser Benutzername wird vom Oracle Client-Treiber direkt aus dem Betriebssystem entnommen und ohne ein Domänen-Präfix verwendet, so dass Sie für eine erfolgreiche Verbindung den Datenbankbenutzer auch ohne Präfix anlegen müssen. Anstatt also MYDOMAIN\MYUSER zu erstellen, wie wir es bei der NT-Authentifizierung gemacht haben, muss für automatische Verbindungen nur MYUSER angelegt werden. Das bedeutet natürlich nicht, dass der Datenbankbenutzer MYDOMAIN\MYUSER nicht gehackt werden kann, aber ein Angreifer muss schon etwas kreativer sein und sich zum Beispiel von einem Linux-Client aus anmelden, bei dem der Benutzername, der über das Netzwerk gesendet wird, manipuliert werden kann.

6.2.4 Rollen im Betriebssystem Windows

Oracle ermöglicht es Ihnen, die Mitgliedschaft in Rollen auf Betriebssystemebene zu verwalten. Sie aktivieren dieses Feature, indem der Parameter **os_roles** in der Datei init.ora auf TRUE gesetzt wird. Da es sich dabei um eine Alles-oder-nichts-Situation handelt, können keinerlei lokale Rollen mehr genutzt werden, wenn Betriebssystem-Rollen im Einsatz sind. Umgekehrt gilt dies natürlich genauso: Wenn lokale Rollen verwendet werden, lassen sich keine Betriebssystem-Rollen nutzen.

Lassen Sie uns ein paar Begriffe definieren, um Verwirrungen zu vermeiden, bevor es zu spät ist. Eine *lokale Rolle* ist eine Rolle, die in der Datenbank existiert und nicht für eine Verwendung außerhalb der Datenbank gedacht ist. Eine *NT Datenbank-Rolle* ist eine Rolle in der Datenbank, die für eine externe Nutzung erstellt wurde. Im Betriebssystem gibt es Gruppen sowohl in der Domäne als auch auf jedem Computer. Eine Betriebssystemgruppe ist dasselbe wie eine Rolle, es wird allerdings unter NT der Begriff *Gruppe* bevorzugt.

Unter NT gibt es zwei Arten von Gruppen: lokale und globale. *Lokale Gruppen* können NT-Benutzer und globale NT-Gruppen enthalten. Sie können keine lokale Gruppe als Mitglied einer anderen lokalen Gruppe aufnehmen. Lokale Gruppen existieren nicht nur auf jedem Computer, sondern auch in der Domäne, was etwas verwirrend sein kann, da es dann lokale Domänengruppen sind. Lokale Gruppen auf Domänenebene können nur Domänenbenutzer enthalten. *Globale Gruppen* bestehen nur in der Domäne. Ihnen können Berechtigungen auf lokalen Computern zugeteilt werden und nur Domänenbenutzer können Mitglieder in ihnen sein.

Oracle verknüpft Datenbank-Rollen nur mit lokalen NT-Gruppen. Globale Gruppen und lokale Domänen-Gruppen können ihnen nicht zugewiesen werden. Das schließt die Nutzung von globalen Gruppen für die Verwaltung der Mitgliedschaft in Rollen nicht aus, sondern legt nur fest, das lokale Gruppen die Basis sind, um **os_roles** zu nutzen.

Wenn ein NT-Domänenbenutzer Zugriff auf die Datenbank hat, kann er direkt in der lokalen Gruppe untergebracht werden, um einer Rolle in der Datenbank zugewiesen zu werden. Sie können die NT-Domänenbenutzer auch in globalen Gruppen unterbringen und die globale Gruppe dann in eine lokale Gruppe stecken, um Zugriff auf eine Datenbank-Rolle zu erteilen. Sie glauben jetzt vielleicht, dass Sie einem neuen NT-Benutzer einfach dadurch Zugriff auf eine Datenbank gewähren können, dass Sie ihn als Mitglied in einer Rolle erstellen. Dies funktioniert so aber nicht, da Sie für den NT-Benutzer immer noch einen speziellen Datenbankbenutzer anlegen müssen.

Das Erstellen einer externen Rolle in der Datenbank ähnelt dem eines externen Benutzers. Sie fügen zunächst der Datenbank eine Rolle hinzu und weisen ihr dann Berechtigungen, Privilegien und andere Rollen zu.

```
create role MANAGERS
identified externally;
```

Um nun die passende NT-Gruppe anzulegen, starten Sie den Benutzermanager und wählen im Benutzermenü den Punkt New Group. Das Benennen der Gruppe ist der schwierigste Teil, daher sollten Sie den folgenden Details Ihre Aufmerksamkeit schenken. Der NT-Gruppenname muss mit ORA_ beginnen, gefolgt von der SID, einem weiteren Unterstrich, dem Gruppennamen und schließlich den Optionen. Hier ein Beispiel für die Syntax:

```
ORA_<SID>_<Gruppenname>_<Optionen>
```

Mit den Optionen können Sie festlegen, ob die Rolle standardmäßig gesetzt wird oder anderen Rollen zugewiesen werden kann. Für die oben erstellte Rolle MANAGERS wäre die passende lokale NT-Gruppe ORA_ORCL_MANAGERS. Beachten Sie, dass die SID bei dieser Instanz ORCL ist. Wenn Sie möchten, dass die Rolle die Option **with admin option** besitzt, müsste die NT-Gruppe ORA_ORCL_MANAGERS_A heißen, und als Standardrolle ORA_ORCL_MANAGERS_D. Um beide Optionen zu kombinieren, benennen Sie die Gruppe ORA_ORCL_MANAGERS_DA. Um diese Rolle an verschiedene Benutzer mit unterschiedlichen Optionen verteilen zu können, erstellen Sie alle drei Gruppen und weisen dann die Benutzer der passenden Gruppe zu. In der Datenbank gibt es trotzdem nur eine einzige lokale Rolle namens MANAGERS, die mit allen drei NT-Gruppen verbunden ist. Man muss damit erst vertraut werden, aber wenn Sie einmal begriffen haben, dass der einzige Unterschied zwischen diesen Gruppen darin liegt, wie die Rolle zugewiesen werden, erscheint die Idee sehr einfach.

Wenn Sie Rollen verwenden, sollten Sie sich nicht mit doppelten Anführungszeichen belasten. Wenn Sie doppelte Anführungszeichen nutzen und die Rolle nicht komplett mit Großbuchstaben schreiben, wird kein Benutzer diese Rolle verwenden können. Die NT-Gruppen sind nicht abhängig von Groß- oder Kleinschreibung, aber üblicherweise erstellen Sie NT-Gruppen in Großbuchstaben.

Ein Problem dabei, den Parameter **os_roles** auf TRUE zu setzen, ist, dass Sie dann keine lokalen Gruppen mehr nutzen können. Deshalb müssen Sie selbst dann die Rollen Ihrer NT-Benutzer verwenden, wenn Sie sich über die Oracle-eigene Authentifizierung anmelden. Wenn Sie sich als SYSTEM verbinden, erhalten Sie nicht die Rolle DBA. Genausowenig erhält der Intelligent Agent die Rolle SNMPAGENT, wenn er sich über DBSNMP anmeldet, und wird nicht richtig funktionieren.

Nach dem Verbinden können Sie feststellen, welche Rollen gesetzt sind, indem Sie sich die View SESSION_ROLES anzeigen lassen.

```
select *
  from SESSION_ROLES;
```

Privilegierter Zugang über vertrauenswürdige NT-Benutzer

Oracle ermöglicht es, sich abhängig von der Mitgliedschaft in bestimmten lokalen NT-Gruppen an der Datenbank mit der Rolle SYSDBA oder SYSOPER anzumelden. Dieses Feature hängt nicht vom Parameter **os_roles** ab, sondern ist immer aktiv. Die Privilegien SYSDBA und SYSOPER ermöglichen es Betriebssystembenutzern, die Datenbank zu verwalten, ohne ein eigenes Konto in der Datenbank zu haben oder wenn die Datenbank nicht gestartet ist. Falls Sie jemals aus der Datenbank ausgesperrt sind, ist dieses Feature ausgesprochen nützlich. Die Konten, die diese Privilegien unterstützen, sind in Tabelle 6-3 aufgeführt.

Tabelle 6-3: Privilegierte Rollen

Windows NT-Rolle	Privilegien
ORA_DBA	SYSDBA für alle Instanzen auf dem lokalen Computer. Ermöglicht auch, sich über CONNECT INTERNAL ohne ein Kennwort anzumelden.
ORA_OPER	SYSOPER für alle Instanzen auf dem lokalen Computer.
ORA_<SID>_DBA	SYSDBA für eine bestimmte Instanz. Die Instanz wird definiert, indem <SID> im Kontennamen durch die aktuelle SID ersetzt wird. Ermöglicht auch, sich über CONNECT INTERNAL ohne ein Kennwort anzumelden.
ORA_<SID>_OPER	SYSOPER für eine bestimmte Instanz. Die Instanz wird definiert, indem <SID> im Kontennamen durch die aktuelle SID ersetzt wird.

Wenn sich ein Benutzer aus einer dieser Gruppen anmeldet, wird er mit dem Datenbankbenutzer SYS verbunden. Die Gruppe ORA_DBA wird während der Installation eingerichtet. Wenn Sie am Server mit einer dieser Gruppen angemeldet sind, können Sie sich mit der Datenbank über die Syntax **connect / as sysdba** oder **connect / as sysoper** anmelden.

Administration Assistant for Windows NT

In der Vergangenheit erforderte das Verwalten der Windows NT-Authentifizierung das manuelle Einrichten aller notwendigen Benutzer und Rollen. Mit Oracle8*i* gibt es nach der Installation ein neues Tool, das den Vorgang vereinfacht. Das Programm heißt Administration Assistant for Windows NT und ist als Snap-In für die Microsoft Management Console implementiert.

Wenn Sie sich am Rechner befinden, auf dem die Datenbank läuft, und dieses neue Tool starten, sollte der aktuelle Computername automatisch unter dem Knoten Computers auf der Registerkarte Tree erscheinen. In Abbildung 6-4 sehen Sie ein Beispiel für die Knoten im Administration Assistant. Wenn Sie eine Datenbank aus der Ferne verwalten, müssen Sie den Computer zur Liste hinzufügen, indem Sie mit der rechten Maustaste auf den Knoten Computers klicken und New Computer auswählen. Nachdem der Computer in die Liste aufgenommen wurde, sollte es darunter vier Punkte geben. Der erste Knoten, Oracle Homes, ermöglicht Ihnen, die Einstellungen für jedes ORACLE_HOME auf dem Rechner anzupassen.

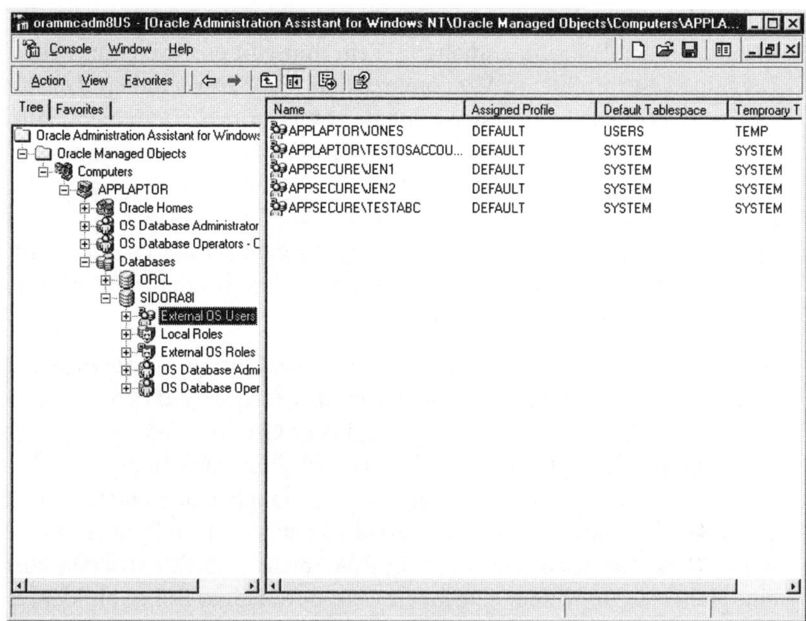

Abbildung 6-4: Administration Assistant for Windows NT

Weiterhin gibt es die beiden Knoten OS Database Administrators und OS Database Operators. Wenn Sie an diesen Knoten NT-Benutzer hinzufügen oder entfernen, können Sie bestimmen, welche NT-Benutzer die Rollen SYSDBA und SYSOPER nutzen dürfen. Fügt man einen NT-Benutzer am Knoten OS Database Administrators hinzu, wird er automatisch Mitglied der Gruppe ORA_DBA auf dem Server. Genauso werden NT-Benutzer Mitglied der Gruppe ORA_OPER, wenn sie am Knoten OS Database Operators hinzugefügt werden. Um dies durchzuführen, benötigen Sie Systemadministratorenrechte auf dem Server.

Der Knoten Database ist der letzte Punkt in der Liste. Darunter gibt es eine weitere Ebene. Alle Oracle-Instanzen auf diesem Rechner sollten hier aufgeführt sein. Unter jeder Datenbank gibt es fünf Knoten. Zwei der Knoten sind den oben erwähnten Knoten OS Database Administrators und OS Database Operators sehr ähnlich. Tatsächlich heißen sie gleich und haben die gleiche Funktion. Der einzige Unterschied ist, dass Sie NT-Benutzern damit die Kontrolle über bestimmte Instanzen anstatt über alle Instanzen auf diesem Server gewähren können. Das Ändern dieser Knoten betrifft die Gruppen ORA_<SID>_DBA und ORA_<SID>_OPER.

Der Knoten External OS Users erlaubt es Ihnen, Benutzer in der Datenbank anzulegen, die mit NT-Konten verbunden sind. Dieses Tool übernimmt den Großteil der Arbeit, indem es den Datenbankbenutzer mit dem passenden Namen einrichtet. Sie werden Probleme haben, wenn Sie den Registry-Eintrag OSAUTH_PREFIX_DOMAIN auf FALSE gesetzt haben, da das Tool trotzdem weiterhin Konten anlegt, die den Domänennamen als Präfix enthalten. Weiterhin gibt es Probleme, wenn Sie versuchen, Datenbanken mit älteren Versionen als Oracle8*i* zu verwalten. Der Knoten External OS Users ermöglicht es Ihnen, globale NT-Gruppen, Domänenbenutzer und lokale Benutzer hinzuzufügen. Wenn Sie eine Gruppe auswählen, fügt das Tool jedes einzelne Gruppenmitglied der Datenbank hinzu. Beachten Sie, dass das Tool keine Möglichkeit bietet, ein Gruppe von NT-Benutzern zur Tabelle SYS.USER$ hinzuzufügen. Da nur individuelle NT-Benutzer, die aktuell Mitglieder der Gruppe sind, in die Datenbank eingetragen werden, sind NT-Benutzer, die später entfernt oder der Gruppe hinzugefügt werden, nicht betroffen.

Der Knoten External OS Users enthält auch die Option Authorize NT Domain Global Group, die einer lokalen Gruppe eine globale Gruppe auf dem Server hinzufügt, aber keinen Datenbankbenutzer erstellt. Die lokale Gruppe wird einer Datenbank-Rolle zugewiesen und ermöglicht es Mitgliedern der globalen Gruppe, diese Datenbank-Rolle zu nutzen. Mitglieder der globalen Gruppe brauchen aber weiterhin einen passenden Datenbankbenutzer, um auf die Datenbank zugreifen zu können. Es sei darauf hingewiesen, dass Sie einem Benutzer ein Rolle nicht einfach entziehen können, wenn Sie eine globale Gruppe über eine lokale Gruppe auf einer Rolle abbilden, da der Benutzer sich nicht in der lokalen Gruppe befindet. Um einem NT-Benutzer eine Rolle zu entziehen, müssen Sie entweder ihn aus der globalen Gruppe entfernen oder die globale Gruppe aus der lokalen Gruppe. Wenn Sie die Domänenbenutzer direkt zur lokalen Gruppe hinzugefügt haben, könnten Sie stattdessen den einzelnen NT-Benutzer aus der lokalen Gruppe entfernen.

Der Knoten External OS Roles wird verwendet, um die NT-Gruppen und Datenbank-Rollen zu erstellen und anzupassen, die extern identifiziert werden. Wenn der Parameter **os_roles** auf FALSE gesetzt wurde, ist diese Option deaktiviert. Wenn eine Betriebssystem-Rolle in der Datenbank erstellt wurde, werden zwei Aktionen durchgeführt. Zunächst wird die Rolle in der Datenbank angelegt. Dann wird die lokale Windows NT-Gruppe auf dem Server mit dem passenden Namen erstellt.

Der Knoten Local Roles wird genutzt, um Rollen in der Datenbank zu erstellen, die nicht extern identifiziert werden. Die Option Create für diesen Knoten ist deaktiviert wenn der Parameter **os_roles** auf TRUE gesetzt wurde, da die Datenbank einen Fehler meldet, wenn man versucht, Rollen hinzuzufügen, die nicht extern identifiziert werden.

6.3 Authentifizierung mit Unix

Oracle auf Unix bietet die Möglichkeit, Betriebssystembenutzer zu authentifizieren. Die Umsetzung dieses Features ist unter Unix viel einfacher als unter NT, da Oracle die entfernte Unix-Authentifizierung nicht unterstützt. Ein entfernter Client kann die Unix-Authentifizierung nicht nutzen, um sich über das Netzwerk zu verbinden. Ein Windows-Client hat keine Möglichkeit, einem Unix-System ein Kennwort mitzuteilen. Wenn Sie die Verbindung zwischen dem Client und dem Server protokollieren, werden Sie feststellen, dass der Client nach der Verwendung des NTS-Authentifizierungsmechanismus fragt. Der Server lehnt die Anfrage aber ab, da er dieses Feature nicht unterstützen kann.

Wir wollen damit natürlich nicht sagen, dass Sie keine automatischen Anmeldungen nutzen können, um sich über das Netzwerk mit einem Datenbankbenutzer zu verbinden, der extern identifiziert wurde. Allerdings wird dabei keine Betriebssystem-Authentifizierung vorgenommen. Sie können dies testen, indem Sie sich mit einem Datenbankbenutzer verbinden, für den kein Betriebssystemkonto unter Unix existiert. Die Datenbank vertraut einfach darauf, dass der Benutzer der ist, als der er sich ausgibt.

Um die Betriebssystem-Authentifizierung zu unterstützen, muss sich ein entfernter Client mit dem Server über Telnet oder SSH verbinden, um sich als Unix-Konto zu authentifizieren und dann über SQL*Plus an der Datenbank anmelden. Die Verbindung von SQL*Plus zur Datenbank ist im Endeffekt eine lokale Verbindung. Es ist nicht so, dass Unix schlechtere Sicherheitsmechanismen als NT bietet, nur weil die direkte Unterstützung der Client-Authentifizierung wegen der unterschiedlichen Unix-Versionen ohne weitere Anpassungen nicht besonders sicher ist. Unix unterstützt natürlich genügend Sicherheitsprotokolle, die die gleichen Features bieten, einschließlich Kerberos, DCE-Integration, Secure Sockets Layer und LDAP-Support.

6.3.1 Einen Unix-Datenbankbenutzer erstellen

Der Unterschied beim Hinzufügen eines Betriebssystembenutzers in die Datenbank unter Unix und NT zeigt sich in der Namenskonvention. Auf Unix-Systemen fügen Sie dem Benutzernamen keinerlei Kontext- oder Domäneninformationen hinzu. Das Gleiche gilt auch für OPS$-Anmeldungen. Wenn ein Konto mit diesem Wert beginnt und der Parameter **os_authent_prefix** für OPS$ konfiguriert wurde, können Verbindungen sowohl von einem Betriebssystembenutzer als auch als regulärer Datenbankbenutzer hergestellt werden.

Das Setzen von **os_authent_prefix** auf OPS$ und damit die Erlaubnis, auf Konten auf beide Arten zuzugreifen, kann unter Unix sehr nützlich sein. Das Erstellen von Benutzern mit dem OPS$-Präfix bietet eine Möglichkeit, Skripte unter dem Unix-Konto laufen zu lassen, ohne ein Kennwort im Skript angeben zu müssen. Dies ist besonders dann praktisch, wenn die Skripte eher zu bestimmten Zeiten als interaktiv laufen sollen. Mit dem OPS$-Präfix können Sie sich auch weiterhin von einem entfernten Client aus mit der Datenbank verbinden.

Unix-Benutzernamen und -Gruppen können unabhängig von Groß- oder Kleinschreibung erstellt werden. Wenn allerdings die Benutzer in der Datenbank angelegt werden sollen, müssen Sie sicherstellen, dass die Benutzer oder Rollen in Großbuchstaben angelegt werden. Ansonsten wird die Betriebssystem-Authentifizierung für die Datenbank fehlschlagen.

Betriebssystem-Rollen unter Unix

Wenn der Parameter **os_roles** in der Datei init.ora auf TRUE gesetzt wurde, werden die Rollen über das Betriebssystem zugewiesen. Um dieses Feature zu nutzen, erstellen Sie eine Rolle in der Datenbank und eine passende Gruppe auf dem Betriebssystem. Das Format des Gruppennamens ist unter Unix identisch mit dem unter Windows NT: ORA_<SID>_<Rollenname>[_A][_D]. Lange Namen können auf vielen Unix-Versionen, wie zum Beispiel Solaris, problematisch sein, daher sollten Sie, falls Sie diese Möglichkeit einsetzen wollen, möglichst kurze SIDs und Rollennamen benutzen.

Wenn die Datenbank so eingerichtet wurde, dass sie die Multithreaded Server-Architektur nutzt, können Sie standardmäßig keine Betriebssystem-Rollen in der Datenbank nutzen. Dadurch wird vermieden, dass entfernte Benutzer versuchen, sich als Betriebssystembenutzer auszugeben. Der Parameter **remote_os_roles** ermöglicht Ihnen, dieses Verhalten zu überschreiben. Natürlich erhöhen Sie mit dem Setzen dieses Parameters auf TRUE das Risiko für Ihre Datenbank. Denn entfernte Benutzer könnten dann vorgeben, Mitglied der DBA-Gruppe zu sein, und die kompletten administrativen Rechte auf dem Server erhalten.

Automatische Verbindungen unter Unix

Unix unterstützt automatische Verbindungen zur Datenbank. Wenn der Parameter **remote_os_authent** auf TRUE gesetzt ist, ist der Versuch erfolgreich, sich mit einem entfernten Server zu verbinden, wenn ein extern zu identifizierender Datenbankbenutzer existiert, der zum Benutzernamen im Verbindungsstring passt. Anders als bei der Umsetzung unter Windows NT gibt es keine Probleme, sich von einem Windows-Client aus zu verbinden, da der mitgesendete Benutzername die Domäne nicht enthält und daher den richtigen Datenbankbenutzer findet. Solange Sie sich an einem Windows-Computer mit einem Kontonamen anmelden, der zu einem extern zu identifizierenden Datenbankbenutzer passt, wird die Verbindung erfolgreich sein. Es macht keinen Unterschied, ob der Windows-Client unter Windows 95 oder Windows 2000 läuft, und ob er als globaler oder lokaler NT-Benutzer angemeldet ist.

Privilegierter Zugriff über vertrauenswürdige Unix-Benutzer

Oracle unter Unix ermöglicht es vertrauenswürdigen Betriebssystembenutzern, sich an der Datenbank mit SYSDBA- oder SYSOPER-Berechtigungen anzumelden. Dieses Feature kann auch dann genutzt werden, wenn der Parameter **os_roles** auf FALSE gesetzt ist. Wer aber ist ein vertrauenswürdiger Betriebssystembenutzer? Ein Benutzer wird vertrauenswürdig, wenn er Mitglied der Rollen OSDBA oder OSOPER wird. Bei den meisten Installationen wird die Gruppe dba sowohl für die Rolle OSDBA als auch für OSOPER verwendet. Wenn Sie möchten, können Sie eine andere Gruppe nutzen oder auch für jede Rolle eine eigene Gruppe anlegen. Informationen zum Konfigurieren dieser Gruppen finden Sie in Kapitel 4.

Ein Unix-Benutzer kann sich an der Datenbank mit SYSDBA- oder SYSOPER-Privilegien über die Betriebssystem-Authentifizierung mit der Syntax **connect / as sysdba** oder **connect / as sysoper** anmelden. Ein Konto in der Gruppe OSDBA kann auch **connect internal** nutzen, bis dies in Oracle9*i* nicht mehr möglich sein wird.

Teil III

Die Oracle-Datenbank sichern

Kennwörter und Benutzer

„Sesam, öffne Dich." „Joe hat mich geschickt." Was haben diese beiden Sätze gemeinsam? Sie wurden genutzt, um jemandem Zutritt zu einem speziellen Bereich zu gewähren. Sie werden die magischen Worte „Sesam, öffne Dich" im Buch *Märchen aus tausend und einer Nacht* finden, wo sie dem Helden die Schatzkammer öffnen. Der andere Satz wurde in den 20er-Jahren während der Prohibition in den USA genutzt, um Zutritt zu den einschlägigen Bars zu erhalten. Wenn man in der Geschichte zurückblickt, haben wir schon lange Kennwörter und geheime Zeichen genutzt, um unsere Schätze zu hüten oder Zugang zu geheimen Clubs oder Logen zu erhalten.

Nahezu seit dem Beginn der Computerära haben wir den Zugriff auf die Rechner mit Kennwörtern geschützt. Vor Version 8.0 hatte Oracle keine umfangreichen Kennwortverwaltungsmöglichkeiten. Sie konnten ein Benutzerkonto anlegen und ihm ein initiales Kennwort zuweisen. Dann teilten Sie dem Benutzer das Kennwort mit und gaben ihm die Bitte mit auf den Weg, das zugewiesene Kennwort zu ändern. Sie konnten ihn nicht zwingen, das zugewiesene Kennwort abzuwandeln. Wenn jemand versuchte, Zugriff auf die Datenbank zu erhalten, indem er das Kennwort eines Benutzers erriet, bekamen Sie davon nichts mit, solange Sie nicht fehlgeschlagene Anmeldeversuche protokollierten und die Audit-Daten analysierten. Sie konnten eine Kennwortänderung nur dadurch erreichen, dass Sie alle Benutzerkennwörter manuell änderten. Dieses Vorgehen war lästig, zeitaufwändig und verursachte mehr Sicherheitsprobleme, als die alten Kennwörter einfach beizubehalten.

Wenn Sie eine Kennwortänderung erzwingen wollten, sahen Sie sich zwei Problemen gegenüber. Das erste Problem war die Vergabe neuer Kennwörter auf sicheren und effizienten Kanälen. Sie konnten jedes Kennwort auf ein Stück Papier schreiben und diese Zettel verteilen, aber dazu mussten Sie jeden Benutzer persönlich aufsuchen. Das Ganze dauerte abhängig von der Anzahl der Benutzer Stunden oder Tage, und die Benutzer konnten nicht auf ihre Konten zugreifen, bis sie ihre neuen Kennwörter hatten. Sie hätten jeden Benutzer anrufen können, aber dabei ging man das Risiko ein, nicht genau zu wissen, mit wem man sprach, und Sie telefonierten eventuell auf einer unsicheren Telefonleitung. E-Mail wies die gleichen Probleme bei der Übertragung auf, die Daten könnten abgefangen werden und das Kennwort in die falschen Hände geraten. Außerdem wüßte der Datenbank-Administrator dann die Kennwörter sämtlicher Benutzer und könnte auf jedes Konto zugreifen. Und auch wenn Sie alle diese Hürden erfolgreich gemeistert hatten, war Ihr zweites Problem, dass der Benutzer einfach wieder zu seinem alten Kennwort zurückkehren konnte, sobald er Zugriff auf die Datenbank erhalten hatte.

Mit dem Verlagern des Geschäftsschwerpunkts von isolierten Systemen hin zu vielen aus der Ferne verwalteten Systemen wurden andere Kennwort-Umgangsformen notwendig. Sie können nun die entfernte Authentifizierung über die Gruppen SYSDBA und SYSOPER aktivieren, um administratorische Datenbankaufgaben durchzuführen. Dabei wird eine Kennwortdatei getrennt von anderen Oracle-Konten verwaltet. Diese Datei wird mit einem Tool namens orapwd erstellt. Wir werden Ihnen darüber in diesem Kapitel noch mehr erzählen.

In diesem Kapitel untersuchen wir die verschiedenen Passwort-Features und wie Sie sie einsetzen können. Wir werden uns die Standardbenutzer anschauen, die in Ihrer Datenbank erstellt werden, sowie die Sicherheitsprobleme, die durch sie auftauchen können. Weiterhin werden wir erklären, wie die Identifikation externer Benutzer funktioniert und verschiedene Möglichkeiten vorstellen, Benutzerkennwörter anzupassen.

Das ganze Kapitel hindurch setzen wir davon aus, dass Sie Administratorrechte auf Ihrer Datenbank oder zumindest Berechtigungen zum Ansehen der besprochenen Views besitzen.

7.1 Die Passwortmanagement-Features von Oracle

Die Fähigkeit, Passwortcharakteristika zu definieren, gibt es für viele Betriebssysteme schon seit Jahren. Tabelle 7-1 enthält die Features und ihre Beschreibung.

Tabelle 7-1: Passwort-Features

Feature	Beschreibung
Zusammensetzung und Komplexität	Definiert die Länge von Kennwörtern und die Zeichen, Ziffern und Sonderzeichen, die zum Erstellen eines Kennworts genutzt werden müssen.
Alterung und Ablauf	Legt fest, wie lange ein Kennwort existieren kann, bevor es geändert werden muss.

Tabelle 7-1: Passwort-Features (Fortsetzung)

Feature	**Beschreibung**
Historie	Verfolgt, welche Kennwörter in einem gewissen Zeitraum schon wie oft verwendet wurden, um sicherzustellen, dass ein Kennwort nicht zu oft genutzt wird.
Kontensperrung	Legt fest, ob und wann ein Konto automatisch oder manuell ge- oder entsperrt werden soll.

Mit dem Boom in den Bereichen E-Commerce und Web-Entwicklung stieg der Bedarf an verbesserten Passwortverwaltungs-Möglichkeiten in Oracle. Seit der Bereitstellung von Oracle8.0 sind die Features, die Betriebssystem-Administratoren schon lange zur Verfügung standen, nun auch in einer Oracle-Datenbank nutzbar.

7.1.1 Über Passwort-Verbesserungen

Alle Möglichkeiten, die wir hier untersuchen, werden mit dem Befehl **create profile** oder **alter profile** konfiguriert. Ein Weg, die Kennwortverwaltung zu aktivieren, ist das Starten des Skripts utlpwdmg.sql. Sie können das Skript entweder in svrmgrl oder in SQL*Plus ausführen, wenn Sie sich über **connect internal as SYSDBA** verbinden. Dieses Skript kann unter Unix im Verzeichnis $ORACLE_HOME/rdbms/admin, unter Windows NT in ORACLE_HOME\rdmbs\admin und auf einer Compaq OpenVMS in $ORACLE_HOME:[rdbms] gefunden werden. Wir empfehlen Ihnen, sich das Skript genau anzuschauen, bevor Sie es ausführen, damit Sie auch genau verstehen, was es tut.

Wenn Sie eine Datenbank erstellen, wird automatisch ein Profil DEFAULT angelegt. Dieses Profil enthält Ressourceneinstellungen sowohl für das System als auch für die Kennwörter. Sie können dieses Profil nicht löschen. Wenn Sie einen Benutzer erstellen und kein Profil für ihn festlegen, wird das Profil DEFAULT genutzt. Wenn Sie ein anderes Profil erstellen und den Wert eines Parameters darin auf DEFAULT setzen, wird der entsprechende Wert aus dem Profil DEFAULT im neuen Profil verwendet.

Sobald Sie das Skript utlpwdmg.sql ausgeführen, ändern sich die Einstellungen des Profils DEFAULT und ein bestimmtes Kennwortformat wird für jeden Benutzer erzeungen, dem dieses Profil zugewiesen wurde. Es folgt eine Beschreibung der View DBA_PROFILES und eine Inhaltsangabe des Profils DEFAULT, bevor das Skript utlpwdmg.sql gestartet wird.

```
describe DBA_PROFILES
Name                                        Null?    Type
------------------------------------------- -------- ------------------
PROFILE                                     NOT NULL VARCHAR2(30)
RESOURCE_NAME                               NOT NULL VARCHAR2(32)
RESOURCE_TYPE                                        VARCHAR2(8)
LIMIT                                                VARCHAR2(40)
column PROFILE format a10
column RESOURCE_NAME format a26
column LIMIT FORMAT a15
select *
  from DBA_PROFILES;
PROFILE    RESOURCE_NAME              RESOURCE LIMIT
---------- -------------------------- -------- ---------------
DEFAULT    COMPOSITE_LIMIT            KERNEL   UNLIMITED
DEFAULT    FAILED_LOGIN_ATTEMPTS      PASSWORD UNLIMITED
DEFAULT    SESSIONS_PER_USER          KERNEL   UNLIMITED
DEFAULT    PASSWORD_LIFE_TIME         PASSWORD UNLIMITED
DEFAULT    CPU_PER_SESSION            KERNEL   UNLIMITED
DEFAULT    PASSWORD_REUSE_TIME        PASSWORD UNLIMITED
DEFAULT    CPU_PER_CALL               KERNEL   UNLIMITED
DEFAULT    PASSWORD_REUSE_MAX         PASSWORD UNLIMITED
DEFAULT    LOGICAL_READS_PER_SESSION  KERNEL   UNLIMITED
DEFAULT    PASSWORD_VERIFY_FUNCTION   PASSWORD UNLIMITED
DEFAULT    LOGICAL_READS_PER_CALL     KERNEL   UNLIMITED
DEFAULT    PASSWORD_LOCK_TIME         PASSWORD UNLIMITED
DEFAULT    IDLE_TIME                  KERNEL   UNLIMITED
DEFAULT    PASSWORD_GRACE_TIME        PASSWORD UNLIMITED
DEFAULT    CONNECT_TIME               KERNEL   UNLIMITED
DEFAULT    PRIVATE_SGA                KERNEL   UNLIMITED
16 rows selected.
```

Unter RESOURCE_TYPE gibt es zwei verschiedene Werte: Password und Kernel. Die Zeilen mit dem Typ Password werden zum Konfigurieren der Passwortmanagement-Features genutzt.

Nun führen wir das SQL-Skript aus und schauen, was passiert.

```
connect / as sysdba
Connected.
@D:\Oracle\Ora817\Rdbms\Admin\utlpwdmg.sql
Function created.
Profile altered.
select *
  from DBA_PROFILES
 where RESOURCE_TYPE = 'PASSWORD';
```

```
PROFILE    RESOURCE_NAME              RESOURCE LIMIT
---------- -------------------------- -------- --------------
DEFAULT    FAILED_LOGIN_ATTEMPTS      PASSWORD 3
DEFAULT    PASSWORD_LIFE_TIME         PASSWORD 60
DEFAULT    PASSWORD_REUSE_TIME        PASSWORD 1800
DEFAULT    PASSWORD_REUSE_MAX         PASSWORD UNLIMITED
DEFAULT    PASSWORD_VERIFY_FUNCTION   PASSWORD VERIFY_FUNCTION
DEFAULT    PASSWORD_LOCK_TIME         PASSWORD .0006
DEFAULT    PASSWORD_GRACE_TIME        PASSWORD 10
7 rows selected.
```

Viele der Parameter des Profils DEFAULT wurden nun geändert. Wir werden uns näher mit den Möglichkeiten der Aktivierung von Passwortfunktionen beschäftigen, wenn wir die unterschiedlichen Features besprechen, die mit Oracle8*i* und Oracle9*i* zur Verfügung stehen. Zunächst sollten Sie nur behalten, dass Ihr Profil DEFAULT geändert wird und die neuen Passwortmanagement-Einstellungen erzwungen werden, sobald Sie das Skript utlpwdmg.sql ausführen.

Tabelle 7-2 zeigt die verfügbaren Passwortparameter mit einer kurzen Beschreibung.

Tabelle 7-2: Parameter für Kennwortprofile

Parameter	Beschreibung
failed_login_attempts	Anzahl der Anmeldeversuche, die fehlschlagen können, bevor das Konto gesperrt wird
password_life_time	Anzahl der Tage, die dasselbe Kennwort zur Authentifizierung genutzt werden kann. Solange keine Aufschubfrist spezifiziert wurde, läuft das Kennwort aus, wenn es nicht innerhalb dieser Periode geändert wurde. Nachdem das Kennwort abgelaufen ist, werden weitere Verbindungen abgewiesen.
password_reuse_time	Anzahl der Tage, in denen ein Kennwort nicht wieder genutzt werden kann. Wenn password_reuse_time gesetzt wurde, muss password_reuse_max auf UNLIMITED gesetzt werden.
password_reuse_max	Anzahl der Kennwortänderungen, bevor das aktuelle Kennwort wieder genutzt werden kann. Wenn password_reuse_max gesetzt wurde, muss password_reuse_time auf UNLIMITED gesetzt werden.
password_lock_time	Anzahl der Tage, die ein Konto gesperrt bleibt, nachdem die maximale Anzahl der Fehlversuche beim Anmelden erreicht wurde.

Tabelle 7-2: Parameter für Kennwortprofile (Fortsetzung)

Parameter	Beschreibung
password_grace_time	Anzahl der Tage in der Aufschubfrist. Während dieser Zeit wird eine Warnung ausgegeben, das Anmelden aber erlaubt. Wenn das Kennwort nicht bis zum Ende der Frist geändert wurde, verfällt es und das Konto wird gesperrt.
password_verify_function	Ermöglicht die Nutzung eines Skripts zum Prüfen der Kennwortsicherheit. Eine Beispielfunktion namens VERIFY_FUNCTION kann in der Datei utlpwdmgr.sql gefunden werden. Sie können Ihre eigene Routine erstellen oder Software von Drittherstellern nutzen.

Lassen Sie uns nun untersuchen, was die einzelnen Passwortfeatures ermöglichen, und dann werden wir Ihnen zeigen, wie Sie ein Profil erstellen und modifizieren, um es anzupassen.

Passwort-Zusammensetzung und Komplexität

Sie können die Regeln festlegen, die ein Kennwort erfüllen muss, indem Sie das Feature zum Zusammensetzen von Kennwörtern verwenden. Oracle bietet einen Prüfmechanismus für die Komplexität jedes Kennworts, um sicherzustellen, dass es sicher genug ist, um den Schutz der Datenbank nicht dadurch zu gefährden, dass es sich zu leicht erraten lässt. Da die Komplexitätsprüfung über eine PL/SQL-Funktion durchgeführt wird, können Sie die Komplexität anpassen, indem Sie Ihre eigenen Funktionen schreiben. Damit die Funktion auch wirklich funktioniert, muss sie dem Benutzer SYS gehören.

Wie Sie im Listing zum Profil DEFAULT gesehen haben, wird dem Parameter **password_verify_function** der Wert VERIFY_FUNCTION zugewiesen, wenn Sie das Skript utlpwdmg.sql ausführen. Die grundlegenden Regeln, die durch VERIFY_ FUNCTION erzwungen werden, schließen eine minimale Länge des Kennworts und die Anforderung ein, dass eines oder mehrere alphanumerische Zeichen und Sonderzeichen im Kennwort auftauchen müssen. Die Standardregeln, die durch VERIFY_ FUNCTION sichergestellt werden, legen Folgendes für das Passwort fest:

- Es hat eine minimale Länge von vier Zeichen
- Es darf nicht identisch mit dem Benutzernamen sein
- Es enthält mindestens einen Buchstaben, eine Zahl und ein Sonderzeichen
- Es unterscheidet sich vom letzten Kennwort durch mindestens drei Zeichen

Denken Sie daran, dass eine Mindestlänge von vier Zeichen für ein Kennwort nicht sehr sicher ist und durch Brute Force-Angriffe mit der heutigen Rechenleistung leicht erraten werden kann, wenn der Hash bekannt ist.

Wenn Sie sich entscheiden, Ihre eigene Funktion zu schreiben, lautet der Funktionsaufruf

```
ROUTINE_NAME(
  USERID_PARAMETER in varchar2,
  PASSWORD_PARAMETER in varchar2,
  OLD_PASSWORD_PARAMETER in varchar2)
return boolean
```

Nachdem die Funktion einmal erstellt wurde, müssen Sie die Routine entweder dem Benutzerprofil oder dem Standardprofil des Systems zuweisen, indem Sie folgende Syntax nutzen:

```
create profile <Profilname> limit
password_verify_function <Routinenname>
```

Die erste Zeile ist für den Befehl notwendig, und Sie beginnen sie entweder mit **create** oder **alter**, je nachdem, ob das Profil erst erstellt wird oder schon existiert. Die zweite Zeile des Befehls weist dem Parameter einen Wert zu, wobei Sie hier Oracle den zu nutzenden Funktionsnamen mitteilen.

Sie können die Komplexitätsfunktion einem bestimmten Benutzer zuweisen, indem Sie die Funktion einem Profil und das Profil dann dem Benutzer zuweisen. Beachten Sie dabei die folgenden Punkte:

- Wenn die Routine zum Überprüfen des Kennworts eine Exception auslöst, muss eine passende Fehlermeldung zurückgeliefert werden, damit der Benutzer weiß, dass etwas falsch lief, und das Problem beheben kann.
- Die Routine muss SYS gehören und im Systemkontext arbeiten können.
- Wenn ein Benutzer ein falsches Kennwortformat eingibt, müssen Sie sicher sein, dass Sie eine verständliche Fehlermeldung programmiert haben, die von der Routine zurückgegeben wird.

Alterung und Ablauf

Die meisten Betriebssysteme besitzen einen Mechanismus, um die Zeitspanne festzulegen, die ein Kennwort im System gültig bleiben kann. Wenn diese Zeit abgelaufen ist, verfällt das Kennwort und der Benutzer muss ein neues wählen. Normalerweise informiert das Betriebssystem den Benutzer darüber, dass das Kennwort demnächst verfallen wird, so dass er es ändern kann, bevor es tatsächlich ungültig wird.

Oracle hatte bis zur Version 8.0 kein Alterungsfeature für Kennwörter. In Version 8.0 und den neueren Versionen wird der Passwortverfall für ein Profil gesetzt und alle Benutzer, denen es zugewiesen wurde, sind an die Lebensdauer des Kennworts gebunden. Wenn die Passwortalterung aktiviert und das Ende eines Lebenszyklus erreicht wurde, stellt Oracle noch eine Gnadenfrist zur Verfügung, in der der Benutzer darauf hingewiesen wird, dass das Kennwort zu ändern ist. Wird das Kennwort während der

Gnadenfrist nicht geändert, wird das Konto gesperrt und es sind keine weiteren Anmeldungen mehr möglich, bis ein Mitglied der DBA-Gruppe eingreift und das Konto entsperrt. Die Gnadenfrist wird auf dieselbe Weise über ein Profil gesetzt wie die Verfallszeit.

Mitglieder der Gruppe DBA haben auch die Möglichkeit, Kennwörter jederzeit verfallen zu lassen. Das Verfallsfeature ist sowohl nützlich, wenn Sie dafür sorgen wollen, dass jedes Konto im System sein Kennwort ändert, als auch beim Erstellen eines neuen Kontos. Es gibt Probleme mit abgelaufenen Kennwörtern, wenn der Benutzer keine Möglichkeit hat, direkte Abfragen auf der Datenbank abzusetzen. So könnte es Benutzern zum Beispiel nur erlaubt sein, auf das System über eine eigene GUI zuzugreifen. In diesen Fällen müssen Sie sicherstellen, dass dort die entsprechenden Möglichkeiten zum Ändern des Kennworts vorhanden sind. Um den Kennwortzyklus genauer zu erläutern, nehmen wir an, dass der Parameter **password_life_time** auf 90 Tage und **password_grace_time** auf 15 Tage gesetzt wurde. Wenn sich ein Benutzer das erste Mal nach dem 89. Tag der Kennwortalterung anmeldet, erhält er eine Warnung, die ihn über die Gnadenfrist aufklärt und die Zeitspanne angibt, die ihm noch zum Ändern des Kennworts bleibt. Wenn er das Kennwort nicht innerhalb der 15-tägigen Gnadenfrist ändert, wird das Konto gesperrt. Hier noch einige Punkte, die bei der Kennwortalterung zu beachten sind:

- Wenn Sie eine Kennwortalterung aktivieren, müssen Sie sicherstellen, dass den Benutzern eine schnelle und einfache Möglichkeit bleibt, das Kennwort zu ändern.
- Wenn die Anforderungen an die Form eines Kennworts in verschiedenen Datenbanken unterschiedlich ist, kann der Benutzer Schwierigkeiten haben, das korrekte Format zu nutzen, wenn das Kennwort abgelaufen ist. Daher müssen Sie die notwendigen Bedingungen dafür mit in die zurückgegebene Fehlermeldung aufnehmen oder bei den Hinweisen zur Kennwortänderungen anfügen.
- Achten Sie insbesondere darauf, dass die Gnadenfrist für Ihre spezielle Umgebung nicht zu lang und nicht zu kurz ist.

Vielleicht möchten Sie neben den direkten Hinweisen aus der Datenbank noch ein E-Mail-Benachrichtigungssystem implementieren, damit auch Mitarbeiter auf Reisen erfahren, dass Ihr Datenbank-Zugang nicht länger verfügbar ist.

Passwort-Historie

Oracle stellt über die Parameter **password_reuse_time** und **password_reuse_max** die Möglichkeit zur Verfügung, die Kennwort-Historie zu verwalten. Diese Parameter halten Benutzer davon ab, den Ablauf von Kennwörtern dadurch zu umgehen, dass sie es ändern und gleich danach wieder auf den alten Wert setzen. **Password_reuse_time** legt die Anzahl der Tage fest, bevor ein Kennwort wiederverwendet werden kann, während **password_reuse_max** angibt, wie häufig ein Kennwort geändert werden muss, bis es sich erneut nutzen lässt.

Diese beiden Parameter schließen sich gegenseitig aus, das heißt, wenn einer der Parameter auf einen Wert gesetzt wurde, muss der andere auf UNLIMITED gesetzt werden. Sie können einen anderen Wert als UNLIMITED für **password_reuse_time** oder **password_reuse_max** angeben, aber nicht für beide gleichzeitig. Wenn beide Werte auf UNLIMITED gesetzt werden, können Kennwörter sofort wiederverwendet werden. Das Skript utlpwdmg.sql setzt **password_reuse_time** auf 1800, während **password_reuse_max** auf seinem ursprünglichen Wert UNLIMITED bleibt. Es wird empfohlen, eher **password_reuse_time** zu nutzen, da **password_reuse_max** von einem hartnäckigen Benutzer umgangen werden kann.

Sperrung eines Kontos

Bis Oracle8 konnten Sie ein Konto auf einem Oracle-System nur sperren, indem Sie **revoke connect** gegen den Benutzer aussprachen. Mit Oracle8 und neueren Versionen können Sie ein Konto nun auf verschiedene Arten sperren. Basierend auf dem Parameter **failed_login_attempts** sperrt der Server ein Konto automatisch nach einer vorgegebenen Zahl von Fehlversuchen bei der Anmeldung. Wenn ein abgelaufenes Kennwort während der Gnadenfrist nicht geändert wurde, wird das Konto auch automatisch gesperrt. Schließlich kann ein Konto auch explizit durch ein Mitglied der DBA-Gruppe gesperrt werden.

Ein Konto, dass durch fehlgeschlagene Anmeldeversuche gesperrt wurde, kann nach einer bestimmten Zeit automatisch wieder entsperrt werden, indem der Parameter **password_lock_time** gesetzt wird. Wenn er auf UNLIMITED steht, wird das Konto nicht automatisch entsperrt.

Konten, die aus anderen Gründen gesperrt wurden, müssen explizit durch ein Mitglied der Gruppe DBA entsperrt werden. Dies ist auch für Konten möglich, die durch Fehlversuche gesperrt wurden. Es wird für jeden Benutzer ein eigener Zähler mitgeführt, der dafür sorgt, dass nur die entsprechenden Konten gesperrt werden. Wenn sich ein Benutzer erfolgreich angemeldet hat, wird der Zähler für dieses Konto automatisch auf Null zurückgesetzt. Genauso wird der Zähler zurückgesetzt, wenn ein Konto nach der Zeit **password_lock_time** wieder freigegeben wird.

Kennwortparameter aktivieren

Nachdem Sie nun wissen, wie die Parameter funktionieren, folgt hier ein Beispiel für den Befehl **create profile**, um die Parameter zu aktivieren:

```
create profile MY_PROFILE limit
failed_login_attempts 5
password_lock_time    .5
password_reuse_max    UNLIMITED
password_life_time    90
password_reuse_time   60
password_verify_function MY_PASSWORD_FUNCT
password_grace_time   15;
```

In diesem Beispiel wird ein Konto nach fünf fehlgeschlagenen Anmeldeversuchen gesperrt. Nach 12 Stunden (0,5 Tagen) wird das Konto automatisch wieder freigegeben, wenn es deswegen gesperrt war. Das Kennwort verfällt nach 90 Tagen, wobei es noch eine 15-tägige Schonfrist gibt ab dem Zeitpunkt, ab dem das Konto nach dem 90. Tag genutzt wird. Die Kennwort-Komplexität wird über die erstellte Funktion MY_PASSWORD_FUNCT sichergestellt. Beachten Sie, dass der Wert für **password_reuse_max** auf UNLIMITED steht. Wenn wir einen anderen Wert als UNLIMITED genutzt hätten, müssten wir **password_reuse_time** auf UNLIMITED setzen.

Im Folgenden ein Beispiel, wie ein Benutzer angelegt und ihm das angepasste Profil zugewiesen werden kann:

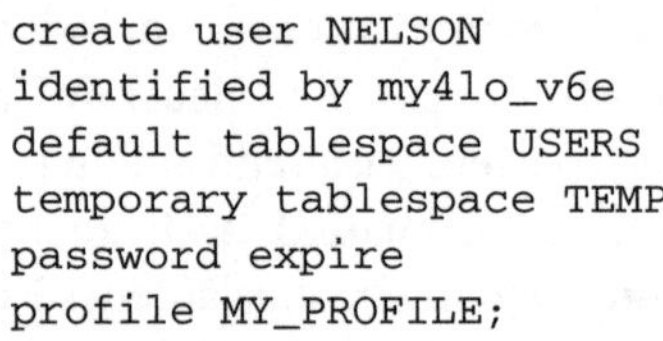

```
create user NELSON
identified by my4lo_v6e
default tablespace USERS
temporary tablespace TEMP
password expire
profile MY_PROFILE;
```

Das Erste, was Sie bei diesem Befehl beachten sollten, ist, dass das Kennwort auf veraltet gesetzt wurde, bevor der Benutzer auf das Konto zum ersten Mal zugreift. Weiterhin wurde ihm das weiter oben erstellte Profil zugewiesen. Zudem wurde der Benutzer NELSON mit einem Kennwort angelegt, das den Profilrichtlinien entspricht: es muss mindestens vier Buchstaben lang sein, mindestens eine Ziffer und ein Sonderzeichen enthalten.

Data Dictionary-Views für die Kennwortverwaltung

Um die Kennwortparameter anzuzeigen, die einem Benutzer zugewiesen wurden, können Sie die View USER_USERS oder DBA_USERS nutzen. Tabelle 7-3 führt die Spalten auf, die sich auf die Kennwörter beziehen und dieser View in Version 8.0 hinzugefügt wurden. Eine der Spalten, GRACE_DATE, ist nicht in Oracle8*i*, Release 3 vorhanden. Die in Tabelle 7-4 beschriebene Spalte wurde der View DBA_PROFILES in Oracle8.0 hinzugefügt.

Tabelle 7-3: Spalten in DBA_USERS oder USER_USERS, die mit Kennwörtern zusammenhängen

Spalte	Beschreibung
account_status	Zeigt an, ob das Konto gesperrt, abgelaufen oder offen ist
grace_date	Zeigt das Datum an, an dem das Kennwort ablaufen wird, und berechnet sich aus dem Datum, an dem das Kennwort das letzte Mal geändert wurde plus dem Wert password_life_time

Tabelle 7-3: Spalten in DBA_USERS oder USER_USERS, die mit Kennwörtern zusammenhängen (Fortsetzung)

Spalte	Beschreibung
lock_date	Zeigt, wann das Konto gesperrt wurde
expire_date	Zeigt, wann das Konto ablaufen wird

Tabelle 7-4: Spalte in DBA_PROFILES, die mit Kennwörtern zusammenhängt

Spalte	Beschreibung
resource_type	Enthält entweder KERNEL oder PASSWORD

Die Kennwortverwaltung deaktivieren

Wenn Sie sich entscheiden, die Möglichkeiten der Kennwortverwaltung nicht mehr weiterzuverwenden, können Sie mit der folgenden Syntax die Werte im ausgewählten Profil anpassen. In diesem Beispiel wird das Profil DEFAULT angepasst.

```
alter profile DEFAULT
limit <Kennwortparameter> UNLIMITED;
```

Wenn Sie zum Beispiel die Kennwort-Historie nicht weiter nutzen wollen, können Sie den folgenden Befehl eingeben:

```
alter profile DEFAULT
limit password_reuse_time UNLIMITED;
```

Es kann sein, dass sich **password_verify_function** nicht einfach auf UNLIMITED zurücksetzen lässt, wenn die Passwortverwaltung deaktiviert wird. Um die Funktion für die Passwort-Überprüfung eines Profils zu deaktivieren, müssen Sie den folgenden Befehl eingeben:

```
alter profile MY_PROFILE limit password_verify_function null;
```

7.2 Standardbenutzer unter Oracle

Wenn Sie eine Oracle-Datenbank anlegen, werden verschiedene Standardbenutzer erstellt. Dabei gibt es abhängig von der verwendeten Version des Oracle-RDBMS Unterschiede. Daher müssen Sie immer die angelegten Benutzer überprüfen und in Erfahrung bringen, was der Grund für ihre Anlage ist und welche Berechtigungen sie erhalten haben.

Im folgenden Abschnitt wollen wir eine Beispieldatenbank für Oracle8*i*, Release 3 (Version 8.1.7) untersuchen und Ihnen zeigen, welche Standardbenutzer mit welchen Rechten es gibt.

7.2.1 Die Standardbenutzer untersuchen

Wenn Sie eine neue Datenbank aufbauen, sollten Sie mit als Erstes die schon angelegten Benutzer analysieren und feststellen, welche Rollen und Berechtigungen sie erhalten haben. Eines der Skripte, die abhängig von der Oracle-Version nach dem Erstellen der Datenbank automatisch ausgeführt werden, ist catdbsyn.sql. Dieses Skript erstellt Synonyme für die Views des Data Dictionarys, über die Sie sich Informationen anzeigen lassen können. Es gibt drei verschiedene Arten von Views:

- DBA_<View-Name>-Views sind für die Nutzung durch den DBA gedacht und zeigen alle Elemente der zu Grunde liegenden Tabelle an.
- ALL_<View-Name>-Views geben eine komplette Liste der Elemente der zu Grunde liegenden Tabelle aus, lassen dabei aber sicherheitsrelevante Informationen aus.
- USER_<View-Name>-Views geben die Elemente der zu Grunde liegenden Tabelle aus, die zu dem Benutzer gehören, der gerade angemeldet ist und die Abfrage ausführt.

Um sich die Benutzer in Ihrer Datenbank anzeigen zu lassen, verwenden Sie die View DBA_USERS. Hier der Aufbau dieser View in Oracle8*i*, Release 3:

```
describe DBA_USERS
Name                                      Null?    Type
----------------------------------------- -------- ------------------
USERNAME                                  NOT NULL VARCHAR2(30)
USER_ID                                   NOT NULL NUMBER
PASSWORD                                           VARCHAR2(30)
ACCOUNT_STATUS                            NOT NULL VARCHAR2(32)
LOCK_DATE                                          DATE
EXPIRY_DATE                                        DATE
DEFAULT_TABLESPACE                        NOT NULL VARCHAR2(30)
TEMPORARY_TABLESPACE                      NOT NULL VARCHAR2(30)
CREATED                                   NOT NULL DATE
PROFILE                                   NOT NULL VARCHAR2(30)
INITIAL_RSRC_CONSUMER_GROUP                        VARCHAR2(30)
EXTERNAL_NAME                                      VARCHAR2(4000)
```

Die einzige Spalte, die hier von Interesse ist, ist USERNAME. Wie Sie aus der Übersicht ersehen können, gibt es diverse Spalten, die sich für Sicherheitsanalysen nutzen lassen.

Lassen Sie uns nun die Standardbenutzer betrachten, die mit den verschiedenen Oracle-Versionen entstanden sind. Wir haben die Standardpasswörter gleich mit aufgeführt. Basierend auf der von Ihnen verwendeten Oracle-Version und den Optionen, die Sie bei der Installation ausgewählt haben, kann Ihre Datenbank weniger oder andere Standardbenutzer enthalten, als hier aufgeführt sind. Tabelle 7-5 zeigt die Benutzernamen und initialen Kennwörter.

Tabelle 7-5: Standardbenutzer und ihre Kennwörter

Benutzername	**Kennwort**
SYSTEM	MANAGER
SYS	CHANGE_ON_INSTALL
SCOTT	TIGER
DBSNMP	DBSNMP
TRACESVR	TRACE
CTXSYS	CTXSYS
MDSYS	MDSYS
DEMO	DEMO
CTXDEMO	CTXDEMO
APPLSYS	FND
PO8	PO8
NAMES	NAMES
SYSADM	SYSADM
ORDPLUGINS	ORDPLUGINS
OUTLN	OUTLN
ADAMS	WOOD
BLAKE	PAPER
JONES	STEEL
CLARK	CLOTH
AURORAORBUNAUTHENTICATED	Zufällig generiert
ORDSYS	ORDSYS

Tabelle 7-5: Standardbenutzer und ihre Kennwörter (Fortsetzung)

Benutzername	Kennwort
MTSSYS	MTSSYS
APPS	APPS

Bevor wir uns den Benutzern zuwenden, die Ihnen am häufigsten begegnen werden, schauen wir uns die Schritte an, mit denen Sie herausbekommen können, welche Rollen und Berechtigungen einem Benutzer in Ihrer Datenbank zugeteilt wurden.

Auch wenn wir die bekanntesten von Oracle angelegten Standardbenutzer untersuchen, ist es für Sie noch viel wichtiger, sich um die Konten zu kümmern, die der Datenbank-Administrator nicht kennt oder bei denen er sich nicht sicher ist, ob er sie entfernen kann. Stellen Sie sich einen Datenbank-Administrator vor, der eingestellt wurde, um eine alte Datenbank zu administrieren, die seit Jahren läuft. In der Liste der Benutzer taucht ein Konto mit dem Namen AURORAORBUNAUTHENTICATED auf. Die Datenbank tauscht sich mit vielen anderen Systemen aus und das Ändern des Kennworts könnte eine Menge unvorhersehbarer Probleme verursachen. Die meisten Datenbank-Administratoren sind nicht sehr risikofreudig und würden dieses Konto daher nicht entfernen. Das ist aber genau das, worauf Hacker vertrauen. Wir schlagen vor, das Problem nicht zu ignorieren, sondern stattdessen aktiv jedes Konto zu analysieren, um dessen Verwendung zu erfahren und feststellen zu können, ob es benötigt wird.

Ein gutes Beispiel dafür wurde vor vielen Jahren in einem Hacker-Wettbewerb vorgeführt. OpenHack wird von Software-Herstellern und Fachzeitschriften unterstützt und ist als Lehrveranstaltung organisiert. Dabei wird ein System eingerichtet und eine Belohnung für denjenigen ausgesetzt, der erfolgreich in das System eindringen kann. Eine der ersten erfolgreichen Angriffe auf eine Oracle-Datenbank lief über das Standardkonto MDSYS ab, das das Kennwort – Sie haben es vermutlich schon erraten – MDSYS hatte.

Ein Blick auf einige DBA-Views

Wenn Sie mehr über einen Benutzer in Ihrer Oracle-Datenbank erfahren wollen, gibt es keine spezielle Reihenfolge, in der Sie sich die interessanten Informationen anzeigen lassen sollten. Mit anderen Worten, es gibt keine „richtige" Vorgehensweise oder Abfolge von Schritten, um die Rollen und Berechtigungen eines Benutzers in Ihrem System darzustellen. Wir betrachten normalerweise zunächst, welche Rollen einem Benutzer zugewiesen wurden, und gehen von dort aus weiter.

Um die Rollen eines Benutzers auszugeben, nutzen Sie die View DBA_ROLES:

```
describe DBA_ROLES
Name                                      Null?    Type
----------------------------------------- -------- ------------------
ROLE                                      NOT NULL VARCHAR2(30)
PASSWORD_REQUIRED                                  VARCHAR2(8)
```

Die einzigen Informationen, die Sie durch diese View erhalten, ist eine Liste der Rollen, die in Ihrer Datenbank existieren, und ob sie passwortgeschützt sind. Dies hilft nicht herauszubekommen, welche Rollen ein bestimmter Benutzer hat, liefert aber einen Anhaltspunkt bezüglich der vorhandenen Rollen.

Nachdem wir nun wissen, welche Rollen in Ihrem System existieren, sehen wir uns an, wem welche Rollen zugewiesen wurden. Dazu nutzen wir die View DBA_ROLE_PRIVS.

```
describe DBA_ROLE_PRIVS
Name                                      Null?    Type
----------------------------------------- -------- ------------------
GRANTEE                                            VARCHAR2(30)
GRANTED_ROLE                              NOT NULL VARCHAR2(30)
ADMIN_OPTION                                       VARCHAR2(3)
DEFAULT_ROLE                                       VARCHAR2(3)
```

Mit der folgenden Abfrage erhalten Sie die Rollen eines bestimmten Benutzers.

```
select GRANTEE, GRANTED_ROLE, ADMIN_OPTION, DEFAULT_ROLE
  from DBA_ROLE_PRIVS
 where GRANTEE = 'NELSON';
GRANTEE                        GRANTED_ROLE                   ADM DEF
------------------------------ ------------------------------ --- ---
NELSON                         CONNECT                        NO  YES
NELSON                         RESOURCE                       NO  YES
```

Wir werden Ihnen mehr über ADMIN_OPTION und DEFAULT_ROLE in Kapitel 8 erzählen. An dieser Stelle konzentrieren wir uns darauf zu vermitteln, wie die einem Benutzer zugewiesenen Rollen angezeigt werden können.

Es gibt zwei weitere Views, mit denen Sie eine komplette Übersicht über Benutzerberechtigungen erhalten können: DBA_SYS_PRIVS und DBA_TAB_PRIVS. DBA_SYS_PRIVS ist wie folgt aufgebaut:

```
describe DBA_SYS_PRIVS
Name                                      Null?    Type
----------------------------------------- -------- -------------------
GRANTEE                                   NOT NULL VARCHAR2(30)
PRIVILEGE                                 NOT NULL VARCHAR2(40)
ADMIN_OPTION                                       VARCHAR2(3)
```

Nun können Sie sich anzeigen lassen, welche Berechtigungen der Benutzer NELSON auf Systemebene hat.

```
select GRANTEE, PRIVILEGE, ADMIN_OPTION
  from DBA_SYS_PRIVS
 where GRANTEE = 'NELSON';
GRANTEE                   PRIVILEGE                                ADM
------------------------- ---------------------------------------- ---
NELSON                    UNLIMITED TABLESPACE                     NO
```

Nun wissen Sie, dass NELSON die Rollen CONNECT und RESOURCE zugewiesen wurden und er die Berechtigung UNLIMITED TABLESPACE besitzt, aber das ist noch nicht alles.

Sie können die View DBA_TAB_PRIVS verwenden um zu erfahren, welche Objekte einem bestimmten Benutzer oder einer Rolle zugeteilt wurden. Betrachten wir zunächst den Aufbau der View und nutzen sie dann um zu erfahren, auf welche Objekte NELSON Zugriff hat.

```
describe DBA_TAB_PRIVS
Name                                      Null?    Type
----------------------------------------- -------- ------------------
-
GRANTEE                                   NOT NULL VARCHAR2(30)
OWNER                                     NOT NULL VARCHAR2(30)
TABLE_NAME                                NOT NULL VARCHAR2(30)
GRANTOR                                   NOT NULL VARCHAR2(30)
PRIVILEGE                                 NOT NULL VARCHAR2(40)
GRANTABLE                                          VARCHAR2(3)
```

Wir wollen uns darauf konzentrieren, wem das Objekt (OWNER) gehört, wem Zugriff darauf gewährt wurde (GRANTEE), welches Objekt betroffen ist (TABLE_NAME) und welcher Zugriff erlaubt wurde (PRIVILEGE). Denken Sie daran, dass die Spalte TABLE_NAME auch Namen von anderen Objekten als Tabellen enthalten kann. Es kann sich dabei auch um eine View handeln. Sehen wir uns an, welche Berechtigungen der Benutzer NELSON hat.

```
select GRANTEE, OWNER, TABLE_NAME, PRIVILEGE
  from DBA_TAB_PRIVS
 where GRANTEE = 'NELSON';
GRANTEE             OWNER           TABLE_NAME                PRIVILEGE
------------------- --------------- ------------------------- --------
NELSON              EMPLOYER        EMPLOYEE                  DELETE
NELSON              EMPLOYER        EMPLOYEE                  INSERT
NELSON              EMPLOYER        EMPLOYEE                  SELECT
NELSON              EMPLOYER        EMPLOYEE                  UPDATE
```

Da Sie jetzt wissen, wie sich die wichtigsten Informationen anzeigen lassen, die wir im Folgenden benötigen, können wir uns nun mit den am häufigsten eingerichteten Konten befassen, die wir weiter oben aufgeführt haben.

Wie erwähnt gibt es verschiedene Wege, wie ein Benutzer Berechtigungen erhalten kann. Sie können dem Konto direkt eine System- oder Objektberechtigung zuweisen oder die Berechtigung einer Rolle erteilen, die dann dem Benutzer zugeteilt wird. Tabelle 7-6 fasst die Views, die wir bisher genutzt haben, mit einer kurzen Beschreibung zusammen.

Tabelle 7-6: DBA-Views, die Benutzerberechtigungen anzeigen

View	Beschreibung
DBA_SYS_PRIVS	Zeigt die Systemberechtigungen an, die Benutzern und Rollen zugewiesen wurden
DBA_ROLE_PRIVS	Zeigt die Berechtigungen an, die einer Rolle zugewiesen wurden
DBA_TAB_PRIVS	Zeigt die Benutzer an, denen die Berechtigung zum Einfügen, Aktualisieren, Auswählen oder Löschen in einer Tabelle oder View erteilt wurde
DBA_ROLES	Zeigt an, welche Rollen existieren und ob es sich dabei um Standardrollen handelt

Die Konten SYS und SYSTEM

Die Benutzer SYS und SYSTEM fallen in die Kategorie der Konten, die während der Installation eingerichtet wurden. Jedes dieser Konten hat ein bekanntes Kennwort. Der Benutzer SYS wird immer mit dem Kennwort CHANGE_ON_INSTALL eingerichtet, während SYSTEM das Kennwort MANAGER erhält. Da die Kennwörter dieser Konten allgemein bekannt sind, empfehlen wir Ihnen, sie so schnell wie möglich zu ändern, um Sicherheitslücken in Ihrer Datenbank zu vermeiden.

Der Benutzer SYS ist der Benutzer mit den weitreichendsten Rechten in der Datenbank und Besitzer aller internen Objekte, die die Datenbank ausmachen, während SYSTEM das Konto ist, von dem aus Sie die meisten Objekte anlegen.

Es gibt verschiedene Methoden, auf SYS und SYSTEM zuzugreifen:

- SQL*Plus
- Server Manager (svmgr), in Oracle9*i* nicht mehr vorhanden
- Oracle Enterprise Manager (OEM)
- SQL- oder SQL*Plus-Worksheet
- Die meisten OCI-Applikationen

Jedes Betriebssystem hat einen anderen Weg, auf das Tool svrmgr zuzugreifen. Dieses Tool kann auch über svrmgrl als Kommandozeilenprogramm gestartet werden. Allerdings hat Oracle bekannt gegeben, dass dieses Programm nicht mehr unterstützt wird und es in Oracle9*i* entfernt. Der Zugriff ist aber weiterhin über SQL*Plus und die anderen aufgeführten Wege möglich.

Was ist denn nun der Unterschied zwischen SYS und SYSTEM, und woher sollen Sie wissen, wann welches Konto benutzt werden soll? Die einzige Möglichkeit, eine Datenbank zu erstellen, zu starten oder zu stoppen, bestand über den Zugriff als SYSDBA. Normalerweise verbinden Sie sich über das interne Konto, um diese Aufgaben durchzuführen. Seit Oracle8 können Sie sich dazu an der Datenbank mit SQL*Plus anmelden und **connect internal** ausführen. Natürlich können Sie sich auch aus der Ferne mit dem Oracle Enterprise Manager oder anderen Programmen verbinden, aber Sie müssen sich weiterhin als Administrator mit SYSDBA-Berechtigungen anmelden. Es gibt nun vier verschiedene Formen, sich intern zu verbinden:

- Connect internal as sysdba (nicht mehr in Oracle9*i*)
- Connect / as sysdba
- Connect internal as sysoper (nicht mehr in Oracle9*i*)
- Connect / as sysoper

Wenn Sie sich an der Datenbank mittels **connect / as sysdba** anmelden, verbinden Sie sich in Wirklichkeit mit dem Konto SYS, welches die weitreichendsten Berechtigungen besitzt, nutzen dabei aber die Betriebssystem-Authentifizierung, um die Verbindung herzustellen.

Sie können in einer Datenbank mit dem internen Konto ziemlich viel Schaden anrichten, daher sollten Sie mit Bedacht vorgehen. Wenn Sie Objekte wie Tablespaces, Rollback-Segmente, Redo Logs usw. anlegen müssen, können Sie sich an der Datenbank entweder über SQL*Plus oder den svrmgr als SYS, SYSTEM oder einen anderen Benutzer mit der DBA-Rolle anmelden. Wir halten es für die sicherste Vorgehensweise, diese Objekte in SQL*Plus über ein Konto zu erstellen, das über die notwendigen Berechtigungen dazu verfügt. Führen Sie keine Aktionen direkt als SYS oder SYSTEM durch, wenn dies nicht absolut notwendig ist.

Bis Oracle8*i* wurden dem Benutzer SYSTEM alle verfügbaren Systemberechtigungen direkt erteilt. Mit der Zeit wurde Oracle für Sicherheitsprobleme sensibler. Daher werden in neueren Releases die Berechtigungen an bestimmte Rollen vergeben, und diese dann an die Benutzer. So werden SYSTEM in Oracle8*i*, Releases 1 bis 3, die folgenden Rollen zugeteilt:

```
select *
  from DBA_ROLE_PRIVS
 where GRANTEE = 'SYSTEM'
GRANTEE                        GRANTED_ROLE                   ADM DEF
------------------------------ ------------------------------ --- ---
SYSTEM                         AQ_ADMINISTRATOR_ROLE          YES YES
SYSTEM                         DBA                            YES YES
```

Sehen wir nach, welche Rollen DBA enthält.

```
select *
  from DBA_ROLE_PRIVS
 where GRANTEE = 'DBA';
GRANTEE                        GRANTED_ROLE                   ADM DEF
------------------------------ ------------------------------ --- ---
DBA                            DELETE_CATALOG_ROLE            YES YES
DBA                            EXECUTE_CATALOG_ROLE           YES YES
DBA                            EXP_FULL_DATABASE              NO  YES
DBA                            IMP_FULL_DATABASE              NO  YES
DBA                            JAVA_ADMIN                     NO  YES
DBA                            SELECT_CATALOG_ROLE            YES YES
```

Finden Sie selbst heraus, was jede einzelne Rolle beinhaltet, um das komplette Berechtigungsset zu erhalten, das die Rolle DBA ausmacht. SYSTEM wurde eine Systemberechtigung, UNLIMITED TABLESPACE, zugeteilt, während der Benutzer SYS 22 separate Rollen und 10 unterschiedliche Systemberechtigungen erhielt.

Über SCOTT und dazugehörige Konten

Das Konto SCOTT mit dem Kennwort TIGER existiert im Oracle-RDBMS seit der ersten Release. Dieses Konto kann als nützliches Hilfsmittel zum Erlernen von SQL (Structured Query Language) dienen und Ihre Datenbank bzw. Ihr System auf Netzwerkkonnektivität testen. Wie wir später noch sehen werden, kennt jeder, der irgendwann einmal mit einer Oracle-Datenbank gearbeitet hat, das SCOTT-Konto und sein berühmtes Kennwort, genauso wie die Standardkennwörter für SYSTEM (MANAGER) und SYS (CHANGE_ON_INSTALL). Ein Großteil der übrigen automatisch angelegten Konten hat aus historischen Gründen den Kontonamen als Kennwort.

Ursprünglich mussten Sie das Konto SCOTT selbst anlegen, das Kennwort zuteilen und die Zugriffsrechte setzen, bevor Sie die Prozeduren zum Anlegen der Demonstrationsobjekte ausführen konnten. Die Skripte wurden unter Unix im Verzeichnis $ORACLE_HOME/sqlplus/demo, und unter Windows NT in ORACLE_HOME\sqlplus\demo gespeichert. Heute finden Sie sie in $ORACLE_HOME/rdbms80/admin bzw. $ORACLE_HOME\rdbms80\admin.

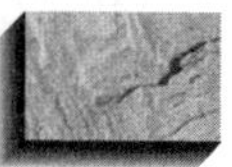

Hinweis:
Die Verzeichnisnamen haben sich mit jeder Version des RDBMS geändert, daher kann es sein, dass Ihre Verzeichnisstruktur nicht der hier angegebenen entspricht.

Im Demonstrationspaket war das Kennwort für den Benutzer SCOTT fest codiert, so dass jeder mit Zugriff auf das Betriebssystem in die Datei schauen und das Kennwort lesen konnte. Keine gute Idee, um eine Datenbank sicher zu gestalten, oder? Wenn Sie sich das Skript Scott.sql im Verzeichnis $ORACLE_HOME/rdbms/admin unter Unix bzw. ORACLE_HOME\RDBMS\Admin unter Windows NT anschauen, können Sie sehen, wie der Benutzer SCOTT erstellt wird. Es folgt die Syntax dazu, direkt aus dem Skript entnommen, das Oracle zum Anlegen des Kontos und zum Zuweisen der Berechtigungen nutzt:

```
GRANT CONNECT,RESOURCE,UNLIMITED TABLESPACE TO SCOTT IDENTIFIED BY TIGER;
```

Weitere Konten, die mit SCOTT zusammenarbeiten, werden automatisch erstellt, wenn die Demonstrationstabellen angelegt werden. Diese Konten verwirren die meisten Datenbank-Administratoren, da sie einfach aufzutauchen scheinen, ohne Angabe eines Verwendungszwecks und ihres Weges in die Datenbank. Ursprünglich wurden diese Konten als Trainingskonten genutzt, damit mehrere Personen gleichzeitig SQL lernen und dabei auf die Tabellen von SCOTT zugreifen konnten, ohne dessen erweiterte Berechtigungen nutzen zu können. Zwar dienen sie dazu schon lange nicht mehr, aber die Konten bestehen weiterhin.

Der Code, mit dem sie angelegt werden, steht im selben Verzeichnis wie der SCOTT-Code in der Datei utlsampl.sql. Im Folgenden ist der Code angegeben, der jeden Benutzer mit Kennwort anlegt:

```
GRANT CONNECT TO ADAMS IDENTIFIED BY WOOD;
GRANT CONNECT TO JONES IDENTIFIED BY STEEL;
GRANT CONNECT TO CLARK IDENTIFIED BY CLOTH;
GRANT CONNECT TO BLAKE IDENTIFIED BY PAPER;
```

Wiederum können Sie sehen, dass das Konto zusammen mit den Berechtigungen in einem Befehl angelegt wird. Wenn Sie sich die Datei anschauen, werden Sie Befehle finden, um die Konten zu löschen, bevor sie erneut angelegt werden. Daher gibt es keine Konflikte, wenn das Konto SCOTT schon vor dem neuen **create** existiert. Wenn das Konto vorher noch nicht existierte, sorgt der Befehl **drop user** nur für eine Fehlermeldung und das Skript läuft weiter. Beachten Sie im ersten weiter oben gezeigten Befehl dass die Berechtigung UNLIMITED TABLESPACE dem Benutzer SCOTT direkt erteilt wurde. Dabei handelt es sich um eine Hinterlassenschaft aus älteren Versionen Wir wissen dies, da in den neueren Versionen einem Benutzer beim Erteilen der Rolle RESOURCE auch die Berechtigung UNLIMITED TABLESPACE automatisch erteilt wird. Wir werden uns mit den Auswirkungen des gleichzeitigen Erteilens der Rolle RESOURCE und der Berechtigung UNLIMITED TABLESPACE noch näher in Kapitel 8 beschäftigen, wenn es um Standardrollen geht.

In den neueren Skript-Versionen für das Anlegen der Datenbank wird der Benutzer SCOTT automatisch mit seinem Kennwort, den dazugehörigen Objekten und den anderen vier Konten angelegt. Dieses Konto gibt es nun schon so lange und es wurde bei so vielen Trainingskursen genutzt, dass es eines der ersten Konten ist, die Sie auf potenzielle Sicherheitsrisiken abklopfen und deaktivieren sollten. Die anderen vier Konten ADAMS, JONES, CLARK und BLAKE, können einfach entfernt werden, da diese, wi

Sie aus dem Code-Beispiel ersehen, nur minimale Berechtigungen und sehr obskure Kennwörter haben. Wir empfehlen, diese Konten aus Ihrer Datenbank zu löschen.

Obwohl wir auch empfehlen, SCOTT und die dazugehörigen Konten zu löschen, sind wir durchaus der Meinung, dass ein Konto wie SCOTT in jeder Ihrer Datenbanken existieren sollte, wenn auch ohne Berechtigungen außer Create Session. Das Konto sollte einen Benutzernamen und ein Kennwort haben, die nur den Datenbank-Administratoren bekannt ist. Dieses schlichte, einfache Konto ist eine sehr nützliche Hilfe, wenn Sie herausfinden wollen, ob ein Problem durch die Datenbank oder das Netzwerk verursacht wird. Das Konto bietet zudem einen Benutzer mit sehr wenigen Rechten, mit dem Sie sich verbinden können, wenn Sie testen wollen, ob der Listener Ihrer neu angelegten Datenbank richtig konfiguriert ist.

Eine andere Vorgehensweise wäre, das Konto SCOTT mit einem geänderten Kennwort und entzogenen Rechten bestehen zu lassen, dabei aber auf fehlgeschlagene Anmeldungen zu überwachen. Dadurch können Sie feststellen, ob jemand versucht, über dieses Konto in Ihr System einzubrechen.

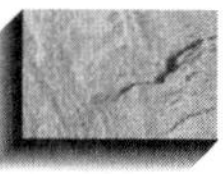

Hinweis:
Stellen Sie sicher, dass keinerlei Berechtigungen oder Rollen an PUBLIC erteilt werden, wenn Sie das Konto SCOTT/TIGER bestehen lassen wollen.

Das Konto DBSNMP

Das Konto DBSNMP mit dem Kennwort DBSNMP wird für den Oracle Enterprise Manager (OEM) Intelligent Agent zur Administration entfernter Datenbanken verwendet. Das Konto wird automatisch erstellt, wenn Sie eine Datenbank anlegen, und das Kennwort ist allgemein bekannt. Hier die Rollen und Berechtigungen, die dem Konto in späteren Releases zugewiesen wurden. In früheren Releases waren die Berechtigungen noch umfassender.

```
select *
  from DBA_SYS_PRIVS
 where GRANTEE = 'DBSNMP';

GRANTEE                    PRIVILEGE                                 ADM
-------------------------- ----------------------------------------- ---
DBSNMP                     CREATE PUBLIC SYNONYM                     NO
DBSNMP                     UNLIMITED TABLESPACE                      NO

select *
from DBA_ROLE_PRIVS
where GRANTEE = 'DBSNMP';
```

```
GRANTEE                        GRANTED_ROLE                   ADM DEF
------------------------------ ------------------------------ --- ---
DBSNMP                         CONNECT                        NO  YES
DBSNMP                         RESOURCE                       NO  YES
DBSNMP                         SNMPAGENT                      NO  YES
```

Der Benutzer DBSNMP wird vom Intelligent Agent genutzt, um Aufgaben in Ihrer Datenbank von einem entfernten Rechner aus durchzuführen. Wenn Sie den Oracle Enterprise Manager nicht für die Verwaltung entfernter Datenbanken oder zur Ereignis- bzw. Aufgabenplanung nutzen wollen, können Sie den Benutzer DBSNMP aus der Datenbank löschen. Wenn Sie allerdings vorhaben, entfernte Datenbanken zu administrieren oder zu überwachen, können Sie mit den folgenden Schritten sowohl den Benutzernamen als auch das Kennwort ändern, das von diesem Konto verwendet werden soll. Das Konto DBSNMP wird automatisch beim Anlegen oder Aktualisieren Ihrer Datenbank erzeugt. Ein Skript namens catsnmp.sql wird dazu gestartet. Es erstellt zuerst die Rolle SNMPAGENT und legt dann den DBSNMP-Benutzer mit den folgenden Befehlen an:

```
drop user DBSNMP cascade;
grant CONNECT, RESOURCE, SNMPAGENT, create public synonym to DBSNMP
identified by DBSNMP;

create synonym DBSNMP.DBA_TABLESPACES for SYS.DBA_TABLESPACES;
create synonym DBSNMP.DBA_DATA_FILES for SYS.DBA_DATA_FILES;
create synonym DBSNMP.DBA_FREE_SPACE for SYS.DBA_FREE_SPACE;
create synonym DBSNMP.DBA_SEGMENTS for SYS.DBA_SEGMENTS;
```

Sie können dieses Skript anpassen und die Verweise auf DBNSMP und sein Kennwort durch einen eigenen Namen Ihrer Wahl ersetzen. Wenn Sie den Benutzernamen ändern, müssen Sie auch die Referenzen im Befehl **create synonym** anpassen. Schließlich müssen Sie der Datei snmp_rw.ora im Verzeichnis network/admin noch die folgenden beiden Befehle hinzufügen:

```
SNMP.CONNECT.<Dienstname>.NAME = <neuer Benutzername>
SNMP.CONNECT.<Dienstname>.PASSWORD = <neues Kennwort>
```

Für einen neuen Benutzer INTAGNT mit dem Kennwort MY#AG3NT in der Datenbank MYDB sähen die Zeilen wie folgt aus:

```
SNMP.CONNECT.MYDB.NAME = intagnt
SNMP.CONNECT.MYDB.PASSWORD = my#ag3nt
```

Das Konto MDSYS

Das Konto MDSYS wird für die Spatial Data Option genutzt und während der Datenbankerstellung angelegt. Wenn Sie für diesen Benutzer in der View DBA_ROLE_PRIVS nachschauen, werden Sie feststellen, dass ihm keine Rollen zugewiesen wurden. Daher scheint das Konto ziemlich harmlos zu sein. Wenn Sie allerdings in Oracle8*i*, Release

(Version 8.1.7) in der View DBA_SYS_PRIVS blättern, werden Sie merken, dass ihm 115 Systemberechtigungen zugewiesen wurden.

Andere Standardkonten

Bisher haben wir neun Standardkonten untersucht. Dabei sind wir auf die Konten eingegangen, die wahrscheinlich beim Erstellen Ihrer Datenbank angelegt wurden. Tabelle 7-7 führt die verbleibenden Benutzer mit einer kurzen Erläuterung auf.

Tabelle 7-7: Andere Standardbenutzer und ihr Zweck

Benutzername	Zweck
OUTLN	Wird verwendet, um sicherzustellen, dass der Optimizer immer denselben Ausführungsplan generiert, wenn die gleichen SQL-Befehle ausgeführt werden. Dies wird als „Planstabilität" bezeichnet.
AURORAJISUTILITY$, AURORA$ORB$UNAUTHENTICATED	Diese Konten werden genutzt, um die Oracle8*i* Aurora JVM-Möglichkeiten des RDBMS-Servers zu unterstützen, welche Javaprogramme zeitlich steuern können. Sie haben die Berechtigung Create Session.
ORDPLUGINS	Wird genutzt, um Informationen von Videodatenattributen für Objekte vom Typ ORDVideo zu verwalten, indem ein Paket ORDPLUGINS.ORDX_<Format>_VIDEO implementiert wird.
CTXSYS	Zur Nutzung durch die Context-Option. Wenn die Spaltenwerte einen Funktionsaufruf enthalten, wird dieser im Schema CTXSYS ausgeführt, um sicherzustellen, dass ein böswilliger CTXAPP-Benutzer keine beliebigen Funktionen ausführen kann, für die er keine Ausführungsrechte besitzt.
MTSSYS	Wird durch oramts.sql erstellt und für den Microsoft Transaction Server bzw. die Microsoft Application Demo verwendet.
ORDSYS	Wird für die Oracle8*i* Time Series Option genutzt, um mit Kalendern und Zeitreihen arbeiten zu können.

Über PUBLIC

Eines der größten Probleme bei Standardkonten sind weniger die direkt zugewiesenen Berechtigungen als diejenigen, die ihnen von der Gruppe PUBLIC vererbt werden können. Wenn Sie eine Rolle oder Berechtigung PUBLIC zuweisen, ist sie jedem zugänglich, der überhaupt Zugriff auf die Datenbank hat. Mit anderen Worten, durch eine Vergabe an PUBLIC wird etwas für alle Benutzer sichtbar.

Übersehen Sie nicht die unzähligen Funktionen, Pakete und Views, die für PUBLIC sichtbar sind. So hat PUBLIC zum Beispiel das Recht, aus der View ALL_USERS zu selektieren. Das gibt einem Möchtegern-Hacker eine hübsche Liste mit allen anderen Benutzern in der Datenbank an die Hand. Ausgestattet mit diesem Wissen über Ihre Datenbank wird ein erfolgreicher Angriff viel wahrscheinlicher.

7.3 Identifikation externer und entfernter Benutzer

Stellen Sie sich dieses Szenario vor: Sie haben gerade eine neue SQL*Plus-Routine geschrieben, die Sie entweder als über den Scheduler gesteuerte Batchdatei oder über einen Cron-Job ausführen lassen möchten. Wenn Sie den Benutzernamen und das Kennwort im Skript eintragen, erzeugen Sie ein potenzielles Sicherheitsloch. Das Skript könnte von jemandem gelesen werden, der keinen Zugriff auf das dort genutzte Konto haben sollte, oder das Kennwort könnte unter Unix mit dem Systembefehl **ps –ef | grep sqlplus** angezeigt werden.

Stellen Sie sich nun vor, dass Sie auf eine Datenbank quer über das Netzwerk zugreifen möchten, ohne ein Kennwort angeben zu müssen. In diesen letzten Abschnitten wollen wir Vorgehensweisen erläutern, die Sie nutzen können, um solche Probleme zu lösen und dabei die Sicherheitsbedenken nicht außer Acht zu lassen.

Wenn Sie einen Benutzer in einer Oracle-Datenbank anlegen, nutzen Sie im Allgemeinen die Authentifizierung durch die Datenbank-Software. Diese prüft, ob das übermittelte Kennwort für dieses Konto richtig ist. Eine andere verfügbare Vorgehensweise ist, ein Benutzerkonto zu erstellen und auf der Authentifizierung durch das Betriebssystem aufzubauen.

Oracle bietet eine Reihe von Methoden an, Benutzer außerhalb der Datenbank zu authentifizieren, einschließlich der Zusammenarbeit mit Produkten von Drittherstellern oder dem Betriebssystem. Auch wenn Konten verwendet werden, die außerhalb der Datenbank liegen, muss ein Benutzer in der Datenbank angelegt werden. Daher müssen Sie weiterhin Konten im Data Dictionary identifizieren und kennzeichnen können, die nicht intern verwaltet werden. Die Unterscheidung wird entweder durch die Nutzung eines Kontos als EXTERNAL oder durch ein Präfix vor dem Kontonamen wie OPS$, ermöglicht. Weiterhin gibt es GLOBAL-Kennwörter für Konten, die durch Authentifizierungszertifikate überprüft werden.

Ebenfalls wichtig beim Konfigurieren der Authentifizierungsmethoden sind die verschiedenen Parameter in der Datei init.ora, wie **remote_os_authent** und

os_authent_prefix. Sie finden weitere Informationen über externe Konten und Betriebssystem-Authentifizierung in Kapitel 6.

Während Sie Ihr System organisieren werden Sie womöglich feststellen, dass Sie Verwaltungsaufgaben auf mehreren Datenbanken durchführen müssen, die auf verschiedenen Rechnern untergebracht sind. Um dies von einer zentralen Stelle aus erledigen zu können, müssen Sie Ihre Umgebung richtig konfigurieren. Betrachten wir einige der notwendigen Komponenten näher, die Sie zum Verwalten entfernter Datenbanken benötigen.

7.3.1 Über Orapwd

Eine Möglichkeit, eine entfernte Datenbank von einem Client-PC aus zu verwalten, ist das Erstellen einer Kennwortdatei, um damit Benutzer zu authentifizieren, bevor die Datenbank gestartet wird. Kennwortdateien werden mit dem Tool orapwd erstellt, das mit Ihrer Oracle-Software installiert wird. Es findet sich im Verzeichnis $ORACLE_HOME/bin. Damit lässt sich eine Datei namens orapw<SID> auf Unix-Systemen oder pwd<SID>.ora auf Windows NT-Systemen anlegen, die üblicherweise unter $ORACLE_HOME\dbs abgelegt wird. Die Kennwortdatei sollte niemals im Verzeichnis bin liegen. Deshalb sollten Sie am besten auch ein Verzeichnis für die Passwortdatei bei der Erstellung angeben. Das Tool orapwd heißt abhängig von der verwendeten Oracle-Version orapwd, orapwd73 oder orapwd80.

Sie können sich mit dem OEM in drei verschiedenen Modi verbinden: NORMAL, SYSDBA oder SYSOPER. Im Modus SYSOPER können Sie die Datenbank herunter- oder hochfahren; im SYSDBA-Modus erhalten Sie die gleichen Berechtigungen wie der Benutzer SYS, einschließlich der Möglichkeit, eine Datenbank zu erstellen. Daher können Sie **connect internal as sysdba** oder **connect internal as sysoper** mit unterschiedlichen Berechtigungen über eine OEM-Verbindung nutzen und die Kennwortdatei zur Authentifizierung verwenden. Wenn Sie **connect / as sysdba** oder **connect / as sysoper** aufrufen, verwenden Sie die Betriebssystem-Authentifizierung und nicht die Kennwortdatei. Um sich mit der Kennwortdatei zu authentifizieren, müssen Sie sich entweder im internen Modus oder mit einem Benutzernamen und Kennwort via **as sysdba** verbinden.

Um die Kennwortdatei anzulegen, müssen Sie sich auf dem Server angemeldet haben, auf dem die entfernte Datenbank erstellt worden ist. Führen Sie den Befehl **orapwd** aus und geben Sie den Namen der Ausgabedatei, das Kennwort und die Anzahl der zu erstellenden Einträge an. Der letzte Wert ist optional und definiert, wie viele unterschiedliche SYSDBA- und SYSOPER-Konten existieren können. Im folgenden Beispiel wird die Ausgabedatei in einer Datei namens orapwMYDB im Unterverzeichnis dbs unter $ORACLE_HOME angelegt und das Kennwort für INTERNAL/SYS definiert. Die Anzahl der möglichen Konten wird auf 20 gesetzt.

```
orapwd file=$ORACLE_HOME/dbs/orapwMYDB password=holymoly entries=20
```

Um die Gleichheitszeichen herum sind keine Leerzeichen erlaubt. Um die Syntax des Befehls **orapwd** sehen zu können, geben Sie an der Befehlszeile nur das Kommando ohne weitere Parameter ein.

Sie sind damit aber noch nicht ganz fertig. Um sich im Modus SYSDBA oder SYSOPER verbinden zu können, müssen Sie noch einen Eintrag für **remote_login_passwordfile** in der Datei init.ora der Datenbank vornehmen, um Oracle mitzuteilen, ob die Datei im Modus EXCLUSIVE oder SHARED genutzt werden soll. Die Syntax dazu lautet:

```
remote_login_passwordfile = EXCLUSIVE
```

Tabelle 7-8 erläutert die möglichen Modi für eine Oracle8*i*-Datenbank. Die Werte sollten auch bei früheren Versionen identisch sein.

Tabelle 7-8: Werte für remote_login_passwordfile

Wert	Bedeutung
EXCLUSIVE	Legt fest, dass nur eine Instanz gleichzeitig die Kennwortdatei nutzen kann. Die Datei kann auch andere Namen als SYS und INTERNAL enthalten.
SHARED	Legt fest, dass mehrere Instanzen gleichzeitig die Kennwortdatei nutzen können. Wenn SHARED verwendet wird, lassen sich nur die Benutzer SYS und INTERNAL nutzen. Sie können sich nicht als SYSDBA/SYSOPER mit einer Oracle-Anmeldung verbinden, auch wenn diese die entsprechenden Berechtigungen hat.
NONE (Standardwert)	Oracle ignoriert die Kennwortdatei, privilegierte Benutzer müssen durch das Betriebssystem authentifiziert werden.

Um zu verstehen, wie die Kennwortdatei funktioniert, betrachten wir uns deren Inhalt. Im Folgenden ein Beispiel dazu. Wir haben einige Binärteile entfernt, um die Sie sich nicht kümmern müssen.

```
ORACLE Remote Password file INTERNAL 8D7F004CD7D32C58 SYS
D3CE9AB10E42F19D
```

Wie Sie sehen, werden in einer neu erstellten Kennwortdatei zwei Konten zusammen mit ihren Kennwort-Hashes aufgeführt. Die Hashes für INTERNAL und SYS entsprechen den Kennwortparametern, die zum Ausführen des Tools orapwd genutzt werden.

Wenn Sie nun versuchen, sich an der Datenbank mit dem Konto INTERNAL anzumelden, verwenden Sie das Kennwort, das gesetzt wurde, als die Datei erstellt wurde. Wie Sie sehen ist der Hauptgrund für die Existenz der Datei, dass entfernte Benutzer, die sich nicht über das Betriebssystem authentifizieren können, ein Kennwort liefern können, um sich mit einer noch nicht gestarteten Instanz zu verbinden. Wenn die Instanz nicht gestartet ist, kann keine Authentifizierung über die Tabelle SYS.USER$ durchgeführt werden. Deshalb wird mithilfe der Daten aus der Kennwortdatei authentifiziert.

Leider wird die Situation bloß komplizierter. Zunächst wird für die Verbindung als INTERNAL das Kennwort genutzt, das beim Erstellen der Datei aktuell war. Das weitere Verhalten hängt dann von den Einstellungen des Parameters **remote_login_passwordfile** in der Datei init.ora ab. Wenn dieser auf EXCLUSIVE gesetzt wurde und sich das Kennwort für SYS in der Datenbank ändert, wird der neue Hash-Wert nicht nur in der Tabelle SYS.USER$ abgelegt, sondern auch in der Kennwortdatei. Er ersetzt den alten Hash sowohl für INTERNAL als auch für SYS. Das bedeutet, dass Sie das Kennwort von SYS nutzen müssen, wenn Sie sich als INTERNAL mit der Datenbank verbinden wollen.

```
ORACLE Remote Password file INTERNAL 9D3F47F80B265A5D SYS
23388029FD15D30A
```

Versuchen wir noch einmal, zusammenzufassen: Wenn man eine Kennwortdatei erstellt, wird das Kennwort zum Verbinden als INTERNAL durch das Tool erzeugt. Wenn das Kennwort für SYS nach der Dateigenerierung erstmals geändert wird, muss auch ein neues Kennwort für INTERNAL verwendet werden. Wenn Sie also ein unsicheres Kennwort beim Erstellen der Datei angeben und das Kennwort für SYS danach nie ändern, bleibt die Kennwortdatei mit dem schwachen Kennwort bestehen und wird nicht durch das sichere Kennwort des SYS-Kontos aktualisiert.

Wenn der Parameter **remote_login_passwordfile** auf SHARED gesetzt wird, ändert sich der Kennwort-Hash nicht, sobald das Kennwort für SYS verändert wird. Alle weiteren Zugriffe als INTERNAL verwenden das ursprüngliche Kennwort, das bei der Erstellung dieser Datei angegeben wurde. Das ist nur logisch, da die Authentifizierung über die Kennwortdatei erfolgt und der ursprüngliche Hash weiterhin in der Kennwortdatei steht.

Nun geht es noch um die anderen Konten, über die man sich als SYSDBA anmelden kann. Jedes Konto kann als SYSDBA genutzt werden, indem ihm die Rolle SYSDBA zugewiesen wird.

```
grant SYSDBA to JENNIFER;
```

Sie werden die Rollen SYSDBA oder SYSOPER nicht in der View DBA_ROLES finden. Es handelt sich um fest verdrahtete Rollen, die für Oracle eine besondere Bedeutung haben. Sie können nur von jemandem vergeben werden, der selbst mit dieser Rolle verbunden ist. Das bedeutet, dass Sie selbst dann nicht über genügend Privilegien verfügen, wenn Sie sich als SYS anmelden. Es muss schon **connect SYS as SYSDBA** genutzt werden, um jemand anderem die Rolle SYSDBA zuzuweisen.

Wenn der Parameter **remote_login_passwordfile** in der Datei init.ora auf SHARED gesetzt ist, erhalten Sie die folgende Fehlermeldung bei dem Versuch, jemandem SYSDBA zuzuteilen:

```
ORA-01994: GRANT failed: cannot add users to public password file
```

Wenn der Parameter **remote_login_passwordfile** auf EXCLUSIVE gesetzt ist, dürfte das Zuweisen nicht fehlschlagen. Nachdem wir SYSDBA nun einem Benutzer erteilt haben, betrachten wir erneut die Kennwortdatei, und was sich geändert hat.

```
ORACLE Remote Password file INTERNAL 9D3F47F80B265A5D SYS
23388029FD15D30A JENNIFER 56745D2A9DC35DE0
```

Beachten Sie, dass JENNIFER der Datei zusammen mit demselben verschlüsselten Hash hinzugefügt wurde, der in der Tabelle SYS.USER$ steht. Wenn JENNIFER in Zukunft Ihr Kennwort in der Datenbank ändert, wird es automatisch auch in dieser Datei angepasst. Wenn sie sich über die Kennwortdatei authentifiziert, kann sich JENNIFER auch dann mit der Datenbank verbinden, wenn die Instanz nicht gestartet ist.

```
connect JENNIFER/<Kennwort> as SYSDBA
```

Bei einem Windows NT-System gibt es eine bestimmte Reihenfolge, in der Oracle nach der Kennwortdatei sucht. Zunächst sucht Oracle in der Registry nach dem Wert des Parameters **ora_sid_pwfile**. Wurde kein Wert angegeben, sucht Oracle als Nächstes nach dem Registrywert **ora_pwfile**. Ist der Parameter **remote_login_passwordfile** auf EXCLUSIVE gesetzt, zeigt der Parameter **ora_pwfile** auf eine Datei, die das Kennwort für INTERNAL zusammen mit anderen Benutzernamen und Kennwörtern enthält. Wenn er auf SHARED steht, ist nur das Kennwort für INTERNAL abgelegt. Wenn der Parameter **ora_pwfile** nicht gesetzt ist, verwendet Oracle die Standarddatei $ORACLE_BASE\$ORACLE_HOME\database\pwdsid.ora. Wenn Sie die Kennwortdatei aus Sicherheitsgründen an einer anderen Stelle ablegen möchten, müssen Sie sicherstellen, dass Sie in der Registry den neuen Standort angeben. Wenn Sie die Datei verschieben und den Registrywert nicht setzen, werden Sie sich nicht mit svrmgrl anmelden können, um die Datenbank zu starten oder zu verwalten, sofern Sie dies über ein nicht vertrauenswürdiges Konto tun.

Identified By Values

In Oracle-Versionen vor 8.0 können Sie den Kennwort-Hash eines Benutzers auslesen, das Kennwort ändern, sich als dieser Benutzer verbinden und dann den ursprünglichen Kennwort-Hash durch die Klausel **identified by values** des Befehls **alter user** zurücksetzen. In den neueren Versionen können Sie dies immer noch durchführen, allerdings wird die Nutzung von **identified by values** etwas problematischer. Dieses Feature ist dann sehr nützlich, wenn Sie absolut sicher sein wollen, dass niemand auf ein bestimmtes Konto zugreifen kann, wie zum Beispiel auf eines, das alle Tabellen Ihrer Produktionsumgebung besitzt. Sie selbst können natürlich noch Änderungen an den Objekten vornehmen, da Sie gerade lernen, wie dieses Feature genutzt werden kann. Zunächst erstellen Sie den Benutzer und setzen den Kennwort-Hash auf einen unmöglichen Wert:

```
create user PROD_ACCOUNT identified by values 'Keine Chance';
User created.
```

Sehen wir uns an, wie Oracle diesen Wert speichert:

```
select USERNAME, PASSWORD
  from DBA_USERS
 where USERNAME = 'PROD_ACCOUNT';

USERNAME                       PASSWORD
------------------------------ ------------------------------
PROD_ACCOUNT                   Keine Chance
```

Der von Ihnen angegebene Wert wird statt eines gehashten gespeichert und angezeigt. Üblicherweise wird ein Kennwort-Hash generiert, indem der Benutzername an das Kennwort angehängt wird und daraus mit einer modifizierten Form des DES-Algorithmus der Wert ermittelt wird. Als Ergebnis kommt ein 16 Zeichen langer Hexadezimalwert heraus. Alle Zeichen im Kennwort-Hash sind Hexadezimalziffern, das heißt, sie liegen im Bereich 0 bis 9 und A bis F.

Da das Kennwort in der Datenbank exakt so gespeichert wird, wie Sie es angegeben haben, und Zeichen enthält, die in einem korrekt gehashten Kennwort nicht vorkommen dürfen, kann man diesen Hash mit keinem passenden Kennwort erreichen. Daher kann sich niemand als dieser Benutzer anmelden, einschließlich des Datenbank-Administrators.

Was tun Sie nun, wenn Sie auf dieses Konto zugreifen und Änderungen daran vornehmen müssen? Sie haben zwei Möglichkeiten:

- Führen Sie die Änderungen von einem Konto aus durch, das DBA-Berechtigungen oder die entsprechende „Any"-Berechtigung hat (Alter Any Table, Create Any Table, Create Any Index, usw.).
- Ändern Sie das Kennwort, so dass Sie sich direkt als Produktionsbenutzer anmelden können, und verwenden Sie dann **identified by values**, um das Kennwort auf seinen ursprünglichen Wert zurückzusetzen, wenn Sie Ihre Arbeiten abgeschlossen haben.

Aber was können Sie tun, wenn Sie die Oracle Kennwort-Features mit der Verfall- und History-Funktion eingesetzt haben? In diesem Fall wird die zweite Möglichkeit nicht funktionieren, da es eine Historie des ursprünglichen Kennworts gibt und Sie es nicht wiederverwenden können. Daher empfehlen wir Ihnen, bei Verwendung eines unmöglichen Kennworts die Gültigkeitsdauer oder History-Funktion für Kennwörter nicht einzusetzen, weil diese Optionen in diesem Szenario keinen Sinn haben. Ein Konto mit einem unmöglichen Kennwort benötigt keine Kennwortverwaltung.

Es gibt aber auch einen Weg, die Kennwortverwaltung zu umgehen. Sie können ein alternatives Profil erstellen, das die Kennworthistorie oder die Gültigkeitsdauer nicht nutzt, und dieses Profil dem Konto zuweisen, nachdem Sie die zu erledigenden Arbeiten durchgeführt haben. Mit diesem neuen Profil können Sie das Kennwort mit **identified by values** zurück auf seinen alten Wert setzen und dann das eigentliche Profil mit Historie und Gültigkeitsdauer wieder zuweisen.

Die Berechtigung Become User

Im Gegensatz zum Klang des Wortes bedeutet Become User nicht, dass Sie sich an der Datenbank als jemand anderes anmelden und in diesem Benutzerkonto Daten verändern können. Es existiert zum Ausführen des Export- oder Import-Tools, und Sie können der Benutzer werden, der exportiert oder importiert wird. Mit dieser Berechtigung können Sie komplette oder Benutzer-Exporte beziehungsweise -Importe durchführen, aber Sie können sich nicht als jemand anderes anmelden, ohne dessen Kennwort zu kennen.

Privilegien, Berechtigungen, Rollen und Views

Seit dem Altertum konnte ein Herrscher sowohl Ländereien als auch Titel jemandem schenken, der sich dieser Ehre würdig erwiesen hatte. Auch heute noch vergeben Regierungen Landrechte und Urkunden, um zu zeigen, dass jemand das Privileg hat, ein bestimmtes Stück Land nutzen zu dürfen. Andererseits sorgen Regierungen und die Gesellschaft dafür, dass Personen und Eigentum durch Gesetze geschützt und erhalten werden. Wo Sie auch sind oder was Sie auch tun, es gibt im Leben immer gleichzeitig Rechte und Pflichten. Auf der einen Seite gibt es die Naturgesetze, während andere Gesetze durch Gerichte bestätigt und von Gesetzeshütern durchgesetzt werden. Sie selbst mögen Benimmregeln für sich und andere aufstellen, die Sie von Ihren Eltern oder Lehrern beigebracht bekommen haben.

Wenn Sie ein Datenbank-Administrator oder Sicherheitsmanager sind, vergeben Sie ebenfalls Rechte oder schränken die Möglichkeiten von Benutzern in Ihrer Datenbank ein. Durch Rollen lassen sich die Berechtigungen leichter verwalten und mit Hilfe von Views die Beschränkungen für Benutzer umsetzen. Denken Sie auch immer daran, dass Benutzer unabhängig davon, welche Rechte ihnen in Ihrer Datenbank eingeräumt wurden, grundsätzlich nach mehr Berechtigungen und Freiheiten streben, als Sie ihnen guten Gewissens einräumen können.

In diesem Kapitel wollen wir Ihnen zeigen, wie Sie System- und Objektberechtigungen, Rollen und Views nutzen und kontrollieren können, um die Sicherheit und Integrität Ihrer Datenbank sicherzustellen, ohne die Arbeit Ihrer Benutzer allzu sehr zu beeinträchtigen.

8.1 Über Objekte und Berechtigungen

Es gibt viele verschiedene Arten von Objekten in einer Oracle-Datenbank. Tabelle 8-1 führt die gebräuchlichen Objekte mit einer kurzen Beschreibung auf.

Tabelle 8-1: Gebräuchliche Datenbank-Objekte

Objekt	Beschreibung
Table	Grundlegende Einheit der Datenspeicherung. Tabellendaten werden in Zeilen gespeichert, die Spalten enthalten. Jede Spalte hat einen Namen, einen Datentyp und eine Speichergröße.
Index	Eine optionale Datenbank-Struktur zum schnellen Finden einer Zeile in einer Tabelle. Es gibt drei Arten von Indizes: Clustered Indizes, Tabellenindizes und Bitmap-Indizes.
View	Eine virtuelle Tabelle, die nicht physisch gespeichert ist, aber für den Benutzer wie eine echte Tabelle aussieht. Eine View kann Zeilen und Spalten aus einer oder mehreren Tabellen enthalten und als Sicherheits-Feature verwendet werden, da sie Daten der zu Grunde liegenden Tabellen verbergen kann.
Sequence	Eine serielle Liste von eindeutigen Zahlen, die zusammen mit numerischen Spalten zum Erstellen eindeutiger Werte für Zeilen in einer oder mehreren Tabellen genutzt werden kann.
Snapshot/Materialized View	Dienen dem indirekten Zugriff auf Tabellendaten und speichern das Ergebnis einer Abfrage. Materialisierte Views speichern Daten und nehmen Platz in der Datenbank ein. Snapshots sind materialisierte Views für die Datenreplikation mit entfernten Datenbanken. In Oracle8*i*, Release 3 und neuer sind die Begriffe identisch.
Synonym	Ein Alias für eine Tabelle, View, Sequenz oder Programmeinheit, um den wirklichen Namen und Besitzer eines Objekts zu verbergen. Ein Synonym ist kein wirkliches Objekt, wird aber als direkte Referenz auf ein solches verwendet.
Procedure, Function, Package, Trigger	PL/SQL-Code zum Durchführen einer oder mehrerer Aufgaben. Funktionen führen Berechnungen durch und liefern einen einzelnen Wert zurück.

Tabelle 8-1: Gebräuchliche Datenbank-Objekte (Fortsetzung)

Objekt	Beschreibung
Cluster	Optionale Gruppen einer oder mehrerer Tabellen, die zusammen gespeichert werden, da sie häufig gemeinsam genutzt werden. Cluster werden zur Verbesserung der Datenbank-Performance verwendet.
Database Link	Ein benanntes Schemaobjekt, das einen Weg von einer Datenbank zu einer anderen beschreibt.

Es gibt weiterhin verschiedene Arten von Berechtigungen in einer Oracle-Datenbank, die Sie einem Benutzer erteilen können. Sie können den Zugriff auf System- und Objektberechtigungen erteilen oder entziehen. Objektberechtigungen ermöglichen es einem Benutzer, Daten in einer Tabelle oder View zu verändern oder ein Paket, eine Prozedur oder Funktion auszuführen. Sie beinhalten Aktionen wie die in Tabelle 8-2 aufgeführten.

Tabelle 8-2: Objektberechtigungen

Berechtigung	Aktion
Select	Informationen aus einer Tabelle oder View anzeigen
Insert	Neue Zeilen mit Informationen in eine Tabelle oder View einfügen
Update	Eine oder mehrere Spalten mit Informationen in einer Tabelle oder View verändern
Delete	Eine oder mehrere Zeilen mit Informationen aus einer Tabelle oder View löschen
Alter	Die Definition eines Objekts ändern
Execute	Eine Prozedur oder Funktion, auf die in einem Programm zugegriffen wird, kompilieren, ausführen oder nutzen
Read	Dateien in einem Verzeichnis lesen
Reference	Eine Abhängigkeit erstellen, die auf eine Tabelle verweist
Index	Einen Index auf eine Tabelle erstellen

Viele Systemberechtigungen haben eine spezielle und eine dazu passende allgemeine Form. Spezielle Systemberechtigungen ermöglichen es Benutzern, Aktionen mit Objekten durchzuführen, die ihnen selbst gehören, wie zum Beispiel das Erstellen von Objekten im eigenen Konto oder Schema. Wenn ein Benutzer zum Beispiel die Berechtigung Create Table hat, kann er Tabellen in seinem eigenen Schema anlegen. Es gibt eine allgemeine, weitaus mächtigere Form vieler der Systemberechtigungen, die es einem Benutzer erlauben, Objekte in anderen Schemata zu verändern. Ein Benutzer mit der Berechtigung Create Any Table zum Beispiel kann eine Tabelle in jedem Schema erstellen. Genauso kann ein Benutzer mit der Berechtigung Create Any View eine View auf jede beliebige Tabelle in der Datenbank erstellen, für die er Berechtigungen hat, während ein Benutzer mit dem Recht Create View nur Views auf Tabellen erstellen kann, die ihm gehören.

Andere Systemberechtigungen, wie Create Session und Execute Any Procedure, die nicht zu einem bestimmten Schema gehören, geben den Benutzern systemweite Rechte. Beachten Sie, dass Execute Any Procedure eine Systemberechtigung ist, es aber keine passende Systemberechtigung Execute Procedure gibt, da man zum Ausführen bestimmter Prozeduren Objektberechtigungen benötigt.

Offensichtlich erhält ein Benutzer weitgehende Kontrolle über die Datenbank, wenn ihm allgemeine Berechtigungen erteilt werden wie die mit dem Wort „any“, deshalb sollten sie mit großer Vorsicht und Voraussicht vergeben werden. Außerdem sollten Systemberechtigungen nicht dem Pseudo-Benutzer PUBLIC erteilt werden, solange es nicht absolut notwendig ist.

Es gibt einen Konfigurationsparameter, der festlegt, ob Benutzer mit dem Recht, auf jedes Schema zuzugreifen, auch Objekte im Schema SYS erreichen. Der Parameter **07_dictionary_accessibility** ermöglicht die Abwärtskompatibilität für Systeme, die mit Oracle Version 7 aktualisiert wurden. Wenn der Parameter auf seinen Standardwert TRUE gesetzt ist, können Benutzer mit dem Recht „Select Any Table“ auf SYS-Objekte im Data Dictionary zugreifen, wie zum Beispiel auf die Einträge in der Tabelle LINK$. Diese Tabelle enthält die Kennwörter für Datenbank-Links im Klartext. Daher sollte der Parameter **07_dictionary_accessibility** auf FALSE stehen, um Ihr System besser zu sichern.

Es gibt 119 Systemberechtigungen in Oracle8*i*, Release 3. Sie finden eine Liste mit ihnen in Anhang D.

8.2 Über Benutzer

Wenn wir über Benutzer in Ihrer Datenbank sprechen, unterhalten wir uns generell über drei verschiedene Typen: Endbenutzer, Applikationsbesitzer und Administratoren. Bei der ersten Gruppe handelt es sich um Personen, die sich mit Ihrer Oracle-Datenbank verbinden, um die tatsächlichen Daten anzuzeigen und zu verändern. Sie müssen Sitzungen erstellen können, um sich an der Datenbank anzumelden. Zudem benötigen sie Objektberechtigungen für die Bereiche, die sie anschauen und verändern können. Allerdings brauchen sie normalerweise keine Blanko-Berechtigungen, um Informationen in allen Bereichen der Datenbank einsehen und verändern zu können.

Mit anderen Worten, ihr Zugriff ist normalerweise genau auf die Bereiche beschränkt, die sie zum Arbeiten brauchen.

Die nächste Gruppe beinhaltet diejenigen, die Objekte in der Datenbank besitzen. Es sind normalerweise keine Benutzer wie die Endbenutzer. Diese Gruppe besitzt ein oder mehrere Software-Programme, so genannte Applikationen, die Entwickler geschrieben haben, um den Endbenutzern die Arbeit zu erleichtern und die Effektivität zu steigern. Sie werden feststellen, dass Entwickler und Dritthersteller ihre Applikationen oftmals ohne Berücksichtigung der notwendigen Berechtigungen entwickeln. Häufig lösen sie das Problem dadurch, dass sie für ihre Applikation die DBA-Rolle erwarten. Auch wenn Sie normalerweise die Entwickler in Ihrer Firma durchaus dazu bringen können, die notwendigen Berechtigungen festzulegen, lässt sich dies für Fremdprodukte nicht immer bestimmen. Wir empfehlen Ihnen daher dringend, als Administrator eng mit den Entwicklern zusammenzuarbeiten, wenn die notwendigen Berechtigungen festgelegt werden, damit keine Applikationen in die Produktion gehen, die auf zu hohen Berechtigungsebenen laufen, um korrekt funktionieren zu können.

Wenn Sie ein Entwickler sind, raten wir Ihnen dringend, sich die Zeit zum Identifizieren und Dokumentieren der für Ihre Applikation notwendigen Berechtigungen zu nehmen. Wenn Sie die notwendigen Rechte sorgfältig zusammenstellen, können Sie Ihre Applikation der Produktionsebene mit dem niedrigst erforderlichen Berechtigungsset für ein korrektes Funktionieren anpassen.

Denken Sie daran, dass Sie durch das Reduzieren der Berechtigungen, die Ihre Applikation in der Produktivumgebung benötigt, auch die Wahrscheinlichkeit von Sicherheitslöchern reduzieren. Daher sollten Sie schon beim Zuweisen der Benutzeranforderungen und Definieren der Aufgaben, die Ihre Applikation ausführen muss, ein Auge auf die erforderlichen Applikationsberechtigungen und Benutzerrechte werfen, die für eine erfolgreiche Durchführung benötigt werden.

Die dritte Benutzergruppe besteht aus einem oder mehreren Datenbank-Administratoren. Die Administratoren überblicken und verwalten die Datenbank. Datenbank-Administratoren haben normalerweise die höchste Berechtigungsstufe in der Datenbank. Wenn Sie ein Datenbank-Administrator sind, erstellen Sie unter anderem die Datenbank und die Rollen, und weisen jedem Benutzer seine Berechtigungen zu.

8.2.1 Benutzerzugriff kontrollieren

Es gibt viele Fragen, die Sie sich zum Thema Benutzerkonfiguration selbst stellen müssen. Wenn Sie zum Beispiel eine oder mehrere bestehende Datenbanken haben, sollten Sie herausfinden, wie viele Benutzer Zugriff auf jede von ihnen haben. Greifen sie auf die Datenbank über eine Endbenutzer-Applikation oder direkt via SQL*Plus als Entwickler zu, der Applikationen entwirft? Durch die Beantwortung dieser Fragen können Sie mögliche Schwachstellen in Ihrem Sicherheitskonzept schneller aufspüren.

Vielleicht gehen Sie davon aus, dass Sie keine Rollen oder Views für die Datenbanksicherheit benötigen, weil Sie ja nur eine oder mehrere Datenbanken auf einem einzelnen Server mit wenig Benutzern betreiben. Wir sind sicher, dass es Systeme mit guten Sicherheitsvorkehrungen ohne Rollen und Views gibt. Allerdings gibt es meist gute Gründe für das Erstellen und Nutzen von Rollen, und Sie werden feststellen, dass es Momente gibt, in denen Views sehr nützlich sind, auch in einem kleinen System.

Wenn Sie die Anzahl und den Typ der Benutzer in Ihrer Datenbank kennen, können Sie besser festlegen, wie viele reale Ressourcen, zum Beispiel physischen Speicher, jeder Benutzer benötigt, und dann entscheiden, ob Sie Rollen zum Verwalten Ihrer Benutzerrechte einsetzen möchten.

Sicherheitsprobleme von SQL*Plus

Heutzutage sind die meisten Applikationen so entworfen, dass sich ein entfernter Client direkt bei Oracle über eine TCP/IP-Verbindung anmelden kann. Die Treiber für Oracle SQL*Net und Net8 ermöglichen es einem Benutzer, sich mit Oracle zu verbinden, ohne sich jemals am Betriebssystem angemeldet zu haben, auf dem die Datenbank läuft. Dies war nicht immer der Fall. Bevor das Client/Server-Modell in Mode kam, wurden die meisten Aktionen auf der Datenbank über SQL*Plus auf dem Datenbank-Server durchgeführt. Dafür musste sich der Endbenutzer in einer Telnet-Sitzung mit dem Betriebssystem – damals entweder Unix oder VAX/VMS – verbinden. Wie Sie in Kapitel 4 sahen, ist es selbstverständlich keine gute Idee, Benutzern den Zugriff auf das Betriebssystem der Datenbank zu gestatten. Allerdings war Sicherheit damals aus folgenden Gründen noch nicht so entscheidend:

- Die Systeme waren isolierter, als das Internet noch in den Anfängen steckte.
- Hacker waren selten und hatten weniger Tools zur Verfügung.
- Die Leute waren sich der existierenden Sicherheitsprobleme nicht bewusst.

Bei den uns heute zur Verfügung stehenden Verbindungsmöglichkeiten gibt es kaum Gründe, Benutzern zu erlauben, sich per Telnet mit dem Datenbank-Server zu verbinden, um dort SQL*Plus zu starten. Viele sicherheitsbewusste Datenbank-Administratoren der damaligen Systeme, die die Sicherheitsbedenken ernst nahmen, aber Benutzern den Zugriff auf SQL*Plus ermöglichen mussten, versuchten, den Zugang zum Betriebssystem zu begrenzen. Sie erstellten ein Skript, das SQL*Plus startete, sobald sich die Endbenutzer per Telnet verbanden, und die Sitzung beendete, wenn der Benutzer SQL*Plus schloss. Allerdings war es sehr schwierig, zu verhindern, dass jemand aus SQL*Plus ausstieg, um auf das Betriebssystem zuzugreifen.

Was die Situation noch schwieriger gestaltete, ist der in SQL*Plus eingebaute Befehl **host**, der es Benutzern ermöglicht, auf die Eingabeaufforderung des Betriebssystems zuzugreifen. Dies ist allerdings nicht so dramatisch, wie es zunächst klingt, da der Prompt es einem Benutzer nicht erlaubt, erweiterte Berechtigungen zu erhalten oder

Befehle als Oracle-Benutzer auszuführen. Wenn Sie die Befehle von Ihrer Client-Applikation aus starten und sich aus der Ferne mittels SQL*Plus bei Oracle anmelden, erhalten Sie nur Zugriff auf Ihr lokales Betriebssystem. Der Prompt gibt Ihnen nur Zugriff auf die Ressourcen, die Ihr Konto sowieso hat. Trotzdem verhinderte das so genannte „host out“, dass ein Datenbank-Administrator seine Benutzer vom Betriebssystem fern halten kann.

Über die Tabelle PRODUCT_USER_PROFILE

In Kapitel 7 haben wir uns über das Benutzerprofil DEFAULT und die Parameter unterhalten, mit denen Sie die Kennwortverwaltung in Ihrer Datenbank aktivieren können. Um ein Systemressourcenprofil zu erstellen, führen Sie den Befehl **create profile** aus, mit **alter profile** ändern Sie es ab.

Das Produktbenutzerprofil, das wir hier besprechen, ist ein Mechanismus, mit dem Sie unter anderem verhindern können, dass auf ein Konto interaktiv über SQL*Plus zugegriffen wird oder dass ein Betriebssystem-Prozess aus SQL*Plus gestartet werden kann. Anders als bei einem Ressourcenprofil ist PRODUCT_USER_PROFILE eine Tabelle, in die Sie Werte eintragen.

Haben Sie sich je an einer neu angelegten Oracle-Datenbank angemeldet und die Mitteilung bekommen, dass das Produktbenutzerprofil nicht existiert und Sie ein Skript namens pupbld.sql starten sollten? Haben Sie sich gewundert, was da vor sich geht? Oracle bietet im Schema SYSTEM eine Schutzmöglichkeit auf Produktebene, damit Sie Dinge festlegen können wie die Möglichkeit, ob jemand direkt SQL- und SQL*Plus-Befehle ausführen kann. SQL-Befehle werden genutzt, um Daten zu manipulieren, während SQL*Plus-Befehle verwendet werden um Tools zu konfigurieren, Berichte zu erstellen und die SQL-Ausgabe zu formatieren. Das Synonym für die verwendete Tabelle heißt PRODUCT_USER_PROFILE und besteht aus Gründen der Abwärtskompatibilität zu älteren Oracle-Versionen. In Oracle8*i* heißt die zu Grunde liegende Tabelle mittlerweile SQLPLUS_PRODUCT_PROFILE.

Wenn Sie versuchen, sich mit der Datenbank über SQL*Plus zu verbinden, fragt Oracle diese Tabelle ab um festzustellen, welche Befehle in SQL*Plus verboten sind. Wenn die Tabelle nicht in Ihrer Datenbank existiert, gibt Oracle eine Warnung aus mit der Bitte, sie anzulegen, und erlaubt alle Befehle in SQL*Plus. Wenn Sie die Tabelle nicht anlegen, gibt Oracle weiter Warnungen aus, sobald sich ein Benutzer anmeldet. Sie sollten schon deshalb die Tabelle erstellen, damit Endbenutzer sich nicht über etwaige Fehlermeldungen ärgern müssen.

Wenn Sie eine Datenbank in neueren Versionen von Oracle erstellen, wie zum Beispiel in Oracle8*i*, wird die Tabelle PRODUCT_USER_PROFILE automatisch erstellt. In älteren Versionen müssen Sie diese allerdings noch selbst anlegen. Sehen wir uns an, wie diese Aufgabe erfüllt wird.

Die Tabelle PRODUCT_USER_PROFILE erstellen

Um die Tabelle PRODUCT_USER_PROFILE zu erstellen, starten Sie das Skript pupbld.sql, das sich im Verzeichnis $ORACLE_HOME\sqlplus\admin unter Windows oder $ORACLE_HOME/sqlplus/admin unter Unix befindet. Wir haben das Skript etwas angepasst und Header-Informationen und weitere Leerzeilen entfernt.

```
rem +-----------------------------------------------------------------+
rem |  PUPBLD.SQL - CREATE PRODUCT AND USER PROFILE TABLES            |
rem |  Connect as SYSTEM before running this script                   |
rem |  This script is used by the DBA to create the                   |
rem |  product_user_profile synonym in the SYSTEM account             |
rem |  If PRODUCT_USER_PROFILE existed, use its values and drop it    |
rem +-----------------------------------------------------------------+
drop synonym product_user_profile;
create table sqlplus_product_profile as
  select product, userid, attribute, scope, numeric_value, char_value,
  date_value from product_user_profile;

drop table product_user_profile;
alter table sqlplus_product_profile add (long_value long);
rem +------------------------------------------------+
rem |  Create SQLPLUS_PRODUCT_PROFILE from scratch   |
rem +------------------------------------------------+
create table sqlplus_product_profile
(
  product         varchar2 (30) not null,
  userid          varchar2 (30),
  attribute       varchar2 (240),
  scope           varchar2 (240),
  numeric_value   decimal (15,2),
  char_value      varchar2 (240),
  date_value      date,
  long_value      long
);
rem
rem  Remove SQL*Plus V3 name for sqlplus_product_profile
rem
drop table product_profile;
rem +-------------------------------------------------------------+
rem |  Create the view PRODUCT_PRIVS and grant access to that     |
rem +-------------------------------------------------------------+
drop view product_privs;
create view product_privs as
  select product, userid, attribute, scope,
         numeric_value, char_value, date_value, long_value
  from sqlplus_product_profile
  where userid = 'PUBLIC' or user like userid;
grant select on product_privs to public;
drop public synonym product_profile;
```

```
create public synonym product_profile for system.product_privs;
drop synonym product_user_profile;
create synonym product_user_profile for system.sqlplus_product_profile;
drop public synonym product_user_profile;
create public synonym product_user_profile for system.product_privs;
```

Betrachten wir jede Spalte der Tabelle PRODUCT_USER_PROFILE etwas genauer. Tabelle 8-3 führt jede Spalte zusammen mit ihrem Typ und einer Beschreibung auf.

Tabelle 8-3: Spalten in PRODUCT_USER_PROFILE

Spalte	Typ	Beschreibung
Product	varchar2(30) not null	Der Name des Produkts, wie zum Beispiel SQL*Plus (mit Groß- und Kleinbuchstaben und dem Stern). NULL oder Joker (%) können nicht verwendet werden.
Userid	varchar2(30)	Benutzername in Großbuchstaben. Kann zusammen mit Jokern genutzt werden. Beispiele: NELSON – bestimmter Benutzername JEN% – alle Benutzer, die mit JEN beginnen % – alle Benutzer
Attribute	varchar2(240)	Befehl in Großbuchstaben, den Sie deaktivieren wollen. (In Tabelle 8-4 ist eine Liste mit möglichen Befehlen aufgeführt.)
Scope	varchar2(240)	Diese Spalte wird ignoriert. Als Wert geben Sie NULL ein.
Numeric_value	decimal(15,2)	Diese Spalte wird ignoriert. Als Wert geben Sie NULL ein.
Char_value	varchar2(240)	Für einen SQL-, SQL*Plus- oder PL/SQL-Befehl geben Sie DISABLED ein. Bei einer Rolle tragen Sie den Rollennamen ein. Joker können nicht genutzt werden.
date_value	Date	Diese Spalte wird ignoriert. Als Wert geben Sie NULL ein.
Long_value	Long	Diese Spalte wird ignoriert. Als Wert geben Sie NULL ein.

Befehle, die deaktiviert werden können

Tabelle 8-4 führt die Befehle zusammen mit ihrem Produkt auf, die Sie in Ihrer Datenbank in der Tabelle PRODUCT_USER_PROFILE deaktivieren können.

Tabelle 8-4: Befehle in PRODUCT_USER_PROFILE, die deaktiviert werden können

Produkt	Attribut
PL/SQL	BEGIN, DECLARE
SQL	ALTER, ANALYZE, AUDIT, CONNECT, CREATE, DELETE, DROP, GRANT, INSERT, LOCK, NOAUDIT, RENAME, REVOKE, SELECT, SET ROLE, SET TRANSACTION, TRUNCATE, UPDATE
SQL*Plus	COPY, EDIT, EXECUTE, EXIT, GET, HOST (oder $ auf VMS und ! auf Unix), QUIT, PASSWORD, RUN, SAVE, SET, SPOOL, START

Nachdem die Tabelle erstellt wurde, können Sie Daten einfügen, um Befehle aus Tabelle 8-4 zu deaktivieren. Wenn Sie zum Beispiel verhindern wollen, dass der Benutzer NELSON aus SQL*Plus auf das Betriebssystem zugreift, geben Sie den folgenden Befehl ein:

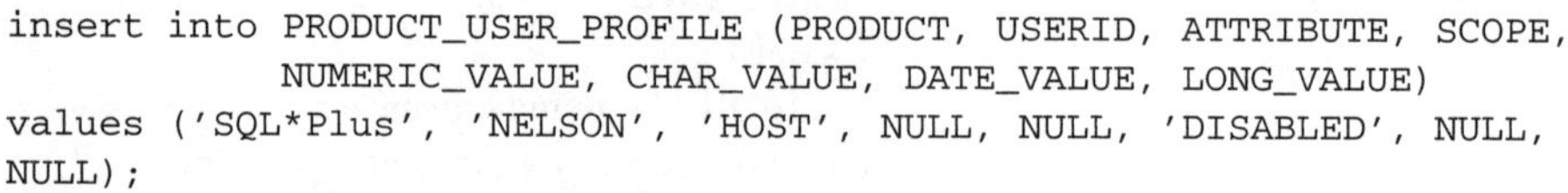

```
insert into PRODUCT_USER_PROFILE (PRODUCT, USERID, ATTRIBUTE, SCOPE,
             NUMERIC_VALUE, CHAR_VALUE, DATE_VALUE, LONG_VALUE)
values ('SQL*Plus', 'NELSON', 'HOST', NULL, NULL, 'DISABLED', NULL,
NULL);
```

Wenn Sie sich den Inhalt der Tabelle anschauen, werden Sie die folgenden Einträge vorfinden:

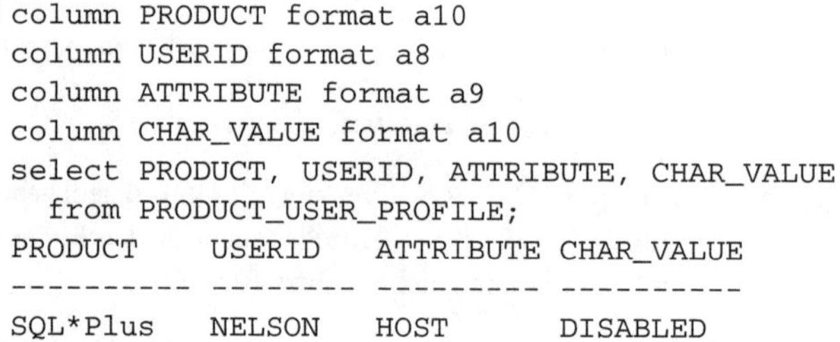

```
column PRODUCT format a10
column USERID format a8
column ATTRIBUTE format a9
column CHAR_VALUE format a10
select PRODUCT, USERID, ATTRIBUTE, CHAR_VALUE
  from PRODUCT_USER_PROFILE;
PRODUCT    USERID   ATTRIBUTE CHAR_VALUE
---------- -------- --------- ----------
SQL*Plus   NELSON   HOST      DISABLED
```

Ein Blick auf die SQL*Plus-Restrict-Option

Im vorigen Abschnitt haben wir Ihnen gezeigt, wie Sie unter anderem verhindern können, dass ein Benutzer interaktiv Befehle in SQL*Plus ausführt oder aus SQL*Plus heraus einen Prozess auf Betriebssystemebene startet. Wenn Sie ein System weiterbetreuen, auf dem Benutzer mit SQL*Plus auf den Datenbank-Server zugreifen können, gibt es neben den Produktbenutzerprofilen andere Möglichkeiten, Benutzer davon abzuhalten, auf das Betriebssystem zuzugreifen. Wenn Sie SQL*Plus aufrufen, gibt es verschiedene Parameter, die Sie angeben können. Darunter befindet sich einer, der es Ihnen ermöglicht, nur eine Untermenge an Befehlen zu erlauben. Der Parameter heißt *Restrict* und bietet drei unterschiedliche Beschränkungsebenen. Tabelle 8-5 führt die Aktionen auf, die auf den verschiedenen Ebenen untersagt sind.

Tabelle 8-5: Beschränkungsebenen in SQL*Plus

Aktion	Ebene 1	Ebene 2	Ebene 3
Edit	deaktiviert	deaktiviert	deaktiviert
Get			deaktiviert
host, !, $	deaktiviert	deaktiviert	deaktiviert
Save		deaktiviert	deaktiviert
Spool		deaktiviert	deaktiviert
start, @, @@			deaktiviert
Store		deaktiviert	deaktiviert

Um eine Beschränkungsebene zu aktivieren, muss SQL*Plus mit den folgenden Parametern aufgerufen werden:

```
sqlplus <Benutername/Kennwort> -r[estrict] <Beschränkungsebene>
```

Wenn Sie sich zum Beispiel am Konto CATHY anmelden und dabei vermeiden wollen, dass der Befehl **host** ausgeführt wird, um von SQL*Plus aus auf das Betriebssystem zuzugreifen, geben Sie die folgende Zeile ein:

```
sqlplus CATHY/SUES1_PAL -r 1
```

Wie Sie in Tabelle 8-5 sehen können, lässt sich durch das Beschränken des Befehls **host** auch der Befehl **edit** nicht mehr nutzen. Die Einschränkungen bleiben während einer ganzen SQL*Plus-Sitzung erhalten. Wenn Sie beim Start von SQL*Plus keine Beschränkungsebene angeben, kann der Benutzer alle Befehle ausführen, die nicht durch die Einträge in der Tabelle PRODUCT_USER_PROFILE verboten sind.

Sinnvolle Verwendung der Produktbenutzerprofile

Ein weiteres Sicherheitsproblem, um das sich Datenbank-Administratoren kümmern müssen, ist das richtige Beschränken des Zugriffs auf bestimmte Datensätze. Die SQL-Sprache wurde ursprünglich nicht dafür entworfen, diese Art der Zugriffskontrolle zu berücksichtigen. Wenn Sie zum Beispiel einem Benutzer erlauben, in der Tabelle CUSTOMER seine eigenen Sätze einsehen zu können, kann er auch alle anderen Daten darin sehen. In Oracle gibt es Mechanismen, wie Views oder Virtual Private Databases, um Sicherheitsschranken aufzubauen, durch die der Benutzer nur bestimmte Zeilen sehen kann, aber das Erstellen solcher Beschränkungen kann sehr aufwändig sein.

Leider implementieren viele Applikationen die Sicherheitsvorgaben für die Zugriffsbeschränkung auf Zeilen, die Sie nicht sehen sollen, indem die Geschäftslogik im Clientcode platziert wird. Um zu zeigen, was wir damit meinen, wollen wir hier ein Beispiel eines Kundeninformationssystems aufführen, in dem jeder Benutzer seine eigenen Datensätze einsehen und verändern kann, aber nicht die der anderen Benutzer. Zunächst wird die Rolle CUST_ROLE erstellt und allen Benutzern erteilt. Dieser Rolle wird dann die SELECT-Berechtigung auf die Tabelle CUSTOMER zugewiesen. Wird auf das System durch den Benutzer ERIC zugegriffen, wird der SQL-Befehl **select * from CUSTOMER where NAME = 'ERIC'** an die Datenbank gesendet, damit nur die für ERIC erlaubten Datensätze angezeigt werden.

Wenn die Benutzer der Datenbank mehr über Oracles Arbeitsweise erfahren, werden einige bemerken, dass sie auch SQL*Plus nutzen können, um sich direkt mit der Datenbank zu verbinden und alle Datensätze auszulesen, da sie den Befehl **select** auch ohne die **where**-Klausel ausführen können.

Die Produktbenutzerprofile wurden entworfen, um dieses Problem etwas abzuschwächen. Die Berechtigungen, die Ihre Applikation benötigt, können durch den Befehl **set role CUST_ROLE** aktiviert werden. Die Produktbenutzerprofile können nun so konfiguriert werden, dass sie die Nutzung des Befehls **set role** in SQL*Plus verbieten, damit niemand, der sich über SQL*Plus mit der Datenbank verbindet, aus der Tabelle CUSTOMER auslesen kann. Leider war dies nur eine schlechte Lösung des Problems. Man kann diese Beschränkung nämlich ganz einfach dadurch umgehen, dass man sich mit einem anderen Tool verbindet, so zum Beispiel mit dem Server Manager oder über einen ODBC-Treiber.

Die Produktbenutzerprofile sind bei einem Stand-alone-System nützlicher, bei dem die Benutzer alle Datenbank-Applikationen starten, indem Sie sich direkt auf dem Datenbank-Server anmelden. Als zum Beispiel eine Oracle-Datenbank in den Anfangstagen auf einem Unix-Rechner lief, griffen alle Benutzer auf die Applikation zu, indem sie Terminals verwendeten, die direkt mit dem Rechner verbunden waren. In diesem Fall ließen sich die Produktbenutzerprofile effektiv nutzen, um den Spielraum der Benutzer einzuschränken, da Sie die Applikationen kontrollierten, mit denen sich die Benutzer an der Datenbank anmelden konnten. In den heutigen Client/Server-Umgebungen gibt es viele verschiedene Applikationen, die es Benutzern erlauben, SQL-Befehle an eine Oracle-Datenbank zu schicken. Daher ist es schwierig, den Zugriff der Benutzer durch die Applikation zu beschränken.

8.2.2 Über die Vergabe von Berechtigungen

Bisher haben wir uns mit den verfügbaren Arten von Privilegien in einer Oracle-Datenbank beschäftigt, aber noch nicht viel darüber erfahren, wie Sie nun tatsächlich die Berechtigungen an Ihre Benutzer vergeben. Dies scheint der richtige Zeitpunkt dafür zu sein.

Sie starten Ihren Befehl mit **grant**, um Oracle mitzuteilen, dass Sie einen Benutzer oder eine Rolle dazu ermächtigen wollen, eine oder mehrere System- oder Objektberechtigungen zu besitzen. Es gibt zwei Formen des Befehls **grant** in Abhängigkeit davon, ob Sie eine System- oder Objektberechtigung erteilen. Allerdings bleibt der erste Teil des Befehls gleich. Sie müssen die zu erteilende Berechtigung angeben und den Benutzer oder die Rolle, der Sie sie zuweisen möchten. Dazu wird folgendes Format genutzt:

```
grant <Berechtigung> to <Benutzer- oder Rollenname>;
```

Möchten Sie zum Beispiel der Benutzerin JENNIFER erlauben, sich mit der Datenbank zu verbinden, führen Sie den folgenden Befehl aus:

```
grant CREATE SESSION to JENNIFER;
```

Wenn Sie einem Benutzer eine Berechtigung erteilt haben, ihn nun aber davon abhalten wollen, diese weiter zu verwenden, können Sie den Befehl **revoke** einsetzen, um ihm die Berechtigung zu entziehen. Die Syntax dazu lautet:

```
revoke <Berechtigung> from <Benutzername>;
```

Um der Benutzerin JENNIFER die Erlaubnis zu entziehen, sich mit Ihrer Datenbank zu verbinden, führen Sie folgenden Befehl aus:

```
revoke CREATE SESSION from JENNIFER;
```

Beim Entziehen von Berechtigungen gibt es ein paar Einschränkungen, die Sie kennen müssen. Wenn zum Beispiel ROZ erlaubt wurde, Daten aus der Tabelle CUSTOMER auszulesen, ihm aber gleichzeitig eine Rolle CLERKS zugeteilt wurde, die auch die Selektionsberechtigung auf dieser Tabelle hat, hält das Entziehen der direkten Selektionsberechtigung ROZ nicht davon ab, auf die Tabelle zuzugreifen. Anders als bei anderen Systemen wird kein explizites Verbot erzeugt, wenn man unter Oracle eine Berechtigung entzieht, daher sollten Sie nicht davon ausgehen, dass dies den Zugriff auf ein Objekt verhindert. Kontrollieren Sie lieber doppelt, ob ein Benutzer, dem Sie eine Berechtigung entziehen, nicht noch Zugriff über eine Rolle oder eine Systemberechtigung hat.

Wenn Sie Objektberechtigungen erteilen, können Sie dem Benutzer auch erlauben, diese Berechtigung mittels „with grant option“ weiterzugeben. Genauso ist dies bei Systemberechtigungen mit „with admin option“ möglich. Nun werden wir näher betrachten, wie diese beiden Optionen arbeiten.

Über „With Grant Option"

Zuerst behandeln wir Objektberechtigungen. Wenn wir ein wenig rekapitulieren, sind Objektberechtigungen Rechte, die Sie anderen Benutzern erteilen können, um auf Ihre Objekte zuzugreifen. Sie können verschiedene Berechtigungen an unterschiedliche Benutzer vergeben, manche können dann Daten betrachten, andere hingegen Informationen verändern oder löschen. Sie können die Berechtigungen auch „with grant option“ erteilen, um es Benutzern zu ermöglichen, die Zugriffsmöglichkeit auch an andere Benutzer weiterzugeben, ohne dass Sie etwas tun müssen. Durch die Vergabe von Berechtigungen „with grant option" an jemanden können Sie den Zugriff auf das Schema des Besitzers begrenzen und gleichzeitig anderen erlauben, Zugriff auf die Applikationsobjekte zu erteilen.

Wenn zum Beispiel MARLENE die Select-Berechtigung für eine Tabelle namens EMPLOYEES an AARON „with grant option" erteilt, kann AARON diese Select-Berechtigung an STEVE weitergeben. Damit können nun AARON und STEVE den Inhalt der Tabelle EMPLOYEES betrachten. Was aber, wenn MARLENE ihre Meinung ändert und entscheidet, dass AARON nicht länger auf die Tabelle zugreifen darf? MARLENE kann AARON die Select-Berechtigung entziehen. Wenn dies geschieht, verliert auch STEVE seine Fähigkeit, die Tabelle anzuzeigen. Und wenn STEVE die Berechtigung an andere weitergegeben hat, werden auch sie ihre Berechtigung verlieren, sobald MARLENE AARON die Select-Berechtigung entzieht. Was passiert aber, wenn STEVE diese Berechtigung an MARLENE weitergegeben hat? Wird auch ihre Berechtigung beeinflusst, wenn Sie sie AARON entzieht? Die Antwort lautet nein. Denn da MARLENE die ursprüngliche Besitzerin des Objekts ist, betreffen sie keine weiteren sekundären Berechtigungen.

Sie müssen die Auswirkungen bedenken, wenn Sie Berechtigungen entziehen, die jemandem „with grant option" erteilt worden waren, da dies einen Dominoeffekt nach sich ziehen kann.

Über „With Admin Option"

Befassen wir uns nun mit Systemberechtigungen. Diese Berechtigungen ermöglichen Ihnen, sich mit der Datenbank zu verbinden, Datenbankobjekte wie Rollback-Segmente und Tablespaces anzupassen, und Benutzerobjekte wie Tabellen, Views, Indizes und Stored Procedures zu erzeugen.

Generell ermöglichen Objektberechtigungen, Daten in einer Datenbank zu verändern, während Systemberechtigungen dafür sorgen, dass Sie die Objekte selbst erstellen oder anpassen können. Wie bei Objektberechtigungen können Sie die Fähigkeit, diese Rechte zu vergeben, an andere Benutzer oder Rollen weitergeben, indem Sie „with admin option" verwenden.

Wenn Sie jemandem eine Berechtigung „with admin option" erteilen und ihm dann die Berechtigung wieder entziehen, behalten diejenigen, denen mit dieser Option Rechte gewährt wurden, ihre Rechte. Betrachten wir näher, wie „with admin option" funktioniert.

AARON erteilt MARLENE „create table with admin option". MARLENE erteilt danach "create table" an STEVE. Nun überlegt sich AARON, dass es doch keine gute Idee war, MARLENE diese Berechtigung zu geben, und entzieht sie ihr. Obwohl MARLENE keine Tabellen mehr in der Datenbank erstellen kann, behält STEVE weiterhin die Berechtigung „create table".

Wie Sie vielleicht schon vermutet haben, bewirkt das Zurücknehmen von Systemberechtigungen normalerweise eher Schaden als Gutes. Daher hat das Entziehen von Systemberechtigungen nicht den gleichen Dominoeffekt wie bei Objektberechtigungen. Im obigen Beispiel beträfe das Entziehen der Berechtigung „create table" bei STEVE keine der von ihm angelegten Tabellen, sondern nur seine Möglichkeit, neue anzulegen.

Entscheiden Sie sorgfältig und in Ruhe, wer in Ihren Datenbanken die Möglichkeit haben soll, Objekte zu erstellen, und wer berechtigt sein soll, Arbeiten auszuführen oder Rechte zu vergeben.

8.2.3 Wie Rollen verwendet werden

Im realen Leben besitzen wir viele verschiedene Rollen, die wir auch umsetzen. Sie können zum Beispiel gleichzeitig ein Mitarbeiter, ein Teilzeitstudent und ein Elternteil sein. Auch wenn Sie viele verschiedene Rollen spielen, üben Sie sie normalerweise einzeln aus – nur eine auf einmal. Wenn Sie arbeiten, konzentrieren Sie sich üblicherweise auf das, wofür Sie von Ihrem Arbeitgeber bezahlt werden. Wenn Sie an der Universität sind, nehmen Sie an Kursen und Kolloquien teil. Aber was passiert, wenn Sie nach Hause kommen?

Zu Hause ist Ihre Rolle als Elternteil in viele einzelne Rollen aufgeteilt. So bereiten Sie zum Beispiel die Mahlzeiten für Ihre Familie zu, machen sauber, waschen ab, helfen Ihren Kindern bei den Hausaufgaben, führen das Haushaltsbuch und erledigen noch viele andere Aufgaben. Daher können wir ziemlich sicher sagen, dass Ihre Rolle als Elternteil aus weiteren Rollen wie Koch, Hausmeister, Bankier und Lehrer besteht. Was sich bezüglich solcher Rollen nie ändert, ist, dass damit jeweils eine Reihe von Fähigkeiten, Berechtigungen und Aktionen verbunden sind, die Sie ausführen können, sobald Sie in diese Rolle schlüpfen. So kann eine *Rolle* als eine Menge von Aktionen und Rechten definiert werden, die eine Person erhält, die diese Rolle übernimmt.

Über die Nutzung von Rollen

Warum sollte man Rollen benutzen statt Berechtigungen direkt zuzuweisen? Betrachten wir ein Beispiel. Wenn Sie eine Applikation mit 100 Objekten haben, auf die 100 Benutzer zugreifen, müssen Sie 10 000 Berechtigungen erteilen. Wenn einer der Benutzer die Firma verlässt, müssen Sie 100 Berechtigungen entziehen, um die Sicherheit der Daten aufrechtzuerhalten. Vervielfachen Sie noch die Tabellen und Benutzer, und Sie werden Ihre gesamte Zeit nur noch damit verbringen, Objektberechtigungen zu erteilen. Zudem ist das Zuweisen vieler individueller Berechtigungen sehr fehleranfällig. Wenn Sie versuchen, Benutzer mit gleichen Berechtigungen zu verwalten, und es viele solcher Berechtigungen gibt, vergisst man schnell, einem oder mehreren Benutzern eine notwendige Berechtigung zu erteilen.

Es gibt viele Situationen, in denen Ihre Benutzer in verschiedene Kategorien fallen und jede Kategorie eine andere Untermenge an Berechtigungen benötigt. Um dieses Problem zu vereinfachen, hat Oracle die Rollen eingeführt. Anstatt die Berechtigungen den Benutzern direkt zuzuweisen, verteilen Sie die Berechtigungen an die Rollen und weisen diese Rollen den Benutzern zu. Wenn Sie nun ein neues Objekt hinzufügen, müssen Sie den Zugriff auf dieses Objekt nur der Rolle erteilen, womit automatisch alle Benutzer, die diese Rolle innehaben, den Zugriff vererbt bekommen. Wenn ein Benutzer das Unternehmen verlässt, müssen Sie nicht mehr alle einzelnen Zugriffsberechtigungen entziehen, da beim Löschen des Benutzers alle Rollen, die er besaß, automatisch entzogen werden, ohne dass andere Benutzer beeinträchtigt sind.

Es gibt natürlich ein paar Nachteile, die Ihnen bewusst sein sollten. Erstens können Rollen keine Objekte besitzen. Warum ist das wichtig? Es gibt einen Objekttyp namens Synonym. Ein *Synonym* ist ein Alias für ein Objekt, mit dem man transparent darauf zugreifen kann. Wenn Sie auf ein Objekt verweisen, das nicht Ihr eigenes ist und für das kein Synonym existiert, müssen Sie auf das Objekt mit der Syntax „Objektbesitzer.Objektname" zugreifen, wie zum Beispiel bei AARON.EMPLOYEES statt nur EMPLOYEES. Wenn Sie Programme und Prozeduren von einer Datenbank in eine andere verschieben und sich die Besitzverhältnisse ändern, kann es passieren, dass die Verweise auf Objekte nicht mehr zu den tatsächlichen Standorten passen. Mit anderen Worten, wenn Sie die Tabelle AARON.EMPLOYEES aus dem Produktions- in das Entwicklungsschema verschieben, das Entwicklungsschema aber MARLENE heißt, müssen alle Referenzen von AARON.EMPLOYEES so geändert werden, dass Sie auf das Schema MARLENE zeigen. Sie müssten also daran denken, Ihren Code überall da zu ändern, wo Sie auf Objekte verweisen, und die Referenz an denjenigen anpassen, der jetzt die Objekte besitzt. Wenn Sie ein Synonym für das Objekt anlegen, können Sie in Ihren Programmen auf das Objekt einfach über das Synonym zugreifen. Sie können ein Synonym desselben Namens in verschiedenen Datenbanken anlegen und dort auf unterschiedliche Objekte, Objektbesitzer oder beides verweisen. So muss Ihr Programm nicht geändert werden.

Da eine Rolle keine Objekte besitzen kann und Synonyme Objekte sind, können Rollen keine Synonyme besitzen. Sie müssen entweder den Besitzer des Objekts in jeder Objektberechtigung fest verdrahten oder ein öffentliches Synonym erstellen. Ein *öffentliches Synonym* (*Public Synonym*) ist ein Synonym, das nicht nur für Sie, sondern für jedermann zugänglich ist. Das Problem dabei ist, dass bei zwei Applikationen auf Ihrer Datenbank, die denselben Tabellennamen, aber unterschiedliche Inhalte haben, keine öffentlichen Synonyme gleichen Namens für beide Tabellen angelegt werden können.

Zweitens können Sie keine Stored Procedures, Funktionen oder Pakete basierend auf Objektberechtigungen erstellen, die Sie über eine Rolle erhalten. Dies ist ein sehr wichtiger Punkt, den Sie sich unbedingt einprägen müssen, daher sagen wir es noch einmal auf andere Weise. Sie müssen Berechtigungen für Objekte direkt erhalten haben, um Pakete, Stored Procedures und Funktionen erstellen zu können, die darauf zugreifen. Aufgrund dieser Beschränkung ist es im Allgemeinen eine gute Idee, in der Produktionsumgebung einen einzelnen Benutzer zu haben, der alle Objekte und die Prozeduren besitzt, die auf die Objekte zugreifen. Auf diese Weise stellen Sie sicher, dass die Applikation die Berechtigungen hat, die notwendig sind, um richtig zu funktionieren.

Rollen zuweisen

Es gibt viele verschiedene Gruppen in einem Unternehmen und jede Person arbeitet an einer oder mehreren Aufgaben, um den Zielen des Unternehmens näher zu kommen. Stellen Sie sich zum Beispiel ein Versicherungsunternehmen vor. Innerhalb des Unternehmens gibt es eine Verkaufsabteilung, die die verschiedenen Versicherungen an Kunden verkauft, und Sachbearbeiter, die die Versicherungsaufträge eingeben. Es gibt Personen, die die Abrechungen erstellen und Schadensregulierer, die feststellen, ob ein Schaden tatsächlich aufgetreten ist und bezahlt werden sollte. Außerdem gibt es verschiedene Managementebenen, die die unterschiedlichen Aktionen überwachen und leiten.

Jeder Mitarbeiter des Versicherungsunternehmens hat zu erledigende Aufgaben und benötigt eine oder mehrere Berechtigungen an einem oder mehreren Datenbank-Objekten. Verkäufer müssen die aktuelle Kundenliste einsehen können und herausfinden, welche Versicherungen jeder Kunde in welchem Umfang schon besitzt. Wenn ein Verkäufer einen Abschluss erreicht, muss der Sachbearbeiter in der Lage sein, sowohl die Kundendaten als auch die Informationen des Verkäufers in die Datenbank einzugeben, um sicherzustellen, dass dem Kunden korrekte Rechnungen gestellt werden und der Verkäufer die verdiente Provision erhält.

Jeder Mitarbeiter in einer der aufgeführten Gruppen benötigt gewisse Zugriffsrechte, um seine Aufgaben erledigen zu können. Sie sollten eine Rolle SALES_STAFF für die Verkäufer anlegen und ihr die Select-Berechtigung an den Tabellen erteilen, die ein Verkäufer einsehen können muss. Eine Rolle ENTRY_CLERK enthält alle Berechtigungen zum Einsehen und Eingeben von Informationen, und eventuell auch, um die Information in den verschiedenen Tabellen zu modifizieren, wenn Verträge aufgrund von Kundenwünschen geändert werden. Eine Rolle BILLING_CLERK enthält die Rechte, um Datensätze mit Rechnungsinformationen einsehen und abändern zu können. Die Rolle CLAIMS_ADJUSTER ist nötig, um nachschauen zu können, welche Versicherungen ein Kunde hat und wie er erreichbar ist. Diese Rolle sollte auch die Möglichkeit bieten, Informationen zu Schadensfällen eingeben zu können, um Urteile und Schadensregelungen zu protokollieren. Die Rolle MANAGER wird für Führungskräfte reserviert, die alle Informationen im System einsehen und auch Datensätze entfernen dürfen. Tabelle 8-6 führt einige der passenden Rollen für unser Versicherungsunternehmen und die Berechtigungen auf, die diese Rollen enthalten könnten.

Tabelle 8-6: Rollen und Berechtigungen im Versicherungsunternehmen

Rolle	Berechtigungen
ENTRY_CLERK	Insert, Select und Update für die Kunden- und Verkäufertabellen, um Kundendatensätze und Verkäufe einfügen und aktualisieren zu können.
BILLING_CLERK	Insert, Select und Update für die Kundentabellen, um Rechnungen versenden und Zahlungseingänge verbuchen zu können.
SALES_STAFF	Select für die Kundentabellen, um verfolgen zu können, wer in der Vergangenheit welche Versicherungen gekauft hat.
CLAIMS_ADJUSTER	Select für die Kundentabellen, um Versicherungsumfang und Kontaktinformationen einsehen zu können, und Insert für die Schadensbezirkstabellen, um Schadesfälle eingeben zu können.
MANAGER	Select, Insert, Update und Delete auf Kunden- und Verkäufertabellen.

Wenn das Unternehmen sehr groß und erfolgreich ist, gibt es viele Mitarbeiter, die die hier aufgezählten Aufgaben durchführen. Rollen bieten eine Möglichkeit, alle Mitarbeiteranforderungen effektiv zu verwalten und sicherzustellen, dass die vergebenen Berechtigungen in und zwischen allen Datenbanken konsistent sind.

Benutzerdefinierte Rollen

Rollen vereinfachen die Administration der Benutzer erheblich, während sie gleichzeitig auch die Sicherheit Ihrer Datenbankobjekte verbessern. Sie können Berechtigungen leicht zu einer Rolle hinzufügen oder aus ihr entfernen, und damit jeden Benutzer erreichen, dem die Rolle zugeteilt wurde.

Sie müssen nur ein paar Parameter kennen, um eine Rolle anzulegen. Hier die allgemeine Syntax:

```
create role <Rollenname> [not identified] | [identified {by <Kennwort> |
 externally | globally}];
```

Um eine Rolle namens NEW_ROLE anzulegen, auf die über ein Kennwort zugegriffen werden kann, führen Sie den folgenden Befehl aus:

```
create role NEW_ROLE identified by MY_NEW1;
```

Tabelle 8-7 beschreibt jeden der möglichen Parameter.

Tabelle 8-7: Parameter zum Erstellen einer Rolle

Parameter	Beschreibung
<Rollenname>	Gibt den Namen der Rolle an
Not Identified	Gibt an, dass kein Kennwort für die Rolle notwendig ist. Dies ist der Standard, wenn keine **identified**-Klausel angegeben wurde.
Identified By <Kennwort>	Gibt an, dass der Befehl **set role** zum Aktivieren der Rolle genutzt werden muss und dass ein Kennwort nötig ist.
Identified Externally	Gibt an, dass Betriebssystem-Authentifizierung zum Aktivieren und Zugreifen auf die Rolle notwendig ist. Der Befehl erstellt einen Benutzer, der auf die Datenbank mittels externer Identifikation zugreifen kann.
Identified Globally	Bestimmt, dass der Benutzer über den Verzeichnisdienst des Unternehmens authentifiziert werden muss, um auf die Rolle zugreifen zu können. Der Befehl erstellt einen Benutzer, der ohne Kennwort auf Datenbanken zugreifen und Verwaltungsaufgaben durchführen kann.

Wenn Sie eine Rolle löschen, verliert jeder, dem die Rolle erteilt wurde, sämtliche durch sie zugestandenen Berechtigungen. Daher sollten Sie wissen, wer davon in welcher Weise betroffen sein wird, bevor Sie eine Rolle löschen.

Um eine Rolle zu löschen, geben Sie folgenden Befehl ein:

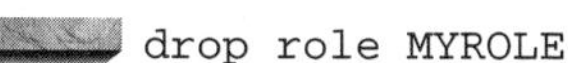

```
drop role MYROLE;
```

Wenn Sie einer Rolle Berechtigungen an einer Tabelle oder View gewähren, können Sie dies auf Tabellen- oder Spaltenebene vornehmen. So können Sie zum Beispiel mit der Tabelle EMPLOYEES für die ganze Tabelle Select erteilen:

```
grant select on EMPLOYEES to MYROLE;
```

Um einer Rolle eine oder mehrere bestimmte Spalten zu gewähren, nutzen Sie

```
grant select (EMPLOYEE_NAME) on EMPLOYEES to MYROLE;
```

8.2.4 Von Oracle mitgelieferte Rollen

In älteren Versionen vor Oracle6 gab es nur drei Rollen, die Benutzern zugewiesen werden konnten:

- CONNECT Gibt dem Benutzer die Möglichkeit, auf die Datenbank zuzugreifen
- RESOURCE Gibt dem Benutzer die Möglichkeit, Objekte zu erstellen und Speicherplatz in der Datenbank zu belegen

- DBA Gibt dem Benutzer administrative Berechtigungen in der Datenbank

Tatsächlich existierten diese Rollen nicht als Rollen, sondern als ein Set von Berechtigungen, die im Oracle-Kernel definiert und gespeichert waren und Sie den Benutzern zuweisen konnten. Ab Oracle Version 6 wurden echte Rollen eingeführt. Ursprünglich enthielt die Rolle CONNECT auch die Berechtigungen Create Table und Create View. Ab Oracle7 kann der Datenbank-Administrator System- und Objektberechtigungen gruppieren und eigene Rollen erstellen, um den Bedürfnissen der Applikationen in der Datenbank entgegenzukommen.

Über die View DBA_ROLES

Wenn Sie in einer Oracle8.1.7-Datenbank aus der Sicht DBA_ROLES selektieren, sehen Sie die standardmäßig angelegten Rollen. Denken Sie daran, dass Ihre Ausgabe anders aussehen kann, wenn Sie andere Komponenten installiert haben.

```
select ROLE, PASSWORD
  from DBA_ROLES;
ROLE                           PASSWORD
------------------------------ --------
CONNECT                        NO
RESOURCE                       NO
DBA                            NO
SELECT_CATALOG_ROLE            NO
EXECUTE_CATALOG_ROLE           NO
DELETE_CATALOG_ROLE            NO
EXP_FULL_DATABASE              NO
IMP_FULL_DATABASE              NO
RECOVERY_CATALOG_OWNER         NO
AQ_ADMINISTRATOR_ROLE          NO
AQ_USER_ROLE                   NO
SNMPAGENT                      NO
OEM_MONITOR                    NO
HS_ADMIN_ROLE                  NO
JAVAUSERPRIV                   NO
JAVAIDPRIV                     NO
JAVASYSPRIV                    NO
JAVADEBUGPRIV                  NO
JAVA_ADMIN                     NO
JAVA_DEPLOY                    NO
TIMESERIES_DEVELOPER           NO
TIMESERIES_DBA                 NO
CTXAPP                         NO
```

Mehr und mehr setzt Oracle Rollen ein, um den Zugriff auf Datenbankobjekte wo auch immer zu kontrollieren.

Um die Ihnen zugeteilten Rollen auch ohne Datenbank-Administratorberechtigungen sehen zu können, können Sie die View USER_ROLE_PRIVS nutzen. Im Folgenden ist die Struktur dieser View angegeben:

```
describe USER_ROLE_PRIVS
Name                                      Null?    Type
----------------------------------------- -------- -------------------
--
USERNAME                                           VARCHAR2(30)
GRANTED_ROLE                                       VARCHAR2(30)
ADMIN_OPTION                                       VARCHAR2(3)
DEFAULT_ROLE                                       VARCHAR2(3)
OS_GRANTED                                         VARCHAR2(3)
```

Interessanterweise gibt es keine View ALL_ROLE_PRIVS. Wir werden Ihnen zeigen, wie Sie die Zusammensetzung einer der von Oracle mitgelieferten Rollen herausfinden können, und überlassen es Ihnen, den Rest zu untersuchen.

Um die Rollen zu sehen, die für Sie in der aktuellen Sitzung aktiv sind, starten Sie die folgende Abfrage:

```
select *
  from SESSION_ROLES;
```

Die View SESSION_PRIVS zeigt Ihnen, welche Berechtigungen aktuell aktiviert sind aufgrund der Ihnen zur Verfügung stehenden Rollen und der direkt zugewiesenen Rechte. Hier die Syntax, die Sie nutzen können, um die aktiven Berechtigungen anzuzeigen:

```
select *
  from SESSION_PRIVS;
```

Die Zusammensetzung einer Rolle anzeigen

Um den Inhalt einer Rolle anzuzeigen, verwenden Sie die View DBA_ROLE_PRIVS aus dem Data Dictionary:

```
select *
  from DBA_ROLE_PRIVS
 where GRANTEE = 'DBA';
GRANTEE                        GRANTED_ROLE                   ADM DEF
------------------------------ ------------------------------ --- ---
DBA                            DELETE_CATALOG_ROLE            YES YES
DBA                            EXECUTE_CATALOG_ROLE           YES YES
DBA                            EXP_FULL_DATABASE              NO  YES
DBA                            IMP_FULL_DATABASE              NO  YES
DBA                            JAVA_ADMIN                     NO  YES
DBA                            JAVA_DEPLOY                    NO  YES
DBA                            SELECT_CATALOG_ROLE            YES YES
```

Der Rolle DBA wurden also sieben weitere Rollen zugeteilt. Beachten Sie, dass manche der Rollen „with admin option" erteilt wurden, andere wiederum nicht, aber alle standardmäßig zugewiesene Rollen der DBA-Rolle sind.

Um festzustellen, ob die Rolle DBA irgendwelche Systemberechtigungen besitzt, führen wir den folgenden Befehl aus:

```
select *
  from DBA_SYS_PRIVS
 where GRANTEE = 'DBA';
```

Diese Abfrage lieferte auf unserer Demo-Datenbank der Version 8.1.7 insgesamt 114 Zeilen zurück. Obwohl also der Rolle DBA sieben Rollen zugeteilt wurden, hat sie noch 114 der 119 verfügbaren Systemberechtigungen direkt inne. Um Platz zu sparen, führen wir die Ausgabe hier nicht auf.

Um einem Benutzer eine von Oracle gelieferte oder selbst erstellte Rolle zuzuweisen, geben Sie Folgendes ein:

```
grant <Rollenname> to <Die_Rolle_erhaltender_Benutzer>;
```

Natürlich können Sie, wie in Kapitel 7 gezeigt, auch implizit einen Benutzer über den Befehl **grant** mit folgender Syntax anlegen:

```
grant CONNECT, RESOURCE to NEW_USER identified by PASS1#OVER;
```

Wenn Sie einen Benutzer mit dem Befehl **grant** anlegen, haben Sie allerdings das Problem, dass Sie danach einen Befehl **alter user** ausführen müssen, um den Standard-Tablespace, den temporären Tablespace und alle anderen Parameter anzupassen, die der Benutzer haben soll. Wir empfehlen Ihnen, diese implizite Form der Benutzererzeugung nicht zu verwenden, da man zu leicht einen anzupassenden Standardparameter vergisst, aber wir wollten Sie immerhin auf die Syntax hinweisen.

8.2.5 Über Standardrollen für Benutzer

Es gibt zwei Arten von Rollen: Jene, die automatisch aktiviert werden und verfügbar sind, wenn sich ein Benutzer an der Datenbank anmeldet, und solche, die erst über den Befehl **set role** aktiv werden. Der Befehl **set role** wird normalerweise durch eine Applikation für einen Benutzer ausgeführt und benötigt meistens ein Kennwort oder eine externe Betriebssystem-Authentifizierung. Wenn ein Kennwort benötigt wird, müssen Sie den Befehl **set role** ausführen, bevor die Berechtigungen, die in der Rolle enthalten sind, verfügbar werden. Die in den obigen Listen von Oracle vordefinierten Rollen benötigen alle kein Kennwort. Um eine Rolle anzulegen, brauchen Sie die Berechtigung Create Role".

Zum Erstellen einer Rolle ohne Identifikation nutzen Sie die folgende Syntax:

```
create role NEW_ROLE;
```

Nun legen Sie eine Rolle an, die ein Kennwort benötigt, und definieren es gleich mit:

```
create role NEW_PWROLE identified by YOU_TYPE1PW;
```

Um auf die Berechtigungen zugreifen zu können, die der Rolle NEW_PWROLE zugewiesen wurden, muss der Benutzer den Befehl **set role** ausführen, solange die Rolle nicht als Standardrolle eingerichtet wurde. In diesem Fall wird auch das Kennwort nicht benötigt. Standardrollen für Benutzer zu verstehen kann sehr schwierig sein. Wir hoffen, dass wir sie Ihnen mit diesen Erläuterungen näher bringen.

Sie können eine durch ein Kennwort geschützte Nicht-Standardrolle mit der folgenden Syntax aktivieren:

```
set role NEW_PWROLE identified by YOU_TYPE1PW;
```

In diesem Beispiel werden die Berechtigungen aus der Rolle NEW_PWROLE aktiv, wenn bei **set role** das richtige Kennwort angegeben wurde.

Wenn ein Benutzer eine Sitzung in der Datenbank erstellt, werden automatisch alle Rollen aktiviert, die ihm als Standardrollen zugewiesen wurden. Wenn Sie einen Benutzer anlegen, können Sie keine, eine oder mehrere Standardrollen bis zu einem maximalen Wert zuweisen. Dieser Wert ist der Parameter **max_enabled_roles** in der Datei init.ora und steht standardmäßig auf 30.

Wir haben schon erwähnt, dass die Berechtigungen aus einer kennwortgeschützen Rolle auch ohne Kennwort aktiv sind, sofern es sich bei der Rolle um eine Standardrolle für den Benutzer handelt. Dies mag für Sie verwirrend sein, besonders wenn Sie versuchen, einen Benutzer zu zwingen ein Kennwort anzugeben, um von den Berechtigungen einer Rolle zu profitieren. Daher sollten Sie sicherstellen, dass Sie eine Rolle nicht zu einer Standardrolle machen, wenn Sie auf den Kennwortschutz Wert legen.

Wenn Sie einem Benutzer Rollen zuweisen, werden ihm diese normalerweise als Standardrollen erteilt. Wenn Sie zum Beispiel einen Benutzer namens NELSON erstellen und ihm die Rolle CONNECT zuweisen, werden Sie bei einer Abfrage der Rollen feststellen, dass er diese als Standardrolle erhalten hat.

```
select *
  from DBA_ROLE_PRIVS
 where grantee = 'NELSON';
GRANTEE                        GRANTED_ROLE                   ADM DEF
------------------------------ ------------------------------ --- ---
NELSON                         CONNECT                        NO  YES
```

Lassen Sie uns nun eine Rolle namens MYROLE erstellen und sie ebenfalls NELSON zuordnen, um zu sehen, wie ihm diese Rolle erteilt wird.

```
create role MYROLE;
grant MYROLE to NELSON;
select *
  from DBA_ROLE_PRIVS
 where grantee = 'NELSON';
GRANTEE                        GRANTED_ROLE                   ADM DEF
------------------------------ ------------------------------ --- ---
NELSON                         CONNECT                        NO  YES
NELSON                         MYROLE                         NO  YES
```

Es gibt einige Regeln, die Sie beachten sollten, wenn Sie sich mit Standardrollen befassen. Wenn Sie eine Rolle mit einem Kennwort erteilen, wird die Rolle nicht automatisch als Standardrolle zugewiesen. Wenn Sie einem Benutzer mehrere Rollen zugewiesen haben und dann den Befehl **alter user default role MYROLE** ausführen, wird die Rolle MYROLE als Standardrolle zugewiesen und alle anderen Rollen werden zu Nicht-Standardrollen:

```
alter user NELSON default role MYROLE;
select *
  from DBA_ROLE_PRIVS
 where grantee = 'NELSON';
GRANTEE                        GRANTED_ROLE                   ADM DEF
------------------------------ ------------------------------ --- ---
NELSON                         CONNECT                        NO  NO
NELSON                         MYROLE                         NO  YES
```

In diesen Beispielen haben wir immer nur eine Rolle gleichzeitig zugewiesen. Sie können aber auch mehrere Rollen auf einmal erteilen:

```
grant MYROLE, YOURROLE, OURROLE to NELSON;
```

Über indirekte Rollen

Rollen können wiederum Rollen zugewiesen werden. Nehmen wir an, Sie haben eine Rolle namens CLERK und eine andere namens MANAGER. Jeder Rolle hat unterschiedliche Berechtigungen. Vielleicht möchten Sie, dass Ihre Manager über alle Berechtigungen verfügen, die einem Manager zustehen, und alle, die die Sachbearbeiter haben. Daher weisen Sie der Rolle MANAGER die Rolle CLERK zu:

```
grant CLERK to MANAGER;
```

In diesem Fall wird die Rolle CLERK als indirekte Rolle bezeichnet, da die Berechtigungen aus dieser Rolle der Rolle MANAGER indirekt zugewiesen wurden. Weiter oben sahen Sie die Ergebnisse des Befehls **alter user default role**. Leider können Sie keine indirekte Rolle in die Liste der Rollen aufnehmen, die Sie als Standardrollen festlegen wollen. Allerdings gibt es von dieser Regel eine Ausnahme. Wenn Sie eine indirekte Rolle einer schon als Standardrolle definierten Rolle zuweisen, werden auch alle indirekten Rollen automatisch aktiviert, wenn ein Benutzer eine Sitzung erstellt. Be rücksichtigen Sie alle Rollen, die direkt und die indirekt zugewiesenen, wenn Sie überprüfen möchten, wie viele Rollen einem Benutzer zugewiesen wurden, um sicherzustellen, dass der Wert des Parameters **max_enabled_roles** nicht überschritten wird. Wenn dieser Wert überschritten wird, erhält der Benutzer beim Anmelden an der Datenbank Fehlermeldungen.

Die Qualifizierer ALL, ALL EXCEPT und NONE

Es gibt die zwei Qualifizierer, **all** und **all except**, die Ihnen die Verwaltung der Rollen erleichtern können. Sie sollten dabei allerdings mit Bedacht vorgehen. Wenn Sie **all** beim Festlegen der Standardrollen für einen Benutzer nutzen, wird automatisch jede Rolle der Standardliste hinzugefügt. Die Syntax lautet wie folgt:

```
alter user <Benutzername> default role all;
```

Mit dieser Option werden alle aktuellen Rollen in der Benutzerliste und alle zukünftigen Rollen als Standardrolle festgelegt. Wenn Sie möchten, dass alle Rollen, die NELSON erhalten hat, Standardrollen sind, geben Sie den folgenden Befehl ein:

```
alter user NELSON default role all;
```

Wenn Sie nun NELSON die Rolle MYROLE erteilen, wird sie in die Liste seiner Standardrollen eingetragen. Wenn Sie allerdings eine oder mehrere Rollen nicht als Standardrollen nutzen wollen, können Sie die Option **all except** verwenden:

```
alter user NELSON default role all except THIS_ROLE, THAT_ROLE;
```

Denken Sie daran, dass auch bei Verwendung der Option **all except** alle zukünftig erteilten Rolle als Standardrollen zugewiesen werden.

Wenn Sie nicht wollen, dass irgendeine Rolle auf der Liste der Standardrollen für einen Benutzer auftaucht, können Sie den Qualifizierer **none** verwenden:

```
alter user NELSON default role none;
```

Wenn Sie einem Benutzer eine Rolle entziehen, wird sie automatisch aus der Liste seiner Standardrollen entfernt.

8.3 Einsatz von Views

Haben Sie sich je einen Wassertropfen auf einem Objektträger unter einem Mikroskop betrachtet? Wenn ja, haben Sie eine völlig andere Welt bestehend aus Einzellern und anderen faszinierenden Dingen gesehen. Das Mikroskop ermöglichte, einen kleinen Teil der Wassermenge zu sehen, aus der der Tropfen kam.

Eine Oracle-View arbeitet ähnlich wie die Linse eines Mikroskops. Sie ist eine Maske, die über eine Tabelle oder eine ganze Sammlung von Tabellen gelegt wird, um die Ansicht dessen zu ändern, was der Benutzer sieht, wenn er auf die Daten zugreift. Sie können eine View erstellen, indem Sie eine Untermenge von Spalten aus einer Tabelle auswählen, oder indem Sie die Zahl der Zeilen oder Datentypen beschränken, die eine Abfrage zurückliefert. Sie können eine View definieren, die viele Tabellen miteinander über komplexe Selektionskriterien verknüpft, so dass Sie den Zugriffspfad auf Ihre Daten optimieren können.

Warum soll man Views einsetzen? Wenn eine komplizierte Abfrage häufig verwendet wird, ist es leichter, auf eine View mit einem einfachen **select**-Befehl zuzugreifen, statt jedesmal die aufwändige Abfrage neu zu schreiben. Ändert sich die Abfrage, müssen Sie nur die View-Definition anpassen, statt in jedem betroffenen Programm den SQL-Code zu ändern. Sie können den Zugriff auf die Daten durch eine **where**-Klausel in einer View kontrollieren und damit die Benutzer auf bestimmte Zeilen oder Spalten beschränken. Vom Standpunkt der Sicherheit her ist eine View sehr nützlich, da sie die Verfügbarkeit von Daten beschränkt.

8.3.1 Views erstellen

Sie müssen die Berechtigung Create View haben, um eine View in Ihrem eigenen Schema erstellen zu können, oder die Systemberechtigung Create Any View, um Views im Schema eines anderen Benutzers anzulegen. Erinnern Sie sich noch daran, dass wir weiter oben in diesem Kapitel darauf hingewiesen haben, dass Rollen keine Objekte besitzen können? Um eine View erstellen zu können, müssen Sie über direkte Berechtigungen verfügen, um die entsprechenden Aktionen wie Select, Insert, Update oder Delete auf die Tabellen ausführen zu können, die der View zugrunde liegen. Sie können eine View nicht erfolgreich anlegen, wenn Ihnen diese Berechtigungen nur über eine Rolle zugewiesen wurden.

Auch wenn Views selbst keine Daten enthalten, können Sie seit Version 7.3 in den der View unterliegenden Tabellen Daten modifizieren. Dadurch haben Sie die Möglichkeit, Daten direkt über eine View in die unterliegenden Tabellen einzufügen, zu aktualisieren oder zu löschen. Sie können auch Objektviews oder relationale Views anlegen, die Large Binary Objects (LOBs) unterstützen. Diese Views sind allerdings nicht Thema dieses Buches. Da es viele gute Bücher zum Thema Datenbank-Administration gibt, die sich sehr detailliert mit dem Erstellen von Views befassen, wollen wir hier nur die Grundlagen präsentieren, um Sie etwas mit dem Anlegen von Views vertraut zu machen.

Syntax zur Erstellung von Views

Wenn Sie eine View auf der Grundlage einer Tabelle erstellen, handelt es sich um eine *einfache* View. Angenommen, Sie haben eine Tabelle EMPLOYEES mit folgenden Spalten erstellt:

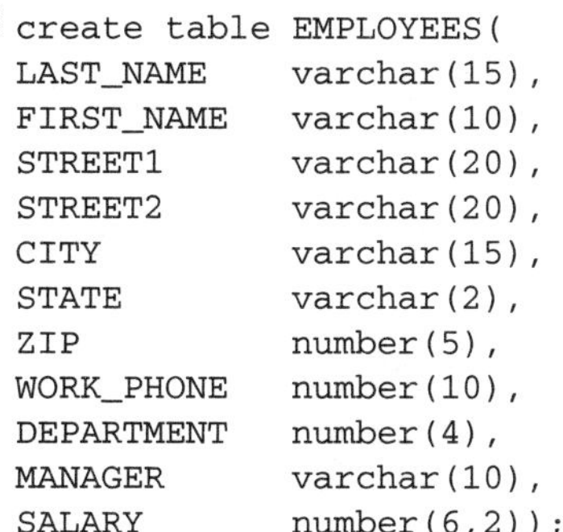

```
create table EMPLOYEES(
LAST_NAME     varchar(15),
FIRST_NAME    varchar(10),
STREET1       varchar(20),
STREET2       varchar(20),
CITY          varchar(15),
STATE         varchar(2),
ZIP           number(5),
WORK_PHONE    number(10),
DEPARTMENT    number(4),
MANAGER       varchar(10),
SALARY        number(6,2));
```

Sie möchten nun erreichen, dass Ihre Mitarbeiter ihre Adressen und Telefonnummern einfach ändern können, aber ohne dabei andere Mitarbeiterdaten einsehen zu können. Die beste Möglichkeit, die unterliegende Tabelle zu verbergen, ist das Erstellen einer einfachen View, die nur die Spalten enthält, die Ihre Mitarbeiter sehen und verändern dürfen. Natürlich müssen Sie im Code Ihres Programms noch eine **where**-Klausel einbauen oder auf andere Weise die passenden Zeilen filtern, damit jeder Mitarbeiter nur die eigenen Daten zu sehen bekommt.

Die generelle Syntax für die Erstellung einer View lautet wie folgt:

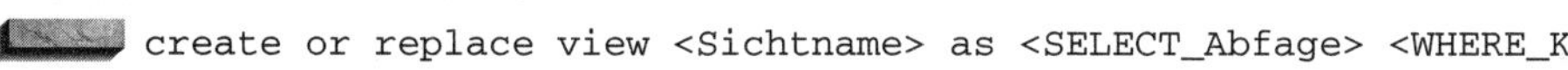

```
create or replace view <Sichtname> as <SELECT_Abfage> <WHERE_Klausel>;
```

Tabelle 8-8 zeigt die prinzipielle Struktur des Befehls **create view**. Wir haben entschieden, an dieser Stelle nicht die Syntax für das Erstellen einer Objektview anzugeben.

Tabelle 8-8: Allgemeine Syntax zum Erstellen einer View

Syntax	Beschreibung
create or replace	Geben Sie **replace** an, um eine bestehende View mit den von Ihnen mitgeteilten Angaben neu zu erstellen. Durch **replace** bleiben bisher existierende Berechtigungen bestehen.
force/no force	Geben Sie **force** an, wenn Sie wollen, dass eine View auch dann erstellt wird, wenn die unterliegenden Tabellen noch nicht existieren. Der Standard ist **no force**, dann können Sie die View nur anlegen, wenn die Tabellen vorhanden sind.
view	Schlüsselwort, um Oracle das Erstellen einer View mitzuteilen
schema.view	Name der View. Wenn Sie keinen Schemanamen angeben, wird die View in Ihrem aktuellen Schema erstellt.

Tabelle 8-8: Allgemeine Syntax zum Erstellen einer View (Fortsetzung)

Syntax	Beschreibung
as <subquery>	Gibt die SQL-Abfrage an, auf der die View basiert. Sie können bis zu 1000 Abfragen in die Unterabfrage beim Erstellen der View mit aufnehmen.
with_clause	Begrenzt die Nutzung der Abfrage: READ_ONLY: Insert, Update und Delete sind nicht möglich. WITH CHECK OPTION: Stellt sicher, dass ein Benutzer nur Daten eingeben oder aktualisieren kann, die mit den Beschränkungen in der WHERE_Klausel übereinstimmen.

Bei Verwendung der Struktur aus Tabelle 8-8 und unter der Annahme, dass der Mitarbeiter nach dem Nachnamen selektiert wird, sähe die Syntax einer einfachen View für die Mitarbeiteradresse wie folgt aus:

```
create or replace view EMP_ADDRESS
as
select LAST_NAME, FIRST_NAME, STREET1, STREET2, CITY, STATE, ZIP,
WORK_PHONE
  from EMPLOYEES;
```

Im Folgenden ein Beispiel dafür, wie die View erstellt werden kann, damit nur die Zeilen zurückgegeben werden, auf die der Benutzer zugreifen darf:

```
create or replace view EMP_ADDRESS
as
select LAST_NAME, FIRST_NAME, STREET1, STREET2, CITY, STATE, ZIP,
WORK_PHONE
  from EMPLOYEES
 where USER = EMPLOYEES.USER_ID;
```

In diesem Fall kann der Benutzer nur auf Zeilen zugreifen, in denen die Spalte USER_ID mit dem Namen des aktuellen Benutzers übereinstimmt. Somit kann er nur seine eigenen Daten sehen.

Es gibt viele weitere Arten von Views, die Sie erstellen können. So kann zum Beispiel eine Join-View mehr als eine Tabelle einbeziehen, während eine Read Only-View verhindert, dass der Benutzer mehr tun kann als die Daten zu lesen.

8.4 Über Trigger

Oracle bietet einen Typ von Prozeduren, der als *Trigger* bekannt ist und automatisch ausgeführt wird, wenn eine bestimmte Aktion eintritt. Trigger bieten Ihnen die Möglichkeit, Informationen darüber zu erhalten, wer Daten in Ihrer Datenbank verändert.

Angenommen, Sie möchten prokollieren, wer an der Tabelle EMPLOYEES arbeitet, sobald dort der Inhalt der Spalte SALARY verändert wird. Zudem möchten Sie wissen, wann dies geschieht, und wie der alte und der neue Wert aussehen. Sie können einen Trigger verwenden, um diese Informationen zu extrahieren und in eine andere Tabelle zu schreiben, und damit eine Audit-Möglichkeit für die Gehaltsdaten Ihrer Mitarbeiter schaffen. Wird sowohl der alte wie auch der neue Wert gespeichert, können Sie auch leicht Fehler beim Ändern rückgängig machen.

Es gibt vier verschiedene Trigger-Typen:

- Data Manipulation Language (DML)-Trigger auf Tabellen
- „Instead of"-Trigger auf Views
- Systemtrigger auf Datenbanken, die bei jedem Ereignis für jeden Benutzer in der gesamten Datenbank ausgelöst werden
- Trigger, die bei jedem Ereignis eines bestimmten Schemas ausgelöst werden

Trigger können geschrieben werden, um zu reagieren, wenn DML-Befehle wie **insert**, **update** oder **delete** ausgeführt werden. Sie können aktiviert werden, wenn Data Definition Language (DDL)-Befehle wie **create**, **alter** oder **drop** gestartet werden sollen. Man kann sie auch bei bestimmten Datenbankereignissen einsetzen, wie zum Beispiel beim Hoch- oder Herunterfahren der Datenbank. Trigger können ausgelöst werden, bevor oder nachdem ein Ereignis eintritt. Es gibt einen Trigger ON LOGON, der in Oracle8*i*, Release 3, neu hinzugekommen ist und dann aktiviert wird, wenn sich ein Benutzer an der Datenbank anmeldet.

Sie können Trigger schreiben, die bei einem Insert, Update oder Delete auf eine Tabelle ausgelöst werden. Dabei können sie für jede betroffene Zeile oder nur einmal pro Befehl ausgelöst werden. Sie können auch einen „Instead of"-Trigger nutzen, der für das Verändern von Daten über eine View gedacht ist. Gekoppelt an den Instead of-Trigger kann der Parameter **for each row** eingesetzt werden um Oracle mitzuteilen, dass Sie die Aktion für jede Zeile der Tabelle durchführen wollen, die vom Befehl betroffen ist.

Auch wenn Trigger wunderbar dazu geeignet sind, Aktionen in Ihrer Datenbank zu Überwachungszwecken zu verfolgen, können sie sich auf die Leistungsfähigkeit Ihrer Datenbank auswirken und sollten daher nur dann verwendet werden, wenn sie wirklich notwendig sind. Wir werden uns in Kapitel 16 weiter mit Triggern beschäftigen, wenn es um das Auditing geht.

Oracle und Datenbank-Links

Je besser Ihre Daten miteinander verknüpft sind, desto wertvoller werden sie. Das Zusammenführen von Daten aus Datenbanken, die über Abteilungen oder sogar die ganze Welt verteilt sind, ist eine Herausforderung, der sich mehr und mehr Unternehmen stellen. Oft sind Daten, die mit anderen in Verbindung stehen, an völlig unterschiedlichen Orten abgelegt. Wieso? Meistens liegt es einfach an der fehlenden Planung.

Einer der Autoren, Aaron, erlebte ein schönes Beispiel für eine solche Situation, als er mit einem lokalen Kabelnetzbetreiber zusammenarbeitete. Er schreibt: „Kürzlich telefonierte ich mit dem lokalen Kabelbetreiber, um sowohl ein Kabelmodem als auch einen Kabelanschluss installiert zu bekommen. Zu meiner Bestürzung handelte es sich um zwei vollkommen unterschiedliche Systeme. Ich musste beide getrennt bestellen und für jedes eigens einen Techniker kommen lassen, morgens für die Installation des Modemkabels und nachmittags für den Kabelanschluss. Meine Kundendaten sind ebenfalls komplett getrennt. Und die Rechnungen kommen natürlich in separaten Briefen."

In diesem Fall war das Problem, dass ein Zusammenschluss von zwei Firmen mit zwei unterschiedlichen Systemen stattgefunden hatte, aber das Beispiel zeigt dennoch, dass zusammenhängende Daten oft unnötigerweise verteilt sind und damit ausgesprochen ineffizient genutzt werden.

Es gibt unterschiedliche Techniken, um dieses Problem abzumildern. Die, die wir in diesem Kapitel behandeln werden, ist die *Standorttransparenz.* Oracle implementiert die Standorttransparenz durch die Verwendung von Datenbank-Links. Um klarzustellen, was ein Datenbank-Link ist, sollten Sie sich eine Bank vorstellen, die einen monatlichen Statusbericht an ihre Kunden verschickt. In der einen Oracle-Datenbank befinden sich die Kunden, Aktiendepots und Transaktionen für den jeweiligen Monat. In der anderen Datenbank stehen die Wertangaben für Aktien. In der Vergangenheit benötigte man zum Handhaben dieser Situation ein komplexes System, das die Daten aus der Pricing-Datenbank herausholte und in die Kunden-Datenbank kopierte. Oracle ermöglicht es, in der Kunden-Datenbank einen Verweis auf eine Tabelle in der Pricing-Datenbank zu erstellen, womit jeder Zugriff auf die Pricing-Tabelle so durchgeführt wird, als ob sich die Tabelle wie alle anderen Tabellen in der Kunden-Datenbank befände. So wurde der Begriff „lokale Transparenz" geprägt. Lokale Transparenz wird erzeugt, indem man Synonyme zusammen mit Datenbank-Links nutzt, um den wirklichen Standort von Daten effektiv zu verbergen.

Diese Interaktion wird auch als *Server-to-Server-Connection* bezeichnet. Die zweite Verbindung nutzt einen Datenbank-Link, um die Kommunikation zwischen den beiden Servern herzustellen. In Abbildung 9-1a sehen Sie einen Client, der sich direkt mit einer Datenbank auf einem Server unterhält, während der Client in Abbildung 9-1b direkt mit einer Datenbank verbunden ist, es aber eine zweite Verbindung zu einem weiteren Server gibt. Der Client weiß im Allgemeinen nichts von dieser zweiten Verbindung.

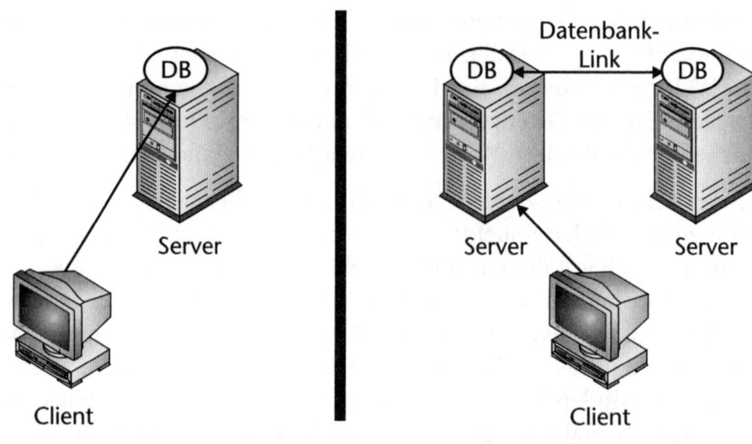

Abbildung 9-1: Client/Server- und Server/Server-Verbindungen

Ein Datenbank-Link ermöglicht es Ihnen, sich mit einer Datenbank zu verbinden und auf Objekte in der zweiten Datenbank transparent zuzugreifen, so als ob sie in der ersten Datenbank gespeichert wären. Sie können zum Beispiel in einer einzigen Abfrage eine Tabelle aus einer Datenbank mit einer Tabelle in einer anderen Datenbank verknüpfen. Ein Datenbank-Link kann für jedermann verfügbar sein (public) oder nur für eine Person, die sich direkt an einem bestimmten Schema anmeldet (private). Der Oracle Net8-Listener wird verwendet, um die Verbindung aufzubauen, indem er Ihre Anforderung über den Datenbank-Link an die andere Datenbank weiterleitet.

In diesem Kapitel beschäftigen wir uns zunächst mit dem grundlegenden Aufbau eines Datenbank-Links. Anschließend werden wir untersuchen, wie ein Datenbank-Link angelegt wird, welche Objekte Sie erreichen und welche Aktionen Sie durchführen können, wenn Sie einen Link verwenden. Wir werden auch einige Sicherheitsimplikationen und Probleme analysieren, die mit der Nutzung eines Datenbank-Links verbunden sind, und erörtern, welche Workarounds es gibt, um auftretende Probleme zu vermeiden.

9.1 Grundlegender Aufbau von Datenbank-Links

In der Welt der Oracle-Datenbanken gibt es keine Regel, die besagt, dass Sie keine Datenbanken desselben Namens auf unterschiedlichen Maschinen haben dürfen. Wenn Sie aber eine Datenbank auf unterschiedlichen Rechnern XYZPRO benennen können, und Sie zu allen Datenbanken gleichzeitig eine Verbindung herstellen möchten, wie stellen Sie dann fest, mit welcher Datenbank Sie sich gerade verbinden? Oder schlimmer noch, stellen Sie sich vor, drei verschiedene Abteilungen haben eine Datenbank namens CUSTOMER. Wie verbinden Sie sich mit der spezifischen Instanz in der richtigen Abteilung? Im Verlauf dieses Kapitels werden wir näher darauf eingehen, wie Sie Oracle mitteilen können, mit welcher Datenbank Sie sich verbinden möchten. An dieser Stelle wollen wir Ihnen einen generellen Überblick darüber geben, wie ein Datenbank-Link funktioniert und wie Sie ihn nutzen können, wenn Sie zum Beispiel einen Datenbank-Link für die Tabelle ORDERS_TAB im Schema ORDERS der Datenbank CUSTOMER erstellen möchten.

Beginnen wir damit, zu untersuchen, wie ein Datenbank-Link aufgelöst wird. Die wichtigste Komponente beim Auflösen eines Links ist der Verbindungsstring, der in der USING-Klausel des Befehls CREATE DATABASE LINK definiert wird. Die **connect**-Klausel kann verschiedene Formate haben. Meistens werden Sie auf einen Service-Namen verweisen, den Sie in der Datei tnsnames.ora angegeben haben. Ein anderes Format, das Sie in der **using**-Klausel als Verbindungsinformation angeben können, demonstrieren wir im folgenden Befehl:

```
create database link OUR_CUSTOMER
connect to ORDERS identified by OH_SO_NOSY1
 using
'(description=(address=(protocol=tcp)(host=customer.our.company.com)(p
ort=1521))(connect_data=(service_name=customer)))'
```

Um den Datenbank-Link zu nutzen, verweisen Sie auf ihn in einer Abfrage. So können Sie zum Beispiel mit dem gerade erstellten Datenbank-Link Folgendes schreiben:

```
select * from ORDERS.ORDER_TAB@OUR_CUSTOMER;
```

Wenn Sie also auf individueller Basis mit Datenbank-Links arbeiten, bestimmen Sie die gewünschte Datenbank, indem Sie den **connect to**-String zusammen mit dem **using**-Qualifizierer verwenden. Wenn sich Ihre Datenbank allerdings genereller verbinden können muss, sollten Sie ein Namensschema verwenden, das global eindeutige Namen nutzt.

Vollständig qualifizierte Namen können verwendet werden, um in Ihrem System eindeutige Namen zu generieren. Der vollständig qualifizierte Name ist der Name des lokalen Hosts zusammen mit dem Namen der lokalen Domäne. Auf Grund dessen können mehrere Datenbanken mit demselben Host-Namen existieren, denn sie werden durch den Domänennamen unterschieden. Übertragen Sie diesen Sachverhalt auf einen Kalender. Natürlich haben Sie schon viele November erlebt, aber wenn wir uns auf November beziehen, wissen Sie zweifellos, um welches Jahr es sich handelt. Wenn wir das Jahr nicht mit angeben, gehen Sie davon aus, dass es sich um das aktuelle Jahr handelt. Wenn wir nicht dieses Jahr meinen, müssen wir angeben, auf welches Jahr wir uns beziehen. Vollständig qualifizierte Namen arbeiten auf die gleiche Weise. Wenn Sie versuchen, sich mit einer Datenbank namens CUSTOMER zu verbinden, werden Sie mit einer in der lokalen Domäne verbunden. Aber wenn Sie sich mit einer CUSTOMER-Datenbank in einer anderen Abteilung einer fremden Domäne verbinden möchten, müssen Sie den vollständig qualifizierten Namen der Datenbank angeben. Wenn Sie also den lokalen Datenbanknamen vor den vollständig qualifizierten Domänennamen stellen, erhalten Sie den globalen Namen der Datenbank.

Angenommen, alle Datenbanken, mit denen wir arbeiten, gehören der Firma XYZ. Abbildung 9-2 zeigt die Hierarchie der Büros und Datenbanken der Firma. Es gibt drei Produktionsdatenbanken in verschiedenen Teilen der USA zum Speichern der Hersteller-, Kunden- und Mitarbeiterinformationen. Die Datenbanken stehen an drei unterschiedlichen Standorten – Centreville (Virginia), Atlanta (Georgia) und Fairfax (Virginia). Die Domänennamen für die Datenbanken beginnen mit dem Kürzel „us“, um anzugeben, dass sich alle drei in den USA befinden. Die globalen Domänennamen im Netzwerk lauten für die beiden Datenbanken in Virginia xyz.us.centreville und xyz.us.fairfax, sowie für die Datenbank in Atlanta xyz.us.atlanta. Wenn Sie den Datenbanknamen für einen Bereich kennen, ist es einfach, die globalen Datenbanknamen zu bestimmen, indem zum Datenbanknamen der globale Domänenname hinzugefügt wird, um einen eindeutige Namen für jede Datenbank zu erhalten. Daher lauten die globalen Datenbanknamen für die XYZPRO-Datenbanken in Virginia xyzpro.xyz.us.centreville und xyzpro.xyz.us.fairfax. Bitte beachten Sie, dass wir gleiche Datenbanknamen hier einzig zu Demonstrationszwecken verwenden; wir empfehlen nicht, allen Ihren Datenbanken denselben Namen zu geben.

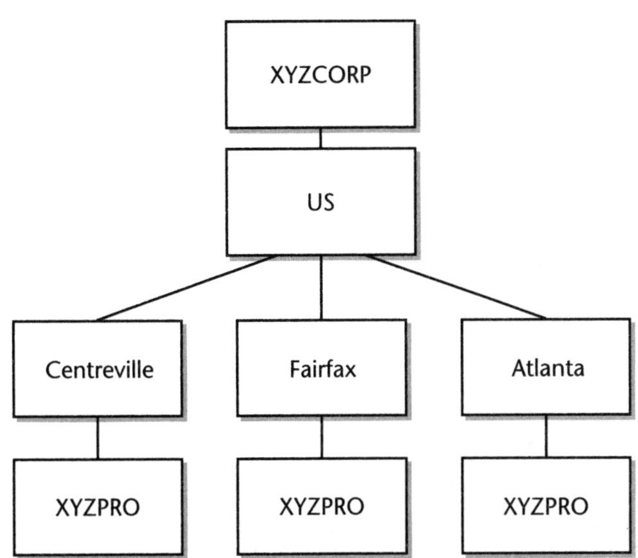

Abbildung 9-2: Hierarchie-Baum für die US-Niederlassungen der Firma XYZ

Um Oracle anzuweisen, globale Namen zu nutzen, setzen Sie den Initialisierungsparameter GLOBAL_NAMES in Ihrer Datei init.ora auf TRUE. Oracle stellt dann sicher, dass der Name des Datenbank-Links der gleiche ist wie der globale Datenbankname der entfernten Datenbank. Dies ist etwas kompliziert, daher nehmen wir uns die Zeit, uns näher damit zu befassen. Wenn Sie eine Instanz erstellen, geben Sie ihr einen Wert für die Parameter DB_NAME und DB_DOMAIN in der Datei init.ora. Diese beiden Werte ergeben zusammen das, was die Datenbank als ihren globalen Namen verwendet. Wenn Sie einen Link zum Verbinden mit einer entfernten Datenbank anlegen, müssen Sie den Link so benennen, dass er dem globalen Datenbanknamen der entfernten Datenbank entspricht.

Wenn Sie mehr als einen öffentlichen Datenbank-Link zu derselben entfernten Datenbank benötigen, können Sie keine globalen Namen verwenden. Wenn Sie GLOBAL_NAMES auf FALSE setzen, müssen Sie keine globalen Namen verwenden und können mehr als einen Datenbank-Link zu derselben Datenbank einrichten. Allerdings empfielt die Oracle Corporation dringend, wenn möglich immer globale Namen zu nutzen, da viele nützliche Features, einschließlich der Oracle Advanced Replication, zwingend die Verwendung von globalen Namen erfordern.

Um zu sehen, ob globale Namen in Ihrer Datenbank aktiviert wurden, können Sie die folgende Abfrage nutzen:

```
col NAME format A12
col VALUE format A6
select NAME, VALUE
from V$PARAMETER
where NAME = 'global_names';
NAME         VALUE
------------ ------
global_names TRUE
```

Nachdem Sie festgestellt haben, dass globale Namen aktiviert wurden, können Sie mit der folgenden Abfrage den globalen Datenbanknamen ermittelt:

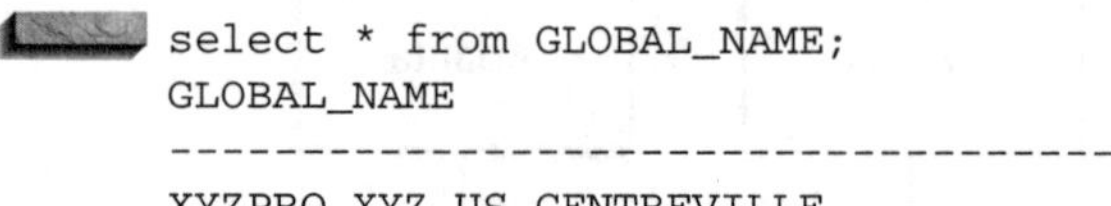

```
select * from GLOBAL_NAME;
GLOBAL_NAME
-------------------------------------
XYZPRO.XYZ.US.CENTREVILLE
```

Beachten Sie, dass bei Verwendung von globalen Namen der Datenbankname als Erstes im String kommt, gefolgt vom Domänennamen. Daher ist in diesem Beispiel XYZPRO der Datenbankname und XYZ.US.CENTREVILLE der Domänenname.

Nachdem Sie nun wissen, wie globale Namen erstellt und verwendet werden, sollten Sie sich überlegen, wie ein Datenbank-Link beim Zusammenfassen der Informationen über die Kunden der Firma XYZ dienlich sein kann. Sie sehen, dass Datenbank-Links zusammen mit Synonymen eine wunderbare Möglichkeit bieten, den tatsächlichen Standort der Daten zu verbergen. Sie erstellen den Datenbank-Link und dann ein Synonym, das Sie für den Link verwenden. Wenn Sie sich auf das Synonym beziehen anstatt auf den Link selber, können Benutzer einfach und transparent Informationen aus entfernten Datenbanken erhalten. Über einen Datenbank-Link kann man Informationen gleichzeitig sowohl in lokalen als auch in entfernten Datenbanken einfügen, aktualisieren und löschen. Um Informationen über die Kunden der Firma XYZ zusammenzustellen, können Sie Datenbank-Links erstellen, über die die Daten aus den regionalen Kundenverkaufsinformationen der drei Bereichsdatenbanken in einem Report für Ihre Unternehmensleitung gesammelt werden.

Wir werden uns in diesem Kapitel noch ausführlicher mit dem Erstellen von globalen Datenbank-Links beschäftigen. Jetzt wenden wir uns der allgemeinen Syntax für das Erstellen eines Datenbank-Links zu.

9.1.1 Einen Datenbank-Link anlegen

Um einen Datenbank-Link zu erstellen, müssen Sie zuerst entscheiden, ob der Link öffentlich, privat oder global sein soll. Wenn Sie einen öffentlichen Datenbank-Link erstellen, kann jeder, auch PL/SQL-Unterprogramme, Informationen über diesen Link erhalten. Wenn Sie einen privaten Datenbank-Link anlegen, können nur Benutzer oder PL/SQL-Unterprogramme, die mit dem bestimmten Konto verbunden sind, dem der

Link gehört, darauf zugreifen. Bei einem globalen Datenbank-Link können alle Benutzer und PL/SQL-Unterprogramme in jeder Datenbank auf Daten und Datenbankobjekte in der entsprechenden entfernten Datenbank zugreifen, sofern die Berechtigungen passen, die Sie dem Datenbank-Link-Benutzer erteilen. Im Verlauf dieses Kapitels werden Sie noch mehr über das Zuweisen von Berechtigungen an bestimmte Benutzer für globale Links erfahren.

Um einen privaten Datenbank-Link anzulegen, benötigen Sie die Berechtigung Create Database Link, während Sie für das Erstellen eines öffentlichen Datenbank-Links die Berechtigung Create Public Database Link brauchen. Desweiteren ist das Recht Create Session in der entfernten Datenbank nötig, um einen Datenbank-Link zu benutzen, auch wenn Sie den Datenbank-Link ohne diese Berechtigung anlegen können. Und die Net8-Software muss auf beiden Rechnern installiert sein. Es ist möglich, über einen Link auf Nicht-Oracle-Datenbanken zuzugreifen, allerdings müssen dazu die Oracle Heterogeneous Services installiert sein. Bei globalen Datenbank-Links müssen Sie die Oracle Names-Software nutzen und den globalen Datenbank-Link in diesem Tool definieren. Dazu mehr in einem späteren Abschnitt dieses Kapitels.

Den Typ des zu erstellenden Links bestimmen

Um zu bestimmen, welcher Datenbank-Link-Typ in einer verteilten Datenbank erforderlich ist, müssen Sie sich mit den besonderen Anforderungen vertraut machen, die die Applikationen im System haben. Betrachten wir die Vorteile des jeweiligen Typs:

- Bei einem privaten Datenbank-Link haben Sie eine sicherere Umgebung als bei einem öffentlichen oder globalen Link, da nur der Besitzer des privaten Links oder Unterprogramme im gleichen Schema diesen verwenden können, um auf die entfernte Datenbank zuzugreifen.
- Wenn viele Benutzer eine Zugriffsmöglichkeit auf eine entfernte Oracle-Datenbank benötigen, können Sie einen einzelnen öffentlichen Datenbank-Link für alle Benutzer in einer Datenbank anlegen. Dadurch ermöglichen Sie vielen Benutzern, sich transparent mit einer entfernten Datenbank zu verbinden.
- Wenn Ihr Oracle-Netzwerk Oracle Names verwendet, können Sie die globalen Datenbank-Links bequem für alle Datenbanken des Systems verwalten und vielen Benutzern die nahtlose Nutzung verschiedenster Datenbanken ermöglichen. Durch diesen Ansatz wird die Verwaltung der Datenbank-Links zentral und einfach ermöglicht.

Die Syntax für „Create Database Link"

Nun sehen wir uns die allgemeine Syntax für das Erstellen eines öffentlichen Datenbank-Links an. Das Minimum an Information, die Sie angeben müssen, um einen Datenbank-Link zu erstellen, ist

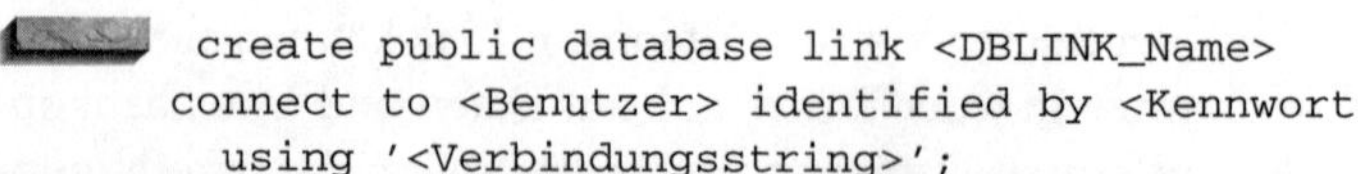

```
create public database link <DBLINK_Name>
connect to <Benutzer> identified by <Kennwort>
  using '<Verbindungsstring>';
```

Anmerkung:
*Auch wenn **connect to** <USER> **identified by** <PASSWORD> optional ist, führen wir es hier als allgemeinere Form der Syntax für die Erstellung eines Datenbank-Links auf.*

Um einen öffentlichen Link zu erstellen, der die weiter oben aufgeführten globalen Namen nutzt, um die Datenbank in Centreville, Virginia, mit dem Schema CUSTOMER in Atlanta zu verbinden, geben Sie in der Datenbank in Virginia den folgenden Befehl ein:

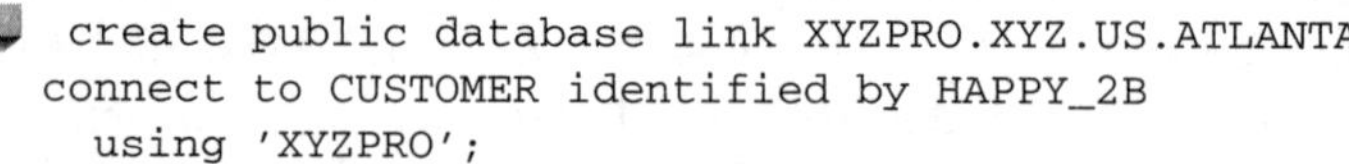

```
create public database link XYZPRO.XYZ.US.ATLANTA
connect to CUSTOMER identified by HAPPY_2B
  using 'XYZPRO';
```

Es folgt ein Beispiel für das Erstellen eines privaten Datenbank-Links. Nehmen wir an, dass Sie das Schema namens NELSON in MYDB1 mit dem gleichen Schema in MYDB2 verbinden wollen. Die Syntax dafür lautet:

```
create database link MYLINK
connect to NELSON identified by OSO#SILLY1
  using 'MYDB2';
```

In diesem Fall ist der Benutzer in beiden Datenbanken gleich und Sie können auch den Parameter **current_user** nutzen, den wir gleich erläutern werden. Tabelle 9-1 zeigt alle verfügbaren Parameter auf, die Sie im Befehl **create database link** nutzen können, sowie jeweils eine Erläuterung.

Bevor Sie sich Tabelle 9-1 ansehen, ein kurzer Blick darauf, wie die Syntax für den Befehl in der Dokumentation von Oracle angegeben ist:

```
create [public][shared] database link <DBLINK>
     [connect to [current_user|<USER> identified by <PASSWORD>]]
     [authenticated by <SCHEMA> identified by <PASSWORD>]
using '<CONNECT STRING>';
```

Tabelle 9-1: Parameter in Create Database Link

Parameter	Beschreibung
Link-Typ:	Legt die Verfügbarkeit des Links für die Datenbankbenutzer fest.
Shared	Nutzt eine einzelne Netzwerkverbindung, um einen öffentlichen Datenbank-Link zu erstellen, der von mehreren Benutzer genutzt werden kann. Diese Klausel ist nur bei Aktivierung der Multithreaded-Server-Konfiguration verfügbar.
Public	Erstellt einen öffentlichen Datenbank-Link, der allen Benutzern zur Verfügung steht. Wenn Sie diese Klausel weglassen, ist der Datenbank-Link privat und nur für den Besitzer verfügbar.
DBLINK	Der komplette oder partielle Name des Datenbank-Links
Verbindungs-Klausel (connect to):	Legt eine Verbindung zur entfernten Datenbank fest
current_user	Erstellt einen Datenbank-Link für den aktuellen Benutzer. (Diese Klausel wird genauer im Abschnitt „Ein detaillierter Blick auf den Qualifizierer Current-User" behandelt.)
USER identified by PASSWORD	Legt den Benutzernamen und das Kennwort für die Anmeldung an der entfernten Datenbank fest (Datenbank-Link mit festem Benutzer). Wenn Sie diese Klausel weglassen, nutzt der Datenbank-Link den Benutzernamen und das Kennwort des Benutzers, der an der Datenbank angemeldet ist (Datenbank-Link mit angemeldetem Benutzer).
Authentifizierungs-Klausel	Legt den Benutzernamen und das Kennwort der Zielinstanz fest. Diese Klausel authentifiziert den Benutzer am entfernten Server und wird aus Sicherheitsgründen benötigt. Der angegebene Benutzername und das Kennwort müssen auf der entfernten Instanz gültig sein. Sie werden nur zur Authentifizierung genutzt. Keine anderen Operationen werden mit diesem Benutzer durchgeführt. Sie müssen diese Klausel angeben, wenn Sie **shared** verwenden wollen.
using 'CONNECT STRING'	Gibt den Service-Namen einer entfernten Datenbank an

Einige Beschränkungen im Zusammenhang mit der Benennung eines Datenbank-Links sind

- Sie können keinen Datenbank-Link im Schema eines anderen Benutzers erstellen. So kann SUE zum Beispiel keinen Datenbank-Link in einem Schema anlegen, dass CATHY gehört.
- Da Punkte in Namen von Datenbank-Links erlaubt sind, können Sie dblink nicht mit dem Namen eines Schemas erweitern. So würde Oracle zum Beispiel den Namen NELSON.ORDDB als kompletten Namen des Links annehmen, anstatt von ORDDB im Schema NELSON auszugehen.
- Der Initialisierungsparameter OPEN_LINKS bestimmt und begrenzt die Anzahl der verschiedenen Datenbank-Links in einer einzelnen Anweisung.

Wie die Authentifizierung funktioniert

Bis die SSL-Features in Oracle8.1.5 dazukamen, wurden Datenbank-Links entweder über den angemeldeten oder einen festen Benutzer aufgesetzt. Keine dieser Strategien war ideal. Ein fester Benutzer für einen Datenbank-Link wird so erstellt:

```
 create database link MYTEST
connect to SYSTEM identified by MANAGER
  using 'MYTEST';
```

Wenn Sie sich diesen Befehl anschauen, ist es ziemlich offensichtlich, dass jeder, der diesen Link verwendet, auf den entfernten Server als SYSTEM zugreift. Dabei sollten alle Warnglocken in Ihrem Kopf läuten. Nutzen Sie niemals ein Konto wie SYSTEM in dieser Weise. Abgesehen davon, wenn Sie nur Zugriff auf eine einzelne Tabelle gestatten wollen, werden Sie feststellen, dass nirgendwo angegeben wurde, was dieser Link ausführen darf. Das liegt daran, dass es keine Möglichkeit gibt zu begrenzen, was jemand mit einem öffentlichen Datenbank-Link machen darf. Bedenken Sie, den Zugriff auf eine entfernte Datenbank durch einen Link zu erlauben, ist abhängig von dem Typ des zu erstellenden Links dasselbe, als hätte der Benutzer direkt die Möglichkeit, sich an der Datenbank anzumelden. Wie wir später noch zeigen werden, gibt es eine Möglichkeit der Zugriffskontrolle für bestimmte Benutzer auf bestimmte Datenbankobjekte, und zwar über Qualifizierer in einem globalen Datenbank-Link.

Wie aber setzen Sie einen Datenbank-Link richtig ein? Sie können zunächst einen festen Benutzer anlegen, der nur die Berechtigungen für die benötigten Objekte hat. Dann können sich die Benutzer zwar über den festen Benutzer direkt an der entfernten Datenbank anmelden, aber sie haben trotzdem nur Zugriff auf die genehmigten Daten. Aber vielleicht möchten Sie den Zugriff auf das im Link verwendete Konto und Kennwort auf die Leute beschränken, die dies wirklich wissen müssen. Schließlich sollten Sie auch noch sicherstellen, dass niemand die Tabelle SYS.LINK$ lesen kann, da dort das Kennwort im Klartext abgelegt ist.

Was hat sich Oracle dabei gedacht, das Kennwort statt des Hashs abzulegen, wie es in der View DBA_USERS geschieht? Dafür ist Oracle wirklich nicht verantwortlich zu machen. Berücksichtigen Sie, dass die Server-to-Server-Kommunikation beim Verbinden eines Links mit einer entfernten Datenbank nicht anders abläuft als über SQL*Plus. Wenn sich die Datenbank als Client anmeldet, benötigt sie ein Kennwort, um ihre Identität zu beweisen.

Die andere Form der Authentifizierung, die bei Datenbank-Links genutzt wird, ist die als verbundener Benutzer. Hier ein Beispiel:

```
Create database link NEW_CONNECTION using 'MYTEST';
```

Na bitte! Kein Kennwort wird in der Tabelle SYS.LINK$ gespeichert. Die Sicherheit ist damit verbessert worden, aber jetzt haben Sie ein anderes Problem – einen administrativen Alptraum. Wie soll sich der Server am entfernten Server authentifizieren, wenn er kein Kennwort hat? Nun, er nutzt den Benutzernamen und das Kennwort der Person, die den Befehl ausführt. Und in welcher Situation kann dies nur funktionieren? Sie haben es erraten, Kennwort und Benutzername müssen in beiden Datenbanken übereinstimmen.

Ein detaillierter Blick auf den Qualifizierer Current_User

Wie Sie in Tabelle 9-1 gesehen haben, wird der Qualifizierer **current_user** dazu genutzt, einen Datenbank-Link mit dem aktuellen Benutzer zu erstellen. Dies erklärt aber noch nicht, was dieser Mechanismus bedeutet oder wie er funktioniert. Der **current_user** muss ein via SSL authentifizierter, globaler Benutzer in beiden beteiligten Datenbanken sein, und benötigt ein gültiges Konto auf der entfernten Datenbank, damit der Link erfolgreich ist.

Es gibt sicherheitstechnisch einen Vorteil, wenn man **current_user** bei einem globalen Datenbank-Link nutzt, denn die Bestätigungen des Benutzers werden nicht in der Definition des Links mit angegeben. Daher gibt es kein sichtbares Kennwort in den Datenbanken.

Um einen Datenbank-Link mit der Option **current_user** anzulegen, verwenden Sie die folgende Syntax:

```
create [shared] [public] database link <DBLINK_Name> connect to
current_user [using '<Netzdienstname>'];
```

So können Sie zum Beispiel einen Datenbank-Link mit dem aktuellen Benutzer zur Datenbank XYZPRO und dem gleichen Dienstnamen mit der folgenden Syntax erstellen:

```
 Create database link XYZPRO
Connect to current_user
  Using 'XYZPRO';
```

Wenn der Datenbank-Link direkt verwendet wird – das heißt, nicht in einem gespeicherten Objekt – entspricht der **current_user** dem gerade verbundenen Benutzer.

Wenn ein gespeichertes Objekt ausgeführt wird (wie eine Prozedur, View oder ein Trigger), das den Datenbank-Link anspricht, ist **current_user** der Benutzername des Besitzers des Objekts, und nicht desjenigen, der das Objekt aufruft. Wenn zum Beispiel der Datenbank-Link innerhalb der Prozedur NELSON.PROC (von NELSON angelegt) aufgerufen wird, und der Benutzer ROZ die Prozedur NELSON.PROC startet, steht in **current_user** NELSON. Wenn es sich bei dem gespeicherten Objekt allerdings um eine Funktion, Prozedur oder ein Paket handelt, bei dem die Rechte des Aufrufenden verwendet werden, wird hier die ID des tatsächlichen Benutzers für die Verbindung als entfernter Benutzer verwendet. Wenn zum Beispiel der Datenbank-Link innerhalb der Prozedur NELSON.PROC (einer Prozedur mit den Rechten des Aufrufers, die von NELSON erstellt wurde) auftaucht, und der Benutzer ROZ diese Prozedur startet, dann ist der **current_user** ROZ und die Prozedur wird auch mit seinen Berechtigungen ausgeführt.

Wie ein Datenbank-Link verwendet wird

Sobald Sie einen Datenbank-Link erstellt haben, stellt sich die Frage, wie Sie ihn tatsächlich einsetzen. Angenommen, Sie befinden sich in der Firmenzentrale der Firma XYZ in Kalifornien und möchten den Gesamtumsatz der Kunden für den Monat Februar ermitteln, der in der Datenbank in Centreville gespeichert ist. Mit einem öffentlichen Datenbank-Link können Sie die Summe der Spalte OUR_ORDERS in der Tabelle ORDER_TAB des Schemas ORDERS in Centreville ermitteln. Die Abfrage sähe dann etwa so aus:

```
select sum(OUR_ORDERS)
  from ORDERS.ORDER_TAB@XYZPROD.XYZ.US.CENTREVILLE a
 where a.ORDER_DATE between '01-FEB-2000' and '29-FEB-2000'
/
```

Aber die Abfrage ist nicht standorttransparent. Um die Transparenz zu verbessern, müssen Sie ein öffentliches Synonym für den Datenbank-Link anlegen. Die Syntax dazu lautet:

```
create [public] synonym [<Schema>.]<Synonym_Name>
   for <Schema>.<Objekt>[@<Datenbank_Link_Name>];
```

In unserem Beispiel sieht der Befehl dann so aus:

```
create public synonym ORDERS1
   for ORDERS.ORDER_TAB@XYZPRO.XYZ.US.CENTREVILLE;
```

Nachdem Sie das öffentliche Synonym angelegt haben, ändert sich die Abfrage folgendermaßen:

```
select sum(OUR_ORDERS)
  from ORDERS1 a
 where a.ORDER_DATE between '01-FEB-2000' and '29-FEB-2000'
/
```

Wie Sie sehen, ist dieser Ansatz einfach und bietet lokale Transparenz.

Verbindungen via Datenbank-Link

Halten wir kurz inne um zu überlegen, was wirklich passiert, wenn der von Ihnen angelegte Datenbank-Link genutzt wird. Sie haben einen Kommunikationsweg von einer Datenbank in eine andere definiert und ermöglicht, dass Verbindungen von Ihrer lokalen Datenbank zu einer entfernten hergestellt werden können. Wenn eine Applikation Ihren Datenbank-Link verwendet, um auf die entfernte Datenbank zuzugreifen, baut Oracle eine Sitzung in der entfernten Datenbank auf Wunsch der lokalen Applikation auf und fragt Benutzernamen und Kennwort ab, die Sie für diese Verbindung zur Verfügung gestellt haben. Diese Information muss irgendwo in der lokalen Datenbank gespeichert sein, oder? Vielleicht, vielleicht auch nicht. Sie merken, es gibt viele verschiedene Möglichkeiten, einen Datenbank-Link zu erstellen, und viele Parameter, die Sie verwenden können um festzulegen, ob ein Kennwort angegeben und gespeichert werden muss.

Im Fall eines Datenbank-Links mit einem *festen Benutzer* geben Sie einen Benutzernamen und ein Kennwort an, um die Verbindung aufbauen zu können. Die Beispielbefehle für **create database link**, die wir weiter oben genutzt haben, waren alles Links mit festen Benutzern. Wenn eine Applikation einen solchen Datenbank-Link verwendet, baut der lokale Server immer eine Verbindung zu einem bestimmten, festgelegten Schema in der entfernten Datenbank auf, wobei die Bestätigungen des Benutzers über das Netzwerk geschickt werden.

Eine andere Möglichkeit ist ein Datenbank-Link mit dem *aktuellen Benutzer*. Um einen solchen Benutzer zu erstellen, lassen Sie die CONNECT TO-Klausel im Befehl **create database link** weg:

```
create database link XYZPRO.XYZ.US.ATLANTA
using 'XYZPRO';
```

Wie schon erwähnt, heißt diese Verbindungsart **current_user**-Datenbank-Link.

9.1.2 Sicherheitsprobleme bei Datenbank-Links

Betrachten wir einmal die möglichen Probleme, die beim Speichern eines Kennworts im Data Dictionary auftreten können. Es gibt fünf verschiedene Wege, auf die Informationen zu einem Datenbank-Link im Data Dictionary zuzugreifen. Dabei lassen sich folgende Data Dictionary-Views nutzen:

- DBA_DB_LINKS
- ALL_DB_LINKS
- USER_DB_LINKS
- V$DBLINK
- LINK$

Es gibt noch eine weitere View: GV$DBLINK, in der alle offenen Datenbank-Links in Ihrer Sitzung zusammen mit den entsprechenden Parametern aufgeführt sind. Diese View ist für die Konfiguration eines Oracle Parallel Servers sehr nützlich.

Wenn Sie die Views DBA_DB_LINKS oder ALL_DB_LINKS verwenden, erhalten Sie die in Tabelle 9-2 dargestellten Informationen. Sie werden bemerken, dass die Spalte PASSWORD in keiner dieser Views auftaucht.

Tabelle 9-2: Die View DBA_DB_LINKS

Spalte	Definition
OWNER	Besitzer des Datenbank-Links
DB_LINK	Name des Datenbank-Links
USERNAME	Name des Benutzers, als der man sich anmeldet
HOST	Verbindungsstring
CREATED	Zeitpunkt der Erstellung des Datenbank-Links

Hier gibt es also keine Probleme.

Nun wollen wir uns der dritten View zuwenden. Dieser sollten Sie wirklich Ihre Aufmerksamkeit schenken. Es handelt sich dabei um die View USER_DB_LINKS. Sehen wir uns diese View und das auftretende Problem näher an. Unter Oracle8*i*, Version 8.1.7 gibt der Befehl **describe** für USER_DB_LINKS die folgenden Daten aus:

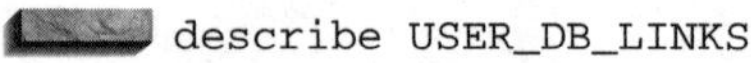

```
describe USER_DB_LINKS
Name                           Null?    Type
------------------------------ -------- ---------------
DB_LINK                        NOT NULL VARCHAR2(128)
USERNAME                                VARCHAR2(30)
PASSWORD                                VARCHAR2(30)
HOST                                    VARCHAR2(2000)
CREATED                                 NOT NULL DATE
```

Die Spalte PASSWORD enthält dabei das Kennwort im Klartext. Sie nehmen doch bestimmt an, dass hier nur ein Kennwort-Hash abgelegt ist, oder? Nun, sehen wir uns an, was dort ausgegeben wird. Die Ausgabe eines privaten Datenbank-Links ergibt:

```
DB_LINK                     USERNAME   PASSWORD   HOST       CREATED
--------------------------- ---------- ---------- ---------- ---------
MYLINK.XYZ.US.COM           NELS_L1    NELS_L1    mymachine  16-APR-01
```

Das Kennwort wird also tatsächlich im Klartext ausgegeben.

Betrachten wir nun die Spalten in V$DBLINK. Tabelle 9-3 zeigt diese View.

Tabelle 9-3: Die View V$DBLINK

Spalte	Definition
DB_LINK	Name des Datenbank-Links
OWNER_ID	Besitzer-UID des Datenbank-Links
LOGGED_ON	Gibt an, ob der Datenbank-Link aktuell angemeldet ist
HETEROGENEOUS	Gibt an, ob der Datenbank-Link heterogen ist
PROTOCOL	Kommunikationsprotokoll für den Datenbank-Link
OPEN_CURSORS	Gibt an, ob offene Cursor für den Datenbank-Link existieren
IN_TRANSACTION	Gibt an, ob der Datenbank-Link aktuell in einer Transaktion genutzt wird
UPDATE_SENT	Gibt an, ob es eine Aktualisierung über den Datenbank-Link gab
COMMIT_POINT_STRENGTH	Commit Point-Stabilität der Transaktion über den Datenbank-Link

Nun, anscheinend gibt es auch hier kein Problem. Kein Kennwort wird angezeigt oder verfügbar. Übrigens, diese View ist klasse. Sie können Sie nutzen, um alle Datenbank-Links zu beschreiben (bei denen IN_TRANSACTION = YES gilt), die durch die Sitzung geöffnet wurden, die die Abfrage (in diesem Fall Ihre) ausgelöst hat.

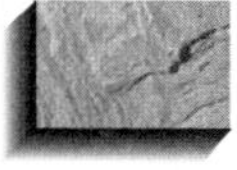

Anmerkung:
Jeder mit der Berechtigung Select Any Table und ***07_dictionary_accessibility*** *= TRUE kann sich den Inhalt der View V$DBLINK anzeigen lassen.*

Okay, nun zu LINK$. Sie nehmen vielleicht, an dass man den Inhalt von LINK$ nur dann zu sehen bekommt, wenn man sich als SYS oder INTERNAL an der Datenbank anmeldet. Aber ein Benutzer braucht nur die Berechtigung Select Any Table, und kann dann auf SYS.LINK$ verweisen, um sich die Tabelle anzeigen zu lassen.

Hier die Spalten von LINK$:

```
Column Name                    Null?    Type
------------------------------ -------- ----------------
OWNER#                         NOT NULL NUMBER
NAME                           NOT NULL VARCHAR2(128)
CTIME                          NOT NULL DATE
HOST                                    VARCHAR2(2000)
USERID                                  VARCHAR2(30)
PASSWORD                                VARCHAR2(30)
FLAG                                    NUMBER
AUTHUSR                                 VARCHAR2(30)
AUTHPWD                                 VARCHAR2(30)
```

Sie können nicht nur das Kennwort sehen, sondern auch noch den autorisierten Benutzer und das autorisierte Kennwort. „Aber," werden Sie sagen, „man muss doch ein berechtigter Benutzer sein, um diese View angezeigt zu bekommen und die Kennwörter einzusehen." Wie wir bereits erwähnten, reicht im Grunde vollkommen die Berechtigung Select Any Table aus. Wir werden Ihnen zeigen, welche Auswirkungen es hat, dass hier das Kennwort angezeigt wird.

Wenn alle Ihre Datenbanken über Datenbank-Links miteinander verbunden sind, kann ein Hacker, der auf einen Server Zugriff erlangt, von Datenbank zu Datenbank springen. Vielleicht ist Ihre Datenbank ja ausreichend gesichert, aber was ist mit der Datenbank am anderen Ende des Flurs von dem Kerl, der in zwei Wochen die Firma verlässt? Seien Sie lieber vorsichtig, wenn er einen Datenbank-Link zu Ihrer Datenbank hat.

Sind wir ein bisschen neugierig und schauen nach, welche Informationen in unserer Tabelle LINK$ zu finden sind:

```
column NAME format a15
column HOST format a10
column USERID format a10
column PASSWORD format a18
column OWNER# format 9999999
select OWNER#, HOST, USERID, PASSWORD
  from LINK$;
  OWNER# HOST       USERID     PASSWORD
-------- ---------- ---------- ------------------
       0 case       SYS        ONLY_FOR_1_MINUTE
      49 orcl.world HR         HOWS_SUE2
```

Eine weitere sicherheitsrelevante Erwägung betrifft den Parameter **db_encrypt_login**. Dieser ist aus Gründen der Abwärtskompatibilität zu Oracle-Versionen bis 7.2 vorhanden. Damals wurden Kennwörter im Klartext über das Netzwerk geschickt. Glücklicherweise werden sie heute nicht mehr so übermittelt. Trotzdem muss es für einen Client mit Oracle8-Client-Treibern eine Möglichkeit geben, in diese gefährliche Praxis zurückzufallen, damit er sich bei einer Datenbank der Version 7.1 anmelden kann.

Dies geschieht folgendermaßen. Wenn eine Verbindung fehlschlägt und die Umgebungsvariable **ora_encrypt_login** auf dem Client auf FALSE steht, wird ein zweiter Versuch transparent für den Benutzer durchgeführt und das Kennwort im Klartext übertragen. Für alle unter uns, die schlampig tippen, hat das zur Folge, dass unsere Kennwörter jedes Mal durch die Gegend geschickt werden, wenn wir die Hochstelltaste gedrückt hielten oder zwei Buchstaben vertauscht haben. Glauben Sie mir, das Erraten des Kennworts ist danach selbst für das dümmste Skript-Kiddie einfach.

Wie sind wir von **db_encrypt_login** auf **ora_encrypt_login** gekommen? Nun, sie funktionieren exakt gleich, bloß dass **db_encrypt_login** festlegt, ob dieses Verhalten bei Server-to-Server-Verbindungen möglich ist.

Anmerkung:
*Wir empfehlen Ihnen, **db_encrypt_login** auf TRUE zu setzen, solange Sie keinen Link zu einer Oracle-Datenbank vor Version 7.2 aufbauen müssen.*

Worauf wir mit all diesen Informationen hinauswollten, ist, dass Sie sich der Darstellung der Kennwörter im Klartext bewusst sind, die in den verschiedenen Views des Data Dictionarys auftauchen, wenn Sie Datenbank-Links verwenden.

9.1.3 Über gemeinsam genutzte Datenbank-Links

Standardmäßig ist jede Verbindung über einen Datenbank-Link dediziert einem Benutzer zugeordnet. Das bedeutet, dass es eine große Zahl an Datenbank-Link-Verbindungen geben kann, wenn viele Leute gleichzeitig eine Applikation laufen lassen.

So wie die Multithreaded Server (MTS)-Verbindungen es Ihnen ermöglichen, viele mit einem Server verbundenen Benutzer gleichzeitig über eine begrenzte Anzahl von Verbindungen zu bedienen, können Sie mit gemeinsam genutzten Datenbank-Links die Anzahl der Verbindungen zwischen zwei Servern einschränken, und trotzdem gleichzeitig vielen Benutzern den Zugriff erlauben. Um gemeinsam genutzte Datenbank-Links verwenden zu können, muss der lokale Server im Multithreaded Server-Modus laufen. Der entfernte Server kann entweder auch im MTS-Mode oder im „normalen" Modus laufen. Eine ausführlichere Diskussion von MTS geht über den Rahmen dieses Buchs hinaus, aber Sie können Informationen dazu in „Oracle8*i* Networking für Einsteiger" von Marlene Theriault finden (Hanser, 2001).

Das Verwenden von geteilten Datenbank-Links ist kein Allheilmittel, und Sie können damit die Performance auch reduzieren statt verbessern, wenn Sie sie falsch einsetzen; gehen Sie also mit Vorsicht an die Sache heran.

Wann ein gemeinsam genutzter Datenbank-Link verwendet wird

Um herauszufinden, ob ein gemeinsam genutzter Datenbank-Link sinnvoll ist, sollten Sie sich die Gesamtzahl der gleichzeitigen Verbindungen anschauen, die jeder Datenbank-Link auf Ihrem System nutzt. Wenn sich nur wenige Benutzer gleichzeitig darüber verbinden, lohnt sich ein gemeinsam genutzter Datenbank-Link nicht. Steigt die Zahl der gleichzeitigen Benutzer an, wächst auch der Bedarf nach einem gemeinsam genutzten Datenbank-Links.

Mit anderen Worten, wenn Sie Ihre Applikation so entworfen haben, dass sie einen normalen öffentlichen Datenbank-Link nutzt und 50 Benutzer gleichzeitig auf den Link zugreifen, werden 50 Netzwerkverbindungen geöffnet und verwendet. Wenn Sie in der gleichen Situation gemeinsam genutzte Datenbank-Links verwenden und auf dem lokalen Multithreaded Server 10 gemeinsam genutzte Server zur Verfügung stehen, benötigen diese 50 Benutzer auch nur maximal 10 Netzwerkverbindungen (eventuell sogar weniger). Sie sehen, jeder lokale gemeinsam genutzte Server benötigt eine Verbindung zum entfernten Server, um mehr als eine Verbindungsanfrage der lokalen Datenbank bearbeiten zu können.

Einen gemeinsam genutzten Datenbank-Link erstellen

Nachdem Sie festgestellt haben, dass in Ihrem System ein gemeinsam genutzter Datenbank-Link notwendig ist, müssen Sie das Schlüsselwort **shared** in Ihrem **create database link**-Befehl mit angeben:

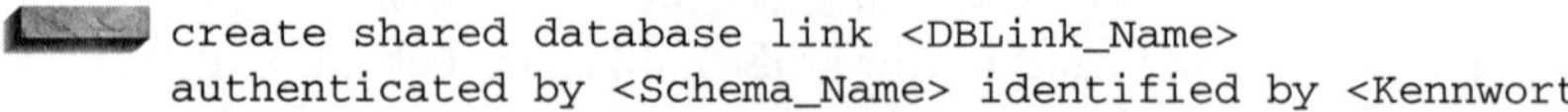

```
create shared database link <DBLink_Name>
authenticated by <Schema_Name> identified by <Kennwort>;
```

Dies sind die notwendigen Schlüsselwörter. Sie können weiterhin noch **connect to, identified by, connect to current user** und **using** nutzen, aber diese Schlüsselwörter sind optional. Auf dem Konto der entfernten Datenbank benötigen Sie als einzige Berechtigung **create session.** Beachten Sie, dass Sie die Klausel **authenticated by** verwenden müssen, und es auf der entfernten Datenbank ein Konto mit dem angegebenen Benutzernamen und Kennwort geben muss. Das angegebene Schema wird nur aus Sicherheitsgründen benötigt und kann daher ein Dummy-Schema sein.

9.1.4 Mehr über globale Datenbank-Links

Wenn Sie eine Verbindung zu einer Datenbank aufsetzen, geben Sie statt des Rechnernamens, der Portnummer und des Datenbanknamens einfach einen vorgegebenen Alias an, der dann von der Oracle Net8-Software in diese Elemente übersetzt wird. Normalerweise nutzt der Listener eine Datei tnsnames.ora, um die Aliase in ihre Komponenten aufzuschlüsseln. Angenommen, in Ihrer Site werden häufig Datenbanken hinzugefügt und entfernt. Jedesmal, wenn Sie eine neue Datenbank hinzufügen, müssen Sie die tnsnames.ora jedes Benutzers anpassen, um die Änderungen wirksam werden zu lassen. Desgleichen, wenn eine Datenbank entfernt wird. Dieser Verwaltungsaufwand kann sich schnell zum Alptraum eines Administrators entwickeln.

Wenn Sie eine große Zahl von Benutzern und Datenbanken verwalten (Oracle geht dabei von mehr als 20 Datenbanken aus), sollten Sie vielleicht einen Oracle Names Server für die Auflösung der Aliase einrichten. Dieser stellt eine zentrale Stelle für das Speichern von Netzwerknamen und -adressen zur Verfügung. Jede Änderung an einem Server, sei es ein neuer oder schon bestehender, wird nur einmal an einer Stelle auf einem Oracle Names Server durchgeführt und zügig an möglicherweise Hunderte oder Tausende von Benutzern verteilt. Der Nachteil beim Verwenden eines Oracle Names Servers ist, dass nur Oracle-Dienste unterstützt werden und ein weiteres System eingerichtet und administriert werden muss. Ab Oracle9*i* wird der Oracle Names Server durch das Oracle Internet Directory ersetzt.

Die einzige Möglichkeit, globale Datenbank-Links in Versionen vor Oracle9*i* umzusetzen, ist die Nutzung eines Oracle Names Servers. Wenn Sie die Datenbank-Links über solch einen Server verwalten, sollten Sie daran denken, dass drei verschiedene Arten von Links erstellt werden können: öffentliche, private und globale. Wie schon erwähnt, ermöglicht jeder dieser Links eine andere Form des Datenzugriffs. Wir haben uns bisher um öffentliche und private Datenbank-Links gekümmert. Nun wollen wir uns anschauen, wie ein globaler Datenbank-Link angelegt und verwendet wird.

Einen globalen Datenbank-Link erstellen

Zunächst untersuchen wir, was ein globaler Datenbank-Link tatsächlich tut. Ein solcher Link bietet eine Möglichkeit, jede Datenbank in einem Netzwerk mit allen anderen Datenbanken in diesem Netzwerk zu verknüpfen. Sobald alle Datenbanken miteinander verbunden sind, kann jeder Benutzer im Netzwerk auf alle globalen Objekte zugreifen, indem er den globalen Objektnamen in einem SQL-Befehl oder einer Objektdefinition angibt. Denken Sie daran, dass ein globaler Datenbank-Name genutzt wird, um eine Datenbank eindeutig zu identifizieren. Er hat die Form database_name.database_domain, das heißt, erst kommt der Datenbankname und dann der vollständige Domänenname.

Um einen globalen Datenbank-Link auf den globalen Datenbanknamen setzen zu können, muss der Initialisierungsparameter **global_names** in der Datei init.ora für diese Datenbank auf TRUE gesetzt werden. Wenn sich die Datenbank am Listener anmeldet und dieser Parameter auf TRUE steht, speichert der Listener den globalen Datenbanknamen.

Beobachten wir nun, was passiert, wenn Sie einen Oracle Names Server verwenden. Da Oracle Names den globalen Datenbanknamen vom Listener abruft, wird ein globaler Datenbank-Link automatisch im Oracle Names Server registriert. Sie müssen nichts tun, um diesen Link zu registrieren, da der Net8-Listener den Wert nutzt, den Sie in der Datei init.ora Ihrer Datenbank als **service_name** angegeben haben. Hier die einzelnen Schritte:

1. In der Datei init.ora Ihrer Datenbank setzen Sie **global_names** = TRUE. Sie müssen zudem den globalen Datenbanknamen-Wert in **service_name** = Value eintragen. In unserem Beispiel mit der Datenbank in Centreville würden Sie also **service_name** = XYZ.US.CENTREVILLE anfügen.
2. Beim Starten registriert sich Ihre Datenbank selbst am Listener.
3. Oracle Names fragt den Listener nach neuen Registrierungen.
4. Oracle Names erhält Ihren globalen Datenbanknamen vom Listener.
5. Oracle Names erstellt einen globalen Datenbank-Link und nutzt dabei Ihren globalen Datenbanknamen.
6. Sie prüfen, ob der Link funktioniert, indem Sie einen **select**-Befehl mit dem Link ausführen.

Schritt 6 kann wie folgt durchgeführt werden:

```
select *
  from EMPLOYEE@XYZ.US.CENTREVILLE;
```

Sie können auch selbst einen globalen Datenbank-Link erstellen, indem Sie das Names Control-Tool aufrufen und die Link-Informationen eingeben:

```
$ namesctl
NAMESCTL> register xyz.us.centreville -d
(description=(address=(protocol=tcp)(host=mymachine)(port=1521)))
```

In diesem Beispiel gibt -d an, dass Sie eine Standard TCP/IP Listener-Adresse verwenden möchten. Das Protokoll wird als TCP festgelegt, während es sich bei der Hostmaschine um MYMACHINE handelt und der Port des Listeners auf 1521 gesetzt wird.

Sie können den Net8 Assistant nutzen, um einen globalen Datenbank-Link anzulegen, indem Sie die folgenden Schritte nachvollziehen:

1. Starten Sie den Net8 Assistant, indem Sie unter Unix netasst aus dem Verzeichnis $ORACLE_HOME/bin aufrufen, oder unter Windows NT Start | Programs | Oracle ORACLE_HOME | Network Administration | Net8 Assistant auswählen.
2. Im Übersichtsbaum erweitern Sie die Liste der Oracle Names Server, indem Sie auf das Plus-Zeichen (+) des Navigators klicken.
3. Wählen Sie den Oracle Names Server, zu dem Sie einen globalen Datenbank-Link hinzufügen wollen.
4. Wählen Sie aus der rechten oberen Auswahlliste Manage Data aus.
5. Klicken Sie auf die Registerkarte Links und wählen Sie Add (siehe Abbildung 9-3).

6. Geben Sie den Namen des globalen Datenbank-Links in das Feld DB Link Name ein.
7. Füllen Sie die Felder User und Password mit gültigen Werten eines Kontos, das die Berechtigungen zum Erstellen eines globalen Datenbank-Links für die Datenbank hat.
8. Klicken Sie auf Execute, um den Link anzulegen.
9. Wählen Sie File | Save Network Configuration.

Anmerkung:
*Wenn der Parameter **global_names** in Ihrer Parameterdatei (init.ora) auf TRUE gesetzt wurde, muss der von Ihnen eingegebene Name für den globalen Link dem globalen Datenbanknamen entsprechen.*

Abbildung 9-3 zeigt die Net8 Assistant Data Management-Option mit der gewählten Registerkarte Links. Dort wurde Add angewählt.

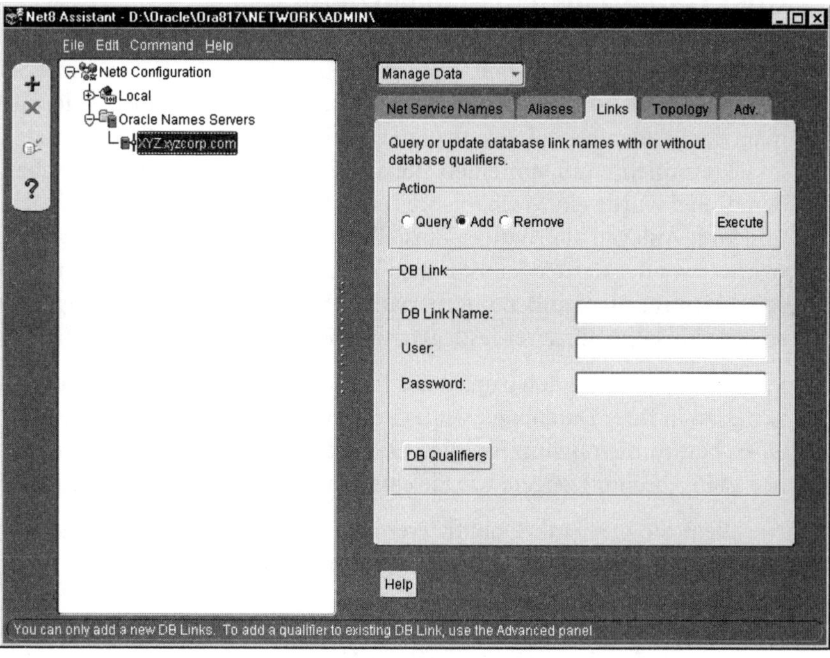

Abbildung 9-3: Registerkarte Links des Net8 Assistant Data Management

Oracle Corporation empfiehlt, einen globalen Datenbank-Link für jede Datenbank in Ihrem Netzwerk anzulegen, so dass globale Objekte automatisch von den Benutzern Ihres Netzwerks gemeinsam verwendet werden können. Wir empfehlen Ihnen allerdings, sich genau zu überlegen, welche Informationen Sie global verteilen wollen und auf welche Objekte *wirklich* alle Benutzer in Ihrem Netzwerk zugreifen dürfen.

Sicherheit und globale Datenbank-Links

Wenn Sie keinen Benutzernamen und kein Kennwort für den globalen Datenbank-Link angeben wollen, der in Oracle Names registriert wird, müssen Sie keine weitere Konfiguration vornehmen. Wenn Sie allerdings sicherstellen wollen, dass tatsächlich nur die Benutzer, die auf globale Objekte zugreifen dürfen, auch darauf zugreifen können, müssen Sie eine Zugriffskontrolle einrichten.

Globale Datenbank-Links können durch private oder öffentliche Datenbank-Links ersetzt werden, die von einzelnen Benutzern angelegt wurden. Daher wird der Oracle Names Server statt des globalen Datenbank-Links Ihren öffentlichen oder privaten Link nutzen, um eine Verbindungsanfrage aufzulösen, wenn Sie oder ein Benutzer mit den entsprechenden Berechtigungen einen solchen Link mit dem gleichen Namen wie dem globalen anlegen.

Über Datenbank-Link-Qualifizierer

In älteren Versionen von Oracle war es nicht unüblich, verschiedene Datenbank-Links in einer Datenbank zu haben. Diese wurden genutzt, um auf mehrere Schemata in einer Datenbank oder auf verschiedene Datenbanken von einem oder mehreren Schemata der lokalen Datenbank zuzugreifen. In Oracle8*i* wurde der Ansatz geändert und Oracle empfiehlt nun, nur einen globalen Datenbank-Link pro Datenbank zu verwenden. Dabei wurde ein Mechanismus eingeführt, der als Link-Qualifizierer bekannt ist und zum Anlegen alternativer Einstellungen für den Benutzernamen und das Kennwort verwendet werden kann, um zu kontrollieren, wer auf bestimmte Objekte in Ihren diversen Datenbanken Zugriff hat. Sie können für einen globalen Datenbank-Link so viele Link-Qualifizierer festlegen, wie Sie wollen.

Vielleicht wollen Sie den Zugriff auf Ihre Tabelle EMPLOYEES beschränken. Sie können dazu in Ihrer Datenbank xyz.us.centreville einen Link-Qualifizierer einrichten, der einen bestimmten Benutzernamen und ein Kennwort erfordert. Wir werden Ihnen im nächsten Abschnitt zeigen, wie Sie einen solchen Qualifizierer erstellen können.

Nachdem Sie den Link-Qualifizierer angelegt haben, können Sie sich mit einer entfernten Datenbank über den globalen Datenbank-Link und den Link-Qualifizierer zum Beispiel so anmelden:

```
connect @XYZ.US.CENTREVILLE@EMPLOYEES
```

Wenn die Verbindungsanforderung verarbeitet wird, erhält der Benutzer eine Aufforderung, den passenden Benutzernamen und das Kennwort einzugeben, bevor die Verbindung abschließend hergestellt wird.

Einen Link-Qualifizierer hinzufügen

Auch wenn Sie das Names Control-Tool nutzen können, um einen Benutzernamen und ein Kennwort für den globalen Datenbank-Link zu registrieren, lässt dieses Tool einiges an Funktionalität vermissen; Oracle empfiehlt daher, stattdessen den Net8 Assistant zu verwenden.

Um den Zugriff auf bestimmte Objekte in der Datenbank über globale Datenbank-Links einzuschränken, fügen Sie die Benutzernamen, Kennwörter und die Namen der Objekte, auf die über einen globalen Datenbank-Link zugegriffen werden kann, mit den folgenden Schritten hinzu:

1. Starten Sie den Net8 Assistant, indem Sie unter Unix netasst aus dem Verzeichnis $ORACLE_HOME/bin aufrufen, oder unter Windows NT Start | Programs | Oracle ORACLE_HOME | Network Administration | Net8 Assistant auswählen.
2. Im Übersichtsbaum erweitern Sie die Liste der Oracle Names Server, indem Sie auf das Plus-Zeichen (+) des Navigators klicken.
3. Wählen Sie den Oracle Names Server, zu dem Sie einen globalen Datenbank-Link hinzufügen wollen.
4. Wählen Sie aus der rechten oberen Auswahlliste Manage Data aus.
5. Klicken Sie auf die Registerkarte Links und wählen Sie Add.
6. Wählen Sie die Option DB Qualifiers im unteren Bereich des Fensters.
7. Nun erscheint ein eigenes Fenster für die DB Qualifiers (siehe Abbildung 9-4). Geben Sie einen DB Qualifier – den Namen des Objekts, auf das der Benutzer zugreifen kann – im ersten Feld ein.
8. Geben Sie bei User und Password einen gültigen Benutzernamen mit dem Kennwort für den Link ein und klicken Sie auf OK.
9. Wiederholen Sie die Schritte 6 bis 8, um so viele Qualifizierer anzulegen, wie Sie benötigen.
10. Klicken Sie auf Execute, um den Link anzupassen.
11. Wählen Sie File | Save Network Configuration, um die Änderungen abzuspeichern.

Abbildung 9-4 zeigt das entsprechenden Fenster für die Link-Qualifizierer.

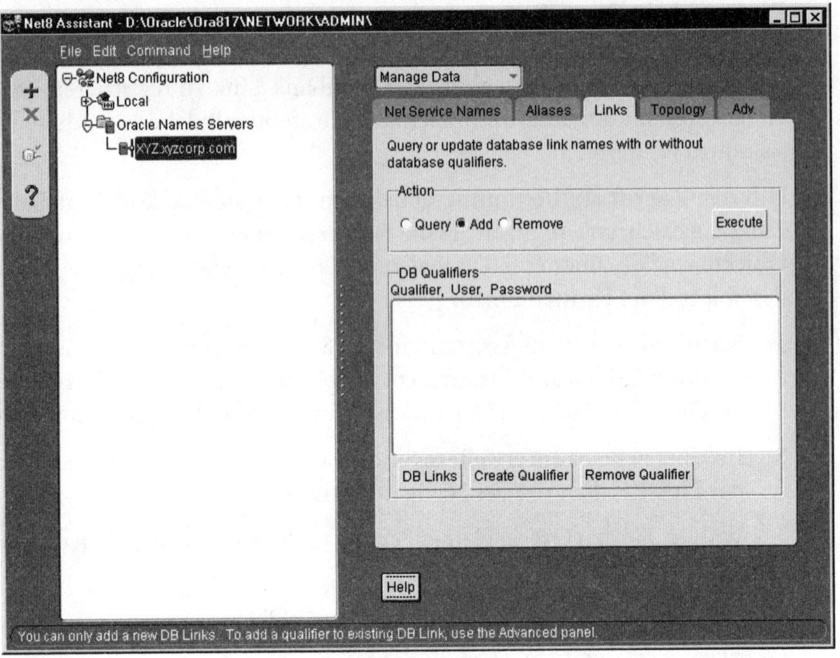

Abbildung 9-4: Fenster für die Link-Qualifizierer im Net8 Assistant Data Management

Wenn Sie nun erreichen wollen, dass der Benutzer NELSON auf die Tabelle EMPLOYEES zugreifen darf, sollten Ihre Einträge so aussehen wie in Abbildung 9-5.

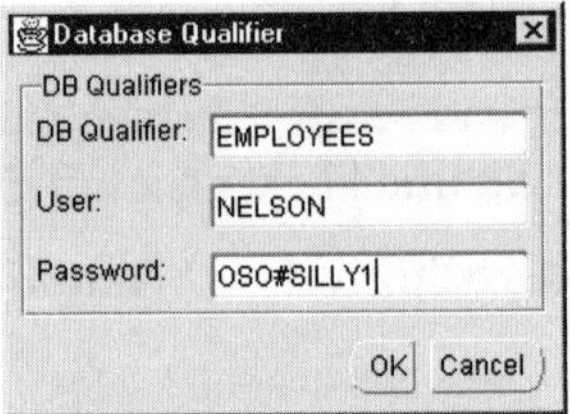

Abbildung 9-5: Fenster für einen Link-Qualifizierer

Auch wenn hier Benutzernamen und Kennwörter eingetragen werden, sind sie nicht leicht in der Datenbank auffindbar und müssen auch nicht über das Netzwerk im Klartext übermittelt werden. Daher bieten globale Datenbank-Links mit Qualifizierern eine zusätzliche Sicherheit beim Zugriff auf mehrere Datenbanken.

9.1.5 Datenbank-Links auditieren

Bei Datenbank-Links gibt es zwei Bedeutungen für den Begriff „Auditing". Auch wenn Sie einen Benutzer in einer Datenbank nicht auditieren können, der über einen Datenbank-Link mit einer entfernten Datenbank verbunden ist, können Sie sowohl lokalen als auch entfernten Zugriff auf Datenbankobjekte in dieser entsprechenden Datenbank überwachen, solange Sie die passenden Audit-Optionen aktiviert haben. Daher umfasst die eine Form des Auditings das Überwachen von Benutzern bei ihrer Arbeit mit Objekten in einer Datenbank. Dazu müssen Sie die Überwachung für das Konto einrichten, auf das der Datenbank-Link in der entfernten Datenbank zugreift. Wenn zum Beispiel NELSON auf Tabellen in der entfernten Datenbank zugreift, die JENNIFER gehören, würden Sie die Überwachung für JENNIFER aktivieren, um festzustellen, wann das Konto genutzt wird. Wenn Sie globale Datenbankbenutzer verwenden, können Sie den globalen Benutzernamen auditieren.

Die zweite Form des Auditings eines Datenbank-Links, die Sie ernstlich erwägen sollten, ist zu prüfen, welche Datenbank-Links in jeder Ihrer Produktionsdatenbanken bestehen, wer Berechtigungen hat, darauf zuzugreifen, wofür sie verwendet werden und warum sie notwendig sind. Wir empfehlen Ihnen, eine Berichts-Routine zu schreiben, die mindestens einmal wöchentlich läuft und anzeigt, welche Datenbank-Links in jeder Ihrer Datenbanken bestehen, wem sie gehören, und welche Datenbank angebunden wird. Wenn es Links von Entwicklungsdatenbanken zu Produktionsdatenbanken gibt, empfehlen wir Ihnen, zu prüfen, wer sie nutzt und warum sie benötigt werden. Denken Sie daran, dass jeder Datenbank-Link ein potenzieller Weg für Hacker ist, auf Ihr System zuzugreifen. Aber vor allem sollten Sie wissen, wer auf Ihre sensiblen Daten zugreifen kann, insbesondere über einen Datenbank-Link.

Hier eine sehr einfache Routine zum Anzeigen der verfügbaren Datenbank-Links in einer Datenbank:

```
col OWNER format a10
col DB_LINK format a25
col USERNAME format a15
col HOST format a15
select * from DBA_DB_LINKS;
OWNER      DB_LINK                    USERNAME      HOST            CREATED
---------- -------------------------- ------------- --------------- ---------
PUBLIC     XYZPRO.XYZ.US.FAIRFAX      CUSTOMER      XYZPRO          23-MAR-00
NELSON     MYLINK.WORLD               NELSON        MYDB2           10-JUN-00
SYSTEM     MYTEST.WORLD               SYSTEM        MYTEST          06-APR-01
JENNIFWE   NEW_CONNECTION.WORLD                     MYTEST          14-MAY-01
```

Wenn Sie die Ausgabe dieses Skripts analysieren, können Sie erkennen, ob es neue Datenbank-Links gibt und ob ein Link einer genaueren Betrachtung unterzogen werden sollte.

Entwickler-Tools und Sicherheit

Als Oracle-Entwickler, DBA oder IT-Manager sind Sie für wichtige Sicherheitsaspekte bei der Entwicklung von Applikationen und Implementierung von Systemen verantwortlich, die auf eine Oracle-Datenbank zugreifen. Wenn das System nicht sicher ist, ist die Integrität der Daten in Gefahr und die Applikation selbst kann dadurch nutzlos werden. Das Öffnen unternehmenskritischer Systeme für Partner und Kunden über das Internet stellt neue Herausforderungen an traditionelle Vorstellungen von Unternehmenssicherheit. Der Datenzugriff muss nun auf einem sehr detaillierten Niveau kontrolliert werden, oft bis hin zur Ebene des einzelnen Kunden oder Benutzers.

Bei der Erstellung eines sicheren Applikationssystems ist es leider nicht damit getan, Ihre Applikation zu entwickeln, Benutzer zuzuweisen und sie dann aufeinander loszulassen. Es sind zu viele Sicherheitsaspekte zu beachten, wenn eine Applikation entworfen wird, und die Ergebnisse variieren gemäß den Geschäftsregeln und Geschäftszielen. Sie sollten stets berücksichtigen, wer Ihre Benutzer sind und welche Berechtigungen sie sowohl für die Applikation und als auch für Ad-hoc-Abfrage-Tools wie SQL*Plus, Discoverer und so weiter benötigen werden. Sich den Überblick über die eigene Benutzerbasis zu verschaffen ist die Voraussetzung für eine erfolgreiche und sichere Applikationsimplementierung.

Um Ihnen an einem realen Beispiel zu zeigen, wie Sicherheitsaspekte in einer Oracle-Applikation effektiv umgesetzt werden, untersuchen wir eine Mitarbeiterapplikation, die unter anderem den Mitarbeitern aller Abteilungen erlaubt, sich am System anzumelden und ihre Arbeitsvorgänge täglich in einem Zeiterfassungssystem einzugeben. In der Applikation können die Manager zudem die Arbeitszeit ihrer Mitarbeiter im System überwachen und einzelne Mitarbeiter davon abhalten, mehr als 40 Stunden pro Woche einzugeben. Wir werden einzelne Sicherheitsaspekte im Zusammenhang mit dem Erstellen des Zeiterfassungssystems, aber auch anderen sicheren Applikationssystemen besprechen.

Dieses Kapitel wird Sicherheitsaspekte ansprechen, die für das Applikationsdesign von Bedeutung sind, und dann detailliert auf Methoden eingehen, mit denen ein System aufgebaut werden kann, das sowohl nützlich als auch sicher ist.

10.1 Applikationssicherheit

Wie schon erwähnt, besteht Ihr erster Schritt in Sachen Applikationssicherheit darin, herauszufinden, wer die Benutzer des Systems sein werden und wie erfahren sie sind. Sie müssen entscheiden, wie diese Benutzer auf die Datenbank zugreifen dürfen, ob direkt oder über eine ODBC-Verbindung. Melden sie sich über die Applikation an, verwenden sie Abfrage-Tools wie Oracle Discoverer, SQL*Plus usw., oder nutzen sie eine Kombination aus beiden Ansätzen? In unserem Zeiterfassungssystem sollen die Benutzer direkt von ihren Arbeitsplätzen aus auf unsere erstellte Intranet-Applikation zugreifen können. Somit gehen wir davon aus, dass die meisten Benutzer nicht besonders erfahren im Umgang mit Computern sind. Die Rangfolge reicht von Personen, die lediglich Daten eingeben, über IT-Mitarbeiter bis hin zu Managern. Auf Grund dieses Wissens über unsere Benutzerbasis bestimmen wir die Berechtigungen, die jeder Benutzer benötigt, um die Applikation starten zu können.

10.1.1 Datenbank- versus Applikationsbenutzer

Es gibt viele Punkte, die Entwickler und Datenbank-Administratoren beim Entwerfen und Umsetzen von Sicherheitsaspekten in einer Applikation bedenken müssen. Zunächst müssen Sie festlegen, ob Ihre Applikationsbenutzer auch gleichzeitig Datenbankbenutzer sein werden. Wenn sich Benutzer an der Applikation anmelden, authentifizieren sie sich dann tatsächlich selbst an der Datenbank mit eigenem Benutzernamen und Kennwort, oder verbinden sie sich mit einem Web-Server, der alle Befehle über einen einzelnen Benutzer ausführt?

Für unsere Mitarbeiterapplikation könnten wir einen Datenbankbenutzer namens EMPLOYEE erstellen, und alle Benutzer sich direkt mit dem Zeiterfassungssystem über diesen einen Benutzer verbinden sowie ihren Mitarbeiternamen und die Mitarbeiternummer aus einer Auswahlliste auswählen lassen. Diese Implementierung wäre mangelhaft, da ein Benutzer absichtlich oder unabsichtlich den falschen Namen aus der Liste auswählen könnte. Solange die Applikation den Benutzer nicht authentifiziert, der sich verbinden möchte, kann jeder die Daten anderer einsehen oder verändern.

In vielen kommerziellen Applikationen sind die Benutzer tatsächlich keine Datenbankbenutzer. Stattdessen authentifizieren sich die Benutzer selbst an der Applikation über eine eigene Anmeldung. Die Applikation verbindet sich dann als einzelner, mit umfangreichen Berechtigungen ausgestatteter Benutzer im Namen aller Applikationsbenutzer mit der Datenbank.

Da die tatsächliche Identität des Benutzers der Datenbank nicht bekannt ist, wenn Applikationen auf diese Weise erstellt und verwendet werden, können die Applikationen viele der eingebauten Sicherheits-Features nicht verwenden, die in den neueren Versionen von Oracle verfügbar sind. Das Auditing kann zum Beispiel nicht verwendet werden, wenn sich immer nur ein einzelner Benutzer an der Datenbank anmeldet, es sei denn, Sie nutzen spezielle Features, die wir später in diesem Kapitel noch besprechen werden. Oft möchten Entwickler und Applikations-Administratoren alle Transaktionen verfolgen können, die in einer Datenbank durchgeführt werden. Bei einem einzelnen Benutzer, über den alle Aktivitäten in der Datenbank laufen, sind die einzelnen Applikationsbenutzer für das Datenbank-Auditing nicht unterscheidbar. Der Applikationsentwickler muss dann Audit-Tools aufbauen, um die Aktionen der verschiedenen Benutzer in der Applikation selbst unterscheiden zu können. Natürlich gibt es Mechanismen in Oracle8*i* oder neuer, die das Auditieren und bessere Authentifizieren von Benutzern ermöglichen. Wir werden diese Mechanismen in diesem Kapitel noch genauer besprechen.

Datenbank-Rollen für individuelle Benutzerkonten können nicht genutzt werden, wenn die Applikation nur einen einzelnen Benutzer verwendet. Rollen werden Datenbankbenutzern zugewiesen, und wenn die Applikationsbenutzer keine Datenbankbenutzer sind, verringert sich der Nutzen der Rollen für einzelne Konten erheblich. Rollen könnten einem einzelnen Benutzer zugewiesen werden, aber dann hätte jeder dieselben Berechtigungen für die Applikation. Auch hier muss der Applikationsentwickler die notwendigen Berechtigungen in die Applikation selbst einbauen.

Desweiteren verlieren Sie einige der leistungsfähigen Features, die in der Oracle Advanced Security vorhanden sind, wie die verbesserte Authentifizierung des Clients über SSL, Tokens und so weiter, wenn die Authentifizierung zwischen der Datenbank und der Applikation statt über den einzelnen Benutzer vorgenommen wird.

Wenn sich die Benutzer an der Applikation statt an der Datenbank anmelden, ist zu beachten, dass jede Applikation, die auf die Daten irgendwie zugreift, dieselben Sicherheitsstandards umsetzen muss. Wenn zum Beispiel neben der Applikation noch ein Berichts-Tool wie Oracle Reports oder ein Abfrage-Tool wie Oracle Discoverer oder SQL*Plus genutzt wird, müssen die Administratoren die Sicherheitsstandards auch in diesen Tools umsetzen, um sicherzustellen, dass die Benutzer keinen umfassenderen Datenzugriff erhalten, als ihnen die Applikation selbst bieten würde. Dies ist allerdings nicht möglich, da Sie diese anderen Programme gar nicht selbst geschrieben haben.

Wenn Sie nur die Applikationssicherheit einsetzen, kann das Umsetzen der Sicherheitsstandards sehr teuer werden, da Organisationen die gleichen Standards in jeder Applikation implementieren müssen. Der größte Nachteil von applikationsbasierter Sicherheit ist aber, dass die Sicherheitsvorkehrungen umgangen werden können, wenn der Benutzer nicht über die Applikation, sondern direkt über die Datenbank auf die Daten zugreift.

10.1.2 Applikationssicherheit über die Datenbank umsetzen

Der einfachste und effektivste Weg, einem Benutzer Berechtigungen zuzuweisen, ist über Datenbank-Rollen. Unabhängig davon, wie viele verschiedene Rollentypen notwendig sind, um eine Applikation umzusetzen, lassen sich Berechtigungen besser über eine Oracle Datenbank-Rolle verwalten. Wir haben bereits die Vorteile und Vorgehensweisen bei der Nutzung von Datenbank-Rollen erörtert, wollen nun aber betrachten, was zu beachten ist, wenn Rollen zum Verwalten der Sicherheit in Applikationen eingesetz werden.

Ein wichtiger Punkt, den man bedenken muss, ist, dass ein Applikationsbenutzer, das heißt ein Benutzer, der über die Applikation und nicht über die Datenbank authentifiziert ist, die Berechtigungen der Applikation nutzen kann, um destruktive SQL-Befehle auf der Datenbank mit einem Ad-hoc-Tool auszuführen. Betrachten wir zum Beispiel die Zeiterfassung. Wir haben eine Rolle namens EMPLOYEE, die Select-, Insert-, Update- und Delete-Berechtigungen auf die Tabelle EMP_TIME_TAB hat. Innerhalb der Applikation haben wir die Berechtigungen für die Benutzer so weit eingeschränkt, dass sie nur ihre eigenen Zeitinformationen sehen können. Dadurch verfügen Sie nun also über eine Kombination aus Datenbank- und Applikationsberechtigungen. Da dem Benutzer die Rolle EMPLOYEE zusammen mit seinem Benutzernamen zugewiesen wurde, kann er beim Start von SQL*Plus in einer unkontrollierten Umgebung Datensätze in der Tabelle EMP_TIME_TAB auswählen, einfügen, aktualisieren oder löschen. Er kann leicht Datensätze löschen, die für ihn nicht gesperrt sind, es aber sein sollten, was viele Probleme verursachen und die Integrität der Daten zerstören kann.

Die Tabelle PRODUCT_USER_PROFILE

Wie wir schon detailliert in Kapitel 8 ausführten, hat Oracle eine weitere Sicherheitsschicht in SQL*Plus eingebaut, indem man mit Produktbenutzerprofilen bestimmte Befehle für bestimmte Benutzer deaktivieren kann. Wir können also mit der Tabelle PRODUCT_USER_PROFILE im Schema SYSTEM dafür sorgen, dass Benutzer mit der Rolle EMPLOYEE in der Applikation nicht die gleichen Berechtigungen in SQL*Plus haben. Datenbank-Administratoren können mit der Tabelle PRODUCT_USER_PROFILE bestimmte SQL- und SQL*Plus-Befehle unter SQL*Plus auf Benutzerebene deaktivieren. Dabei sorgt aber SQL*Plus für die Sicherheit, nicht Oracle. Datenbank-Administratoren können auch den Zugriff auf die Befehle **grant**, **revoke** und **set role** beschränken, um zu verhindern, dass Benutzer ihre Datenbank-Rechte in einer Sitzung ändern können.

Rechteverwaltung für Applikationen

Man kann nicht leugnen, dass das Bestimmen der Berechtigungen, die für jede Applikation erforderlich sind, schwierig sein kann, da verschiedenste Berechtigungen für die diversen Schemaobjekte von unterschiedlichen Benutzer benötigt werden. Um das Zuweisen von Berechtigungen zu vereinfachen, erstellen Sie eine oder mehrere Rollen pro Applikation und weisen die notwendigen Berechtigungen für das Durchführen der einzelnen Arbeitsschritte innerhalb der Applikation den entsprechenden Rollen zu. Bei diesem Ansatz können Benutzer viele Rollen innehaben, wobei jeder Rolle eine bestimmte Untermenge an Berechtigungen erteilt wurde, die mehr oder weniger umfangreiche Fähigkeiten beim Ausführen der Applikation unterstützen.

Für unsere Zeiterfassungsapplikation erstellen wir nun zum Beispiel unsere Rolle EMPLOYEE und weisen ihr alle Berechtigungen zu, die nötig sind, um die Applikation nutzen zu können. Danach wird jedem Mitarbeiter, der seine Zeiterfassung mit dem System durchführen soll, diese Rolle zugewiesen. Wir müssen eventuell mehrere EMPLOYEE-Rollen anlegen, wie EMPLOYEE_IT und EMPLOYEE_HR, die bestimmte Grenzen und Einschränkungen für verschiedene Tabellen umsetzen. Wir halten es für besser, Berechtigungen an Datenbank-Rollen zu erteilen, statt sie den Benutzern direkt zuzuweisen. Angenommen, unser IT-Personal darf keine Überstunden machen (das ist der fiktive Teil). Dann müssen wir eine Rolle EMPLOYEE_IT anlegen, die es Benutzern nicht erlaubt, auf die Tabelle COMP_TIME zuzugreifen, da sie keine Überstundeninformationen eingeben dürfen.

Um diesen Ansatz weiter zu verfolgen, erstellen wir nun auch eine Applikation zum Erfassen der Urlaubswünsche, in der die Mitarbeiter ihre geplanten Urlaubstage eintragen können. Wir können eine Rolle VACATION erstellen und ihr die für das Zugreifen auf die Applikation notwendigen Berechtigungen erteilen. Wie schon vorher erwähnt, muss ein einzelner Benutzer eventuell auf mehrere Applikationen und Rollen zugreifen können. Trotzdem sollten einem Benutzer nur die Berechtigungen zugewiesen werden, die für die aktuell laufende Applikationsrolle notwendig sind. Um Verwirrungen vorzubeugen, sollten Sie erwägen, den Befehl **set role** oder die Prozedur **set_role** einzusetzen, um bestimmen zu können, welche Berechtigungen ein Benutzer erhält, wenn er eine bestimmte Applikation ausführt, sei es die Zeiterfassung oder die Urlaubsplanung.

Der Befehl Set Role Sie können den Befehl **set role** beim Starten jeder Applikation verwenden, um ihr zugewiesene Rollen automatisch zu aktivieren und, konsequenterweise, alle anderen auszuschalten. Auf diese Weise setzt jede Applikation nur dann automatisch die entsprechenden Berechtigungen für einen Benutzer, wenn sie benötigt werden. Der Befehl **set role** sorgt dafür, dass die Benutzer in einer definierten Berechtigungsdomäne arbeiten, wobei Sie nicht nur kontrollieren können, worauf ein Benutzer zugreift, sondern auch, wann er es darf.

Wenn sich ein Benutzer mit der Urlaubsapplikation verbindet, wird die Rolle auf VACATION gesetzt, womit die Rolle EMPLOYEE_IT deaktiviert und der Zugriff auf die Tabelle EMP_TIME_TAB verhindert wird, bis die Rolle wieder aktiviert wird, wenn der Benutzer die Zeiterfassung startet.

Die Prozedur Set_Role Es gibt eine PL/SQL-Funktion namens SET_ROLE im Paket DBMS_SESSION, die das Äquivalent zum Befehl **set role** in SQL ist. Sie können die Funktion DBMS_SESSION.SET_ROLE in einem anonymen PL/SQL-Block oder einer gespeicherten Prozedur des Aufrufers aufrufen. Wir werden Ihnen über die Verwendung von PL/SQL-Blöcken und die Rechte des Aufrufers später mehr erzählen.

ODBC-Verbindungen

Eine ODBC-Schnittstelle ist eine Funktionsbibliothek für den Endbenutzer, die es Applikationen ermöglicht, auf Daten in der Datenbank mit SQL als Standard zuzugreifen. Wenn ODBC-Verbindungen vorkommen, sollte man sich auch Gedanken um deren Sicherheit machen. ODBC kann benutzt werden, um auf Daten zuzugreifen und sie zu verändern, wobei Sicherheitsmaßnahmen umgangen werden, die in eine Applikation eingebaut sind. Da ODBC eine Endbenutzerfunktion ist, kann sich ein Client-Rechner direkt mit einer Datenbank verbinden und ein Benutzer kann dann auf alle Daten in einem System zugreifen und sie verändern. ODBC-Verbindungen sind ein weiterer Grund, warum die Sicherheitsvorkehrungen schon in der Datenbank getroffen werden sollten. Wenn sich ein Benutzer über ODBC an der Datenbank anmeldet, könnte er dieselben oder mehr Berechtigungen haben als für eine normale Applikation verfügbar wären, die speziell für diese Datenbank geschrieben wurde.

Werden die Geschäftsregeln in der Datenbank nicht umgesetzt, kann ein Benutzer, der sich über ein generisches ODBC-Programm verbindet, potenziell alle Daten in der Datenbank einsehen und ändern, was er möchte, ohne die eigentlich notwendigen Regeln einzuhalten. So kann zum Beispiel ein Mitarbeiter, der seine Daten zur Zeiterfassung eingibt, die in den Datenbank-Tabellen abgelegten Daten einsehen oder ändern, indem er Microsoft Access und eine ODBC-Verbindung statt der geschäftseigenen Applikation verwendet.

Die Protokollierungsfähigkeit von ODBC zeigt ein weiteres mögliches Sicherheitsproblem auf. Natürlich ist die Protokollierungsfähigkeit sehr nützlich, wenn Sie Probleme mit ODBC haben, aber sie kann auch genutzt werden, um sensible Daten während einer Datenbank-Transaktion mitzuschneiden. Wenn eine ODBC-fähige Applikation Passwörter oder andere sensible Informationen im Datenaustausch mit der Datenbank überträgt, können diese von einem böswilligen Benutzer mitgeschnitten werden, der den Verkehr protokolliert. Allerdings müsste der Angreifer auf den Arbeitsplatzrechner des Endbenutzers zugreifen können, und wir wissen alle, dass die Integrität des Systems zerstört ist, sobald sich ein Angreifer Zugriff auf den Arbeitsplatzrechner eines Clients verschafft hat.

Sie sollten inzwischen zu dem Schluss gekommen sein, dass Applikationsbenutzer gleichzeitig auch Datenbankbenutzer sein sollten. Wenden wir uns nun der Rolle eines Applikations-Administrators bei der Implementierung einer Kombination aus Datenbank- und Applikationssicherheit zu.

10.1.3 Entwurfspraktiken für Applikationen

Bisher betrachteten wir die Erstellung sicherer Applikationen unter dem Aspekt, dass alle Berechtigungen in der Applikation zugewiesen werden und ein paar auf Datenbankebene. Es gibt Datenbankfunktionen und -objekte, die die Sicherheit Ihrer Applikation noch weiter verbessern. Wir werden uns mit Views, Stored Procedures und Triggern beschäftigen, die weitere Sicherheitschecks beim Zugriff auf und der Aktualisierung von Daten durchführen.

Wir werden einige in frage kommenden Techniken und sichere und erprobte Methoden erläutern. Sie können sich dann entscheiden, Ihren Anforderungen entsprechend einige oder alle umzusetzen. Betrachten wir zunächst das Aktivieren und Deaktivieren von Rollen für Benutzer, die versuchen, die Applikation zu starten.

Den Zugriff mit Rollen beschränken

Wird eine Applikation zum ersten Mal gestartet, sollten die richtigen Rollen für den entsprechenden Benutzer aktiviert werden. Desgleichen sollten beim Beenden die Rollen wieder deaktiviert werden. Der Befehl **set role** wird in beiden Fällen verwendet. Ihr erster Schritt beim Aktivieren und Deaktivieren von Rollen ist also, sicherzustellen, dass jede Applikation ihre eigene unverwechselbare Rolle erhält, wie wir bereits erwähnten. Um eine Rolle zu schützen und die unberechtigte Nutzung zu verhindern, kann man zum Beispiel Passwörter verwenden oder dafür sorgen, dass eine Authentifizierung über das Betriebssystem stattfinden muss. Eine Rolle sollte sämtliche Berechtigungen enthalten, die zum erfolgreichen Start der Applikation notwendig sind. Eine weitere Rolle sollte nur ausgewählte Berechtigungen für bestimmte Tabellen oder Views enthalten, die mit der Applikation verbunden sind. Diese Nur-Lese-Rolle ermöglicht es dem Applikationsbenutzer, eigene Berichte mit Abfrage-Tools zu generieren, ohne dass er außerhalb der Applikation Daten verändern kann. Diese Nur-Lese-Rolle kann, muss aber nicht mit einem Passwort geschützt sein, das hängt von der Art und Sensibilität der Daten ab.

Wird die Applikation zum ersten Mal gestartet, kann der Befehl **set role** ausgeführt werden, um eine der Rollen zu aktivieren, die mit der Applikation verbunden sind. Wenn ein Passwort für die Rolle verwendet wird, muss es zusammen mit dem Befehl **set role** angegeben werden, wenn möglich verschlüsselt. Vor der Beendigung sollte jede der Applikation die zuvor aktivierten Rollen deaktivieren.

Das Aktivieren von Rollen beim Start wurde eine der beliebtesten Zugriffsbeschränkungen, wenn man sich über eine Applikation anmeldet. Auch wenn das Verwenden des Befehls **set role** zusammen mit einem Kennwort immer häufiger vorkommt, raten wir dringend von dieser Technik ab, wenn die Sicherheitsmaßnahmen sehr strikt sein sollen. Warum? Weil es sehr einfach ist, das Kennwort herauszufinden und dann die Rolle über einen anderen Client zu setzen. Es gibt viele Tricks für das Speichern des Rollen-Passworts in der ausführbaren Datei, aber keiner dieser Ansätze schützt das

Passwort effektiv davor, entdeckt zu werden. Das Problem ist, wie auch immer Sie das Kennwort in der Programmdatei verstecken oder verschlüsseln mögen, ein Client kann das Kennwort leicht erlauschen, wenn er dem Netzwerkverkehr zwischen Client und Datenbank zuhört.

Es gibt Möglichkeiten, das Mitlauschen zu erschweren, wie zum Beispiel das Verwenden von SSL oder das Verschicken eines verschlüsselten Kennworts, das erst auf dem Server entschlüsselt wird. Dadurch erhöht man den Schwierigkeitsgrad, in das System einzubrechen, macht es aber nicht sicher. Denn alles, was ein Client tut, kann von einem bösartigen Client nachgeahmt werden. Wenn Sie also ein Handshaking-Protokoll ausmachen, um das Kennwort zu verbergen, kann ein böswilliger Client dasselbe durchführen, um sich mit der Rolle zu verbinden. Ein Benutzer kann auch einen Debugger verwenden, um das Kennwort und andere verborgenen Informationen aus der Programmdatei herauszuholen. Die einzige Möglichkeit, jemanden sicher davon abzuhalten, Ihre Applikationslogik zu umgehen, ist das Implementieren eindeutiger Sicherheitsmaßnahmen und Geschäftsregeln auf dem Server.

Den Zugriff auf Informationen mit Views beschränken

Mit Views können Sie die Daten eingrenzen, die ein Benutzer aus den Datenbank-Objekten erhalten kann. Eine View ist eine inhalts- oder kontextabhängige Untermenge einer oder mehrerer Tabellen oder auch anderer Views. In unserer Mitarbeiterapplikation können Sie zum Beispiel eine View für die IT-Abteilung erstellen, die nur Daten aus der Tabelle EMP_TIME_TAB für die Mitarbeiter der IT-Abteilung anzeigt. Die Applikation verwendet dann nur diese View und nicht die Tabelle, und die Benutzer können nur die Daten ihrer eigenen IT-Abteilung sehen. Ebenso können Sie eine View anlegen, die den Zugriff auf bestimmte Spalten einer Tabelle begrenzt, so dass zum Beispiel nur der Mitarbeitername und die eigenen Zeitinformationen zu sehen sind, aber keine anderen Daten, wie die Mitarbeiternummer, verfügbar sind. Sie können auch eine View erstellen, indem Sie zwei Tabellen verknüpfen und alle Daten aus den Tabellen zurückliefern. Eine View ist eine weitere Schicht in Ihrem aktuellen Applikationsentwurf.

Genauso können Sie auch eine View definieren, damit Mitarbeiter ihre Informationen nur an bestimmten Tagen des Monats aktualisieren können. Angenommen, dass es in unserem Zeiterfassungssystem Mitarbeiter gibt, die an Wochenenden keine bezahlte Arbeitszeit angeben dürfen. Sie können eine View mit der Option **with check** erstellen, die sicherstellt, dass Neueingaben und Aktualisierungen, die über diese View vorgenommen werden, auch für die Viewabfrage selbst verfügbar sein müssen. Durch das Begrenzen der Wochentage in der View lassen sich dann auch nur Änderungen an diesen Tagen vornehmen, was Ihnen ermöglicht, Ihre eigenen Geschäftsregeln in der Datenbank umzusetzen.

Datenoperationen mit Stored Procedures

Die Stored Procedures von Oracle8*i* bieten eine weitere leistungsfähige Möglichkeit, nicht nur die Berechtigungen eines Benutzers und seinen Zugriff auf die Daten zu beschränken, sondern auch noch eine begrenzte Menge an dazugehörigen Operationen zu bestimmen, die er in der Datenbank durchführen kann. Wir sind der Meinung, dass es eine sinnvolle Praxis ist, die Geschäftsregeln in Stored Procedures zu verpacken, sofern dies möglich ist. Das ist aus verschiedenen Gründen von Vorteil, unter anderem aus folgenden:

- Stored Procedures helfen dabei, die Sicherheit in der Datenbank zu Gewähr leisten, auch wenn sich Benutzer an der Datenbank über SQL*Plus anmelden, statt die Applikation zu verwenden.
- Wenn der Benutzer die Stored Procedure ausführt, kann er nur auf die Informationen zugreifen, die sie freigibt.
- Stored Procedures stellen sicher, dass Benutzer so wenig Berechtigungen wie möglich erhalten und auf die Daten nur gemäß den Sicherheitsrichtlinien zugreifen können.

Sehen wir uns ein Beispiel mit unserem Mitarbeiter an, der keinen Ausgleich für Überstunden enthält, die wir hier als die Stunden definiert haben, die über acht Arbeitsstunden pro Tag hinausgehen. Wir schreiben eine Stored Procedure, die Benutzer daran hindert, mehr als acht Stunden pro Tag in ihrer Zeiterfassung einzugeben.

```
create procedure ENTER_TIME
(EMPLOYEE_NO in number,
 HOURS in number)
as begin
  if HOURS <= 8
    then
      update EMP_TIME_TAB
      set HOURS_ENTERED=HOURS
      where EMPNO=EMPLOYEE_NO;
    else
      null;
    end if;
end;
```

In dieser Prozedur übergeben wir die Nummer des Mitarbeiters und die Anzahl der Stunden, die er an diesem Tag gearbeitet hat. Dabei wird geprüft, ob die Anzahl der Stunden nicht größer als acht ist, und dann aktualisiert die Prozedur die Tabelle EMP_TIME_TAB mit den Mitarbeiterinformationen. Wenn es mehr als acht Stunden sind, aktualisiert die Prozedur die Tabelle nicht. Dieses Beispiel setzt voraus, dass ein Benutzer, der keine Überstunden leisten darf, auch niemals mehr als acht Stunden pro Tag einträgt. Wenn dies doch der Fall ist, werden seine Informationen in der Tabelle EMP_TIME_TAB gar nicht gespeichert. Natürlich müssen wir nicht so rigide sein. Es handelt sich nur um ein Beispiel für eine Prozedur, die diese Richtlinie erzwingt.

Obgleich Sie diese Mitarbeiter berechtigt haben können, die Daten über die View EMP_TIME zu aktualisieren, ermöglicht Ihnen die Stored Procedure, Ihre Geschäftsregeln in der Datenbank umzusetzen, indem sie verhindert, dass Mitarbeiter, die keine bezahlten Überstunden erhalten, auch keine in das System eintragen können, da dieser Vorgang gegen die Regeln verstoßen würde. Durch die Stored Procedure benötigen Ihre Benutzer keinen Zugriff auf die View EMP_TIME. Stattdessen benötigen Sie nur die Ausführungsberechtigung für die Prozedur zum Aktualisieren der Tabelle.

Mit Datenbank-Triggern die Funktionalität anpassen

Wie Stored Procedures sind auch Datenbank-Trigger benutzerdefinierte Sets von PL/SQL- oder Java-Befehlen, die in kompilierter Form abgespeichert werden. Stored Procedures werden ausgeführt, wenn man sie aufruft, während Datenbank-Trigger automatisch aufgerufen werden, wenn ein bestimmtes vordefiniertes Ereignis eintritt. Ein Trigger kann entweder vor oder nach einem Insert, Update oder Delete ausgeführt werden, so dass der Trigger automatisch ausgelöst wird, wenn diese Operation auf die angegebene Tabelle ausgeführt wird. Es gibt vier mögliche Definitionen für einen Triggertyp auf eine Tabelle:

- BEFORE Anweisung
- BEFORE Zeile
- AFTER Anweisung
- AFTER Zeile

Anweisungstrigger werden nur einmal pro Befehl ausgeführt, unabhängig davon, wie viele Zeilen durch den triggernden Befehl betroffen sind. Zeilentrigger werden pro betroffene Zeile ein Mal ausgelöst.

Die Vorteile von Datenbank-Triggern sind ähnlich wie die der Stored Procedures, außer dass es für sie eine detailliertere Zugriffskontrolle gibt und die konsistente Regeleinhaltung sichergestellt wird. Datenbank-Trigger ermöglichen es Ihnen auch, unsichtbare Aktionen bei Benutzeraktivitäten durchzuführen. So können Sie zum Beispiel einen **before update**-Trigger auf die EMP-Tabelle definieren, der automatisch die bestehenden Werte dokumentiert, bevor ein Benutzer sie abändert. Dadurch erhalten Sie den alten und neuen Datensatz für jede aktualisierte Zeile. Sie können auch mehrere Trigger des gleichen Typs (Anweisung oder Zeile) für eine einzige Tabelle festlegen, um unterschiedliche Operationen zu überwachen. Trigger sind sehr nützlich, wenn Sie Sicherheitsmaßnahmen für die Datenbank umsetzen wollen. Angenommen, Sie erlauben in der Zeiterfassungsanwendung nur zwischen 8:00 Uhr und 20:00 Uhr die Dateneingabe. Sie können einen Trigger definieren, der diese Geschäftsregel wie folgt umsetzt:

```
create trigger CHECK_EMPLOYEE_ACCESS
before delete or insert or update
on EMPLOYEE.EMP_TIME_TAB
begin
/* Wenn die aktuelle Uhrzeit nicht zwischen 8:00 und 20:00 ist, liefere
   einen Fehler zurück. */
  if to_char(sysdate,'HH24') < '08' OR
     to_char(sysdate,'HH24') >= '20'
  then
    raise_application_error (-20501, 'Es dürfen keine Zeiten vor 8:00
oder nach 20:00 eingegeben werden.');
  end if;
end;
```

Der Trigger wird jedes Mal ausgelöst, wenn ein Datensatz in der Tabelle EMP_TIME_TAB gelöscht, eingefügt oder aktualisiert wird, um die aktuelle Zeit zu prüfen und sicherzustellen, dass nur zwischen 8:00 Uhr und 20:00 Uhr Daten geändert werden. Wenn die aktuelle Uhrzeit außerhalb dieses Bereichs liegt, löst der Trigger einen Fehler aus. Wenn sich die Zeit im korrekten Rahmen befindet, werden die Änderungen an der Tabelle vorgenommen.

Wenn irgendwelche Aktionen und Prüfungen als Folge eines SQL-Befehls fehlschlagen, wird die Transaktion zurückgenommen, um die Datenintegrität sicherstellen zu können. Oracle8*i* bietet Ereignistrigger für diverse Datenbankereignisse, einschließlich dem An- und Abmelden, Hoch- und Herunterfahren der Datenbank sowie dem Anlegen, Verändern und Löschen von Objekten. Ereignistrigger können auf Datenbankebene oder für einzelne Schemata definiert werden.

Sie können Sicherheitsrichtlinien umsetzen, indem Sie einen **on logon**-Trigger erstellen, der prüft, wie und von wo sich ein Benutzer anmeldet. Sie können einen **on logon**-Trigger auch dazu verwenden, einen Applikationskontext für einen Benutzer zu setzen, um den Zugriff auf Daten zu beschränken. Trigger können sogar zum Erweitern der eingebauten Sicherheitsmaßnahmen auf dem Oracle8*i*-Datenserver verwendet werden, was Organisationen mehr Kontrolle darüber verschafft, wie und wann Benutzer auf Daten zugreifen.

Mit Stored Procedures, Triggern und Views lassen sich Sicherheitsmaßnahmen effektiv umsetzen, da alle diese Optionen darauf basieren, die Sicherheitsregeln schon im Server zu aktivieren. Dadurch lässt sich vermeiden, dass Benutzer die Maßnahmen umgehen, indem sie einen anderen Client verwenden.

10.1.4 Oracle Call Interface

Das Oracle Call Interface (OCI) ist eine Programmierschnittstelle (Application Programming Interface, API) auf sehr niedrigem Niveau, das Entwickler nutzen können, um sich mit einem Oracle-Server zu verbinden. Die OCI-Schicht bietet die grundlegenden Funktionen für die Verwaltung von Verbindungen, das Ausführen von SQL-Anweisungen und Empfangen von Ergebnissen aus der Datenbank. Zudem gibt es fortgeschrittene Features, die ansonsten von jedem Entwickler neu geschrieben werden müssten, um sich seine Verbindungen aufzubauen.

Um Verantwortungen zuweisen zu können, wollen Organisationen die Identität der Benutzer kennen, die auf die Datenbank zugreifen. Wenn dies nicht möglich ist, lassen sich auch die Überwachung und die Zugriffskontrolle nicht sinnvoll nutzen. Wenn niemand Rechenschaft über sein Tun ablegen muss, können die Benutzer in Ihrer Datenbank herumwüten, wie es die Viehdiebe und Revolverhelden im Wilden Westen taten. Wenn Sie die Identität des Benutzers nicht wahren können, können Sie auch nicht die Aktivitäten oder Zugriffsmöglichkeiten spezieller Individuen einschränken.

Aufgrund des neuen Paradigmas in der Applikationsentwicklung wurde das Verwalten der Benutzeridentität sehr schwierig. In den letzten Jahren entwickelte sich der Trend, abgestufte Applikationen zu entwerfen, die Ihre Daten in Schichten verwalten. Auch wenn es beliebig viele Schichten geben kann, so genannte *N-Tiers*, nutzen die meisten Architekturen drei Schichten. Diese drei Schichten sind:

- die Präsentationsschicht (*Presentation Layer*)
- die Geschäftslogikschicht (*Business Logic Layer*)
- die Datenschicht (*Data Layer*)

Die Präsentationsschicht befindet sich auf dem Arbeitsplatzrechner des Clients und präsentiert die Daten in einem logischen, intuitiven und gefälligen Format. Dabei kommuniziert die Präsentationsschicht mit der Geschäftslogikschicht. Diese wiederum empfängt Befehle und übersetzt sie in Aufgaben, die dann an die Datenschicht weitergeleitet werden, üblicherweise einer Datenbank wie Oracle.

Bei diesem Modell müssen Sie nicht mehr länger die Benutzer direkt mit der Datenbank verbinden. Stattdessen werden sie gegenüber der mittleren Schicht (*Middle Tier*), also der Geschäftslogikschicht, authentifiziert, die sich wiederum auf Wunsch des Endbenutzers mit der Datenbank verbindet. Wieso ist das schlecht für die Sicherheit? Vor allem, weil Sie all die leistungsfähigen Sicherheits-Features verlieren, die Oracle zur Verfügung stellt.

Oracle hat versucht, dieses Problem etwas abzumildern, indem einige Features zur Datenbank hinzugefügt wurden, die es ermöglichen, die Identität des Endbenutzers durch die mittlere Schicht „hindurchzuleiten" und zwischen den einzelnen Schichten einer Applikation zu vermitteln. Mit OCI kann eine mittlere Schicht eine Anzahl von „leichtgewichtigen" Benutzersitzungen einrichten, wobei jede von ihnen einen verbundenen Benutzer eindeutig identifiziert. Zudem stellt Oracle8*i* einen eingebauten Namensraum namens USERENV für Applikationen zur Verfügung, über den man Zugriff auf vordefinierte Attribute erhält. So kann zum Beispiel die IP-Adresse des verbundenen Benutzers, der Benutzername und ein Proxy-Benutzername über USERENV ausgelesen werden. Wir werden Ihnen mehr über USERENV in Kapitel 12 erzählen.

Drei-Schichten-Systeme mit Oracle8*i* sichern

Die Verbreitung der Drei-Schichten-Systeme stieg mit den Internet-Applikationen dramatisch an. Tatsächlich werden Applikationen mit diesem Modell oft als „Internet Computing Model" bezeichnet, weil bei dem typischsten Modell ein Browser genutzt wird, um sich mit einem Application-Server zu verbinden, der sich wiederum mit einer Datenbank verbindet. Bei Oracle8*i* handelt die N-Tier-Authentifizierung viele der Sicherheitsfragen ab, die in Drei-Schichten-Applikationen auftreten können. Einige davon sind:

- Sicherstellen der Benutzerauthentifizierung
- Kontrollieren des Benutzerzugriffs
- Überwachen der Benutzeraktivitäten
- Schützen der Datensicherheit zwischen den Schichten
- Begrenzen der Berechtigungen der mittleren Schicht
- Verwalten der Identitäten zwischen den Schichten
- Aufbauen skalierbarer Systeme

Den Benutzer authentifizieren

Drei-Schichten-Systeme steigern die Komplexität der Benutzerauthentifizierung und der Zugriffskontrolle. In einer zweischichtigen Client/Server-Architektur kann die Datenbank die Benutzer beim Verbindungsaufbau authentifizieren, da sie sich direkt vom Client aus an der Datenbank anmelden. Die Datenbank kann auch alle Aktivitäten, die über die Verbindung des Benutzers gesendet werden, mit seinem Namen verknüpfen, den Zugriff auf sensible Datenbankinformationen gewähren oder verweigern, und die Benutzeraktivitäten auditieren, falls nötig.

In einer typischen Drei-Schichten-Applikation ist die mittlere Schicht für die Authentifizierung an der Datenbank verantwortlich. Dabei verarbeitet diese Schicht die Daten, die sie erhält, bevor sie die Informationen der Backend-Datenbank als Anfrage, Update oder ähnliche Transaktion mitteilt. Die Datenbank muss die mittlere Schicht zwingen, die Benutzerauthentifizierung durchzuführen, und vertraut darauf, dass diese Schicht die Benutzeridentitäten korrekt mit den Aktionen verknüpft, die diese Benutzer ausführen wollen. Auf Grund dieser Verantwortlichkeiten ist es viel schwieriger, in einem Drei-Schichten-System eine sichere Authentifizierung durchzuführen, als in einem Zwei-Schichten-System, da eine weitere Schicht mit möglichen Sicherheitsproblemen hinzukommt. Und nun betrachten wir einige der verfügbaren Authentifizierungsformen.

Authentifizierung des Clients an der mittleren Schicht Die Authentifizierung des Clients an der mittleren Schicht ist notwendig, wenn ein System wenigstens grundlegende Sicherheitsmaßnahmen umsetzen will. Die mittlere Schicht ist normalerweise die erste Stelle, an der der Benutzer auf sinnvolle Informationen zugreifen kann. Benutzer sollten und müssen sich selbst an der mittleren Schicht authentifizieren. Dies kann auch gegenseitig erfolgen, das heißt, die Clients authentifizieren sich selbst an der mittleren Schicht, und gleichzeitig authentifiziert sich die mittlere Schicht beim Client.

Authentifizierung der mittleren Schicht an der Datenbank Die mittlere Schicht initiiert normalerweise eine Verbindung zur Datenbank, um Daten zu erhalten. Daher muss die Verbindung der mittleren Schicht genauso authentifiziert werden. Die Oracle8*i*-Datenbank erlaubt keine unauthentifizierten Verbindungen, und zudem sollte – wie schon erwähnt –die Authentifizierung der mittleren Schicht an der Datenbank auch auf Gegenseitigkeit beruhen.

Erneute Authentifizierung des Clients über die mittlere Schicht an der Datenbank Das erneute Authentifizieren des Clients über die mittlere Schicht an der Datenbank kann in Drei-Schichten-Systemen zu Probleme führen. Der Benutzername ist womöglich in der mittleren Schicht und der Datenbank nicht identisch. In diesem Fall muss der Benutzer einen Namen und ein Kennwort vielleicht erneut eingeben, was die mittlere Schicht dann nutzt, um sich auf ihre Art mit der Datenbank zu verbinden. Die mittlere Schicht kann den angegebenen Benutzernamen auf einen Datenbank-Benutzernamen abbilden, indem Sie einen LDAP-kompatiblen Verzeichnisdienst nutzt, wie zum Beispiel Oracle Internet Directory. Wir werden das Oracle Internet Directory in Kapitel 12 besprechen.

Wenn sich Clients selbst an der Datenbank reauthentifizieren müssen, muss die mittlere Schicht ein Kennwort vom Benutzer anfordern oder es selbst für ihn ermitteln, um ihn damit zu authentifizieren. Es wird also von der mittleren Schicht erwartet, dass sie das Kennwort des Benutzers ordentlich verwaltet und nicht mißbraucht.

Wenn die mittlere Schicht ein Applet für einen Client herunterlädt, kann sich der Client direkt mit der Datenbank verbinden und die mittlere Schicht muss den Benutzer nicht reauthentifizieren. In diesem Fall ist der Application-Server nur ein Server für den Benutzer und spielt bei der weiteren Authentifizierung des Benutzers keine Rolle.

Die Berechtigungen der mittleren Schicht begrenzen Eine gängige Praxis, die eingehalten werden sollte, ist es, den Benutzern nur die Berechtigungen zuzugestehen, die sie unbedingt benötigen, um ihre Aufgaben erledigen zu können. In Bezug auf die mittlere Schicht bedeutet dies, dass sie nicht mehr Berechtigungen erhält als nötig. Oracle8*i* ermöglicht Ihnen, die mittlere Schicht so einzuschränken, dass sie sich nur auf Anforderung bestimmter Benutzer mit ausgesuchten Rollen verbinden kann.

Angenommen, die Benutzerin JENNIFER möchte sich mit der Datenbank über einen mittelschichtigen Server namens APPSVR (ebenfalls ein Datenbankbenutzer) verbinden. JENNIFER hat mehrere Rollen, aber wir wollen die mittlere Schicht so einschränken, dass sie nur die Rolle EMPLOYEE auf Anforderung der Benutzerin hin verwenden darf.

Als DBA können Sie APPSVR die Berechtigung erteilen, im Auftrag von JENNIFER Verbindungen über die Rolle EMPLOYEE aufzubauen, indem Sie die folgende Syntax nutzen:

```
alter user JENNIFER
grant connect through APPSRV
 with role EMPLOYEE;
```

Standardmäßig kann die mittlere Schicht keine Verbindungen für einen Client aufbauen. Die Berechtigungen müssen auf Benutzerbasis erteilt werden. Um APPSRV zu erlauben, alle Rollen zu verwenden, die JENNIFER zugeteilt sind, kann der folgende Befehl genutzt werden:

```
alter user JENNIFER
grant connect through APPSRV
 with role all;
```

Wenn eine mittlere Schicht eine leichtgewichtige (OCI-) Sitzung für einen anderen Datenbankbenutzer aufbaut, prüft die Datenbank, ob diese das Recht hat, sich im Auftrag dieses Benutzers mit der angegebenen Rolle zu verbinden.

Wie Proxying durchgeführt wird

Die nächste Frage, die Sie sich stellen sollten, lautet: „Wie wird das Proxying über die mittlere Schicht durchgeführt?“ Der Prozess ist ziemlich komplex und erfordert einige Programmierarbeit in der mittleren Schicht. Wir werden anhand eines Beispiels die erforderlichen Schritte aufzeigen, damit Sie verstehen, wie der Prozess abläuft.

Da sich dieser Abschnitt eher an Applikationsentwickler wendet, werden einige Datenbank-Administratoren diese Informationen nicht sehr hilfreich finden. Wir zeigen zum Teil recht ausführlichen Beispiel-Code in der Programmiersprache C. Das tun wir deshalb, weil es zu diesem Thema kaum aktuelle Dokumentation gibt. Mit diesen Beispielen können Sie selbst eine Applikation erstellen, die als Proxy zur Datenbank dienen kann.

Der größte Teil des OCI-Codes ist für eine Standard-OCI-Verbindung immer gleich. Wie bei jedem Programm müssen Sie zunächst ein paar allgemeine Initialisierungen vornehmen:

```
*OCIEnv *env_hnd;
OCIError *error_handle;
OCIServer *db_handle;
OCISvcCtx *middle_tier_handle;
OCISession *handle_for_evelyn, handle_for_eric;
```

```
(void) OCIInitialize((ub4) OCI_DEFAULT,(dvoid *)0,(dvoid * (*)(dvoid *,
size_t))0, (dvoid * (*)(dvoid *, dvoid *, size_t))0,(void (*)(dvoid *,
dvoid *)) 0 );
(void) OCIEnvInit( (OCIEnv **) &env_hnd, OCI_DEFAULT, (size_t) 0,(dvoid
**) 0 );
(void) OCIHandleAlloc( (dvoid *) env_hnd, (dvoid **) &error_handle,
OCI_HTYPE_ERROR, (size_t) 0, (dvoid **) 0);
(void) OCIHandleAlloc( (dvoid *) env_hnd,(dvoid *)&db_handle,
OCI_HTYPE_SERVER, (size_t) 0, (dvoid **) 0);
(void) OCIHandleAlloc( (dvoid *) env_hnd, (dvoid **)
&middle_tier_handle, OCI_HTYPE_SVCCTX, (size_t) 0, (dvoid **) 0);
(void) OCIAttrSet((dvoid *) middle_tier_handle, OCI_HTYPE_SVCCTX,
(dvoid *) data_server_handle, (ub4) 0, OCI_ATTR_SERVER, error_handle);
```

Von besonderem Interesse ist der vorletzte Befehl, in dem die Sitzung middle_tier_ handle allokiert wird. Dieser Handle wird genutzt werden, um zwischen verschiedenen Clients umschalten zu können. Natürlich muss sich die mittlere Schicht, bevor Sie etwas starten können, an der Datenbank authentifizieren, normalerweise als Besitzer der Applikation:

```
(void) OCIHandleAlloc((dvoid *) env_hnd, (dvoid **)
&middle_tier_handle, (ub4) OCI_HTYPE_SESSION,(size_t) 0, (dvoid **) 0);
(void) OCIAttrSet((dvoid *) middle_tier_handle, (ub4)
OCI_HTYPE_SESSION, (dvoid *) "sales_owner", (ub4)
strlen("sales_owner"), OCI_ATTR_USERNAME, error_handle);
(void) OCIAttrSet((dvoid *) middle_tier_handle, (ub4)
OCI_HTYPE_SESSION, (dvoid *) "password", (ub4) strlen("password"),
OCI_ATTR_PASSWORD, error_handle);
OCISessionBegin(middle_tier_handle, error_handle, middle_tier_handle,
OCI_CRED_RDBMS, OCI_DEFAULT);
```

Nun haben wir einen Sitzungs-Handle für die mittlere Schicht allokiert, Kennwort und Benutzernamen gesetzt und uns schließlich mit der Datenbank verbunden. Der nächste Schritt besteht darin, eine Sitzung einzurichten, über die wir einen Client mit dem Attribut OCI_ATTR_PROXY_CREDENTIALS weiterleiten können:

```
(void) OCIHandleAlloc((dvoid *) env_hnd, (dvoid **) &handle_for_evelyn,
(ub4) OCI_HTYPE_SESSION,(size_t) 0, (dvoid **) 0);
(void) OCIAttrSet((dvoid *) handle_for_evelyn, (ub4) OCI_HTYPE_SESSION,
(dvoid *) "EVELYN", (ub4) strlen("EVELYN"), OCI_ATTR_USERNAME,
error_handle);
(void) OCIAttrSet((dvoid *) handle_for_evelyn, (ub4) OCI_HTYPE_SESSION,
(dvoid *) middle_tier_handle,(ub4) 0, OCI_ATTR_PROXY_CREDENTIALS,
error_handle);
OCISessionBegin(middle_tier_handle, error_handle, handle_for_evelyn,
OCI_CRED_PROXY, OCI_DEFAULT);
```

Nach dem Allokieren des Handles und dem Setzen des Benutzernamens richten wir die Sitzung so ein, dass sie Proxy-Bestätigungen verwenden kann, und starten dann die Sitzung. Beachten Sie, dass wir kein Kennwort benötigen, da wir das Attribut OCI_ATTR_PROXY_CREDENTIALS gesetzt haben. Dies ist der Schlüssel für das Weiterleiten eines „leichtgewichtigen" Benutzers.

Um nun den Kontext der mittleren Schicht auf die Benutzerin EVELYN umzusetzen, müssen Sie nur das Attribut OCI_ATTR_SESSION für die Sitzung middle_tier_handle setzen:

```
(void) OCIAttrSet((dvoid *)middle_tier_handle, (ub4) OCI_HTYPE_SVCCTX,
(dvoid *) handle_for_evelyn, (ub4)0, (ub4)OCI_ATTR_SESSION,
error_handle);
```

Nachdem der Kontext umgeschaltet ist, kann die mittlere Schicht in der Datenbank als Benutzerin EVELYN agieren. Alle Audit-Ereignisse werden von EVELYN aufgezeichnet, der Applikationskontext wird auf EVELYN gesetzt und die Berechtigungen von EVELYN werden verwendet. In allen Bereichen und Umgebungen ist der Benutzer EVELYN.

Nun verbindet sich ein anderer Benutzer, ERIC, mit der mittleren Schicht und muss in der Datenbank ein paar Informationen abfragen. Die mittlere Schicht muss eine weitere Sitzung allokieren:

```
(void) OCIHandleAlloc((dvoid *) env_hnd, (dvoid **) &handle_for_eric,
(ub4) OCI_HTYPE_SESSION,(size_t) 0, (dvoid **) 0);
(void) OCIAttrSet((dvoid *) handle_for_eric, (ub4) OCI_HTYPE_SESSION,
(dvoid *) "ERIC", (ub4) strlen("ERIC"), OCI_ATTR_USERNAME,
error_handle);
(void) OCIAttrSet((dvoid *) handle_for_eric, (ub4) OCI_HTYPE_SESSION,
(dvoid *) middle_tier_handle,(ub4) 0, OCI_ATTR_PROXY_CREDENTIALS,
error_handle);
OCISessionBegin(middle_tier_handle, error_handle, handle_for_eric,
OCI_CRED_PROXY, OCI_DEFAULT);
```

Um den Kontext der mittleren Schicht auf ERIC umzuschalten, muss das Attribut OCI_ATTR_SESSION gesetzt werden:

```
(void) OCIAttrSet((dvoid *)middle_tier_handle, (ub4) OCI_HTYPE_SVCCTX,
(dvoid *) handle_for_eric, (ub4)0, (ub4)OCI_ATTR_SESSION,
error_handle);
```

Sie können nun zwischen den beiden Sitzungen hin und her schalten, indem Sie OCIAttrSet mit den passenden Handles aufrufen. Wenn Sie wieder eine Abfrage für die Benutzerin EVELYN ausführen müssen, rufen Sie OCIAttrSet erneut mit dem Handle von EVELYN auf:

```
(void) OCIAttrSet((dvoid *)middle_tier_handle, (ub4) OCI_HTYPE_SVCCTX,
(dvoid *) handle_for_evelyn, (ub4)0, (ub4)OCI_ATTR_SESSION,
error_handle);
```

Eine andere Art des Proxyings

Die mittlere Schicht kann auch als Proxy arbeiten, indem sie das Kennwort des Benutzers an die Datenbank weiterleitet, anstatt sich selbst als mittlere Schicht zu authentifizieren. Dies ähnelt sehr einer normalen Client/Server-Authentifizierung, ermöglicht aber eine Authentifizierung ohne Oracle-Treiber auf dem Client.

Diese Architektur kann man sich zum Beispiel bei einem Web-Browser vorstellen, der sich mit einem Web-Server verbindet, der wiederum eine Oracle-Datenbank anspricht. Der Web-Browser leitet den Oracle-Benutzernamen und das Kennwort durch ein Formular an den Web-Server weiter. Dieser verbindet sich mit der Datenbank und verwendet diese Bestätigungen mit der folgenden Funktion:

```
OCIAttrSet(OCISession *session_handle, OCI_HTYPE_SESSION, lxstp
*password, (ub4), OCI_ATTR_PASSWORD, OCIError *error_handle);
```

Benutzerkonten erstellen

In den meisten Fällen benötigen Benutzer keine eigenen Konten oder Schemata, um eine Applikation ausführen zu können. Die meisten Benutzer benötigen nur Zugriff auf das Applikationsschema. Da die Benutzer keine eigenen Objekte in der Datenbank anlegen müssen, müssten sie sich ein Schema teilen können.

Oracle Advanced Security bietet die Möglichkeit, viele Benutzer eines Unternehmens auf dasselbe Schema einer Datenbank abzubilden. Zusammen mit dem Oracle Internet Directory können Sie den Benutzer einmalig im Verzeichnis anlegen, anstatt in jeder Datenbank, auf die er Zugriff haben muss, ein Konto für ihn zu erstellen. Dann kann man den Benutzer auf ein allgemeines Schema verweisen lassen, das auch andere Benutzer verwenden. Diese Unterscheidung zwischen Benutzer und Schema hat den Vorteil, dass im Unternehmen ein Verzeichnis zur Verfügung steht. Eine zentrale Benutzerverwaltung bietet größere Sicherheit und reduziert die laufenden Kosten.

Der Oracle Enterprise Manager ermöglicht es einem Administrator, die folgenden Schritte von einer einzigen Konsole aus durchzuführen:

- Unternehmensbenutzer im Oracle Internet Directory erstellen
- Benutzer in mehreren Oracle8*i*-Datenbanken anlegen
- Ein verteiltes Schema erstellen
- Unternehmensbenutzer auf verteilte Schemata abbilden
- Unternehmens-Rollen anlegen, die mehrere Datenbanken betreffen

10.1.5 Auditing zur Überwachung der Datenbankaktivitäten

Bei jeder Sicherheitsrichtlinie müssen Sie eine Liste der Systemaktivitäten vorhalten, um sicherzustellen, dass die Benutzer auch für ihre Aktionen verantwortlich gemacht werden können. Oracle8*i* bietet umfangreiche Audit-Möglichkeiten, um diese Anforderungen erfüllen zu können. Die Audit-Möglichkeiten erlauben Ihnen, Aktivitäten in der Datenbank in folgender Weise protokollieren zu können:

- Pro Befehl
- Pro Nutzung der Systemberechtigungen
- Pro Objekt
- Pro Benutzer

Sie können ganz allgemein die Aktivitäten aller Benutzer protokollieren, die sich mit der Datenbank verbinden, oder auch ganz speziell auditieren, ob ein bestimmter Benutzer eine Tabelle aktualisiert. Es lassen sich erfolgreiche oder erfolglose Operationen festhalten. Das Auditieren von erfolglosen **select**-Befehlen zeigt, welche Benutzer wie oft versuchen auf Informationen zuzugreifen, für die sie keine Berechtigungen haben. Sie können Standard-Audit-Optionen für Objekte setzen, so dass neue Objekte ab dem Zeitpunkt ihrer Entstehung überwacht werden. Audit-Daten können in einer Oracle8*i*-Tabelle oder in einer Datei des Betriebssystems gespeichert und dann durch Abfrage-Tools oder passende Applikationen analysiert werden.

Effektives Auditing

Oracle8*i* implementiert das Auditieren effizient, da Anweisungen gleichzeitig für die Ausführung und Protokollierung analysiert werden statt getrennt. Das Auditieren ist zudem im Server selbst implementiert und bedarf keines separaten Zusatz-Servers, dem die Befehle je nach Standort erst zugesandt werden müssen. Aufteilung und Umfang dieser Audit-Optionen ermöglichen es Ihnen, bestimmte Datenbank-Aktivitäten aufzuzeichnen, ohne den großen Overhead nach sich zu ziehen, den ein allgemeines Auditing mit sich bringt.

Erweiterbares Auditing

Um angepasste Informationen aufzuzeichnen, die nicht automatisch in den Audit-Daten vorhanden sind, können Sie Trigger nutzen, um Ihre eigenen Audit-Konditionen und den Inhalt der Daten bestimmen zu können. So können Sie zum Beispiel einen Trigger auf die Tabelle EMP_SALARY definieren, der einen Audit-Datensatz erstellt, wenn das Gehalt eines Mitarbeiters um mehr als zehn Prozent erhöht wird, und dabei die wichtigen alten und neuen Werte der Spalte SALARY protokollieren.

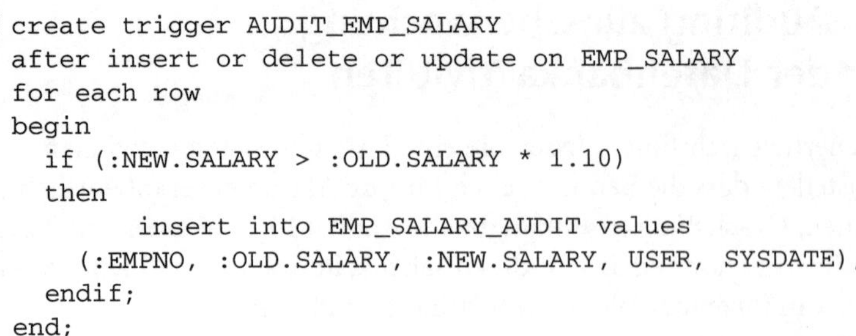

```
create trigger AUDIT_EMP_SALARY
after insert or delete or update on EMP_SALARY
for each row
begin
  if (:NEW.SALARY > :OLD.SALARY * 1.10)
  then
        insert into EMP_SALARY_AUDIT values
    (:EMPNO, :OLD.SALARY, :NEW.SALARY, USER, SYSDATE);
  endif;
end;
```

In diesem Trigger wird noch vor der Änderung an der Tabelle EMP_SALARY geprüft, ob das Gehalt um mehr als zehn Prozent angehoben wurde. Wenn dies der Fall ist, fügt der Trigger einen Datensatz in eine Audit-Tabelle ein, wobei unter anderem der alte und neue Wert des Gehalts mit gespeichert werden. Der Mitarbeiter, der die Änderung vorgenommen hat, wird auch erfasst. Sie können Ereignis-Trigger nutzen, um Audit-Optionen für bestimmte Benutzer bei der Anmeldung zu aktivieren und bei der Abmeldung wieder auszuschalten.

Auditing bei Drei-Schichten-Applikationen

Viele Drei-Schichten-Applikationen authentifizieren Benutzer an der mittleren Schicht. Diese mittlere Schicht beziehungsweise der Application-Server verbindet sich dann als entsprechend berechtigter Benutzer und führt alle Aktivitäten im Auftrag der anderen Benutzer durch. Bei Oracle8*i* können Sie die Identität des echten Clients auch in der mittleren Schicht beibehalten, die entsprechend begrenzten Rechte übernehmen und die Aktionen protokollieren, die der Application-Server im Auftrag der Benutzer durchführt. Die Audit-Datensätze von Oracle8*i* nehmen sowohl den angemeldeten Benutzer auf, der die Verbindung hergestellt hat, als auch den Benutzer, in dessen Auftrag dies vorgenommen wurde. Um zum Beispiel alle **select**-Befehle für die Tabelle EMP_SALARY zu dokumentieren, die eine mittlere Schicht namens APPSRV durchgeführt hat, aktivieren Sie die folgende Audit-Option:

```
audit SELECT on EMP_SALARY by APPSRV on behalf of any;
```

Dadurch werden der ausführende Benutzer und der Benutzer erfasst, der dies beauftragt hat. Durch das Auditieren von Benutzeraktivitäten, unabhängig davon, ob die Benutzer über einen Application-Server oder direkt mit der Datenbank verbunden sind, wird die Verantwortlichkeit der Benutzer gesteigert und damit auch die allgemeine Sicherheit eines mehrschichtigen Systems.

Aktives Auditing

Auch wenn die Audit-Möglichkeiten Versuche aufzeichnen können, die Datenbank-Sicherheit zu umgehen, werden Administratoren oder Sicherheitsbevollmächtigte nicht direkt darüber informiert, dass ein Einbruch stattfindet oder stattgefunden hat. Wenn einer der Gründe für den Einsatz Ihrer Audit-Funktionalotät darin besteht, Angriffe auf die Sicherheit feststellen zu können, benötigen Sie ein Warnsystem, das den passenden Administrator alarmiert, wenn die Datenbank oder das Betriebssystem verdächtige Verhaltensweisen entdeckt.

Wenn Sie Datenbank-Trigger zum Umsetzen besonderer Audit-Optionen verwenden, kann Oracle einen Alarm an einen wartenden Prozess senden, dass ein Angriff auf die Sicherheit stattfindet.

10.2 Virtual Private Database

Trotz all der Sicherheitsoptionen, die wir Ihnen bisher gezeigt haben, sind wir noch nicht bei einer perfekten Lösung für eine sichere Applikation angelangt. Wir haben uns über Applikationssicherheit und ihre Nachteile unterhalten, und dann über die Kombination von Datenbank-Rollen mit Applikationsberechtigungen. Wenden wir uns nun einer anderen Ebene zu, die uns beim Umsetzen unserer Sicherheitsvorstellungen helfen kann.

Oracle8*i* ermöglicht es Benutzern, Sicherheitseinstellungen auf detaillierterem Level direkt für Tabellen oder Views mit Virtual Private Database (VPD) vorzunehmen. VPD ist eine Kombination aus serverseitiger detaillierter Zugriffskontrolle und einem Applikationskontext. Da die Sicherheitsrichtlinien direkt mit Tabellen verbunden sind und automatisch angewendet werden, wenn ein Benutzer auf Daten zugreift, gibt es keine Möglichkeit, die Sicherheitsvorkehrungen zu umgehen.

Mit restriktiveren Sicherheitseinstellungen, die zentral verwaltet werden und sich direkt auf die Daten auswirken, kann die Sicherheit verbessert werden, unabhängig davon, wie der Benutzer auf die Daten zugreift, ob über Applikationen, eine Abfrage oder über ein Berichts-Tool. Mit VPD verursacht jede Benutzeranweisung, die auf eine Tabelle oder View mit entsprechenden Sicherheitsrichtlinien zugreift, dass der Server den Befehl um eine **where**-Klausel ergänzt, die dynamisch durch die Funktion generiert wird, die mit der Richtlinie verknüpft ist. Die Funktion kann ganz normal eine **where**-Klausel basierend auf Attributen aufbauen, die spezifisch für den angemeldeten Benutzer sind. Die SQL-Anweisung des Benutzers wird transparent verändert und um die entsprechenden Konditionen, die von der Funktion erstellt werden, ergänzt.

Sicherheitsrichtlinien für Tabellen und Views ermöglichen es Ihnen, den Zugriff auf die Daten entsprechend dem Benutzer einzuschränken, der die Anweisungen ausführt. So werden zum Beispiel Manager über andere Zugriffsanforderungen verfügen als normale Mitarbeiter. Betrachten wir die folgende Abfrage für einen IT-Manager, der nur Daten seiner Mitarbeiter in der IT-Abteilung einsehen darf:

```
select * from EMPLOYEE;
```

Die mit der Sicherheitsrichtlinie implementierte Funktion liefert das Prädikat DEPARTMENT = 'IT' zurück, und die Datenbank verändert die Abfrage transparent. Tatsächlich ausgeführt wird Folgendes:

```
select * from EMPLOYEE where DEPARTMENT = 'IT';
```

Die Sicherheitsrichtlinie wird nun direkt in der Datenbank umgesetzt statt in einer Applikation, das heißt, keine andere Applikation kann benutzt werden, um die Sicherheitsrichtlinien zu umgehen. Außerdem können die Richtlinien nun einmalig in der Datenbank erstellt werden, statt in diversen Applikationen immer neu implementiert zu werden. VPD bietet also eine umfassendere Sicherheit als applikationsbasierte Sicherheitsimplementierungen, und ist zudem kostengünstiger.

Virtual Private Database ist eine Möglichkeit, Daten mehrerer Organisationen so voneinander zu isolieren, dass jeder Benutzer seine eigene Datenbank zu besitzen scheint, in der nur die eigenen Informationen abgelegt sind. Wenn Sie zum Beispiel einen Web-Server mit Daten der Firmen A und B haben, können Sie mit Hilfe von VPD sicherstellen, dass die Benutzer jeder Firma nur ihre eigenen Daten sehen, unabhängig davon, wie sie verbunden sind oder welche Berechtigungen sie in der Datenbank haben.

Sie erfahren mehr über die Umsetzung einer VPD in Kapitel 12.

10.2.1 Detaillierte Zugriffskontrolle

Eine detaillierte Zugriffskontrolle ermöglicht es Applikationsentwicklern, die Sicherheitsrichtlinien sehr fein abzustimmen. Die Feinabstimmung der Zugriffskontrolle ermöglicht beispielsweise festzulegen, dass ein Manager nur die Datensätze seiner Mitarbeiter einsehen kann.

Wenn Sie detaillierte Zugriffskontrollen nutzen, erstellen Sie Funktionen für Sicherheitsrichtlinien, die der Tabelle oder View zugeordnet sind, auf der Ihre Applikation basiert. Das Zuweisen von Sicherheitsrichtlinien an Tabellen oder Views erhöht im Gegensatz zur Implementierung in der Applikation die Sicherheit und bietet viel mehr Flexibilität.

Detaillierte Zugriffskontrolle auf eine Tabelle oder View stellt sicher, dass stets dieselben Sicherheitsmaßstäbe gelten, unabhängig davon, ob der Benutzer auf die Daten über ein Abfrage-Tool oder eine Applikation zugreift. Zudem müssen Sie die Sicherheitsrichtlinien nicht in sämtlichen Applikationen einbauen, die für Ihre Firma nötig sind. Sie können sie stattdessen einmalig auf die Tabellen und Views anwenden, und sie werden dann für alle Applikationen wirksam, die sich auf diese Objekte beziehen.

Das Paket DBMS_RLS

Das Paket DBMS_RLS enthält die administrative Schnittstelle für die detaillierte Zugriffskontrolle und ist nur mit der Enterprise Edition verfügbar. Das Paket enthält vier Prozeduren, wie in Tabelle 10-1 zu sehen ist.

Tabelle 10-1: Prozeduren in DBMS_RLS

Prozedur	Zweck
dbms_rls.add_policy	Fügt einer Tabelle oder View eine Richtlinie hinzu
dbms_rls.drop_policy	Löscht eine Richtlinie für eine Tabelle oder View
dbms_rls.refresh_policy	Sorgt für eine erneute Analyse der offenen Cursor, die mit einer Richtlinie verknüpft sind, so dass eine neue Richtlinie oder Änderungen an einer bestehenden direkt wirksam werden.
dbms_rls.enable_policy	Aktiviert oder deaktiviert eine Richtlinie, die Sie vorher einer Tabelle oder View hinzugefügt haben.

Die in Tabelle 10-1 aufgeführten Prozeduren ermöglichen Ihnen, die Tabelle oder View anzugeben, der Sie eine Richtlinie hinzufügen wollen. Dazu kommen noch folgende Informationen:

- Der Name der Richtlinie
- Die Funktion, die die Richtlinie umsetzt
- Der Anweisungstyp, für den die Richtlinie wirksam sein soll (**select**, **insert**, **update** oder **delete**)
- Zusätzliche Informationen

Betrachten wir ein Beispiel:

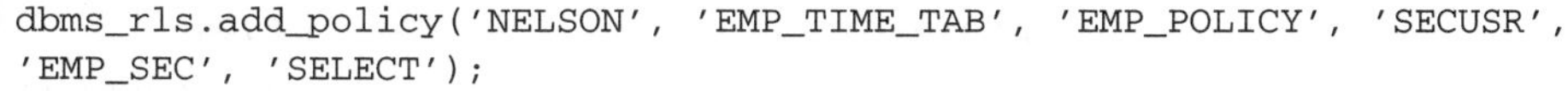

```
dbms_rls.add_policy('NELSON', 'EMP_TIME_TAB', 'EMP_POLICY', 'SECUSR',
'EMP_SEC', 'SELECT');
```

Immer dann, wenn NELSON auf die Tabelle EMP_TIME_TAB über eine Abfrage oder Unterabfrage zugreift, ruft der Server die Funktion EMP_SEC im Schema SECUSR auf. In unserem Beispiel liefert die Funktion ein Prädikat speziell für den aktuellen Benutzer der Richtlinie EMP_POLICY zurück. Ein Prädikat ist die **where**-Klausel, genauer ein Selektionskriterium, das auf einem der Operatoren basiert, aber nicht auf diese Operatoren beschränkt ist (=, !=, IS, IS NOT, >, <, <= oder >=). Die Richtlinienfunktion erstellt das Prädikat basierend auf den Umgebungsvariablen der Sitzung, die während des Funktionsaufrufs verfügbar sind. Diese Variablen tauchen normalerweise in einem Applikationskontext auf. Der Server erstellt diese Abfrage, ohne dass der Benutzer davon etwas bemerkt:

```
select * from NELSON.EMP_TIME_TAB where P1;
```

Hier ist P1 das Prädikat (zum Beispiel HOURS > 8), das von der Funktion EMP_SEC zurückgeliefert wird. Der Server behandelt die Tabelle EMPLOYEE als View und erweitert sie wie eine normale View, außer dass der View-Code aus der temporären View anstatt aus dem Data Dictionary entnommen wird.

Das Paket DBMS_RLS ermöglicht Ihnen auch, Richtlinien zu löschen und sie zu aktivieren beziehungsweise zu deaktivieren, wie hier gezeigt:

```
dbms_rls.drop_policy('NELSON', 'EMP_TIME_TAB', 'EMP_POLICY');
dbms_rls.enable_policy('NELSON', 'EMP_TIME_TAB', 'EMP_POLICY', FALSE);
```

10.2.2 Applikationskontext

Applikationskontexte ermöglichen es Ihnen, Applikationen zu schreiben, die auf Informationen aus der Umgebung eines Kontos während einer Benutzersitzung zugreifen können. Ein Applikationskontext ist sehr nützlich, wenn sichere Applikationen entwickelt werden sollen. Mit einem Applikationskontext definieren, setzen und greifen Sie auf Attribute zu, die eine Applikation nutzen kann, um detaillierte Zugriffsrechte zu verwalten.

Die meisten Applikationen enthalten Informationen über die Basis, auf die der Zugriff beschränkt ist. Für unser Zeiterfassungssystem wollen wir die Zugriffe unsere IT-Mitarbeiter, basierend auf EMPLOYEE_NO und DEPTMENT_NO, so beschränken, dass sie nur die Informationen aus der IT-Abteilung zu sehen bekommen. Diese Werte können als Sicherheitsattribute genutzt werden.

Wenn sich ein Benutzer anmeldet, besteht ein Teil des Initialisierungsprozesses daraus, herauszufinden, welche Berechtigungen der Benutzer abhängig von seiner Identität erhalten kann.

Wie ein Applikationskontext genutzt werden kann

Lassen Sie uns an einem Beispiel vorführen, wie man einen Applikationskontext anlegt und verwendet. Wir gehen die folgenden Schritte durch:

- Erstellen eines PL/SQL-Pakets, das den Kontext für Ihre Applikation setzt
- Erstellen eines eindeutigen Kontexts und Zuweisen mit dem PL/SQL-Paket
- Setzen des Kontexts
- Verwenden des Kontexts in einer Richtlinienfunktion

Schritt 1: Erstellen des Pakets APP_SECURITY_CONTEXT Die folgende Prozedur setzt ein Attribut namens EMPNO im Benutzerkontext APP_CONTEXT. Die Mitarbeiternummer wird abhängig vom aktuellen Benutzer aus einer Tabelle ausgelesen. Wir erhalten den aktuellen Benutzer dabei über den Standardapplikationskontext (USERENV) durch die Funktion SYS_CONTEXT.

```
create or replace package APP_SECURITY_CONTEXT is
   procedure SET_EMPNO;
end;
create or replace package body APP_SECURITY_CONTEXT is
   procedure SET_EMPNO
   is
   EMP_ID number;
   begin
     select EMPNO into EMP_ID from EMP_TAB
      where EMPLOYEE_NAME = SYS_CONTEXT('USERENV', 'SESSION_USER');
     dbms_session.set_context('APP_CONTEXT', 'EMPLOYEE_NO', EMP_ID);
   end;
end;
```

Die Syntax für die Funktion SYS_CONTEXT lautet

```
sys_context('<Namensraum>', '<Attribut>' [, <Länge>])
```

Sie liefert den Wert von *Attribut* wie in dem Paket zurück, das aktuell mit dem Kontext *Namensraum* verbunden ist. Er wird einmal pro Ausführung des Befehls aktualisiert und während der Typprüfung zur Optimierung als Konstante angesehen. Sie können den vordefinierten Namensraum USERENV verwenden, um auf einfache Kontexte wie eine Benutzer-ID oder NLS-Parameter zuzugreifen.

Schritt 2: Erstellen eines eindeutigen Kontexts und Zuweisen mit dem PL/SQL-Paket Um den nächsten Schritt durchführen zu können, benutzen Sie den Befehl **create context**. Jeder Kontext muss ein eindeutiges Attribut besitzen und zu einem Namensraum gehören. Kontextnamen müssen innerhalb einer Datenbank eindeutig sein, nicht nur in einem Schema. Sie gehören *immer* dem Schema SYS. Im Beispiel

```
create context APP_CONTEXT using APP_SECURITY_CONTEXT;
```

ist APP_CONTEXT der Namensraum des Kontexts und APP_SECURITY_CONTEXT das vertrauenswürdige Paket, das Attribute im Namensraum des Kontexts setzen kann.

Nachdem Sie den Kontext erstellt haben, können Sie dessen Attribute mit dem Paket **dbms_session.set_context** setzen oder zurücksetzen. Die Werte der Attribute bleiben solange gesetzt, bis Sie sie zurücksetzen oder bis der Benutzer die Sitzung beendet. Sie können die Kontextattribute nur mit dem Paket setzen, das Sie im Befehl **create context** angegeben haben. Damit vermeiden Sie, dass ein böswilliger Benutzer die Kontextattribute verändern kann, ohne korrekt validiert zu sein.

Schritt 3: Setzen des Kontexts Verwenden Sie einen Ereignis-Trigger bei der Anmeldung, um die Sitzungsinformationen eines Benutzers in den Kontext zu verschieben. Damit werden die Sicherheitseinstellungen des Benutzers automatisch gesetzt, die es der Datenbank ermöglichen, die passenden Sicherheitsentscheidungen zu treffen. Sie können zum Anmelden einen Trigger erstellen, der die Prozedur SET_EMPNO ausführt, so dass Sie beim Starten automatisch die Mitarbeiternummer auslesen können.

Schritt 4: Verwenden des Kontexts in einer Richtlinienfunktion
Nachdem Sie nun den Kontext und das PL/SQL-Paket eingerichtet haben, können Sie dafür sorgen, dass die Richtlinienfunktionen den Applikationskontext dazu verwenden, Entscheidungen basierend auf den Attributen des Kontexts zu setzen.

Lassen Sie uns ein Beispiel anschauen:

```
create or replace package body APP_SECURITY as
/* Beschränkt SELECT-Befehle auf die Mitarbeiternummer */
function EMPNO_SEC (D1 varchar2, D2 varchar2) return varchar2
is
   D_PREDICATE varchar2(2000);
   begin
     D_PREDICATE = 'EMPNO =
SYS_CONTEXT(''APP_CONTEXT'',''EMPLOYEE_NO'');
     return D_PREDICATE;
   end EMPNO_SEC;
end APP_SECURITY;
```

Beachten Sie, dass die Anführungszeichen, die im Paket genutzt werden, alle einfache Anführungszeichen sind (') und keine doppelten. Sie müssen zwei aufeinander folgende einfache Anführungszeichen verwenden, wenn Sie Anführungszeichen in einer festen Zeichenkette verwenden wollen, wie wir es im obigen Beispiel getan haben.

Nun fügen wir die Richtlinie für den Benutzer NELSON hinzu:

```
dbms_rls.add_policy('NELSON', 'EMP_TIME_TAB', 'EMP_POLICY', 'SECUSR',
'APP_SECURITY.EMPNO_SEC', 'SELECT')
```

Dieser Befehl fügt der Tabelle EMP_TIME_TAB eine Richtlinie namens EMP_POLICY hinzu, die für das Betrachten im Schema NELSON wirksam sein soll. Die Funktion APP_SECURITY.EMPNO_SEC setzt die Richtlinie um, ist im Schema SECUSR gespeichert und wird nur für **select**-Befehle aktiv.

Nun liefern alle **select**-Befehle durch einen Mitarbeiter auf der Tabelle EMP_TIME_TAB automatisch nur die Informationen des Mitarbeiters zurück. Das dynamische Prädikat verändert die Anweisung des Benutzers automatisch von

```
select * from EMP_TIME_TAB;
```

in

```
select * from EMP_TIME_TAB where EMPNO = SYS_CONTEXT('APP_CONTEXT',
'EMPLOYEE_NO');
```

SYS_CONTEXT ermittelt die EMPLOYEE_NO aus der Prozedur und gibt nur Mitarbeiterdaten aus der Tabelle zurück, die damit übereinstimmen. Denken Sie daran, dass das Prädikat auf einem einzelnen Attribut für eine beliebige Anzahl von Kontexten basieren kann oder auf einer beliebigen Information, die in einer PL/SQL-Funktion ermittelt werden kann.

10.3 Rechte des Aufrufenden versus Rechte des Erstellers

Wenn Sie jemals PL/SQL-Prozeduren geschrieben haben und dann Benutzern Ausführungsrechte an diesen Prozeduren erteilen wollten, werden Sie festgestellt haben, wie aufwändig dies ist. Aus Sicherheitsgründen vergewissern Sie sich immer wieder, dass Sie einem Benutzer nicht zu viele Rechte an Ihren Tabellen erteilt haben. Das Verwalten mehrerer Umgebungen mit vielen Benutzern und Berechtigungen kann ein Verwaltungs- und Organisationsalptraum sein.

Oracle hat der Programmiersprache PL/SQL in Oracle8*i* interessante neue Funktionalität zukommen lassen. Vor Oracle8*i* konnten Entwickler die Ausführung ihrer Prozeduren nur über die Rechte des Erstellers kontrollieren. Seit Oracle8*i* haben sie nun die Möglichkeit, Prozeduren sowohl mit den Rechten des Aufrufenden als auch mit den Rechten des Erstellers anzulegen. Prozeduren mit *Erstellerrechten* werden im Namenskontext und mit den Berechtigungen der Person ausgeführt, der die Prozedur gehört, während Prozeduren mit *Aufruferrechten* die Berechtigungen und den Namenskontext von dem Benutzer vererbt bekommen, der die Prozedur zur Ausführung aller SQL-Anweisungen in der Prozedur aufruft.

Um den Unterschied deutlicher zu machen, nehmen wir an, dass JENNIFER eine Prozedur erstellt, die die Rechte des Erstellers nutzt. Wenn NELSON nun die Prozedur ausführt, nutzt er während dieser Zeit die Rechte von JENNIFER. Wenn Sie über diesen Satz nachdenken, werden Sie bemerken, dass JENNIFER als Entwicklerin alle Berechtigungen zum Erstellen und Ausführen der Prozedur benötigt. Damit erhält sie eventuell eine sehr hohe Berechtigungsstufe, die sie eigentlich nicht haben dürfte.

Aus Sicherheitsgründen und um zu vermeiden, dass Entwickler unnötig viele Berechtigungen für die Datenbank erhalten, hat Oracle einen anderen Ansatz entwickelt, der als Rechte des Aufrufenden (*Invoker Rights*) bekannt ist. Damit kann JENNIFER die

Prozedur erstellen, muss aber nicht die zur Ausführung nötigen Berechtigungen haben. NELSON müsste dann als Nutzer der Prozedur die entsprechenden Rechte für die verwendeten Objekte bekommen, um die Prozedur ausführen zu können.

Untersuchen wir nun beide Möglichkeiten etwas genauer.

10.3.1 Rechte des Erstellers

Standardmäßig werden Stored Procedures und SQL-Befehle mit den Berechtigungen des Erstellers ausgeführt. Die PL/SQL-Prozedur oder -Funktion wird mit den Berechtigungen gestartet, die dem Besitzer der Prozedur oder Funktion erteilt worden waren, nicht der Person, die sie aktuell ausführt.

Wenn Sie über Erstellerrechte auf Objekte in einem Schema zugreifen wollten, das von dem der Prozedur abwich, mussten Sie die Prozedur in das andere Schema kopieren, Referenzen auf die Objekte verwenden oder gar beides. Natürlich hat dies seine Nachteile.

Betrachten wir nochmals das schon mehrfach erwähnte Zeiterfassungssystem. Die Prozeduren wurden, genauso wie die Tabellen, im Schema EMPLOYEE erstellt. Benutzer, die außerhalb des Schemas definiert wurden, können keine eigenen Prozeduren erstellen, um Daten direkt in die Tabellen von EMPLOYEE einzufügen, solange sie keine expliziten Berechtigungen dazu haben. Rollen werden bei den Erstellerrechten von Prozeduren nicht unterstützt. Damit die Benutzer die Prozeduren in ihre eigenen Schemata kopieren und nutzen können, müssen sie auf den vollständig qualifizierten Namen der Tabelle verweisen, wie zum Beispiel EMPLOYEE.EMP_TIME_TAB. Allerdings kann das hartkodierte Qualifizieren von Namen in Programmen viele Probleme bei der Verwaltung verursachen und den Code sperrig machen. Wenn Sie die Tabellen in ein anderes Schema verschieben müssen, müssen Sie auch jede qualifizierte Referenz im Code abändern.

Sie können als Workaround eventuell öffentliche oder private Synonyme erstellen, aber es gibt eine bessere Lösung. Sehen wir uns die Rechte des Aufrufenden an.

10.3.2 Rechte des Aufrufenden

In Oracle8*i* bieten Prozeduren mit den Rechten des Aufrufenden eine Alternative zu den Rechten des Erstellers. Solche Prozeduren werden mit allen Berechtigungen des Aufrufenden ausgeführt, einschließlich der aktivierten Rollen. Der Ersteller der Prozedur muss nicht wissen, wer die Benutzer sein werden, stattdessen ist es erforderlich dass die Benutzer, die die Prozedur verwenden wollen, neben der Berechtigung zum Ausführen der Prozedur auch die Rechte an allen Befehlen haben, die in der Prozedur abgearbeitet werden. Dabei handelt es sich um Select- und andere DML-Befehle au die referenzierten Tabellen. Das System prüft die Berechtigungen des Aufrufenden zur Laufzeit und löst externe Referenzen für die folgenden Befehle auf:

- Die DML-Befehle **select, insert, update** und **delete**
- Der Befehl zum Sperren von Tabellen während einer Transaktion (**lock table**)
- Die Befehle zum Öffnen eines Cursors (**open** und **open-for cursor-control**)
- Befehle zum Ausführen von dynamischen SQL-Befehlen (**execute immediate** und **open-for-using**)
- SQL-Befehle, die mit **dbms_sql.parse**() analysiert werden

Für alle anderen Befehle prüft das System die Berechtigungen des Erstellers zur Kompilierungszeit und löst externe Referenzen in dessen Schema auf. Wie bei Prozeduren mit Rechten des Erstellers müssen Sie die Ausführungsberechtigung erteilen.

Bei Prozeduren mit den Rechten des Aufrufenden können Sie vielen Benutzern die Ausführungsrechte daran erteilen. Wenn diese Benutzer aber keine Rechte an den in der Prozedur referenzierten Objekten haben, wird die Prozedur nicht korrekt funktionieren. Sie können dabei auch den Zugriff auf Tabellen über Rollen kontrollieren, da bei den Rechten des Aufrufenden Rollen zur Kompilierungs- und Laufzeit genutzt werden, um Zugriffsberechtigungen zu überprüfen, während bei Prozeduren mit Rechten des Erstellers keine Rollen verwendet werden können.

Prozeduren mit den Rechten des Aufrufenden ermöglichen es Ihnen, die Wiederverwertbarkeit von Code deutlich zu steigern, indem Sie die Administration zentralisieren. Sie können eine generische Software-Prozedur an zentraler Stelle für die Benutzer installieren, die Zugriff auf Daten in den verschiedensten Schemata benötigen. Die Benutzer können dann die zentrale Prozedur aufrufen, da solche Prozeduren automatisch die Namensauflösung und berechtigten Kontexte des Aufrufenden für alle SQL-Befehle in der Prozedur übernehmen.

Sie können natürlich auch Prozeduren mit beiden Rechte-Varianten kombinieren, um die Applikation effektiver und sicherer zu machen. So können Applikationen zum Beispiel in einer Prozedur mit den Rechten des Aufrufenden andere Prozeduren mit den Rechten des Erstellers verwenden, um den Zugriff auf unterliegende Tabellen zu vermeiden.

Syntax für Prozeduren mit den Rechten des Aufrufenden

Das Ausführungsschema für das PL/SQL-Objekt wird vom Entwickler mit der Klausel **authid** im **create**-Befehl festgelegt. Wenn man **authid** als CURRENT_USER definiert, wird PL/SQL mit den Rechten des Aufrufenden ausgeführt. Wenn **authid** als DEFINER angegeben wird, läuft PL/SQL mit den Rechten des Erstellers ab.

Die Klausel **authid** ist nur im Kopf eines einzelnen Unterprogramms, einer Paketdefinition oder der Definition eines Objekttyps zulässig. Die Header-Syntax für eine einzelne Funktion lautet:

```
create or replace function [<Schema_Name>.]<Funktions_Name>
[(<Parameter_Liste>)] return <Datentyp>
[authid {current_user|definer}] {is|as}
```

Bei einer einzelnen Prozedur sieht die Syntax so aus:

```
create or replace procedure [<Schema_Name>.]<Funktions_Name>
[(<Parameter_Liste>)]
[authid {current_user|definer}] {is|as}
```

Bei einer Paket-Spezifikation lautet die Syntax:

```
create or replace package [<Schema_Name>.]<Paket_Name>
 [authid {current_user|definer}] {is|as}
```

Und für einen Objekttyp:

```
create or replace type [<Schema_Name>.]<Typ_Name>
 [authid {current_user|definer}] {is|as} object
```

Prozeduren mit den Rechten des Aufrufenden sind sehr nützlich in Applikationen, die Daten in unterschiedlichen Schemata speichern. Bei einer solchen Prozedur können viele Benutzer ihre eigenen Daten verwalten, indem Sie eine einzelne Code-Basis nutzen. Diese Rechte befreien Entwickler von der Notwendigkeit, Prozeduren in ihrem Schema zu erstellen und sorgfältig individuelle Berechtigungen an jeden Benutzer zu erteilen, der die Prozedur ausführen soll.

10.4 PL/SQL-Pakete

Das Internet sorgt für neue Herausforderungen beim Schützen von Informationen, besonders für die Organisationen, die ein E-Business aufbauen wollen. Die meisten Sicherheitsaspekte können durch entsprechende Authentifizierung und Zugriffskontrolle abgehandelt werden, wobei sichergestellt wird, dass nur ordentlich identifizierte und autorisierte Benutzer auf die Daten zugreifen können. Daten in der Datenbank können jedoch normalerweise nicht gegen den Zugriff des Datenbank-Administrators gesichert werden, da ein DBA alle Berechtigungen hat. Das Verschlüsseln gespeicherter Daten stellt eine neue Herausforderung für das E-Business dar und kann im Umgang mit bestimmten Gefahrenquellen sehr wichtig sein.

Informationen, die besonders sensibel sind und verschlüsselt werden sollten, sind unter anderem Kreditkartennummern und Patienteninformationen. Applikationen, bei denen sich der Benutzer an der Applikation und nicht an der Datenbank anmeldet, sollten Verschlüsselung auch benutzen, um die Kennwörter oder Cookies zu sichern.

Um diese Anforderungen erfüllen zu können, bietet Oracle das PL/SQL-Paket DBMS_OBFUSCATION_TOOLKIT zum Ver- und Entschlüsseln von gespeicherten Daten.

10.4.1 DBMS_OBFUSCATION_TOOLKIT

Es geht hier um das Verschlüsseln von Daten, die schon in der Datenbank abgelegt sind. Angenommen, ein Benutzer hat Select-Berechtigungen für verschiedene Tabellen, in denen sich zum Teil ausgesprochen sensible Daten wie Kreditkartennummern befinden. Aus offensichtlichen Gründen müssen Sie die Daten verschlüsseln können. Wir werden uns über die verschiedenen Verschlüsselungsmethoden und ihre Funktionsweise in Kapitel 11 unterhalten, wenn es um SSL geht, an dieser Stelle aber behandeln wir das Ver- und Entschlüsseln von in der Datenbank abgelegten Daten.

Die zweite Release von Oracle8*i* (8.1.6) bietet verbesserte Sicherheits-Features, einschließlich der Möglichkeit, Daten zu verschlüsseln, die schon in der Datenbank abgelegt sind. Das Verschlüsseln von Datenbank-Daten ermöglicht es sowohl Daten- also auch Applikations-Administratoren, Kreditkartennummern, Kennwörter und so weiter direkt in der Datenbank zu verschlüsseln. Oracle nutzt dazu das eingebaute Paket DBMS_OBFUSCATION_TOOLKIT. Dieses Paket enthält vier Prozeduren – zwei zum Verschlüsseln von Daten des Typs varchar2 und raw sowie zwei zum Entschlüsseln dieser Datentypen. Werfen wir einen Blick darauf, wie dieses Paket arbeitet.

Zunächst muss das Paket in der Datenbank installiert werden, dafür müssen Sie sich bei SQL*Plus mit dem Benutzernamen und Passwort von SYS anmelden. Das auszuführende Skript, das das Paket erstellt, findet sich im Verzeichnis $ORACLE_HOME/rdbms/admin unter Unix beziehungsweise ORACLE_HOME\rdbms\admin unter Windows. Unter SQL*Plus starten Sie dbmsobtk.sql und prvtobtk.plb.

Danach müssen Sie die Ausführungsberechtigung für das Paket DBMS_OBFUSCATION_TOOLKIT an PUBLIC erteilen:

```
grant EXECUTE on DBMS_OBFUSCATION_TOOLKIT to PUBLIC;
```

Die Prozeduren erwarten zwei Parameter – die zu ver- oder entschlüsselnden Daten und den Schlüssel, der dazu verwendet werden soll. Beachten Sie, dass die Daten nur mit dem symmetrischen Algorithmus DES verschlüsselt werden können. Die Daten lassen sich also, wenn sie einmal verschlüsselt wurden, nur mit dem gleichen Schlüssel wieder entschlüsseln. In Versionen vor Oracle9*i* unterstützt Oracle nur Verschlüsselungen mit einem 56-Bit-Schlüssel, da es Exportbeschränkungen in den USA für kryptografische Produkte gab. Diese Einschränkung wird unterstützt, da man in der Datenbank keine verschlüsselten Daten nochmals verschlüsseln kann.

Betrachten wir ein einfaches Beispiel für die Verschlüsselungsprozedur:

```
DBMS_OBFUSCATION_TOOLKIT.DES3Encrypt
(input_string => customer_encrypt.unencrypted_credit_card_no,
key_string => customer_encrypt.customer_key,
encrypted_string => encrypted_credit_card_no);
```

Denken Sie daran, dass das Verschlüsseln von Daten innerhalb der Datenbank Teil eines globalen Sicherheitsplans sein sollte, der sich auch um die Zugriffskontrolle zum Beispiel mit Rollen kümmert.

Oracles Lösung für das Verschlüsseln von Daten in der Datenbank ist aus verschiedenen Gründen beschränkt. Das größte Problem ist das Fehlen einer Schlüsselverwaltung. Die Schlüssel, die für die Datenverschlüsselung genutzt werden, müssen sehr gut geschützt werden, und da die Schlüsselverwaltung nicht mit dem Paket geregelt werden kann, ist die Verschlüsselung mit diesem Paket möglicherweise nicht ausreichend für Ihre Applikation.

10.4.2 Das Paket UTL_FILE

Oracle stellt ein Paket namens UTL_FILE zur Verfügung, mit dem Ihre PL/SQL-Programme Textdateien unter dem Betriebssystem lesen und schreiben können. Die Datei-I/O-Fähigkeiten ähneln den Standard-I/O-Funktionen des Betriebssystem für Streams (open, get, put, close), unterliegen allerdings ein paar Einschränkungen.

Das Datei-I/O-Feature für PL/SQL-Programme ist sowohl auf Client- als auch auf Serverseite verfügbar. Die Client-Implementation nutzt Dateiberechtigungen, die auf Betriebssystemebene prüfen. Die Server-Implementation kann allerdings in einem privilegierten Modus laufen und daher zusätzliche Vorsichtsmaßnahmen erfordern.

Server-Sicherheit

Um auf dem Server die Sicherheit trotz der Datei-I/O-Möglichkeiten von PL/SQL nicht zu gefährden, müssen Sie für die in der Datei init.ora angegebenen erreichbaren Verzeichnisse die Berechtigungen einschränken. Dabei werden die entsprechenden Verzeichnisse für die Funktionen von UTL_FILE über den Parameter **utl_file_dir** in der init.ora gesteuert. Die Syntax dazu lautet:

```
utl_file_dir = <Verzeichnisname>
```

Der Verzeichnisname kann ein Ordner sein, der sich auf Ihrem Server befindet. So können Sie zum Beispiel auf das Verzeichnis c:\app\file_storage mit der Funktion **fopen** zugreifen, wenn sie dieses angegeben haben. Auf einem Unix-System müssen Sie vorsichtig sein, da der Verzeichnisname die Groß- und Kleinbuchschreibung unterscheidet. Wenn der Parameter als **utl_file_dir** = * angegeben wird, ist die Prüfung des Verzeichniszugriffs deaktiviert und jedes Verzeichnis kann von den UTL_FILE-Funktionen an gesprochen werden. Diese Option sollte also unbedingt mit größter Vorsicht eingesetzt werden. Um sicherzustellen, dass die Sicherheit auch bei Systemen Gewähr leistet ist, die symbolische Verknüpfungen ermöglichen, dürfen Benutzer keine Schreibberechtigungen für Verzeichnisse haben, die für PL/SQL-I/O-Funktionen erreichbar sind. Denn damit ließe sich teilweise die Rechtevergabe umgehen und Benutzer könnten für Verzeichnisse Lese- und Schreibberechtigungen erlangen, auf die sie sonst keinen Zugriff hätten.

Dateieigentümer und Sicherungen

Wenn auf einem Unix-System eine Datei mit der Funktion FOPEN angelegt wird, erhält die Datei den Besitzer des laufenden Prozesses der Instanz. Dieser Benutzer ist der Besitzer der Datei oracle und heißt üblicherweise auch oracle. Benutzer der Datenbank haben nicht unbedingt über Unix Zugriff auf das Verzeichnis. Nur ein Unix-Konto, normalerweise der Besitzer von oracle, kann auf dieses Verzeichnis ohne das Paket UTL_FILE zugreifen. Es gibt keine Zugriffsberechtigungen für die Datei auf Benutzerebene für Oracle-Benutzer, wenn auf Dateien über das Paket zugegriffen wird. Alle Verzeichnisse, die durch den Parameter **utl_file_dir** angegeben wurden, können zum Lesen und Schreiben von allen Benutzern der Datei-I/O-Prozeduren geöffnet werden.

Teil IV

Sichere Netzwerkkommunikation

Netzwerkintegrität, Authentifizierung und Verschlüsselung

Denken Sie einmal an die Sicherheit des Präsidenten der Vereinigten Staaten von Amerika. In der Vergangenheit endeten Mordanschläge tragisch, und wenn Sie jede Situation analysieren, werden Sie eine Gemeinsamkeit feststellen. Wo fanden erfolgreiche Angriffe normalerweise statt? Sie passierten nicht im Weißen Haus oder an einem anderen Ort, der durch den Secret Service gut geschützt werden kann. Nein, ein erfolgreicher Anschlag wurde meist auf dem Weg irgendwohin durchgeführt. Wieso das so ist? Weil das Sichern der gesamten Welt nicht praktibel ist. Die größten Gefahren existieren dort, wo sich nicht gut kontrollieren lässt, mit wem der Präsident in Kontakt tritt.

Auch wenn der Schutz der Informationen in Ihrer Datenbank nicht ganz so wichtig sein dürfte wie das Überleben des Präsidenten der USA, sind Ihre Daten doch ähnlichen Herausforderungen ausgesetzt. Nein, es geht nicht darum, Gesetze zu blockieren, sondern sicher von einem Punkt zum anderen zu gelangen. Während sich die Daten in Ihrer Datenbank befinden, lässt sich der Zugriff auf sie sehr gut reglementieren. Die Datenbank kann gut mit Berechtigungen und Kennwörtern hinter einer Firewall geschützt werden. Aber sobald Informationen die Datenbank verlassen und durch das Netzwerk reisen, ist bisweilen ungewiss, wo sie landen, wie sie dorthin gelangen und wer unterwegs darauf Zugriff hat.

Diese Situation wird durch die Abhängigkeit der Unternehmen von Informationen noch verschärft. Wir haben einen Punkt erreicht, an dem Kunden erwarten und sogar fordern, dass Daten aus allen Erdteilen über die wunderbare virtuelle Welt namens Internet verfügbar sind. Toll, nun werden wir alle viel glücklicher leben können, oder? Leider nicht. Stellen Sie sich das Netzwerk als ein riesiges Netz von Rechnern vor, die

Nachrichten untereinander austauschen. Damit die Informationen von der Datenbank zum Client gelangen, durchlaufen sie diverse Kabel und andere Rechner. Die Identitäten der Personen, die Zugriff auf und Kontrolle über die Kabel und Router haben, lassen sich nicht immer feststellen.

Es gibt viele verschiedene Möglichkeiten, diese Probleme anzugehen. Oracle stellt mehrere Lösungen mit seiner Option Oracle Advanced Security (OAS) zur Verfügung. In diesem Kapitel wollen wir uns dieses Produkt zusammen mit seinen momentanen Vor- und Nachteilen genauer anschauen.

11.1 Einführung in die Option Oracle Advanced Security

Um Missverständnisse zu vermeiden, sei gleich zu Beginn darauf hingewiesen, dass Oracle Advanced Security vor Oracle8*i* als Advanced Networking Option bezeichnet wurde. Die OAS beinhaltet Schnittstellen zu Sicherheitsprodukten von Drittherstellern und Unterstützung für offene Sicherheitsstandards. Sie ist nur in der Enterprise Edition von Oracle verfügbar. Aufgrund des deutlichen Preisunterschieds zwischen der Standard- und der Enterprise-Version von Oracle sind diese Features nicht so verbreitet, wie sie sollten.

Die OAS wurde entwickelt, um drei entscheidende Features zur Verfügung zu stellen: Verschlüsselung, Integrität und Authentifizierung. Jedes dieser Themen ist sehr umfangreich, deshalb unterteilen wir sie in Unterpunkte und beschreiben jeweils, was die OAS zur Erhöhung der Sicherheit beitragen kann.

11.1.1 Sniffing und Spoofing

Wozu benötigen Sie die Oracle Advanced Security? Zwei der wichtigsten Gründe für dieses Produkt sind das so genannte Sniffing und Spoofing. *Sniffing* ist ein passiver Akt des Belauschens von Informationen, die das Netzwerk durchqueren, und ähnelt dem Abhören einer Telefonleitung. Es kann zum Diagnostizieren von Problemen oder zur Überwachung eines Netzwerkverkehrs eingesetzt werden, aber auch, um Informationen zu stehlen, die durch das Netz geschickt werden. Zum Sniffen in einem Netzwerk muss man technisch schon etwas versiert sein, allerdings existieren heutzutage viele Tools, die eine einfache Point-and-Click-Oberfläche bieten, um den Verkehr abzuhören. Microsofts Network Monitor ist einer der einfachsten. Mit diesem GUI-Tool können Sie ohne großen technischen Sachverstand im Netz sniffen. Die einfache Handhabung erhöht natürlich auch die Chance, dass auch in Ihrem Netzwerk gesnifft wird. Aus Sicherheitsgründen macht sich der Network Monitor „lautstark" bemerkbar, wenn er läuft, aber es gibt auch etliche Tools, die dazu gedacht sind, den Verkehr heimlich zu überwachen.

Welchen Verkehr Sie belauschen können, hängt davon ab, wie das Netzwerk konfiguriert wurde. In vielen kleinen Firmen besteht das Netzwerk zum Beispiel aus einem einzelnen Koaxialkabel, das von Computer zu Computer verläuft. Wird eine Nachricht versendet, erhalten alle Rechner diese Nachricht. Sie können sehen, wenn die Computer die Mitteilung erhalten, weil die „Receive"-Lämpchen auf jeder Netzwerkkarte blinken. Normalerweise sind diese Karten so konfiguriert, dass sie nur die Daten lesen, die für ihre eigene Hardware-Adresse gedacht sind. Setzt man die Netzwerkkarte aber auf *Promiscuous Mode*, kann man das Verhalten der Karte so ändern, dass alle empfangenen Pakete im Protokoll-Stack nach oben gereicht werden, unabhängig von ihrem eigentlichen Ziel. In einem größeren Unternehmen gestaltet sich das Szenario wahrscheinlich so, dass Sie nur einen Teil der Daten im lokalen Netzwerk sehen können. Eine Bridge, ein Switch oder ein Router filtern den meisten Verkehr aus dem Netzwerkkabel, an dem Sie hängen, so dass Sie keine Pakete sniffen können, die sich auf der anderen Seite der Netzwerkkomponente befinden. Sie werden üblicherweise nur den Verkehr der Computer in Ihrer unmittelbaren physischen Nachbarschaft zu sehen bekommen, da diese das Kabelsegment mit Ihnen teilen. Tools wie zum Beispiel ettercap können genutzt werden, um das Address Resolution Protocol (ARP) zu manipulieren und die physische Netzwerkadresse zu ändern, die mit einer IP-Adresse verbunden ist. Die Manipulation von Adressen ermöglicht einem Hacker, als eine andere IP-Adresse aufzutreten oder Pakete zu erhalten, die hätten gefiltert werden sollen. Um zu demonstieren, wie ARP funktioniert, wollen wir uns anschauen, wie ein Host ein Paket an eine IP-Adresse verschickt.

Der Verkehr bewegt sich über ein Netzwerk mit Hilfe von physischen Adressen. Diese Adressen, die auch als Media Access Control (MAC)-Adressen bezeichnet werden, sind eindeutige Zahlen, die fest in eine Netzwerkkarte eingebrannt sind. IP-Adressen werden genutzt, um festzustellen, an welche physische Adresse das Paket gesendet werden soll. Wenn sich die IP-Adresse, an die Sie das Paket senden, nicht im lokalen Segment befindet, schickt der lokale Host das Paket an das Standard-Gateway. Wenn sich dagegen die IP-Adresse des Ziels im lokalen Segment befindet, schickt der lokale Host das Paket direkt an die physische Adresse des Ziels. Wenn Sie versuchen, sich mit einem Ziel zu verbinden, kennt der lokale Host natürlich nur die IP-Adresse des Ziels. Um die IP-Adresse in die physische umzuwandeln, nutzt der Host ARP. Zunächst sendet er eine ARP-Anfrage an das lokale Segment und der Host mit der passenden IP-Adresse antwortet mit seiner physischen Adresse. Die physischen und die IP-Adressen werden vom System im ARP-Cache gespeichert. Die Zieladresse speichert zudem die IP-Adresse des Anfragenden und seine physische Adresse.

Um dieses Protokoll zu „vergiften", können Sie zwei Methoden ausprobieren. Bei der ersten Methode senden Sie eine ARP-Antwort auf eine ARP-Anfrage eines Routers oder Switches. Dabei müssen Sie „lauter“ als der tatsächliche Host rufen, da der echte Host auch antworten wird. Bei der zweiten Methode senden Sie selbst eine ARP-Anfrage an einen Router oder Switch und geben vor, eine andere IP-Adresse zu haben als in Wirklichkeit. Um die Performance zu verbessern, aktualisieren viele Geräte, die eine ARP-Anfrage erhalten, Ihren ARP-Cache mit der Quell-IP- und Hardware-Adresse des Fragenden und sorgen so dafür, dass der Cache mit der Adresse des Angreifers aktualisiert wird. Der gesamte Verkehr an diese IP-Adresse wird nun an Ihre Hardware-Adresse statt an die ursprünglich anvisierte Stelle geschickt.

Neben dem Manipulieren des Pakettransports gibt es noch andere Wege, den Verkehr in einem internen Netzwerk zu belauschen. Üblicherweise gibt es auf jeder Etage der meisten Bürogebäude einen Kabelschrank, in dem verschiedene physische Netzwerke zusammengeführt werden, bevor man sie mit den anderen Etagen verbindet. Wenn man Zugang zu diesem Kabelschrank erlangt, kann man sich direkt mit einem Kabel für den Netzwerkverkehr des gesamten Flurs verbinden. Jemand mit wirklich kriminellen Absichten kann ein bestimmtes Kabel „abhören“, wenn er darauf physischen Zugriff hat, indem er das Kabel anzapft und seinen Laptop damit verbindet.

Wenn beide Enden der Verbindung interne Netzwerkadressen Ihres Unternehmens sind, ist das Sniffen von Paketen von außerhalb Ihrer Firewall sehr schwierig. Aber wie Sie sehen, ist es ungleich aufwändiger, jemanden innerhalb Ihrer Organisation davon abzuhalten, den internen Verkehr zu verfolgen. Natürlich ist das Sniffen am Netzwerk kein Unterfangen, das jedermann beherrscht, aber es gibt Tools, die es möglich machen.

Wenn eines der Enden der Verbindung außerhalb Ihres internen Netzwerks liegt, liegen die Gefahren woanders. Daten werden im Allgemeinen über einen oder mehrere Internet Service Provider (ISP) und andere Infrastrukturunternehmen transportiert. Sicherlich sind die meisten ISPs legale, vertrauenswürdige Unternehmen mit aufrichtigen, ehrlichen Mitarbeitern. Aber wenn Sie sich die folgende Liste einiger ISPs ansehen, die gehackt wurden, werden Sie nicht mehr annehmen, dass der Netzwerkverkehr keinesfalls abgehört oder manipuliert werden kann, während er durch das Internet wandert.

- GlobalCentral.com
- Connect.ie
- HappyHacker.org
- Qtel.com (der momentan einzige ISP in den Vereinigten Arabischen Emiraten)
- UOL (ein brasilianischer ISP)

Während das Sniffen ein passiver Vorgang ist, wird beim Spoofen aktiv vorgegangen. Das Sniffen beinhaltet das Lesen von Nachrichten, die weitergeleitet werden. Beim *Spoofen* dagegen werden weiterzuleitende Nachrichten verändert. Die erste Frage, die

Sie dazu stellen könnten, ist: „Wie leicht ist es eigentlich, Daten im Netzwerk zu verändern?" Gewiss ist diese Tätigkeit komplex und liegt außerhalb der Möglichkeiten der meisten normalen Benutzer oder Hacker, die mit vorgefertigten Skripten arbeiten.

Es gibt viele Punkte, die das Spoofen schwierig machen. Zunächst einmal, wenn ein Angreifer versucht, einen aktiven Host zu spoofen, erhält dieser Host im Endeffekt die Antworten auf die geänderten Nachrichten. Im Ergebnis wird der aktive Host Pakete an den gespooften Rechner senden, die die übertragenen Daten zurücksetzen und damit im Prinzip die Verbindung abbrechen. Das Spoofen von einer Stelle aus, von der der Angreifer die zurückgelieferten Pakete nicht sehen kann, ist aufgrund der Arbeitsweise von TCP/IP sehr schwierig. Denn TCP/IP nutzt Sequenznummern, um die beiden Enden einer Verbindung synchron zu halten.

Spoofing ist am gefährlichsten, wenn irgendeine Form von Vertrauensbeziehung zur IP-Adresse eines Computers besteht. Wenn zum Beispiel eine Oracle-Datenbank auf Windows NT für die Nutzung externer Authentifizierung eingerichtet ist, kann ein Hacker versuchen, in das System einzudringen, indem er den Domänencontroller spooft. Der Hacker sendet beliebige NT-Bestätigungen an die Datenbank, die diese wiederum an den Windows NT-Domänencontroller weiterleitet. Wenn sich der Hacker nicht im gleichen Segment befindet wie Oracle, sieht er die Pakete zwar nicht, die von der Datenbank an den Domänencontroller geschickt werden, aber er kann richtig raten, was die Datenbank fragen und wie der Domänencontroller antworten wird. Mit etwas Glück kann der Hacker nach ein paar Versuchen ein Paket senden, das vorgibt, vom Domänencontroller zu stammen und die Gültigkeit der Bestätigungen übermittelt. Natürlich wird der echte Domänencontroller weiterhin antworten, der Hacker muss sich also beeilen mit der Antwort und der Beendigung der Verbindung, damit die echte Antwort vom Domänencontroller als Fehler behandelt wird.

Die größte Herausforderung beim Spoofen eines Servers auf diese Art und Weise ist das Erraten der Sequenznummer, die von der Datenbank verwendet wird, um den Domänencontroller anzusprechen. Sequenznummern werden von beiden Seiten einer Verbindung erstellt und alle Pakete müssen die passende Nummer beinhalten. Wenn also die Datenbank und der Domänencontroller eine Verbindung aufbauen, sendet der Protokoll-Stack der Datenbank eine Nummer wie zum Beispiel 2394837, mit der der Domänencontroller auch förmlich antworten muss. Jede weitere Nachricht muss die Sequenznummer enthalten, da sonst die Datenbank versuchen wird, die Nummer auf Ihrer Maschine erneut zu synchronisieren, was den Spoofing-Angriff fehlschlagen ließe. Um den Domänencontroller zu spoofen, muss der Hacker wissen, welche Sequenznummer die Datenbank wählen wird, ohne das Paket sehen zu können. Der Hacker versucht dann, die Nummer zu erraten. Wenn die Sequenznummern in numerischer Reihenfolge verwendet werden, wird das Schätzen belanglos. Um solche Angriffe abzuwehren, benutzen die meisten Betriebssysteme Algorithmen, die Zufallszahlen erzeugen, so dass die Vorhersage von Sequenznummern sehr schwierig wird. Beachten

Sie allerdings, dass das Spoofen viel einfacher wird, wenn die Pakete auf dem Weg zum Domänencontroller beobachtet werden können, da man die Sequenznummer dann nicht mehr schätzen muss.

11.1.2 Eine Verbindung kidnappen

Das Spoofen kann auch dazu benutzt werden, Daten und Befehle in eine schon authentifizierte Sitzung einzuschleusen. Wenn ein Hacker zum Beispiel weiß, dass sich der Datenbank-Administrator jeden Mittwoch um 8:30 Uhr anmeldet, um die Datensicherung zu starten, kann er diese Tatsache dazu nutzen, einen Befehl als Datenbank-Administrator auszuführen. Hier eine mögliche Folge von Ereignissen, um einen Spoof durchzuführen:

1. 8:31 Uhr – Der Datenbank-Administrator verbindet sich als SYSTEM.
2. 8:32 Uhr – Die Sitzung ist für 20 Sekunden im Wartezustand, da der Administrator einen neuen Befehl eingibt.
3. 8:32 Uhr – Der Hacker spooft den Befehl **alter user SYS identified by XYZ**, so dass es so aussieht, als ob er von dem Computer kommt, an dem der Datenbank-Administrator angemeldet ist. Dann wird die Verbindung sofort beendet.
4. 8:32 Uhr – Die Verbindung des Datenbank-Administrator ist im Eimer. Das Problem wird auf schlechtes Karma geschoben und der Datenbank-Administrator verbindet sich erneut ohne Probleme.
5. 8:34 – Der Hacker verbindet sich mit der Datenbank als Benutzer SYS und mit dem Kennwort XYZ.

Dieser Vorgang ist bekannt als „Kidnappen einer Sitzung.“ Wie effektiv ist diese Attacke? Wenn sie erfolgreich war, wird die Datenbank nun von einem potenziell böswilligen Hacker kontrolliert. Für eine erfolgreiche Attacke diesen Typs benötigt der Hacker Insider-Informationen und die Fähigkeit zu spoofen, einschließlich der Kenntnis der Sequenznummer. Auch wenn es für jemanden vom Internet aus sehr schwierig ist, an diese Informationen heranzukommen, kann jemand in Ihrem internen Netzwerk mit den entsprechenden technischen Fähigkeiten diese Aufgabe ohne weiteres durchführen.

11.1.3 Daten im Netzwerk schützen

Hoffentlich sind Sie jetzt sensibilisiert für bestimmte Risiken, die man beim Transport von Daten in einem Netzwerk eingeht. Untersuchen wir, mit welchen Tools OAS arbeitet, um manche der Risiken abzumildern. Wie bereits erwähnt, bietet OAS drei Features – Verschlüsselung, Integrität und Authentifizierung – um diese Gefahren effektiv zu bekämpfen.

Netzwerkverschlüsselung

OAS bietet keine Verschlüsselung von persistenten Daten an. Das heißt, Daten, die in den Dateien auf Ihrem Server gespeichert sind, werden nicht mit der OAS-Option verschlüsselt. Stattdessen ermöglicht OAS die Verschlüsselung von Daten, die Ihre Datenbank verlassen, und stellt die Dienste zur Entschlüsselung der Daten auf dem Client zur Verfügung. Mit anderen Worten, OAS bietet eine Punkt-zu-Punkt Verschlüsselung der Daten auf dem Weg zwischen Server und Client an.

Die Grundidee der Verschlüsselung beruht auf einem geheimen Schlüssel zum Ver- und Entschlüsseln von Daten. Ohne diesen Schlüssel versteht man den Inhalt einer Nachricht nicht, selbst wenn sie in die falschen Hände gerät. Dadurch wird verhindert, dass sie geändert werden kann. Zwar könnte eine Person die Nachricht verändern, aber ohne den geheimen Encryption-Schlüssel zum Entschlüsseln der Daten wird die neue Nachricht unverständlich und unnütz sein. OAS stellt zwei Möglichkeiten zur Verfügung, über das Netzwerk gesendete Daten zu verschlüsseln – Secure Sockets Layer (SSL) und ein eigenes Verschlüsselungsprotokoll.

Das SSL-Protokoll wurde mit Oracle8*i* hinzugefügt und ist der De-facto-Standard für das Verschlüsseln von Kommunikation im Web. Wann immer ein kleines verriegeltes Schloss in der unteren rechten Ecke des Browsers auftaucht, wurden Sie auf eine sichere Site umgeleitet, die ein SSL-Protokoll nutzt um sicherzustellen, dass die http-Nachrichten und -Antworten geheim gehalten werden. SSL erfüllt viele verschiedene Aufgaben, darunter auch die Verschlüsselung. Oracles Implementierung von SSL unterstützt DES mit 40-Bit- und 56-Bit-Schlüsseln, RC4 mit 128-Bit- und 40-Bit-Schlüsseln und Triple DES mit 168-Bit-Schlüsseln.

Oracle hat ein eigenes proprietäres Netzwerk-Verschlüsselungsprotokoll entwickelt, das seit Oracle7 Teil der Datenbank ist. Mit „eigen und proprietär" meinen wir nicht, dass Oracle seinen eigenen Verschlüsselungsalgorithmus entwickelt hat, sondern dass sie einen bekannten Algorithmus in ein nicht standardisiertes Protokoll implementiert haben. Dieses proprietäre Protokoll bietet die Auswahl unter drei bekannten Algorithmen:

- RC4 mit Schlüssellängen von 40, 56, 128 und 256 Bits
- Triple DES mit Schlüssellängen von 112 und 168 Bits
- DES mit Schlüssellängen von 40 und 56 Bits

Denken Sie daran, je länger ein Schlüssel ist, umso schwieriger ist es, den Schlüssel mittels Brute Force-Techniken zu knacken.

Datenintegrität

Auch wenn wir sicher sind, dass es Puristen gibt, die der Meinung sind, dass Integrität etwas ganz anderes als Verschlüsselung ist, glauben wir doch, dass die beiden Ideen sehr eng zusammengehören, sowohl in der realen Welt als auch in der Mathematik.

Die meisten Protokolle, die Verschlüsselung unterstützen, bieten auch die Möglichkeit, die Integrität zu sichern. Wenn Sie eines von beiden benötigen, ist die Wahrscheinlichkeit groß, dass Sie auch das andere brauchen, weshalb beides üblicherweise in Produkten und Standards zusammengefasst ist.

Die Netzwerkverschlüsselung verhindert, dass jemand die Paketinhalte lesen kann. Aber es gibt immer noch Angriffe, die durch Netzwerkverschlüsselung allein nicht verhindert werden können. Dabei muss sichergestellt werden, dass die Integrität der Daten geprüft wird. Angenommen, Sie können jemand dazu überreden, Ihnen $1 auf Ihr Konto zu überweisen, das sich in einer Oracle-Datenbank befindet. Wenn der Zahlende den Betrag von $1 über das Netzwerk verschickt, kann ein Hacker den verschlüsselten Wert abändern, so dass beim Entschlüsseln eine zufällige Zahl wie 3948214 herauskommt. Hoppla! Eine Transaktion über $1 wurde immens erhöht, weil die Netzwerkverschlüsselung keine eingebaute Integritätsprüfung besaß und die Datenbank nicht feststellen konnte, dass der Wert von $1 geändert worden war.

Um diese Art von Angriff zu vermeiden, wird jedem Paket eine Prüfsumme angefügt, der so genannte *Message Digest Value*. Dieser Wert ist eine Zahl, die über mathematische Algorithmen auf der Basis des Paketinhalts und eines geheimen Schlüssels gebildet wird. Ein sicherer Prüfsummen-Algorithmus sorgt dafür, dass die Prüfsumme keine sichtbare Beziehung zur Nachricht hat. Mit anderen Worten, nur jemand mit dem korrekten geheimen Schlüssel kann eine gültige Prüfsumme bilden. Wird das Paket geändert, ist es sehr schwierig, eine neue Prüfsumme ohne den geheimen Schlüssel zu finden. Stellen wir uns vor, ein Angriff wird versucht und die Datenintegritätsoption von OAS ist aktiviert. Wenn der Server das manipulierte Paket erhält, stellt die Datenbank fest, dass es modifiziert wurde, da die Prüfsumme der Nachricht nicht derjenigen entspricht, die aus dem Paketinhalt hätte erstellt werden müssen. Der Server verwirft das Paket dann und sendet eine Fehlermeldung an den Client, vor allem aber ist es dem Hacker nicht gelungen, größere Geldsummen von Ihrem Konto zu stehlen.

Oracle bietet zwei Wege, die Datenintegrität sicherzustellen – eine eigene Implementierung und SSL. Die eigene Implementierung besteht wieder seit Oracle7, während die SSL-Option neu in Oracle8*i* hinzugekommen ist. Bei der eigenen Implementierung haben Sie zwei Auswahlmöglichkeiten – MD5 und SHA-1. Beide Algorithmen sind weit verbreitet und vollständig analysiert, und dürften einen adäquaten Schutz bieten. Oracles Implementierung der Einbindung in SSL bietet dieselbe Wahlmöglichkeit bei den Algorithmen – MD5 und SHA-1. Die meisten Leute wählen MD5, da er verbreiteter ist und es bei SHA-1 bekanntermaßen Probleme in verschiedenen Versionen von Oracle gibt.

Authentifizierung

Eine andere gute Möglichkeit, Spoofen und Sniffen zu verhindern, bietet die *Authentifizierung*. Dabei wird überprüft, ob jemand der ist, der er zu sein vorgibt. OAS bietet eine Schnittstelle zu vielen verschiedenen Authentifizierungsadaptern, die von biometrischen Erkennungssystemen bis zu digitalen Zertifikaten reichen.

Abgesehen davon, dass der Zugriff auf Ihre Datenbank kontrolliert wird, ist die Authentifizierung aus mehreren Gründen von großem Wert. Der richtige Einsatz der Zwei-Wege-Authentifizierung beugt beispielsweise dem Spoofing vor. Wenn ein Hacker sich an einer Oracle-Datenbank über eine LDAP-Authentifizierung anmelden will, muss die Oracle-Datenbank eine Anfrage an eine entfernte LDAP-Datenbank stellen, um die Bestätigungen zu überprüfen. Wenn der Hacker versucht, die LDAP-Verbindung zu spoofen, schlägt dieser Versuch fehl, wenn die Datenbank und der LDAP-Server sich gegenseitig authentifizieren müssen. Wenn die Datenbank den öffentlichen Schlüssel des LDAP-Servers verwendet, um eine Anfrage zu verschlüsseln, kann nur der LDAP-Server erfolgreich antworten, da nur er den privaten Schlüssel kennt.

Zudem stellt Authentifizierung einen sicheren Weg dar, um die Sitzungsschlüssel zur Netzwerkverschlüsselung und Integritätsprüfung auszutauschen. Eine richtige Authentifizierung ist die einzige Möglichkeit, eine so genannte *Man-in-the-Middle-Attacke* zu verhindern. Protokolle für den Schlüsselaustausch, wie zum Beispiel das Diffie-Hellman-Protokoll, bieten einen Weg zur gemeinsamen Nutzung eines geheimen Schlüssels, prüfen aber nicht, ob die andere Seite bei der Kommunikation diejenige ist, die sie zu sein vorgibt. Ein Angreifer kann sich in Verbindungen dazwischenschalten, wenn er den Datentransport vom Client zum Server beeinflussen kann. Mit einem Protokoll für den Schlüsselaustausch kann der Angreifer einen geheimen Schlüssel mit dem Client und einen separaten mit dem Server austauschen. Wenn nun Nachrichten hin und her gesendet werden, entschlüsselt der Angreifer nebenbei die Nachrichten und verschlüsselt sie erneut, wobei er den ganzen Verkehr lesen und sogar modifizieren kann. Solche Man-in-the-Middle-Angriffe lassen sich bei anonymen Protokollen nicht vermeiden und können nur mittels Authentifizierung verhindert werden.

OAS mit dem Net8 Assistant verwalten

Das wichtigste Tool zum Verwalten der Oracle Advanced Security ist der Net8 Assistant. Diese Applikation kann unter Windows NT oder Windows 2000 in der Gruppe Network Administration (Start | Programs | <Oracle-Version> | Network Administration | Net8 Assistant) gestartet werden. Unter Unix können Sie dieses Tool ausführen, indem Sie die Datei $ORACLE_HOME/bin/netasst aufrufen.

Um OAS zu konfigurieren, wählen Sie unter dem Knoten Net8 Configuration den Knoten Local. Darunter sollte es ein Icon mit einer Weltkugel geben, die mit Profile bezeichnet ist. Klicken Sie auf das Icon, um eine Auswahlliste auf der rechten Seite des Fensters mit der Option Oracle Advanced Security anzuzeigen. Wenn Sie dies auswählen, erhalten Sie fünf OAS-Registerkarten. Abbildung 11-1 zeigt den OAS-Bildschirm im Net8 Assistant. Wir werden die Authentifizierungsmethoden etwas später detailliert beschreiben und Ihnen zuerst einen Überblick über die möglichen Optionen in einem Abschnitt geben.

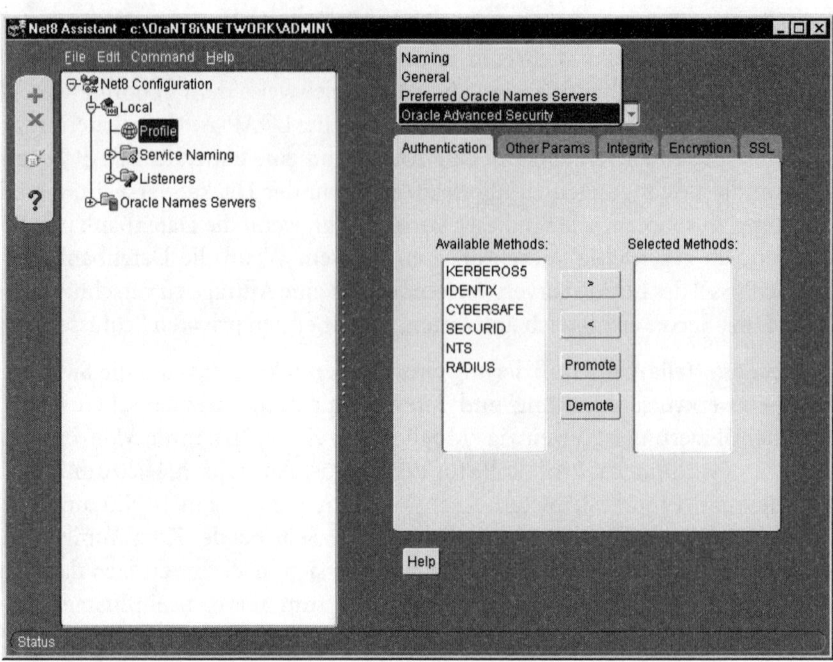

Abbildung 11-1: Fenster für Oracle Advanced Security im Net8 Assistant

Wie Sie in Abbildung 11-1 sehen können, gibt es auf der ersten Registerkarte Authentication verschiedene Authentifizierungsmethoden zur Auswahl. Nachdem Sie sich für eine Methode entschieden haben, gibt es dazugehörige Parameter, die Sie festlegen müssen.

Die zweite Registerkarte Other Params bietet Ihnen die Möglichkeit, die Verzeichnisse und andere authentifizierungsspezifische Informationen zu definieren, die für OAS benötigt werden. Jede Methode hat einen anderen Satz erforderlicher Parameter. Tabelle 11-1 zeigt die verfügbaren Parameter zum Konfigurieren in Abhängigkeit von den wählbaren Methoden im Net Assistant for Oracle8*i*, Version 8.1.7.

Tabelle 11-1: Authentifizierungsmethoden und ihre notwendigen Parameter

Authentifizierungsmethode	Parameter
Kerberos	Service, Credential Cache File, Configuration File, Realm Translation File, Key Table, Clock Skew
Identix	Fingerprint Server Name
CyberSafe	GSSAPI Service
SecurID	keine Parameter erforderlich

Tabelle 11-1: Authentifizierungsmethoden und ihre notwendigen Parameter (Fortsetzung)

Authentifizierungsmethode	Parameter
RADIUS	Host Name, Port Number, Timeout (Seconds), Number of Retries, Secret File, Send Accounting, Challenge Response, Default Keyword, Interface Class Name
NTS	keine Parameter erforderlich

Die in Abbildung 11-2 gezeigte Registerkarte Integrity bietet Ihnen einen Bereich, in dem Sie die zu verwendende Verschlüsselungsmethode und die Prüfsummen-Stufe festlegen können. (Im nächsten Abschnitt werden die Prüfsummen-Optionen erläutert.)

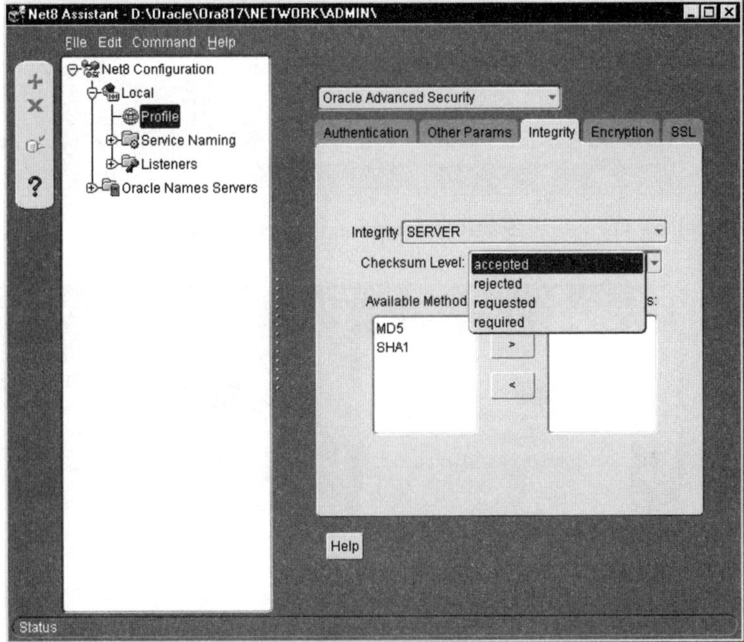

Abbildung 11-2: Registerkarte Integrity im Net8 Assistant

Auf der Registerkarte Encryption können Sie die Stufe und die Art der Verschlüsselung definieren, die Sie nutzen wollen. Sie müssen im Feld Encryption die richtigen Einstellungen tätigen. Sie werden merken, dass die Felder auf dieser Registerkarte denen der Integritätsprüfsumme sehr ähneln. Viele der Konfigurationsoptionen entsprechen den Integritätseinstellungen mit Ausnahme des Encryption Seed. Abbildung 11-3 zeigt die Felder auf dieser Registerkarte.

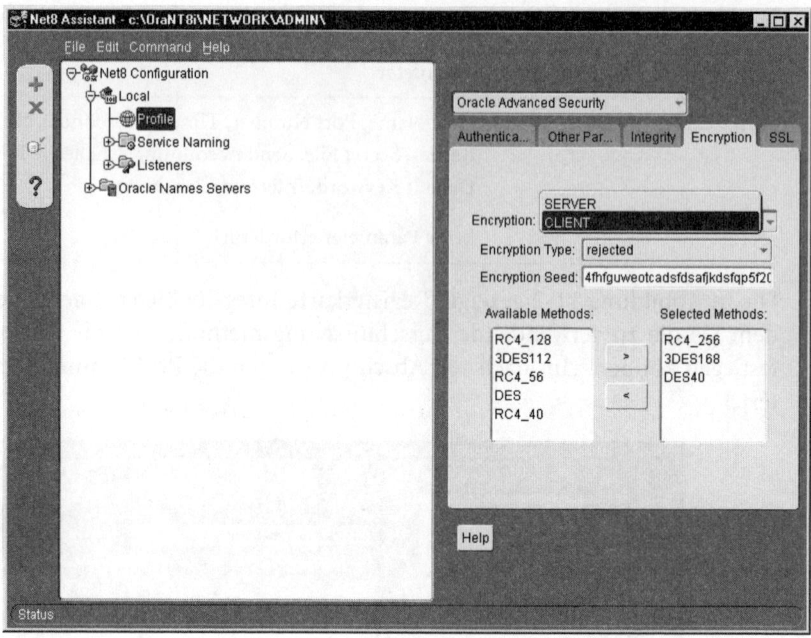

Abbildung 11-3: Registerkarte Encryption im Net8 Assistant

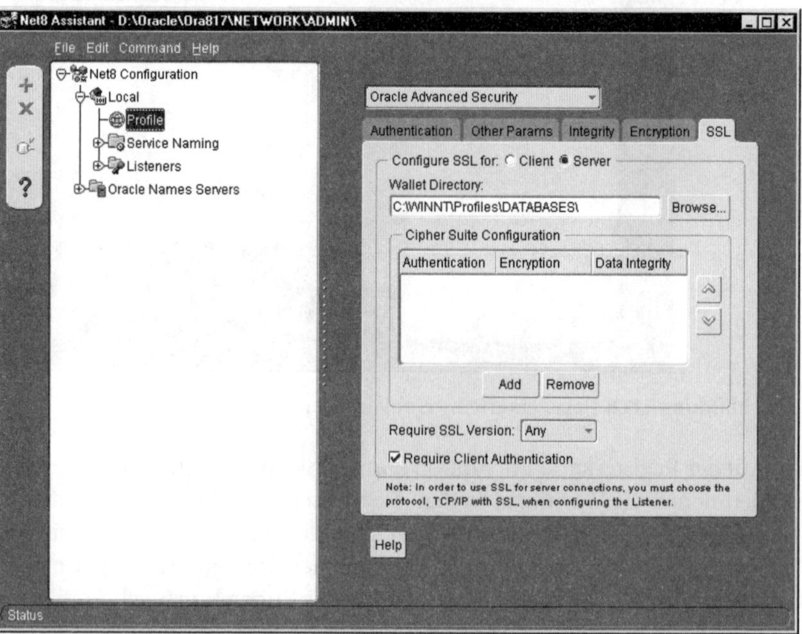

Abbildung 11-4: Registerkarte SSL mit der Option SERVER im Net8 Assistant

Wenn Sie sich auf einem Client-Rechner befinden, wählen Sie, wie in Abbildung 11-3 gezeigt, CLIENT aus, oder auf einer Server-Maschine die Einstellung SERVER. Die verfügbaren Algorithmen beinhalten Triple DES, DES und RC4, alle mit unterschiedlichen Schlüssellängen. Wenn Sie keinen bevorzugten Algorithmus angeben, wird die Verschlüsselung mit RC4 und einem 256-Bit-Schlüssel vorgenommen.

Die letzte verfügbare Registerkarte für OAS ist die Karte „SSL". Sie haben die Möglichkeit, SSL sowohl für den Client als auch für den Server auszuwählen. Dies ist die einzig verfügbare Option, solange Sie keine andere Wahl treffen. Wenn Sie SERVER auswählen, erscheinen die in Abbildung 11-4 gezeigten Felder.

Wir werden Ihnen mehr über die Parameter und ihre Konfigurationseinstellungen im Verlauf dieses Kapitels erklären. Hier zeigten wir nur die Fenster, damit Sie wissen, dass es bei der SSL-Konfiguration um mehr geht, als auf den ersten Blick ersichtlich ist.

11.2 Proprietäre Features von OAS

Oracle war in Sachen Schutz der Netzwerkkommunikation seiner Zeit weit voraus. Verschlüsselung, Authentifizierung und Integritätsprüfungen existieren in Oracle seit Oracle7. Mittlerweile wird der Industriestandard SSL für diese Features unterstützt, so dass die über die Jahre von Oracle entwickelten proprietären Standards nicht mehr aktuell sind, aber immer noch aus Gründen der Abwärtskompatibilität unterstützt werden.

Die Verwendung von Integritätssicherung und Verschlüsselung lässt sich auf unterschiedlichen Ebenen konfigurieren. Sie können festlegen, ob ein Feature sowohl für den Client als auch den Server vorgeschrieben, erbeten, akzeptiert oder abgelehnt wird. Dadurch kann der Benutzer entscheiden, wie sicher er seine Verbindung vom Client aus gestaltet. Selbstverständlich werden die Stufen sowohl auf den Server als auch den Client gesetzt, und wenn eine Verbindung aufgebaut wurde, werden die unterschiedlichen Ebenen verglichen, um festzulegen, welche Features verwendet werden. Tabelle 11-2 zeigt die vier Stufen und eine Beschreibung.

Tabelle 11-2: Stufen für Integritätsprüfsumme und Verschlüsselung auf Client und Server

Stufe	Definition
Required	Der Sicherheits-dienst muss genutzt werden, sonst entsteht keine Verbindung.
Requested	Der Sicherheitsdienst wird verwendet, wenn die Gegenseite ihn unterstützt.
Accepted	Der Sicherheitsdienst wird verwendet, wenn die Gegenseite ihn erbittet.
Rejected	Der Sicherheitsdienst wird nicht verwendet, auch wenn die Gegenseite ihn anfordert.

Was in Tabelle 11-2 nicht erwähnt wird ist die Regel, dass es auf jeden Fall an beiden Enden der Verbindung einen kompatiblen Algorithmus zur Integritätsprüfung und Verschlüsselung geben muss. Vorausgesetzt, es gibt einen entsprechenden Algorithmus auf dem Client und auf dem Server, sind hier die verschiedenen Auswirkungen für jede dieser Optionen beschrieben.

In all diesen Szenarien nehmen wir an, dass Sie eine Verbindung mit dem Server herstellen möchten. Wenn Sie den Client auf Required und den Server auf Rejected setzen, schlägt die Verbindung fehl, da der Client die Prüfsumme nicht nur *erbittet*, sondern *erfordert*. Wenn Sie den Client auf Requested setzen, wird eine Verbindung aufgebaut, wenn der Server auf Accepted, Requested oder Required steht. Wenn Sie den Client auf Accepted setzen, sagen Sie damit aus, dass er den Sicherheitsdienst nicht unbedingt braucht, ihn aber akzeptiert, wenn Sie den Server auf Required oder Requested setzen. Steht der Client auf Rejected, drücken Sie damit aus, dass Sie die Verwendung des Sicherheitsdiensts ablehnen, eine Verbindung aber bereit sind ohne Dienst aufzubauen, auch wenn der Server einen Dienst erbittet. Falls der Server allerdings auf Required gesetzt ist, schlägt die Verbindung fehl. Bei den Server-Einstellungen Requested, Accepted oder Rejected klappt die Verbindung ohne Fehler und ohne Nutzung des Sicherheitsdiensts.

Tabelle 11-3 zeigt die Einstellungskombinationen und deren Ergebnisse. Jede Achse kann für den Client oder den Server stehen, da die Ergebnisse gleich sind.

Tabelle 11-3: Matrix der möglichen Kombinationen

	Rejected	**Accepted**	**Requested**	**Required**
Rejected	Nein	Nein	Nein	Keine Verbindung
Accepted	Nein	Nein	Ja	Ja
Requested	Nein	Ja	Ja	Ja
Required	Keine Verbindung	Ja	Ja	Ja

Ein Punkt, den Sie beachten müssen, ist, dass der Sicherheitsdienst nicht genutzt wird, wenn Client und Server auf Accepted, den Standard, gesetzt werden. Während es nur logisch ist, dass keine Authentifizierung stattfindet, wenn beide auf Accepted gesetzt sind, wird dadurch leicht unbeabsichtigt auf die Verschlüsselung und Integritätsprüfung verzichtet, weil beide Enden der Verbindung dies nur akzeptieren, aber keine erbittet. Wir empfehlen Ihnen, die Option auf dem Server bei der ersten Konfiguration auf Requested zu setzen, um Clients entgegenzukommen, die Verschlüsselung erlauben, aber nicht erfordern, ohne dass Clients abgewiesen werden, die die Verschlüsselung nicht unterstützen.

Um diese Werte zu setzen, können Sie den Net8 Assistant nutzen oder die Datei sqlnet.ora um die folgenden beiden Zeilen erweitern, damit Verschlüsselung und Integritätsprüfung auf der Server akzeptiert werden:

```
SQLNET.ENCRYPTION_SERVER = ACCEPTED
SQLNET.CRYPTO_CHECKSUM_SERVER = ACCEPTED
```

Für den Client können Sie die Verschlüsselung und Integritätsprüfung wie folgt auf Requested setzen:

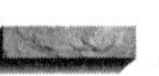

```
SQLNET.ENCRYPTION_CLIENT = REQUESTED
SQLNET.CRYPTO_CHECKSUM_CLIENT = REQUESTED
```

11.2.1 Konfigurieren der Authentifizierung

Die Adapter für die externe Authentifizierung sind unabhängig von den anderen Features der OAS. Welche Art der Authentifizierung auch vorgenommen wird, die Verschlüsselung wird durchgeführt, solange sie aktiviert und richtig konfiguriert ist. Die Authentifizierung ist leicht unterschiedlich. Die OAS-Authentifizierungsmethoden werden nur dann verwendet, wenn kein Benutzername und kein Kennwort beim Verbinden mit der Datenbank angegeben werden. Wenn Sie sich zum Beispiel in SQL*Plus als **jennifer/happy2b@myserver** anmelden, werden die in OAS ausgewählten Authentifizierungsmethoden nicht genutzt. Um OAS nutzen zu können, müssen Sie sich stattdessen als **/@myserver** verbinden, dann können Sie vom selben Client aus sowohl die interne als auch die externe Authentifizierung nutzen, ohne ihn umkonfigurieren zu müssen.

Viele der von Oracle unterstützten Authentifizierungs-Adapter werden genutzt, um Sicherheits-Infrastrukturen mit einzubinden, die in vielen Organisationen schon vorhanden sind. Dadurch wird die Administration von Netzwerken erleichtert, die schon komplexe Authentifizierungssysteme haben. Oracle hat die beliebtesten verfügbaren Authentifizierungspakete ausgewählt und dafür jeweils die Unterstützung in der Datenbank umgesetzt. Tabelle 11-4 führt Ihre Authentifizierungsoptionen für externe Systeme auf.

Tabelle 11-4: Authentifizierungs-Adapter

Authentifizierungstyp	Beschreibung
RADIUS	Ein generisches Client/Server-Sicherheitsprotokoll, das die Verwendung verschiedenster Authentifizierungsdienste wie Smart Cards und Token Cards erlaubt. RADIUS ist dann am sinnvollsten, wenn sich Ihre Benutzer schon über RADIUS an anderen Diensten im Netzwerk authentifizieren.

Tabelle 11-4: Authentifizierungs-Adapter (Fortsetzung)

Authentifizierungstyp	Beschreibung
Kerberos	Freies Authentifizierungsmodell mit offenen Standards, das entworfen wurde, damit sich Entitäten sicher über Netzwerke hinweg austauschen können.
CyberSafe	Kommerzielle Implementierung von Kerberos
SecurID	Schnittstelle, über die Benutzer RSA Smart Cards nutzen können, um sich an einer Oracle-Datenbank über einen ACE-Server anzumelden.
Entrust/PKI	Kommerzielle Produkte, die SSL unterstützen.
Identix Biometrics	Ermöglicht biometrische Geräte wie Fingerabdruck-Scanner, um einen Benutzer zu identifizieren.

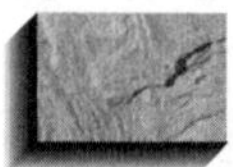

Anmerkung:
Die meisten dieser Authentifizierungs-Adapter werden in Oracle9i und neuer nicht mehr unterstützt. Stattdessen wird die Authentifizierung von Smart Cards, biometrischen Geräten und anderen Methoden nur noch über den RADIUS-Adapter vorgenommen.

Wenn Sie einen Authentifizierungs-Adapter verwenden, sollten Sie auch die anderen Features der OAS nutzen, da manche der Adapter bekannte Einschränkungen haben, die zu Sicherheitsproblemen führen können. So wird zum Beispiel die Authentifizierung teilweise im Klartext vorgenommen. Um diese Probleme zu beheben, sollten alle während der Authentifizierung genutzten Daten durch Oracles Netzwerkverschlüsselung geschützt werden.

Um einen Authentifizierungs-Adapter zu aktivieren, können Sie den Net8 Assistant nutzen oder die folgenden Einträge zu Ihrer Datei sqlnet.ora hinzufügen. Beachten Sie, dass dieses Beispiel die Konfiguration für alle verfügbaren Adapter beinhaltet. Sie sollten nur die Adapter eintragen, die bei Ihnen unterstützt werden. Beachten Sie weiterhin, dass für manche der Adapter noch andere Parameter gesetzt werden müssen, die wir später in diesem Kapitel noch besprechen werden.

```
SQLNET.AUTHENTICATION_SERVICES = (BEQ, KERBEROS5, CYBERSAFE, RADIUS,
IDENTIX, SECURID)
```

Den Adapter BEQ (Bequeath) einzubeziehen ist wichtig um sicherzustellen, dass jeder, der sich über SQL*Plus direkt vom Datenbank-Server mit der Datenbank verbinden will, den passenden Authentifizierungs-Adapter verwendet, um sich über den Bequeath-Listener anzumelden.

Um alle Authentifizierungsarten zu deaktivieren, können Sie die ausgewählten Methoden im Net8 Assistant auf der Registerkarte Authentication entfernen oder Ihre Datei sqlnet.ora anpassen, indem Sie den folgenden Eintrag hinzufügen:

```
SQLNET.AUTHENTICATION_SERVICES = (NONE)
```

11.2.2 Die Integritätsprüfung konfigurieren

Das Konfigurieren der Netzwerksintegritätsprüfung in Oracle kann über den Net8 Assistant vorgenommen werden, oder, indem die Datei sqlnet.ora angepasst wird. Fügen Sie ihr die folgenden Zeilen hinzu, um die Integritätsprüfung MD5 vom Server zu erbitten.

```
SQLNET.CRYPTO_CHECKSUM_TYPES_CLIENT = (MD5)
SQLNET.CRYPTO_CHECKSUM_CLIENT = REQUESTED
```

Wie bereits erwähnt, können Sie die Verschlüsselung mit dem Net8 Assistant einstellen. Auf der Registerkarte Encryption, die in Abbildung 11-3 gezeigt wird, lassen sich die verfügbaren Algorithmen MD5 und SHA-1 auswählen. Sie können den Server wie auch den Client so konfigurieren, dass eine oder beide Methoden genutzt wird. Die Reihenfolge der Algorithmen in der Liste oder die Reihenfolge in der Datei sqlnet.ora legt fest, in welcher Reihenfolge die Protokolle ausgehandelt werden. Der zu verwendende Algorithmus wird während der Secure Network Service-Phase der Verbindung festgelegt, direkt nachdem der Listener-Dienst die Verbindung an die Datenbank übergibt. Die Reihenfolge der Algorithmen auf dem Server hat Vorrang vor der auf dem Client, so dass MD5 genutzt wird, wenn auf dem Client die Reihenfolge SHA-1, MD5 und auf dem Server MD5, SHA-1 lautet.

Der MD5-Algorithmus erstellt eine 16 Bytes (128Bit) lange Prüfsumme für jedes Paket und fügt jedem Paket, das gesendet wird, einen Wert hinzu. Oracle verwaltet den Status der Verbindung, indem an die Prüfsumme 00 angehängt wird, bevor die Authentifizierung abgeschlossen ist, und 01, nachdem sie abgeschlossen wurde. Wir waren nicht in der Lage, SHA-1 erfolgreich auf der ersten Release von Oracle8.1.7 unter Solaris zum Laufen zu bringen.

MD5 und SHA-1 benötigen einen geheimen Schlüssel, um eine sichere Prüfsumme erstellen zu können. Daher muss beim Aushandeln der Algorithmen ein geheimer Schlüssel erzeugt und zwischen Client und Server so ausgetauscht werden, dass ein Mitlauschender ihn nicht stehlen kann. Dazu wird eine angepasste Version des Diffie-Hellman-Algorithmus verwendet. Um Man-in-the-Middle-Angriffen vorzubeugen, hat Oracle den Algorithmus verändert und den Kennwort-Hash des Benutzers mit in den Sitzungsschlüssel hineingerechnet, der zwischen Client und Server ausgetauscht wird. Dieser Ansatz scheint ein effektiver Weg zu sein, den Angriff zu verhindern. Wir legen uns allerdings noch nicht fest, ob diese Modifikation gut oder schlecht ist, bevor das Modell nicht von weiteren Kryptographen analysiert wurde.

Die Verwendung von Diffie-Hellman für das Austauschen von geheimen Schlüsseln ist für die Integritätsprüfung nicht konfigurierbar. Dies unterscheidet sie etwas von SSL, wo Sie den zu verwendenden Algorithmus konfigurieren können. Für die Oracle-eigene Integritätsprüfung wird die Verschlüsselung komplett verborgen durchgeführt.

Da sich der Sitzungsschlüssel für jede neue Verbindung unterscheidet, ist auch die Prüfsumme bei gleichen Paketen in verschiedenen Sitzungen unterschiedlich, wodurch es einem Angreifer nicht möglich ist, aus verschiedenen Prüfsummen eine Sammlung von Codes aufzubauen. Beachten Sie allerdings, dass ein Paket, das zwei Mal während der gleichen Sitzung übertragen wird, auch die gleiche Prüfsumme hat, so dass eine gewisse Chance besteht, die Prüfsumme anzugreifen. In der Praxis ist die Wahrscheinlichkeit eines solchen Angriffs aufgrund der Nutzung der Sequenznummern durch das Oracle-Protokoll allerdings sehr gering.

11.2.3 Die Verschlüsselung konfigurieren

Die Konfiguration der Netzwerkverschlüsselung in Oracle kann mit dem Net8 Assistant oder durch das Editieren der Datei sqlnet.ora vorgenommen werden. Fügen Sie der Datei die folgende Zeile hinzu, damit der Server die Verschlüsselung Triple DES, RC4 mit 128 Bit oder DES mit 40 Bit vom Client verlangt. Die Reihenfolge der aufgeführten Algorithmen legt fest, welche Protokolle beim Aushandeln der Verbindung den Vorrang haben.

```
SQLNET.ENCRYPTION_TYPES_SERVER = (3DES168, RC4_128, DES40)
SQLNET.ENCRYPTION_SERVER = REQUIRED
```

Wenn Sie untersuchen, wie die Verschlüsselung vorgenommen wird, werden Sie mehrere Dinge feststellen. Zunächst werden Sie bemerken, dass die ersten 10 Bytes jedes Pakets nicht verschlüsselt werden. Diese beinhalten die Paketlänge und den Pakettyp. Zudem sind die letzten beiden Bytes immer 00 00 oder 00 01. Damit wird Ihnen mitgeteilt, ob die Verbindung schon aufgebaut wurde oder nicht. Diese unverschlüsselten Teile des Pakets sind ein Hinweis darauf, dass die Verschlüsselung mit dem Oracle-Protokoll auf einer weit höheren Ebene durchgeführt wird, als die Verschlüsselung mit dem SSL-Protokoll.

Ein Punkt, der die Performance betrifft und den man kennen sollte, ist der Unterschied zwischen einer Block-Chiffre und einer Stream-Chiffre. Stream-Chiffren wie RC4 verarbeiten nur ein Byte auf einmal, so dass der entstehende Chiffre-Text dieselbe Länge wie der zu verschlüsselnde Text besitzt. Block-Chiffren arbeiten dagegen immer mit mehreren Bytes gleichzeitig. Beim DES und Triple DES werden acht Bytes verarbeitet. Das bedeutet, dass Oracle bei einem 17 Bytes langen Paket sieben Bytes an die Nachricht anfügen muss, um ein Paket zu erhalten, dessen Länge durch 8 teilbar ist. Die hinzugefügten Zeichen verursachen etwas zusätzlichen Verkehr im Netz, allerdings hängt der tatsächliche Effekt von der durchschnittlichen Paketlänge ab. Wenn die meisten der von Ihnen versendeten Pakete etwa 20 Bytes lang sind, kann man davon ausgehen, dass bei einer gleichförmigen Verteilung durchschnittlich vier Bytes hinzugefügt werden müssen. Der Overhead beträgt also vier Bytes für 20 gesendete Bytes, das bedeutet, dass der Netzwerkverkehr um etwa 20 Prozent zunimmt. Wenn ein durchschnittliches Oracle-Paket allerdings 404 Bytes lang ist, werden auch hier für jedes Paket 4 zusätzliche Bytes benötigt. Dabei wächst der Verkehr im Netzwerk durch den notwendigen Overhead nur um 4 geteilt durch 404 Bytes, also etwa 1 Prozent.

Der Verschlüsselungskern (Encryption Seed) erhöht die Zufälligkeit beim Anlegen der sicheren Schlüssel, die im OAS verwendet werden. Computer sind sehr deterministische Geräte, und ohne eine Quelle für das Generieren echter Zufallszahlen fällt es Computern ziemlich schwer, Schlüssel zu generieren, die sich nicht vorhersagen lassen. Auf den meisten Datenbank-Clients und -Servern ist der folgende String der Standardwert für den Seed. Das Format wurde aus der Datei sqlnet.ora übernommen.

```
SQLNET.CRYPTO_SEED = 4fhfguweotcadsfdsafjkdsfqp5f201p45mxskdlfdasf
```

Beachten Sie, dass Ihre Verschlüsselung durch Raten oder Vorhersagen geknackt werden kann, wenn Sie diesen Wert nicht auf einen anderen Zufallswert setzen. Der verwendete Wert sollte mit keinem anderen Wert in einem entfernten System übereinstimmen, und sollte auch im Netzwerk keinen anderen Werten entsprechen. einzigartig sein. Um einen neuen Wert auszuwählen, sollten Sie Ihre Hände auf die Tastatur legen, Ihre Augen schließen und drauflos tippen. Drücken Sie nicht zu häufig die gleiche Taste, verändern Sie Ihren Anschlag und hören Sie nicht auf, bevor Sie nicht mindestens 70 Zeichen eingegeben haben, was der erlaubten minimalen Länge entspricht. Die maximal erlaubte Länge beträgt 256 Zeichen.

Bei der Integritätsprüfung funktioniert die Verschlüsselung auf ähnliche Weise, da auch dort der Diffie-Hellman-Algorithmus zum Aushandeln eines gemeinsamen geheimen Schlüssels verwendet wird. Da dieser Schlüssel für jede Sitzung anders ist, wird dasselbe Paket in jeder neuen Sitzung mit einem anderen Wert verschlüsselt.

11.3 Das Secure Sockets Layer-Protokoll

Ursprünglich von der Netscape Development Corporation für die Verwendung in Web-Browsern entworfen, wurde das Secure Socket Layer-Protokoll, dessen aktuelle Version die Nummer 3.0 hat, als offener Standard mit öffentlichen Reviews und Beteiligung der Industrie fortgeführt. SSL wurde von der Internet Engineering Task Force (IETF) übernommen und zum Transport Layer Security (TLS)-Protokoll umbenannt.

Die IETF hat daran gearbeitet, dem Protokoll die folgenden neuen Features hinzuzufügen.

- Erweiterte Zertifikatverwaltung
- Verbesserte Authentifizierung
- Zusätzliche Warnmöglichkeiten bei Fehlern
- Unterstützung für die Kerberos-Authentifizierung
- Unterstützung für Verschlüsselung über elliptische Kurven als Alternative zu RSA

SSL V3.0 bietet dieselben Features, die auch Oracles eigenes Sicherheitsprotokoll zur Verfügung stellt – Integritätsprüfung, Verschlüsselung und Authentifizierung. Oracles Implementation von SSL ermöglicht es Ihnen, verschiedene Algorithmen und Features ebenso zu mischen, wie es bei dem Oracle-eigenen Protokoll möglich ist. Ein echter Vorteil von SSL ist, dass es ein öffentlicher Standard ist, der genau beobachtet wird und umfangreiche Tests bestehen muss, damit sichergestellt ist, dass es keine Schwachstellen im Protokoll gibt.

11.3.1 SSL konfigurieren

Das Konfigurieren von SSL für Oracle ist ein komplizierter Prozess, daher wollen wir Schritt für Schritt vom Anfang bis zum Ende vorgehen. Zunächst müssen Sie sich entscheiden, welche Features von SSL Sie nutzen wollen. Wenn Sie sich entschließen, die Authentifizierung zu verwenden, müssen Sie Zertifikate erstellen. Sie müssen entscheiden, ob Sie nur Server-Authentifizierung oder Server- und Client-Authentifizierung verwenden wollen. Beachten Sie, dass die Client-Authentifizierung alleine nicht nutzbar ist. Server-Authentifizierung erfordert die Installation eines Zertifikats auf der Datenbank, während Sie bei der Client-Authentifizierung Zertifikate für alle Benutzer erstellen müssen, die auf das System zugreifen können. Dadurch ist die Überprüfung der Identität zwar sehr streng, allerdings kann das Anlegen der Zertifikate für eine große Zahl von Nutzern auch sehr zeit- und arbeitsaufwändig sein.

Zertifikate und Wallets

Ein anderes Problem bei der Verwendung von Zertifikaten für die Client-Authentifizierung ist, dass Sie für den Zugriff auf die Datenbank die physische Datei, die den privaten Schlüssel und das Zertifikat, auch *Wallet* genannt, an jedem Standort brauchen, von dem aus Sie sich verbinden möchten. Wenn Sie sich von Ihrem eigenen Arbeitsplatzrechner aus anmelden wollen, ist die Bereitstellung des Wallets noch recht einfach. Sie laden das entsprechende Zertifikat einmal herunter und es ist danach immer verfügbar. Es kann aber auch vorkommen, dass Sie „wandern", das heißt, sich von anderen Clients aus anmelden müssen. Sie ermöglichen den Zugriff von mehreren Arbeitsplatzrechnern aus, indem Sie Ihr Wallet auf einem Datei-Server ablegen und ein

Laufwerk dafür zuweisen. Leider macht das wieder Schritte erforderlich, die Sie eigentlich gerade vermeiden wollten. Sie müssen sich mit dem entfernten Server verbinden und die Datei über das Netzwerk kopieren, wobei Verschlüsselung und Authentifizierung nicht optimal sind.

Das Einrichten eines Server-Zertifikats ist nicht so verwaltungsaufwändig, daher gibt es wenig dagegen zu sagen. „Was," werden Sie fragen, „bringt einem die Server-Authentifizierung?" Wenn Sie ein Server-Zertifikat bei der Datenbank anfordern, ermöglichen Sie die Nutzung von RSA anstelle des Diffie-Hellman-Algorithmus, der verwendet werden muss, wenn keine Zertifikate vorhanden sind. Mit RSA können Sie einen geheimen Sitzungsschlüssel sicher austauschen, indem Sie den zufällig generierten Schlüssel mit dem öffentlichen Schlüssel der Datenbank verschlüsseln, und nur die Datenbank kann ihn mit ihrem privaten Schlüssel wieder entschlüsseln. Allerdings hat Oracles Implementation von SSL einige Schwachstellen. Sehen wir uns an, wie ein digitales Zertifikat installiert und verwendet wird, bevor wir Ihnen die Schwachstellen der Implementierung aufzeigen.

Um die Server-Authentifizierung einzurichten, müssen Sie ein Zertifikat für den Server erstellen. Dafür benötigen Sie ein Schlüsselpaar aus öffentlichem und privatem Schlüssel, müssen eine Zertifikatsanfrage aus dem öffentlichen Schlüssel erstellen und dann eine Zertifizierungsstelle ein digitales Zertifikat für Sie erstellen und signieren lassen. Beginnen Sie damit, den Oracle Wallet Manager über Start | Programs | <Oracle Version Name> | Network Administration | Wallet Manager aufzurufen. Wählen Sie dann den Menüpunkt Wallet | New. Da Sie bisher noch kein Wallet angelegt haben, werden Sie mit der Tatsache konfrontiert, dass noch kein Wallet-Verzeichnis existiert und gefragt, ob Sie das Verzeichnis erstellen wollen. Auf einem Unix-System können Sie den Oracle Wallet Manager öffnen, indem Sie die Datei $ORACLE_HOME/bin/owm aufrufen. Sie werden aufgefordert, ein Kennwort anzugeben, das verwendet wird, um den Inhalt des neu angelegten Wallets zu verschlüsseln. Wählen Sie ein sicheres Kennwort, denn diese Datei wird zum Verschlüsseln der Schlüssel verwendet, die Ihren gesamten Netzwerkverkehr schützen sollen. Stellen Sie auch sicher, dass Sie das Kennwort nicht verlieren, da Sie ansonsten einen neuen privaten Schlüssel und ein Zertifikat erzeugen müssen. Abbildung 11-5 zeigt das Fenster zum Eingeben des Kennworts für ein neues Wallet.

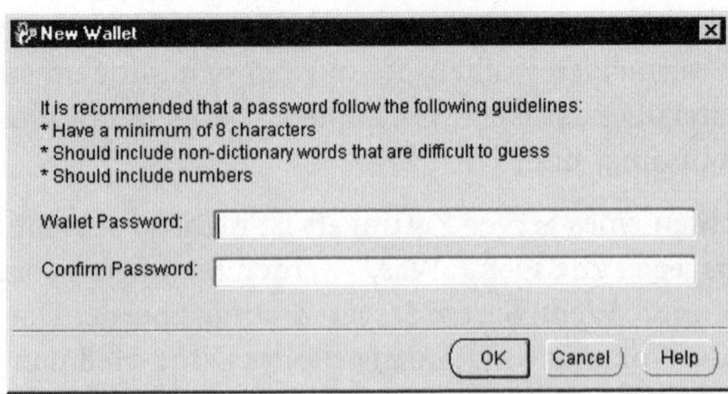

Abbildung 11-5: Ein Kennwort im Fenster New Wallet des Wallet Managers setzen

Nachdem Sie ein Kennwort angegeben haben, werden Sie aufgefordert, eine Zertifikatsanfrage zu erstellen. Es gibt verschiedene Felder, die auszufüllen sind, wie in Tabelle 11-5 gezeigt wird.

Tabelle 11-5: Felder in einer Zertifikatsanfrage

Feld	Erforderlich	Beschreibung
Common Name	Ja	Identität des Benutzers oder der Dienste
Organizational Unit	Nein	Name der Abteilung
Organization	Nein	Name des Unternehmens
Locality/City	Nein	Standort oder Stadt, in der sich der Nutzer befindet
State/Province	Nein	Staat oder Bundesland, in dem sich der Nutzer befindet
Country	Ja	Land, in dem sich der Nutzer befindet
Key Size	Ja	Anzahl der Bits im Schlüssel. Je mehr Bits genutzt werden, desto sicherer ist der Schlüssel, allerdings verbrauchen längere Schlüssel mehr Prozessorzeit für die Verbindung. Steht die Verbindung, sind längere Schlüssel nicht mehr aufwändiger. Das Erstellen eines Schlüssels mit einer Länge von 512 Bits kann nur eine Sekunde dauern, aber ein 1024-Bit-Schlüssel kann mehr als eine Minute benötigen.

In unserem Beispiel wollen wir den Server SOLSERVER verwenden. Geben Sie den allgemeinen Namen **SOLSERVER** ein, als Land **US** und als Schlüssellänge **512** Bits. Klicken Sie auf OK, und die Zertifikatsanfrage wird generiert. Auf der Registerkarte Certificate Request sollten Sie die angeforderte Identität CN=SOLSERVER, C=US, eine Schlüssellänge von 512 Bits sowie als Schlüsseltyp RSA sehen. Die Länge der Anfrage hängt von der gewünschten Schlüssellänge ab, aber das Format sollte so ähnlich aussehen wie dieses hier:

```
-----BEGIN NEW CERTIFICATE REQUEST-----
MIHeMIGJAgEAMCQxCzAJBgNVBAYTAlVTMRUwEwYDVQQDFAxhcHBzZWN1cmVzdW4wXDANBg
kqhkiG9w0BAQEFAANLADBIAkEAszDX88pg8duEhapFrxqFtj/TQL4GIpGcOVET3Q0atmD5
3Orw1E5VNvDRKFd249eHDttgqbVpPo/31aLrQ5e7OQIDAQABoAAwDQYJKoZIhvcNAQEEBQ
ADQQAJ7T2iBcw5bMcyXD41IQVHF7qyqkpADH444WZIKDi0XtkKAXWGFcSD28fVCz/RVxc5
8xGNtaidwGl76YF7t2Ib
-----END NEW CERTIFICATE REQUEST-----
```


Speichern Sie die Zertifikatsanfrage, indem Sie sie in eine Datei exportieren oder sie in die Zwischenablage kopieren, um sie später zu nutzen. Sie werden nun ein Zertifikat aus der Zertifikatsanfrage generieren. Nachdem die Anfrage erstellt wurde, wurden zudem ein privater und ein öffentlicher Schlüssel angelegt, auch wenn der private Schlüssel nicht vom Wallet Manager angezeigt wird.

Um ein Zertifikat zu generieren, können Sie sich an einen der vielen Dienste im Web wenden, die Zertifikate gegen Bezahlung erstellen, oder Sie konfigurieren sich Ihren eigenen Zertifizierungs-Server für Ihr Unternehmen. Warum sollten Sie jemand anderen benötigen, der ein Zertifikat für Sie anlegt? Die Antwort lautet „Vertrauen". Wenn sich ein Benutzer mit der Datenbank verbindet, wird das Zertifikat von der Datenbank an den Client gesendet. Wenn ein Hacker die Datenbank spooft, kann er seinen eigenen privaten Schlüssel und das Zertifikat erstellen, vorgeben, SOLSERVER zu sein, und dies an den Benutzer schicken. Um das zu verhindern, müssen Sie Ihren öffentlichen Schlüssel zusammen mit Ihrem allgemeinen Namen und anderen Informationen an eine Zertifizierungsstelle (Certificate Authority, CA) senden. Passen Sie auf, dass Sie Ihren privaten Schlüssel nicht an die CA senden, da diese sonst Ihre Daten entschlüsseln könnte. Eine Zertifizierungsstelle kann eine Einzelperson oder eine Firma wie VeriSign sein. Die CA fasst Ihre Informationen in einem Zertifikat zusammen, verschlüsselt es mit dem privaten Schlüssel der CA und liefert es an Sie zurück. Jeder Benutzer, der sich mit Ihrem Server verbindet, muss der CA vertrauen, die Ihr Zertifikat erstellt hat. Mit „Vertrauen" meinen wir, dass die CA im Wallet Manager als vertrauenswürdigem Zertifikat aufgeführt sein muss, zudem müssen das Zertifikat und der öffentliche Schlüssel der CA lokal gespeichert sein.

Wenn nun die Datenbank dem Benutzer das Zertifikat sendet, kann er sicher sein, dass es den öffentlichen Schlüssel der Datenbank enthält, da es durch eine vertrauenswürdige dritte Stelle (die Zertifizierungsstelle) digital signiert wurde. Wenn ein Hacker einen eigenen privaten und öffentlichen Schlüssel erzeugt hat und Ihnen ein Zertifikat sendet, könnte es mit dem öffentlichen Schlüssel der CA nicht richtig entschlüsselt werden.

Standardmäßig installiert Oracle Zertifikate verschiedener bekannter CAs, einschließlich

- VeriSign
- RSA Data Security
- GTE CyberTrust
- Entrust.net

Wenn Sie Ihre eigene Zertifizierungsstelle nutzen oder mit einer hier nicht aufgeführten CA zusammenarbeiten, müssen Sie dafür sorgen, dass alle Clients das Zertifikat der CA installieren. Die CAs, deren Zertifikate standardmäßig in der Liste Trusted Certificate installiert wurden, haben einen großen Vorteil gegenüber den CAs, die nicht aufgeführt sind, da Sie für Erstere nicht das Zertifikat auf jedem Client installieren müssen.

Nachdem Sie nun wissen, warum Sie eine CA benötigen, wollen wir ein kostenloses Testzertifikat erstellen. Rufen Sie http://www.thawte.com auf und klicken Sie auf Free Test SSL Certificates. Auf der Übersichtsseite für das Zertifikat können Sie auf den Text „The test root certificate is also available in text format here" klicken, um das Test-CA-Zertifikat zu erhalten. Markieren Sie es, kopieren Sie es in die Zwischenablage und wechseln Sie dann zurück zum Oracle Wallet Manager. Wählen Sie nun den Menüpunkt Operations | Import Trusted Certificate, klicken Sie auf die Option Paste Certificate und fügen Sie dann das Zertifikat im Fenster ein. Am Ende der Liste der vertrauenswürdigen Zertifikate sollten Sie nun den Eintrag „Thawte Test CA Root" sehen. Es sei ausdrücklich darauf hingewiesen, dass wir diese Schritte hier nur demonstrieren. Bitte nutzen Sie dieses Testzertifikat nicht zur Authentifizierung in einer Produktionsumgebung. Verwenden Sie nur Ihre eigene CA oder eine Produktions-CA für die Authentifizierung in der Praxis.

Gehen Sie nun zurück auf die Seite mit der Test-Zertifikatsanfrage und fügen Sie Ihre Anfrage aus dem Orace Wallet Manager in das Feld Certificate Request ein, belassen Sie die anderen Felder so, wie sie sind, und klicken Sie auf Generate Test Certificate am Ende der Seite. Nun sollte eine neue Seite mit dem generierten Zertifikat erscheinen. Kopieren Sie den erstellten Schlüssel in Ihren Speicher, wechseln Sie zurück zum Oracle Wallet Manager, wählen Sie dort den Menüpunkt Operations | Import User Certificate aus und fügen Sie das Zertifikat in die Textbox ein. Ihr Zertifikat sollte nun den Status Ready besitzen, wie in Abbildung 11-6 gezeigt wird.

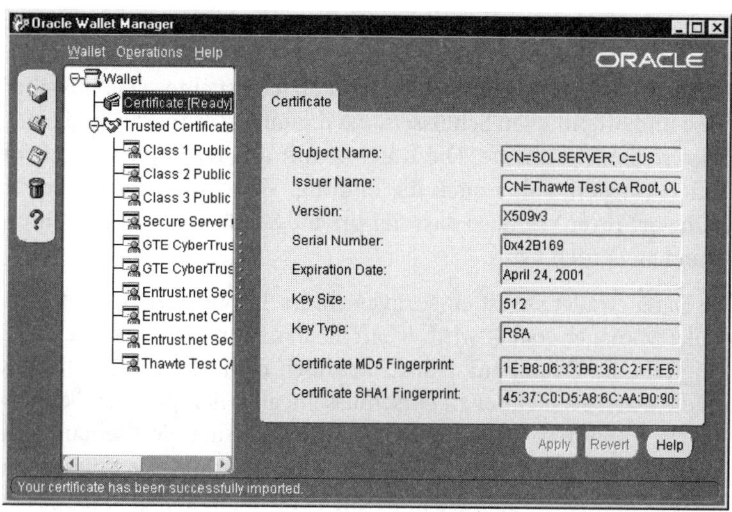

Abbildung 11-6: Das Zertifizierungsfenster des Wallet Managers

Wie wir bereits erörterten, gibt es eine Schwachstelle in diesem Protokoll. Es gibt keine Überprüfung des Servernamens mit dem Zertifikat. Wenn Sie zum Beispiel ein Zertifikat namens „Bob's Hacking Shop" anlegen und eine der vertrauenswürdigen CAs Ihnen ein digitales Zertifikat erstellt, können Sie sich als der Server maskieren. Versuchen Sie es einmal. Erstellen Sie ein Testzertifikat mit einem allgemeinen Namen, der sich von dem Ihrer Datenbank unterscheidet, installieren Sie dann dieses Zertifikat auf dem Server und verbinden Sie sich. Solange das Zertifikat von einer CA in Ihrer Liste Trusted Certificate stammt, ist die Verbindung erfolgreich. Das bedeutet, dass der Server nicht wirklich authentifiziert wird. Jeder, der ein Zertifikat besitzt, einschließlich einem persönlichen Zertifikat, von VeriSign, Entrust, RSA Data Security oder GTE, kann einen Man-in-the-Middle-Angriff durchführen. Eine Möglichkeit, dieses Problem abzustellen, besteht darin, dass Sie nur Ihren eigenen Zertifizierungs-Server unterstützen und sehr restriktiv beim Erstellen von Zertifikaten für irgendwen vorgehen. Dafür müssen Sie allerdings alle anderen vertrauenswürdigen Zertifikate von den Clients entfernen.

Viel beunruhigender ist allerdings, dass beim Aushändigen von digitalen Zertifikaten die Möglichkeit besteht, dass Menschen Fehler machen. CAs führen Hintergrund- und Sicherheitsprüfungen durch, wenn sie Zertifikate ausstellen, aber wenn Menschen beteiligt sind, besteht immer eine Chance, dass Fehler passieren oder sogar jemand beim CA bestochen oder erpresst wird. Erst kürzlich hat VeriSign unbeabsichtigt digitale Zertifikate an Kriminelle ausgegeben, die vorgaben, Mitarbeiter von Microsoft zu sein. Auch wenn hier keiner Firma die Schuld zu geben ist, zeigt die Situation doch, dass Personen mit kriminellen Absichten selbst die beste Verschlüsselung umgehen können.

Nachdem Sie nun erfolgreich das Wallet auf dem Server erstellt haben, wollen wir uns anschauen, woraus es tatsächlich besteht. Das Wallet setzt sich aus zwei Dateien zusammen, cwallet.sso und ewallet.der. Letztere ist eine verschlüsselte Version Ihres privaten und öffentlichen Schlüssels, des digitalen Zeritifikats und einer Liste der vertrauenswürdigen Zertifikate. Die Datei ist mit den Distinguished Encoding Rules (DER) kodiert worden, daher auch die Endung. Verschlüsselt wurde ewallet.der mit einem Kennwort Ihrer Wahl, so dass der private Schlüssel ohne Ihr Kennwort nicht herausgefunden werden kann.

Die Datei cwallet.sso ist eine unverschlüsselte Version der Datei ewallet.der, die vom Wallet Manager erstellt wird, wenn Sie das Auto Login aktivieren. Die Datei wird benötigt, da die Datenbank beim Start noch nicht das erforderliche Kennwort verfügt, um die Datei ewallet.der zu entschlüsseln, aber den privaten Schlüssel und die Zertifikatsdaten benötigt. Daher muss das Auto Login aktiviert sein und die Datei cwallet.sso existieren, wenn der Server läuft und SSL verwendet. Sie müssen zudem sicherstellen, dass Sie die Datei cwallet.sso in einem Verzeichnis ablegen, auf das nur der Besitzer der Oracle-Software Zugriff hat. Ansonsten kann jemand mit Lesezugriff auf die Datei Ihren privaten Schlüssel ermitteln, und den gesamten Verkehr vom und zum Server mitlesen. Wenn der Server über längere Zeit nicht genutzt wird, empfiehlt Oracle, das Auto Login zu deaktivieren, wodurch die Datei cwallet.sso gelöscht wird.

OAS zur Verwendung mit SSL konfigurieren

Die Verwendung von SSL mit der Datenbank wird auf der Registerkarte OAS im Net8 Assistant konfiguriert. Auf der Registerkarte SSL setzen Sie die Option „Configure SSL for" auf Server. Das Wallet-Verzeichnisfeld kann geändert werden, wenn Sie den Speicherort des Wallets in ein gesichertes Verzeichnis verlegen wollen. Dieses Verzeichnis wird in der Datei sqlnet.ora eingetragen, wie das folgende Beispiel zeigt:

```
OSS.SOURCE.MY_WALLET =
  (SOURCE =
   (METHOD = FILE)
    (METHOD_DATA =
     (DIRECTORY = \Documents and
Settings\Administrator\ORACLE\WALLETS)))
```

Wenn Sie sich Abbildung 11-4 erneut anschauen, sehen Sie, dass die Konfiguration der Verschlüsselungs-Suite unterhalb des Feldes für das Wallet-Verzeichnis vorgenommen wird. Sie können hier die Algorithmen auswählen, die Sie nutzen möchten. Dabei sollte der sicherste Algorithmus möglichst zu Beginn der Liste platziert werden, damit er auch als Erstes gewählt wird. Klicken Sie auf die Schaltfläche Add, um aus der Liste die verfügbaren Algorithmen wählen zu können. Für die Authentifizierung stehen RSA, RSA_EXPORT und DH_anon zur Verfügung. RSA ist ein 128-Byte-Algorithmus und der akzeptierte Standard für die Public Key-Verschlüsselung. Er ist extrem sicher, setzt aber voraus, dass Sie ein korrekt erstelltes Zertifikat haben. RSA_EXPORT ist das

Gleiche wie RSA, bloß dass Sie auf die Verschlüsselungsalgorithmen beschränkt sind, die für den Export aus den USA zugelassen sind. Bis zum Jahr 2000 verhinderten die Gesetze in den USA, dass Oracle Verschlüsselungs-Tools in andere Länder verkaufen konnte, die mit Schlüsseln von mehr als 40 Bits Länge arbeiteten. In den Export-Versionen der Software wurden alle Verschlüsselungs-Suiten, die RSA und Schlüssel mit einer Länge von mehr als 40 Bits nutzten, entfernt. Doch mittlerweile wurden die Gesetze gelockert, und eine separate Oracle Export-Version ist nicht mehr notwendig.

DH_anon nutzt den Diffie-Hellman-Algorithmus, um die Sitzungsschlüssel zum Verschlüsseln und Prüfen der Integrität geschützt auszutauschen. DH_anon wird verwendet, wenn Sie kein Zertifikat besitzen und daher die RSA-Authentifizierung nicht nutzen können. Diffie-Hellman ist gegen Man-in-the-Middle-Angriffe nicht komplett geschützt, man benötigt aber für einen erfolgreichen Angriff die vollständige Kontrolle über die Kommunikation zwischen Client und Server. Außerdem ist der Algorithmus kryptografisch sehr sicher. Nachdem Sie die zulässigen Verschlüsselungs-Suiten ausgewählt haben, sollten sie in den Dateien sqlnet.ora mit folgenden Einträgen erscheinen:

```
SSL_CIPHER_SUITES= (SSL_RSA_WITH_NULL_SHA, SSL_RSA_WITH_RC4_128_MD5,
SSL_DH_anon_WITH_RC4_128_MD5)
```

Wir haben alle verfügbaren Verschlüsselungs-Suiten ausgewählt, so dass Sie sehen können, wie sie bezeichnet werden. Natürlich wird Ihre Liste, abhängig von den von Ihnen ausgewählten Suiten, anders aussehen.

Auf der Registerkarte SSL sind zwei weitere Felder verfügbar. Require SSL Version legt fest, ob Sie ältere Versionen von SSL unterstützen möchten. Wenn Sie sich zudem entschließen, die clientseitige Authentifizierung anzufordern, sollten Sie das Kontrollkästchen neben dem Feld Require Client Authentication markieren. Diese Werte führen zu den folgenden Einträgen in der Datei sqlnet.ora:

```
SSL_VERSION = 0
SSL_CLIENT_AUTHENTICATION = TRUE
```

Die Oracle-eigenen Features für Oracle Advanced Security können mit jedem Protokoll verwendet werden. Wenn Sie einen Service-Namen in der Datei tnsnames.ora oder mit dem Net8 Assistant konfigurieren, können Sie jedes Protokoll auswählen, einschließlich TCP/IP, SPX, Named Pipes oder IPC. Bei SSL ist es etwas anders. SSL kann sich nur über das TCPS-Protokoll verbinden. Wenn Sie also einen Service-Namen auf dem Client konfigurieren oder den Listener einrichten, müssen Sie das Protokoll auf „TCP/IP with SSL" setzen.

Verbindung mit einem Server über TCP/IP mit SSL

Auf der Datenbank-Seite müssen Sie den Listener-Dienst so einrichten, dass er das TCPS-Protokoll verwendet. Sie können den Net8 Assistant nutzen, um ihn zu konfigurieren.

1. Im Knoten Local gibt es einen Ordner Listener. Wählen Sie aus der Auswahlliste die Option Listener Location aus.
2. Um das TCPS-Protokoll hinzuzufügen, klicken Sie auf die Schaltfläche Add Address und wählen auf der neuen Registerkarte die Option „TCP/IP with SSL" aus.
3. Unter Host geben Sie den Datenbank-Host-Namen ein und wählen eine Portnummer aus, auf der für das neue Protokoll gelauscht werden soll.

Merken Sie sich die ausgewählte Portnummer, da alle Ihre Clients für eine Verbindung zum neuen Port eingerichtet werden müssen.

Sie können den Konfigurationsprozess auch manuell durchführen, indem Sie die folgenden Einträge der Datei listener.ora im Verzeichnis $ORACLE_HOME/network/admin hinzufügen.

```
LISTENER =
  (DESCRIPTION_LIST =
    (DESCRIPTION =
      (ADDRESS = (PROTOCOL = TCP)(HOST = DBHOST)(PORT = 1521))
    )

    (DESCRIPTION =
      (ADDRESS = (PROTOCOL = TCPS)(HOST = DBHOST)(PORT = 1531))
    )
  )
```

Die hervorgehobenen Zeilen entsprechen den neuen Zeilen, die für die Konfiguration der SSL-Unterstützung notwendig sind. Beachten Sie, dass die Variable HOST dem Namen Ihrer Datenbank entsprechen sollte und die Portnummer von Ihnen frei gewählt werden kann, solange der Port nicht schon durch einen anderen Prozess belegt ist. Sie muss aber der Portnummer auf dem Client entsprechen. Wenn Sie einen Eintrag im Net8 Assistant anlegen, müssen Sie ihn schließen oder File | Save Network Configuration auswählen, bevor die neuen Einträge in den Konfigurationsdateien gespeichert werden und nutzbar sind.

Wenn Sie nicht möchten, dass sich jemand ohne SSL mit der Datenbank verbindet, können Sie Nicht-SSL-Verbindungen deaktivieren, indem Sie die Zeilen entfernen, die den Listener auf dem Port 1521 und höher lauschen lassen. Damit wird verhindert, dass ein Client unbeabsichtigt ein unsicheres Protokoll nutzt oder gar ein Hacker versucht, die Konfiguration eines Clients zu ändern, um Daten zu belauschen, die über das Netzwerk verschickt werden.

Auf der Client-Seite müssen Sie auch den Net8 Assistant verwenden, damit die Verbindung TCPS nutzt. Im Net8 Assistant wählen Sie den Knoten Local und dort den Ordner Service Naming. Am besten legen Sie einen neuen Eintrag an. Wenn Sie einen Eintrag zu einem bestehenden Service-Namen hinzufügen, kann eine Verbindung auch über eine Nicht-SSL-Verbindung aufgebaut werden. Auf der Registerkarte Address Configuration sollte das Protokoll auf „TCP/IP with SSL" gesetzt werden, und der Host-Name muss mit dem Host des Listeners übereinstimmen, nicht mit dem der Datenbank. Der Unterschied zwischen dem Host-Namen des Listeners und der Datenbank ist allerdings nur dann wichtig, wenn sich beide auf unterschiedlichen Rechnern befinden. Die Portnummer muss mit dem gewählten Port übereinstimmen, für den Sie sich beim Konfigurieren des Listeners entschieden haben. Im obigen Beispiel wählten wir 1531.

Diese Aufgaben können auch umgesetzt werden, indem man die folgenden Einträge in der Datei tnsnames.ora im Verzeichnis ORACLE_HOME\Network\Admin vornimmt:

```
DBHOST =
  (DESCRIPTION =
    (ADDRESS_LIST =
      (ADDRESS = (PROTOCOL = TCPS)(HOST = DBHOST)(PORT = 1531))
    )
    (CONNECT_DATA =(SID = ora817))
  )
```

Jetzt sollten Sie in der Lage sein, sich mit der Datenbank über SSL zu verbinden.

11.3.2 Eine SSL-Verbindung debuggen

Aufgrund der vielen Schritte, die für das Einrichten von SSL erforderlich sind, kann es durchaus sein, dass dabei Probleme auftauchen. Hier einige Hinweise, die dabei helfen sollen, die Ursache des Problems zu finden.

Wenn eine Verbindung fehlschlägt, machen Sie erst einmal nicht weiter, sondern überlegen Sie, was Sie gerade tun. Normalerweise können Sie genau bestimmen, in welchem Stadium die Verbindung fehlschlägt, indem Sie die Fehlermeldungen sorgfältig analysieren. Ironischerweise können Sie zum Debuggen einer SSL-Verbindung auch den Network Monitor verwenden. Wenn Sie sich die Pakete anschauen, die vom und zum Server gesendet werden, sehen Sie, ob ein Ende der Verbindung das andere nicht versteht oder ob der Client die Datenbank nicht erreicht. Sie können auch ziemlich gut abschätzen, ob die Authentifizierung in einer Verbindung sofort fehlschlägt oder erst später.

Ein Problem haben Sie dann, wenn Sie versehentlich sowohl die Oracle-eigene Verschlüsselung als auch SSL aktiviert haben. Auf Grund der früheren Exportbeschränkungen bei starker Kryptografie musste Oracle die Protokolle so entwerfen, dass die Verbindung fehlschlägt, wenn beide gleichzeitig aktiviert wurden, da sonst die entstehende Verschlüsselung das gesetzliche Limit überschritten hätte. Wenn Sie SSL aktivieren, sollten Sie automatisch die Server-Optionen für die Oracle-eigene Integritätsprüfung und Verschlüsselung auf Rejected setzen. Wird sie stattdessen auf Accepted gesetzt und der Client steht auf Requested, wird die Verbindung fehlschlagen, auch wenn Ihre eigenen Tests erfolgreich waren, da Sie auf Ihrem Client Accepted eingestellt hatten. Die Fehlermeldung, die man in solchen Momenten erhält, lautet wie folgt:

```
ORA-12696: Double Encryption Turned On, login disallowed
```

Um dieses Problem zu lösen, verwenden Sie den Net8 Assistant, um alle Oracle-eigenen Verschlüsselungsarten zu deaktivieren. Beachten Sie, dass Sie weiterhin über SSL eine externe Authentifizierung vornehmen können, wie zum Beispiel RADIUS oder Kerberos.

Ein anderes Problem kann auftauchen, wenn Sie Ihre eigene Zertifizierungsstelle nutzen. Ein neuer Client bekommt nicht automatisch das vertrauenswürdige Zertifikat Ihres Unternehmens, wodurch eine ungültige Vertrauenskette entsteht. In dieser Situation erscheint folgender Fehler:

```
ORA-28868: certificate chain check failed
```

Um das Problem zu lösen, verwenden Sie den Oracle Wallet Manager, um das Zertifikat zu importieren.

Auf der Serverseite müssen Sie sicherstellen, dass Sie das Auto Login-Feature im Wallet Manager richtig konfiguriert haben. Wenn nicht, ist der Server nicht in der Lage, auf den privaten Schlüssel und die digitale Signatur zuzugreifen, so dass jede Kommunikation über SSL mit der folgenden Fehlermeldung fehlschlägt:

```
ORA-28862: SSL connection failed
```

Wenn ein Client und die Datenbank keinen gemeinsam zu nutzenden Algorithmus aushandeln können, erhält man:

```
ERROR:
ORA-12650: No common encryption or data integrity algorithm
```

Um dieses Problem zu lösen, müssen Sie normalerweise den Client so anpassen, dass er mit der Datenbank-Konfiguration richtig zusammenarbeitet, vorausgesetzt, der Server wurde mit der richtigen Sicherheitsstufe konfiguriert. Beim Anpassen des Clients müssen Sie eventuell die Verschlüsselungs-Suite austauschen, um die erforderlichen Algorithmen zu unterstützen.

Es gibt noch viele andere Probleme, die bei der Konfiguration von SSL auftreten können. Während unserer Tests haben wir festgestellt, dass viele der Features, wie zum Beispiel die Wahl der Algorithmen, dynamisch aktiviert wurden, während andere Konfigurationsoptionen, wie zum Beispiel das Ändern des aktuellen digitalen Zertifikats, einen Neustart von Client und Datenbank erforderlich machten. Wir haben weiterhin interne Fehler beobachtet, wenn zwischen der Oracle-eigenen und SSL-Verschlüsselung hin und her gewechselt wurde. Ein Neustart des Servers beseitigte allerdings alle Probleme, denen wir begegneten.

Abgesehen davon sind sowohl SSL als auch die Oracle-eigene Verschlüsselung sehr stabile Features, die unserer Meinung nach in das Produkt als Standardoption mit aufgenommen werden sollten.

11.3.3 Enterprise User Security

Die Enterprise User Security ist ein Feature, das von Oracle hinzugefügt wurde, um die Verwaltung einer großen Zahl von Benutzern zu vereinfachen. Oracles Umsetzung der Enterprise User Security basiert auf dem schon behandelten SSL-Protokoll, erweitert um die Unterstützung für das Speichern und Verwalten von Benutzern in LDAP-kompatiblen Verzeichnissen mit X.509 v3-Zertifikaten. Oracle arbeitet mit den folgenden Verzeichnissen zusammen:

- Microsoft Active Directory
- Oracle Internet Directory Release 2.0.5 oder neuer

Es gibt zurzeit keinen offiziellen Support für Novells Umsetzung des LDAP-Verzeichnisses, auch wenn es sehr wahrscheinlich ist, dass Novell eine entsprechende Schnittstelle bauen wird. Sie sollten sich an Novell wenden, um herauszufinden, ob mittlerweile ein Produkt existiert.

Um zu verstehen, warum ein Unternehmen die Enterprise User Security benötigt, stellen Sie sich all die Arbeit vor, die entsteht, wenn ein neuer Mitarbeiter ins Unternehmen kommt oder ein Mitarbeiter die Abteilung wechselt. Ein normaler Mitarbeiter benötigt vielleicht Zugriff auf ein Dutzend Systeme, wobei viele völlig unabhängig voneinander existieren. Falls ein Mitarbeiter die Firma verlässt, werden folglich oft nicht alle Konten und Berechtigungen entfernt, die entfernt werden müssten. Werden alle Authentifizierungsarten in einem einzelnen LDAP-Verzeichnis gesammelt, kann der Aufwand auf eine einzige Aufgabe reduziert werden. Natürlich stehen einem die Vorteile eines LDAP-Verzeichnisses nur dann vollständig zur Verfügung, wenn viele Applikationen die Authentifizierung und Autorisierung über ein LDAP-Verzeichnis unterstützen. Oracle gehört zu den Ersten, die diesen Standard umgesetzt haben, und solange nicht mehr Hersteller diese Technologie unterstützen, ist der Einsatz der LDAP-Verzeichnisse nicht so vorteilhaft, wie er sein könnte.

Enterprise User Security nimmt einige Verbesserungen an dem Standard für das Erstellen vollständig qualifizierter Namen für Benutzer und Server vor. Zudem werden globale Rollen und Enterprise-Rollen zur Verfügung gestellt. Mit diesen Rollen kann man den Zugriff auf die Datenbank verwalten, indem Benutzer in das LDAP-Verzeichnis eingetragen oder daraus gelöscht werden.

Eine genauere Betrachtung von LDAP liegt außerhalb des Rahmens dieses Buchs. Stattdessen sei auf Kapitel 5 in *Oracle8i Networking für Einsteiger* von Marlene Theriault (Hanser, 2001) verwiesen.

11.4 Empfohlene Protokolle

Es gibt viele kleine Unterschiede zwischen der Oracle-eigenen Sicherheit und SSL. SSL arbeitet unterhalb der Oracle-Protokollebene, während die Oracle-eigenen Sicherheits-Features auf einer höheren Ebene in der Oracle API eingebaut sind. Daher bleiben auch die ersten 10 Bytes jedes Pakets unverschlüsselt. Auch wenn noch keine Sicherheitslücken bei diesem Setup bekannt wurden, kann die zusätzliche unverschlüsselte Information als undichte Stelle betrachtet werden. Wenn auch sonst nichts, so geben sie doch Hinweise und Anhaltspunkte, die über Vermutungen oder Ableitungen auf weitere Informationen schließen lassen könnten. Auf der anderen Seite muss SSL dem Net8-Protokoll keinerlei Informationen zur Verfügung stellen, so dass die komplette Oracle-Nachricht verschlüsselt wird.

Sie haben vielleicht auch bemerkt, dass die Anmelde-Pakete beim Verbinden über die Oracle-eigene Verschlüsselung nicht sofort verschlüsselt sind. Mehrere Pakete müssen hin und her gesendet werden, bis die Verschlüsselung einsetzt. In diesen Paketen stehen einige Details, wie zum Beispiel die SID, der Name des Betriebssystems auf dem Client und die Client-Applikation. SSL verschlüsselt alle diese Daten, bevor sie zum Server geschickt werden.

SSL ist ein verbreiteter Standard, der von vielen Forschern an Universitäten und in Unternehmen, und sogar von Hackern analysiert wurde. Aufgrund der proprietären Natur der Oracle-eigenen Verschlüsselung und Integritätsprüfung haben unabhängige Quellen das Protokoll deutlich schlechter bewertet. Das bedeutet nicht, dass die verwendeten Algorithmen weniger sicher sind. Tatsächlich entsprechen sie weitgehend den bei SSL verwendeten. Wir vermuten eher, dass viel weniger untersucht wird, in welcher Weise die Algorithmen genutzt werden. Auch wenn dies zunächst vorteilhaft erscheinen mag, ist ein offener Standard langfristig gesehen sicherer, weil Schwachstellen von der Gemeinschaft erkannt und beseitigt werden, die den Standard nutzt. Bei einem geschlossenen Standard werden Schwachstellen, falls welche existieren, nur von Leuten entdeckt, die extra versuchen, in das System einzudringen.

Sicherheitsoptionen bei Oracle

Wenn Sie sich an Ihrem Rechner anmelden, haben Sie unabhängig davon, ob Sie mit dem Internet verbunden sind oder nicht, eher ein Gefühl von Exklusivität und Privatsphäre. Dieses Gefühl kann manche Sicherheitsprobleme verursachen, besonders, wenn Sie mit dem Internet verbunden sind. Lassen Sie uns einige der in Kapitel 2 vorgestellten Konzepte kurz wiederholen, um die Probleme aufzuzeigen, die durch das Internet entstehen können. Bis in die späten 90er Jahre wurden folgende Trends und Sicherheitsprobleme sichtbar:

- Mehr Kunden führten mehr Transaktionen über das Internet durch, was mehr Zugriff auf Produktionsdatenbanken in Unternehmen von potenziell unbekannten Quellen aus bedeutet.
- Um die Kosten zu senken, haben Unternehmen ihre Routine-Arbeiten zunehmend an Fremdfirmen übertragen.
- Es gab immer mehr Application Service Provider (ASP), die Hosting-Dienste für viele unterschiedliche Kunden auf demselben Betriebssystem und derselben Datenbank zur Verfügung stellen.
- Das Kontrollieren der Sicherheit über Applikationen war nicht immer ein erfolgreicher und effektiver Ansatz.
- Das Sicherstellen von komplexen Zugriffskontrollrichtlinien war problematisch.

Der zentrale Punkt bei all diesen Trends war und ist die Kontrolle darüber, wer bestimmte Daten sehen und mit ihnen arbeiten kann.

Natürlich möchten Sie, dass Ihre Kunden auf Ihre Datenbank zugreifen können, um ihre eigenen Informationen eingeben und Statusabfragen durchführen zu können, sie sollen aber nicht in Systeme gelangen, auf denen die sensibleren Firmendaten abgelegt sind. Wenn Sie ein ASP sind, müssen Sie in der Lage sein, ein System zur Verfügung zu stellen, bei dem jeder Kunde seine eigene, sichere Umgebung hat, die seinen Wünschen entsprechend eingerichtet ist, ohne auf die Daten anderer Kunden zugreifen zu können.

Wie schon erwähnt, gibt es bei der Konzentration auf Sicherheitskontrollen in und über eine Applikation immer die Möglichkeit, dass ein Benutzer sie umgeht und direkt auf die Datenbank außerhalb dieser Applikation in potenziell unkontrollierbarer Weise zugreift. Auch die Möglichkeit, auf die Datenbank über Berichts-Tools und ODBC-Treiber zuzugreifen, stellt ein Problem dar, das viele Unternehmen betrifft. Wie wir in Kapitel 10 zeigten, ist es deutlich besser, Ihre Computer-Umgebung zu schützen, indem Sie die Sicherheitsvorkehrungen direkt auf der Datenbank umsetzen statt in einer Applikation. Auf diese Weise bleiben die Kontrollmechanismen auch dann aktiv, wenn ein Benutzer die Applikation umgeht.

Aber wie können Sie die Sicherheit in der Datenbank garantieren? Wie Sie in den Kapiteln 7, 8 und 10 gelernt haben, sind in erster Linie Rollen, Views, zugewiesene Berechtigungen, Trigger und Stored Procedures für die Verteidigung zuständig. Allerdings weisen diese Mechanismen jeweils mögliche Schwachstellen auf.

Wäre es nicht wunderbar, wenn sichergestellt werden könnte, dass von dem Moment an, in dem sich ein Benutzer an Ihrer Datenbank anmeldet, für diesen Benutzer festgelegte Sicherheitseinstellungen wirksam werden? An dieser Stelle kommt ein neues Produkt – oder mehr ein Ansatz – der Oracle Corporation ins Spiel. Es handelt sich um die Virtual Private Database (VPD) und es wurde konzipiert, um Ihnen bei den Sicherheitsmaßnahmen in Ihrer Datenbank effektiv unter die Arme zu greifen. Um VPD noch zu verbessern, hat Oracle das Produkt Oracle Label Security hinzugefügt.

In diesem Kapitel wollen wir VPD untersuchen und Ihnen zeigen, wie es konfiguriert und verwendet wird. Wir werden zudem die Label Security besprechen. Weiterhin wollen wir Ihnen etwas über das Oracle Internet Directory-Tool erzählen, mit dem Benutzer und Berechtigungsinformationen zusammen mit Namensauflösungen im Netzwerk gespeichert werden können, auch wenn es nicht direkt mit VPD oder Label Security verbunden ist.

Obwohl sich dieser Teil des Buchs eher mit Netzwerk- und Internetzugriff befasst, arbeiten die in diesem Kapitel vorgestellten Tools direkt oder indirekt mit der Datenbank zusammen. Daher sind sie für alle Arten des Datenbankzugriffs wirksam, für Benutzer, die sich auf dem Server selber anmelden, über Benutzer aus dem Intranet bis hin zu Benutzern, die sich über das Internet verbinden.

Anmerkung:
Einige Materialien über das Oracle Internet Directory finden sich in ähnlicher Form in „Oracle8i Networking für Einsteiger" von Marlene Theriault (Hanser 2001).

12.1 Virtual Private Databases

Es gibt in unserer Gesellschaft viele Organisationen, die „vertraulich" sind. Wenn Sie kein Mitglied sind, werden Sie von Treffen ausgeschlossen und können an den Aktivitäten des Clubs nicht teilnehmen, solange Sie nicht von einem aktiven Mitglied eingeladen werden, das in der Organisation Ansehen genießt. Manchmal gibt es einen Hauch von Geheimnistuerei um solch eine Gruppe, und wenn Sie ein Mitglied sind, haben Sie vielleicht das Gefühl, dass Sie einen speziellen Status in Ihrer Gemeinschaft erreicht haben, weil Sie auf Informationen zugreifen können, die für andere unerreichbar sind.

Die Organisation, der Sie angehören, hat Richtlinien festgelegt, die beschreiben, wer unter welchen Umständen Mitglied werden kann. Eine Richtlinie kann bestimmen, dass zwei aktive Mitglieder ein voraussichtlich neues Mitglied vorschlagen müssen. Es kann unterschiedliche Mitgliedschaftsniveaus geben, für die unterschiedliche Richtlinien gelten. In einem Gesundheits- und Fitness-Club zum Beispiel kann es unterschiedliche Mitgliedskategorien und damit verbunden unterschiedliche Gebühren geben. Eine Basis-Mitgliedschaft ermöglicht es dem Mitglied, alle Trainingsgeräte zu nutzen, während man bei der Premium-Mitgliedschaft auch noch an den angebotenen Trainingskursen teilnehmen darf.

Oracle hat VPD eingeführt, um eine detaillierte Zugriffskontrolle verbunden mit einem sicheren Applikationskontext in Oracle8*i* bieten zu können. In derselben Weise, wie ein Club Richtlinien für seine Mitgliedschaft festlegt, definieren Sie mit VPD Richtlinien, die Oracle für Ihre Datenbankbenutzer umsetzen kann. Bei diesem Ansatz muss ein Unternehmen nur ein Mal eine Sicherheitsstruktur auf dem Daten-Server aufbauen. Da die Sicherheitsrichtlinien mit den Daten statt mit der Applikation verknüpft werden, werden die Sicherheitsregeln immer umgesetzt, unabhängig davon, wie auf die Daten zugegriffen wird. Daher entsprechen die Daten, auf die ein Benutzer über eine Applikation Zugriff hat, denen, die er über SQL*Plus sieht.

Mit VPD können Application Service Provider (ASP) ihren Kunden den Zugriff auf die Produktionsdatenbanken gelassener anbieten, wenn sie serverbasierte Datensicherheit und physische Datentrennung nutzen. Mit anderen Worten, VPD löst das Problem, Daten von verschiedenen Unternehmen in einer zentralen Datenbank zu verwalten. Die VPD basiert auf mehreren Mechanismen, um sicherzustellen, dass die Daten für jedes Unternehmen und jeden Kunden vertraulich behandelt werden. Um Datentrennung in einer ASP-Umgebung durchführen zu können, müssen Sie zunächst sicherstellen, dass Ihre Tabellen so entworfen wurden, dass Sie den Datenzugriff entsprechend den Werten in einer oder mehreren Spalten einschränken können. Ein üblicher Ansatz ist der, ein Unternehmens-Schlüsselfeld in jede Tabelle aufzunehmen. Sie können Benutzer mit einem bestimmten Schlüssel verknüpfen und dann eine Richtlinie festlegen, nach der Benutzer nur auf Zeilen zugreifen können, die zu ihrem Kundenschlüssel passen. Jede Abfrage, die gestartet wird, enthält eine **where**-Klausel, die den Benutzer auf seine Kundendaten beschränkt. Wenn ein Benutzer eine Aktion auf Daten in einer VPD durchführen will, verändert Oracle transparent die vom Benutzer angegebene Abfrage, so dass nur die Informationen zurückgeliefert oder verändert werden, die der Benutzer auch sehen und ändern darf. Wenn ein Benutzer eine Abfrage losschickt, wird die entsprechende **where**-Klausel automatisch angefügt. Damit wird die detaillierte Zugriffskontrolle automatisch umgesetzt und sichergestellt. Sie können zum Beispiel die folgende Abfrage ausführen:

```
select * from EMPLOYEES;
```

Wenn die Tabelle EMPLOYEES eine Sicherheitsrichtlinie enthält, die festlegt, dass Mitarbeiter nur die Informationen der eigenen Firma einsehen dürfen, wird die Abfrage automatisch wie folgt umgeschrieben:

```
select *
  from EMPLOYEES
 where CUSTOMER_ID = sys_context('HR_CONTEXT','CUST_ID')
/
```

In diesem Beispiel garantiert die **where**-Klausel, die automatisch durch die Richtlinie zu der Benutzerabfrage hinzugefügt wird, dass der Benutzer nur die Daten der eigenen Firma einsehen kann, unabhängig davon, welche Daten noch in der Tabelle vorhanden sind und wie die Abfrage formuliert wurde. Die Kunden-ID des Mitarbeiters wird aus dem benutzerdefinierten Applikationskontext HR_CONTEXT ausgelesen. Die Systemfunktion **sys_context** liefert den Wert für das Attribut CUST_ID in HR_CONTEXT zurück. Wir werden im Verlauf dieses Kapitels noch sehen, wie man eine Sicherheitsrichtlinie zu einer Tabelle oder View hinzufügt, und wie die Funktion eine passende **where**-Klausel erzeugt. Außerdem erfahren Sie, wie ein Kontext erstellt wird, wie ihm Werte zugewiesen werden und wie ein Kontext einem bestimmten Benutzer zuzuordnen ist.

Mit VPD müssen Sie zwar weiterhin den Benutzern die passenden Berechtigungen für jede Tabelle erteilen, Sie benötigen aber keine Views und Prozeduren mehr, um Benutzer davon abzuhalten, auf Daten anderer Kunden zuzugreifen. Deshalb müssen Sie sich mit VPD keine Sorgen mehr um Benutzer machen, die mit SQL*Plus auf die Datenbank zugreifen und über mehr Berechtigungen verfügen als über eine Applikation.

12.1.1 Eine VPD erstellen

Das Erstellen einer Oracle VPD unterscheidet sich deutlich vom Installieren und Konfigurieren der meisten anderen Oracle-Tools. VDP ist nicht direkt eine Applikation, sondern wird mit der Datenbank installiert. Für die meisten anderen Oracle-Tools verwenden Sie den Oracle Universal Installer, mit dem Sie von der CD-ROM installieren können. Bei der VPD ist die Konfiguration deutlich anders und umfasst mehrere Schritte, die wie folgt auszuführen sind:

1. Analysieren Sie die Datenbankobjekte und ihre Beziehungen
2. Legen Sie die Kriterien für Ihre Sicherheitsrichtlinien fest
3. Erstellen Sie den Applikationskontext
4. Erstellen Sie ein Paket, das den Kontext setzt
5. Erstellen Sie die Richtlinienfunktion
6. Weisen Sie die Richtlinienfunktion einer Tabelle oder View zu

Es gibt verschiedene Möglichkeiten, einige dieser Schritte umzusetzen. Wir wollen hier den Ansatz präsentieren, der unserer Meinung nach zur robustesten, am besten skalierbaren und sichersten Implementierung führt.

Analyse der Datenbankobjekte und ihrer Beziehungen

Wenn Sie Ihre VPD erstellen, müssen Sie zunächst die betroffenen Datenbankobjekte, ihre Beziehungen untereinander und die Schlüssel zusammenstellen, auf denen Ihr Sicherheitsansatz basieren soll. Gehen wir ein Beispiel durch, um das Ganze zu verdeutlichen. Zur Vereinfachung gehen wir davon aus, dass Ihre Firma ein neuer ASP ist, der nur zwei Unternehmen unterstützt. Die Namen dieser Unternehmen lauten CBA und ZYX. Jede von ihnen stellt ein Produkt her und verkauft es.

Das Wichtigste ist nun, die Unternehmensinformationen Ihrer Kunden sicher und vertraulich zu behandeln. Der primäre Schlüssel, der alle Informationen eines Unternehmens miteinander verknüpft, besteht aus der Unternehmens-ID zusammen mit einer eindeutigen Kundennummer. Da die Kundennummern nur innerhalb eines Unternehmens eindeutig sind, können die gleichen Nummern sowohl bei der Firma CBA als auch bei ZYX auftauchen. Daher benötigen Sie die Unternehmens-ID und die Kundennummer, um die Datensätze identifizieren zu können, auf die ein Mitarbeiter Zugriff hat. Bei jeder Firma verwalten Sie auch die Mitarbeiterinformationen, wobei es auch hier für jeden Mitarbeiter eine firmenweit eindeutige Mitarbeiternummer gibt. Jeder Kundendatensatz ist mit einem Mitarbeiter verknüpft.

In unserem Beispiel hat die Firma CBA, die Kugwugits herstellt, eine CUSTOMER_ID vom Wert „A1“, während die Firma ZYX den Wert „B2“ erhält. Diese stellt Gobbelnüsse her. Um es nicht zu kompliziert zu machen, gehen wir davon aus, dass es nur drei Tabellen gibt, in denen die Daten der Unternehmen gespeichert werden: EMPLOYEES, CUSTOMERS und PRODUCT_ORDERS. Wie die Namen schon andeuten, werden in der Tabelle EMPLOYEES die Daten über die Mitarbeiter jeder Firma verwaltet, einschließlich einer Mitarbeiternummer (EMPLOYEE_ID), dem Benutzernamen des Mitarbeiters (EMPLOYEE_USERNAME) sowie der COMPANY_ID. Wir verwenden den Benutzernamen des Mitarbeiters, um später die Mitarbeiternummer und Unternehmens-ID herauszubekommen. Da wir hier nur die drei Werte COMPANY_ID, EMPLOYEE_ID und EMPLOYEE_USERNAME nutzen wollen, beschreiben wir die Tabelle EMPLOYEES hier nicht weiter.

Der primäre Schlüssel in der Tabelle CUSTOMERS ist die CUSTOMER_ID, ein Fremdschlüssel für die Tabelle PRODUCT_ORDERS. Indem Sie also die Abfragen auf die COMPANY_ID und die CUSTOMER_ID beschränken, stellen Sie sicher, dass jeder, der auf die Datenbank zugreift, nur die Informationen für sein Unternehmen und seine Kundennummer sehen kann.

Wir wollen die Tabelle CUSTOMERS so anlegen, dass Sie sehen können, was in ihr gespeichert werden soll:

```
create table CUSTOMERS
(COMPANY_ID      varchar2(2),
 CUST_ID         number(9),
 CUST_NAME       varchar2(20),
 CUST_ADDRESS1   varchar2(20),
 CUST_ADDRESS2   varchar2(20),
 CUST_PHONE      number(10),
 EMPLOYEE_ID     number(5) not null,
constraint CUSTOMER_SEC_CTX_PK primary key (COMPANY_ID,CUST_ID)
);
```

Beachten Sie, dass wir einen zusammengesetzten Primärschlüssel aus COMPANY_ID und CUST_ID verwenden, um sicherzustellen, dass die eingegebenen Werte eindeutig sind. Wie Sie sehen, können beide Unternehmen dasselbe Zahlensystem für die Identifikationsnummern ihrer Kunden verwenden. Daher könnte es ohne den zusammengesetzten Primärschlüssel Probleme mit der Eindeutigkeit in der Spalte CUST_ID geben. Beachten Sie weiterhin, dass die Spalte EMPLOYEE_ID immer einen Wert enthalten muss. Wenn wir eine Personaltabelle mit den Mitarbeiterinformationen hätten, könnten wir eine Prüfbedingung erstellen, um sicherzugehen, dass die eingegebenen Mitarbeiternummern auch wirklich in der Personaltabelle existieren, und die Sicherheit und Datenintegrität noch zu erhöhen.

Legen wir die Auftragstabelle PRODUCT_ORDERS wie folgt an:

```
create table PRODUCT_ORDERS
(COMPANY_ID    varchar2(2),
 CUST_ID       number(9),
 ORDER_NO      number(10),
 NO_ORDERED    number(15),
 ORDER_DATE    date,
 SHIP_DATE     date,
 FILLED_BY     number(5),
constraint CUSTOMER_SEC_CTX_FK foreign key (COMPANY_ID,CUST_ID)
 references CUSTOMER.CUSTOMERS (COMPANY_ID,CUST_ID)
);
```

Wir erstellen den Fremdschlüssel um sicherzustellen, dass die Werte in der Tabelle CUSTOMERS existieren, bevor sie in der Tabelle PRODUCT_ORDERS eingetragen werden können, damit beide Tabellen auf dem gleichen Stand sind.

Definieren der Ziele Ihrer Sicherheitsrichtlinien

Die Sicherheitsrichtlinie für unser Beispiel ist einfach. Mitarbeiter der Firma CBA sollen nur die bestellten Kugwugits einsehen können, die den Kunden geliefert wurden, denen die entsprechende Mitarbeiternummer zugeordnet ist. Dieselben Regeln gelten für die Firma ZYX. Dort sollte man nur die Informationen zu Gobbelnüssen sehen können, die mit der entsprechenden Mitarbeiternummer verbunden sind. Im Klartext lautet die Richtlinie: „Jeder Mitarbeiter einer Firma kann nur seine eigenen Kunden und deren Bestellinformationen einsehen und verändern.“

Die Ziele Ihrer Richtlinie werden im Allgemeinen deutlich komplexer als unsere hier sein, und Sie können einer Tabelle oder View mehrere Sicherheitsrichtlinien zuweisen. Sie müssen sich im Klaren darüber sein, wie Sie Ihre Richtlinien formulieren, denn jede definierte Richtlinie muss in PL/SQL-Funktionscode umgewandelt werden, der der entsprechenden Tabelle oder View zugeordnet wird.

Sie können auch eine tabellarische Übersicht über die Sicherheitsrichtlinien, die ihnen zugeordneten Tabellen oder Views, die zu benutzenden Funktionsnamen und die damit verbundenen Spalten anlegen. Sie können sogar die Werte der interessanten Spalten angeben, wenn diese bekannt sind, das ist allerdings etwas komplizierter, als Sie vielleicht erwarten.

Wenn Sie eine Übersicht erstellen, dokumentieren Sie Ihre Umsetzung und verfügen über eine Anleitung, mit der Sie später überprüfen können, ob nichts übersehen wurde. Tabelle 12-1 zeigt eine sehr vereinfachte Übersicht über unsere Sicherheitsrichtlinie, das Schema, in der die Richtlinie gespeichert werden soll (SECAP), die betroffenen Tabellen oder Views im Schema CUSTOMER, den dazugehörigen Funktionsnamen und die Schlüsselspalten.

Auch wenn wir die Spalte EMPLOYEE_ID nicht mit in unseren Primärschlüssel aufgenommen haben, wurde sie in unsere Übersicht eingetragen, um uns selbst daran zu erinnern, dass diese Spalte eine wichtige Rolle bei der Umsetzung unserer Funktionen spielt. Wir werden die Werte aus EMPLOYEE_ID zusammen mit COMPANY_ID für unsere detaillierte Zugriffskontrolle verwenden.

Mit einer Richtlinienübersicht können Sie Ordnung in die betroffenen Elemente bringen. Sie dient als praktische Referenz, wenn Sie den Rest der Schritte zum Einrichten der VPD vollziehen, und ist zudem ein Dokument für Ihren Sicherheitsbeauftragten. Wenn Ihre Applikationssicherheit komplexer wird, kann eine Richtlinienübersicht unbezahlbar sein.

Tabelle 12-1: Übersicht über die Sicherheitsrichtlinien

Richtlinie	Schema	Tabelle oder View	Funktion	Schlüsselspalten
Mitarbeiter sehen nur Bestellungen ihrer eigenen Kunden	SECAP	CUSTOMER. PRODUCT_ORDERS	ORDERS_SEC	COMPANY_ID, CUST_ID
Mitarbeiter sehen nur eigene Kundendaten	SECAP	CUSTOMER. CUSTOMERS, CUSTOMER. PRODUCT_ORDERS	EMPLOYEE_ID_SEC	COMPANY_ID, EMPLOYEE_ID

Den Applikationskontext erstellen

Ein Applikationskontext ist eine benannte Menge von Attributen und Werten, die Sie setzen und dann der aktuellen Benutzersitzung zuweisen können. Oracle bietet einen Standardkontext namens USERENV an, der Systeminformationen über die aktuelle Sitzung hat, wie zum Beispiel den Benutzernamen, den Host und den Programmnamen. Wenn Sie andere Attribute für einen Benutzer definieren wollen, wie die Mitarbeiter- oder Kundennummer, können Sie dazu einen Applikationskontext nutzen.

Nachdem Sie die in Oracle8*i* neue Berechtigung Create Any Context erhalten haben, können Sie den Applikationskontext anlegen. Sie geben einen eindeutigen Kontextnamen an und weisen diesem das Paket zu, das den Kontext implementiert. Kontextnamen müssen innerhalb der gesamten Datenbank eindeutig sein. Daher erhalten Sie eine Fehlermeldung, wenn Sie versuchen, einen Kontext mit einem schon bestehenden Namen anzulegen.

Um den Kontext anlegen zu können, benötigen Sie die Berechtigung Create Any Context. In unserem Beispiel wollen wir einen Kontext namens CUSTOMER_SEC_CTX anlegen, der zu unserem PL/SQL-Paket gehört, das im Schema SECAP liegt und den Namen COMPANY_SEC trägt. Die Syntax lautet:

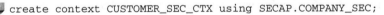

```
create context CUSTOMER_SEC_CTX using SECAP.COMPANY_SEC;
```

Ein Paket erstellen, das den Kontext verwaltet

Nachdem wir den Kontext angelegt haben, müssen wir als Nächstes das Paket und die Funktionen anlegen, die den Kontext setzen. Das folgenden Beispiel zeigt, wie Sie die Kontextattribute EMPLOYEE_ID und COMPANY_ID setzten, indem Sie auf den aktuellen Benutzernamen zurückgreifen, der sich im Standardkontext USERENV befindet. Die Funktion nutzt den Benutzernamen, um die notwendigen Attribute in der Tabelle EMPLOYEE nachzuschlagen.

```
create or replace package COMPANY_SEC is
   procedure GET_EMPLOYEE_ID;
end COMPANY_SEC;
create or replace package body COMPANY_SEC is
   procedure GET_EMPLOYEE_ID
   is
   EMPLOYEE_ID_VAR number;
   COMPANY_ID_VAR varchar2(2);
   begin
    select EMPLOYEE_ID, COMPANY_ID
      into EMPLOYEE_ID_VAR, COMPANY_ID_VAR from EMPLOYEES
     where EMPLOYEE_USERNAME = SYS_CONTEXT('USERENV','SESSION_USER');
    dbms_session.set_context('CUSTOMER_SEC_CTX', 'EMPLOYEE_ID',
EMPLOYEE_ID_VAR);
    dbms_session.set_context('CUSTOMER_SEC_CTX', 'COMPANY_ID',
COMPANY_ID_VAR);
   end GET_EMPLOYEE_ID;
end COMPANY_SEC;
/
```

Oracle stellt die Funktion SYS_CONTEXT und den Standardkontext USERENV bereit, so dass Sie den Namen des Benutzers erhalten können, der diese Prozedur ausführt. Es gibt viele weitere Werte, die Sie über die Funktion SYS_CONTEXT ermitteln können. Wir haben die unserer Meinung nach interessantesten zum Thema Sicherheit ausgewählt und in Tabelle 12-2 aufgeführt.

Tabelle 12-2: Parameter für SYS_CONTEXT

Attribut	Rückgabewert
AUTHENTICATION_DATA	Für die Authentifizierung des angemeldeten Benutzers verwendete Daten.
AUTHENTICATION_TYPE	Authentifizierungsmethode für den Benutzer. Es gibt folgende Möglichkeiten: DATABASE – Authentifizierung über Benutzername und Kennwort OS – Externe Authentifizierung über das Betriebssystem NETWORK – Authentifizierung über das Netzwerkprotokoll oder ANO PROXY – Authentifizierung über eine OCI-Proxy-Verbindung
BG_JOB_ID	Wenn ein Hintergrundprozess von Oracle die aktuelle Sitzung erstellt hat, wird die Job-ID des entsprechenden Jobs zurückgeliefert.
CLIENT_INFO	Wird im Zusammenhang mit dem Paket DBMS_APPLICATION_INFO verwendet um Informationen zu speichern, und liefert bis zu 64 Bytes an Information über die Benutzersitzung zurück.

Tabelle 12-2: Parameter für SYS_CONTEXT (Fortsetzung)

Attribut	**Rückgabewert**
CURRENT_SCHEMA	Name des Standardschemas, das als aktuelles Schema verwendet wird.
CURRENT_USER	Name des aktuellen Benutzers, dessen Berechtigungen in der Sitzung gültig sind.
CURRENT_USERID	ID des aktuellen Benutzers, dessen Berechtigungen in der Sitzung gültig sind.
DB_DOMAIN	Datenbank-Domäne, wie im Initialisierungsparameter DB_DOMAIN angegeben.
DB_NAME	Datenbankname, wie im Initialisierungsparameter DB_NAME angegeben.
ENTRYID	Verfügbare Kennung für Audit-Einträge. Ist gesetzt, wenn der Parameter AUDIT_TRAIL in der Parameterdatei auf TRUE steht.
EXTERNAL_NAME	Externer Name des Datenbankbenutzers. Der im Benutzerzertifikat stehende unterscheidbare Name wird für Sitzungen zurückgeliefert, die mit v.503-Zertifikaten authentifiziert wurden.
FG_JOB_ID	Wenn ein Vordergrundprozess von Oracle die aktuelle Sitzung erstellt hat, wird die Job-ID des entsprechenden Jobs zurückgeliefert.
HOST	Name des Host-Rechners, von dem aus sich der Client verbunden hat.
INSTANCE	Die Identifizierungsnummer der aktuellen Instanz
ISDBA	Wenn die Rolle DBA aktiviert wurde, wird TRUE zurückgeliefert, ansonsten FALSE.
NETWORK_PROTOCOL	Für die Kommunikation genutztes Netzwerkprotokoll.
OS_USER	Benutzername der Betriebssystemebene des Clientprozesses, der die Datenbanksitzung geöffnet hat.
PROXY_USER	Name des Datenbankbenutzers, der die Sitzung im Auftrag von SESSION_USER geöffnet hat.
PROXY_USERID	ID des Datenbankbenutzers, der die Sitzung im Auftrag von SESSION_USER geöffnet hat.

Tabelle 12-2: Parameter für SYS_CONTEXT (Fortsetzung)

Attribut	Rückgabewert
SESSION_USER	Datenbank-Benutzername, durch den der aktuelle Benutzer authentifiziert wurde. Dieser Wert bleibt während einer Sitzung immer gleich.
SESSION_USERID	ID des aktuell authentifizierten Datenbankbenutzers. Dieser Wert bleibt während einer Sitzung immer gleich.
SESSIONID	Sitzungskennung für das Auditing.
TERMINAL	Betriebssystemkennung für den Client der aktuellen Sitzung.

Um den Kontext für eine Benutzersitzung zu setzen, müssen wir die Funktion aufrufen, die mit dem Kontext bei seiner Erstellung verknüpft wurde. Wir können dies in unserer Applikation machen oder eventuell über einen Login-Trigger. Mit Letzterem ist sichergestellt, dass der Kontext immer gesetzt wird, unabhängig davon, wie sich der Benutzer an der Datenbank anmeldet. Dazu verwenden Sie den **on logon**-Trigger, den es seit Oracle8*i*, Version 8.1.7 gibt.

Die Funktionen für die Sicherheitsrichtlinie erstellen

Bis jetzt haben wir unsere Sicherheitsrichtlinie und die betroffenen Objekte festgelegt. Wir wissen, dass wir zwei PL/SQL-Funktionen schreiben müssen, um unsere Richtlinie umzusetzen, und wir wissen auch, dass wir die Funktionen mit unseren beiden Tabellen verknüpfen werden.

Lassen Sie uns überlegen, was passieren muss, um die detaillierte Zugriffskontrolle für eine Abfrage durchzuziehen, nachdem unsere Funktion eingerichtet wurde. Übrigens, mit dem Begriff „Abfrage" meinen wir jede Form von Datenzugriff auf eine Tabelle oder View, einschließlich **select**, **insert**, **delete**, **update** und Unterabfragen. Haben Sie eine Sicherheitsrichtlinie mit einer Tabelle oder View verknüpft und ein Benutzer möchte eine Abfrage ausführen, ruft der Query Processor die Richtlinienfunktion auf, die dann einen Wert in Form einer Zugriffskontrollbedingung zurückliefert (manchmal auch als *Prädikat* bezeichnet). Dabei handelt es sich um eine **where**-Klausel, die dem SQL-Befehl des Benutzers hinzugefügt wird, um die Zeilen einzuschränken, die abhängig vom Befehl zurückgeliefert, aktualisiert oder gelöscht werden. Die angepasste Abfrage wird dann ausgewertet und optimiert, und kann dann wiederverwendet und gemeinsam genutzt werden, um die Leistung zu verbessern.

Wie kodieren wir die PL/SQL-Prozeduren, damit sie das passende Prädikat für die Tabellen CUSTOMERS und PRODUCT_ORDERS zurückliefern? Wir wissen, dass zwei Unternehmen beteiligt sind und dass wir Schlüsselbedingungen verwenden, die sicherstellen, dass die Kombination von Unternehmens-ID und Kundennummer eindeutig ist. Wir wissen auch, dass wir dafür sorgen müssen, dass jeder Mitarbeiter der Unternehmen nur seine eigenen Kundeninformationen einsehen oder verändern darf. Daher wollen wir erreichen, dass jede gegebene Abfrage dynamisch um eine **where**-Klausel erweitert wird, die die COMPANY_ID und EMPLOYEE_ID enthält.

Die Funktion, die die Sicherheitsrichtlinie für die Tabelle PRODUCT_ORDERS umsetzen soll, muss ein Prädikat zurückliefern, das einem Benutzer nur die Sicht auf die Bestellungen seiner eigenen Kunden erlaubt. Dazu fragen wir die Tabelle CUSTOMERS nach der aktuellen Mitarbeiternummer und Unternehmens-ID ab. Denken Sie daran, dass diese Attribute Teil des Applikationskontexts des Benutzers sind und damit über die Systemfunktion SYS_CONTEXT ausgelesen werden können. Eine mögliche Umsetzung der Sicherheitsrichtlinien-Funktion für die Tabelle PRODUCT_ORDERS ist im folgenden Code-Abschnitt zu sehen:

```
create or replace package body EMPLOYEE_SEC as
/* Schränkt SELECT-Befehle auf Basis der Kundennumer ein: */
 function EMPLOYEE_ID_SEC return varchar2
 is
   MY_PREDICATE varchar2 (2000);
   begin
     MY_PREDICATE := 'EMPLOYEE_ID = SYS_CONTEXT(''CUSTOMER_SEC_CTX'',
''EMPLOYEE_ID'')
                    and COMPANY_ID = SYS_CONTEXT(''CUSTOMER_SEC_CTX'',
''COMPANY_ID'')';
     return MY_PREDICATE;
    end EMPLOYEE_ID_SEC;

function ORDERS_SEC return varchar2
 is
   MY_PREDICATE varchar2 (2000);
   begin
     MY_PREDICATE := 'CUST_ID in
               (select CUST_ID
                  from CUSTOMERS
               where EMPLOYEE_ID  = SYS_CONTEXT(''CUSTOMER_SEC_CTX'',
''EMPLOYEE_ID'')
                    and COMPANY_ID = SYS_CONTEXT(''CUSTOMER_SEC_CTX'',
''COMPANY_ID''))';
     return MY_PREDICATE;
    end ORDERS_SEC;
end EMPLOYEE_SEC;
/
```

Um Platz zu sparen, wurde auf eine Fehlerbehandlung verzichtet.

In diesem Code-Beispiel ermittelten wir die EMPLOYEE_ID und die COMPANY_ID aus dem Applikationskontext CUSTOMER_SEC_CTX und erstellten Prädikat, das an die Abfrage der Tabelle CUSTOMERS angehängt werden muss. Um zu zeigen, wie das

Ergebnis aussehen kann, nehmen wir an, dass die EMPLOYEE_ID den Wert 24356 und die COMPANY_ID den Wert A1 für die Firma CBA hat. Das zurückgelieferte Prädikat sieht dann wie folgt aus:

```
EMPLOYEE_ID = 24356 and COMPANY_ID = 'A1';
```

Es wird in der **where**-Klausel verwendet, um sicherzustellen, dass dieser Mitarbeiter nur die Informationen sehen kann, die zu seinem Unternehmen und seiner Mitarbeiterkennung passen.

Abfragen desselben Benutzers auf die Tabelle PRODUCT_ORDERS führen zu folgendem zusätzlichen Prädikat:

```
CUST_ID in
(select CUST_ID
   from CUSTOMERS
  where EMPLOYEE_ID = 24356
    and COMPANY_ID = 'A1');
```

Damit ist gewährleistet, dass Mitarbeiter nur die Bestellungen ihrer eigenen Kunden sehen können. Wie immer sie die Abfrage auch formulieren, sie werden so eingeschränkt, dass keine Datensätze anderer Unternehmen oder Mitarbeiter herauskommen.

Die Richtlinienfunktion mit einer Tabelle oder View verknüpfen

Oracle stellt ein PL/SQL-Paket mit dem Namen DBMS_RLS zur Verfügung, um Ihnen die einfache Verwaltung der Sicherheitsrichtlinien zu ermöglichen. Tabelle 12-3 führt die vier verfügbaren Prozeduren aus dem Paket auf.

Tabelle 12-3: Prozeduren im Paket DBMS_RLS

Prozedur	Zweck
DBMS_RLS.ADD_POLICY	Fügt einer Tabelle oder View eine Richtlinie hinzu.
DBMS_RLS.DROP_POLICY	Löscht eine Richtlinie für eine Tabelle oder View.
DBMS_RLS.REFRESH_POLICY	Sorgt für eine erneute Analyse der offenen Cursor, die mit einer Richtlinie verknüpft sind, so dass eine neue Richtlinie oder Änderungen an einer bestehenden direkt wirksam werden.
DBMS_RLS.ENABLE_POLICY	Aktiviert oder deaktiviert eine Richtlinie, die Sie vorher zu einer Tabelle oder View hinzugefügt haben.

Mit dem Paket DBMS_RLS verknüpfen Sie eine Richtlinienfunktion mit einer Tabelle oder View. Es gibt verschiedene Argumente, die Sie mit jeder dieser Prozeduren verwenden können. Tabelle 12-4 listet die Argumente und die Prozedur auf, in der das Argument genutzt wird.

Tabelle 12-4: Parameter im Paket DBMS_RLS

Parameter	Prozedur	Beschreibung
object_schema	ADD_POLICY, DROP_POLICY, REFRESH_POLICY, ENABLE_POLICY	Name des Schemas, das die Tabelle oder View enthält.
object_name	ADD_POLICY, DROP_POLICY, REFRESH_POLICY, ENABLE_POLICY	Name der Tabelle oder View.
policy_name	ADD_POLICY, DROP_POLICY, REFRESH_POLICY, ENABLE_POLICY	Name der Richtlinie, die hinzugefügt oder entfernt werden soll. Er muss für die Tabelle oder View eindeutig sein.
function_schema	ADD_POLICY	Schema der Richtlinienfunktion.
policy_function	ADD_POLICY	Name einer Funktion, die ein Prädikat für die Richtlinie erstellt. Wenn die Funktion in einem Paket definiert wurde, muss der Paketname mit angegeben werden.
statement_types	ADD_POLICY	Befehlsarten, für die die Richtlinie wirksam werden soll. Es kann eine beliebige Kombination von **select**, **insert**, **update** und **delete** genutzt werden. Als Standard ist die Richtlinie für alle Arten wirksam.
update_check	ADD_POLICY	Wenn dieser Wert auf TRUE gesetzt wird, werden die Werte durch die Sicherheitsrichtlinien nach einem **insert** oder **update** überprüft.
enable	ADD_POLICY, ENABLE_POLICY	Legt fest, ob die Richtlinie beim Hinzufügen aktiv wird. Der Standard ist TRUE.

In unserem Beispiel wollen wir die Richtlinie namens CUSTOMER_POLICY den Tabellen CUSTOMERS und PRODUCT_ORDERS hinzufügen:

```
DBMS_RLS.ADD_POLICY('CUSTOMER', 'CUSTOMERS', 'CUSTOMER_POLICY',
'SECAP', 'EMPLOYEE_SEC.EMPLOYEE_ID_SEC', 'SELECT');
DBMS_RLS.ADD_POLICY('CUSTOMER', 'PRODUCT_ORDERS', 'CUSTOMER_POLICY',
'SECAP', 'EMPLOYEE_SEC.ORDER_SEC');
```

Der erste Befehl erstellt die Richtlinie CUSTOMER_POLICY, die dafür sorgt, dass die Funktion EMPLOYEE_SEC.EMPLOYEE_ID_SEC bei **select**-Befehlen auf der Tabelle CUSTOMERS im Schema CUSTOMER ausgeführt wird. Die Funktion EMPLOYEE_SEC.EMPLOYEE_ID_SEC befindet sich im Schema SECAP. Im zweiten Befehl wird eine neue Richtlinie, ebenfalls namens CUSTOMER_POLICY, zu der Tabelle PRODUCT_ORDERS hinzugefügt, und stellt sicher, dass die Beschränkungen bei select, insert, update und delete gelten, wenn jemand auf die Tabelle zugreift.

Denken Sie daran, dass die Befehle analysiert werden und im Shared Pool landen, wo sie von anderen Benutzern mit den gleichen Zugriffsberechtigungen verwendet werden können. Nehmen wir zum Beispiel an, dass eine Ihrer Richtlinien festlegt, dass auf eine Tabelle nur während der normalen Arbeitszeiten von 9:00 Uhr bis 17:00 Uhr zugegriffen werden kann. Außer eine Funktion zu schreiben, die den Zugriff auf die Tabelle beschränkt, müssen Sie noch einen Job aufsetzen, der jeden Abend zu Geschäftsschluss läuft, um den gemeinsam genutzen SQL-Code ungültig zu machen. Sie können dazu den Job wie folgt ausführen lassen:

```
exec DBMS_RLS.REFRESH_POLICY('<Richtlinienschema>', '<Tabellenname>',
'<Richtlinienname>');
```

In unserem Beispiel steht die Richtlinienfunktion in einem eigenen, von den aktuellen Applikationstabellen getrennten Schema. Dies haben wir bewusst so gemacht und empfehlen Ihnen, Ihre Richtlinienfunktionen in ein Schema zu stellen, das dem Sicherheitsbeauftragten Ihres Unternehmens gehört, damit niemand unbeabsichtigt oder absichtlich eine Richtlinie aus einer Tabelle oder View entfernen kann.

12.2 Ein Blick auf die Oracle Label Security

In Oracle8*i* wurde ein neues Produkt namens Oracle Label Security eingeführt. Dieses mit Oracle8*i*, Release 3 veröffentlichte Produkt wird als Out-of-the-Box VPD-Richtlinienoption angeboten. Oracle Label Security ermöglicht es Ihnen, Sicherheitsrichtlinien zu erstellen und dann transparent die VPD zu konfigurieren, so dass die Richtlinien umgesetzt werden.

Die Oracle Label Security basiert auf dem Label-Ansatz, den wir in Kapitel 2 besprochen haben, als wir Ihnen etwas über Trusted Oracle7 erzählt haben. Oracle Label Security kann die Label der Regierungsbehörden und militärischen Organisationen der USA widerspiegeln oder auch an Ihre persönliche Umgebung angepasst werden. So kann zum Beispiel eine Personalabteilung eine Mitarbeiter-Label-Richtlinie haben, die in der gleichen Datenbank wie die Abrechnungsabteilung gespeichert ist, aber ihre eigenen Label-Definitionen für Mitarbeiter wie Personalleiter, Verwaltungsassistenten, Abteilungsleiter usw. besitzen. Gleichzeitig kann die Abrechnungsabteilung eine völlig andere Angestellten-Label-Richtlinie nutzen für ihre Zwecke, wie Gehaltsabrechnungen, Bestellungen usw. Die Möglichkeit, Richtlinien unabhängig voneinander zu konfigurieren und anzupassen, unterscheidet und verbessert dieses Produkt gegenüber Trusted Oracle7.

Der bemerkenswertere Unterschied zwischen Oracle Label Security und Trusted Oracle7 ist das Betriebssystem, das vom jeweiligen Produkt unterstützt wird. Da Trusted Oracle7 eine Hochsicherheitslösung war, musste das unterstützende Betriebssystem notwendigerweise eine ebenso hohe Sicherheitsstufe haben. Im Gegensatz dazu kann Oracle Label Security mit jedem Betriebssystem verwendet werden und benötigt keine besondere Sicherheitsimplementierung des Betriebssystems. In Oracle8*i* wird nur Sun Solaris unterstützt, aber in Oracle9*i* werden weitere Betriebssysteme hinzukommen.

Die Label Security stellt eine GUI-Oberfläche namens Oracle Policy Manager zur Verfügung, die in den Oracle Enterprise Manager integriert ist und die Administration der Label und Autorisierungen sowie das Erstellen von benutzerdefinierten VPD-Richtlinien erleichtert. Sie können verschiedene Konfigurations- und Einstellungsarbeiten mit dem Oracle Policy Manager durchführen, zum Beispiel:

- Richtlinien erstellen
- Label-Komponenten definieren
- Gültige Label und Label-Funktionen angeben
- Zugriffsautorisierungen definieren und zuweisen
- Richtlinien an Tabellen und Schemata zuweisen
- Vertrauenswürdige Programmteile erstellen und autorisieren
- Audit-Optionen einstellen

Ein Sicherheitsadministrator kann einem Benutzer Zugriffslabel und Berechtigungen zuweisen. Wenn dieser Benutzer versucht, eine Aktion durchzuführen, wie zum Beispiel Zeilen aus einer Tabelle auszuwählen, prüft die Oracle Label Security seine Berechtigungen und Zugriffslabel, um herauszufinden, welche Zeilen der Tabelle ausgegeben werden dürfen. Ein Benutzer kann nur mit den Zeilen arbeiten, die über die richtigen Zugriffslabel in den entsprechenden Tabellen der Datenbank verfügen.

In der Praxis ist die Anzahl der Tabellen in einem Schema, das die Label-Technologie benötigt, normalerweise sehr gering. Daher kann Oracle Label Security einzelnen Tabellen oder ganzen Schemata zugewiesen werden. Wenn Sie diese Option auf Schema-Ebene anwenden, wird auch Tabellen, die Sie nach dem Aktivieren der Option erstellen, automatisch die Richtlinie zugewiesen. Nachdem die Option auf Schema-Ebene zugewiesen wurde, können Sie die einschränkenden Optionen für individuelle Tabellen festlegen. Falls Sie also Oracle Label Security für ein komplettes Schema benötigen, ist es daher am einfachsten, ein neues Schema zu erstellen, die Label Security zu aktivieren, die Objekte anzulegen und sie dann zu befüllen. Jede Zeile, die in eine Tabelle oder View eingetragen wird, enthält das für sie passende Label. Oracle Label Security entscheidet, welche Zeilen einem bestimmten Benutzer angezeigt werden, auf Grund der folgenden Kriterien:

- Ein Label, das der aktuellen Datenbanksitzung zugeordnet ist
- Ein Label, das in jeder Zeile der Daten enthalten ist
- Die Berechtigungen von Oracle Label Security, die mit der Sitzung verbunden sind

Werfen wir nun einen kurzen Blick auf den Aufbau von Oracle Label Security. Jede Zeile in einer Tabelle, der die Oracle Label Security zugewiesen wurde, enthält die normalen Daten und einen zweiten Bereich, der als *Label* bezeichnet wird. Das Label enthält drei Komponenten: eine hierarchische Ebene oder Klassifikation, eine oder mehrere horizontale Abschnitte oder Kategorien, und eine oder mehrere Gruppen.

Es gibt drei häufig verwendete Sicherheitsstufen, die viele Unternehmen und Regierungsbehörden verwenden: Vertraulich, Geheim und Streng Geheim. Die Architektur der Oracle Label Security bildet die hierarchischen Ebenen und Abschnitte auf dieses System ab, Sie können aber auch Ihre eigenen Stufen und Abschnitte abhängig von den Bedürfnissen anlegen, die Ihr Unternehmen bezüglich des Arbeitsablaufs und der Sicherheitsanforderungen hat.

Ein kommerzielles Unternehmen könnte zum Beispiel eine einzelne hierarchische Ebene mit dem Namen „Firmenintern“ anlegen. Wenn Sie nur eine Ebene definiert haben, enthält eine Zeile in der Tabelle entweder dieses Label oder gar keins. Ein Mitarbeiter, der keinen Zugriff auf die Ebene „Firmenintern“ hat, kann nur die Zeilen sehen, die nicht zu dieser Kategorie gehören.

Tabelle 12-5 zeigt mögliche Werte für jede der drei Komponenten. Beachten Sie bitte, dass es keine Korrelation zwischen den Komponenten in einer Tabelle gibt. Es handelt sich hier nur um mögliche Werte, die abhängig von Ihren geschäftlichen und sicherheitstechnischen Anforderungen verwendet werden können. Beachten Sie auch, dass manche Felder der Tabelle leer sind. Dies ist kein Problem, da sich alle diese Beispiele auf die jeweilige Spaltenüberschrift beziehen und unabhängig vom Rest der Tabelle sind. Sie können zum Beispiel das Label „Firmenintern“ verschiedenen Abteilungen oder Gruppen zuweisen. Abteilungen können die verschiedenen Ressorts Ihrer Firma widerspiegeln oder der Raumaufteilung eines Gebäudes entsprechen. Gruppen können mit Angestelltentypen verknüpft sein, wie Managern, Programmierern, Köchen oder Verkaufssachbearbeitern. Sie treffen die Entscheidung, welche Bereiche den Benutzern des Produkts zugewiesen werden.

Tabelle 12-5: Mögliche Werte für die Label-Elemente

Ebene	Abteilung	Gruppe
Firmenintern	Physik-Labor	Wissenschaftler
Vertraulich	Bücherei	Manager
Nur zum Betrachten	Intern	CTO
Empfindlich	Extern	VIPs
Jeder		

Basierend auf Tabelle 12-5 können Sie die Ebene „Firmenintern" mit der Abteilung „Bücherei" verknüpfen und dann festlegen, dass nur VIPs auf diese Stufe zugreifen dürfen. Wie Sie sehen, können die Werte, die Sie zuweisen, speziell an Ihre Situation angepasst werden und müssen keinen anderweitig definierten Vorgaben entsprechen. Dadurch verfügen Sie über den nötigen Spielraum, um Ihr Sicherheitsmodell mit diesem Tool umsetzen zu können. Oracle Label Security unterstützt bis zu 9999 verschiedene Abteilungen und stellt außerdem Audit-Optionen zur Verfügung.

12.3 Oracle Internet Directory

An was denken Sie bei dem Wort „Verzeichnis"? Wenn Sie irgendwie mit Computern zu tun haben, denken Sie im Allgemeinen an einen Bereich des Betriebssystems, in dem Sie Dateien mit den unterschiedlichsten Informationen speichern. Es gibt einen weiteren Speichermechanismus, der ein Lightweight Directory Access Protocol (LDAP) verwendet, das ebenfalls als Verzeichnis bezeichnet wird. Wenn Sie sich ein Verzeichnis bisher als Dateisystem in einem Betriebssystem vorstellten, müssen Sie nun etwas umdenken, wenn Sie sich mit dem neuen Oracle Internet Directory Server beschäftigen, den wir hier besprechen.

Denken Sie an Ihr E-Mail-Konto. Sie haben vermutlich ein Adressbuch, das die Namen und E-Mail-Adressen Ihrer Freunde und Geschäftspartner enthält. Die Informationen werden im Endeffekt in einem elektronischen Verzeichnis gespeichert. Wenn Sie eine neue E-Mail erstellen und die ersten Buchstaben des Namens der Person eingeben, an die Sie die Mail versenden möchten, wird von manchen Programmen automatisch der Rest des Namens eingetragen. Diese Funktion wird über das Abfragen einer spezialisierten Datenbank umgesetzt.

Das Verzeichnis, über das wir hier sprechen, dient als Informationsquelle, die verwaltet werden muss. So kann man zum Beispiel den Rechnernamen, die IP-Adresse und andere relevante Informationen über jeden Computer im internen Netzwerk zur Namensauflösung in einem Datenbank-Verzeichnis speichern. Eine andere Verwendungsmöglichkeit für ein LDAP-Verzeichnis ist das Speichern von Listen mit autorisierten Benutzern zusammen mit den zugewiesenen Berechtigungen und Kennwörtern für jeden Rechner.

12.3.1 Über die LDAP-Architektur

Es gibt diverse Unterschiede zwischen einer relationalen Oracle-Datenbank und einer Verzeichnis-Datenbank. Eine relationale Datenbank wird verwendet, um eine große Menge von Datenelementen zu speichern, wieder auszulesen, einzufügen, zu aktualisieren und zu löschen, zudem ist sie deutlich schreibintensiver, wobei sie mit sehr unterschiedlichen Informationsarten umzugehen hat. Eine relationale Datenbank-Engine erwartet außerdem, Informationen in sehr speziellen Bereichen zu finden, nämlich in einer bestimmten Datendatei auf einem bestimmten Rechner. Die Position der Daten, auf denen die relationale Datenbank aufbaut, wird in ihrem Data Dictionary gespeichert.

Wenn Sie mit einer Verzeichnis-Datenbank kommunizieren, erstellen Sie diese einmalig und fügen Informationen ein. Nachdem Sie die Daten in die Verzeichnis-Datenbank eingetragen haben, verbringen Sie den größten Teil der Zeit damit, geringe Datenmengen in der Datenbank zu finden und ausgeben zu lassen. Die Informationen werden normalerweise in Informationspaaren gespeichert, wie zum Beispiel dem Namen Ihres Freundes und dessen E-Mail-Adresse. Eine Verzeichnis-Datenbank ist stärker leseorientiert und verarbeitet eher einfache Transaktionen. Es wird wenig oder keine relationale Information in einer Verzeichnis-Datenbank gespeichert, und in den meisten Fällen nutzen Sie eine Verzeichnis-Server-Applikation, um an die Daten heranzukommen. Zum Abfragen des Verzeichnis-Servers wird eine Client-Applikation genutzt.

Allgemeine Features der Verzeichnis-Server-Applikation

Als wir relationale Datenbanken betrachteten, erwähnte ich, dass eine Datenbank erwartet, ihre Daten an bestimmten Stellen auf einem bestimmten Rechner zu finden. Im Gegensatz dazu sind die Informationen eines Verzeichnis-Servers rechnerunabhängig.

Eine Verzeichnis-Server-Applikation ist so geschrieben, dass dieselbe Information in ihrer gesamten Umgebung gesehen werden kann, unabhängig davon, an welchem Server angefragt wird. Wenn die Anfrage eines Clients nicht vollständig lokal beantwortet werden kann, holt sich der Server die Daten entweder selbst oder leitet den Client transparent an eine Stelle weiter, die die Informationen zur Verfügung stellen kann.

Eine Verzeichnis-Server-Applikation kann folgende Fähigkeiten zur Verfügung stellen:

- Die Übersetzung einer Standortanfrage von einem Format in ein anderes ermöglichen
- Übersetzungen für Objekte zur Verfügung stellen, die nicht zu Oracle gehören
- Personen, Applikationen und Ressourcen miteinander verknüpfen über Maschinen, Netzwerke und selbst geografische Grenzen hinweg

Überlegen wir nun, wofür diese Features von Nutzen sein können. Gehen wir einmal davon aus, dass Sie viel Zeit damit verbracht haben, Ihre Umgebung auf Ihrem Arbeitsplatzrechner einzurichten. Sie haben sich Ihren Desktop nach Wunsch gestaltet und die Hinter- und Vordergrundfarben genau Ihren geschmacklichen Vorlieben angepasst. Das Umgebungsprofil ist nun lokal auf Ihrem Rechner gespeichert. Wenn Sie sich von zu Hause aus in Ihr Netzwerk am Arbeitsplatz einwählen, ist Ihr Umgebungsprofil nicht verfügbar. Sie müssten also alles erneut aufsetzen, um den üblichen Zustand wiederherzustellen. Wäre es nicht wunderbar, wenn Ihr Rechnerprofil überall auf der Welt für Sie verfügbar wäre? Ein Verzeichnis liefert die Mittel, damit Benutzer auf ihre Umgebungseinstellungen unabhängig von ihrem Standort zugreifen können. Noch wichtiger ist, ein Verzeichnis kann genutzt werden, um einen konsistenten Status der Benutzer, ihrer Kennwörter und ihrer Berechtigungen für das gesamte Unternehmen zur Verfügung zu stellen.

Betrachten wir die Entstehung und Gestaltung des Lightweight Directory Access Protocols näher, um das dem Oracle Internet Directory zu Grunde liegende Protokoll zu verstehen.

Zur Geschichte von LDAP

Das Lightweight Directory Access Protocol ist ein offener Internetstandard, der von der Internet Engineering Task Force (IETF) entworfen wurde. Der IETF ist dieselbe Körperschaft, die auch die Protokollstandards von TCP/IP, DNS, SMTP, NNTP, SNMP und HTTP betreut.

Bevor es das LDAP gab, existierte X.500 (ausgesprochen „X dot five hundred"), der OSI-Verzeichnisdienst. Dieser Verzeichnis-Server beinhaltete viele gute Ideen, es stellte sich aber heraus, dass er für die Implementierung und Verteilung im Internet nicht geeignet war, weil er sehr komplex und „schwergewichtig" ist. Die Implementierungen von X.500 sind sehr aufwändig und erfordern mehr Computerressourcen, als einem durchschnittlichen Benutzer zur Verfügung stehen.

LDAP wurde ursprünglich als schlankes Frontend für das X.500-Zugriffsprotokoll entwickelt und sollte 90% der X.500-Funktionalität bei 10% der Kosten bieten. LDAP stellt ein vereinfachtes Vorgehen für den Verzeichniszugriff zur Verfügung, indem es die folgenden Features bietet:

- Es läuft direkt über TCP/IP und vermeidet den höherschichtigen Overhead des OSI-Multilayer-Kommunikationsstacks, den X.500 verwendet.
- Es klammert wenig genutzte Features und redundante Operationen von X.500 aus, und vereinfacht damit die Funktionalität.
- Es nutzt ein einfaches String-Format für die meisten Datenelemente, während X.500 viel kompliziertere und stark strukturierte Darstellungen verwendet.
- Es stellt eine vereinfachte Version derselben Regeln zur Verfügung, die X.500 zum Verschlüsseln von Daten für den Netzwerktransport nutzt.

LDAP-Modelle

Es gibt vier grundlegende Modelle, die die LDAP-Operationen, die Speicherung und Nutzung vollständig beschreiben, und zwar:

- Das Informationsmodell, das die Art der zu speichernden Informationen definiert
- Das Benennungsmodell, das definiert, wie Informationen in einem LDAP-Verzeichnis organisiert und referenziert werden können
- Das funktionale Modell, das beschreibt, was mit den Informationen durchgeführt werden kann, und wie man auf sie zugreift und sie aktualisiert
- Das Sicherheitsmodell, das definiert, wie Informationen im LDAP-Verzeichnis vor unautorisiertem Zugriff und unberechtigten Aktionen geschützt werden können

Lassen Sie uns nun jedes dieser Modelle kurz vorstellen, um die Architektur des LDAP-Verzeichnis-Servers verständlich zu machen.

Informationsmodell

Das LDAP-Informationsmodell legt fest, welche Art von Information gespeichert werden kann, und konzentriert sich auf individuelle Einträgen. Generell beziehen sich Einträge auf Konzepte oder Objekte in der realen Welt, wie Personen, Organisationen, Drucker, Standorte usw. Allerdings gibt es derzeit keine Vorschrift, dass ein Eintrag eine Abbildung eines „wirklichen“ Objekts sein muss.

Um das Informationsmodell besser verstehen zu können, stellen Sie sich vor, Sie beschreiben sich selbst und nutzen dazu Angaben wie Geschlecht, Größe, Gewicht, Haar-, Augen- und Hautfarbe usw. Wenn Sie Ihre Beschreibung in einem Verzeichnis speichern, würde jedes Charakteristikum als *Attribut* bezeichnet, wobei mit jedem Attribut Regeln verbunden sind. Diese Regeln heißen *Typen*. So könnte das Attribut „Haarfarbe“ ein Zeichenstringtyp namens **hairColor** sein. Mit jedem Typ werden Werte verknüpft. Für das Attribut **hairColor** ist der Typ also eine Zeichenkette und die Werte sind BRAUN, SCHWARZ, BLOND, ROT usw. Wir könnten detailliertere Angaben machen und als weitere Bezeichnungen zusätzliche Farben hinzufügen: KAS-

TANIE, RÖTLICHBRAUN oder STROHBLOND. Einträge setzen sich also aus Attributen zusammen, die die über ein Objekt zu speichernden Informationen beinhalten. Jedes Attribut hat dabei einen Typ mit einem oder mehreren Werten.

Um die Art der Information zu bestimmen, die im Wertebereich gespeichert werden kann, müssen Sie sich die Syntax der Attributtypen anschauen. Der Typ legt auch fest, wie sich die Werte bei einer Suche oder anderen Verzeichnisoperationen verhalten. Betrachten wir das Attribut „Allgemeiner Name", das in LDAP als „cn" (Common Name) bezeichnet wird. Das cn-Attribut hat eine Syntax namens **caseIgnoreString**. Diese Syntax besagt, dass die Groß- und Kleinschreibung bei Vergleichsoperationen ignoriert wird, und die Werte Zeichenstrings sein müssen. Die Einträge JONES, Jones und jones würden also als der gleiche Eintrag bewertet werden. Das Attribut todayDate hat eine Syntax, die **caseIgnoreString** ähnelt, aber alle Bindestriche und Leerzeichen im Datum werden bei Wertevergleichen ignoriert. Dadurch würden die Daten 10-02-2000 und 10022000 als identisch angesehen. Somit können abhängig vom Attributtyp und den angegebenen Argumenten verschiedene Vergleiche vorgenommen werden.

Attribute können auch mit ihnen verknüpfte Beschränkungen enthalten, die zum Beispiel die Größe, Zusammensetzung oder Anzahl dert Argumente begrenzt. So kann beispielsweise ein Attribut, das die Kreditkartennummer einer Person enthalten soll, so beschränkt werden, dass nur ein Wert eingegeben werden kann. Ein Attribut, das zum Speichern eines Dokumententexts verwendet werden soll, kann eine maximale Anzahl von Wörtern zulassen, um den verwendeten Festplattenplatz zu begrenzen. Regeln für den Inhalt werden genutzt, um die erforderlichen oder zugelassenen Attribute pro Server zu bestimmen.

Anstatt Inhaltsregeln zu benutzen, können Sie in jedem Eintrag ein spezielles Attribut namens **objectClass** verwenden. Die **objectClass** definiert den Typ des Eintrags und legt die notwendigen und optionalen Attribute fest. Die **objectClass** für PERSON kann zum Beispiel die Attribute sr (Surname) und cn (Common Name) neben anderen Attributen erforderlich machen. Das Datenbank-Äquivalent für diese Struktur ist ein Schema. Um das aktuelle Schema für eine LDAP-Struktur zu ändern, fügen Sie dem Eintrag neue Objektklassen hinzu.

Jeder Eintrag hat eine spezielle Objektklasse, die als *strukturelle* Objektklasse bezeichnet wird und festlegt, um welche Art von Eintrag es sich handelt. Die strukturelle Objektklasse kann nicht geändert werden. Der Rest der Objektklassen wird als *Hilfsklassen* bezeichnet. Hilfsklassen können zu einem Eintrag hinzugefügt oder aus ihm entfernt werden, solange die Zugriffsregeln dies zulassen.

Die Version 3 des LDAP-Standards enthält eine spezielle Objektklasse namens **extensibleObject**, mit dem alle Schema-Regeln überschrieben werden können, die eigentlich gültig sind. Warum sollten Sie erlauben, diese Regeln überschreiben zu lassen? Nun, manchmal ist es sehr aufwändig, eine neue Schema-Regel zu definieren, und sowohl die Clients als auch die Server über die Änderung zu informieren. In diesem Fall ist es deutlich bequemer und weitaus ressourcensparender, die Schema-Regeln einfach zu überschreiben und Attribute nach Bedarf hinzuzufügen oder zu entfernen.

Benennungsmodell

Auch wenn es keine Anforderung des Protokolls ist, werden Einträge des LDAP-Benennungsmodells im Allgemeinen in einer Baumstruktur dargestellt, die geographischen oder organisatorischen Strukturen folgt. Die Einträge werden bezüglich ihrer Position in der Hierarchie benannt und jeder Eintrag hat einen unterscheidbaren Namen (Distinguished Name, DN). Jede Namenskomponente wird als relativer unterscheidbarer Name (RDN) bezeichnet. Jeder RDN kann aus einem oder mehreren Attributen des Eintrags zusammengestellt sein.

Um das Benennungsmodell besser zu verstehen, denken Sie daran, wie ein Unix- oder Windows NT-Dateisystem strukturiert und benannt ist. Stellen Sie sich nun den RDN als Dateinamen im System vor. Der DN ist der vollständig qualifizierte Pfadname für diese Datei. Schauen Sie sich zum Beispiel den folgenden Dateinamen an:

```
D:\Oracle\Ora817\Network\Admin\listener.ora
```

In diesem Beispiel ist der Dateiname listener.ora der relative unterscheidbare Name, während es sich beim gesamten Dateinamen mit Pfad um den unterscheidbaren Namen handelt.

Ebenso, wie zwei Dateien im selben Verzeichnis nicht den gleichen Namen haben können, müssen auch Einträge mit demselben übergeordneten Objekt (Parent) in einem LDAP-Verzeichnis verschiedene Namen haben. Zudem können sowohl Blätter als auch Verzweigungen in einer LDAP-Struktur Informationen enthalten. Der Begriff *Namensraum* wird verwendet, um die Kombination der Standorte zu beschreiben, die einen vollständig qualifizierten Pfad ergeben, um die für Sie interessanten Informationen zu erhalten. In einer Dateistruktur eines Betriebssystems beginnt der Namensraum an der Wurzel oder bedeutendsten Komponente, und verläuft hinab bis zum Dateinamen. Somit ist der Verzeichnispfad D:\Oracle\Ora817\Network\Admin ein Namensraum, und Sie beginnen mit dem Laufwerksbuchstaben D:, um sich dann durch den Namensraum bis zu einer Datei im Verzeichnis „Admin“ durchzuhangeln. In einer LDAP-Struktur beginnt der Namensraum an der unbedeutendsten Komponente und verläuft aufwärts bis zur Wurzel.

Ein unterscheidbarer Name ist eine Abfolge von relativen unterscheidbaren Namen, die entweder durch Kommata (,) oder Semikolons (;) getrennt werden. Jede RDN-Komponente ist ein Set von Attribut-Werte-Paaren, die durch Plus-Zeichen (+) voneinander getrennt sind. Wenn nun der Wert selber ein Trennzeichen enthält, muss er in doppelten Anführungszeichen eingeschlossen werden (") oder dem entsprechenden Zeichen wird ein Escape-Zeichen vorangestellt. Das Escape-Zeichen ist ein Backslash (\). Wenn der Wert doppelte Anführungszeichen oder Backslashes enthält, muss auch diesem Zeichen ein Backslash vorangestellt werden.

Wenn man diesen Regeln folgt, wird aus dem folgenden allgemeinen Namen

```
cn=http:\\mywebaddress.com
```

der Text

```
"cn=http:\\\\mywebaddress.com"
```

Funktionales Modell

Nachdem Sie die Namenskonventionen des LDAPs kennen, erfahren Sie nun anhand des funktionalen Modells, wie diese zugewiesen werden. Es gibt neun Operationen in drei Bereichen, die Sie durchführen können. Dabei handelt es sich um:

- Abfrage: Suchen und Vergleichen
- Aktualisierung: Hinzufügen, Löschen, Ändern, RDN ändern
- Authentifizierung: Verbinden, Trennen, Abbrechen

Die Abfrage-Optionen werden genutzt, um die LDAP-Verzeichnisstruktur zu durchsuchen und Informationen zu erhalten. Basierend auf den Selektionskriterien, die auch als Suchfilter bezeichnet werden, wird die Suchoption genutzt, um Informationen aus einem bestimmten Bereich des Verzeichnisbaums auszuwählen. Die Suchoption kann ein Set von Attributen mit oder ohne Werte für jeden passenden Eintrag zurückliefern, der gefunden wird. Der Client kann angeben, wie lange er auf eine Antwort warten möchte und festlegen, wie viele Einträge maximal akzeptiert werden.

Wie der Titel schon angibt, ermöglichen es Ihnen die Aktualisierungsoptionen, Informationen zu der Verzeichnisstruktur hinzuzufügen, sie zu verändern oder zu entfernen. Die Änderungsoption kann verwendet werden, um die Attribute und Werte in einem bestehenden Eintrag zu modifizieren. Sie können auch Attribute und Werte hinzufügen oder löschen. Zum Entfernen eines bestehenden Eintrags wird die Löschoption genutzt. Um den Namen eines Eintrags zu verändern, nutzen Sie die Option „RDS ändern“.

Die Optionen „Verbinden“ und „Trennen“ im Bereich Authentifizierung legen den Grundstein, damit Sie Informationen im Verzeichnis schützen können. Die Verbindungsoption ermöglicht es einem Client, seine Identität überprüfen zu lassen, indem ein DN und ein Kennwort im Klartext angegeben werden. Eine Zwei-Wege-Authentifizierung wird erzwungen, um sicherzustellen, dass auch der Server dem Client gegenüber authentifiziert wird. Falls keine Authentifizierung benötigt wird, kann der Client als DN und Kennwort einen NULL-Wert angeben. Mit der Trennoption beenden Sie eine Verzeichnissitzung. Und mit der Abbruchsoption können Sie eine Operation während der Verarbeitung beenden. Dies ist sehr nützlich, wenn eine Suchoperation zu viel Zeit benötigt.

Sicherheitsmodell

Die LDAP-Sicherheit baut auf der Identität der Clients auf, die versuchen, auf das LDAP-Verzeichnis zuzugreifen. Über die Verbindungsoption wird diese Information zur Verfügung gestellt. Nachdem ein Client identifiziert wurde, werden Zugriffskontrollinformationen genutzt, um festzulegen, ob der Client auf die angeforderten Daten zugreifen darf. Da das LDAP-Modell nicht die Struktur oder die Möglichkeiten der Zugriffskontrolle festlegt, steht es dem Entwickler frei, die Kontrollen so zu implementieren, wie sie für sein System an sinnvollsten sind.

Lassen Sie uns nun einen Blick auf Oracles Implementierung der Sicherheitsstruktur für seine Verzeichnisapplikation werfen.

12.3.2 Implementierung des Oracle Internet Directory

Die Oracle Corporation hat einen allgemein verwendbaren Verzeichnisdienst namens Oracle Internet Directory (OID) eingerichtet, der die LDAP-Struktur in der Version 3 mit dem Oracle8*i*-Server verknüpft. OID stellt Informationen über Netzwerkressourcen und Benutzer zur Verfügung, indem man mit einer Datenbank kommuniziert, die sich im selben oder einem anderen Betriebssystem befinden kann.

Die folgenden vier Komponenten sind im Oracle Internet Directory vorhanden:

- **Oracle Directory Server** Ein Tool zur Beantwortung von Client-Anfragen über Informationen und Aktualisierungen bei Personen und Ressourcen über TCP/IP
- **Oracle Directory Replication Server** Ein Tool zum Replizieren von LDAP-Daten zwischen Oracle Directory Servern
- **Oracle Directory Manager** Ein Java-basiertes Verwaltungs-Tool mit grafischer Benutzeroberfläche
- **Andere Tools** Verwaltungsprogramme für die Befehlszeile und Tools für das Datenmanagement

Abbildung 12-1 zeigt die OID-Architektur. Für einen umfassenden Überblick über die Einträge, Attribute, Objektklassen und Namenskontexte, die Oracle für OID verwendet hat, empfehlen wir Ihnen, sich mit der Oracle-Dokumentation im Oracle Internet Directory Administration Guide zu befassen. Wir wollen uns hier auf die Sicherheitsaspekte konzentrieren, die Oracle für seine Applikation umgesetzt hat.

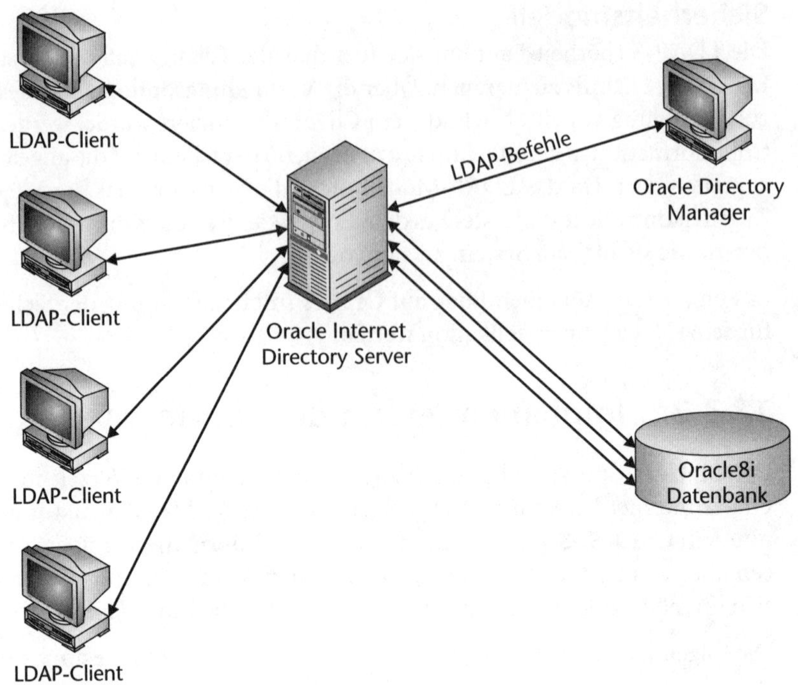

Abbildung 12-1: Architektur des Oracle Internet Directory

Sicherheit von OID

Das Oracle Internet Directory stellt dem Administrator eine flexible Zugriffskontrolle zur Verfügung, indem es drei Stufen der Benutzerauthentifizierung umsetzt, wie in Tabelle 12-6 dargestellt.

Tabelle 12-6: Stufen der Benutzerauthentifizierung

Authentifizierung	Beschreibung
Anonym	Erfordert keinen Benutzernamen und kein Kennwort für den Zugriff auf das Verzeichnis. Es ermöglicht dem Benutzer, auf alle Informationen und Berechtigungen zuzugreifen, die mit dem anonymen Benutzer verknüpft sind.
Einfach oder Kennwort-basiert	Der Client nutzt einen DN und ein Kennwort im Klartext, um sich selbst zu identifizieren. Der Server prüft, ob der übermittelte DN und das Kennwort mit den im Verzeichnis gespeicherten Werten übereinstimmen.
Zertifikats-basiert (SSL)	Client und Server verwenden Zertifikate zur Authentifizierung, um sicherzustellen, dass die Identitätsinformationen der Entität richtig sind.

Secure Sockets Layer (SSL) in Version 3 wird verwendet, um einen auf Zertifikaten basierenden authentifizierten Zugriff und Datensicherheit in einem von drei Modi zu ermöglichen: keine Authentifizierung, einseitige Authentifizierung oder Zwei-Wege-Authentifizierung.

SSL baut sich aus verschiedenen Komponenten auf:

- **Zertifikat** Mit dieser Komponente wird sichergestellt, dass die gesamten Identitätsinformationen korrekt sind. Das Zertifikat enthält den Namen der Entität, den öffentlichen Schlüssel, eine Seriennummer und ein Verfallsdatum, und ist von einer Zertifizierungsstelle (Certificate Authority, CA) signiert.
- **Zertifizierungsstelle** (Certificate Authority, CA) Eine vertrauenswürdige dritte Stelle, die bestätigt, dass die anderen Entitäten die sind, die sie vorgeben zu sein. Die Zertifizierungsstelle nutzt ihren privaten Schlüssel, um das Zertifikat zu signieren, nachdem es die Identität der Entität überprüft hat. Zertifizierungsstellen nutzen verschiedene Kriterien, um die Identität einer Entität festzustellen, und jedes Netzwerk verfügt über eine Liste von vertrauenswürdigen Zertifizierungsstellen. Die Zertifizierungsstellen veröffentlichen ihre eigenen Zertifikate mit ihrem öffentlichen Schlüssel.
- **Wallet** Eine Abstraktion, die zum Speichern und Verwalten von Authentifizierungsdaten genutzt wird, die SSL benötigt. Ein Wallet in der Oracle-Umgebung, das SSL nutzt, enthält einen privaten Schlüssel, ein X.500-Zertifikat in der Version 3 und eine Liste der vertrauenswürdigen Zertifikate, auch bekannt als *Trustpoints*.

Oracle stellt ein Tool namens Oracle Wallet Manager zur Verfügung, um die Sicherheitsbestätigungen sowohl auf Server- als auch auf Clientseite zu verwalten. Sie können den Oracle Wallet Manager nutzen, um Paare von öffentlichen und privaten Schlüsseln zu erzeugen und Zertifikatsanfragen zu generieren, die einer Zertifizierungsstelle vorgelegt werden können. Weiterhin kann ein Zertifikat installiert werden und es lassen sich vertrauenswürdige Zertifikate für eine Entität mit dem Wallet Manager konfigurieren.

Wenn ein Benutzer eine LDAP-Verbindung über den SSL-Port (standardmäßig 636) aufbaut, wird ein *Handshake*-Mechanismus in Gang gesetzt, der die Kommunikation zwischen einem Client und dem Oracle Internet Directory mittels SSL aushandelt. Eine *Verschlüsselungssuite* ist eine Zusammenstellung aus Verschlüsselungs-, Authentifizierungs- und Integritätsalgorithmen, die für das Austauschen von Nachrichten gedacht sind. Tabelle 12-7 zeigt die verfügbaren Verschlüsselungssuiten, die OID unterstützt, und die Algorithmen, die für die jeweiligen Suiten nutzbar sind.

Tabelle 12-7: Verschlüsselungssuiten, die von OID unterstützt werden.

Verschlüsselungssuite	Authentifizierung	Verschlüsselung	Integrität
SSL_RSA_EXPORT_WITH_DES40_CBC_SHA	RSA	DES40	SHA
SSL_RSA_EXPORT_WITH_RC4_40_MD5	RSA	RC4_40	MD5
SSL_RSA_WITH_NULL_SHA	RSA	Keine	SHA
SSL_RSA_WITH_NULL_MD5	RSA	Keine	MD5

Nachdem die Verschlüsselungssuite ausgehandelt wurde, sendet der Server sein Zertifikat an den Client. Der Client prüft, ob eine vertrauenswürdige Zertifizierungsstelle das Zertifikat signiert hat. Wenn Client-Authentifizierung erforderlich ist, sendet der Client sein eigenes Zertifikat an den Verzeichnis-Server und der Server prüft, ob eine vertrauenswürdige Zertifizierungsstelle dessen Zertifikat signiert hat. Sowohl Client- als auch Verzeichnis-Server nutzen die Public Key-Verschlüsselung, um die zum Erstellen eines Sitzungsschlüssels notwendigen Daten auszutauschen. Nachdem der Sitzungsschlüssel erstellt wurde, wird er zusammen mit der Verschlüsselungssuite genutzt, um die gesamte Kommunikation der Sitzung zu ver- und entschlüsseln. War der Handshake erfolgreich, ist damit die Autorisierung des Benutzers überprüft worden und sichergestellt, dass er die Rechte zum Zugreifen auf das Verzeichnis hat.

Wenn SSL verwendet wird, beinhaltet jede Übertragung vom Client zum Server und zurück eine kryptografisch sichere Prüfsumme pro Paket, wobei entweder der MD5- oder der SHA-Algorithmus verwendet wird. OID unterstützt zwei Verschlüsselungsstufen: DES40 und RC4_40. Beide Algorithmen verwenden eine Schlüssellänge von 40 Bytes.

Zugriff und Autorisierung kontrollieren

Wie wir in diesen Buch schon erwähnt haben, wird beim Authentifizieren geprüft, ob die Benutzer tatsächlich die sind, die sie zu sein behaupten, während beim Autorisieren ermittelt wird, welchen Zugriff der Benutzer auf welche Informationen hat. Autorisierung stellt sicher, dass ein Benutzer nur die Daten sieht und manipuliert, an denen er die entsprechenden Berechtigungen besitzt. OID überprüft die Identität eines Benutzers, indem es verifiziert, dass die mit der Sitzung verknüpfte Autorisierungs-ID die für die angeforderte Aktion notwendigen Berechtigungen hat. Wenn dem nicht so ist, wird die Aktion verboten. Der Mechanismus, der die Berechtigungen eines Benutzers herausfindet, heißt *Zugriffskontrolle* (*Access Control*). Die Verwaltungsrichtlinien liegen im Verzeichnis metadata und beschreiben die *Zugriffskontrollinformationen* (*Access Control Information*, ACI), mittels derer die Zugriffskontrolle erfolgt.

So wie ein Verzeichnis eines Betriebssystems Zugriffskontrolllisten (Access Control List, ACL) besitzt, sind die entsprechenden Attributwerte der ACI, die die Benutzerrechte dokumentieren, in einer Verzeichnis-ACL abgelegt. Die Attributwerte in der Liste kontrollieren die Zugriffsrichtlinien für die Verzeichnisobjekte in einem bestimmten Verzeichnis.

Weiter oben haben wir Ihnen von Attributen in einer LDAP-Struktur erzählt. ACIs sind Attribute, die als Textstrings im Verzeichnis abgelegt werden. Jede ACI steht für eine eigene Zugriffskontrollrichtlinie und jede individuelle Richtlinienkomponente wird als ACI-Direktive bezeichnet. Sie können die Zugriffskontrollrichtlinie einer Sicherheitsdirektive so setzen, dass sie von einem bestimmten Punkt an abwärts, dem Zugriffskontrollrichtlinien-Punkt (Access Control Policy Point, ACP) für alle Einträge unterhalb des ACPs im Informationsbaum (Directory Information Tree, DIT) des Verzeichnisses wirksam wird.

Über OID-Kennwörter

Wenn Sie die OID-Software installieren, werden Sie aufgefordert, das Verschlüsselungsschema für Kennwörter zu setzen. Standardmäßig werden Kennwörter mit der Einweg-Hash-Funktion MD4 verschlüsselt, um einen 128 Bit langen Hash-Wert oder Nachrichten-Digest zu erstellen. Wenn der Client ein Kennwort – normalerweise im Klartext – mitteilt, wird das Kennwort verschlüsselt und der Wert mit dem verschlüsselten Wert verglichen, der im Attribut **userPassword** für den Benutzer im Verzeichnis gespeichert ist. Wenn die Werte übereinstimmen, erhält der Benutzer, abhängig von seinen Berechtigungen, Zugriff auf das Verzeichnis. Wenn die Werte nicht passen, wird eine Fehlermeldung über ungültige Berechtigungen an den Benutzer ausgegeben.

Sie müssen nicht die Verschlüsselungsmethode beibehalten, die Sie bei der Installation ausgewählt haben. Stattdessen können Sie die ursprüngliche Konfiguration entweder mit dem Oracle Directory Manager dem Befehlszeilenprogramm ldapmodify anpassen, wenn Sie auf dem System Superuser-Status besitzen. Ihre Möglichkeiten für die Auswahl der Kennwortverschlüsselung sind:

- Keine Verschlüsselung
- MD5, eine verbesserte, komplexere Version von MD4
- SHA, Secure Hash Algorithm, der einen 160-Bit Hash produziert
- Unix Crypt, der Verschlüsselungsalgorithmus von Unix

Der entsprechende Wert wird im Attribut **orclCryptoScheme** im Root-DSE als einzelner Wert gespeichert.

SSL-Konfiguration

Das Verzeichnis liest bei jedem Start der Verzeichnis-Server-Instanz eine Reihe von Konfigurationsparametern aus. Wenn Sie das Verzeichnis mit aktiviertem SSL laufen lassen, müssen Sie die SSL-Parameter in der Konfiguration nutzen. Standardmäßig liegt der sichere Port, den Oracle für SSL registriert hat, auf 636, während der normale, ungesicherte Port auf 389 liegt. Um Clients mit unterschiedlichen Sicherheitsanforderungen bedienen zu können, lassen sich unterschiedliche Sets von Konfigurationsparametern mit verschiedenen Werten erstellen. Oracle empfiehlt, getrennte Konfigurationssets zu erstellen, anstatt die SSL-Werte in der Standardkonfiguration anzupassen. Wenn Sie jemals ein Problem haben, an dem sich der Support von Oracle beteiligen muss, kann es sein, dass die Techniker die Standardkonfiguration benötigen, um das Problem analysieren und lösen zu können.

Audit-Protokollierung

OID bietet die Möglichkeit, kritische Ereignisse im OID Audit-Protokoll festzuhalten. Um dieses Protokoll zu untersuchen, benötigen Sie Administrationsberechtigungen und verwenden den Befehl **ldapsearch**. Der OID-Server ist die einzige Entität, die Einträge im Audit-Protokoll hinzufügen oder abändern kann. Für jedes Audit-Ereignis wird ein regulärer Verzeichniseintrag im Audit-Protokoll vorgenommen.

Die Audit-Protokollierung ist standardmäßig abgeschaltet. Da das Protokoll aus normalen Verzeichniseinträgen besteht, können Sie das Auditing aktivieren, indem Sie das DSE-Attribut **orclaudit level** auf das von Ihnen gewünschte Niveau setzen. Die aus dem Oracle Internet Directory Administration Guide übernommenen Audit-Optionen und Stufen sind in Tabelle 12-8 dargestellt. Beachten Sie, dass die Stufen-Werte als hexadezimale Zahlen angegeben sind.

Tabelle 12-8: Audit-Ereignisse des OID

Ereignis	Beschreibung	Audit-Stufen-Maske
Superuser Login	Superuser verbindet sich mit dem Server (erfolgsunabhängig)	0x0001
Schema Element Add/Replace	Ein neues Schema-Element hinzufügen (erfolgsunabhängig)	0x0002
Schema Element Delete	Ein Schema-Element entfernen (erfolgsunsabhängig)	0x0004
Bind	Erfolgloses Verbinden	0x0008
Access Violation	Zugriffsverweigerung durch ACP	0x0010

Tabelle 12-8: Audit-Ereignisse des OID (Fortsetzung)

Ereignis	Beschreibung	Audit-Stufen-Maske
DSE Modification	Änderungen am DSE-Eintrag (erfolgsunsabhängig)	0x0020
Replication Login	Authentifizierung des Replication Servers (erfolgsunsabhängig)	0x0040
ACL Modification	Änderungen an ACPs	0x0080
User Password Modification	Veränderung des Kennwort-Attributs eines Benutzers	0x0100
Add	Operation ldapadd (erfolgsunsabhängig)	0x0200
Delete	Operation ldapdelete (erfolgsunsabhängig)	0x0400
Modify	Operation ldapmodify (erfolgsunsabhängig)	0x0800
ModifyDN	Operation ldapmodifyDN (erfolgsunsabhängig)	0x1000

Wenn ein Audit-Wert auf 0 gesetzt wird, ist das Auditing deaktiviert. Sie können entweder den Oracle Directory Manager oder den Befehl **ldapmodify** auf Betriebssystemebene nutzen, um das Auditing einzuschalten. Nachdem Sie die Audit-Stufe verändert haben, müssen Sie den Verzeichnis-Server einmal stoppen und starten, um die Änderungen wirksam werden zu lassen. Um im Audit-Protokoll zu suchen, können Sie den Befehl **ldapsearch** verwenden. Um Einträge aus dem Audit-Protokoll zu entfernen, wird der Befehl **bulkdelete** verwendet.

Firewalls und Oracle

Das Netzwerk Ihres Unternehmens ist wie ein Gebäude. Ein Gebäude hat Büros, Raumteiler, Aktenschränke, physisches und elektronisches Inventar und andere Gegenstände. Im Vergleich dazu besteht Ihr Netzwerk aus Arbeitsplatzrechnern, Servern, Routern und Datenbanken. Um das Innere Ihres Gebäudes vor Fremden zu schützen, postieren Sie einen Wachmann und eine Video-Kamera am Vordereingang und stellen sicher, dass die anderen Zugangsmöglichkeiten verschlossen und durch Sicherheitspersonal oder Zugangscodes gesichert sind. Diese Maßnahmen helfen Ihnen dabei, sich davor zu schützen, dass Konkurrenten oder Vandalen durch Ihr Gebäude stromern und Verwüstungen anrichten. Um Ihr Netzwerk vor Hackern, Vandalen und Ihren Konkurrenten zu schützen, müssen Sie eine Firewall am Vordereingang Ihres Netzwerks einrichten. In diesem Zusammenhang entspricht der Vordereingang der Verbindung von Ihrem internen Netzwerk zum Internet.

Warum brauchen Sie eine Firewall, wenn Ihre Rechner ausreichend gesichert sind? Das Problem lässt sich wieder mit der Gebäude-Analogie erläutern. Wenn alle Büros verschlossen und die Aktenschränke gesichert sind, sind Wachposten am Haupteingang doch überflüssig, oder? Bestimmt nicht. Viele Bürotüren und Aktenschränke würden nicht mal einem leichten Angriff standhalten. Außerdem müssen Sie auch das Inventar im Empfangsbereich sichern. Ebenso verhält es sich bei Ihrem Netzwerk. Manche Leute lassen quasi ihre Bürotür offen stehen, weil sie die Standardkennwörter nicht ändern oder die neuesten Sicherheits-Patches nicht einspielen. So wie ein Aktenschrank nicht konzipiert wurde, um kriminellen Einbruchsaktivitäten standzuhalten, sind auch manche Applikationen in Ihrem Netzwerk nicht gegen Angriffe gewappnet. Steht man der Herausforderung gegenüber, all diese Computer und Dienste sicher zu gestalten, wird eine Firewall zur Notwendigkeit und zur vordersten Verteidigungslinie.

Ihr Netzwerk- und Firewallaufbau bestimmt, ob und auf welchen Wegen auf Ihre Oracle-Datenbank zugegriffen werden kann und wie man mit ihr von außerhalb des Unternehmens interagieren darf. In diesem Kapitel werden wir die notwendigen Details erörtern, die Sie benötigen um zu verstehen, wie Sie Ihre Datenbank gegen die Außenwelt sichern können. Bevor Sie erfahren, wie Sie Ihre Oracle-Datenbank mit einer Firewall betreiben, erläutern wir zunächst, wie ein Firewall im Allgemeinen funktioniert.

13.1 Wie Firewalls arbeiten

Im Allgemeinen ist eine *Firewall* eine Software oder Hardware, die eingesetzt wird um zu verhindern, dass unerwünschte Benutzer auf bestimmte Computer in Ihrem Firmennetzwerk zugreifen können. Firewalls variieren von sehr rudimentären bis zu äußerst ausgefeilten Versionen und können mit unterschiedlichsten Formen von Routern, anderen Firewalls und Virtual Private Networks (VPNs) kombiniert sein, um den Zugriff zu kontrollieren. Ihre Firewall kann zum Beispiel einem Benutzer erlauben, sich durch die Firewall-Software zu verbinden, indem er dem VPN ein Kennwort mitteilt. Nur mit dem richtigen Kennwort kann der Benutzer auf seine Maschine hinter der Firewall zugreifen.

Jeder Zugriff auf einen Computer über ein Netzwerk wird ausgeführt, indem Informationspakete von einem Computer zum anderen befördert werden. Eine Firewall wird so entwickelt, dass sie Pakete aus dem Netzwerk herausfiltert, die darin nichts zu suchen haben. Welche Pakete „in Ihrem Netzwerk nichts zu suchen haben", ist allerdings mitunter sehr schwer zu entscheiden. Manchmal lässt sich einfach feststellen, dass ein Paket schlecht ist. Wenn zum Beispiel ein Paket, das von außen in Ihr Netzwerk gelangen will, vorgibt, eine Quelladresse innerhalb des Netzwerks zu besitzen, ist klar, dass versucht wurde, eine Verbindung zu spoofen. Diesen Angriffstyp entdeckt man leicht und er ist einfach zu verhindern. Demgegenüber lassen sich viele andere Angriffe nur schwer definieren und aufdecken. Beispielsweise festzustellen, dass ein Paket, das an einen Web-Server geschickt wurde, fehlerhaft aufgebaut ist, ist wesentlich schwieriger. Wie sieht ein fehlerhaftes Paket aus? Wie decken Sie einen Angriff auf einen Web-Server auf, wenn das Paket zwar richtig aufgebaut ist, aber einen bösartigen Befehl enthält? Selbst wenn Sie jede bekannte Angriffsart erkennen könnten, wäre der Performanceverlust für eine solchermaßen agierende Firewall immens.

Auch wenn die meisten Firewalls prinzipiell die gleichen Grundfunktionalitäten bieten, unterscheiden sich die exakten Features je nach Produkt. Manche Firewalls wurden entworfen, um viele Funktionen zur Verfügung zu stellen, während sich andere auf wenige Eigenschaften konzentrieren, diese dafür aber bei erhöhtem Performancegrad anbieten. Um festzustellen, welche Features Ihre Firewall zur Verfügung stellt, sollten Sie die Dokumentation des Herstellers zu Rate ziehen.

Eine der Grundfunktionen einer Firewall ist das Herausfiltern von Paketen. Paketfilter auf TCP- und IP-Ebene sorgen dafür, dass bestimmte Pakete nicht in das interne Netzwerk gelangen oder es möglicherweise verlassen. Die Firewall erledigt diese Aufgabe, indem sie die IP-Adresse und Portnummer von Ursprung und Ziel mit einer Zugriffskontrollliste (Access Control List, ACL) vergleicht. Der Firewall-Administrator muss die ACL festlegen und konfigurieren, um sie an die Sicherheitsrichtlinien des Unternehmens anzupassen.

Eine typische ACL verhindert, dass unberechtigte Benutzer auf Ihre Server oder irgendwelche Dienste zugreifen können, die Sie nicht für das Internet verfügbar machen wollen. Im Folgenden eine kleine Auswahl aus einer beispielhaften Sicherheitsrichtlinie für das Filtern des Benutzerverkehrs.

- Standardmäßig alle eingehenden Verbindungen unterbinden.
- Eingehende Verbindungen für den Web-Server auf Port 80 zulassen.
- Verbindungen auf Port 25 (SMTP) zulassen, die an Ihren Mail-Server gerichtet sind.
- Alle Verbindungen von IP-Adressen unterbinden, von denen aus Sie früher bereits angetestet wurden.

Wie Sie sehen können, gibt es hier noch genug Bereiche, in denen festgelegt werden muss, was für Ihr Unternehmen sinnvoll ist und was nicht. Natürlich gibt es aufgrund der Komplexität dieser Liste vor allem in großen Firmen auch die Möglichkeit, dass Fehler auftreten, wodurch fehlerhafte Konfigurationen entstehen. Angenommen, Sie haben einen Port freigeschaltet, aber vergessen festzulegen, welche IP-Adressen über diesen Port ansprechbar sind. Wenn Sie zum Beispiel erreichen wollten, dass der Datenverkehr mit Ihrer Ersatzteil-Datenbank auch für Ihre Partner möglich ist, könnte der Firewall-Administrator die Ports 1521 und 1526 öffnen, und den Verkehr, der für Port 1521 bestimmt ist, auf die IP-Adresse Ihrer Ersatzteil-Datenbank beschränken. Hoppla! Der Administrator hat aus Versehen den Port 1526 für alle IP-Adressen offen gelassen. Um diesen Fehlertyp abzufangen, bevor er für einen Angriff genutzt werden kann, sollten Sie regelmäßige Firewall-Audits durchführen.

13.1.1 Vorgehensweise einer Firewall

Ein entscheidendes Element bei Ihrem Versuch, Personen aus Ihrem Netzwerk fern zu halten, liegt in der richtigen Konfiguration Ihrer Firewall und in der korrekten Platzierung externer Dienste, die über die Firewall hinweg angesprochen werden. Eine Firewall ist dazu gedacht, Zugriffe abzublocken; natürlich muss für manche der von Ihnen angebotenen Dienste auch Außenstehenden der Zugriff auf Ressourcen auf Ihren Computern ermöglicht werden. Wir nennen diese Art des Zugriffs das Bereitstellen von *externen Diensten.* Wenn Sie eine E-Commerce Web-Site betreiben, müssen Sie Ihren Kunden den Zugriff auf Ihren Web-Server erlauben. Idealerweise würden Sie dabei den Zugriff auf den Computer mit dem Web-Server zulassen, ohne gleichzeitig auch den Zugriff auf die gleiche Maschine über Telnet oder FTP zu erlauben. Wenn Sie Dateien zum Herunterladen anbieten, könnten Sie FTP als externen Dienst nutzen.

Wenn Sie eine FTP-Option anbieten, möchten Sie sicherlich nicht, dass sich die Leute auch per Telnet oder direkt mit Ihrer Maschine verbinden können.

Ansatz 1: Eine einzelne Firewall mit externen Diensten

Der einfachste Aufbau für das Sichern Ihres Netzwerks ist die Verwendung einer einzelnen Firewall, wobei die Server, die externe Dienste anbieten, außerhalb der Firewall untergebracht sind. Abbildung 13-1 zeigt, wie Pakete bei dieser Konfiguration geblockt werden.

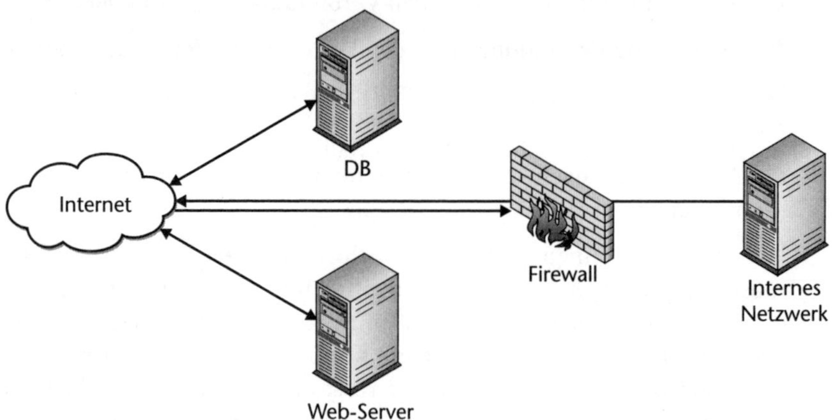

Abbildung 13-1: Eine einzige Firewall mit externen Diensten, die außerhalb untergebracht sind

Die Vorteile dieses Aufbaus sind:

- Die Konfiguration ist einfach.
- Ihre internen Rechner sind vollständig von außenstehenden Rechnern isoliert.
- Sie benötigen nur eine einzige Firewall.

Leider hat dieses Modell viele Schwachstellen. Am gravierendsten ist, dass sowohl der Web-Server als auch die Datenbank jeglicher Angriffsform ungeschützt ausgeliefert ist, einschließlich der Angriffe auf andere Dienste auf dem Server. Selbst wenn Ihr Web-Server sicher ist, läuft auf dem Rechner eventuell auch ein Telnet- oder SSH-Dienst. Wenn sich Ihr Server außerhalb der Firewall befindet, kann jedermann versuchen, sich mit dem Telnet- oder SSH-Dienst zu verbinden. Wir empfehlen dringend, diese Konfiguration nicht einzusetzen. Ihre Oracle-Datenbank direkt einem öffentlichen Netzwerk auszusetzen ist keine sichere Variante, weil es einfach zu viele Möglichkeiten gibt, zu Ihrem Server vorzudringen.

Damit dieses Modell funktioniert, müssen Sie einigen Aufwand betreiben, um die Server außerhalb des internen Netzwerks zu schützen, indem Sie die folgenden Schritte durchführen:

- Patches und Service Packs aktualisieren
- Unnötige Dienste deaktivieren
- Sehr sichere Kennwörter implementieren

Das Sichern eines Betriebssystem erfordert spezielle Kenntnisse über die zu schützende Plattform. Auch wenn es viele Checklisten gibt, die Ihnen helfen, die Betriebssysteme der verschiedenen Hersteller zu sichern (einschließlich Solaris und Windows), erfordert dieses Vorhaben umfangreiche Kenntnisse der entsprechenden Plattform.

Ansatz 2: Eine einzelne Firewall mit Verbindungen zu internen Diensten

Ein etwas anderer Ansatz kann mit einer einzelnen Firewall umgesetzt werden. Die externen Dienste können hinter der Firewall untergebracht werden, die so eingerichtet wird, dass Verbindungen zu den externen Diensten durch die Firewall möglich sind. Abbildung 13-2 zeigt, wie Pakete in dieser Konfiguration geblockt werden können.

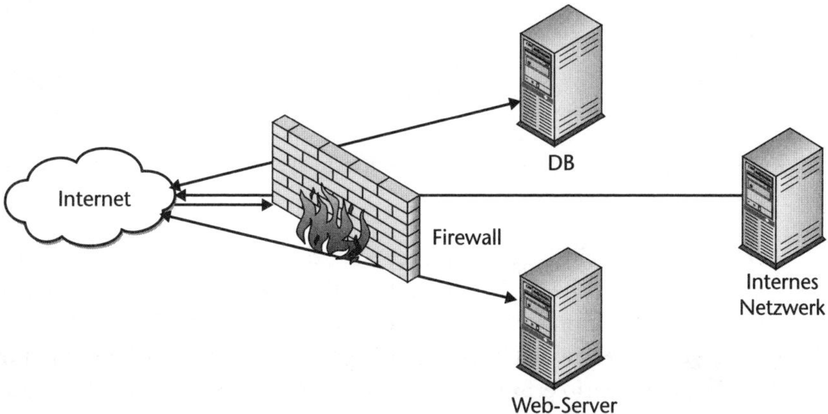

Abbildung 13-2: Eine einzelne Firewall mit externen Diensten hinter der Firewall

Die Vorteile bei dieser Vorgehensweise sind erneut die Einfachheit und leichte Konfigurierbarkeit. Verglichen mit dem vorigen Modell, bei dem sich die externen Dienste vor der Firewall befinden, gibt es ein paar entscheidende Unterschiede. Vor allem ist die Sicherheit der Server, die die externen Dienste zur Verfügung stellen – Datenbank und Web-Server – deutlich höher. Leider bewirkt die Erlaubnis, dass Pakete durch die Firewall in das innere Netzwerk gelangen dürfen, dass die Sicherheit des restlichen internen Netzwerks geschwächt wird. Auch wenn die Firewall richtig konfiguriert wird, gibt es einige Tricks, die Informationen durch die Firewall sickern zu lassen. Dieser Nebeneffekt ist nachteilig, weshalb dieser Ansatz auch nicht zufrieden stellt.

Ansatz 3: Kombinierter Aufbau

Eine Kombination der beiden beschriebenen Architekturen kann ein verbessertes Modell ergeben. Dabei werden manche der externen Dienste, wie der Web-Server, außerhalb der einzelnen Firewall untergebracht, und andere, wie der Datenbank-Server, hinter der Firewall platziert. Die Firewall kann dann so konfiguriert werden, dass nur Pakete vom Web-Server durchgelassen werden. Abbildung 13-3 zeigt, wie die Pakete in diesem Fall geblockt werden.

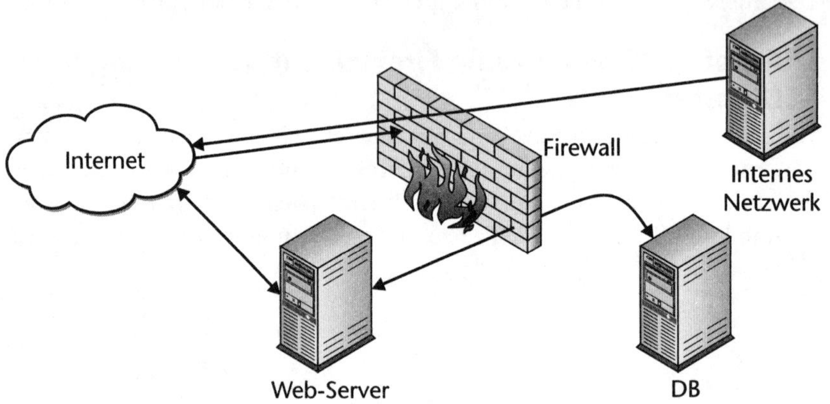

Abbildung 13-3: Eine einzelne Firewall mit dem Web-Server außerhalb und der Datenbank hinter der Firewall

Auch wenn dieses Modell komplexer ist und sich nicht so leicht einrichten und administrieren lässt, dürfte die Konfiguration dieses Szenarios durchaus zu den Fähigkeiten eines Firewall-Administrators gehören. Dabei muss eine einzelne Ziel-IP-Adresse mit Port sowie eine einzelne Ursprungs-IP-Adresse der ACL der Firewall hinzugefügt werden. Dieses Szenario ermöglicht Ihnen, die Kosten zu reduzieren, da nur eine einzige Firewall benötigt wird.

Das Problem dabei ist allerdings, dass der Web-Server weiterhin allen Angriffen auf diesen Rechner ausgesetzt ist. Web-Server sind im Allgemeinen so ausgelegt, dass sie die meisten Angriffe abwehren können, so dass ihm selbst wenig passieren wird. Aber hier müssen Sie das Betriebssystem des Web-Servers streng sichern. Selbst bei sehr guten Kenntnissen in Betriebssystemsicherung und verfügbaren Checklisten für die Durchführung ist es meist sehr schwierig, Betriebssysteme komplett zu sichern, zudem werden jeden Tag neue Sicherheitslücken aufgedeckt.

Ein anderes Problem bei diesem Modell ist, dass Pakete an den Datenbank-Server gespooft werden können. Da auch im normalen Betrieb Pakete vom Web-Server durch die Firewall geleitet werden müssen, könnten Hacker außerhalb des Unternehmens Pakete erstellen und versenden, die vorgeben, vom Web-Server zu stammen. Eine starke Authentifizierung wäre in dieser Situation sehr nützlich. Und wenn der Web-Server gehackt wurde, kann auf die Datenbank mit den gleichen Rechten zugegriffen werden, die der Web-Server für sie hat. Daher sollten Sie dem Web-Server-Konto nie mehr als die grundlegenden Berechtigungen für die Datenbank erteilen.

Ansatz 4: Mehrere Firewalls mit einer DMZ

Eine robustere Firewall-Konstruktion kann aufgebaut werden, indem man mehrere Firewalls hintereinander einrichtet. Die äußere Firewall wird so eingerichtet, dass alle Pakete aufgehalten werden, die nicht für einen der externen Dienste bestimmt sind. Der Bereich zwischen der inneren und der äußeren Firewall wird als demilitarisierte Zone oder DMZ bezeichnet. Die interne Firewall erlaubt dann nur Verbindungen, die ihren Ursprung in der DMZ haben. Abbildung 13-4 zeigt, wie hier die Pakete geblockt werden.

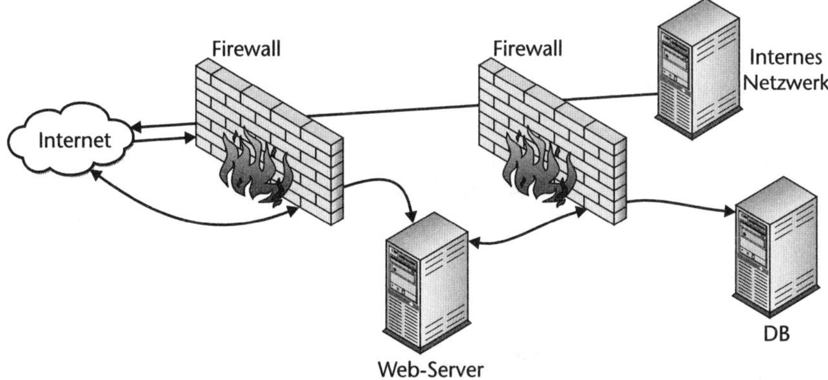

Abbildung 13-4: Mehrere Firewalls mit externen Diensten in der DMZ

Dieses Modell ist komplexer als alle zuvor besprochenen Modelle und erfordert, dass das Unternehmen mehr als eine Firewall kauft, wodurch höhere Kosten entstehen. Dafür handelt es sich dabei auch um die sicherste Konfiguration, die wir behandeln, da das Spoofen erschwert wird und sich externe und interne Maschinen trennen lassen. Auch wenn die Computer in der DMZ gehackt werden, bleiben die internen Rechner vor den Servern in der DMZ geschützt. Allerdings kann ein Hacker, der einen Rechner in der DMZ übernommen hat, dort weiterhin einen Paket-Sniffer einsetzen und nach weiteren Möglichkeiten suchen, in das Netzwerk einzudringen.

13.1.2 Was eine Firewall nicht verhindert

Nachdem Sie nun verstanden haben, was eine Firewall leisten kann, müssen Sie auch verstehen, was sie nicht kann. Firewalls können Sie nicht vor internen Angriffen schützen. Eine Firewall kann keinen Hacker aufhalten, der sie umgeht, indem er ein Modem oder einen Rechner anwählt, der mit Ihrem internen Netzwerk verbunden ist. Hacker können auf Ihr Netzwerk zugreifen, indem sie Ihren Laptop attackieren, wenn er mit einem Kabel-Modem oder etwas Ähnlichem im Haushalt eines Mitarbeiters verbunden ist. Manche Angriffe, wie etwa Viren, erreichen eine Firma am ehesten über eine Diskette oder eine CD-ROM. Wie Sie sehen, gibt es viele Möglichkeiten, in ein Netzwerk einzudringen, ohne die Firewall passieren zu müssen. Um die Analogie mit dem Gebäude noch einmal heranzuziehen, ein Wachmann am Haupteingang kann Sie nicht davor schützen, dass sich jemand durch ein offenes Fenster oder einen unverschlossenen Hintereingang Zugang verschafft.

Eine beliebte Möglichkeit, in ein Netzwerk einzudringen, ist das Verwenden von E-Mails mit bösartigen Skripten. Der Angreifer versendet an viele Personen eine E-Mail, die ein Skript enthält, und hofft, dass ein unachtsamer Mitarbeiter den Anhang öffnet und damit ein Trojanisches Pferd im Netzwerk installiert. Firewalls sind noch nicht intelligent genug um festzustellen, ob der Anhang einer Mail bösartig ist oder nicht, obwohl die Hersteller versuchen, dieses Problem zu lösen.

Ein großer Prozentsatz der Angriffe und Diebstähle von Daten wird von Insidern begangen. Denn ein Insider muss die Firewall gar nicht erst aufwändig umgehen. Er kann Daten auf eine Diskette kopieren oder jemandem über die Schulter schauen, der ein Kennwort eingibt. Interne Benutzer, die Schaden anrichten wollen, sind eine ebenso große Gefahrenquelle wie externe Hacker, die versuchen, die Firewall zu überlisten. Daher ist die Firewall nur eine Schlüsselkomponente Ihres Sicherheitsplans, und sollte nicht als eine vollkommene Lösung betrachtet werden.

13.1.3 Firewall-Typen

Es gibt viele verschiedene Arten von Firewalls. Die Industrie scheint sie in mehrere Gruppen einzuteilen. Die beiden ursprünglichen Gruppen waren Firewalls, die unter Windows beziehungsweise unter Unix liefen. Die Wahl zwischen diesen beiden erfolgte normalerweise aufgrund der Kenntnisse der IT-Leute eines Unternehmens. Eine Firma mit Unix-Erfahrung wählte generell eine Firewall-Lösung unter Unix, während ein Windows-Shop eher eine Windows-Lösung bevorzugte.

Der Großteil der bekannten Firewall-Software-Pakete, einschließlich Gauntlet, Firewall-1 und Raptor arbeiten sowohl unter Windows NT als auch unter verschiedenen Unix-Releases. Die Verwaltungs-Tools sind zumeist Windows-Clients, auch wenn die meisten Firewalls über eine Befehlszeilenschnittstelle konfiguriert und verwaltet werden können. Der funktionelle Unterschied zwischen den Windows- und Unix-Versionen ist vernachlässigbar.

Ein weiteres Unterscheidungsmerkmal ist die Art, wie eine Firewall mit dem Betriebssystem zusammenarbeitet, um Pakete zu empfangen und abzublocken. Unter Unix wird dabei mit *Raw Sockets* gearbeitet. Diese ermöglichen es Ihnen, direkt auf dem Protokoll-Stack zu lesen und zu schreiben, was deutlich flexibler als die Standard-Socket-Schnittstelle ist. Microsofts Betriebssystem-Support für Raw Sockets war bis Windows 2000 sehr eingeschränkt. Daher mussten die Hersteller der Firewalls Gerätetreiber erstellen, wie zum Beispiel einen Network Driver Interface Specification (NDIS)-Treiber, um auf dem Protokoll-Stack lesen und schreiben zu können und die notwendige Funktionalität zur Verfügung zu stellen.

Auch wenn es einige technische Unterschiede zwischen dem Programmablauf unter Unix und Windows NT gibt, liegt der signifikante Unterschied immer noch in der Affinität der Firma zu einzelnen Betriebssystemen. Manche Firmen betrachten es als Sakrileg, eine Firewall auf einem Windows NT-Server unterzubringen, da es viele negative Meinungen über den Einsatz von Windows NT in einer unternehmensweiten Anwendung gibt. Andere Firmen betrachten die Verwendung von Windows NT als ideale Lösung, da Kosten bei der Hardware und dem Support gespart werden können.

In jüngster Zeit gibt es auch immer mehr Firewalls als eigenständige, dedizierte Geräte. Dabei handelt es sich eher um Hardware- als um Software-Lösungen. Es gibt sie als spezialisierte Systeme, die auf proprietärer Hardware laufen. Einer der Vorteile dieser Geräte ist ihre einfache Einrichtung. Manche von ihnen können ausgepackt und in wenigen Minuten installiert werden. Die neuesten Kabel-Router von Firmen wie NetGear und Linksys dienen auch als primitive Firewalls, die schon vorkonfiguriert sind. Eine solche Hardware-Firewall ist viel einfacher zu konfigurieren und einzusetzen als Software-Lösungen, was viele frustrierende Stunden ersparen kann und die Gefahr reduziert, dass Ihre Verteidigung nicht korrekt konfiguriert wird.

Natürlich ist Einfachheit beim Einrichten einer Firewall für eine große E-Commerce-Site, wie etrade.com oder amazon.com, nicht immer das vorrangige Ziel. Hardware-Firewalls können aber durchaus auch für große Lasten ausgelegt sein. Eine der beliebtesten ist die Cisco PIX Firewall. Solche Geräte können große Datenmengen verarbeiten und liegen im Bereich von einigen tausend bis zehntausenden von Euros.

13.2 Oracle mit einer Firewall verwenden

Es gibt nur wenig Informationen über die Nutzung von Oracle durch eine Firewall, vor allem, weil es problematisch ist, solche Informationen zu veröffentlichen. Oracles Protokoll ist proprietär, was es sehr erschwert, effektive Methoden zu entwerfen, um Pakete auf sicherem Weg durch die Firewall zu schleusen. Oracle Corporation stellt einige Tools zur Verfügung, allerdings muss man dafür auf einige lästige Lizenzbedingungen eingehen. Die meisten Hersteller von Firewalls arbeiten mit Oracle zusammen an verbesserten Lösungen für diese Probleme oder haben schon abgeschlossene Programme fertig.

Bevor wir richtig in das Wie und Warum zum Thema Oracle und Firewalls einsteigen, sollten Sie sich Gedanken darüber machen, ob Sie überhaupt zulassen wollen, dass über eine Firewall auf Ihre Oracle-Datenbank zugegriffen werden kann. Oracle hat sich in Sachen Datenbank-Software für Unternehmen als führend erwiesen in Bezug auf Performance, Verfügbarkeit und Verlässlichkeit. Was die Sicherheit anbelangt, ist man den meisten anderen Datenbankanbietern weit voraus. Trotzdem ist Oracle immer noch nicht sicher genug, um Angriffen standzuhalten. Auch wenn Sie einen Oracle-Server hinter eine Firewall stellen, aber Pakete durch die Firewall direkt an die Datenbank leiten lassen, ist diese Datenbank vielen Angriffen ausgeliefert. Das Problem liegt nicht unbedingt in den Sicherheits-Features von Oracle, sondern in der Stabilität der Netzwerkfeatures. Stattdessen empfehlen wir Ihnen dringend, eine alternative Methode für den Zugriff auf eine Datenbank über ein öffentliches Netzwerk einzusetzen. Unserer Meinung nach ist es am besten, eine Web-Applikation auf einem gesicherten Web-Server zu nutzen, um auf die Datenbank zuzugreifen.

Bis heute hatten nicht viele Hacker Zugriff auf die Oracle-Software. Daher sind viele Tricks, die schon vor Jahren gegen Web-Server gerichtet wurden, für Oracle noch nicht ausprobiert und auch in der Software nicht gefixt. Mit anderen Worten, wenn Sie überlegen, Ihre Oracle-Datenbank direkt ins Web zu stellen, sollten Sie wirklich lange und gründlich nachdenken. Stellen Sie sich die folgenden Fragen:

- Gibt es einen anderen Weg, Ihre Dienste anzubieten, ohne den direkten Zugang zu Oracle zu erlauben?
- Wie nehmen sich die Geschäftsanforderungen im Vergleich zu dem Risiko aus, dass die Daten gehackt werden?
- Ist die Verfügbarkeit des Dienstes entscheidend? (Oracle reagiert teilweise sehr empfindlich auf DoS-Angriffe.)

Im Allgemeinen verwenden die Leute Web-Server, um externen Benutzern Datenbank-Informationen zur Verfügung zu stellen. Die Web-Server greifen auf die Datenbank mit CGI-Skripten, Active Server Pages oder anderen Methoden zu. Bei diesen Ansätzen ist es nötig, dass der Web-Server Zugang zu einem Datenbank-Benutzernamen und dem Kennwort hat. Dabei müssen Sie nur den Web-Server in eine exponierte Lage bringen, der designed wurde, um Angriffen standzuhalten, während der Datenbank-Server geschützt bleibt. Es können auch Angriffe gegen die Datenbank gerichtet werden, indem versucht wird, den Angriff über andere Server auf die Datenbank zu lenken, aber diese lassen sich sicher viel einfacher abwehren, als wenn die Datenbank direkt im Internet steht.

13.2.1 Das Problem

Jetzt werden Sie vielleicht denken: „Oracle kommuniziert über Port 1521. Kann ich ihn nicht einfach öffnen und alles funktioniert wunderbar?“ Darauf sagen wir: „Möglich, aber unwahrscheinlich.“ Es stimmt, Oracle initiiert die Verbindungen über Port 1521.

Das Problem besteht darin, was als Nächstes bei verschiedenen Konfigurationen geschieht, wie zum Beispiel:

- Oracle auf Windows NT oder Windows 2000
- Oracle als Multithreaded Server
- Oracle über SSL

Der Listener-Dienst empfängt Ihre Anfrage zum Öffnen einer Verbindung zur Datenbank und antwortet, indem er einen neuen, ungenutzten Port auswählt. Dieser Port wird aus den Ports oberhalb von 1024 selektiert, welches die größte Portnummer ist, die für die Verwendung durch das Betriebssystem reserviert ist. Der Listener sorgt dann dafür, dass die Datenbank einen neuen Thread anlegt, der auf diesem neuen Port lauscht. Der Client verbindet sich sofort mit dem neuen Thread auf dem neuen Port. Diese Technik wird als *Port-Umleitung* (*Port Redirection*) bezeichnet und bedeutet, dass die eigentliche Verbindung über einen anderen Port läuft als den in den Konfigurationsdateien angegebenen.

Wenn der Server durch eine Firewall geschützt ist, können Sie nicht einfach externen Verbindungen erlauben, alle Ports oberhalb von 1024 zu nutzen. Dadurch würden Sie in Ihrer Firewall ein Loch öffnen, das groß genug für einen LKW wäre. Wie gehen Sie dann mit der Situation um?

Eine Möglichkeit ist, einen Applikationsproxy zu nutzen. Um zu verstehen, wie dadurch das Problem gelöst werden kann, sehen wir uns ein Beispiel an. Wenn Sie den Verbindungsprozess starten, leiten Sie ein Paket an den Listener auf Port 1521 weiter. Die Firewall erlaubt diesem Paket, zu passieren. Sie merkt sich dann, dass Sie versuchen, eine Verbindung aufzubauen, und speichert ein paar Informationen über die Verbindung, wie zum Beispiel die Zeit, zu der der Versuch gestartet wurde, und den Ursprung der Verbindung. Wenn der Server nun auf Ihre Anfrage reagiert, indem er Ihnen ein Paket mit der neuen Portnummer sendet, muss die Firewall über den neuen Port informiert werden und das Paket hinauslassen. Wenn der Client dann versucht, sich über den neuen Port zu verbinden, muss der Proxy sich daran erinnern, dass der Client die Erlaubnis hat, sich über diesen Port mit der Datenbank zu verbinden.

Es gibt mit solchen Proxies Probleme, die bisher noch nicht zufrieden stellend gelöst wurden. So könnte zum Beispiel jemand versuchen, einen Port zu „entführen“, der umgeleitet, aber noch nicht vom echten Client geöffnet wurde. Dieser Trick ist ziemlich einfach, da die Ports sequenziell vergeben werden und das Erraten des nächsten zu öffnenden Ports nicht schwierig ist. Es hängt dann von der Umsetzung des Proxys ab, ob der Hack funktioniert oder nicht. Am besten ist es, wenn sich der Proxy daran erinnert, von welcher IP-Adresse die Verbindung ursprünglich kam und jeden Versuch von Adressen unterbindet, die abweichen. Leider kann der Quell-Port für die Verbindung nicht auf die Port-Umleitung beschränkt werden, da er unbekannt ist, bis die neue Verbindung erstellt wurde. Normalerweise ist der neue Quell-Port um eins größer als der alte Quell-Port.

Wie Sie sich vorstellen können, ist diese Art von Proxies kompliziert und fehleranfällig. Wenn Sie viele Verbindungen verwalten, kann das Organisieren der Port-Umleitungen die Leistung der Firewall deutlich reduzieren. Zwar glauben wir nicht, dass die meisten Datenbanken so viele Benutzer gleichzeitig bedienen müssen, dass Probleme entstehen, aber wenn eine Firewall schon überlastet ist, kann die zusätzliche Arbeit dafür sorgen, dass die Grenze überschritten wird.

Betrachten wir nun, was Sie tun können, um Performance-Probleme zu beheben, wenn Sie eine Firewall in Ihrem System verwenden.

13.2.2 Feststellen, ob ein Verbindungsproblem durch eine Firewall verursacht wird

Was können Sie tun, wenn Sie Probleme beim Verbinden mit Ihrer Oracle-Datenbank haben, aber nicht sicher sind, ob es an der Firewall liegt oder nicht? Die Fehler, die Sie am häufigsten erhalten, wenn ein Firewall im Spiel ist, sind die folgenden:

- ORA-12203 TNS: unable to connect to destination
- ORA-12535 TNS: operation timed out

Ein möglicher Weg, um festzustellen, ob das Problem durch die Firewall verursacht wird, besteht darin, die Debug-Option zu nutzen, die im Trace-Tool eingebaut ist. Um auf dem Client das Tracen zu aktivieren, fügen Sie die folgenden Zeilen in die Datei sqlnet.ora ein:

```
TRACE_LEVEL_CLIENT = SUPPORT
TRACE_FILE_CLIENT = client.trc
TRACE_FILE_CLIENT = ORACLE_HOME/network/trace
```

Dadurch werden auf der Client-Seite Details der Verbindung in der Datei client.trc im Verzeichnis ORACLE_HOME/network/trace protokolliert. Um die Aktivitäten des Listener-Dienstes namens LISTENER zu dokumentieren, fügen Sie die folgenden Zeilen in die Datei listener.ora ein:

```
TRACE_LEVEL_LISTENER = SUPPORT
TRACE_FILE_LISTENER = listener.trc
TRACE_FILE_LISTENER = ORACLE_HOME/network/trace
```

Damit werden Details des Listener-Dienstes in die Datei listener.trc im Verzeichnis ORACLE_HOME/network/trace eingetragen. Beachten Sie, dass Sie nach Abschluss aller Untersuchungen die Trace-Ausgabe entfernen und das Tracing deaktivieren sollten, indem Sie die Zeilen aus den Konfigurationsdateien entfernen. Das Tracing sollte nicht länger als notwendig aktiviert sein, da große Mengen an Plattenplatz verbraucht werden und sich die Performance durch die zusätzlichen Speichervorgänge verschlechtert.

Im Folgenden der Eintrag in der Trace-Datei des Listeners, die zeigt, wie der Server eine Port-Umleitung an den Client schickt.

```
nspsend: 65 bytes to transportnspsend: packet dumpnspsend: 00 41 00 00
05 00 00 00 |.A......|
nspsend: 00 37 28 41 44 44 52 45 |.7(ADDRE|
nspsend: 53 53 3D 28 50 52 4F 54 |SS=(PROT|
nspsend: 4F 43 4F 4C 3D 74 63 70 |OCOL=tcp|
nspsend: 29 28 48 4F 53 54 3D 31 |)(HOST=1|
nspsend: 39 32 2E 31 36 38 2E 31 |92.168.1|
nspsend: 2E 31 30 31 29 28 50 4F |.101)(PO|
nspsend: 52 54 3D 33 36 39 33 29 |RT=3693)|
nspsend: 29 00 00 00 00 00 00 00 |).......|
nspsend: normal exit
```

Wenn die Umleitung erfolgreich ist, erscheinen auf der Client-Seite die folgenden Einträge:

```
nscall: connecting...
nsc2addr: entry
nttbnd2addr: entry
nttbnd2addr: port resolved to 3693
nttbnd2addr: using host IP address: 192.168.1.101
nttbnd2addr: exit
nsc2addr: normal exit
```

Wenn Sie andere Mitteilungen als die hier gezeigten sehen, wurde wahrscheinlich die Port-Umleitung durch eine Firewall verhindert. Sie können dieses Problem auf verschiedenen Wegen lösen:

- Einen Firewall-Proxy nutzen.
- Den Connection Manager verwenden.
- Die Option USE_SHARED_SOCKET verwenden.
- Die Datenbank so umkonfigurieren, dass keine Port-Umleitung vorgenommen wird.

Manche dieser Lösungen sind praktikabler als andere. Anschließend stellen wir jede im Detail vor.

13.2.3 Firewall Proxies

Die erste Lösung, die Sie in Erwägung ziehen sollten, ist die Verwendung eines SQL*Net/Net8-Proxys, wenn er von Ihrem Firewall-Hersteller angeboten wird. Wenn Sie SQL*Net/Net8-Verkehr über Ihre Firewall leiten müssen, ist die Nutzung eines Firewall-Proxys die sicherste und einfachste Lösung, daher ist dies auch unsere Empfehlung. Die meisten der großen Firewall-Hersteller bieten auf unterschiedlichem Niveau Unterstützung an für das Durchleiten von Oracle-Daten durch eine Firewall. Die Frage ist eher, wie gut und in welchem Umfang die Unterstützung tatsächlich gelingt.

Einer der ersten Hersteller, der Filtermöglichkeiten für SQL*Net in den späten 90ern anbot, war CheckPoint mit seiner Firewall-1. Die erste Version von Firewall-1 bot beschränkte Filtermöglichkeiten für SQL*Net. Um die Hersteller von Firewalls zu unterstützen, hat Oracle in jüngerer Zeit einen Applikationsproxy entwickelt, der von den Herstellern in die bestehenden Firewalls integriert werden kann. Oracles Applikationsproxy wurde dazu entworfen, SQL*Net-Verkehr zuzulassen, ohne ein allzu großes Sicherheitsloch aufzureißen. Der Sourcecode wurde dann von Oracle an die Hersteller lizensiert, ebenso wie Teile von SQL*Net und des Oracle-Kernels.

Basierend auf den Informationen von Oracle nehmen folgende Hersteller an diesem Programm teil:

- Check Point Software Technologies
- Digital Equipment Corporation
- SunSoft, Inc.
- Trusted Information Systems, Inc.
- IBM
- Sterling Software
- Milkyway Networks
- ANS
- Pilot Networks
- HS-CK
- Secure Computing
- Silicon Graphics, Inc.
- Hewlett Packard

Natürlich kann sich bis zur Drucklegung der Status einiger dieser Hersteller geändert haben, deshalb empfehlen wir Ihnen, sich direkt mit dem Hersteller in Verbindung zu setzen, um sich über dessen neueste Updates und Supportmöglichkeiten für das Oracle-Protokoll zu informieren.

Sie müssen verstehen, dass die Oracle Corporation den Code eines Applikationsproxys erst anpassen muss, wenn er auf einem Betriebssystem laufen soll, auf dem auch die Firewall läuft. Damit zum Beispiel eine Firewall unter Windows NT auch den Applikationsproxy von Oracle unterstützt, muss Oracle den Proxy in einer Portierung für Windows NT zur Verfügung stellen. Natürlich wird Windows NT schon unterstützt. Das Umschreiben von Software, damit sie auf einer anderen Plattform läuft, wird als

„Portieren“ bezeichnet, was nicht mit einem Netzwerk-Port zu verwechseln ist, der Teil der Komponenten eines Sockets ist.

Die aktuell unterstützten Plattformen sind

- Windows NT
- DEC Unix
- Solaris
- Sun OS
- AIX

Auf eine weitere Plattform soll hier besonders hingewiesen werden: BSD. Dies ist für die meisten Hersteller von Firewalls die Plattform ihrer Wahl. Leider macht Oracle keine Anstalten, den Applikationsproxy auf BSD zu portieren. Der Grund, warum Oracle BSD nicht unterstützt, liegt darin, dass sonst ein Großteil der SQL*Net- und RDBMS-Software nach BSD portiert werden müsste, was eine ziemlich umfangreiche und kostspielige Aktion wäre. Wenn Ihre Firewall BSD als Betriebssystem nutzt, müssen Sie andere Möglichkeiten in Betracht ziehen, um den Oracle-Verkehr zu ermöglichen.

Die folgenden Firewalls unterstützen das SQL*Net-Proxying. Die Liste ist nicht vollständig, so dass Sie sich durchaus mit Ihrem Hersteller in Verbindung setzen sollten, wenn er hier nicht aufgeführt ist.

- CheckPoint, Firewall-1
- Network Associates, Gauntlet Firewall
- Symantec, Raptor
- Secure Computing, SecureZone
- Secure Computing, Sidewinder Security Server
- Secure Computing, Secure Computing Firewall for NT

13.2.4 Listener-Dienst

Wie wir schon kurz erwähnten, verbindet sich ein Client zunächst mit dem Listener-Dienst, bevor die Verbindung an die Datenbank weitergegeben wird. Der Listener-Dienst ist eine weitere Komponente der Datenbank, die Sie sichern müssen. Die Sicherheits-Features des Listeners, wie Kennwörter und Audit-Möglichkeiten, sind von der Datenbank völlig unabhängig, so dass auch bei einer gesicherten Datenbank der Listener ungesichert sein kann. Um dies nochmals zu verdeutlichen, wollen wir an einem Beispiel zeigen, wie der Listener-Controller genutzt werden kann, um auf einen entfernten Listener-Prozess zuzugreifen.

In unserer lokalen Datei listener.ora fügen Sie mit dem folgenden Eintrag einen neuen Listener hinzu:

```
LISTENER_TO_HACK =
  (DESCRIPTION_LIST =
    (DESCRIPTION =
      (ADDRESS = (PROTOCOL = TCP)(HOST = secretdata)(PORT = 1521))
    )
  )
SID_LIST_LISTENER_TO_HACK =
  (SID_LIST =
    (SID_DESC =
      (SID_NAME = ORCL)
    )
  )
```

Die Einträge fügen eine Referenz auf einen entfernten Listener hinzu. Auf Ihrer lokalen Maschine starten Sie nun den Listener-Controller, indem Sie lsnrctl.exe aufrufen und den Befehl **status** ausführen.

```
LSNRCTL> status LISTENER_TO_HACK
Connecting to
(DESCRIPTION=(ADDRESS=(PROTOCOL=TCP)(HOST=secretdata)(PORT=1521)))
STATUS of the LISTENER
------------
Alias                     LISTENER_TO_HACK
Version                  TNSLSNR for 32-bit Windows: Version 8.1.7.0.0
- Production
Start Date                02-MAY-2001 16:04:27
Uptime                    0 days 4 hr. 4 min. 17 sec
Trace Level               off
Security                  OFF
SNMP                      OFF
Listener Parameter File   c:\OraNT8i\network\admin\listener.ora
Listener Log File         c:\OraNT8i\network\log\listener.log
Services Summary...
ORCL                has 1 service handler(s)
The command completed successfully
```

Es gibt zwei Punkte, auf die wir im eben ausgeführten Befehl hinweisen wollen. Zum einen ist keine Authentifizierung notwendig. Dies gilt für alle Befehle, einschließlich

- Version
- Status
- Dbsnmp_status

Zum anderen ist der Sicherheitsparameter auf "OFF" gesetzt. Da für den Listener-Dienst kein Kennwort aktiviert wurde, können andere, deutlich mächtigere Befehle von einem anonymen Benutzer potenziell verwendet werden. Standardmäßig wird dem Listener-Dienst kein Kennwort zugewiesen, und auf verschiedenen Oracle-Plattformen, wie zum Beispiel Linux, ist das Setzen eines Kennworts für ihn zudem ziemlich trickreich, da es Fehler im Listener Controller-Programm gibt.

Ein anonymer Benutzer kann die Statusinformationen des Listeners nutzen, um Informationen über den Server zu sammeln, wie zum Beispiel die Versionsnummer. Wenn aber kein Kennwort gesetzt wurde, kann ein anonymer Benutzer verschiedene Angriffe durchführen. Ein Beispiel für einen potenziellen Hack ist das Ändern der Datei, in die die Protokolldaten geschrieben werden. Das Umleiten der Protokolldatei kann genutzt werden, um andere Dateien zu zerstören, indem sie mit den Protokollinformationen des Listeners überschrieben werden. Zudem kann man auch in den Server eindringen. Auf diesem Weg können Sie sich eventuell auch eine Datei .rhost auf einem Unix-System anlegen, mit der Sie sich an der Maschine ohne weitere Authentifizierung einloggen können.

Unnötig zu erwähnen, dass Sie sofort ein Kennwort für den Listener-Dienst setzen sollten. Dazu fügen Sie der Datei listener.ora die folgende Zeile hinzu:

```
PASSWORDS_LISTENER = (hard2$guess)
```

Angriffe auf den Listener sind dann möglich, wenn Sie direkte Verbindungen mit Oracle durch eine Firewall zulassen. Wenn Sie einen Web-Server nutzen, der die Daten für externe Benutzer sichtbar macht, werden direkte Angriffe deutlich schwieriger.

13.2.5 Connection Manager

Eine alternative Lösung zum Durchleiten des TNS-Protokolls durch eine Firewall ist die Verwendung des Oracle Connection Managers (CMAN). Dieser ist ein Ersatz für das MultiProtocol Interchange (MPI) in Oracle7. Das MPI bot einen Mechanismus zum Verbinden von Clients und Servern über SPX, indem die Verbindung über das MPI geleitet wurde. Damit konnte natürlich auch eine Verbindung durch eine Firewall aufgebaut werden.

Wie wird nun der CMAN genutzt, um eine Verbindung durch eine Firewall zu leiten? Der Connection Manager erreicht dies, indem er sich als ein MPI ausgibt, das im internen Netzwerk hinter der Firewall positioniert ist. Wenn die Verbindung durch die Firewall geleitet wurde, wird sie mit der Oracle-Datenbank über einen festen Port verbunden. Der Connection Manager verbindet sich dann mit der Datenbank als Benutzer und kümmert sich um die Port-Umleitung. Diese erfolgt hinter der Firewall, so dass die dynamische Verwendung von Ports oberhalb von 1024 kein Problem mehr darstellt. Zwischen dem Communication Manager und dem Client wird der gleiche Port für die gesamte Kommunikation genutzt. Dieser Port ist normalerweise 1610, aber da Sie den Connection Manager verwenden, um die Verbindungen durch die Firewall zu leiten, müssen Sie auf diesem Server keinen Listener laufen lassen und können auch den Standardport 1521 des Listeners nutzen. Der Connection Manager dient nicht als Datenbank, sondern nur als Zwischenhändler für den Client und die Datenbank, deshalb sollte auf dem Server kein Listener laufen.

Der CMAN erreicht dies, indem er Sitzungen vervielfacht und sie bei einem Transport zum Ziel befördert. Abbildung 13-5 zeigt, wie der Connection Manager mehrere Sitzungen verwaltet.

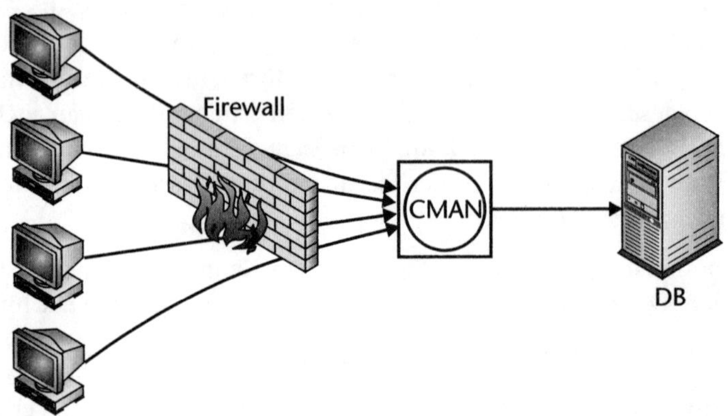

Abbildung 13-5: Verwenden des Connection Managers hinter einer Firewall

Konfigurierung des CMAN

Um den CMAN nutzen zu können, müssen Sie die Oracle Enterprise Edition erwerben, die deutlich teurer als die Standardversion von Oracle ist. CMAN ist allerdings auch abwärtskompatibel zu SQL*Net v2. Er wird konfiguriert, indem man die Datei CMAN.ORA bearbeitet. Das Format dieser Datei ähnelt dem der anderen Konfigurationsdateien, wie listener.ora. Die Datei befindet sich im Verzeichnis $ORACLE_HOME/network/admin. Sie wird standardmäßig erstellt, wenn der Connection Manager installiert ist.

Die globalen Parameter für CMAN werden gesetzt, indem die folgenden Zeilen der Datei CMAN.ORA hinzugefügt werden:

```
cman_profile = (parameter_list=
                    (MAXIMUM_RELAYS=2000)
                    (LOG_LEVEL=1)
                    (SHOW_TNS_INFO=yes)
                    (AUTHENTICATION_LEVEL=0)
               )
```

Die Liste der möglichen Parameter ist in Tabelle 13-1 aufgeführt.

Tabelle 13-1: Globale Parameter des Connection Managers

Parameter	Standardwert	Beschreibung
ANSWER_TIMEOUT	0	Ermöglicht ein Timeout von Verbindungen zum CMAN
MAXIMUM_CONNECT_DATA	1024	Maximale Größe von akzeptierten Verbindungsdaten
AUTHENTICATION_LEVEL	0	Zulassen von Secure Services (ANO)
USE_ASYNC_CALL	Yes	Verwenden von asynchronen Funktionen
SHOW_TNS_INFO	No	TNS-Ereignisse im Protokoll aufzeichnen
RELAY_STATISTICS	No	I/O-Statistiken aufzeichnen
TRACING	No	Verbindungen tracen
LOG_LEVEL	0	Protokoll-Stufe
MAXIMUM_RELAYS	8	Maximale Anzahl gleichzeitiger Verbindungen

Leider ist der Prozess für den Client nicht komplett transparent. In der Datei tnsnames.ora des Clients müssen Sie die Datenbank, mit der er sich verbinden soll, wie folgt angeben:

```
#TNSNAMES.ORA
ORACLE =
   (DESCRIPTION =
    (ADDRESS_LIST =
       (ADDRESS = (PROTOCOL = TCP)(HOST = FIREWALL)(PORT = 1610))
       (ADDRESS = (PROTOCOL = TCP)(HOST = WEBDATABASE)(PORT = 1521))
    )
    (CONNECT_DATA =
      (SID = ORCL)
    )
    (SOURCE_ROUTE = YES)
    )
```

Auch hier wollen wir auf zwei Punkte hinweisen: die zweite Adresszeile und die Zeile mit dem Parameter SOURCE_ROUTE. Diese Zeilen teilen der Client-Software mit, sich über Port 1610 mit dem Host FIREWALL zu verbinden und dann anzufordern, dass der CMAN die Pakete an Port 1521 des Hosts WEBDATABASE weiterleitet.

Der CMAN-Prozess wird durch ein Tool kontrolliert, das dem Listener Controller ähnelt. Das Tool für den CMAN heißt CMCTL.EXE und nimmt Befehle wie **start**, **stop** und **help** an.

Wie überall gibt es auch hier Nachteile, die man in Kauf nehmen muss, wenn man sich entschließt, diese Technologie anzuwenden. Ein Problem beim CMAN ist, dass Sie nun neben der ACL für die Firewall auch eine ACL für den CMAN pflegen müssen, da der Client sonst jeden Port und Host-Namen erreichen kann, den die Source-Route zulässt. Zudem ist der CMAN bei weitem nicht so stabil und hat keinen solch großen Funktionsumfang wie eine echte Firewall, wenn es darum geht, Angriffen standzuhalten. Daher besteht durchaus ein Risiko, dass der CMAN selbst angegriffen wird.

Ein anderes Problem beim CMAN ist die Performance. Durch ihn entsteht ein Engpass, den alle Daten passieren müssen. Wenn die Anzahl der Verbindungen klein ist, werden Sie vermutlich keine signifikante Performanceverschlechterung sehen, aber bei steigender Nutzerzahl führt das Durchschleusen aller Verbindungen durch einen einzelnen Prozess zu einigen Verzögerungen. Auch wenn der CMAN keine perfekte Lösung ist, bietet er doch einen nützlichen Workaround, falls Sie Probleme mit anderen Lösungen haben.

13.2.6 Port-Umleitung verhindern

Eine andere Möglichkeit, um das Problem der Port-Umleitung zu lösen, ist, Oracle davon abzuhalten, Ports umzuleiten. Es gibt dazu verschiedene Möglichkeiten, die von der von Ihnen genutzten Plattform abhängen. Manchmal ist es nicht möglich, Oracle von der Port-Umleitung abzuhalten, und meistens ist dieser Weg nicht der beste.

Unter Windows NT und Windows 2000 gibt es die Möglichkeit, den Wert USE_SHARED_SOCKET in der Registry auf TRUE zu setzen. Dieser Wert sollte im Schlüssel HKEY_LOCAL_MACHINE\Software\Oracle erstellt werden und erfordert einen Neustart des Listeners und der Datenbank, um wirksam zu werden. Der Parameter USE_SHARED_SOCKET wurde neu in Oracle8 hinzugefügt und führt dazu, dass der Port von allen Verbindungen zur Datenbank und dem Listener-Dienst gemeinsam genutzt wird. Ein Nebeneffekt von USE_SHARED_SOCKET ist, dass alle Verbindungen vom Listener-Dienst abhängig werden. Wenn dieser gestoppt wird oder einen Fehler hat, werden sofort alle Verbindungen abgebrochen. Mit der Port- umleitung sind aufgebaute Verbindungen nicht vom Verlust des Listener-Diensts betroffen.

Auf einem Unix-Server können Sie die Port-Umleitung unterdrücken, indem Sie die Datenbank so umkonfigurieren, dass der Multithreaded Server (MTS)-Modus nicht genutzt wird. In den älteren Versionen erstellte Oracle für jede Verbindung zur Datenbank einen neuen Prozess. Diese dedizierten Verbindungen führten zu einer optimalen Performance für einen einzelnen Client mit hohem Durchsatz, bei einer großen Zahl gleichzeitiger Verbindungen brach die Leistung aber ein. In neueren Versionen fügte Oracle das MTS-Feature hinzu, das stattdessen einen Thread für jede Verbindung anlegt. Ein Thread nutzt nur einen Bruchteil des Speichers, den ein Prozess benötigt, so dass diese Lösung deutlich skalierbarer und weniger ressourcenintensiv ist.

Eine andere Lösung ist, den MTS so anzupassen, dass er Verbindungen an einen bestimmten Port weiterleitet. Sie konfigurieren die Umleitung, indem Sie Ihrer Datei init.ora die folgenden Einträge hinzufügen:

```
mts_dispatchers="(address=(protocol=tcp)(host=hostname)
                  (port=2450))(dispatchers=1)"
mts_dispatchers="(address=(protocol=tcp)(host=hostname)
                  (port=3125))(dispatchers=1)"
```

In diesem Beispiel zwingen die Einträge den Listener dazu, die Verbindungen an die angegebenen Ports 2450 und 3125 umzuleiten statt zufällige Ports zu nutzen. Natürlich müssen Sie die Firewall so anpassen, dass sie den Verkehr auf den Ports 2450 und 3125 zulässt.

Eine andere Möglichkeit, die Port-Umleitung zu verhindern, wenn man mit einem MTS verbunden ist, ist die Verwendung der Option SERVER=DEDICATED auf der Client-Seite. Setzen Sie den Parameter SERVER in der Datei tnsnames.ora auf dem Client wie im folgenden Beispiel:

```
PARTNERS.world =
  (DESCRIPTION =
    (ADDRESS_LIST =
      (ADDRESS = (PROTOCOL = TCP)(HOST = 192.168.1.199)(PORT = 1521))
    )
    (CONNECT_DATA =
      (SID = ora817)
      (SERVER = DEDICATED)
    )
  )
```

Der Parameter DEDICATED sorgt dafür, dass der Listener statt eines Threads einen neuen Prozess startet. Dieses Feature wurde zur Verfügung gestellt, um die Performance für Clients zu steigern, die wissen, dass sie ihre Arbeit am schnellsten mit einem dedizierten Prozess erledigen können. Als Nebeneffekt kann dieses Features dazu genutzt werden, die Port-Umleitung zu verhindern. Natürlich wächst auch der Speicherbedarf der Datenbank, wenn viele Clients diese Option verwenden.

Sicherheit des Apache HTTP-Servers

Apache steht sowohl für ein Wortspiel (A PatCHy – basierend auf bestehendem Code und einer Reihe von Patches wie in „A patchy" code base) als auch für einen Indianerstamm in Nordamerika. Apache ist ein HTTP (HyperText Transfer Protocol)-Web-Server. Die Oracle Corporation hat ihn als HTTP-Server für ihren Applikations-Server adaptiert. Der Apache HTTP-Server ist Freeware und wird, laut einer Web-Server-Umfrage von Netcraft im Februar 2001, zurzeit von über 60% aller Web-Sites im Internet genutzt. Apache wird häufiger genutzt als alle anderen verfügbaren Web-Server zusammen. Das Ziel der Apache Software Foundation ist es, laut ihrer Dokumentation, die kontinuierliche Entwicklung eines sicheren, effizienten und erweiterbaren Servers als Open Source zu ermöglichen, um HTTP-Dienste zur Verfügung zu stellen, die mit den aktuellen HTTP-Standards konform sind.

Um zu erklären, wie Oracle einen HTTP-Server und Apache als Engine verwendet, erläutern wir zunächst, was ein Web-Server im Allgemeinen ist und wie er funktioniert. Nachdem wir die Grundlagen behandelt haben, untersuchen wir Oracles Umsetzung und betrachten die Sicherheits-Features, Möglichkeiten und Beschränkungen.

14.1 Über Web-Server

Das ursprüngliche Angebot an Web-Servern war begrenzt und rudimentär. Ihre Hauptaufgabe bestand darin, einfache HTML-Dokumente und Bilder zur Verfügung zu stellen. Heutzutage können Web-Server wesentlich mehr. Internet-Nutzer gehen vielleicht davon aus, dass man sich für eine erfolgreiche Web-Site vor allem auf Inhalt, Features und Funktionalität konzentrieren muss. Es ist aber auch sehr wichtig, den richtigen Server auszuwählen, und seine Leistungsfähigkeit und Grenzen zu kennen.

Betrachten wir einige Aspekte zu Web-Servern und dem Arbeitsablauf, dem ein Web-Server folgt, wenn er Client (Web-Browser)-Anfragen beantwortet, näher.

14.1.1 Aufgaben des Web-Servers

Web-Server erledigen viele verschiedene Aufgaben mit einem bestimmten Satz von Zielen im Hintergrund. Eine Aufgabe besteht darin, Netzwerkverbindungen von einem Browser anzunehmen. Ein Web-Server soll Inhalte von einer Betriebssystem-Festplatte zur Verfügung stellen oder ein CGI-Programm starten. Nachdem der Web-Server die Ergebnisse seiner Nachforschungen erhalten hat, müssen diese an den anfragenden Browser zurückgegeben werden. Und selbstverständlich muss ein Web-Server all diese Aufgaben so schnell wie möglich erledigen.

Diese Ziele sind teilweise sehr gegensätzlich und nicht leicht zu erreichen. Wenn die Web-Site sehr einfach ist, können die Seiten schnell zur Verfügung gestellt werden und jeder ist zufrieden. Wird die Web-Site aber komplexer, nimmt mit den Aufgaben auch die erforderliche Zeitspanne signifikant zu, die ein Web-Server benötigt, um an jeden Browser die angeforderten Seiten zu liefern. Wenn es sich um viele Bilder handelt oder ein CGI-Skript lange braucht, um den Inhalt zu erstellen, kann das Herunterladen lange dauern, und weitere Browser-Anfragen laufen auf. In dieser Situation müsste der Web-Server umgestaltet werden, damit mehr Benutzer schneller bedient werden können. Um zu verhindern, dass Web-Server bei umfangreichen Abfragen blockiert werden, sind sie so entworfen, dass sie die Vorteile von Multithreading oder Multiprocessing nutzen können, damit viele Anfragen gleichzeitig behandelt werden können. Betrachten wir nun, wie ein Web-Server seine Aufgaben erledigt.

Statische versus dynamische Web-Seiten

Zunächst einmal stellt ein Web-Server einem Web-Browser statischen Inhalt zur Verfügung. Angenommen, Sie möchten sich den Inhalt einer Web-Site anschauen, deren Adresse oder Link wie folgt lautet:

```
http://www.mywebpage.com/index.html
```

Der Web-Server nimmt Ihre Anfrage nach der Web-Site auf und bildet den Uniform Resource Locator (URL) auf eine lokale Datei auf dem Host-Server ab. In diesem Fall handelt es sich um die Datei index.html, die irgendwo auf dem Dateisystem des Hosts abgelegt ist. Der erste Teil des URLs, www.mywebpage.com, kann in eine IP (Internet Protokoll)-Adresse eines Rechners umgewandelt werden, der mit dem Internet verbunden ist. Der Web-Server holt sich das angeforderte Dokument von seinem Dateisystem. Dann liefert er die Daten des Dokuments an den Web-Browser des Benutzers aus. Das Protokoll, das Server und Browser verwenden, um miteinander zu kommunizieren, wird als Hypertext Transfer Protocol (HTTP) bezeichnet. Abbildung 14-1 zeigt die erforderlichen Schritte, die es einem Client ermöglichen, eine Webseite einzusehen.

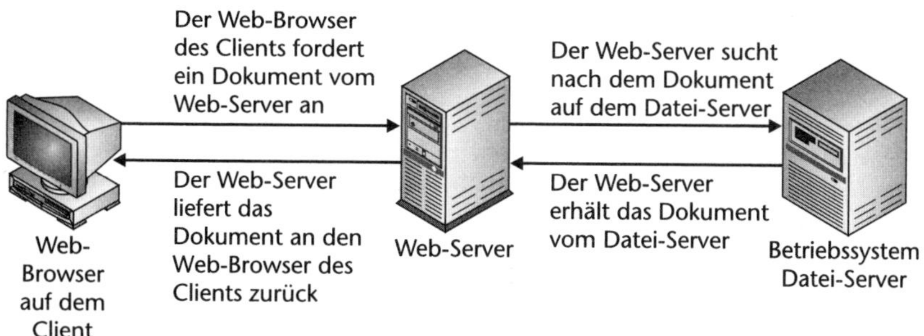

Abbildung 14-1: Schritte zur Anzeige einer statischen Webseite

In der Abbildung sieht es für Sie vielleicht so aus, als befänden sich der Web-Server und die Dateien an unterschiedlichen Stellen. Tatsächlich befinden sich der Web-Server und seine Dokumente normalerweise auf der gleichen lokalen Maschine.

Ursprünglich wurden einem Web-Browser statische Seiten, die in der HyperText Markup Language (HTML) geschrieben wurden, und Bilddateien über das Internet zugestellt. Im Lauf der Zeit nahm die Komplexität des möglichen Datenaustauschs zwischen Web-Browser und Web-Server zu. Neue Sprachen wurden erstellt, um eine dynamische Präsentation von Daten und Bildern zu ermöglichen.

Statt nun den Inhalt derselben statischen Seite zu liefern, um jede Browser-Anfrage zu beantworten, ermöglichen aktuelle Technologien, dynamische Seiten aufzubauen, die entsprechend der Identität des Benutzers und seiner vorherigen Anfragen ausgegeben werden. Angenommen, Sie kaufen über das Internet ein Buch über Stricken, um Ihrer Lieblingstante ein Geschenk zu machen. Jedesmal, wenn Sie diese Web-Site wieder besuchen, wird man Ihnen wahrscheinlich Bücher über Nadeln und Handarbeiten vorstellen, um Sie zu einem weiteren Kauf anzuregen. Musik- und Film-Sites bieten Ihnen etwas in dem Musikstil an, den Sie schon einmal gekauft haben. Der am häufigsten genutzte Standard, um anpassbare dynamische Seiten zu erstellen, ist das Common Gateway Interface (CGI), das definiert, wie der Web-Server Programme lokal ausführen und das Ergebnis an den Web-Browser weiterleiten soll. Da CGI eine Protokoll-Erweiterung des Web-Servers ist, muss der Browser nicht wissen, dass der Seiteninhalt dynamisch generiert wird. Mit der Implementierung von CGI-Code wird der Austausch zwischen Web-Browser und Web-Server nahezu angeglichen, es sei denn dem CGI-Skript wurden zusätzliche Parameter mitgegeben. Abbildung 14-2 zeigt die Schritte, die bei der Anfrage einer dynamischen Webseite durchgeführt werden.

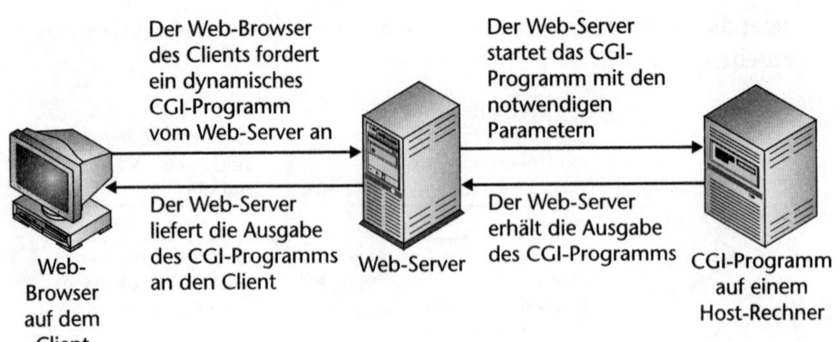

Abbildung 14-2: Schritte zur Anzeige einer dynamischen CGI-Webseite

Wie Sie in Abbildung 14-2 sehen können, fordert der Client über den Web-Browser Inhalt an, für den ein CGI-Skript ausgeführt werden muss. Der Web-Server startet das entsprechende CGI-Skript und übernimmt dessen Ausgabe. Es kann sein, dass der Web-Server dem Skript notwendige Parameter mitteilen muss, damit es erfolgreich ausgeführt werden kann. Der Web-Server übernimmt dann die Ausgabe des CGI-Programms und leitet es an den Web-Browser weiter, damit dieser es auf dem Client anzeigen kann.

Als mehr und mehr Leute sich mit dem Internet zu verbinden begannen und die verschiedenen Web-Sites ansteuerten, aus denen das World Wide Web besteht, erkannten die Händler, dass eine riesige potenzielle Kundenbasis darauf wartete, erschlossen zu werden. Als die ersten Firmen begannen, Produkte über das Internet anzubieten, zögerten die Leute zunächst, aus Angst vor dem Diebstahl von Kreditkartendaten. In der Realität ist die Chance, dass Ihre Kreditkartennummer während einer Transaktion ausgespäht wird, sehr gering. Was reduziert die Wahrscheinlichkeit eines Diebstahls? Ein Protokoll, das eine sichere Kommunikation zwischen einem Web-Browser und dem Server ermöglicht. Das entwickelte Protokoll wurde Secure Sockets Layer (SSL) benannt. Wenn Sie sich mit einem Web-Server verbinden, setzen Sie dem URL typischerweise die Buchstaben HTTPS voran, wenn Sie das SSL-Protokoll nutzen wollen. Client und Server können SSL verwenden, um miteinander sensible Daten über ein potenziell unsicheres Netzwerk auszutauschen.

Wie man mit HTTP kommuniziert

Zu Beginn dieses Kapitels bezeichneten wir Apache als einen HTTP-Server. Was genau bedeutet das? Einfach formuliert ist HTTP das Protokoll, das einem Web-Server und einem Web-Browser die Kommunikation ermöglicht. Mit einer TCP-Verbindung werden Kontrollinformationen zwischen Server und Browser im Klartext ausgetauscht.

Lässt man den Browser völlig außer Acht, können Sie sehen, wie die Befehle arbeiten, indem Sie eine Telnet-Sitzung nutzen, um eine Datei Ihres Interesses von einer Maschine auf die andere zu befördern. Schauen Sie sich das folgende Beispiel an:

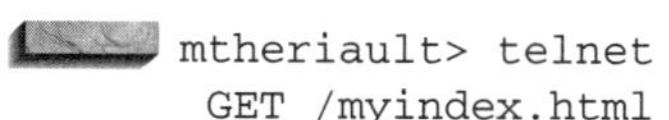

```
mtheriault> telnet myfakesite 80
 GET /myindex.html HTTP/1.0
```

In diesem Beispiel haben wir einen Verbindungsstring verwendet, um eine Web-Site zu täuschen, damit Sie die Syntax sehen können und ein Beispiel für einen Befehl erhalten, der das HTTP-Protokoll bezeichnet. Der Wert 80 ist der Standardport, den die meisten Web-Listener nutzen, um Verbindungsanfragen zu erhalten. Wenn www.myfakesite eine echte Adresse wäre, würde der Befehl **get** die Datei myindex.html mit dem HTTP-Protokoll Version 1.0 zurückliefern. Als dieses Buch entstand, war die aktuelle HTTP-Version 1.1. Sobald das Dokument komplett übertragen wurde, wird die Verbindung geschlossen.

Der entscheidende Unterschied zwischen den HTTP-Versionen 1.0 und 1.1 ist ein Feature, das als *persistente Verbindungen* (*Persistant Connections*) bekannt ist. Stellen Sie sich die Zusammenstellung einer Webseite vor. Die zu Grunde liegende HTML-Seite, manchmal auch als *Frame* bezeichnet, besteht aus HTML-Befehlen im Klartext. Die Befehle verweisen häufig auf Bilder, die eventuell aufgeteilt sind, um einen Format-Rahmen für den Rest der Seite zur Verfügung zu stellen. In HTTP Version 1.0 benötigte jedes Objekt, das der Browser anforderte, eine eigene Verbindung zum Web-Server. Damit konnte es passieren, dass ein Browser zum Herunterladen einer einzelnen Webseite eine große Zahl individueller Verbindungen zum Web-Server aufbauen musste. Multiplizieren Sie die Anzahl der benötigten Verbindungen mit der Anzahl der Benutzer, die versuchen, dieselbe Webseite herunterzuladen, und Sie können sich vorstellen, welch riesige Menge an Verbindungen nötig werden und wie viel Netzwerkverkehr entstehen könnte. Stellen Sie sich die Ressourceneinsparungen vor, wenn Sie nur eine TCP-Verbindung öffnen müssen, um die HTML-Seite und jedes der Bilder herunterzuladen. HTTP Version 1.1 unterstützt diese Form der einzelnen Verbindung und sorgt damit für eine immense Reduktion der nötigen Netzwerkressourcen.

Sie haben nun den Web-Server als ein HTTP-Kommunikationsprotokoll kennen gelernt. Betrachten wir nun eine andere Funktion des Web-Servers – als Inhalts-Server.

Inhalt bereitstellen

Nachdem wir nun gesehen haben, wie ein Web-Server seine Verbindungen verwaltet, untersuchen wir, welche Aktionen er durchführen muss, um Inhalte bereitzustellen. Der Inhalt, den ein Web-Server einem Browser präsentiert, muss in einer Form vorliegen, die der Web-Server korrekt herunterladen und anzeigen kann. Jedes Dokument, mit dem ein Web-Server interagiert, besitzt einen Header mit Informationen, die dem Web-Server mitteilen, welcher Dokumententyp gesendet wurde. Der Header wird in Multipurpose Internet Mail Extension (MIME)-Typen geschrieben.

Es werden mehr als 370 MIME-Typen mit einem Apache Web-Server in der MIME-Typen-Konfigurationsdatei ausgeliefert, und es sind weltweit noch weitaus mehr MIME-Typen verfügbar. Die MIME-Typen sind in der Apache-Konfigurationsdatei abgelegt, auf die wir im Verlauf dieses Kapitels noch eingehen werden. Jeder MIME-Typ unterscheidet sich durch eine Typ/Subtyp-Syntax, mit der eine Dateiendung verbunden ist. Es gibt viele verschiedene Apache-Konfigurationsdateien im Verzeichnis Oracle9*i*AS, die MIME-Typen unterstützen. Betrachten wir einen kleinen Ausschnitt einer solchen Konfigurationsdatei, die sich im Verzeichnis Oracle\iSuites\Apache\Apache\conf\mime.types auf einem Windows NT-System befindet, auf dem Oracle9*i*AS Version 3.0.8 läuft, um zu sehen, wie manche MIME-Typen aussehen. Wir haben die Kommentare am Anfang der Datei mit angeführt, um Ihnen einen noch besseren Einblick in die Funktionsweise von MIME-Typen zu geben.

```
# This file controls what Internet media types are sent to the client for
# given file extension(s).  Sending the correct media type to the client
# is important so they know how to handle the content of the file.
# Extra types can either be added here or by using an AddType directive
# in your config files. For more information about Internet media types,
# please read RFC 2045, 2046, 2047, 2048, and 2077.
# The Internet media type registry is at
# <ftp://ftp.iana.org/in-notes/iana/assignments/media-types/>.

# MIME type                     Extension
application/EDI-Consent
application/EDI-X12
application/EDIFACT
application/activemessage
application/andrew-inset        ez
application/msword              doc
```

In diesem Ausschnitt können Sie MIME-Typen sehen, von denen nur zwei Dateiendungen besitzen. Wir haben diverse Einträge übersprungen, um Ihnen den Eintrag für msword zu zeigen, damit Sie eine ausführbare Applikation mit einer Erweiterung sehen, die allgemein bekannt ist. MIME-Typen können auch mit mehr als einer Endung verknüpft werden, wie zum Beispiel im folgenden Eintrag:

```
application/octet-stream    bin dms lha lzh exe class
```

Bei diesem Eintrag sehen Sie, dass Applikationen, die den Octet-Stream nutzen, eine der Dateiendungen bin, dms, lha, lzh, exe oder class nutzen. Daher würde eine Datei namens myapp.exe als ausführbarer Octet-Stream übertragen.

Anmerkungen zur Performance eines Web-Servers

Der Schwerpunkt dieses Kapitels liegt darauf, Ihnen das Verständnis von Oracles Umsetzung eines Web-Servers mit Apache HTTP zu erleichtern und Sie beim Erkennen der potenziellen Sicherheitsprobleme zu unterstützen, denen Sie in einer Web-Server-

Umgebung ausgesetzt sind. Um manche Sicherheitsprobleme verstehen zu können, müssen Sie einige der üblichen Ansätze für das Tuning der Web-Server-Leistung kennen lernen.

Da Web-Sites populär und gefragt sind, kann die Fähigkeit des Web-Servers, angeforderte Seiten effektiv und zügig bereitzustellen, stark gefordert sein. Es gibt viele verschiedene Faktoren, die verursachen können, dass ein Web-Server langsam wird. So kann zum Beispiel die Anforderung, ein bestimmtes CGI-Skript zur Verfügung zu stellen, einen Engpass im System erzeugen. Wenn das Web-Server-Programm so geschrieben wurde, dass nur eine Anfrage auf einmal bearbeitet wird statt mehrere Anfragen gleichzeitig, kann das die Performance beeinträchtigen.

Wenn nur ein CGI-Skript stark gefragt ist, bringt es auch nichts, dieses auf einen separaten Server auszulagern, um Engpässe zu vermeiden. In diesem Fall sollten Sie sich eher erwägen, mehrere Kopien Ihrer Web-Site auf verschiedenen Servern anzubieten, bei denen ein Domain Name Server (DNS) die Verbindungsanfragen auf die unterschiedlichen IP-Adressen der Server abbildet. Das Problem bei diesem Szenario ist, dass Sie nicht garantieren können, dass alle beteiligten Server die gleiche Anzahl an Verbindungsanfragen zur Verarbeitung erhalten. Wenn Daten auf dem Client gespeichert werden sollen, müssen die Informationen zwischen den Web-Servern der Site untereinander ausgetauscht werden, damit jeder Web-Server die Anfragen des Clients beantworten kann. Auch der halbwegs zeitgleiche Austausch von Daten zwischen sämtlichen Sites kann eine ausgesprochen aufwändige Programmieraufgabe werden.

Natürlich gibt es andere Lösungsmöglichkeiten. Sie können einen Lastenausgleich (Load Balancing) auf Betriebssystemebene mittels geeigneter Hard- und Software einrichten. Sie können Ihre Installation auf verschiedenen anderen Maschinen spiegeln, aber nur eine IP-Adresse bekannt geben. Jede HTTP-Anfrage, die Ihr System erreicht, wird von einem Rechner abgefangen und an einen der Server weitergeleitet, der die Web-Site verwaltet, wodurch automatisch die Auslastung verteilt wird. Zwar können Sie sowohl Software als auch Hardware einsetzen, um diese Art des Lastenausgleichs vorzunehmen, aber eine Hardware-Lösung ist im Allgemeinen die teurere und zugleich robustere Lösung.

Der Vorteil einer Hardware-Lösung gegenüber einer DNS-Lösung ist, dass die Hardware feststellen kann, ob einer der Web-Server den Pool verlassen hat, weil er heruntergefahren wurde oder der Server abgestürzt ist. Wenn das Fehlen eines Web-Servers entdeckt wird, kann die Hardware die Anfragen dynamisch an einen identischen Server innerhalb der Web-Server-Farm weiterleiten.

Potenziell ist der sicherere Ansatz, nur eine für die Außenwelt sichtbare IP-Adresse zu haben, da eine Denial-of-Service-Attacke nur die sichtbare IP-Adresse betrifft und sie deutlich länger braucht, um das System zu überlasten. Diese zusätzliche Zeit kann Ihnen oder Ihrem Systemadministrator helfen, das Problem zu entdecken und abzuwenden, bevor es echten Schaden anrichtet.

Ein anderes potenzielles Performance-Problem ist die Verwendung von SSL-verschlüsselten Transaktionen. Das Aufsetzen einer SSL-Verbindung kostet die CPU zusätzliche Leistung. Eine sehr schnelle CPU hilft Ihnen vielleicht bei diesem Problem, aber besser wäre es, eine SSL-Beschleunigungskarte zu kaufen, die Ihre SSL-Verschlüsselung beschleunigt. Ein Nebeneffekt einer solchen Karte ist, dass der SSL-Schlüssel für den Web-Server auf der Karte gespeichert werden kann. Sie können dann einen Dip-Schalter auf der Karte setzen, um den SSL-Schlüssel unerreichbar zu machen. Nachdem ein SSL-Schlüssel gesperrt wurde, kann ein Eindringling ihn nicht mehr stehlen, wenn die Web-Site gehackt wurde.

Sicherheit des Web-Servers

Wenn Sie sich damit befassen, Ihre Web-Site zu sichern, müssen Sie sich um zwei verschiedene Sicherheitsebenen kümmern. Zunächst müssen Sie dafür sorgen, dass der Datenstrom auf dem Weg vom Web-Server zum Client nicht von Dritten eingesehen oder verändert werden kann. Sie können das SSL-Protokoll zum Verschlüsseln der Informationen zwischen Web-Server und Web-Browser und – bei Bedarf – auch für den Rückweg verwenden. Bedenken Sie allerdings, dass nicht alle Web-Server und Web-Browser SSL unterstützen. Außerdem müssen Sie sich über Authentifizierung und Autorisierung Gedanken machen, um sicherzustellen, dass nur gültige Benutzer Zugriff auf die Daten im Stream haben. Wenn Sie zum Beispiel eine Site einrichten, die E-Mail-Zugriff zulässt, müssen Sie sicherstellen, dass E-Mails, die für eine bestimmte Person gedacht sind, auch nur an diese Person gesendet und von ihr gelesen werden können. In diesem Fall reicht es nicht, einfach nur die zu sendenden Informationen zu verschlüsseln. Sie müssen auch sicherstellen, dass der Inhalt geschützt ist und nur an den Empfänger ausgeliefert wird, der sich korrekt identifiziert hat.

Um die Authentifizierung durchzuführen, sendet der Web-Server eine besonderen Header an den Web-Browser des Benutzers, um den Namen und das Kennwort anzufordern. Daraufhin präsentiert der Browser ein Anmeldefenster, in dem die erforderlichen Informationen eingegeben werden können. Nachdem der Benutzer authentifiziert wurde, kann der Web-Server den Zugriff abhängig von der Mitgliedschaft des Benutzers in Gruppen und den entsprechenden ACLs für Verzeichnisse und Dateien zulassen oder beschränken.

14.2 Oracles Apache-Implementierung

Oracle liefert den Apache HTTP-Server mit seiner Codebasis in Oracle8*i*, Release 3, aus. Der Server wird automatisch installiert und konfiguriert, damit er mit Oracle läuft, wenn Sie die Software installieren. Sie müssen keinerlei Konfigurationsparameter eingeben, da Oracle alles für Sie erledigt. In diesem Abschnitt wollen wir uns die von Oracle ausgelieferte Konfiguration anschauen, um Sie auf potenzielle Sicherheitsprobleme aufmerksam zu machen, die uns aufgefallen sind.

Bevor wir mit unseren Untersuchungen beginnen, wollen wir auf ein Problem hinweisen, auf das Sie unserer Meinung nach achten sollten. Wenn Sie irgendwelchen (Applikations-Server)-Code aus Oracle9*i*AS, wie Oracle Portal oder die Developer Suite, nutzen wollen, entsteht ein Code-Konflikt, da Oracle automatisch eine Version des Apache HTTP-Servers installiert, der mit einem automatischen Server-Startup konfiguriert ist, und die 9*i*AS-Software installiert ihren eigenen Apache-Server. Wenn beide Server versuchen, auf dem gleichen System zu starten, schlägt einer von ihnen fehl. Daher ist das richtige Vorgehen bei der Installation des Apache-Servers für Oracle9*i*AS, zunächst das normale Oracle-Release zu installieren und dann den automatischen Start des HTTP-Servers für diese Version entweder zu deaktivieren oder ganz zu entfernen. Wenn Sie dann die Oracle9*i*AS-Suite installieren, wird deren HTTP-Server installiert, konfiguriert und so eingerichtet, dass er automatisch (und erfolgreich) startet.

Beginnen wir nun mit der Untersuchung von Oracles Implementierung des Apache HTTP-Servers.

14.2.1 Installation und Konfiguration von Apache

Wenn Oracle seine Version des Apache HTTP-Servers installiert, wird der Code in %ORACLE_HOME%\Apache untergebracht. Für die normale Codebasis von Oracle gibt es zwei Verzeichnisse unterhalb dieses Ordners: Apache und Jserv. Ja, Sie erhalten tatsächlich eine Verzeichnisstruktur Apache\Apache. Wir fanden dies etwas verwirrend, als wir mit diesem Produkt zu arbeiten anfingen. Unterhalb des Verzeichnisses Apache\Apache gibt es drei Verzeichnisse: \conf speichert die Konfigurationsdateien, \htdocs die Dokumentation und \logs die Protokolldateien. Im Verzeichnis \conf gibt es eine allgemeine Konfigurationsdatei für die httpd-Anpassung und eine für die Oracle-spezifischen Werte. Sehen wir uns zunächst die httpd-Datei an.

Wenn Sie diese Konfigurationsdatei öffnen, gibt es eine Reihe von Kommentarzeilen (#) am Anfang der Datei, die Sie auf die Web-Site http://www.apache.org/docs/ verweisen, wo Sie umfangreichere Informationen über die Konfiguration von Apache erhalten. Der Kommentarabschnitt gibt auch an, dass es in der Datei drei verschiedene Abschnitte gibt, die unterschiedliche Angaben enthalten:

- Globale Direktiven, die den gesamten Apache-Serverprozess betreffen
- Standard- oder „Haupt"-Server-Direktiven, die sich auf Anfragen beziehen, die von keinem virtuellen Host beantwortet werden
- Einstellungen für virtuelle Hosts, die es ermöglichen, Anfragen an unterschiedliche IP-Adressen oder Host-Namen zu senden, dabei aber vom gleichen Server-Prozess verwaltet werden.

Es gibt keinen Hinweis darauf, dass die ersten Parameter global sind. Sie bemerken dies erst, wenn Sie in der Datei auf einen Hinweis stoßen, der „Section 2: 'Main' server configuration" lautet. Wandern wir einmal durch die ausgelieferte httpd-Konfigurationsdatei und sehen uns einige der Konfigurationsparameter mit ihren Einstellungen an. Wir werden uns nicht mit allen Parametern beschäftigen, aber versuchen, die unserer Meinung nach interessantesten und für die Sicherheit bedeutsamsten anzusprechen.

Globaler Abschnitt der httpd-Konfigurationsdatei

Sie haben zwei verschiedene Möglichkeiten, Dateistandorte in der Konfigurationsdatei anzugeben. Wenn Sie den vollständig qualifizierten Pfadnamen verwenden, wird der Server diesen nutzen. Wenn Sie nur den Dateinamen ohne Verzeichnisangabe nutzen – das heißt, ohne führenden Slash – wird der Wert aus ServerRoot vorangestellt. Wenn Sie also eine Datei als logs\mylog.log angeben und Ihr Wert für ServerRoot D:\Oracle\Ora817\Apache\Apache lautet, wird der Web-Server die Datei, in die die Protokolle geschrieben werden sollen, unter D:\Oracle\Ora817\Apache\Apache\logs\mylog.log anlegen. Ein hartkodierter Pfadname überschreibt das Standardverzeichnis. Der Wert ServerRoot wird in der httpd-Konfigurationsdatei gespeichert, so dass Sie das Verzeichnis ändern können, indem Sie den Wert dort anpassen. Wenn Sie Probleme beim Start Ihres HTTP-Serverprozesses haben, sollten Sie den Eintrag in dieser Datei überprüfen, um sicherzustellen, dass er für Ihre Umgebung korrekt angegeben ist.

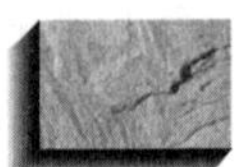

Anmerkung:
Wenn Sie den Eintrag ServerRoot in der httpd-Konfigurationsdatei ändern, dürfen Sie keinen Slash an das Eintragsende setzen.

Auf unserem Windows NT-System lautet der Wert für ServerRoot D:\Oracle\Ora817\Apache\Apache.

Es gibt zwei verfügbare Werte für ServerType: inetd und standalone. Inetd ist Unix-spezifisch, so dass Sie bei einem Windows-Betriebssystem den Wert von ServerType auf standalone setzen sollten. Das inetd-Modell unterstützt Multiprocessing über einen Dämon-Prozess, der die gesamte notwendige TCP/IP-Kommunikation regelt. Normalerweise lauscht ein Serverprozess auf TCP-Verbindungsanfragen und akzeptiert sie, wenn sie eingehen. Der Server muss dann entscheiden, ob er weitere konkurrierende Verbindungen abarbeitet oder neue stoppt, bis die aktuelle beantwortet und abgeschlossen wurde. Mit inetd kann der Dämon auf Anfragen über den HTTP-Port, normalerweise Port 80, lauschen und den Webprozess starten, wenn er eine Verbindunsanfrage erhält. Auf den meisten Unix-Rechnern ist inetd ein sehr stabiler Standardprozess, so dass die Administration von Rechner und Server vereinfacht wird. Da wir unseren HTTP-Server in einer Windows-Umgebung laufen lassen, steht unser ServerType auf standalone.

Wenn der Serverprozess startet, zeichnet er seine Prozess-ID in einer Datei auf. Der Standort dieser Datei wird durch den Parameter PidFile angegeben. Auf unserem System ist dessen Wert auf logs\httpd.pid gesetzt und der Inhalt der Datei besteht aus einem einzelnen Eintrag mit dem Wert 113.

Auf einem Windows-System erstellt der Apache immer einen Child-Prozess, um die Anfragen zu verwalten. Ein anderer Child-Prozess wird automatisch angelegt, wenn der erste Child-Prozess stirbt. Mehrere Threads werden innerhalb dieses Prozesses erstellt, um die eintreffenden Anfragen zu bearbeiten. Sie können das Verhalten der Threads und Prozesse beeinflussen, indem Sie die Parameter MaxRequestsPerChild und ThreadsPerChild anpassen. MaxRequestsPerChild legt die Anzahl der Anfragen fest, die ein Child-Prozess verarbeiten darf, bevor er stirbt. Das klingt merkwürdig, aber in der Praxis sollen Child-Prozesse nach einer gewissen Nutzung beendet werden, um zu vermeiden, dass Speicherlecks in Apache oder einer Bibliothek entstehen oder sonstige Ressourcen verbraucht werden. Auf einem Solaris-System ist dieser Parameter notwendig, da diese Form von Speicherlecks häufig vorkommt. Auf einem Windows-System kann und sollte dieser Wert auf 0 gesetzt werden, um eine unbegrenzte Prozesszeit festzulegen, da Speicherlecks auf einem Win32-System normalerweise für den Apache kein Thema sind. Der Parameter ThreadsPerChild legt fest, wie viele Child-Threads der Server zulässt. Sie definieren den Wert für diesen Parameter. Denken Sie daran, je höher Sie die Anzahl an erlaubten Threads setzen, desto niedriger wird die Gesamtleistung und desto mehr Ressourcen sind erforderlich, um die Arbeitsleistung zu erfüllen. Standardmäßig wurde ThreadsPerChild auf unserem System auf 50 gesetzt.

Apache allokiert dynamisch mehr oder weniger Server in Abhängigkeit von der Zahl der aktuell laufenden Server. Wenn die Anzahl der Server, die auf eine Anfrage warten, unter dem Wert liegt, der in MinSpareServers definiert wurde, wird ein neuer Server gestartet. Wenn die Anzahl der unbeschäftigten Server den Wert für MaxSpareServers übersteigt, werden einige der wartenden Server beendet.

Um zu vermeiden, dass ein überlaufender Serverprozess das gesamte System in Mitleidenschaft zieht, wird der Wert MaxClients benutzt, um die Gesamtzahl der Clients zu begrenzen, die sich gleichzeitig verbinden können. Ist MaxClients erreicht, werden weitere Client-Anfragen abgeblockt, bis die Zahl unterschritten wird. Daher sollten Sie sicherstellen, dass der Wert für Ihr System groß genug gewählt wird. Da der Parameter aber auch einen wichtigen Part beim Eindämmen von Denial-of-Service-Angriffen spielt, müssen Sie sich genau überlegen, wie groß Sie ihn wählen.

Der Parameter Listen ermöglicht Ihnen, Apache mit bestimmten zusätzlichen IP-Adressen und/oder Ports außer den Standardwerten zu verknüpfen. Sie können den Parameter ExtendedStatus, der sich weiter unten in der httpd-Konfigurationsdatei befindet, verwenden, um festzulegen, ob Sie vollständige Statusinformationen oder nur grundlegende Informationen erhalten wollen, wann immer der Server-Status-Handler aufgerufen wird. Standardmäßig ist er ausgeschaltet. Um den Wert zu setzen, nutzen Sie den folgenden Eintrag in Ihrer Konfigurationsdatei:

```
ExtendedStatus On
```

Main-Abschnitt der httpd-Konfigurationsdatei

Die Direktiven im Main-Abschnitt werden genutzt, um die Reaktion des Main-Servers festzulegen, der auf alle Anfragen reagiert, die nicht von einer VirtualHost-Definition verarbeitet werden. Die Werte der Parameter werden auch für alle VirtualHost-Container verwendet, die Sie eventuell weiter unten in dieser Datei angeben. Denken Sie daran, dass bei Angabe eines Werts für einen Parameter sowohl im Abschnitt Main als auch in einem späteren VirtualHost-Container in der Datei der spätere Eintrag den Eintrag im Abschnitt Main überschreiben wird. Diese Regel gilt auch für Variablen, die von inet verwendet werden. Parameterwerte für inetd überlagern genauso die im Abschnitt Main angegebenen.

Standardmäßig wird der Parameter Port, wie schon erwähnt, auf den Wert 80 gesetzt. Für SSL-Unterstützung muss der Standard-HTTP-Port genutzt werden, der durch den Parameter Port definiert wird. Daher werden die Listen-Werte in separaten Einträgen auf den Ports 80 und 443 gesetzt.

Möchten Sie bei Server-Problemen eine E-Mail erhalten, können Sie den Parameter ServerAdmin auf Ihre E-Mail-Adresse setzen. In unserer Datei ist der Wert standardmäßig auf „you@your.address" gesetzt, der natürlich im Fehlerfall nicht funktionieren wird. Sie werden feststellen, dass diese E-Mail-Adresse auf einigen Server-generierten Seiten auftaucht, wie zum Beispiel den Fehlerdokumenten, deshalb sollten Sie sicherstellen, dass die von Ihnen genutzte Adresse gültig ist, aber keine Sicherheitsprobleme aufwirft.

Der Parameter ServerName wird genutzt, um einen Host-Namen für Ihren Server an Clients zurücksenden zu können, wenn er von dem normalerweise verwendeten Wert abweicht. Sie können keinen beliebigen Namen verwenden. Es muss ein gültiger DNS-Name für Ihren Host oder, falls Ihr Host keinen registrierten DNS-Namen hat, Ihre IP-Adresse sein. Der Eintrag sorgt dafür, dass eine sinnvolle Umleitung genutzt werden kann, falls dies nötig ist.

Der Parameter DocumentRoot gibt das Verzeichnis an, von dem aus Ihre Dokumente ausgeliefert werden. Da in Apache festgelegt werden kann, welche Dienste und Features in diesem Verzeichnis und seinen Unterverzeichnissen erlaubt oder verboten sind, sollten Sie sich sorgfältig überlegen, wie Sie diesen Bereich konfigurieren. Um eine sichere Umgebung einzurichten, können Sie zunächst die Berechtigungen im „Default"-Verzeichnis sehr restriktiv handhaben:

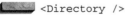

```
<Directory />
    Options FollowSymLinks
    AllowOverride None
</Directory>
```

Nachdem Sie diese Deklaration angegeben haben, müssen Sie für jedes Verzeichnis, für das Sie die Berechtigungen lockern möchten, diese explizit angeben.

So legen Sie das Verzeichnis für Ihre Dokumente als Nächstes fest:

```
<Directory "D:\Oracle\Ora817\Apache\Apache\htdocs">
```

Natürlich muss bei Ihnen der für Sie passende Verzeichnisname angegeben sein.

Der nächste festzulegende Parameter ist Options, der auf None, All oder eine beliebige Kombination der Werte Indexes, Includes, FollowSymLinks, ExecCGI oder MultiViews gesetzt werden kann, wie in der nächsten Zeile gezeigt:

```
Options Indexes FollowSymLinks
```

Benutzer können beliebige Programme auf dem Server starten, wenn die Server-Side Includes (SSI) so konfiguriert wurden, dass sie dies erlauben. Um diesen Teil von SSI zu deaktivieren, nutzen Sie die Option IncludesNOEXEC.

Jedes Verzeichnis, das auf einem Unix-System die entsprechenden Berechtigungen hat, erhält eine dazugehörige Datei .htaccess, die die Zugriffsberechtigungen für das Verzeichnis und dessen Unterverzeichnisse festlegt.

Um zu bestimmen, welche Optionen die Datei .htaccess überschreiben kann, geben Sie die Parameter in der httpd-Konfigurationsdatei an. Dabei können Sie All, None oder eine Kombination aus Options, FileInfo, AuthConfig und Limit verwenden.

```
AllowOverride None
```

Vom Standpunkt der Sicherheit aus ist None die richtige Wahl, damit sichergestellt ist, dass die in der Konfigurationsdatei angegebenen Berechtigungen nicht auf Verzeichnisebene überschrieben werden. Wenn man hier ein Überschreiben zulässt, öffnen Sie Leuten die Tür, um die Datei .htaccess zu verändern und mehr Berechtigungen an Ihren Verzeichnisdateien zu erhalten. Hier ist eine Möglichkeit, um zu verhindern, dass Benutzer die Dateien .htaccess auf Ihrem System verändern:

```
<Directory />
AllowOverride None
Options None
allow from all
</Directory>
```

Natürlich müssen Sie von nun an alle Ausnahmen in der Konfigurationsdatei des Servers aufführen. Der hier aufgeführte Code verhindert ein Überschreiben, Einfügen und Zugreifen auf alle Verzeichnisse, die nicht in der Konfigurationsdatei angegeben wurden.

Der nächste Parameter definiert, wer Informationen von diesem Server erhalten darf, indem den Parametern Order und Allow Werte zugewiesen werden. Die Standardwerte lauten wie folgt:

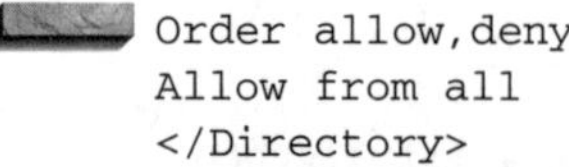

```
Order allow,deny
Allow from all
</Directory>
```

In diesem Code-Beispiel hat jedermann Zugriff auf das angegebene Verzeichnis. Wir empfehlen Ihnen, den Zugriff auf das Standardverzeichnis zu sperren und dann entsprechende <Directory>-Blöcke hinzuzufügen, um den Zugriff auf die von Ihnen gewünschten Bereiche zu gestatten. Hier ein Stück Beispielcode, um Ihnen zu zeigen, wie Sie den Verzeichniszugriff verhindern können:

```
<Directory /usr/users/*/public_html>
Order deny,allow
Allow from all
</Directory>
<Directory /usr/local/httpd>
Order deny,allow
Allow from all
</Directory>
```

Der Parameter UserDir definiert das Verzeichnis, das dem Home-Verzeichnis eines Benutzers hinzugefügt werden soll, wenn eine Anfrage in der Form ~user (ausgesprochen „Tilde User") eintrifft. Ein Beispiel für eine UserDir-Definition ist:

```
UserDir "D:\Oracle\Ora817\Apache\Apache\users\"
```

Sie können den Zugriff auf die UserDir-Verzeichnisse kontrollieren und wir empfehlen, dies auch zu tun. Stellen Sie sich vor, was passieren könnte, wenn jemand Ihr UserDir auf „./" setzt, das Root-Verzeichnis. Um sicherzustellen, dass niemand die UserDir-Direktive auf das Root-Verzeichnis setzen kann, empfehlen wir Ihnen, folgenden Code zu nutzen:

```
UserDir disabled root
```

Hier ein Stück Beispielcode, der aus der httpd-Datei kommt und zeigt, wie Sie den Schreibzugriff verbieten. Dieser Beispielcode ist in der Datei auskommentiert, aber wir zeigen ihn in „wirksamer" Form:

```
<Directory /home/*/public_html>
  AllowOverride FileInfo AuthConfig Limit
  Options MultiViews Indexes SymLinksIfOwnerMatch IncludesNoExec
  <Limit GET POST OPTIONS PROPFIND>
      Order allow,deny
      Allow from all
  </Limit>
```

```
    <Limit PUT DELETE PATCH PROPPATCH MKCOL COPY MOVE LOCK UNLOCK>
        Order deny,allow
        Deny from all
    </Limit>
</Directory>
```

In diesem Beispiel ist nur READ im Parameterabschnitt Limit nicht aufgeführt, was bedeutet, dass es genutzt werden kann.

Sie können den Namen der Datei oder Dateien angeben, die als vordefinierte HTML-Verzeichnisindizes dienen sollen, und mehr als eine Datei angeben, indem Sie die Dateinamen durch Kommas separieren. Standardmäßig ist der Parameter DirectoryIndex auf index.html gesetzt. Da kein Verzeichnispfad angegeben wurde, wird dem Namen das Standardverzeichnis hinzugefügt.

Der Parameter AccessFileName wird genutzt, um die Zugriffsdatei für jedes Verzeichnis festzulegen, wie weiter oben in diesem Abschnitt beschrieben wurde. Der Standardwert für AccessFileName lautet .htaccess. Da Dateien mit diesem Namen häufig Autorisierungsinformationen enthalten, empfehlen wir Ihnen dringend sicherzustellen, dass Clients keine .htaccess-Dateien lesen können. Da Administratoren manchmal .htpasswd für die Kennwortdateien nutzen, hilft dieser Code auch diese Dateien zu schützen. Hier der Code, der sicherstellt, dass Clients die Dateien .htaccess und .htpasswd in keinem Verzeichnis lesen können, auf das der Web-Server Zugriff hat:

```
<Files ~ "^\.ht">
    Order allow,deny
    Deny from all
</Files>
```

Um es Apache zu ermöglichen, Dokumente zu puffern, können Sie das Kommentarzeichen des Parameters CacheNegotiateDocs entfernen. Um zu bestimmen, wo sich die Datei mit den MIME-Typen befindet, nutzen Sie den Parameter TypesConfig. Der Standard-MIME-Typ wird über DefaultType festgelegt und lautet text/plain.

Der Parameter HostnameLookups definiert, ob die Namen der Clients protokolliert werden sollen oder nur ihre IP-Adressen. Standardmäßig ist dieser Wert auf OFF gesetzt. Wenn Sie ihn aktivieren, sorgt jede Client-Anfrage für mindestens eine Lookup-Anfrage am Name-Server, was die Leistung Ihres Web-Servers deutlich verringern kann. Wir empfehlen Ihnen, sorgfältig nachzudenken, bevor Sie diesen Wert von OFF auf ON ändern.

Sie können zu Ihren generierten Web-Server-Seiten (aber nicht den CGI-generierten Dokumenten) eine Zeile mit der Server-Version und dem Namen des Virtual Hosts hinzufügen, indem Sie den Wert von ServerSignature auf ON setzen. Wenn Sie einen Link auf ServerAdmin setzen wollen, können Sie den Wert von ServerSignature auf Email setzen. Wenn Sie keine Server-Version und keinen Namen des Virtual Hosts oder mailto-Link haben wollen, setzen Sie den Wert von ServerSignature auf OFF.

Aliase können Sie zu Ihrer Konfigurationsdatei mit dem Parameter Alias hinzufügen. Das Format ist wie folgt:

```
Alias NeuerName EcherName
```

Wenn Sie keinen nachfolgenden Slash (/) angeben, wird der Name nicht als Alias verwendet und der Server fordert ihn dann im URL an. Wenn Sie zum Beispiel /index als neuen Namen angeben, wird er nicht als Alias verwendet. Nur /index/ erreicht das. Hier ein Beispiel für einen Alias-Eintrag:

```
Alias /jservdocs/ "D:\Oracle\Ora817\Apache\Jserv\docs/"
```

Um mime.types anzupassen, ohne die Datei tatsächlich zu ändern, können Sie den Parameter AddType nutzen.

Es kann vorkommen, dass Sie das normale HTTP-Antwortverhalten ändern möchten. Sie können zum Beispiel zwei unterschiedliche Browser-Direktiven deaktivieren: keepalive für Netscape 2.x sowie Browser, die sich als diese ausgeben, und für Microsoft Internet Explorer 4.0b2, der eine kaputte HTTP/1.1-Implementierung hat und keepalive nicht richtig unterstützt, wenn er bei Redirect-Antworten verwendet wird (Codes 301 oder 302). Standardmäßig sind diese Beschreibungen deaktiviert. Hier ist der Code, der die Deaktivierung umsetzt:

```
BrowserMatch "Mozilla/2" nokeepalive
BrowserMatch "MSIE 4\.0b2;" nokeepalive downgrade-1.0 force-response-1.0
```

Sie sollten auf Nummer sicher gehen und diesen Code nicht ändern. Andere Codezeilen, die Sie in der httpd-Datei unverändert lassen sollten, sind die folgenden drei Zeilen, da sie eine Verletzung der HTTP/1.0-Spezifikation darstellen und keine normalen 1.1-Antworten verstehen.

```
BrowserMatch "RealPlayer 4\.0" force-response-1.0
BrowserMatch "Java/1\.0" force-response-1.0
BrowserMatch "JDK/1\.0" force-response-1.0
```

Die Konfigurationsdatei beinhaltet eine Reihe von Zeilen, um Versuche von Clients umzuleiten, die einen alten Fehler aus Pre-1.1-Zeiten ausnutzen wollen. Der Fehler beinhaltete ein CGI-Skript, das als Teil des Apache-Codes ausgeliefert wurde. Es gibt ein Protokoll-Skript auf phf.apache.org, auf das Sie solche Angriffe umleiten können, indem Sie die Kommentarzeichen aus den folgenden Zeilen entfernen:

```
#<Location /cgi-bin/phf*>
#    Deny from all
#    ErrorDocument 403 http://phf.apache.org/phf_abuse_log.cgi
#</Location>
```

Wenn Sie die Angriffe lieber selbst protokollieren, können Sie das Skript nutzen, das unter phf.apache.org/support/phf_abuse_log.cgi zu finden ist.

Abschnitt für virtuelle Hosts der httpd-Konfigurationsdatei

Für den Abschnitt für virtuelle Hosts der Konfigurationsdatei wird empfohlen, sich die Dokumentation auf www.apache.org/docs/vhosts/ durchzulesen, bevor Sie virtuelle Hosts aktivieren, um mehrere Domänen/Host-Namen auf Ihrer Maschine zu unterstützen. Es gibt viele komplexe Parameter, die Sie kennen müssen, bevor Sie versuchen sollten, einen virtuellen Host zu aktivieren. Wenn Sie sich dazu entschließen, können Sie die Befehlszeilenoption -S nutzen, um Ihre Konfiguration zu überprüfen.

So gut wie jede Apache-Direktive kann auch in einem VirtualHost-Container verwendet werden. Hier ein Beispiel, das aus der httpd-Konfigurationsdatei entnommen ist:

```
#<VirtualHost ip.address.of.host.some_domain.com>
#     ServerAdmin webmaster@host.some_domain.com
#     DocumentRoot /www/docs/host.some_domain.com
#     ServerName host.some_domain.com
#     ErrorLog logs/host.some_domain.com-error_log
#     CustomLog logs/host.some_domain.com-access_log common
#</VirtualHost>
```

Der größte Teil der verbleibenden httpd-Konfigurationsdatei beinhaltet Parameter, die Sie zum Aktivieren und Definieren von SSL in Ihrem virtuellen Host-Container nutzen können. Es folgt der Abschnitt aus der httpd-Datei, der sich komplett SSL widmet. Wie Sie sehen, sind viele mögliche Interaktionsbereiche mit SSL verfügbar. Beachten Sie auch die tatsächliche Code-Umsetzung in diesem Abschnitt. Wir haben die Bereiche für den Implementierungscode fett hervorgehoben, damit Sie sie leicht finden können, denn aus Platzgründen wurden außerdem Leerzeilen entfernt sowie kleinere Schreib- und Grammatikfehler behoben.

```
##   SSL Global Context
##
##   All SSL configuration in this context applies both to
##   the main server and all SSL-enabled virtual hosts.
#
#    Some MIME-types for downloading Certificates and CRLs
#
AddType application/x-x509-ca-cert .crt
AddType application/x-pkcs7-crl    .crl
<IfModule mod_ssl.c>
#    Pass Phrase Dialog:
#    Configure the pass phrase gathering process.
#    The filtering dialog program ('builtin' is a internal
#    terminal dialog) has to provide the pass phrase on stdout.
SSLPassPhraseDialog  builtin
#    Inter-Process Session Cache:
#    Configure the SSL Session Cache: First either 'none'
#    or 'dbm:/path/to/file' for the mechanism to use and
#    second the expiring timeout (in seconds).
```

```
#SSLSessionCache        none
#SSLSessionCache        shm:logs\ssl_scache(512000)
SSLSessionCache         dbm:logs\ssl_scache
SSLSessionCacheTimeout  300
#   Pseudo Random Number Generator (PRNG):
#   Configure one or more sources to seed the PRNG of the
#   SSL library. The seed data should be of good random quality.
#   WARNING! On some platforms /dev/random blocks if not enough entropy
#   is available. This means you then cannot use the /dev/random device
#   because it would lead to very long connection times (as long as
#   it requires to make more entropy available). But usually those
#   platforms additionally provide a /dev/urandom device which doesn't
#   block. So, if available, use this one instead. Read the mod_ssl User
#   Manual for more details.
SSLRandomSeed startup builtin
SSLRandomSeed connect builtin
#SSLRandomSeed startup file:/dev/random  512
#SSLRandomSeed startup file:/dev/urandom 512
#SSLRandomSeed connect file:/dev/random  512
#SSLRandomSeed connect file:/dev/urandom 512
#   Logging:
#   The home of the dedicated SSL protocol logfile. Errors are
#   additionally duplicated in the general error log file.  Put
#   this somewhere where it cannot be used for symlink attacks on
#   a real server (i.e. somewhere where only root can write).
#   Log levels are (ascending order: higher ones include lower ones):
#   none, error, warn, info, trace, debug.
SSLLog      logs/ssl_engine_log
SSLLogLevel warn
</IfModule>
##
## SSL Virtual Host Context
##
<VirtualHost _default_:443>
#  General setup for the virtual host
DocumentRoot "D:\Oracle\Ora817\Apache\Apache\htdocs"
ServerName MTHERIAULT
ServerAdmin you@your.address
ErrorLog logs/error_log
TransferLog logs/access_log
#   SSL Engine Switch:
#   Enable/Disable SSL for this virtual host.
SSLEngine on
#   SSL Cipher Suite:
#   List the ciphers that the client is permitted to negotiate.
#   See the mod_ssl documentation for a complete list.
#SSLCipherSuite ALL:!ADH:RC4+RSA:+HIGH:+MEDIUM:+LOW:+SSLv2:+EXP:+eNULL
#   Server Certificate:
#   Point SSLCertificateFile at a PEM encoded certificate.  If
#   the certificate is encrypted, then you will be prompted for a
```

```
#   pass phrase.  Note that a kill -HUP will prompt again. A test
#   certificate can be generated with 'make certificate' under
#   built time. Keep in mind that if you've both a RSA and a DSA
#   certificate you can configure both in parallel (to also allow
#   the use of DSA ciphers, etc.)
SSLCertificateFile \conf\ssl.crt\server.crt
#   Server Private Key:
#   If the key is not combined with the certificate, use this
#   directive to point at the key file.  Keep in mind that if
#   you've both a RSA and a DSA private key you can configure
#   both in parallel (to also allow the use of DSA ciphers, etc.)
SSLCertificateKeyFile conf\ssl.key\server.key
#   Server Certificate Chain:
#   Point SSLCertificateChainFile at a file containing the
#   concatenation of PEM encoded CA certificates which form the
#   certificate chain for the server certificate. Alternatively
#   the referenced file can be the same as SSLCertificateFile
#   when the CA certificates are directly appended to the server
#   certificate for convenience.
#SSLCertificateChainFile conf\ssl.crt\ca.crt
#   Certificate Authority (CA):
#   Set the CA certificate verification path where to find CA
#   certificates for client authentication or alternatively one
#   huge file containing all of them (file must be PEM encoded)
#   Note: Inside SSLCACertificatePath you need hash symlinks
#         to point to the certificate files. Use the provided
#         Makefile to update the hash symlinks after changes.
#SSLCACertificateFile conf\ssl.crt\ca-bundle.crt
#   Certificate Revocation Lists (CRL):
#   Set the CA revocation path where to find CA CRLs for client
#   authentication or alternatively one huge file containing all
#   of them (file must be PEM encoded)
#   Note: Inside SSLCARevocationPath you need hash symlinks
#         to point to the certificate files. Use the provided
#         Makefile to update the hash symlinks after changes.
#SSLCARevocationFile conf\ssl.crl\ca-bundle.crl
#   Client Authentication (Type):
#   Client certificate verification type and depth.  Types are
#   none, optional, require and optional_no_ca.  Depth is a
#   number which specifies how deeply to verify the certificate
#   issuer chain before deciding the certificate is not valid.
#SSLVerifyClient require
#SSLVerifyDepth  10
#   Access Control:
#   With SSLRequire you can do per-directory access control based
#   on arbitrary complex boolean expressions containing server
#   variable checks and other lookup directives.  The syntax is a
#   mixture between C and Perl.  See the mod_ssl documentation
#   for more details.
```

```
#<Location />
#SSLRequire (    %{SSL_CIPHER} !~ m/^(EXP|NULL)-/ \
#            and %{SSL_CLIENT_S_DN_O} eq "Snake Oil, Ltd." \
#            and %{SSL_CLIENT_S_DN_OU} in {"Staff", "CA", "Dev"} \
#            and %{TIME_WDAY} >= 1 and %{TIME_WDAY} <= 5 \
#            and %{TIME_HOUR} >= 8 and %{TIME_HOUR} <= 20       ) \
#           or %{REMOTE_ADDR} =~ m/^192\.76\.162\.[0-9]+$/
#</Location>
#   SSL Engine Options:
#   Set various options for the SSL engine.
#   o FakeBasicAuth:
#     Translate the client X.509 into a Basic Authorisation.  This means
#     that the standard Auth/DBMAuth methods can be used for access
#     control. The user name is the 'one line' version of the client's
#     X.509 certificate.
#     Note that no password is obtained from the user. Every entry in
#     the user file needs this password: 'xxj31ZMTZzkVA'.
#   o ExportCertData:
#     This exports two additional environment variables: SSL_CLIENT_CERT
#     and SSL_SERVER_CERT. These contain the PEM-encoded certificates
#     of the server (always existing) and the client (only existing when
#     client authentication is used). This can be used to import the
#     certificates into CGI scripts.
#   o StdEnvVars:
#     This exports the standard SSL/TLS related 'SSL_*' environment
#     variables. Per default this exportation is switched off for
#     performance reasons, because the extraction step is an expensive
#     operation and is usually useless for serving static content. So
#     one usually enables the exportation for CGI and SSI requests only.
#   o CompatEnvVars:
#     This exports obsolete environment variables for backward
#     compatibility to Apache-SSL 1.x, mod_ssl 2.0.x, Sioux 1.0 and
#     Stronghold 2.x. Use this to provide compatibility to existing
#     CGI scripts.
#   o StrictRequire:
#     This denies access when "SSLRequireSSL" or "SSLRequire" applied
#     even under a "Satisfy any" situation, i.e. when it applies access
#     is denied and no other module can change it.
#   o OptRenegotiate:
#     This enables optimized SSL connection renegotiation handling when
#     SSL directives are used in per-directory context.
#SSLOptions +FakeBasicAuth +ExportCertData +CompatEnvVars
+StrictRequire
<Files ~ "(cgi|shtml)$">
 SSLOptions +StdEnvVars
</Files>
<Directory "cgi-bin">
 SSLOptions +StdEnvVars
</Directory>
```

```
#   SSL Protocol Adjustments:
#   The safe and default but still SSL/TLS standard compliant shutdown
#   approach is that mod_ssl sends the close notify alert but doesn't
#   wait for the close notify alert from client. When you need a
#   different shutdown approach you can use one of the following
#   variables:
#   o ssl-unclean-shutdown:
#     This forces an unclean shutdown when the connection is closed,
#     i.e. no SSL close notify alert is sent or allowed to be received.
#     This violates the SSL/TLS standard but is needed for some brain-
#     dead browsers. Use this when you receive I/O errors because of the
#     standard approach where mod_ssl sends the close notify alert.
#   o ssl-accurate-shutdown:
#     This forces an accurate shutdown when the connection is closed,
#     i.e. a SSL close notify alert is sent and mod_ssl waits for the
#     close notify alert of the client. This is 100% SSL/TLS standard
#     compliant, but in practice often causes hanging connections with
#     brain-dead browsers. Use this only for browsers where you know
#     that their SSL implementation works correctly.
#   Notice: Most problems of broken clients are also related to the HTTP
#   keep-alive facility, so you usually additionally want to disable
#   keep-alive for those clients, too. Use variable "nokeepalive" for
#   this.
SetEnvIf User-Agent ".*MSIE.*" nokeepalive ssl-unclean-shutdown
#   Per-Server Logging:
#   The home of a custom SSL log file. Use this when you want a
#   compact non-error SSL logfile on a virtual host basis.
CustomLog logs/ssl_request_log \
          "%t %h %{SSL_PROTOCOL}x %{SSL_CIPHER}x \"%r\" %b"
```

Der letzte Abschnitt der httpd-Konfigurationsdatei enthält Perl-spezifische Code-Beispiele zum Aufnehmen in die Definition eines virtuellen Hosts, zusammen mit der Definition für die Konfiguration von Jserv 1.1 und den Einstellungen in der Oracle-eigenen Konfigurationsdatei, die wir als Nächstes besprechen werden. Hier die Standardverzeichnisse für Jserv und Oracle auf unserem System:

```
# Include the configuration for Apache JServ 1.1
include "D:\Oracle\Ora817\Apache\Jserv\conf\jserv.conf"
# Include the Oracle configuration file for custom settings
include "D:\Oracle\Ora817\Apache\Apache\conf\oracle_apache.conf"
```

Betrachten wir als Nächstes die Datei oracle_apache.conf, um zu sehen, wie Oracle die Standardkonfiguration von Apache angepasst hat.

14.2.2 HTTP-Konfigurationsdatei von Oracle

Auf den ersten Blick ist die Datei oracle_apache.conf sehr klein. Sie enthält sehr wenige Zeilen. Wir zeigen sie komplett:

```
include "D:\Oracle\Ora817\Apache\Apache\conf\mod__ose.conf"
include "D:\Oracle\Ora817\Apache\modplsql\cfg\plsql.conf"
#
include "D:\Oracle\Ora817\xdk\admin\xml.conf"
#
include "D:\Oracle\Ora817\Apache\jsp\conf\ojsp.conf"
include "D:\Oracle\Ora817/oem_webstage/oem.conf"
```

Wie Sie sehen, wurden diverse Konfigurationsdateien von Oracle mit in diese Datei aufgenommen. Aus dem hier angegebenen Inhalt ist zu erkennen, dass es verschiedene Verzeichnisse mit Konfigurationsdateien in der Oracle-Verzeichnisstruktur gibt, die für den Apache genutzt werden. Es gibt Dateien für OSE, PL/SQL, XML, JSP und OEM. Beachten Sie, dass nicht alle Konfigurationsdateien in der Verzeichnisstruktur des Apache abgelegt sind. Tatsächlich existiert die erste aufgeführte Datei in unserer Installation überhaupt nicht. Man findet sie nur in unserer Oracle9*i*AS-Verzeichnisstruktur.

Die Datei mod_ose.conf definiert Parameter für den Dienst Oracle8*i* Aurora JVM (Java Virtual Machine), und bietet keine weiteren Einblicke in die Zusammenarbeit von Oracle und Apache. Daher zeigen wir sie hier nicht.

Die Datei plsql.conf enthält Anweisungen für die Handhabung von PL/SQL. Sie existiert auch in unserem Oracle9*i*AS-Verzeichnis, aber nicht in der Standardinstallation von Apache. Da wir Oracle Portal auf unserem Rechner installiert haben, enthält die Datei Verweise auf die Verzeichnisse von Oracle Portal. Im Folgenden ein Stück Code aus der Datei plsql.conf, an der Sie Ihre Interpretationsfähigkeiten testen können:

```
#
# Enable handling of all virtual paths beginning with "/pls" by mod-plsql
#
<IfModule mod_plsql.c>

<Location /pls>
  SetHandler pls_handler
  Order deny,allow
  Allow from all
</Location>
</IfModule>
```

Die XML-Datei enthält einen Verweis auf die Direktive ApJServAction und einen Alias, um xsql als Verzeichnis „C:\ORACLE\iSuites/xdk/“ zu interpretieren. Es gibt hier nicht viele sicherheitsrelevante Einstellungen. Die Konfigurationsdatei für JSP enthält einen Alias und zwei ApJServAction-Einträge.

14.2.3 Sicherheit des Apache

Nachdem Sie nun gesehen haben, wie ein Web-Server funktioniert und wie der Apache Web-Server konfiguriert wird, sollten wir überlegen, wie Sie es schaffen, Ihre Apache Web-Server-Installation wie in der Oracle Apache-Dokumentation in der Datei security_tips.html beschrieben zu sichern.

Die erste Überlegung betrifft das Schützen der Verzeichnisse, aus denen der Apache-Server seinen Inhalt bezieht. Normalerweise startet der Benutzer Root den Apache-Server auf einem Unix-System und übergibt die Kontrolle dann an einen Benutzer, der in der Direktive User angegeben ist, um die Informationsanfragen zu beantworten. Da der Benutzer Root beteiligt ist, müssen Sie besonders sorgfältig vorgehen um sicherzustellen, dass die Befehle und Dateien, die beim Hochfahren genutzt werden, vor dem Zugriff unberechtigter Benutzer geschützt sind. Dabei muss nicht nur das Verzeichnis gesichert werden, in dem die Start-Programme liegen, sondern auch die übergeordneten Verzeichnisse. Unabhängig davon, welches Verzeichnis Sie als ServerRoot definiert haben, müssen Sie sicherstellen, dass nur der Benutzer Root die Möglichkeit hat, die Dateien zu schreiben oder zu verändern. Auf einem Unix-System können Sie die Dateien schützen, indem Sie den Besitzer und die Gruppe auf Root setzen und den Modus auf 755 ändern. Das Beispiel aus der Dokumentation gibt folgende Befehle an:

```
mkdir /usr/local/apache
cd /usr/local/apache
mkdir bin conf logs
chown root . bin conf logs
chgrp root . bin conf logs
chmod 755 . bin conf logs
```

In derselben Weise sollten Sie die ausführbare Datei httpd und andere sensible Dateien vor dem Zugriff unberechtigter Benutzer schützen.

Über CGI-Sicherheit

Per Definition sind Sie dazu gezwungen, den Entwicklern zu vertrauen, die die CGI-Skripte schreiben, die auf Ihrem System laufen. Die Alternative zum Vertrauen ist, genug darüber zu lernen, so dass Sie den CGI-Code untersuchen und auf potenzielle Sicherheitslöcher aufmerksam machen können. Denken Sie daran, dass ein Sicherheitsloch, das unbeabsichtigt zustande kommt, deshalb nicht weniger gefährlich ist als eines, das mit Absicht geschaffen wurde.

Da alle CGI-Skripte vom gleichen Benutzer ausgeführt werden, müssen Sie sicherstellen, dass keine Konflikte zwischen den Skripten entstehen können, beispielsweise wenn zwei Skripte gleichzeitig versuchen, dieselben Ressourcen zu verwenden. Dies gilt unabhängig davon, ob diese Konflikte zufällig entstehen. Um potenzielle Konflikte bei CGI-Skripten zu vermeiden, können Sie das Programm suEXEC nutzen, das seit der Version 1.2 von Apache existiert und es Skripten erlaubt, unter verschiedenen Benutzern zu laufen. Sie können auch CGIWrap verwenden, um die Skripte vor Konflikten zu schützen.

CGI-Aliase, die nicht über Skripte zustande kamen, ermöglichen es Benutzern, CGI-Skripte in jedem Verzeichnis des Systems auszuführen. Wir empfehlen, dies möglichst auszuschließen. Ein weiterer Punkt, der bei CGI zu bedenken ist, betrifft den oder die Standorte, an denen die CGI-Skripte gespeichert und ausgeführt werden. Wenn CGI auf spezielle Verzeichnisse begrenzt wird, geben Sie dem Administrator die Kontrolle über den Verzeichnisinhalt. Allerdings verlassen Sie sich dabei immer noch darauf, dass die Benutzer, die in diese Verzeichnisse schreiben, ehrenwert und vertrauenswürdig sind. Wenn Sie den Benutzern nicht völlig vertrauen möchten, müssen Sie genug lernen, um jedes Skript auf eventuelle Sicherheitslöcher testen zu können.

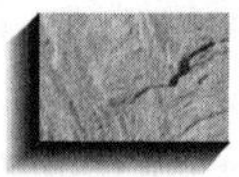

Anmerkung:
Die folgende Web-Site und das Dokument wurden als Referenz für einige in diesem Kapitel dargestellten Informationen verwendet:
http://webcompare.internet.com/webbasics/,
tutorial on Web Basics, von Chris Hughes und Gunther Birzienks.

15 Sicherheitsmanagement mit Oracle Portal

Oracle führte 1999 mit dem Release Oracle8*i*, Version 8.1.5, WebDB als Lösung für den wachsenden Bedarf kleinerer Firmen nach schnell aufgebauten HTML-Seiten ein. Es war dafür gedacht, die Schnittstelle zwischen einer Oracle-Datenbank und einer Internet-Web-Site zu vereinfachen. Die Idee dahinter war, ein Tool zur Verfügung zu stellen, mit dem wirklich jeder schnell und einfach eine robuste Web-Site im Internet aufsetzen kann, bei der im Hintergrund eine Oracle-Datenbank läuft. Der ursprünglichen Version von WebDB fehlten einige Funktionen, um ein wirklich effektives Web-Entwicklungs-Tool zu sein. Aber mit den im Laufe der Zeit implementierten Erweiterungen hat WebDB an Funktionalität gewonnen und in seinem neuen Paket als Teil der Oracle9*i* Application Server-Kollektion wurde Portal (in diesem Kapitel als Oracle Portal bezeichnet) zu einem wesentlich robusteren Tool. Oracle meint, dass das Oracle9*i*AS Portal sich deutlich von WebDB unterscheidet, und wir stimmen dem zu.

Mit Oracle Portal können Sie Web-Datenbankapplikationen bauen, ausliefern und überwachen. Sie können ein von Oracle geliefertes, HTML-basiertes Tool nutzen, um Datenbankobjekte zu erstellen und zu verwalten sowie Schnittstellen für die Leistungsüberwachung und Datenbanksicherheit entwickeln. Oracle Portal besteht aus einer Oracle-Datenbank, einem HTTP-Server, der auf der Web-Technologie des Apache basiert, und Entwicklungs-Tools, die es Ihnen ermöglichen, Applikationen zu bauen, die Java Servlets, Java Server Pages, Perl, PL/SQL und CGI nutzen.

Die neueste Version basiert auf dem Apache Server, der in Kapitel 14 erläutert wurde. In diesem Kapitel führen wir Sie durch die einzelnen Schritte, die nötig sind, um Ihr Oracle Portal-System sicher zu konfigurieren. Den hier aufgeführten Informationen liegt Oracle Portal Version 3.0.8 zu Grunde.

15.1 Oracle Portal – Von Anfang an

Bis Oracle8*i*, Version 8.1.7, erhielten Sie eine separate CD, auf der die Software zum Installieren von Oracle Portal gespeichert war (früher als WebDB bekannt). Seit dieser Version ist Oracle Portal mit dem Oracle9*i* Application Server (Oracle9*i*AS) eingebunden. Normalerweise würden Sie sich die Installationshinweise durchlesen und dann einfach die Software auf Ihrem System installieren. Die Installation und Konfiguration läuft ziemlich einfach ab.

Auch wenn eine umfassende Untersuchung der Installation von Oracle Portal den Rahmen dieses Buchs sprengt, wollen wir Ihnen einige Anmerkungen zu Problemen mit auf den Weg geben, denen wir begegnet sind. Wir schlagen vor, dass Sie sowohl Oracle MetaLink als auch das Oracle Technical Network (OTN) nach Bulletins und Informationen zum korrekten Ablauf der Installation durchsuchen. Wir haben nämlich festgestellt, dass eine Installation, die zu einem erfolgreichen Start führt, sehr problematisch sein kann.

Wir haben das Bulletin mit der Nummer 132445 aus MetaLink und die schrittweise 9*i*AS-Anleitung vom OTN verwendet, und hatten trotzdem Probleme, da zwei notwendige Standardbenutzer, PORTAL30_PUBLIC und PORTAL30_SSO_PUBLIC, während unserer Installation nicht erfolgreich angelegt wurden. Diese beiden Konten werden angelegt, um als Zwischenkonten für die beiden eigentlichen Oracle Portal-Konten zu dienen: PORTAL30 und PORTAL30_SSO. Das Fehlen dieser beiden Benutzer bewirkte, dass wir immer wieder Fehlermeldungen des Typs ORA-01017 erhielten mit dem Text „Database Log In Failed. An invalid username/password caused log in to database to fail." Die Fehlermeldung führte in die Irre und es hat uns ziemlich viel Zeit gekostet, das tatsächliche Problem mit den beiden zentralen Benutzern aufzuspüren. Wir fanden auch Kapitel 2 über die Installation von Oracle Portal im *Oracle Portal Handbook* von Steve Vandivier und Kelly Cox (Osborne/McGraw-Hill, 2001) sehr hilfreich. Übrigens, geholfen hat uns schließlich der Ansatz, die Datei install.log nach dem Wort „error" zu durchsuchen.

In diesem Kapitel wollen wir uns auf die Sicherheit bei Portal sowohl für die Benutzer- als auch für die Portalumgebung selbst konzentrieren. Gehen wir zunächst die notwendigen Standardbenutzer durch, die Sie benötigen, damit Oracle Portal korrekt arbeitet. Wir machen uns ein paar Gedanken zur Umgebung, um Ihnen dann zu zeigen, wie Sie Endbenutzer für Portal erstellen und Ihr System absichern können.

15.1.1 Standardkennungen von Oracle Portal

Wenn Sie die Oracle Portal Produktpalette installieren, werden Sie aufgefordert, zwei Benutzernamen und Kennwörter für die Portal Database Access Descriptions (DADs) anzugeben: das Datenbank-Administrationskonto für Portal sowie das Konto für den

Portal Login Server. Standardmäßig lautet der Datenbank-Benutzername und das Kennwort für den Portal-DBA PORTAL30, während der Login Server das Konto und Kennwort PORTAL30_SSO erhält. Ein drittes Konto für Oracle Portals Handheld-Applikation, Portal-to-Go, wird ebenfalls angelegt, wir werden uns an dieser Stelle aber nicht weiter mit diesem Produkt und seiner Konfiguration beschäftigen.

Da die standardmäßigen Benutzernamen und Kennwörter allgemein bekannt sind, empfehlen wir Ihnen, die Kennwörter nach der erfolgreichen Installation und Konfiguration der Oracle Portal-Software sofort zu ändern. Sie sehen sicherlich ein, dass sich bei Beibehaltung der Standardkennwörter jeder, der auf Ihre Web-Site zugreift, potentiell mit Ihrem Administratorkonto verbinden und auf Ihrer Site und in Ihrer Datenbank eine Menge Schaden anrichten kann. Sie können auch den zugrunde liegenden Schemanamen und damit die Standardbenutzernamen während der Installation ändern.

Der Eindeutigkeit halber werden wir in diesem Kapitel allerdings die Standards für DAD, Schemanamen und Passwort verwenden, damit Sie der Diskussion leichter folgen können.

Über die Portal-DADs

Immer, wenn Sie einen Portal-Benutzer anlegen, werden Verknüpfungen zu Database Access Descriptors (DADs) vorgenommen. Ein DAD wird normalerweise vom Lightweight Directory Access Protocol (LDAP) zum Auflösen von Benutzernamen, Kennwörtern, Rechnerstandorten, Netzwerkparametern usw. verwendet, so wie die Informationen in der Net8-Datei tnsnames.ora genutzt werden. Wie wir vorher schon erwähnten, nutzt Oracle Portal den Apache Server, der auf DADs aufbaut, um die Verbindungen zur Oracle-Datenbank herzustellen.

Wenn Sie mit dem Oracle Internet Directory (OID), Oracles LDAP-Lösung, vertraut sind, und die beiden Fenster zum Anlegen von DADs sehen, könnten Sie annehmen, OID müsse auf Ihrem System installiert und konfiguriert sein, damit die Oracle Portal-Produkte arbeiten können. Wir versichern Ihnen, dass dies nicht der Fall ist. Oracle erstellt eine Datei, die auf Ihrem System gespeichert wird. Unter Windows NT wird diese Datei im Verzeichnis Oracle\iSuites\Apache\modplsql\cfg außerhalb der OID-Verzeichnisstruktur angelegt in einer Datei namens wdbsvr.env, wobei es sich um eine normale Textdatei handelt.

Die Datei mit den DADs muss so sicher wie möglich verwahrt werden. Da die Verzeichnisstruktur von Portal bekannt ist, kann jemand, der in Ihr System eindringt und auf die Datei zugreift, sowohl Ihre Web-Site als auch die Datenbank kompromittieren. Sie werden sich fragen, welche sensitive Informationen in der Datei gespeichert sind. Lassen Sie uns dazu einen Blick auf eine Beispieldatei werfen, um die Informationen zu sehen, die ein Hacker nutzen kann. Wir haben die Datei so verändert, dass nur die interessanten Informationen angezeigt werden. Sie sollten auch in Ihrer Verzeichnisstruktur diese Datei öffnen, um sich Ihre eigenen Daten anzuschauen.

```
[WVGATEWAY]
defaultDAD = portal30
administrators = all
adminPath = /admin_/
admindad = portal30
;
[DAD_portal30]
connect_string   =  myport
password   =  portal30
username   =  portal30
default_page   =  portal30.home
document_table   =  portal30.wwdoc_document
document_path   =  docs
document_proc   =  portal30.wwdoc_process.process_download
reuse   =  Yes
connmax   = 10
enablesso   = Yes
pathalias   = url
pathaliasproc   = portal30.wwpth_api_alias.process_download
;
[DAD_portal30_sso]
connect_string   =  myport
password   =  portal30_sso
username   =  portal30_sso
default_page   =  portal30_sso.wwsso_home.home
document_table   =  portal30_sso.wwdoc_document
document_path   =  docs
document_proc   =  portal30_sso.wwdoc_process.process_download
reuse   =  Yes
connmax   = 10
enablesso   = Yes
pathalias   = url
pathaliasproc   = portal30_sso.wwpth_api_alias.process_download
;
[DAD_sample]
connect_string   =  sample-tcp
password   =  sample
username   =  sample
default_page   =  sample.home
document_table   =  sample.wwdoc_document
document_path   =  docs
document_proc   =  sample.wwdoc_process.process_download
upload_as_blob   = *
reuse   =  Yes
connmax   = 10
enablesso = Yes
pathalias   = url
pathaliasproc   = sample.wwpth_api_alias.process_download
;
```

Wow! Die Datei enthält nicht nur den Namen und das Kennwort für ein Datenbankkonto, dem die DBA-Rolle zugewiesen wurde, sondern auch noch den Namen der Instanz. Mit diesen drei Informationen kann ein Hacker in Ihre Portal-Datenbank eindringen und sie übernehmen.

Auf einem Unix-System ist diese Datei nur für den Besitzer zum Lesen und Schreiben nutzbar, so dass sie halbwegs sicher ist. Trotzdem handelt es sich um Klartext, weshalb Sie sicherstellen sollten, dass nur der Administrator und die Oracle/HTTP-Server/Portal-Prozesse Zugriff auf diese Datei haben. Die Dateien und das Verzeichnis, in dem sich die Dateien befinden, sollten als Besitzer das Konto haben, unter dem auch die Oracle-Prozesse laufen (normalerweise oracle), und die Berechtigungen für Datei und Verzeichnis sollten auf 700 gesetzt werden, um zu verhindern, dass irgendjemand anderes auf sie zugreifen kann. Wenn der HTTP-Prozess unter einem anderen Konto läuft, müssen Sie eine Gruppe erstellen, diese der Datei zuweisen und die Berechtigungen auf 770 setzen.

Benutzerkonto PORTAL30

In älteren Versionen von WebDB und Oracle Portal gab es zwei verschiedene Konten für die Verwaltung von Portal, nämlich PORTAL30 für die Datenbankadministration und PORTAL30_ADMIN für die Portal-Administration. In der neuesten Version wurden die beiden in einem Konto namens PORTAL30 zusammengefasst.

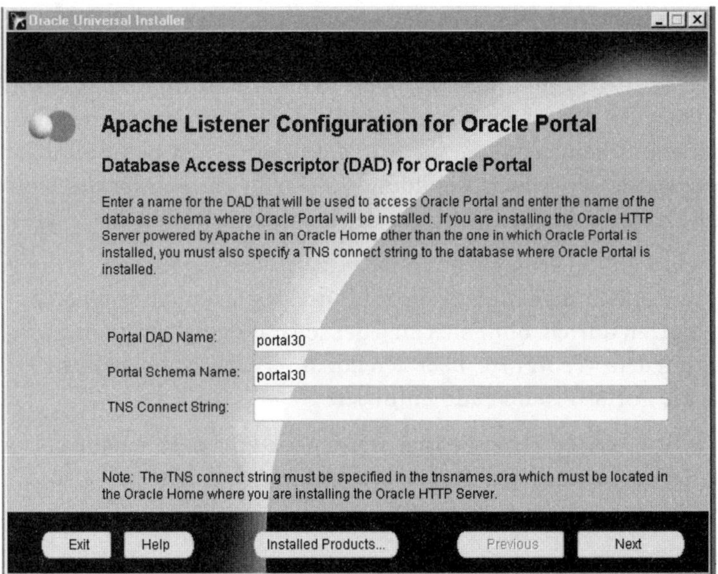

Abbildung 15-1: Database Access Descriptor für das Portal im Universal Installer

Das erste Konto, dem Sie bei der Installation von Oracle Portal einen Namen geben müssen, ist das für den Portal-Administrator. Abbildung 15-1 zeigt das erste Fenster zum Erstellen eines DAD/Benutzers, das Sie sehen werden. Wie Sie in dieser Abbildung entnehmen können, wird als Standardname für den DAD und das Schema PORTAL30 vorgeschlagen. Wenn der Apache-Server und Oracle Portal nicht im selben Verzeichnisbereich liegen, müssen Sie noch einen TNS-Verbindungsstring angeben. Merken Sie sich diesen String gut oder schreiben Sie ihn sich auf, denn Sie werden ihn später bei der Installation noch benötigen, wenn Sie den tatsächlichen Verbindungsstring im Net8 Configuration Assistant festlegen.

Das Konto PORTAL30 hat im Portal die meisten Berechtigungen und ist das Konto, das Ihr Datenbankadministrator nutzt, um andere Benutzerkonten anzulegen. Ihr DBA kann die Portal-Fenster verwenden, um über das Web administrative Aufgaben sowohl für das Portal als auch für die Datenbank vorzunehmen.

Wenn Sie die angegebenen Werte (standardmäßigen DAD- und Datenbank-Schemanamen und, optional, den TNS-Verbindungsstring) übernehmen, wird der Apache Web-Server so eingerichtet, dass er erkennt, wo die Inhaltsbereiche des Portals abgelegt sind. Wenn die Produkte installiert und konfiguriert sind, werden Sie feststellen, dass Oracle einen Datenbankbenutzer mit dem von Ihnen für den DAD angegebenen Namen erzeugt hat. Der neue Benutzer erhält volle DBA-Berechtigungen in der Datenbank und in Oracle Portal.

Benutzerkonto PORTAL30_SSO

Das zweite Konto, das während der Installation erstellt wird, ist das Konto PORTAL30_SSO. Dieses ist das Konto des Login Servers und wird als DAD- und Datenbank-Schemaname für die Authentifizierung der Benutzer in einer Single Sign-On Umgebung verwendet. Abbildung 15-2 zeigt das Fenster des Universal Installers für den Database Access Descriptor des Login Server-Kontos.

Single Sign-On ermöglicht Endbenutzern, sich ein Mal an Ihrem Web-Portal-System anzumelden und dann auf alle im Portal registrierten Applikationen zuzugreifen, die sie nutzen dürfen, ohne sich an jeder separat anmelden zu müssen. Wenn sich Benutzer mit dem Web-Portal über den Login Server verbinden, sind sie damit am gesamten Oracle Portal-Produkt authentifiziert.

Wie beim ersten DAD-Fenster werden Sie hier nach einem TNS-Verbindungsstring gefragt, der zu dem bereits eingegebenen passen sollte.

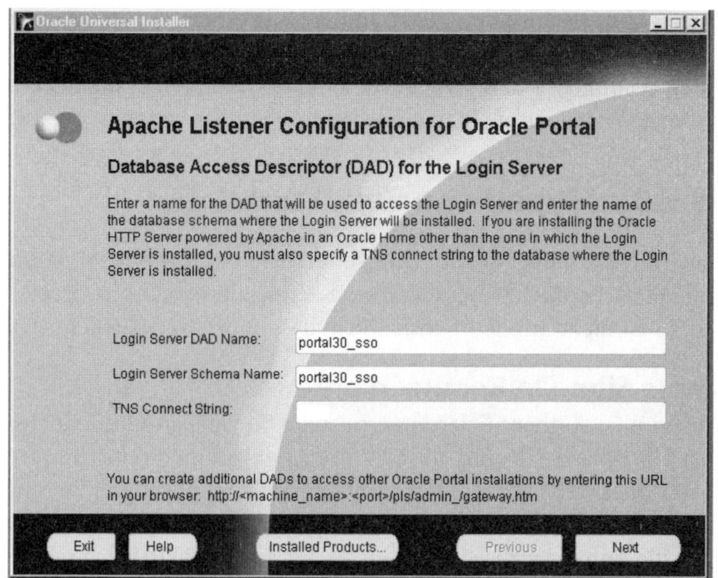

Abbildung 15-2: Database Access Descriptor für den Login Server im Universal Installer

15.2 Authentifizierungsmanagement in Portal

Die Sicherheitsadministration in Oracle Portal kann in zwei Hauptbereiche unterteilt werden:

- **Benutzerauthentifizierung** Überprüfen der Identität der Benutzer
- **Zugriffskontrolle für Inhalt, Komponenten und Seiten** Beschränken des Benutzerzugriffs auf die Seiten und Inhalte, die für den jeweiligen Benutzer notwendig sind

Oracle Portal erlaubt es Benutzern, sich selbst über einen Benutzernamen und ein Kennwort zu identifizieren oder authentifizieren. Der Portal-Administrator hat die Möglichkeit, Benutzer hinzuzufügen, ihre Kennwörter zu setzen und die Kennwortbeschränkungen sowie das „Altern" zu kontrollieren. Nachdem ein Benutzer authentifiziert ist, entscheidet Oracle Portal, auf welche Inhalte, Komponenten und Seiten der Benutzer zugreifen kann. Wir werfen zunächst einen Blick auf die Benutzerauthentifizierung und uns dann untersuchen, wie konfiguriert wird, welche Komponenten und Seiten in Oracle Portal der Benutzer erreichen kann.

Wie Sie in diesem Buch schon gelernt haben, geht es bei der Benutzerauthentifizierung um das Identifizieren des Benutzer gegenüber der Datenbank und/oder dem Betriebssystem. Um zu verhindern, dass ein Benutzer unberechtigterweise Zugriff erhält, muss Oracle Portal wissen, welcher Benutzer auf das System zugreift und mit welchen Objekten er umgehen darf. Wie bei den meisten anderen Systemen erhält jeder Benutzer in Oracle Portal dafür einen eindeutigen Benutzernamen und ein Kennwort.

15.2.1 Typen von Benutzerkonten

Bevor Sie erfahren, wie Sie Benutzer erstellen und verwalten können, sollten Sie die drei unterschiedlichen Benutzertypen kennen lernen, die in Oracle Portal erstellt werden. Es ist nicht immer offensichtlich, dass es drei verschiedene Arten gibt.

Single Sign-On Benutzerkonten

Der primäre Authentifizierungstyp ist der Single Sign-On Benutzer, was ihm erlaubt, über ein einzelnes Konto auf mehrere Applikationen (einschließlich mehrere Oracle Portal-Instanzen) zuzugreifen. Nachdem sich Benutzer über ihr Single Sign-On Konto authentifiziert haben, können Sie auf andere Oracle Portal-Applikationen zugreifen, ohne die Anmeldeprozedur erneut zu durchlaufen. Ein solches Portal-Konto wird automatisch erstellt, wenn Sie einen Benutzer in Oracle Portal anlegen.

Oracle Portal-Konten

Ein Oracle Portal-Benutzerkonto speichert Portal-spezifische Informationen, einschließlich der Benutzerdetails wie dem vollständigen Namen, Kontaktdaten, Benutzervoreinstellungen usw., sowie Oracle Portal-Berechtigungen. Das Oracle Portal-Benutzerkonto kann nicht genutzt werden, um einen Benutzer zu authentifizieren und muss dazu mit einem Single Sign-On Konto verknüpft werden.

Oracle Portal-Benutzerkonten erhalten keinerlei explizite Berechtigungen in der Datenbank. Um sich mit der Datenbank zu verbinden, die Prozeduren zum Aufbauen der Seiten aufzurufen oder Oracle Portal-Komponenten auszuführen, muss der Portal-Benutzer mit einem Oracle-Datenbankkonto oder -schema verknüpft sein. Standardmäßig werden Benutzer mit einem öffentlichen Schema verbunden, sie können aber auch mit einem von Ihnen angegebenen Schema verknüpft sein.

Oracle Portal-Benutzer werden automatisch erstellt, wenn ein Administrator versucht, die Oracle Portal-spezifischen Benutzereigenschaften zu verändern oder wenn der Benutzer das erste Mal authentifiziert wird.

Oracle-Datenbankkonten (Schemata)

Oracle Portal nutzt Datenbankkonten, manchmal auch als Schemata bezeichnet, aus zwei Gründen:

- **Speicherung von Objekten** Alle Datenbankobjekte (Tabellen, Views usw.), wie auch die Komponenten der Oracle Portal-Applikationen, die als Stored Procedures implementiert sind, werden in Schemata gespeichert.
- **Datenbankberechtigungen der Benutzer** Jedes Oracle Portal-Benutzerkonto ist mit einem Datenbank-Benutzerkonto (Schema) verknüpft. Das Schema wird genutzt, um die Datenbankberechtigungen des Benutzers festzulegen.

Beachten Sie, dass in diesem Zusammenhang „Benutzer" und „Schema" das gleiche Datenbankkonto bezeichnen und als untereinander austauschbare Bezeichnungen für einen Bereich genutzt werden können, der Objekte und Berechtigungen speichert.

15.3 Benutzerverwaltung

Die beiden wichtigsten Funktionen des Portal-Administrators sind das Erstellen und Überwachen der Portal-Benutzerkonten. Das Verwalten beinhaltet das Erstellen, Bearbeiten und Löschen von Benutzerkonten sowie das Ändern von Benutzerkennwörtern. Lassen Sie uns jede dieser Funktionen einzeln betrachten.

15.3.1 Benutzer hinzufügen

In Oracle Portal erstellen Sie einen neuen Benutzer, indem Sie auf den Link Create New Users auf der Registerkarte Administer in der Oracle Portal Development Homepage klicken, wie in Abbildung 15-3 gezeigt.

Sie erreichen diese Seite, indem Sie sich am Portal als berechtigter Benutzer anmelden. Sie sehen diesen Link nur dann, wenn Sie ein Konto nutzen, das wie PORTAL30 die Berechtigung Portal Administrator besitzt. Wenn der Link Create New User ausgewählt wird, erscheint der erste Teil der Seite Create User, wie in Abbildung 15-4 dargestellt. (Da die Seite Create User sehr lang ist, ist die Überschrift auf dem Bildschirmausschnitt nicht zu sehen.)

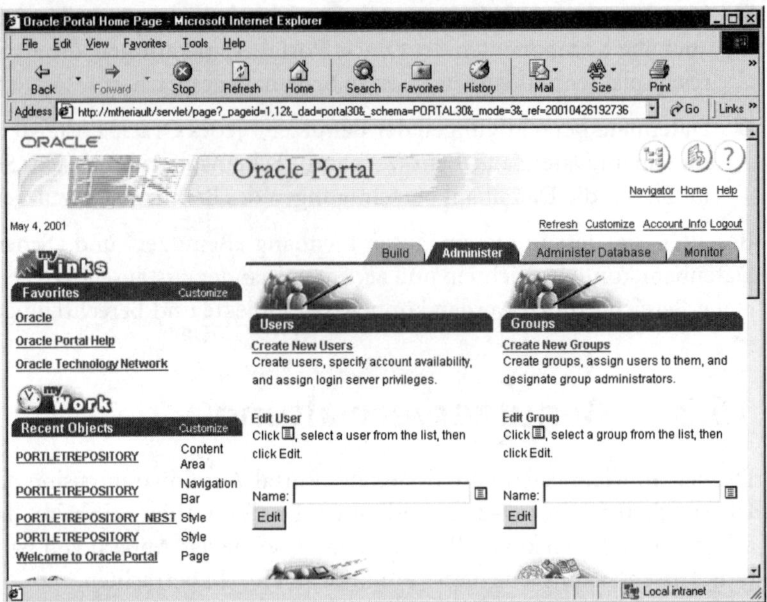

Abbildung 15-3: Benutzer von Oracle Portal erstellen und bearbeiten

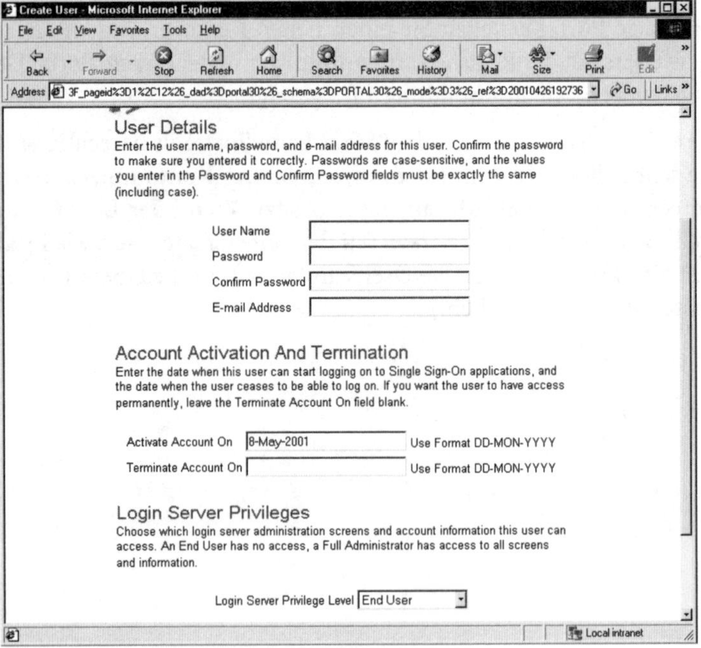

Abbildung 15-4: Die Seite Create User

Tabelle 15-1 erläutert den Zweck und die Funktionalität jeder Eigenschaft auf der Seite, die in Abbildung 15-4 zu sehen ist. Nachdem Sie diese Felder eingegeben haben, klicken Sie auf die Schaltfläche Create am Anfang der Seite. Der Benutzer wird angelegt und die Felder werden gelöscht, so dass Sie den nächsten Benutzer eingeben können.

Tabelle 15-1: Eigenschaften beim Anlegen eines Benutzers

Eigenschaft	Beschreibung
User Name	Der Anmeldename des Benutzers hat die folgenden Einschränkungen: Er muss eindeutig sein – es kann keine zwei Konten mit dem gleichen Benutzernamen auf beliebigen Login Servern geben. Die maximale Länge beträgt 30 Zeichen – es wird empfohlen, die Benutzernamen aus Gründen der einfacheren Nutzung so kurz wie möglich zu halten. Das erste Zeichen muss alphanumerisch sein (A-Z, a-z, 0-9) – der Rest der Zeichen kann auch noch den Unterstrich (_) und das Dollarzeichen ($) enthalten. Keine anderen Sonderzeichen oder Leerzeichen sind erlaubt. Benutzernamen sind nicht groß- und kleinschreibungssensitiv – „OPUSER", „opuser" und „OpUser" werden als der gleiche Benutzer angesehen.
Password	Dies ist das Anfangskennwort für das Konto. Sie sollten die Benutzer dazu anhalten, ihr Kennwort bei der ersten Anmeldung zu ändern, da es keinen automatischen Mechanismus für das Ablaufen von Kennwörtern gibt. Kennwörter können aus einer beliebigen Kombination alphanumerischer Zeichen und Sonderzeichen bestehen, auch wenn der Login-Administrator bestimmte Restriktionen erlassen kann. (Siehe Abschnitt „Management der Passwortrichtlinien" für mehr Informationen.)
Confirm Password	Geben Sie das Kennwort erneut ein, um sicherzugehen, dass Sie keinen Fehler gemacht haben.
E-mail Address	Geben Sie die E-Mail-Adresse des Benutzers ein. (Siehe auch die Anmerkungen im Text für weitere Informationen.)
Activate Account On	Geben Sie das Datum an, zu dem das Benutzerkonto aktiviert werden soll. Sie können Benutzerkonten rechtzeitig anlegen und sie dann automatisch zum gewünschten Zeitpunkt aktivieren lassen.

Tabelle 15-1: Eigenschaften beim Anlegen eines Benutzers (Fortsetzung)

Eigenschaft	Beschreibung
Terminate Account On	Für einen temporären Benutzerzugriff können Sie ein Datum angeben, ab dem das Konto nicht mehr aktiv ist. Wenn es sich um ein permanentes Konto handelt, lassen Sie diese Eigenschaft einfach leer.
Login Server Privilege Level	Geben Sie die Single Sign-On Berechtigungsstufe für den Benutzer an. Die beiden möglichen Werte sind: End User – Ein Standardendbenutzer ohne administrative Berechtigungen Full Administrator – Ein Benutzer, der autorisiert ist, andere Benutzer zu verwalten. Mit dieser Berechtigung kann er Benutzer erstellen, bearbeiten oder löschen, den Login Server konfigurieren (Kennwortbeschränkungen, Abmeldeverhalten) und Partner- und externe Applikationen verwalten.

Sie finden auch eine Mitteilung wie „Click <USERNAME> to edit the user“ oder ähnliches am oberen Ende des Bildschirms. Der Benutzername in dieser Mitteilung ist ein Link, der es Ihnen ermöglicht, diesen Benutzer zu bearbeiten. Die Informationen, die Oracle Portal dort über den Benutzer speichert, sind ausführlicher als auf dem Erstellungsbildschirm, daher sollten Sie diesem Link folgen. Sie werden durch die Bildschirme Edit User geführt, wie als Nächstes beschrieben wird.

Anmerkung:
Oracle Portal speichert zwei E-Mail-Adressen für jeden Benutzer. Die Adresse, die Sie beim Erstellen des Benutzers eingeben, wird im Datensatz für den Single Sign-On Benutzer abgelegt. Sie wird nicht in den Oracle Portal-Benutzerdatensatz kopiert. Um eine E-Mail-Adresse anzugeben, die in Oracle Portal verwendet werden kann, müssen Sie den Datensatz des Oracle Portal-Benutzers anpassen und die Adresse dort hinzufügen.

Einen Benutzer vom Single Sign-On Administrator aus anlegen

Single Sign-On von Oracle Portal ermöglicht es einem einzelnen Benutzerkonto, auf mehrere Oracle Portal-Instanzen und andere Orace-Applikationen zuzugreifen, ohne sich an jeder Instanz oder Applikation erneut anmelden zu müssen. Sie können Single Sign-On Konten direkt vom Single Sign-On Administrator aus verwalten, indem Sie dem Link Login Server Administration auf der Registerkarte Administer der Oracle Portal Development Homepage folgen. Sie landen dann auf der Homepage des Login Servers. Abbildung 15-5 zeigt den Bereich der Portal-Administrationsseite, wo sich der

Link Login Server Administration befindet. Die Seite ist zu groß, um sie hier komplett anzeigen zu können.

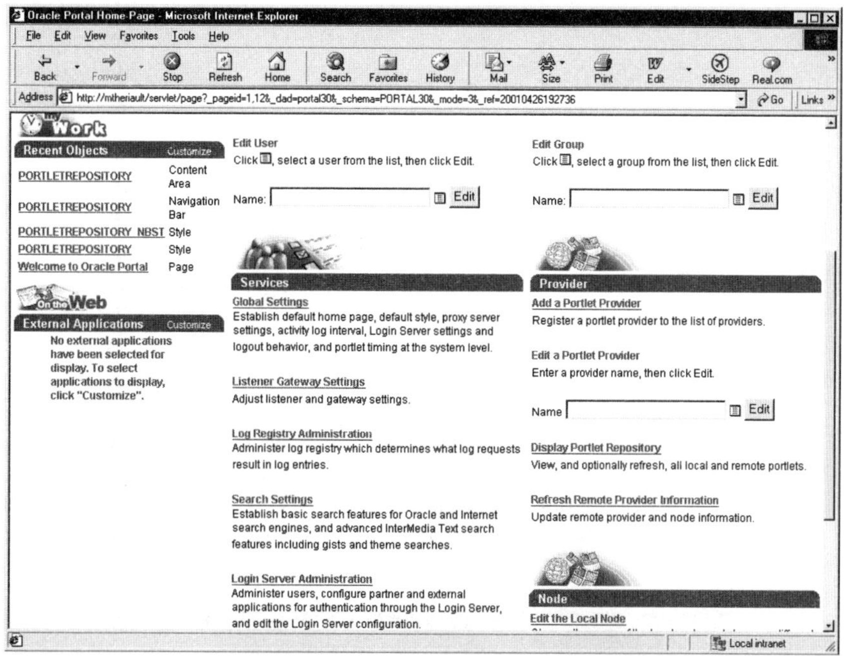

Abbildung 15-5: Link zur Login Server-Administrationsseite

Bei der Login Server-Administration haben Sie vier Optionen zur Auswahl: Benutzer verwalten, die Login Server-Konfiguration anpassen, Partner-Applikationen und externe Applikationen administrieren. Hier interessieren wir uns nur für den Bereich Administer User, daher klicken wir auf diese Option. Sie erhalten die gleichen zwei Benutzeroptionen, die schon auf der Hauptseite der Portal-Verwaltung verfügbar waren: Create New Users und Edit User. Das Erstellen von neuen Benutzern funktioniert hier genauso wie von der Homepage von Oracle Portal.

Um einen Benutzer zu bearbeiten oder zu löschen, müssen Sie zunächst auswählen, mit welchem Benutzer sie sich befassen wollen, indem Sie den entsprechenden Namen im Feld Edit User Name des Benutzermanagement-Portlets eingeben. Ein *Portlet* ist eine Oracle Portal-Seite, die genutzt wird, um das Portal in handhabbare Unterbereiche einteilen zu können. Sie können auch die Pop-up-Werteliste verwenden, die auf dieser Seite verfügbar ist über das kleine Listen-Symbol neben dem Namensfeld, um eine Liste der bestehenden Benutzer zu erhalten. Abbildung 15-6 zeigt eine Beispielliste der verfügbaren Werte, die angezeigt wurde, nachdem wir das Platzhaltersymbol (%) als Suchkriterium eingaben und dann auf die Listen-Option klickten.

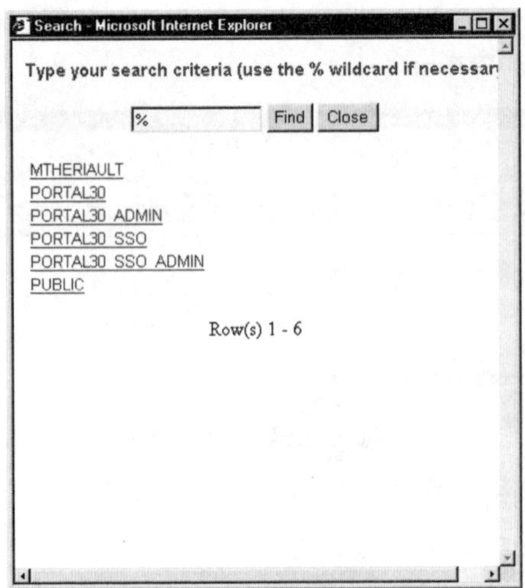

Abbildung 15-6: Beispielliste der Benutzer, die editiert werden können

Nachdem Sie den zu bearbeitenden oder zu löschenden Benutzer ausgewählt haben, klicken Sie auf die Schaltfläche Edit und erhalten damit den Dialog Edit User, der in Abbildung 15-7 zu sehen ist.

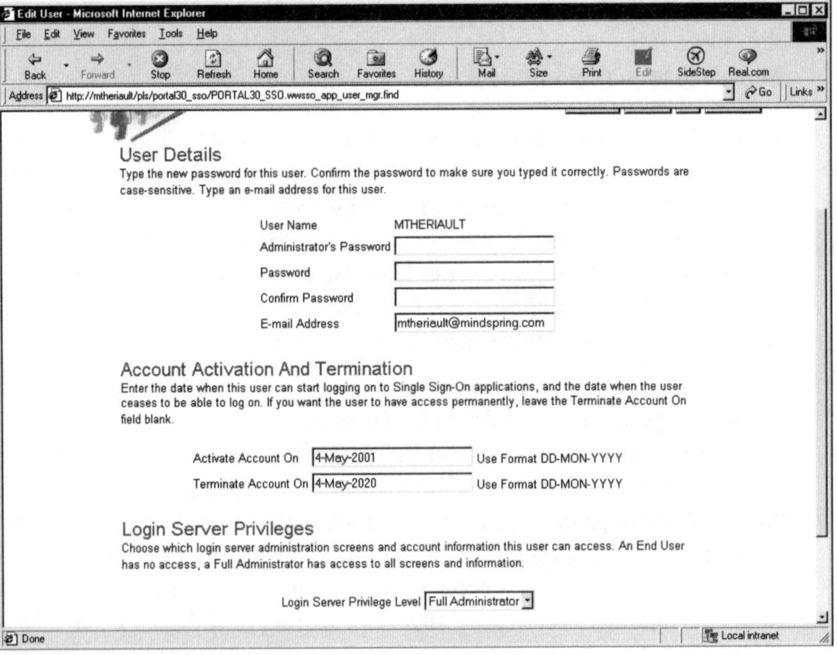

Abbildung 15-7: Dialog Edit User

Wie Sie sehen, handelt es sich bei diesem Bildschirm um das gleiche Portlet, das wir schon zum Erstellen eines Benutzers in Abbildung 15-4 gezeigt haben, diesmal werden allerdings die für unseren Benutzer eingegebenen Daten schon angezeigt. Beachten Sie, dass es ein zusätzliches Feld für ein Zugangskennwort gibt, das mit Administrator's Password benannt ist. Um das Kennwort eines Benutzers ändern zu können, müssen Sie das Administrator-Kennwort angeben, mit dem Sie schon auf diese Seite gelangt sind. Wenn also jemand die Seite Edit User aufruft, aber das richtige Administrator-Kennwort nicht angibt, werden keine Änderungen am Benutzerkennwort vorgenommen.

Einen Benutzer löschen

Um den gewählten Benutzer zu löschen, klicken Sie einfach auf die Schaltfläche Delete in der oberen rechten Ecke der Seite. Sie werden um eine Bestätigung gebeten, dass Sie den Benutzer wirklich löschen wollen. Wenn Sie auf Yes klicken, wird der Benutzer gelöscht und Sie landen wieder auf der Seite, von der aus Sie gestartet sind.

Denken Sie daran, dass dieser Löschvorgang den Benutzereintrag im Portal entfernt und auch alle dazugehörigen Berechtigungen und Gruppenmitgliedschaften löscht, die der Benutzer erhalten hatte. Er kann sich aber weiterhin am Portal anmelden. Um dies zu verhindern, müssen Sie auch den dazugehörigen Eintrag des Login Servers entfernen. Eine andere Vorgehensweise ist, zu verhindern, dass sich der Benutzer am Portal anmeldet, aber den Zugriff auf andere Partner-Applikationen weiterhin zuzulassen, die vom Login Server unterstützt werden. Wenn Sie die erste Registerkarte im Dialog Edit User editieren, können Sie die Benutzeroption, sich am Portal anzumelden, entfernen, ohne seine anderen Aktivitäten zu beeinflussen.

15.3.2 Einen Benutzer bearbeiten

Der Dialog Edit User hat vier Seiten, was an den Registern oben rechts ersichtlich ist in Abbildung 15-8. Die Seiten selbst sind sehr lang, so dass hier nur ein Ausschnitt gezeigt wird. Die vier Register enthalten folgende Informationen:

- **Main tab** Die meisten persönlichen und organisatorischen Informationen für den Benutzer und einige Sicherheitsdaten
- **Preferences tab** Weitere persönliche Informationen sowie Voreinstellungen und Standardwerte für den Benutzer
- **Contact Info tab** Die Kontaktinformationen des Benutzers (Telefon und Adresse)
- **Privileges** Globale Berechtigungen des Benutzers

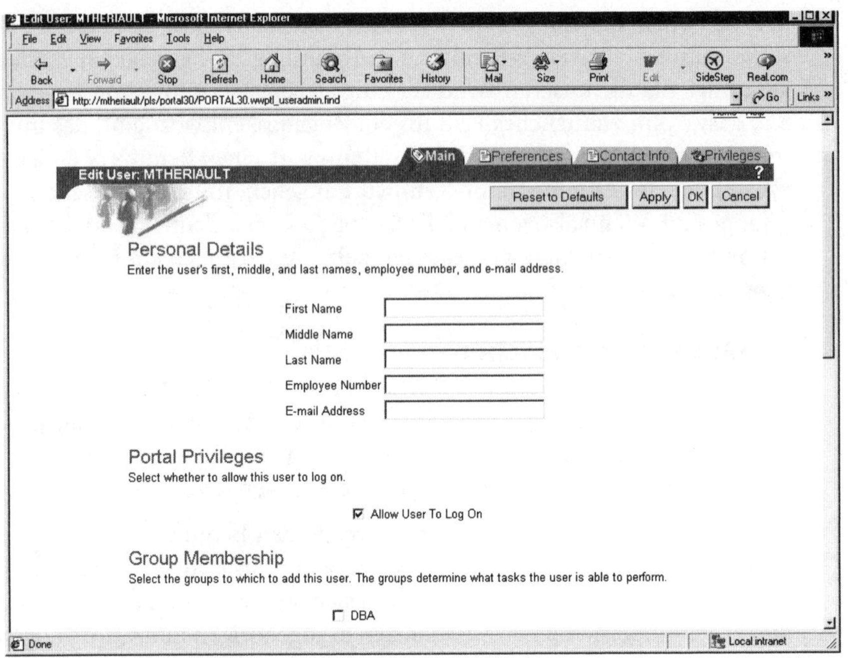

Abbildung 15-8: Die Seite Edit User für den Benutzer MTHERIAULT

Sie können jede dieser Seite erreichen, indem Sie auf das entsprechende Register in der oberen rechten Ecke klicken. Wenn Sie die Eigenschaften bearbeitet haben, können Sie auf OK klicken, um die Änderungen zu speichern und den Dialog zu schließen. Sie können Ihre Änderungen auch speichern, ohne das Fenster zu verlassen, indem Sie auf die Schaltfläche Apply klicken, oder den Dialog beenden, ohne die Änderungen zu sichern, indem Sie auf Cancel klicken. Wenn Sie auf Apply klicken, werden die Informationen auf den Seiten gelöscht und Sie können einen anderen Benutzer auswählen und bearbeiten.

Edit User – Registerkarte Main

Die Registerkarte Main stellt zwei Arten von Informationen zur Verfügung:

- **Persönliche und organisatorische Informationen** Die meisten Felder auf dieser Registerkarte speichern persönliche und organisatorische Informationen über den Benutzer, einschließlich seiner Vornamen und seines Nachnamens, der E-Mail-Adresse, des Vorgesetzten und einer Bilddatei. Die Daten auf dieser Registerkarte sind optional, so dass Sie sie nicht vervollständigen müssen, solange Sie nicht vorhaben, das in Oracle Portal verfügbare People Portlet zu nutzen oder eine eigene Applikation zu entwickeln, die auf diese Daten zugreift.

- **Sicherheitsinformationen** Manche Felder dieser Registerkarte werden genutzt, um wichtige Berechtigungen und Sicherheitseinstellungen für den Benutzer zu setzen. Diese Eigenschaften legen fest, ob sich ein Benutzer am System anmelden kann, auf welche Datenbanken er zugreifen darf und welche Administrationsberechtigungen er in Oracle Portal besitzt.

Tabelle 15-2 beschreibt den Zweck und die Funktionalität jeder Eigenschaft auf der Registerkarte Main.

Tabelle 15-2: Eigenschaften auf der Registerkarte Main des Dialogs Edit User

Eigenschaft	Beschreibung
Personal Details: First Name, Middle Name, Last Name, Employee Number, E-mail Address	Nur für informelle Zwecke. Wenn Sie diese Felder nicht benötigen, brauchen Sie sie nicht auszufüllen.
Portal Privileges: Allow User to Log On	Legt fest, ob sich der Benutzer an der Oracle Portal-Instanz anmelden darf. Markiert – Benutzer können sich an Oracle Portal anmelden und auf die nichtöffentlichen Informationen zugreifen, für die sie Berechtigungen haben. Nicht markiert – Benuter haben Zugriff auf die öffentlichen Informationen, können aber nicht auf Oracle Portal zugreifen, auch wenn sie ein Benutzerkonto besitzen.
Group Membership	Wird für die Identifizierung der Administrationsberechtigungen im Portal genutzt, die der Benutzer hat. Es gibt folgende Möglichkeiten: DBA (Datenbankadministrator) – DBA-Berechtigungen auf der Instanz, auf der Oracle Portal installiert ist. PORTAL_ADMINISTRATORS (Administrator ohne Datenbankberechtigungen) – Berechtigungen für den Administrator der Oracle Portal-Instanz. Benutzer können alles im Oracle Portal einsehen und verändern, einschließlich aller Ordner, Seiten und Applikationen – auch private, an denen Sie keine expliziten Berechtigungen haben. Die einzige Ausnahme ist, dass diese Administratoren keine Gruppen verändern dürfen. Gruppen können nur vom Gruppenbesitzer angepasst werden. Portal-Administratoren können manche DBA-Funktionen nicht ausführen, wie das Erstellen von Schemata, Rollen und so weiter.

Tabelle 15-2: Eigenschaften auf der Registerkarte Main des Dialogs Edit User (Fortsetzung)

Eigenschaft	Beschreibung
Group Membership (Fortsetzung)	PORTAL_DEVELOPERS (Berechtigungen für das Entwickeln von Applikationen) – Zum Entwickeln von Applikationen in Oracle Portal. Der Benutzer kann Applikationen erstellen, aber nicht entfernen, sowie Komponenten in Applikationen anlegen, für die er berechtigt ist. PORTLET_PUBLISHERS (Berechtigungen für das Veröffentlichen von Portlets) – Oracle Portal-Objekte wie Ordner, Kategorien, Applikationskomponenten und Seiten als Portlet verfügbar machen. Benutzer mit dieser Berechtigung sehen das Kontrollkästchen „Publish as Portlet", wenn sie diese Objekte erstellen oder bearbeiten.
Database Schema	Legt das Datenbankschema fest, das für das Ausführen der Prozeduren zum Anzeigen der Oracle Portal-Seiten genutzt wird. Standardmäßig wird jeder Benutzer einem öffentlichen Zugriffsschema (wie portal30_public) zugewiesen. Sie müssen den Wert dieser Eigenschaft normalerweise nicht ändern. Wenn Sie allerdings Benutzern besondere Zugriffsmöglichkeiten wie zum Beispiel DBA-Zugriff erteilen wollen, kann es sein, dass Sie ein anderes Schema als den Standardwert angeben müssen. Diese Eigenschaft ist nur für Benutzer mit DBA-Berechtigung oder Manage-Berechtigungen auf allen Schemata sichtbar.
Organizational Details	Nur einzugeben, wenn Sie diese Informationen nutzen wollen.
Job Title	Wenn der Job-Titel des Benutzers nicht schon existiert, wird er automatisch erstellt.
Department	Wenn die Abteilung des Benutzers nicht schon existiert, wird sie automatisch erstellt.
Spending Limit and Hire Date	Optionale geschäftliche Informationen
Photograph	Sie können den vollständigen Namen der Datei mit dem Foto des Benutzers auf Ihrem Client angeben oder auf die Schaltfläche Browse klicken, um das Foto zu finden. Die Datei muss in einem Grafikformat vorliegen, das von Web-Browsern erkannt wird (zum Beispiel GIF oder JPEG).

Die persönlichen und geschäftlichen Informationen eines Benutzers werden im Oracle Portal-Schema in der Tabelle WWSEC_PERSON$ gespeichert. Sie können auf sie über die View WWSEC_PERSON zugreifen. Mit dieser View können Sie auch eigene Applikationen entwerfen, die mit den angegebenen Daten arbeiten. So lässt sich zum Beispiel ein Personalverzeichnis als Applikation bauen, die für jeden den Benutzernamen, den

Vorgesetzten, Kontaktinformationen und das Bild anzeigt. Natürlich müssen Sie dafür dem Applikationsschema **select**-Berechtigungen an der View WWSEC_PERSON erteilen.

Edit User – Registerkarte Preferences

Diese Registerkarte enthält neben weiteren persönlichen Informationen einige wichtige Einstellungen zum Thema Navigation und Sicherheit. Tabelle 15-3 beschreibt die Funktion jeder Eigenschaft auf dieser Registerkarte.

Tabelle 15-3: Eigenschaften auf der Registerkarte Preferences des Dialogs Edit User

Eigenschaft	Beschreibung
Additional Personal Details: Known as, Maiden Name, Date of Birth	Optionale persönliche Informationen über den Benutzer.
Display in User Directory	Stellt den Benutzerdatensatz dem Portal-Verzeichnis zur Verfügung, das über das People Portlet zu erreichen ist.
Create Personal Folder	Erstellt einen persönlichen Ordner für den Benutzer. Dies ist nur sichtbar, wenn nicht schon ein Ordner für ihn angelegt wurde.
Default Group	Legt die Standardgruppe für den Benutzer fest, um manche der Benutzervoreinstellungen, wie die Standard-Homepage, zu bestimmen, wenn der Benutzer nicht schon selbst eine festgelegt hat. Die Standardgruppe kann nur aus den Gruppen ausgewählt werden, denen der Benutzer angehört.
Default Home Page	Legt die Standard-Homepage des Benutzers fest. Normalerweise sieht ein Benutzer die Oracle Portal Development Homepage, solange ihm keine andere zugewiesen wurde. Dem Benutzer muss erst Zugriff auf eine Seite erteilt werden, bevor sie als seine Standard-Homepage angegeben werden kann.

Edit User – Registerkarte Contact Info

Diese Registerkarte enthält Informationen über die Telefonnummern und Adressen im Büro und zu Hause. Diese Daten sind optional und werden auf demselben Weg gespeichert wie die entsprechenden Daten der vorigen Registerkarten.

Edit User – Registerkarte Privileges

Die Felder auf der Registerkarte Privileges werden genutzt, um spezielle globale Zugriffsrechte bestimmten Benutzern zu erteilen. Die Berechtigungen sind global, weil der Zugriff für jeden Objekttyp auf dieser Registerkarte für *alle* Objekte dieses Typs erteilt wird, unabhängig von speziellen Sicherheitseinschränkungen, die für den Inhaltsbereich, die Seite oder Applikation gesetzt wurden. Diese Berechtigungen sind normalerweise für Entwickler und Administratoren reserviert, die bestimmte globale Zugriffsmöglichkeiten für ihre Aufgaben benötigen. Die Registerkarte ermöglicht es Ihnen, eine Sicherheitsstufe zu erteilen, die irgendwo zwischen einem normalen Benutzer und einem Oracle Portal-Administrator liegt. Sie sollten diese Berechtigungen auf keinen Fall normalen Oracle Portal-Benutzern erteilen.

Die Berechtigungen auf dieser Seite werden erteilt oder widerrufen, indem die zugelassenen Werte für diese Berechtigung aus einer Auswahlliste ausgewählt werden. Wenn ein Benutzer neu angelegt wird, werden alle Privilegien auf None gesetzt, was bedeutet, dass der Benutzer keinerlei globale Berechtigungen für diesen Objekttyp erhält. Zusammen mit den in Tabelle 15-4 im Detail angegebenen Berechtigungen ermöglicht die Berechtigung Manage, auch anderen Benutzern globale Berechtigungen zu erteilen.

Tabelle 15-4 beschreibt den Zweck und die Funktionalität jeder der Eigenschaften auf der Registerkarte Privileges. Bei jeder Berechtigungen schließt die höhere Berechtigung auch alle Rechte der niedrigeren Berechtigungen mit ein. So beinhaltet zum Beispiel die Berechtigung Manage auch alle Rechte von View und Publish.

Tabelle 15-4: Eigenschaften auf der Registerkarte Privileges des Dialogs Edit User

Page	Objekttyp	Berechtigungen
	All Pages	Manage – Ändern der privaten oder öffentlichen Version von Seiten. Edit Contents – Andere Portlets zu bestehenden Regionen hinzufügen, Portlets oder Tabs hinzufügen oder löschen, verbergen oder anzeigen. Benutzer können keine Regionen erstellen oder löschen. Manage Style – Beliebigen Seiten einen neuen Style hinzufügen. Page Styles erstellen und löschen. Customization (Full) – Benutzer können ihre Versionen aller Seiten anpassen, einschließlich des Verbergens oder Anzeigens von Portlets, die durch den Seitenersteller gesetzt wurden, sowie Portlets hinzufügen, die andere Benutzer nicht zu sehen bekommen. Customization (Add Only) – Benutzer können ihrer Version von allen Seiten Portlets hinzufügen, aber keine Portlets verbergen oder anzeigen, die vom Seitenersteller gesetzt wurden. View – Jede Seite in Oracle Portal kann angezeigt werden. Create – Benutzer können ihre eigenen Seiten erstellen.

Tabelle 15-4: Eigenschaften auf der Registerkarte Privileges des Dialogs Edit User (Fortsetzung)

Page	Objekttyp	Berechtigungen
	All Styles, All Layouts	Manage – Jeden Aspekt jedes Styles/Layouts verändern, Page Styles erstellen oder löschen. View – Jeden Style/Layout einsehen. Publish – Jeden Style/Layout anderen Benutzern verfügbar machen. Create – Styles/Layouts erstellen.
	All Providers	Manage – Das Portlet Repository anzeigen und aktualisieren. Publish – Portlet Provider über die Standard-Oracle Portal Portlets registrieren.
	All Portlets	Manage – Portlets erstellen und löschen. Publish – Jedes Objekt als Portlet veröffentlichen. Das Kontrollkästchen „Publish To Portlet“ ist für diesen Benutzer immer sichtbar.
Content Area	**Objekttyp**	**Berechtigungen**
	All Content Areas	Manage – Alle administrativen Aufgaben für Inhaltsbereiche durchführen. Manage Style – Jeden Ordner-Style erstellen, löschen und bearbeiten. View – Jeden Ordner im Inhaltsbereich einsehen. Make Public – Jedes Inhaltsbereichsobjekt öffentlich zugänglich machen. Create – Jedes Inhaltsbereichsobjekt erstellen, aber keine Inhaltsbereiche.

Tabelle 15-4: Eigenschaften auf der Registerkarte Privileges des Dialogs Edit User (Fortsetzung)

Application	Objekttyp	Berechtigungen
	All Applications	Manage – Applikationskomponenten erstellen und löschen, Applikationen exportieren und löschen, Berechtigungen zuweisen. Edit Contents – Komponenten innerhalb einer Applikation bearbeiten oder exportieren, aber nicht die Applikation selbst bearbeiten. View Source – Paket-spezifikationen und -inhalte für eine Komponente einsehen und diese starten. Dazu gedacht, Benutzer eine Komponente einsehen zu lassen, um zu sehen, wie sie aufgerufen wird. Customize – Alle Applikationen starten und anpassen. Run – Alle Applikationen starten. Create – Eine neue Applikation erstellen. Benutzer erhalten automatisch die Berechtigungen Manage für jede Applikation, die sie anlegen.
	All Shared Components	Manage – Erstellen, Einsehen und Kopieren gemeinsam genutzter Komponenten, Zugriff auf gemeinsam genutzte Komponenten erteilen. Erlaubt auch das Einsehen, Kopieren, Bearbeiten, Löschen und Exportieren von jeder gemeinsam genutzten benutzerdefinierten Komponente. Create – Erstellen, Einsehen und Kopieren jeder systemweit gemeinsam genutzten Komponente sowie das Einsehen gemeinsam genutzter Komponenten andere Benutzer
Administration	**Objekttyp**	**Berechtigungen**
	All Users	Manage – Jeden Aspekt jedes Benutzerkontos bearbeiten. Create – Neue Benutzer anlegen.
	All Groups	Manage – Jeden Aspekt jeder Gruppe bearbeiten. Create – Neue Gruppen anlegen.

Tabelle 15-4: Eigenschaften auf der Registerkarte Privileges des Dialogs Edit User (Fortsetzung)

Administration	Objekttyp	Berechtigungen
	All Schemas	Manage – Berechtigungen für jedes Schema erstellen, bearbeiten, entfernen und zuweisen; jedes Datenbankobjekt in jedem Schema erstellen, bearbeiten, entfernen und umbenennen. Benutzer können auch Selects, Updates, Inserts und Deletes auf jede Tabelle/View in jedem Schema durchführen; jede Funktion/Prozedur/Paket/View in jedem Schema kann kompiliert werden; jede Funktion/Prozedur/Paket in jedem Schema kann ausgeführt werden; Berechtigungen an jedem Datenbankobjekt in jedem Schema können erteilt werden. Modify Data – Neue Schemata erstellen; Zugriffsberechtigungen auf dem eigenen Schema bearbeiten, entfernen und zuweisen; Selects, Updates, Deletes und Inserts auf jede Tabelle/View in jedem Schema durchführen; jede Funktion/Prozedur/Paket/View in jedem Schema kann kompiliert werden; jede Funktion/Prozedur/Paket in jedem Schema kann ausgeführt werden. Insert Data – Neue Schemata erstellen; Zugriffsberechtigungen auf dem eigenen Schema bearbeiten, entfernen und zuweisen; Selects und Inserts auf jeder Tabelle/View in jedem Schema durchführen. View Data – Neue Schemata erstellen; Zugriffsberechtigungen auf dem eigenen Schema bearbeiten, entfernen und zuweisen; Selects auf jede Tabelle/View in jedem Schema durchführen. Create – Neue Schemata erstellen; Zugriffsberechtigungen auf dem eigenen Schema bearbeiten, entfernen und zuweisen.
	All Logs	Manage – Jedes Protokoll bearbeiten oder löschen und diese Berechtigungen an andere Benutzer erteilen. Edit – Jedes Protokoll bearbeiten oder löschen. View – Jedes Protokoll einsehen.

Oracle Portal erlaubt Ihnen nicht, die Single Sign-On Eigenschaften des Benutzers auf den Edit User-Seiten von Oracle Portal zu verändern. Wenn Sie das Kennwort verändern wollen, das Benutzerkonto zu einem bestimmten Termin auslaufen soll oder der Benutzer die Berechtigung Login Server erhalten soll, müssen Sie den Login Server Administrator nutzen, der detailliert im nächsten Abschnitt behandelt wird.

Einen Benutzer vom Single Sign-On Administrator aus bearbeiten

Wenn Sie das Kennwort eines Benutzers ändern, ein Ablaufdatum für das Konto angeben oder einem Benutzer Login Server-Berechtigungen erteilen möchten, müssen Sie die Single Sign-On Administrationsseiten nutzen. Wie wir bereits weiter oben erläuterten, können Sie die Login Server Administration Homepage von der Registerkarte Administer der Oracle Portal Development Homepage aus erreichen. Wenn Sie ein Konto mit Administrationsberechtigungen verwenden, sehen Sie im Portlet Services einen Link auf die Login Server Administration Homepage am unteren Ende der Seite. Sie können die Seite auch aufrufen, indem Sie ihren URL im Format *http://<server>/pls/<dad>* angeben, wobei <server> der Name des Servers ist und <dad> der Database Access Description für den Login Server. Wenn Sie also zum Beispiel einen Server namens MYSERVER und einen DAD namens PORTAL30_SSO haben, lautet der URL http://myserver/pls/portal30_sso. Sobald die Seite angezeigt wird, können Sie auf den Link Login Server Administration klicken.

Wenn Sie nun auf Administer Users klicken, erreichen Sie das Users Portlet – das einzige Portlet auf der Seite. Um einen Benutzer zu bearbeiten, geben Sie dessen Namen im Namensfeld ein oder klicken auf das Icon zum Anzeigen der Auswahlliste mit den bestehenden Benutzern. Wenn Sie einen Benutzer eingegeben oder ausgewählt haben, klicken Sie auf die Schaltfläche Edit, um die Seite Edit User anzuzeigen. Diese Seite entspricht nahezu völlig der Seite Create User. Denken Sie daran, dass Sie zum Ändern eines Benutzerkennworts das Kennwort des Administrators angeben müssen, mit dem Sie auf diese Seite gelangt sind.

Ein Benutzerkennwort ändern

Sicherheitsadministratoren müssen häufig Benutzerkennwörter zurücksetzen. Entweder hat ein Benutzer seins vergessen (was leider nur oft vorkommt), oder Sie müssen das Kennwort eines gemeinsam genutzten Kontos ändern, weil einer der Benutzer das Unternehmen verlassen hat. Wir empfehlen dringend, auf gemeinsam genutzte Konten zu verzichten.

Um nun das Kennwort von jemandem zu ändern, muss der Administrator den Benutzer bearbeiten und ein neues Kennwort in die Felder Password und Confirm Password eingeben. Der Inhalt dieser beiden Felder muss übereinstimmen und den Kennwortrichtlinien entsprechen, die für den Server festgelegt wurden. Denken Sie daran, dass das Kennwort groß- und kleinschreibungssensitiv ist, deshalb müssen Sie sicherstellen, dass Sie das Kennwort beide Male in Kleinbuchstaben eingegeben haben, wenn sich der Benutzer mit einem kleingeschriebenen Kennwort anmelden können soll. Wie schon erwähnt, müssen Sie auch hier das Kennwort des Administrators angeben, um ein Benutzerkennwort ändern zu können.

15.3.3 Eigenständige Benutzerverwaltung

Benutzer können einige der Oracle Portal-Benutzerdaten selbst verwalten. Die wichtigste Information ist ihr Kennwort, aber sie können auch andere persönliche Daten verwalten.

Benutzer können auf ihre Daten zugreifen, indem sie auf den Link Account Info klicken, der als automatischer sekundärer Link verfügbar gemacht werden kann. Wenn der Benutzer darauf klickt, sieht er die in Abbildung 15-9 dargestellte Seite. Die Registerkarte Main zeigt nur die Felder mit den persönlichen Informationen aus der Seite Edit User. Die anderen zwei Register (Preferences und Contact Info) zeigen die gleichen Felder wie beim Standardbildschirm. Benutzer können alle diese Werte ändern und dann auf die Schaltflächen OK oder Apply klicken, um ihre Daten zu sichern.

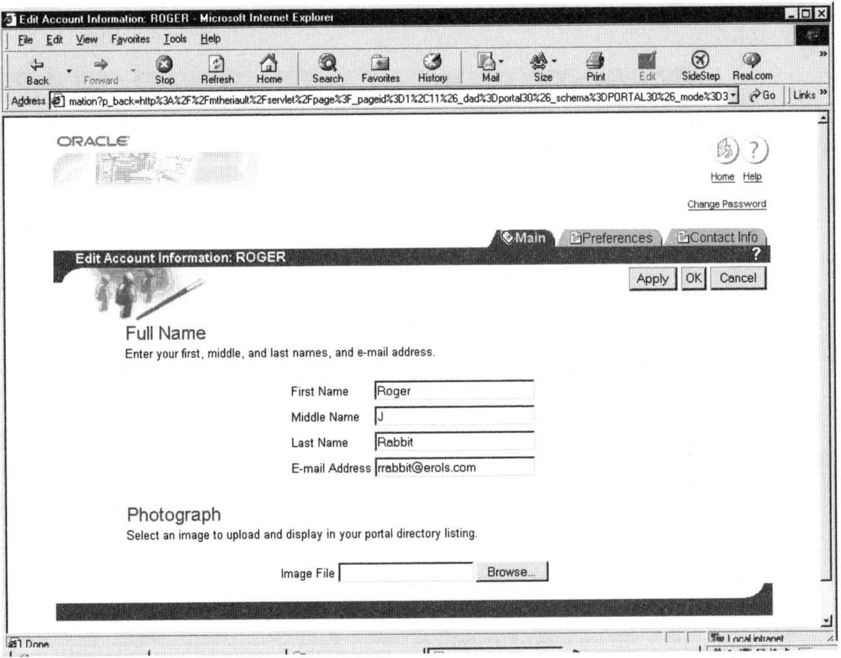

Abbildung 15-9: Eigenständiges Ändern von Kontendaten

Das eigene Kennwort selbstständig ändern

Benutzer können ihr Kennwort jederzeit ändern, indem sie auf der in Abbildung 15-9 dargestellten Seite dem Link Change Password in der oberen rechten Ecke folgen. Sie erreichen dann die Seite Change Password, die in Abbildung 15-10 zu sehen ist. Die Seite hat keinerlei Besonderheiten und wird benutzt, wie man es erwartet. Benutzer müssen ihr altes Kennwort ein Mal und das neue zwei Mal eingeben, und dann auf OK klicken, um die Änderungen zu speichern.

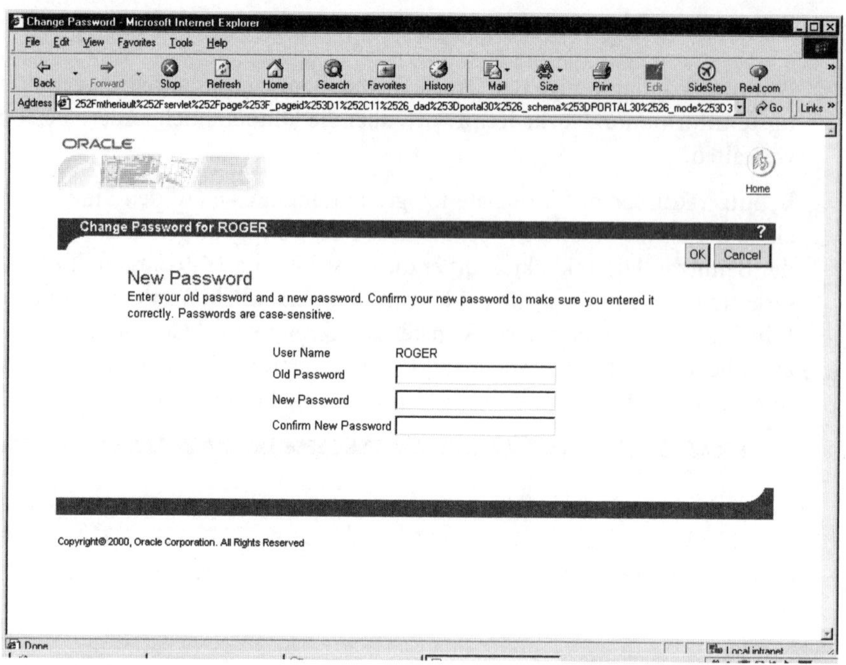

Abbildung 15-10: Die Seite Change Password

15.4 Konfigurieren des Login Servers

Um den Single Sign-On Login Server sicher zu verwalten, müssen Sie verschiedene Konfigurationsaufgaben erledigen. Um die entsprechende Seite zu erreichen, wechseln Sie wie bereits beschrieben zur Login Server-Homepage und wählen dort die in Abbildung 15-11 gezeigte Seite Login Server Administration.

Klicken Sie auf den Link Edit Login Server Configuration, mit dem Sie, wie in Abbildung 15-12 zu sehen ist, auf die entsprechende Konfigurationsseite gelangen. Diese Seite ermöglicht Ihnen, die Kennwort- und Kontensperrungs-Richtlinien für den Login Server zu verwalten.

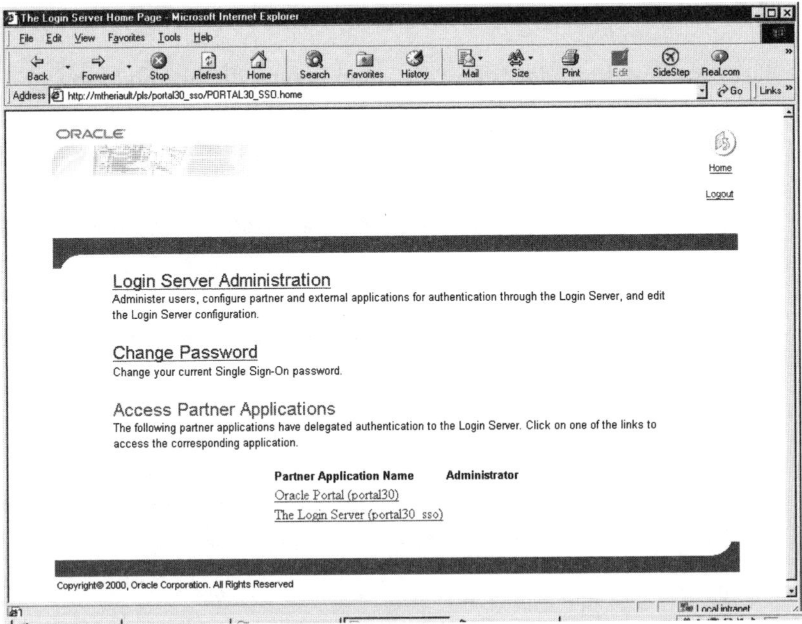

Abbildung 15-11: Homepage des Login Servers

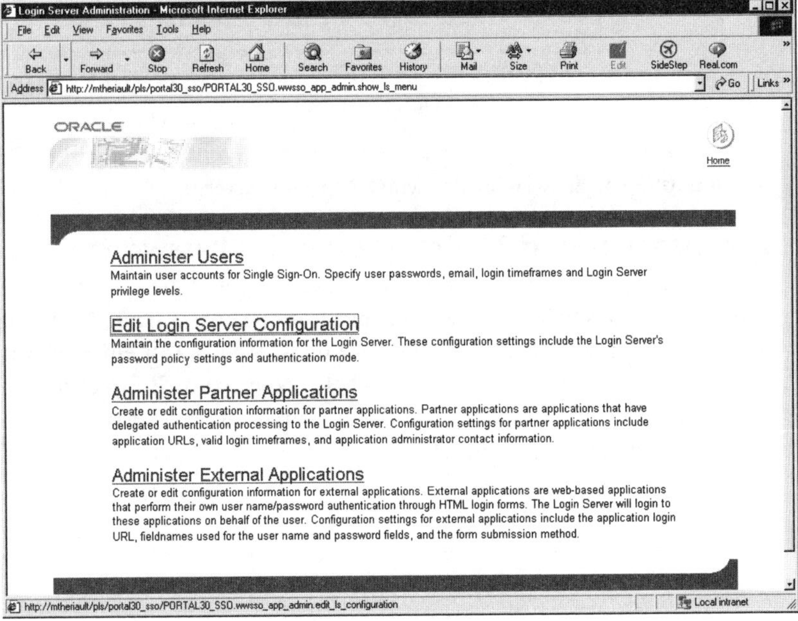

Abbildung 15-12: Die Seite Login Server Administration

15.4.1 Management der Passwortrichtlinien

Der erste Abschnitt der Seite Edit Login Server, die in Abbildung 15-13 zu sehen ist, wird zum Verwalten der Kennwortrichtlinien für den Login Server genutzt. Die meisten Felder sind selbsterklärend, so dass wir nicht allzu detailliert darauf eingehen müssen. Es gibt allerdings ein paar Punkte, die erwähnenswert sind.

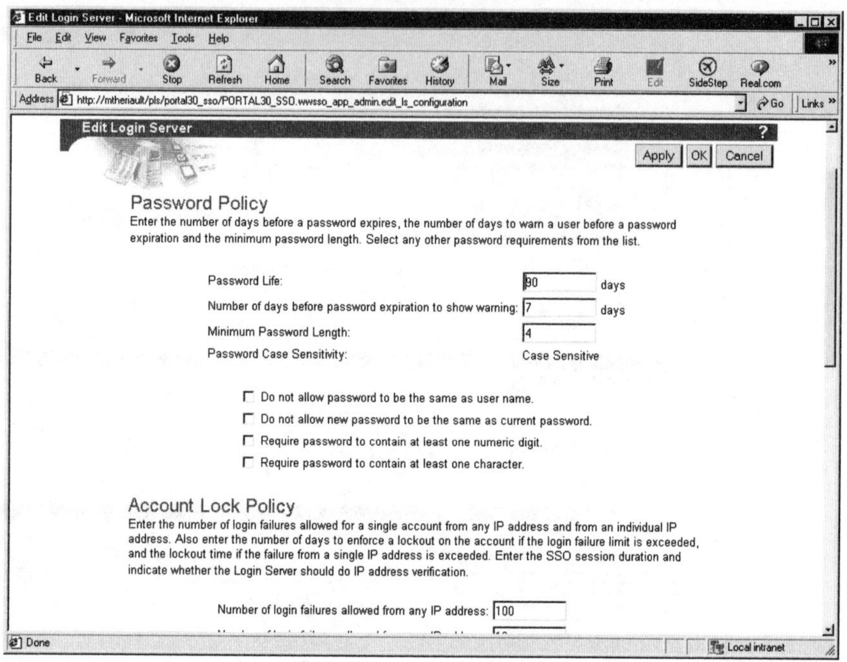

Abbildung 15-13: Erste Hälfte der Seite Edit Login Server

Lebensdauer und Zurücksetzung des Passworts

In der ersten Hälfte der Seite Edit Login Server gibt es die Felder „Password Life“ und „Number of days before password expiration to show warning“. Durch das Eintragen von Werten in diese Felder können Sie definieren, wann ein Kennwort verfällt und wann der Benutzer eine Warnung erhält. Wenn zum Beispiel das Kennwort demnächst verfällt, wird dem Benutzer die in Abbildung 15-14 dargestellte Seite angezeigt, wenn er versucht, sich anzumelden.

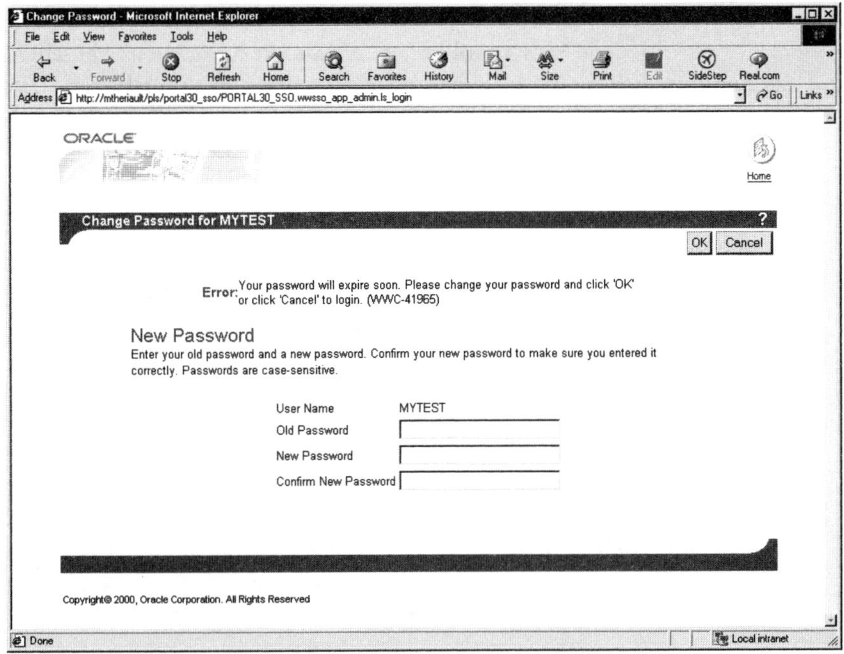

Abbildung 15-14: Hinweis, dass das Kennwort demnächst verfällt

Auf dieser Seite kann der Benutzer sein Kennwort ändern, wenn er die Warnung erhält. Um das Kennwort abzuändern, gibt er einfach ein Mal das alte und zwei Mal das neue Kennwort an (wie bei den meisten Funktionen zum Ändern des Kennworts), und klickt dann auf die Schaltfläche OK. Wenn der Benutzer sein Kennwort später ändern möchte, kann er auf die Schaltfläche Cancel klicken. Nachdem das Kennwort geändert wurde, erhält der Benutzer den normalen Anmeldebildschirm.

Groß- und Kleinschreibung beim Kennwort

Standardmäßig unterscheiden Kennwörter die Groß- und Kleinschreibung. Dies wird konfiguriert, wenn der Login Server installiert wird, und wir haben keine Möglichkeit gefunden, diese Einstellung innerhalb der Administrationsoptionen von Portal zu ändern. Auch wenn die Unabhängigkeit von Groß- und Kleinschreibung die Verwaltungsaufgaben erleichtert, sind wir der Meinung, dass die Groß- und Kleinschreibungssensitivität zu sichereren Kennwörter führt.

Kennwortbeschränkungen

Es gibt verschiedene Einschränkungen, die Sie für Kennwörter vergeben können, um die Benutzer bei der Wahl sichererer Kennwörter zu unterstützen. Diese Beschränkungen beinhalten die folgenden Möglichkeiten (siehe auch Abbildung 15-13):

- Eine minimale Kennwortlänge sicherstellen
- Benutzer davon abhalten, für Benutzername und Kennwort dasselbe Wort zu verwenden
- Erzwingen, dass sich neue Kennwörter von dem bisher genutzten unterscheiden
- Benutzer zwingen, mindestens einen Buchstaben und eine Ziffer in ihr Kennwort mit aufzunehmen.

Es gibt ein paar Einschränkungen bei der Anwendung der Kennwortoptionen. So ist zum Beispiel die Möglichkeit, die Wiederverwendung von Kennwörtern zu verhindern, nur eingeschränkt vorhanden. Es kann lediglich verhindert werden, dass das neue Kennwort auf denselben Wert wie das alte gesetzt wird. Eine echte Kennwort-Historie gibt es nicht, so dass das System die gängige Praxis bei Benutzern nicht verhindern kann, die Zurücksetzung von Kennwörtern dadurch zu umgehen, dass zwischen zwei Kennwörtern gewechselt wird.

Richtlinien zur Kontensperrung

In Oracle Portal haben Sie die Möglichkeit, festzulegen, wie viele Fehlversuche bei der Anmeldung erlaubt sind, bevor ein Konto gesperrt wird. Sie können auch einen Zeitraum angeben, bevor das Konto wieder automatisch freigegeben wird. Wie in Kapitel 7 erläutert, verhindert dieses Feature, dass sich Personen in ein Konto einhacken, indem sie das Kennwort erraten oder ein automatisches Programm dafür benutzen. Die Anzahl der erlaubten Anmeldeversuche und die Dauer der Sperrzeit wird, wie in Abbildung 15-15 gezeigt, auf eine dieser beiden Arten angegeben:

- **Von jeder IP-Adresse** Die Anzahl der Anmeldeversuche, die von beliebigen IP-Adressen vorgenommen werden können, bevor ein Konto gesperrt wird. Die Dauer für diese Sperrart wird über den Wert festgelegt, den Sie im Feld „Global lockout duration“ in Tagen angeben.
- **Von einer IP-Adresse** Sie können die Zahl der Anmeldeversuche angeben, die von einer einzelnen IP-Adresse zulässig sind. In diesem Fall wird die Sperrzeit durch den Wert in „Lockout duration for one IP address“ in Minuten festgelegt.

Diese beiden Sperrmöglichkeiten bedeuten für Sie zwei Verteidigungslinien gegen Versuche, das Kennwort eines Kontos zu knacken.

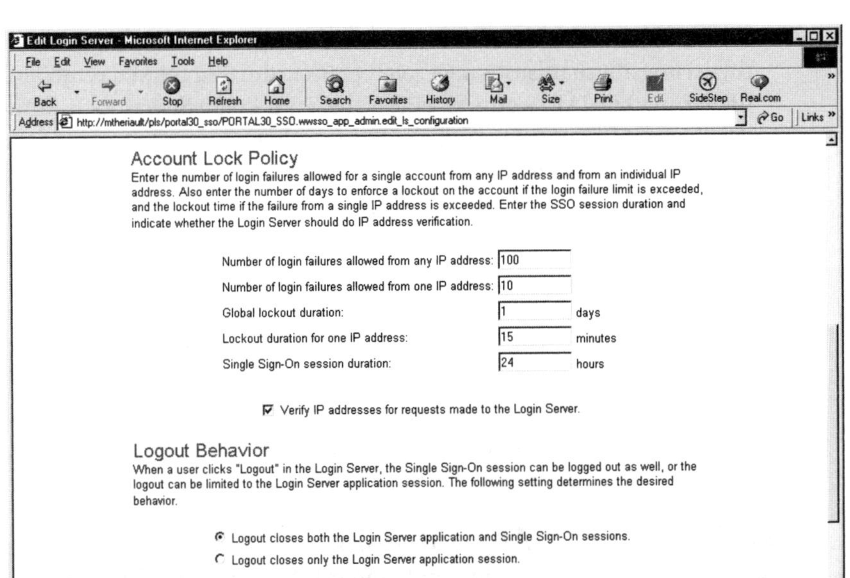

Abbildung 15-15: Anmeldeversuche und Sperrzeiten

Zusätzliche Login Server-Einstellungen

Es stehen Ihnen einige weitere Konfigurationsparameter für den Login Server zur Verfügung:

- **Single Sign-On session duration** Verwenden Sie diesen Wert, um festzulegen, wie lange eine Sitzung verbunden sein darf, ohne sich erneut authentifizieren zu müssen.
- **Verify IP-addresses for requests made to the Login Server** Das System überprüft, ob die IP-Adresse des Browsers, der sich mit dem System verbinden will, die gleiche ist wie die, die die Authentifizierungsanfrage an den Login Server sendete.
- **Logout behavior** Es gibt zwei Auswahlmöglichkeiten für diesen Parameter, der das Systemverhalten beim Klicken auf den Link Logout festlegt. Wenn die Option „Logout closes both the Login Server and Single Sign-On sessions" gewählt wird, werden sowohl die Oracle Portal-Sitzung als auch die Single Sign-On Sitzung beendet. Wenn die Option „Logout closes only the Login Server application session" angeklickt wird, wird nur die Oracle Portal-Sitzung beendet, während die Single Sign-On Sitzung des Benutzers bestehen bleibt.

- **Authentication Mechanism** Hier wird die aktuelle Konfigurierung des Authentifizierungsmechanismus angezeigt. Standardmäßig nutzt das System die Authentifizierung LOCAL, wodurch eine Tabelle im Login Server zum Authentifizieren der Benutzer verwendet wird. Sie können den Server auch so einrichten, dass er einen externen Authentifizierungsmechanismus nutzt (wie LDAP). Dies kann aber auf dieser Seite nicht eingestellt werden.

15.4.2 Benutzer authentifizieren

Wenn Benutzer versuchen, auf nichtöffentliche Oracle Portal-Seiten, Inhalte oder Applikationen zuzugreifen, müssen sie authentifiziert werden. Dies geschieht über eine Seite mit Feldern, in denen die Benutzer ihren Benutzernamen und ihr Kennwort eintragen können. Obwohl es nur eine Standard-Anmeldeseite gibt, stehen noch ein paar andere Möglichkeiten zur Verfügung, um Benutzer zu authentifzieren.

URL des Standard-Anmeldelinks

Immer wenn ein Benutzer auf den Standard-Anmeldelink klickt, wird die Standard-Anmeldeseite im folgenden Format präsentiert:

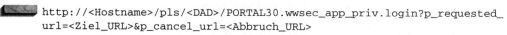

```
http://<Hostname>/pls/<DAD>/PORTAL30.wwsec_app_priv.login?p_requested_
url=<Ziel_URL>&p_cancel_url=<Abbruch_URL>
```

Es gibt folgende Variablen für diesen Befehl:

- **<hostname>** Der DNS-Name der Maschine, auf der Oracle Portal läuft
- **<dad>** Der Oracle Portal Database Access Descriptor (Standard = portal30)
- **<target_url>** Der URL der Seite, auf der der Benutzer landen soll, wenn die Authentifizierung erfolgreich war. Wenn er nicht angegeben wird, werden die Benutzer auf ihre Homepage geleitet, die aus den Benutzereinstellungen oder über die Standardgruppe ermittelt wird. Der Text des URLs muss mit den Standardfluchtzeichen von CGI verwendet werden, um als korrekter Parameter erkannt zu werden (zum Beispiel wird „:" durch „%3A" und „/" durch „%2F" usw. ersetzt).
- **<return_url>** Der URL, zu dem die Benutzer geleitet werden sollen, wenn sie den Anmeldeprozess abbrechen. Dieser Wert wird üblicherweise auf die aufrufende Seite gesetzt, aber Sie können auch etwas anderes angeben. Für diesen Wert gilt bezüglich der Fluchtzeichen das Gleiche wie bei der vorigen Variable.

Sie können einem Link einen URL hinzufügen, wie den im Folgenden gezeigten, um Benutzern zu ermöglichen, sich anzumelden und an einem beliebigen Punkt in Ihrer Oracle Portal-Site zu landen. Hier ein Beispiel für einen Codestück, oder *Anker*, der zum Oracle Portal Navigator führt, wenn der Benutzer auf den Link klickt:

```
<A HREF = "http://mtheriault/pls/portal30/PORTAL30.wwsec_app_priv.login?
p_requested_url=http%3A%2F%2Fmtheriault%2Fpls%2Fportal30%2Furl%2Fpage%2FNA
VIGATOR&p_cancel_url=http%3A%2F%2Fmtheriault">Oracle Portal</A>
```

Die Anfangsposition befindet sich dabei auf dem Host-Rechner MTHERIAULT und nutzt den Standardwert PORTAL30 zusammen mit einer Angabe für ein CGI-Skriptverzeichnis.

Standardmäßige Single Sign-On Seite

Wenn sich Benutzer mit Oracle Portal über den oben beschriebenen Standardlink verbinden, oder versuchen, auf Oracle Portal zuzugreifen, bevor sie angemeldet sind, landen sie auf der standardmäßigen Single Sign-On Seite, die in Abbildung 15-16 zu sehen ist. Nachdem ein Benutzer seinen Namen und sein Kennwort richtig angegeben hat, wird er zu dem im Link definierten Ziel-URL geleitet.

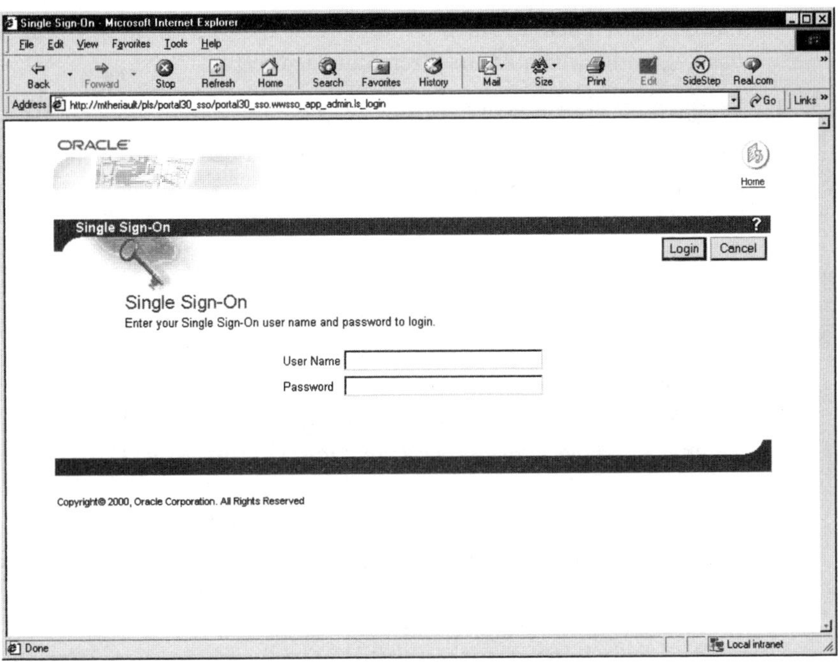

Abbildung 15-16: Standardmäßige Single Sign-On Seite

Das Login Server Anmelde-Portlet verwenden

Die Standard-Anmeldeseite verwendet den standardmäßig voreingestellten Oracle Portal Style. Daher werden die Farben, Grafiken und der Hintergrund nicht zu dem Style Ihrer Site passen. Leider ist keine von Oracle unterstützte Möglichkeit verfügbar, um das Look and Feel der Standard-Anmeldeseite zu ändern. Diese ärgerliche Einschränkung wird eventuell in einer der nächsten Releases angegangen werden. Bis dahin müssen Sie diese Beschränkung auf einem anderen Weg umgehen, um Ihre selbst definierte Anmeldeseite zu erstellen.

Wie bei den meisten Entwicklungsschnittstellen ist die Oracle Portal-Anmeldefunktionalität als Portlet implementiert. Dieses Portlet steht Ihnen für die Verwendung in eigenen Seiten zur Verfügung. Ein einfacher Weg, eine eigene Anmeldeseite mit dem von Ihnen gewünschten Look and Feel herzustellen, ist das Anlegen einer Seite auf oberster Ebene, und nur dieses Portlet einzubinden. Dazu gehen Sie wie folgt vor:

1. Erstellen Sie eine Seite auf oberster Ebene und geben Sie ihr einen sinnvollen Namen, wie zum Beispiel <SYSTEM_NAME_LOGIN>.
2. Setzen Sie den Seitenstyle auf Ihren Standardstyle, den Sie auch für andere Seiten Ihrer Site verwendet haben, wodurch die Farben und der Hintergrund festgelegt werden.
3. Passen Sie den Seitenbanner an, indem Sie die Begrüßungsmeldung, die Grafik, das Logo und die Links auf Ihren Standard setzen.
4. Erstellen Sie ein einfaches Layout, das auch für das Anmelde-Portlet gilt.

Sie können auch noch eine Region am Fußende der Seite für Ihren Standardfußtext aufnehmen, oder links und rechts Regionen definieren, um das Anmelde-Portlet besser zu zentrieren.

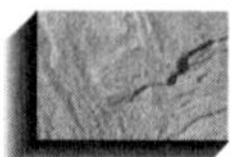

Anmerkung:
Es gibt ein Problem bei diesem Vorgehen. Wenn der Benutzer einen ungültigen Benutzernamen oder ein falsches Kennwort angibt, oder wenn das Kennwort schon abgelaufen ist, wird der Benutzer auf die Standard-Anmeldeseite geleitet, die das standardmäßige Look and Feel von Oracle Portlet besitzt.

Selbst definierte HTML-basierte Anmeldung

Sie können die im vorigen Abschnitt angegebene Prozedur nutzen, um die Farben und Banner anzupassen, aber nicht, um die Texte oder das Layout der Anmeldefelder zu ändern. Dazu müssen Sie selbst geschriebenen HTML-Code verwenden. Das HTML kann irgendwo in einer statischen Seite untergebracht werden, oder Sie erstellen ein HTML-Portlet. Mit dieser Technik können Sie die Anmeldefelder so verändern, wie es Ihnen gefällt.

Die Single Sign-On Anmeldung wird mit einem Standardformular vollzogen, das auf eine Prozedur in einem internen Oracle Portal-Paket verweist. Die in diesem Beispiel verwendete Prozedur heißt wwptl_login.login_url und befindet sich im Oracle Portal-Schema. Dies ist die Prozedur, die im Anmelde-Portlet verwendet wird, das weiter oben ausführlich beschrieben wurde, und es wird mit einem einfachen HTML-Formular angesprochen, wobei natürlich die korrekt benannten Eingabeparameter benutzt werden müssen. Der folgende Code ist ein Beispiel für diese Technik bei einer sehr einfachen rahmenlosen Seite. Die hervorgehobenen Befehle werden nach dem Code-Beispiel erläutert.

```
<HTML>
<HEAD>
    <TITLE>Example Custom HTML Login</TITLE>
    <base href="http://localhost/pls/portal30/"></HEAD>
</HEAD>
<BODY>
    <FORM ACTION="PORTAL30.wwptl_login.login_url" METHOD="POST"
name="LoginForm">
        <INPUT TYPE="hidden" NAME="p_requested_url"
             VALUE="http://localhost/pls/portal30/url/page/NAVIGATOR">
        <INPUT TYPE="hidden" NAME="p_cancel_url"
VALUE="http://localhost">
      <B>Example of a custom Oracle Portal Login approach using HTML</B>
        <BR><BLOCKQUOTE>
            Enter your Oracle Portal account and password to login to
Oracle Portal.
            <BLOCKQUOTE>
                Account:
                <INPUT TYPE="text" NAME="ssousername" SIZE="20"
MAXLENGTH="80">
                  Password:
                <INPUT TYPE="password" NAME="password" SIZE="20"
MAXLENGTH="255">
                <BR><BR>
            </BLOCKQUOTE>
          <INPUT TYPE="submit" VALUE="Login">
          <INPUT TYPE="button" NAME="p_request" VALUE="Cancel"
              onClick="javascript:document.location.href =
'http://localhost';">
        </BLOCKQUOTE>
    </FORM>
</BODY>
</HTML>
```

Dieser HTML-Code hat als Ergebnis die in Abbildung 15-17 gezeigte Seite.

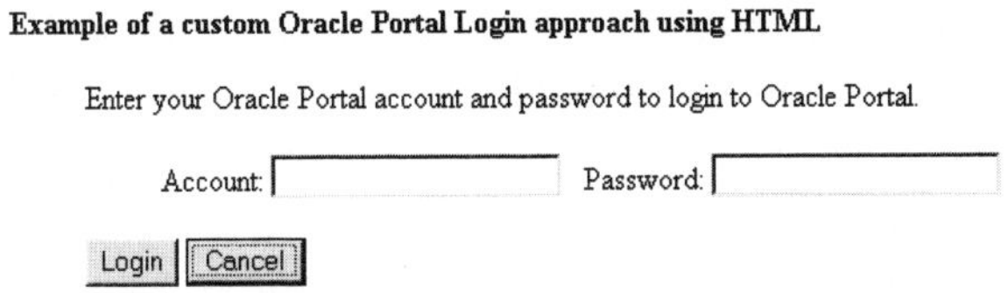

Example of a custom Oracle Portal Login approach using HTML

Enter your Oracle Portal account and password to login to Oracle Portal.

Account: Password:

Login Cancel

Abbildung 15-17: Selbst definierte HTML-Anmeldeseite

Die Benutzerschnittstelle zur Anmeldung arbeitet genauso wie die im vorigen Abschnitt, und Sie können das gesamte HTML-Spektrum verwenden, um das Layout zu beeinflussen. Im Folgenden einige weitere Details zu diesem Vorgehen:

- **base href** Im Beispiel wird das Tag „base" dazu genutzt, den Basispfad für diese spezielle Oracle Portal-Installation festzulegen. Sie müssen das base href so anpassen, dass es Ihre Gegebenheiten widerspiegelt. Sie können aber auch diese Angabe ignorieren und im Formular den vollständigen Pfad angeben.
- **FORM-Tag** Das Form-Tag legt fest, dass die Prozedur portal30.wwptl_login.login_url für die Anmeldung genutzt wird. Wenn Oracle Portal in einem anderen Schema installiert wurde, müssen Sie portal30 durch das entsprechende Schema austauschen.
- **INPUT-Parameter p_requested_url** Dieser Parameter legt die Ziel-Seite fest, zu der der Benutzer nach der Authentifizierung geleitet wird. In diesem Beispiel gelangt er zum Oracle Portal Navigator. Sie können den URL der Seite angeben, zu der Sie den Benutzer schicken wollen.
- **INPUT-Parameter p_cancel_url** Dies ist der URL, zu dem Benutzer geleitet werden, wenn sie auf die Schaltfläche Cancel klicken.
- **Schaltfläche Cancel** Diese Schaltfläche ist eigentlich nicht Teil des Formulars, sondern einfach eine Schaltfläche mit JavaScript, die dafür sorgt, dass man zu der gewünschten Seite weitergeleitet wird.

Natürlich ist nichts vollkommen und es gibt auch mit dieser Technik ein paar Probleme. Das erste Problem ist, dass Sie ein internes Oracle Portal-Paket nutzen, weshalb das Ganze in zukünftigen Releases vielleicht nicht mehr funktioniert. Das andere Problem ist schon aus der vorherigen Lösung bekannt. Wenn Benutzer einen ungültigen Benutzernamen oder ein ungültiges Kennwort angeben, oder ein abgelaufenes Kennwort haben, wird ihnen die Standard-Anmeldeseite mit dem Oracle Portal-Style angezeigt.

Automatische Authentifizierung von externen Seiten

Normalerweise veröffentlichen Sie entweder eine Oracle Portal-Site und erlauben jedermann den Zugriff darauf, oder Sie verwenden die Oracle Portal-Authentifizierung, so dass jeder einen Benutzernamen und ein Kennwort angeben muss. Es kann aber vorkommen, dass Sie verhindern möchten, dass die Leute sich direkt über Links oder Shortcuts mit einer Oracle Portal-Site verbinden, und sie stattdessen zwingen möchten, über eine Seite oder einen Link zu gehen, die nicht zu Oracle Portal gehören, damit sie eine nichtöffentliche Site erreichen.

Eine Möglichkeit dazu ist, den Oracle Portal-Benutzernamen und das Kennwort in einer statischen HTML-Seite hart zu kodieren, die auf der anderen Site liegt. Das Problem bei dieser Technik ist, dass Sie sich ein Sicherheitsloch einhandeln können, wenn der Client die versteckten Parameter für den Benutzernamen und das Kennwort lesen kann.

Der folgende HTML-Code zeigt, wie man hartkodierte Werte verstecken kann:

```
<HTML>
<HEAD>
    <TITLE>Example Custom HTML Login</TITLE>
    <base href="http://localhost/pls/portal30/"></HEAD>
</HEAD>
<BODY>
    <FORM ACTION="PORTAL30.wwptl_login.login_url" METHOD="POST"
name="LoginForm">
        <INPUT TYPE="hidden" NAME="p_requested_url"
            VALUE="http://localhost/pls/portal30/url/page/NAVIGATOR">
        <INPUT TYPE="hidden" NAME="p_cancel_url"
VALUE="http://localhost">
        <INPUT TYPE="hidden" NAME="sso_username" VALUE="autouser">
        <INPUT TYPE="hidden" NAME="password" VALUE="hc_password">
        <INPUT TYPE="submit" VALUE="Automatic Connection To Oracle
Portal">
    </FORM>
</BODY>
</HTML>
```

Als Ergebnis erhält man eine Schaltfläche, die etwa so aussieht:

Automatic Connection To Oracle Portal

Wenn ein Benutzer darauf klickt, wird er automatisch mit Oracle Portal als autouser mit dem Wert des Parameters **sso_username** verbunden. Das Kennwort steht hartkodiert im Parameter **password**. Setzen Sie den Wert von **p_requested_url** auf die URL der Seite, zu der Sie den Benutzer leiten wollen.

15.5 Management des Objektzugriffs

Nachdem die Benutzer authentifiziert sind, muss Oracle Portal immer noch bestimmen, auf welche Objekte, wie zum Beispiel Applikationskomponenten, Seiten und Inhalte, welcher Benutzer Zugriff hat. Dazu nutzt es einen der folgenden Mechanismen:

- **Direkter Benutzerzugriff** Benutzern kann direkter Zugriff auf die Objekte erteilt werden.
- **Sicherer Ggruppenzugriff** Eine Oracle Portal-Gruppe ist eine Menge von Benutzern und anderen Gruppen. Solchen Gruppen können Objektzugriffe erteilt werden. Alle Mitglieder der Gruppe erhalten den entsprechenden Zugriff.

Wir empfehlen Ihnen, aus Sicherheitsgründen Gruppen zum Verwalten der Objektzugriffe zu verwenden, da Sie sich damit langfristig eine Menge Arbeit ersparen. Sie werden feststellen, dass viele Benutzer oder Entwickler denselben Zugriffstyp benötigen, und durch das Erstellen von Gruppen können Sie schnell und einfach Benutzer anlegen nach einem Standardset von Zugriffskriterien.

15.5.1 Gruppen erstellen

Das Verwalten von Gruppen beinhaltet das Erstellen, Bearbeiten und Löschen der Gruppen sowie das Hinzufügen und Entfernen von Mitgliedern. Das Gruppenportlet ist auf der Registerkarte Administer der Oracle Portal Development Homepage für Benutzer verfügbar, die das Recht zum Verwalten von Gruppen besitzen. Sie können diese Seite in Abbildung 15-3 weiter oben sehen.

Um eine Gruppe zu erstellen, klicken Sie auf den Link Create New Groups. Dadurch erreichen Sie einen Assistenten mit drei Seiten, auf denen Sie Informationen über die zu erstellende Gruppe eingeben können. Betrachten wir die benötigten Informationen näher.

Create Group – Details, Mitglieder, Berechtigungen

Bei der ersten Seite der Funktion Create Group handelt es sich um die Details-Seite, sie ermöglicht die Eingabe der grundlegenden Informationen, die zum Erstellen der Gruppe notwendig sind. Tabelle 15-5 beschreibt den Zweck und die Funktionalität der Felder.

Tabelle 15-5: Felder im Bereich Create Group

Eigenschaft	Beschreibung
Name	Geben Sie den Namen der Gruppe ein, der maximal 30 Zeichen lang sein darf. Er muss innerhalb der Oracle Portal-Instanz eindeutig sein und mit einem alphanumerischen Zeichen beginnen, kann dann aber $ und _ enthalten und wird immer in Großbuchstaben abgelegt.
Applies To	Wenn die Auswahlmöglichkeit All Objects Across the Product gewählt wird, kann die Gruppe von allen Inhaltsbereichen, Applikationskomponenten und Seiten genutzt werden. Wenn stattdessen Content Area selektiert ist, lässt sich die Gruppe auch nur dort verwenden.
Description	Geben Sie eine kurze Beschreibung der Gruppe ein. Sie sollten hier immer etwas eingeben, da unabhängig vom Namen der Gruppe in ein oder zwei Jahren niemand mehr weiss, wofür sie gedacht war.

Tabelle 15-5: Felder im Bereich Create Group (Fortsetzung)

Eigenschaft	Beschreibung
Group Visibility	Wenn Hide Group ausgewählt ist, kann diese Gruppe von niemand anderem als den Gruppenbesitzern gesehen werden, wodurch Sie eine weitere Sicherheitsebene für die Verwaltung von Gruppen erreichen.
Group Home Page	Wählen Sie eine bestehende Oracle Portal-Seite als Standard-Homepage für die Gruppe aus. Diese wird nur dann genutzt, wenn es sich um die Standardgruppe des Benutzers handelt und diesem Benutzer keine spezielle Homepage zugewiesen ist.
Default Style	Wählen Sie einen bestehenden Style als Standardstyle der Gruppe aus. Dieser wird nur dann genutzt, wenn es sich um die Standardgruppe des Benutzers handelt und dem Benutzer auf Benutzerebene kein Standardstyle zugewiesen wurde.

Die Seite Specify Group Members wird im Abschnitt „Mitglieder zu Gruppen hinzufügen" behandelt.

Die Felder der Seite Privileges entsprechen genau den Feldern auf der Registerkarte Privileges im Bereich Edit User. Der einzige Unterschied besteht darin, dass die Werte der Berechtigungsfelder allen Mitgliedern der aktuellen Gruppe zugeteilt werden, nicht nur einer einzelnen Person. Lesen Sie für umfassendere Informationen zu den Feldern noch einmal im Abschnitt „Edit User – Registerkarte Privileges" weiter oben in diesem Kapitel nach.

Gruppen bearbeiten und löschen

Der erste Schritt beim Bearbeiten und Löschen einer Gruppe besteht darin, diese auszuwählen, indem man entweder den Gruppennamen in das Namensfeld des Gruppenportlets einträgt oder eine bestehende Gruppe aus der Gruppenliste auswählt. Nachdem Sie eine Gruppe gewählt haben, klicken Sie auf die Schaltfläche Edit. Sie sehen dann die erste Seite der Funktion Edit Group.

Um eine Gruppe zu löschen, klicken Sie auf die Schaltfläche Delete, nachdem Sie eine Gruppe ausgewählt haben. Sie werden dann gebeten, das Löschen zu bestätigen, und wenn Sie auf die Schaltfläche Yes klicken, wird die Gruppe gelöscht. Das Bearbeiten einer Gruppe funktioniert nahezu genauso wie das Anlegen. Es gibt drei verfügbare Register: Details, Members und Privileges. Jedes Register korrespondiert mit einer der drei Seiten, die im Abschnitt über das Erstellen von Gruppen besprochen wurden, und enthält die gleichen Felder.

Mitglieder zu Gruppen hinzufügen

Wenn Sie eine Gruppe erstmals erstellen, können Sie auf der zweiten Seite der Funktion Create Group Benutzer oder andere Gruppenmitglieder zu der Gruppe hinzufügen. Um Benutzer zu einer bestehenden Gruppe hinzuzufügen, bearbeiten Sie die Gruppe und wechseln auf die Registerkarte Members. Die Vorgehensweise ist in beiden Fällen identisch.

Um einen Benutzer oder eine Gruppe hinzuzufügen, geben Sie einfach den entsprechenden Namen in das Namensfeld ein und klicken auf Add to Members List. Sie können auch einen Benutzer oder eine Gruppe aus einer Liste bestehender Benutzer oder Gruppen auswählen, indem Sie auf das entsprechende Icon klicken. Dabei wird dann das Namensfeld für Sie gefüllt, aber Sie müssen immer noch selbst auf die Schaltfläche Add to Members List klicken. Nachdem Sie dies getan haben, wird die Seite aktualisiert und das neu hinzugefügte Mitglied erscheint in der Mitgliedsliste am Ende der Seite.

Stellen Sie sicher, dass Sie nach einer solchen Aktion Ihre Änderungen speichern, indem Sie auf die Schaltflächen Apply oder OK klicken. Wenn Sie stattdessen auf Cancel klicken, werden alle Änderungen an der Gruppe einschließlich den hinzugefügten Mitgliedern verworfen.

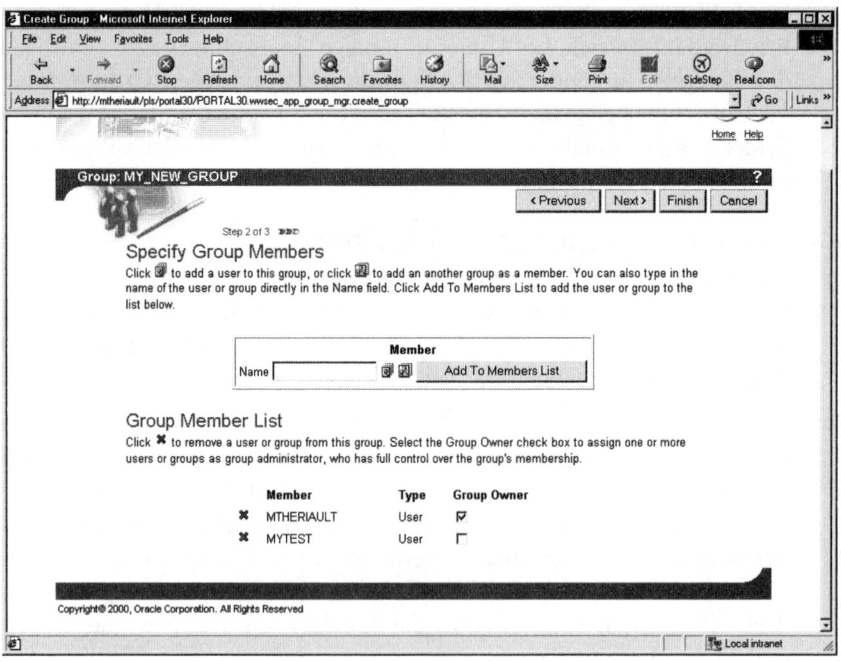

Abbildung 15-18: Seite für Gruppenmitgliedschaften und Gruppenbesitzer

Gruppenbesitzer

Neben jedem Mitglied einer Gruppe findet sich ein Kontrollkästchen Group Owner, wie in Abbildung 15-18 zu sehen ist. Nur die Benutzer mit einem aktivierten Kontrollkästchen dürfen die Gruppe bearbeiten, löschen oder Benutzer hinzufügen beziehungsweise entfernen. Ist bei einer Gruppe das Kontrollkästchen Hide Box aktiviert, sind nur die Gruppenbesitzer in der Lage, der Gruppe Zugriff auf Seiten, Inhalte oder Applikationen zu gewähren.

Mitglieder aus einer Gruppe entfernen

Um ein Mitglied aus einer Gruppe zu entfernen, klicken Sie einfach auf das Icon zum Entfernen (ein rotes „x") links vom Benutzer, wie in Abbildung 15-18 gezeigt. Wenn Sie darauf klicken, wird die Seite aktualisiert und das Mitglied von der Liste entfernt. Wenn Sie das nächste Mal auf Apply oder OK klicken, wird das Mitglied auch aus der Gruppe entfernt.

15.5.2 Benutzern und Gruppen Zugriff erteilen

Nachdem Sie Benutzer und Gruppen angelegt haben, müssen Sie ihnen Zugriff auf Seiten, Applikationen, Applikationskomponenten und/oder Inhaltsbereiche von Oracle Portal erteilen. Um Zugriff auf Oracle Portal-Seiten zu gewähren, wechseln Sie auf die Registerkarte Access der Funktion Edit Page für die gewünschte Seite. Sie können die Seite entweder aus dem Portlet Edit Pages der Oracle Portal Homepage auswählen, oder die Registerkarte Page des Oracle Portal Navigators nutzen, die in Abbildung 15-19 zu sehen ist.

Nachdem Sie die Seite Edit Page erreicht haben, klicken Sie auf die Registerkarte Access. Wenn das Kontrollkästchen Display Page To Public Users selektiert ist, müssen Sie Benutzern und Gruppen keine besonderen Zugriffsrechte erteilen, da die Seite schon für jeden erreichbar ist. Ist es nicht aktiviert, müssen Sie den gewünschten Benutzern und Gruppen Zugriff erteilen, indem Sie deren Namen in das Feld Grantee eintragen. Wenn Sie den Namen nicht kennen, können Sie die entsprechende Icons nutzen, und erhalten eine Liste der verfügbaren Benutzer oder Gruppen angezeigt. Wenn Sie eine Wahl treffen, wird dieser Name in das Feld eingetragen. Nachdem Sie Ihre Wahl getroffen haben, müssen Sie auf die Schaltfläche Add klicken, um die Zugriffsrechte zu aktualisieren. Die Seite wird neu aufgebaut und zeigt den entsprechenden Benutzer in der Liste der Berechtigten am Ende der Seite an.

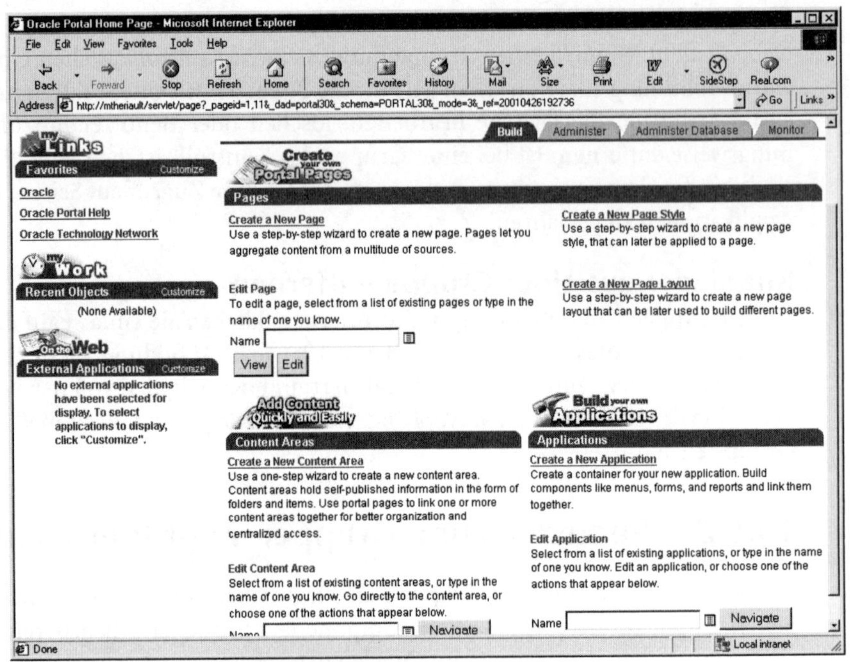

Abbildung 15-19: Oracle Portal Homepage

Zugriffsberechtigungen für Seiten

Wenn Sie einem Benutzer oder einer Gruppe Zugriff auf eine Seite erteilen, können Sie die Art des Zugriffs festlegen, indem Sie einen Wert aus der Auswahlliste selektieren. Haben Sie einem Benutzer noch keine Rechte erteilt, können Sie die Option Grant Access nutzen. Ansonsten müssen Sie Change Access verwenden. Tabelle 15-6 beschreibt detailliert die unterschiedlichen Seitenberechtigungen, die Sie einem Benutzer erteilen können.

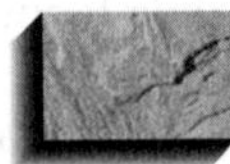

Anmerkung:

Der Link „Customize Page" erscheint am Anfang jeder Seite, für die der Benutzer eine Berechtigung hat, die das Anpassen der Seite erlaubt. Das entsprechende Konfigurationsfenster zeigt nur die Optionen, für die der Benutzer Änderungsrechte besitzt. Wenn er keinerlei Berechtigungen besitzt, erscheint auch der Link nicht.

Tabelle 15-6: Berechtigungen für den Seitenzugriff

Berechtigung	Erteilter Zugriff
View Only	Ermöglicht, die Seite anzusehen, sie als Standard zu setzen und die Seite in eine private Seite zu kopieren, wenn man die entsprechende Berechtigung besitzt.
Customization (Add Only)	Ermöglicht das Hinzufügen neuer Portlets zu bestehenden Regionen. Diese Portlets sind spezifische Anpassungen für diesen Benutzer und für andere nicht sichtbar. Es können selbst hinzugefügte Portlets auch wieder entfernt werden, aber keine, die zur Entwurfszeit festgelegt wurden. Benutzer, die nur diese Berechtigung besitzen, können keine Regionen anlegen, löschen oder verändern, und auch keine vom Ersteller der Seite gesetzten Portlets verbergen oder löschen.
Customization (Full)	Ermöglicht Berechtigten die vollständige Anpassung ihrer eigenen privaten Version der Seite. Die Anpassungen sind für andere Benutzer nicht sichtbar. Die Berechtigung beinhaltet die Möglichkeit, Portlets zu verbergen oder zu löschen, die vom Seitenersteller angelegt wurden.
Manage Style	Ermöglicht die Auswahl eines neuen Styles für die private oder öffentliche Version der Seite.
Edit Content	Ermöglicht das Ändern der privaten oder öffentlichen Version der Seite wie folgt: Andere Portlets/Tabs zu bestehenden Regionen auf der Seite hinzufügen Beliebige Portlets/Tabs hinzufügen oder löschen Portlets/Tabs verbergen oder anzeigen Benutzer mit dieser Berechtigung können keine Regionen erstellen oder löschen, auch nicht für ihre private Version der Seite.
Manage	Ermöglicht das Ändern der privaten oder öffentlichen Version der Seite in allen Varianten, einschließlich: Ändern der Eigenschaften der Seite (Titel, Name, Beschreibung) Portlets/Tabs hinzufügen oder löschen Portlets/Tabs verbergen oder anzeigen Regionen hinzufügen oder löschen Wählen eines anderen Styles Zugriffsberechtigungen für die Seite festlegen Ersteller haben automatisch vollständige Kontrolle über alle Seiten, die sie angelegt haben. Zusätzlich haben DBAs, Portal-Administratoren und Benutzer mit der Berechtigung Manage für alle Seiten die vollständige Kontrolle über alle Seiten in der Datenbank.

Zugriff auf Applikationen erteilen

Um Zugriff auf Oracle Portal-Applikationskomponenten zu gewähren, wechseln Sie zur Registerkarte Access des Dialogs Manage Application für die entsprechende Applikation. Sie erreichen diese Registerkarte, indem Sie auf den Link Grant Access auf der Registerkarte Application des Oracle Portal Navigators klicken, oder indem Sie den Link Manage anklicken und anschließend die Registerkarte Access.

Sie können bestimmten Gruppen oder Benutzern Zugriff erteilen, indem Sie den Benutzer- oder Gruppennamen in das Feld Grantee eintragen. Wenn Sie den Namen der Gruppe oder des Benutzers nicht kennen, können Sie das entsprechende Icon anklicken, um eine Liste der bestehenden Gruppen oder Benutzer zu erhalten. Der dort ausgewählte Eintrag wird dann in das Feld Grantee übernommen. In beiden Fällen müssen Sie die Schaltfläche Add klicken, um den Zugriff zu gewähren. Dadurch wird die Seite aktualisiert und der entsprechende Benutzer wird in der Liste der Berechtigten am Ende der Seite angezeigt.

Zugriffsberechtigungen für Applikationen

Wenn Sie einem Benutzer oder einer Gruppe Applikationszugriff gewähren, können Sie die Art des Zugriffs spezifizieren, die Sie erteilen wollen. Wie bei den Seitenzugriffen selektieren Sie einen Wert aus der Auswahlliste, um festzulegen, ob Sie einen bestimmten Zugriff erlauben wollen oder nicht. Tabelle 15-7 beschreibt die verschiedenen Applikationsberechtigungen, die Sie einem Benutzer erteilen können.

Tabelle 15-7: Berechtigungen für den Applikationszugriff

Berechtigung	Erteilter Zugriff
Manage	Ermöglicht das Erstellen und Löschen von Applikationskomponenten, Löschen und Exportieren von Applikationen und das Zuweisen von Berechtigungen an andere Benutzer.
Edit	Ermöglicht das Erstellen, Bearbeiten oder Exportieren von Komponenten in einer Applikation. Zudem können Applikationen exportiert und bearbeitet werden. Benutzer können keine Applikationen löschen oder Berechtigungen an andere Benutzer erteilen.
View Source	Ermöglicht das Einsehen von Paketdefinition, Pakethauptteil und Call Interface sowie das Ausführen und Anpassen von Komponenten in der Applikation. Diese Berechtigung ist dazu gedacht, Benutzern zu ermöglichen, Komponenten einzusehen, um deren Aufrufkonventionen auszulesen.

Tabelle 15-7: Berechtigungen für den Applikationszugriff (Fortsetzung)

Berechtigung	Erteilter Zugriff
Customize	Ermöglicht das Ausführen und Anpassen von Komponenten in einer Applikation. Der Benutzer darf keine Komponenten hinzufügen oder bestehende bearbeiten, kann diese aber anpassen und auf die spezifischen Anpassungsoptionen zugreifen, die für jeden Komponententyp verfügbar sind.
Execute	Ermöglicht nur das Ausführen der Komponenten in der Applikation. Benutzer dürfen keine Komponenten hinzufügen, bearbeiten und auch nicht anpassen.

Zugriff auf Applikationskomponenten erteilen

Standardmäßig bekommen alle Komponenten einer Applikation die Berechtigungen vererbt, die für die Applikation definiert wurden. Es ist aber möglich, die Sicherheitseinstellungen für bestimmte Komponenten zu überschreiben. Dazu führen Sie folgende Schritte durch:

1. Öffnen Sie die Applikation in der Registerkarte Applications des Oracle Portal Navigators.
2. Klicken Sie auf den Link Grant Access neben der Komponente, deren Berechtigungen Sie anpassen wollen.
3. Deaktivieren Sie das Kontrollkästchen Inherit Privileges from Application.
4. Klicken Sie auf die Schaltfläche Apply.

Die Seite wird aktualisiert und ein Bereich für das Erteilen und Ändern von Zugriffsberechtigungen wird der Seite hinzugefügt. Diese Bereiche haben die gleiche Bedeutung für Komponenten wie die für die gesamte Applikation. Der einzige Unterschied ist, dass die Berechtigungen nur für die aktuelle Komponente erteilt werden.

Zugriff auf Inhaltsbereiche erteilen

Standardmäßig haben alle Benutzer Zugriff auf einen Inhaltsbereich als Public User, und können alle Ordner und Elemente darin sehen, die öffentlichen Zugriff erlauben. Sie müssen keinerlei Berechtigungen zum Anzeigen auf Inhaltsbereichsebene erteilen. Es gibt aber einige Administrationsberechtigungen, die Sie auf dieser Ebene zuweisen können.

Dazu führen Sie folgende Schritte aus:

1. Wechseln Sie zur Registerkarte Access des Eigenschaftsdialogs Content Area Properties für den Inhaltsbereich, für den der Zugriff erteilt werden soll. (Dieser Dialog lässt sich über den Link Edit Properties für jeden spezifischen Inhaltsbereich auf der Registerkarte Content Areas des Oracle Portal Navigators erreichen.)

2. Um bestimmten Gruppen oder Benutzern Zugriff zu gewähren, geben Sie den entsprechenden Namen in das Feld Grantee ein. Wenn Sie den Namen nicht kennen, können Sie das entsprechende Icon zum Anzeigen einer Liste bestehender Benutzer oder Gruppen nutzen. Ihre Auswahl wird dann in das Feld Grantee eingetragen.
3. Um den Zugriff zu gewähren, klicken Sie auf die Schaltfläche Add.

Die Seite wird aktualisiert und der entsprechende Benutzer in der Liste der Berechtigten am Ende der Seite angezeigt.

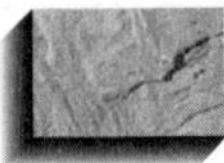

Anmerkung:
Wenn Sie den öffentlichen Zugriff auf den Inhaltsbereich verhindern wollen, bearbeiten Sie dessen Stammordner, klicken auf die Registerkarte Access und deaktivieren das Kontrollkästchen Make Public. Dann können öffentliche Benutzer nicht einmal mehr den obersten Inhaltsbereich sehen.

Zugriffsberechtigungen für Inhaltsbereiche

Wenn Sie einem Benutzer oder einer Gruppe Berechtigungen an Inhaltsbereichen erteilen, können Sie den Zugriffstyp, den Sie erteilen wollen, angeben, indem Sie einen Wert aus der Auswahlliste selektieren. Wie bei anderen Zugriffsberechtigungstypen gewähren oder ändern Sie den Zugriff in Abhängigkeit davon, ob bisher schon Zugriff bestand oder nicht. Tabelle 15-8 führt die verschiedenen Berechtigungen auf, die Sie einer Gruppe oder einem Benutzer erteilen können.

Tabelle 15-8: Berechtigungen für den Zugriff auf Inhaltsbereiche

Berechtigung	Erteilter Zugriff
Administer	Der Berechtigte wird Administrator des Inhaltsbereichs und erhält die vollständigen Berechtigungen, um Struktur, Style und Inhalt zu verändern. Der Benutzer kann alle Objekte einsehen, bearbeiten und löschen, einschließlich Ordner und Styles, die als privat markiert sind. Zudem kann er Zugriffsberechtigungen für Inhaltsbereiche an andere Benutzer erteilen.
Manage Style	Der Berechtigte wird Style-Administrator für den Inhaltsbereich und kann damit neue Styles erstellen, bestehende bearbeiten oder löschen, und jedem Ordner oder jeder Navigationsleiste im Inhaltsbereich Styles zuweisen.
Make Public	Der Berechtigte kann Styles und Navigationsleisten anderen Benutzern verfügbar machen. Benutzer mit dieser Berechtigung sehen das Kontrollkästchen Make Public, wenn sie Styles oder Navigationsleisten erstellen oder bearbeiten.

Zugriff auf Ordner in Inhaltsbereichen erteilen

Standardmäßig haben alle Benutzer öffentlichen Zugriff auf den Inhaltsbereich selbst, erhalten aber nicht automatisch Zugriff auf die Ordner, die darin angelegt wurden. Man muss den Zugriff auf die Ordner für Gruppen und Benutzer explizit erteilen, indem man folgende Schritte ausführt.

1. Wechseln Sie auf die Registerkarte Content Area des Oracle Portal Navigators.
2. Öffnen Sie die Inhalte des entsprechenden Bereichs, indem Sie auf dessen Link Contents klicken.
3. Klicken Sie auf den Link Folders, um eine Liste der Ordner dieses Inhaltsbereichs zu erhalten.
4. Klicken Sie für den entsprechenden Ordner auf den Link Edit.
5. Klicken Sie auf die Registerkarte Access am Anfang der Seite.

Um einer bestimmten Gruppe oder einem Benutzer Zugriff zu gewähren, geben Sie den entsprechenden Namen in das Namensfeld im Bereich Grant Access ein. Wenn Sie sich nicht an den Namen erinnern können, klicken Sie auf das entsprechende Icon rechts vom Feld, um die Liste der möglichen Einträge zu erhalten. Nachdem Sie den gewünschten Benutzer oder die gewünschte Gruppe ausgewählt haben, klicken Sie auf die Schaltfläche Add to Access List, wodurch der entsprechende Eintrag am Ende der Seite auftaucht. Hier können Sie nun den genauen Zugriff festlegen. Tabelle 15-9 beschreibt die Bedeutungen der einzelnen Berechtigungen.

Tabelle 15-9: Zugriffsberechtigungen für Ordner

Berechtigung	Erteilter Zugriff
Own Folder	Ermöglicht den vollständigen Zugriff auf die Ordner und berechtigt zur Durchführung aller auf Ordner oder Elemente bezogenen Aufgaben in diesem Ordner. Es kann mehr als einen Besitzer eines Ordners geben, wobei alle Besitzer die gleichen Berechtigungen haben.
View Content	Ermöglicht das Einsehen aller Elemente des Ordners, ausgenommen der gelöschten oder abgelaufenen oder jener, die eigene Berechtigungen auf Elementebene besitzen.
Edit Style	Ermöglicht die Wahl eines anderen Styles für den Ordner, wenn der Administrator für den Inhaltsbereich erlaubt hat, dass Ordnerbesitzer den Style ihres eigenen Ordners festlegen können.

Tabelle 15-9: Zugriffsberechtigungen für Ordner (Fortsetzung)

Berechtigung	Erteilter Zugriff
Manage Items	Ermöglicht das Einsehen, Hinzufügen und Löschen von Elementen im Ordner. Es ist keine Zustimmung für neue Elemente erforderlich.
Create With Approval	Ermöglicht das Einsehen und Hinzufügen von Elementen in den Ordner. Der Besitzer des Ordners muss den mit dieser Berechtigung hingefügten Elementen zustimmen, bevor sie anderen Benutzern angezeigt werden können.

Weitere Sicherheitsoptionen für Ordner

Es gibt weitere globale Sicherheitseinstellungen, die vorgenommen werden können und in Tabelle 15-10 beschrieben werden.

Tabelle 15-10: Zusätzliche Sicherheitsoptionen für Ordner

Option	Zweck/Funktionalität
Make Public	Wenn dieses Kontrollkästchen aktiviert ist, ist der Ordner und sein Inhalt für öffentliche Benutzer sichtbar, das heißt, für Benutzer, die nicht authentifiziert wurden. Diese Option ist nur für Benutzer sichtbar, die die Berechtigung Publish oder Make Public haben. Wenn das Kontrollkästchen nicht aktiviert ist, können diesen Ordner nur der Administrator für den Inhaltsbereich, der Besitzer des Ordners und Benutzer mit explizit zugewiesenen Rechten an dem Ordner sehen.
Enable Item Level Security	Wenn dieses Kontrollkästchen aktiviert ist, können die einzelnen Elemente eigene Sicherheitseinstellungen erhalten. Standardmäßig erben alle Elemente die Einstellungen vom übergeordneten Ordner. Diese Option ermöglicht es Ihnen, Sicherheitsoptionen für ein Element festzulegen und die Standardeinstellungen des Ordners zu überschreiben. Das Aktivieren der Sicherheitseinstellungen auf dieser Ebene kann die Performance zur Laufzeit beeinträchtigen, da dann das Cachen der Ordner deaktiviert ist. Sie sollten diese Option nur dann verwenden, wenn es einen bestimmten Grund dafür gibt.
Add Privileges To All Sub-Folders	Wenn diese Option ausgewählt ist, wird beim Klicken auf die Schaltfläche Cascade Privileges allen Unterordnern eines Ordners jede neue Berechtigung für den Parent-Ordner hinzugefügt. Spezifisch angegebene Sicherheitseinstellungen für die Unterordner bleiben dabei erhalten.
Overwrite Privileges on All Sub-Folders	Wenn diese Option ausgewählt ist, werden beim Klicken auf die Schaltfläche Cascade Privileges allen Unterordnern die Berechtigungen für den Parent-Ordner übertragen und überschreiben alle bestehenden Berechtigungen.

15.5.3 Öffentlichen Zugriff für Seiten und Applikationen erteilen

Wie sorgen Sie dafür, dass Seiten, Applikationen und Ordner auch für nicht authentifizierte Benutzer verfügbar werden? Das Zuweisen von öffentlichem, nicht authentifiziertem Zugriff auf Seiten ist einfach und unkompliziert, wenn Sie die folgenden Schritte durchführen:

1. Öffnen Sie den Oracle Portal Navigator und klicken Sie auf die Registerkarte Pages.
2. Wechseln Sie in den entsprechenden Bereich (Top Level Pages, My Pages oder User Pages).
3. Klicken Sie für die entsprechende Seite auf den Link Edit.
4. Klicken Sie auf die Registerkarte Access.
5. Aktivieren Sie das Kontrollkästchen Display Page to Public Users.
6. Klicken Sie auf die Schaltfläche Apply oder OK.

Das ist alles, was Sie tun müssen. Die Seite ist nun für alle Benutzer sichtbar. Allerdings bedeutet das nicht automatisch, dass auch der Inhalt der Seite sichtbar ist. Sie müssen sicherstellen, dass jeder Seiteninhalt (Komponenten und Ordner) den öffentlichen Zugriff erlaubt.

Öffentlichen Zugriff für Applikationen und Komponenten erteilen

Das Zuweisen von öffentlichem Zugriff an Applikationen und Komponenten von Oracle Portal ist etwas komplizierter. Weisen Sie dem Benutzer PUBLIC Zugriff zu, wie Sie es bei einem normalen Benutzer tun würden. Dieser Benutzer ist ein spezieller Benutzer, der alle repräsentiert, die nicht an Oracle Portal angemeldet sind. Mit den folgenden Schritten sorgen Sie dafür, dass alle Komponenten einer Applikation von öffentlichen Benutzern ausgeführt werden können:

1. Öffnen Sie den Oracle Portal Navigator und klicken Sie auf die Registerkarte Applications.
2. Klicken Sie für die entsprechende Applikation auf den Link Grant Access.
3. Geben Sie in das Feld Grantee **PUBLIC** ein und klicken Sie auf die Schaltfläche Add.
4. Belassen Sie die Berechtigungen auf Execute, da Sie nicht möchten, dass ein unauthentifizierter Benutzer Ihre Seiten verändern kann.

Mit diesen Schritten werden *alle* Komponenten in einer Applikation verfügbar. Wenn Sie nur bestimmte Komponenten freigeben möchten, können Sie die gleichen Schritte für diese speziellen Komponenten durchführen.

Anmerkung:
Wenn Sie die Berechtigungen für den Benutzer PUBLIC auf „Customize“ setzen, wirken sich die Anpassungen eines öffentlichen Benutzers auf alle anderen Benutzer aus, was nicht sehr nützlich ist und verwirrend sein kann. Daher sollte der Zugriff für PUBLIC immer auf Execute bleiben.

Öffentlichen Zugriff auf Ordner in Inhaltsbereichen erteilen

Das Zuweisen von öffentlichem Zugriff auf Ordner in Inhaltsbereichen funktioniert ähnlich wie bei Seiten. Sie müssen nur ein Kontrollkästchen aktivieren. Mit den folgenden Schritten weisen Sie einem Ordner öffentlichen Zugriff zu:

1. Öffnen Sie den Oracle Portal Navigator und klicken Sie auf die Registerkarte Content Areas.
2. Klicken Sie auf den Link Contents des entsprechenden Bereichs, zu dem der Ordner gehört.
3. Klicken Sie auf den Link Folders.
4. Klicken Sie für den entsprechenden Ordner auf den Link Edit.
5. Klicken Sie auf die Registerkarte Access.
6. Aktivieren Sie das Kontrollkästchen Make Public, das sich am Anfang der Seite im Bereich Access Settings befindet.
7. Klicken Sie auf die Schaltfläche Apply oder OK.

Es gibt keine Eigenschaft des öffentlichen Zugriffs auf den Inhaltsbereich selbst. Alle Zugriffe werden in den Ordnern kontrolliert. Sie können aber den Stammordner des Inhaltsbereichs bearbeiten und dort öffentlichen Zugriff gewähren, indem Sie die folgenden Schritte ausführen.

1. Öffnen Sie den Oracle Portal Navigator und klicken Sie auf die Registerkarte Content Areas.
2. Klicken Sie für den entsprechenden Inhaltsbereich auf den Link Edit Root Folder.
3. Klicken Sie auf die Registerkarte Access.
4. Aktivieren Sie das Kontrollkästchen Make Public, das sich am Anfang der Seite im Bereich Access Settings befindet.
5. Klicken Sie auf die Schaltfläche Apply oder OK.

Teil V

Hacker und Fehlersuche

Implementierung des Auditings

Haben Sie ein Girokonto bei einem Finanzinstitut? Wenn ja, wie oft überprüfen Sie, ob der von Ihnen berechnete Kontostand mit dem übereinstimmt, den Ihnen Ihre Bank mitteilt? Gleichen Sie es immer aus, wenn die Kontoauszüge eintreffen, oder werfen Sie nur einen kurzen Blick darauf und überprüfen Ihre Bilanzen erst, wenn ein Problem auftaucht? Überlegen wir einmal, was Sie normalerweise tun, wenn Sie ein Girokonto führen. Bei jeder Überweisung geben Sie normalerweise die Kontonummer, die Bankleitzahl und die Person oder Organisation an, an die die Überweisung gerichtet ist. Vielleicht haben Sie den Überblick über Ihren Kontostand und vergleichen einmal im Monat, ob Ihre Daten mit denen der Bank übereinstimmen. Wenn Sie sich hinsetzen und Ihr Scheckheft auswerten, führen Sie im Endeffekt ein Audit über Ihre Kontodaten durch.

So wie jeder Einzelne sein Girokonto nach eigenem Gutdünken führt, haben auch Firmen unterschiedliche Ansätze dafür, wie was wann in ihren Datenbanken und Systeme auditiert wird. Wir haben herausgefunden, dass die Audit-Kriterien bei jeder Firma unterschiedlich und in der einen oder anderen Art einmalig sind. Daher müssen Sie Ihre Audit-Option kennen und sorgfältig abwägen.

Es gibt viele Gründe, warum sich ein Unternehmen dafür entscheidet, das Auditing zu implementieren. So ist zum Beispiel das Protokollieren der Daten hilfreich, die aus Ihrer Datenbank entfernt wurden, wenn wichtige Daten wiederhergestellt werden sollen, die zufällig oder in böser Absicht gelöscht wurden. In vielen Fällen nutzen Sie die Audit-Möglichkeiten, weil Sie Ihre Daten und Ihre Datenbank gegen unabsichtlich und mutwillig angerichtete Schäden und Betriebsspionage schützen wollen. Wenn Mitarbeiter wissen, dass die Systeme sorgfältig auditiert werden und empfindliche Strafen drohen, kann Auditing ein effektives Abschreckungsmittel sein.

In anderen Fällen können Sie das Auditieren nutzen, um die verwendeten System- und Datenbankressourcen zu überwachen, wie zum Beispiel die CPU- und I/O-Belastung, um festzustellen, wann zusätzliche Hardware nötig ist, um eine weitere Zunahme der Aktivitäten oder Benutzer verkraften zu können.

Sie können Ihr Vorgehen beim Auditieren sehr detailliert planen, sehr allgemein oder auf irgendeiner Stufe dazwischen. Sie können sich entscheiden, Informationen über bestimmte Aktionen auf alle Tabellen oder alle Aktionen auf bestimmte Tabellen zu sammeln. Sie können die Aktionen eines oder aller Benutzer protokollieren, und Sie können das erste Auftreten eines Befehls oder alle seine Vorkommen aufzeichnen. Ihr Audit-Ansatz kann die gesamte Skala zwischen der Speicherung sämtlicher Aktionen auf Ihrer Datenbank (was wir auf *keinen* Fall empfehlen) und dem vollständigen Deaktivieren jeglicher Protokolltätigkeiten widerspiegeln. Wenn Ihre Datenbank ein Entwicklungs- oder Testsystem ist, das sich andauernd ändert und keinen großen Einfluss auf die Datensicherheit Ihrer Firma hat, können Sie sich dazu entscheiden, das Auditing komplett auszuschalten. Das ist auch möglich. Der Punkt ist, dass Sie Ihre Möglichkeiten analysieren und die Vor- und Nachteile abwägen sollten, bevor Sie eine Entscheidung treffen.

In diesem Kapitel wollen wir die verschiedenen Formen des Auditings untersuchen, die eine Oracle-Datenbank zur Verfügung stellt, die Vor- und Nachteile jeder Option aufführen, zeigen, wie man das grundlegende Protokoll aufsetzt und einen Ansatz vorstellen, den Sie zur Generierung Ihrer eigenen Audit-Implementierung nutzen können. Wir werden außerdem die Möglichkeit diskutieren, das Oracle Log Mining-Feature in einer Audit-Umgebung einzusetzen, und einige Überlegungen und Aktionen für den laufenden Betrieb beschreiben, die die negativen Performance- und Speicherplatzeinflüsse in Ihrem System reduzieren können.

16.1 Über das Auditing

Wie wir schon in Kapitel 3 erwähnten: Unabhängig davon, was Sie tun wollen, ist das Entwickeln eines Plans ein sinnvoller erster Schritt. Wenn Sie also überlegen, irgendeine Form des Auditings auf Ihrem System umzusetzen, sollten Sie damit beginnen, in einem Plan die Gründe zusammenzufassen und die Ziele, die Sie erreichen wollen. Leider entwickeln viele Unternehmen keine Audit-Strategie, bis sie feststellen, dass ihr System verletzt wurde. Wenn sie dann ein Problem feststellen, müssen sie eine Audit-Umgebung aus dem Stand aufsetzen, ohne die für einen Erfolg nötigen Planungen angestellt zu haben. Wie bei Ihrem Girokonto, das Sie erst wieder ausgleichen, wenn eine Überweisung aus Geldmangel nicht durchgeführt wurde, kann es für den Einsatz des Auditings auf Ihrer Datenbank viel zu spät sein. Machen Sie sich klar, dass manche Formen des Auditings die Leistungsfähigkeit Ihres Systems verringern können. Deshalb ist es sowohl bezüglich der Systemressourcen als auch hinsichtlich des Überwachungspersonals völlig unpraktikabel, alles und jedes in Ihrer Datenbank zu überwachen. Unser erster Rat für Sie ist darum, sorgfältig darüber nachzudenken, wie viel Überwachung Sie tatsächlich benötigen, um Ihr System zu schützen ohne die Performance allzu sehr zu beeinträchtigen.

Wenn Sie Ihren Audit-Plan umsetzen, müssen Sie lernen, welche Features die Grundausstattung Ihrer Oracle Software mitliefert und welche Produkte auf dem Markt sind, die für Ihre Umgebung vielleicht nützlich sein könnten. In diesem Kapitel werden wir die von Oracle zur Verfügung gestellten Tools beschreiben, die sich mit den verschiedenen Formen des Auditierens befassen. Tools von Drittherstellern gehen unserer Ansicht nach über den Rahmen dieses Kapitels hinaus.

Wenden wir uns zunächst den Fragen zu, die Sie beantworten müssen um herauszufinden, welcher Ansatz für das Auditing in Ihrem Unternehmen sinnvoll ist. Sobald Sie einen Aktionsplan formuliert haben, können Sie ihn umsetzen. Wir werden erläutern, wie Sie Oracles Audit-Tools auch nutzen können, um Ihr System sicherer zu machen.

16.1.1 Fragebogen zum Auditing

Es gibt viele Fragen, die Sie sich selbst, Ihren Kollegen und dem Management stellen sollten, wenn Sie mit dem Planungsprozess beginnen. Haben Sie die Audit-Anforderungen für Ihre Datenbank bestimmt, können Sie sich schrittweise an die Umsetzung des Plans in die Realität machen. Natürlich bringt das reine Umsetzen eines Audit-Ansatzes nicht viel, wenn Sie keinen Überwachungsplan erstellt haben, in dem auch beschrieben ist, wie Sie bei nachträglich erkannten Defiziten vorgehen wollen. Sie müssen außerdem entscheiden, wie oft Sie Ihren Audit-Plan überarbeiten wollen, um sicherzustellen, dass er den aktuellen Bedürfnissen Ihres Unternehmens und gleichzeitig den neuesten Oracle-Features entspricht.

Hier folgt eine Liste mit potenziellen Fragen, die Sie stellen können. Wir werden jede Frage genau unter die Lupe nehmen, um Ihnen zu zeigen, welche Auswahlmöglichkeiten und Vorgehensweisen Ihnen zur Verfügung stehen. Wie bei allen Plänen empfehlen wir Ihnen auch hier, alle eingesammelten Antworten niederzuschreiben, um über einen dokumentierten Status der Problemstellungen, Kriterien und Ergebnisse zu verfügen, an dem Sie sich orientieren können. Auch wenn unsere Liste Ihnen als Anregung dienen kann, ist sie sicherlich nicht vollständig. Wir gehen davon aus, dass Sie weitere Fragen, die für Ihr Unternehmen spezifisch sind, stellen und beantworten werden.

- Warum wollen wir jetzt einen Audit-Plan umsetzen?
- Welche Bereiche müssen wir auditieren?
- Wohin werden die Audit-Daten geschrieben?
- Welche Informationen wollen wir sammeln?
- Welche Audit-Ebene ist angemessen?
- Wie viele System- und Personalressourcen werden für das Auditing benötigt?
- Wie groß darf der Performanceverlust sein?

- Wer soll die Audit-Ergebnisse untersuchen?
- Welche Schritte sind nötig, wenn Schäden an den Daten festgestellt wird?
- Wie werden die Schäden protokolliert?
- Wie sollen beschädigte Daten wiederhergestellt werden?
- Wie oft wird der Audit-Plan überarbeitet?

Nachdem wir nun einige Fragen formuliert haben, wenden wir uns den Antworten zu.

Warum wollen wir einen Audit-Plan umsetzen?

Normalerweise wird das Auditieren für eine Datenbank aktiviert, weil eine der folgenden Situationen eingetreten ist:

- Eine Sicherheitslücke beliebiger Art wurde entdeckt.
- Das höhere Management oder eine externe Unternehmensberatung hat festgestellt, das das System auditiert werden müsste.
- Das höhere Management stellt die Budget-Anforderungen für die nächsten drei Jahre zusammen und möchte, dass Sie die Hardware- und Software-Anforderungen für die Datenbanken überschlagen.
- Sie nehmen an einer Konferenz teil, auf der das Thema Auditing angesprochen wird. Dadurch wurden Sie sich der Gefährlichkeit eines nicht auditierten Systems dermaßen bewusst, dass Sie in die Firma zurückkommen und sagen: „Mensch, wir müssen endlich das Auditing auf unserem System implementieren."

Leider ist nach der Entscheidung für eine Implementierung des Auditings meistens der erste Schritt, irgendeine Form des Auditings zu aktivieren, ohne sich wirklich Gedanken darüber zu machen, welche Information gesammelt wird, in welchem Ausmaß die Performance des Systems darunter leidet oder was mit den Daten geschehen soll, die sie gesammelt wurden. Wir haben immerhin einen Fall kennen gelernt, in dem zwar auditiert wurde, die entsprechenden Daten aber nie untersucht wurden. Wir hören Sie schon fragen: „Warum sich mit dem Auditieren herumschlagen, wenn man sich nicht mit den Daten auseinandersetzen will?" Nun, in diesem speziellen Fall hatte die Person auf Geheiß hin das Auditing implementiert, aber keine Anweisungen erhalten, ob Berichte erstellt oder weitere Aktionen vorgenommen werden sollten. Niemand war je instruiert worden, dass mehr als das Einrichten des Auditings durchgeführt werden sollte. Glücklicherweise war die gewählte Auditierungsstufe so niedrig, dass die Systemleistung nicht betroffen war, und der Datenbank-Administrator wurde durch einen neuen ersetzt, bevor etwas Nachteiliges geschehen konnte. Als der neue DBA feststellte, das das Auditing aktiviert worden war, fragte er: „Warum tun wir das?" Niemand wusste es!

Wenn eine Sicherheitslücke aufgedeckt wird, ist die natürliche Verhaltensweise, erst einmal die Anmeldeaktivitäten zu protokollieren. Wenn Sie viele Benutzer in Ihrem

System haben, kann sich dies gleichzeitig als unpraktikabel und ressourcenintensiv erweisen. Sie müssen entscheiden, welche Aktionen wirklich identifiziert werden müssen. Es kann gut sein, dass Sie eher an fehlgeschlagenen Anmeldungen interessiert sind, weil dies darauf hinweisen kann, dass jemand versuchte, in das System zu gelangen, als an erfolgreichen Anmeldungen, die nur aussagen, dass sich gültige Benutzer angemeldet haben.

Wenn Ihr Management oder eine externe Unternehmensberatung die Notwendigkeit des Auditings festgestellt hat, sind normalerweise die Audit-Form und die nachfolgenden Aktionen definiert oder zumindest klarer. Wenn Sie für ein Finanzinstitut arbeiten, sind schlüssige Audit-Kriterien zusammen mit detaillierten Berichten wahrscheinlich sowohl gut dokumentiert als auch bereits umgesetzt für die Datenbanken in Ihrem System. Sie werden dann vielleicht darum gebeten, das Auditing für eine neue Datenbank oder Applikation umzusetzen, und können auf andere Systeme zurückgreifen als Vorlage für Ihr Vorgehen.

Wenn die verschiedenen Datenbankaktivitäten, wie Benutzeranmeldungen, I/O-Prozesse, Speichernutzung usw. protokolliert werden, entwickeln Sie mit der Zeit ein Gefühl dafür, welche Systemressourcen verstärkt benötigt werden. Auf Basis dieser Informationen können Sie abschätzen, wie viele Ressourcen in Zukunft nötig sind. Die Speicherkapazität von Festplatten hat exponenziell mit der CPU-Geschwindigkeit und dem verfügbaren Speicher zugenommen, über den Sie Ihrem System verfügen können. Das Auditieren von Systemressourcen kann Ihnen dabei helfen, Ihre zukünftigen Anforderungen besser zu planen.

Wenn Sie an einer Konferenz teilgenommen oder ein Buch oder einen Artikel gelesen haben, in dem die verschiedenen Sicherheitsrisiken beschrieben wurden, werden Sie das Auditing als Vorsichtsmaßnahme implementieren, bevor Sicherheitslöcher auftreten. Auch hier kann sich die Audit-Form, für die Sie sich entscheiden, auf die Performance Ihres Systems auswirken, so dass Sie sich wirklich im Klaren darüber sein müssen, welche Aktivitäten Sie protokollieren müssen. Zudem sollten Sie darauf vorbereitet sein, Ihre Entscheidungen verteidigen zu können, wenn Ihr System dadurch langsamer wurde.

Welche Bereiche müssen wir auditieren?

Es gibt verschiedene Bereiche, die Sie in Ihre Überlegungen mit einbeziehen müssen, wenn Sie einen Audit-Plan für Ihre Unternehmensdatenbanken aufstellen wollen. Folgende Bereiche kristallisieren sich immer wieder heraus:

- **Befehls-Auditing** Protokollieren von SQL-Befehlen, die von einem oder mehreren bestimmten Benutzern, oder von allen Benutzern ausgeführt werden. Diese Art des Auditierens ist sehr umfassend.
- **Berechtigungs-Auditing** Protokollieren der Nutzung der Systemressourcen durch einen oder mehrere bestimmte Benutzer, oder alle Benutzer in der Daten-

bank, wie zum Beispiel mit **audit create table**. Diese Art des Auditierens ist von moderatem Umfang.

- **Schemaobjekt-Auditing** Protokollieren der Aktionen, die an einem oder mehreren Objekten in einem Schema vorgenommen werden, wie zum Beispiel **audit insert into EMPLOYEES**. Diese Art des Auditierens ist sehr zielgerichtet und umfasst nur einen beschränkten Bereich.
- **Ressourcen-Auditing** Protokollieren des Ressourcenverbrauchs von jedem Benutzer. Diese Art des Auditierens ist sehr umfassend.

Sie können die Befehle auf Systemebene auditieren, die zum Erstellen und Verwalten von Objekten, wie zum Beispiel Tabellen oder Views, dienen. Auch die administrativen Befehle zum Erteilen und Entziehen von Berechtigungen und Rollen, und wie diese Berechtigungen genutzt wurden, lässt sich protokollieren. Sie können die Aktivitäten zum Manipulieren der Daten in der Datenbank aufzeichnen. Und schließlich lassen sich auch die genutzten Systemressourcen überwachen.

Bei jedem Audit-Typ, für den Sie sich entscheiden, können Sie unterschiedliche Ziele verfolgen. Sie haben vielleicht festgestellt, dass jemand Ihre Daten manipuliert, und entscheiden sich dazu, die Benutzeraktivitäten an einer bestimmten Tabelle oder einem Set von Tabellen zu protokollieren. Vielleicht haben Sie bemerkt, dass Daten aus der Tabelle ORDERS gelöscht wurden, so dass Sie nun das Auditing für diese Tabelle aktivieren, um festzustellen, wer dort wann Daten löscht. Leider ist es in den Versionen vor Oracle9*i* schwieriger, das Auditing so einzurichten, dass die genauen Daten erfasst werden, weil sie beim Löschen unwiederruflich entfernt wurden. Es gibt aber auch Aktionen, die Sie in jeder Oracle-Version durchführen können, wie zum Beispiel das Erstellen von Triggern auf Tabellen, um die Zeilen zu sichern, die gelöscht wurden, und gleichzeitig festzuhalten, welcher Benutzer dies veranlasste.

Ein anderer potenzieller Audit-Bereich sind Änderungen an Tabellen mit sensiblen Daten. So wäre zum Beispiel die Tabelle SALARY in Ihrer Applikation PAYROLL ein guter Kandidat für die Überwachung. Sie können das Auditing einschalten, um alle vorgenommenen Gehaltsänderungen zu protokollieren. Auch hier kann es abhängig von der verwendeten Oracle-Version notwendig sein, einen Trigger zu erstellen, der die Werte vor und nach einer Änderung aufzeichnet, zusammen mit Benutzerinformation zu Änderungen, wie dem Zeitpunkt und Datum der Änderung, und der Person, die sie vornahm.

Ein Problem, mit dem viele Unternehmen konfrontiert sind, ist, wie die Aktivitäten der Datenbankadministratoren innerhalb der Firma protokolliert werden sollen. Datenbankadministratoren haben normalerweise genug Berechtigungen, um alle Überwachungsversuche zu umgehen. Eine Möglichkeit, dieses Problem zu lösen, ist das Aktivieren des Auditings auf den Audit-Tabellen selbst. In einer Oracle8*i*, Release 3-Datenbank gibt es drei Audit-Tabellen im Schema SYS: AUD$, AUDIT$ und AUDIT_

ACTIONS. Wir werden Ihnen im Verlauf dieses Kapitels noch weitaus mehr über diese Tabellen und ihre Verwendung erzählen.

Ein dritter Bereich, den Sie beachten sollten, ist das Erstellen von Benutzern und Objekten in Ihrem System. Oracle protokolliert automatisch diverse Datenbankaktionen, einschließlich dem Starten und Herunterfahren der Instanz, und den DDL (Data Dictionary Language)-Befehlen zum Erstellen oder Verändern von Datenbankstrukturen, wie Tablespaces und Datendateien. Dabei werden im Alert-Log für jede dieser Aktionen Einträge vorgenommen. Allerdings werden die Befehle zum Erstellen von Benutzern oder anderen Objekten, wie Tabellen, Indizes, Views usw. nicht protokolliert. Der Eintrag im Alert-Log besteht aus der Zeit und dem Datum, an dem die Instanz gestartet oder gestoppt oder der Befehl ausgeführt wurde, und der Befehlssyntax. Wenn Sie das automatische Starten oder Stoppen Ihrer Datenbank beim Hoch- und Herunterfahren des Betriebssystems eingerichtet haben, werden auch diese Einträge automatisch vorgenommen. Hier ein Beispiel eines DDL-Befehls aus der Alert-Log-Datei. Wie Sie sehen, gibt es keine Informationen darüber, wer den Tablespace angelegt hat, sondern nur, wann es geschah.

```
Wed Apr 25 14:25:11 2001
CREATE TABLESPACE RBS DATAFILE 'D:\Oracle\oradata\myport\rbs01.dbf'
SIZE 75M REUSE AUTOEXTEND ON NEXT 5120K
MINIMUM EXTENT 512K
DEFAULT STORAGE (INITIAL 512K NEXT 512K MINEXTENTS 8 MAXEXTENTS 4096)
```

Nun noch eine Reihe von Beispieleinträgen, die vorgenommen wurden, als die Datenbank MY817 startete. Die Einträge stammen aus einem Windows NT-Ereignisprotokoll. In der Ereignisanzeige wird jeder Eintrag mit Datum, Uhrzeit, Benutzer, Computer, Ereignis-ID, Quelle, Art des Ereignisses und der Kategorie angezeigt. Hier zeigen wir den Inhalt der Einträge ohne die Datums- und Zeitinformationen. Jeder Eintrag wurde als eigenes Ereignis in der Ereignisanzeige dargestellt, wobei der neueste an oberster Stelle steht:

```
Audit trail: ACTION : 'connect INTERNAL' OSPRIV : OPER CLIENT USER: NT
AUTHORITY\SYSTEM CLIENT TERMINAL: MTHERIAULT STATUS: SUCCEEDED (0 ) .
Audit trail: ACTION : 'startup' AUDIT_TRAIL : none.
Audit trail: ACTION : 'startup' OS_AUTHENT_PREFIX : .
Initializing SGA for instance my817.
Initializing PGA for process PMON in instance my817.
Initializing PGA for process DBW0 in instance my817.
Initializing PGA for process LGWR in instance my817.
Initializing PGA for process CKPT in instance my817.
Initializing PGA for process SMON in instance my817.
Initializing PGA for process RECO in instance my817.
Initializing PGA for process SNP0 in instance my817.
Initializing PGA for process SNP1 in instance my817.
Initializing PGA for process SNP2 in instance my817.
Initializing PGA for process SNP3 in instance my817.
```

Wenn Sie wissen wollen, wann der Datenbank eine neue Tabelle hinzugefügt wurde, damit Sie die mitgelieferten Parameter analysieren oder beobachten können, wie eine bestimmte Person ihre Berechtigungen nutzt, können Sie das Auditing mit dem folgenden Befehl einschalten:

```
audit create table by <Benutzername>;
```

Sie können auch mehr als einen Benutzer angeben, indem Sie die Benutzernamen mit Kommas abtrennen. Wenn Sie also protokollieren möchten, ob JENNIFER oder EVELYN eine Tabelle erstellen, können Sie den folgenden Befehl eingeben:

```
audit create table by JENNIFER, EVELYN;
```

Wohin werden die Audit-Daten geschrieben?

Um das Auditing aktivieren zu können, müssen Sie den Parameter AUDIT_TRAIL in der Datei init.ora für diese Instanz bearbeiten können. Der Wert in diesem Parameter teilt Oracle mit, ob und wohin die Audit-Daten geschrieben werden sollen. Sie haben die Wahl, die Daten in Betriebssystemdateien oder in die Datenbank zu schreiben. Audit-Datensätze in der Datenbank werden in der Tabelle AUD$ im Schema SYS gespeichert. Sie können die Datei init.ora ändern und AUDIT_TRAIL auf TRUE, FALSE, NONE, DB oder OS setzen. Standardmäßig steht der Wert auf NONE, womit das Auditing deaktiviert ist. Wird der Parameter auf FALSE gesetzt, erreicht man gleichfalls die Deaktivierung. Wenn Sie DB oder TRUE angeben, werden die Daten in die Tabelle AUD$ geschrieben. Falls Sie OS angeben, werden die Audit-Daten in Betriebssystemdateien gespeichert. Sie müssen zudem die Berechtigung „Audit System" besitzen, um das Auditing auf Ihrem System einschalten zu können.

Es gibt einen weiteren Parameter in der Datei init.ora, den Sie setzen können, wenn Sie erreichen wollen, dass Ihre Audit-Daten in ein vom Standard abweichendes Verzeichnis geschrieben werden. Dieser Parameter heißt AUDIT_FILE_DEST. Wenn Sie kein Verzeichnis angeben, sondern nur AUDIT_TRAIL auf OS setzen, werden die Dateien im Verzeichnis $ORACLE_HOME/rdbms/audit erstellt.

Eine Warnung sollten Sie berücksichtigen: Sie können individuelle **audit**-Befehle ausführen, ohne dass Oracle Sie darüber informiert, dass das Auditing global ausgeschaltet ist. Auf Grund dessen könnten Sie glauben, dass das Auditieren funktioniert, obwohl das nicht der Fall ist. Um zu überprüfen, ob das Auditing auch wirklich eingeschaltet ist, können Sie den folgenden Befehl absetzen und sich die Spalte VALUE anschauen:

```
select * from V$PARAMETER where name = 'audit_trail';
```

Sie müssen allerdings noch beachten, dass alle Aktivitäten von jemandem mit der Rolle SYSDBA nicht im Audit-Protokoll vermerkt werden.

In der Vergangenheit hatten Sie in Oracle die Möglichkeit, die Tabelle AUD$ aus dem Tablespace SYSTEM in einen anderen zu verschieben und dadurch die Aktivitäten auf SYSTEM zu reduzieren. Dadurch wurde auch vermieden, dass der Tablespace SYSTEM zu schnell fragmentiert wurde. Mittlerweile empfiehlt Oracle dieses Vorgehen nicht mehr, da es zu Problemen beim Upgrade oder Migrieren Ihrer Datenbank führen kann.

Welche Informationen sollen wir sammeln?

Abhängig von der Art des aktivierten Auditierens werden im Audit-Log unterschiedliche Informationselemente gespeichert. Es gibt Informationen, die Oracle immer dokumentiert, wie zum Beispiel:

- Benutzer-ID oder Benutzername
- Sitzungskennung
- Terminalkennung
- Name des Schemas, in dem sich das Objekt befindet
- Durchgeführte oder versuchte Operation
- Ergebnisstatus der Operation
- Datum und Zeitstempel
- Verwendete Systemberechtigungen

Wenn Sie die Informationen auf Betriebssystemebene speichern, wird die Ausgabe in der Form FELDNAME: <Wert> vorgenommen. Sie wird nicht verschlüsselt, so dass Sie selbst dafür sorgen müssen, dass die Datei von niemandem außerhalb der Administratorengruppe gelesen oder verändert werden kann.

Aktivieren wir das Auditing für das Schema NELSON, um die Änderungen an den Daten in der Tabelle EMPLOYEES in jeder Sitzung zu protokollieren. In unserem Beispiel haben wir in unserer Parameterdatei init.ora AUDIT_TRAIL auf TRUE gesetzt, und die Datenbank herunter- und wieder hochgefahren, so dass der Parameter auch wirksam wurde. Nun führen wir die folgenden Befehle von einem Konto mit der Berechtigung Audit System aus durch.

```
audit SELECT, INSERT, UPDATE, DELETE on NELSON.EMPLOYEES by session;
```

Wir verbinden uns als Benutzer ROZ und verändern die Tabelle:

```
connect ROZ/SOHAPPY2B
select * from NELSON.EMPLOYEES;
update NELSON.EMPLOYEES set SALARY = SALARY * 1;
commit;
```

Nun wollen wir uns anschauen, was in die Tabelle SYS.AUD$ geschrieben wurde. Da viele der Spalten ziemlich lang sind, haben wir die Ausgabe etwas platzsparender gestaltet und die Abfrage wie folgt durchgeführt:

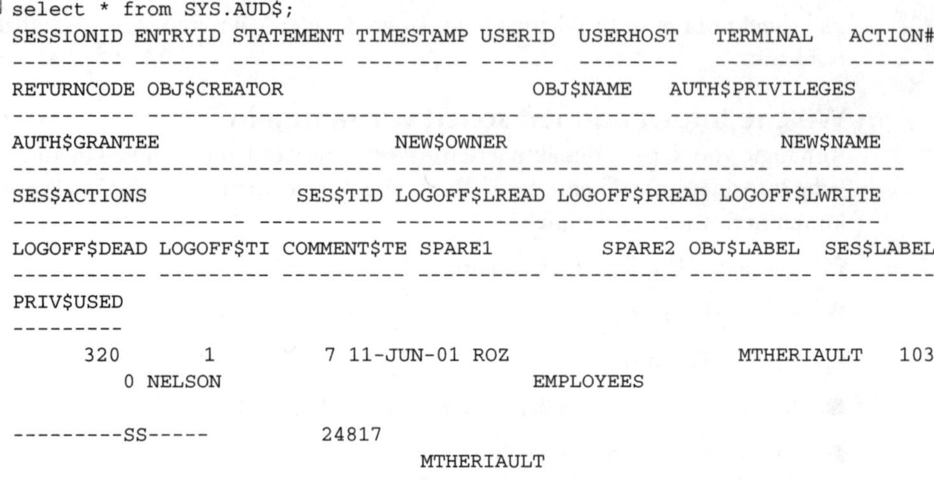

```
select * from SYS.AUD$;
SESSIONID ENTRYID STATEMENT TIMESTAMP USERID  USERHOST   TERMINAL   ACTION#
--------- ------- --------- --------- ------  --------   --------   -------
RETURNCODE OBJ$CREATOR                        OBJ$NAME   AUTH$PRIVILEGES
---------- -------------------------------- ---------- ----------------
AUTH$GRANTEE                   NEW$OWNER                         NEW$NAME
------------------------------ ------------------------------ ---------
SES$ACTIONS          SES$TID LOGOFF$LREAD LOGOFF$PREAD LOGOFF$LWRITE
------------------- ---------- ------------ ------------ -------------
LOGOFF$DEAD LOGOFF$TI COMMENT$TE SPARE1          SPARE2 OBJ$LABEL  SES$LABEL
----------- --------- ---------- ---------- ---------- --------- ---------
PRIV$USED
---------
      320       1         7 11-JUN-01 ROZ                        MTHERIAULT   103
         0 NELSON                         EMPLOYEES

---------SS-----         24817
                                 MTHERIAULT
                                 \rozaccount
```

Da sich diese Ausgabe sehr schlecht lesen lässt, geben wir noch die Werte an, die im Audit-Log gespeichert wurden. Jede Spalte, die nur Leerzeichen enthält, wurde aus der Liste entfernt.

SESSIONID = 320

ENTRYID = 1

STATEMENT = 7

TIMESTAMP = 11-JUN-01

USERID = ROZ

TERMINAL = MTHERIAULT

ACTION# = 103

RETURNCODE = 0

OBJ$CREATOR = NELSON

OBJ$NAME = EMPLOYEES

SES$ACTIONS = ---------SS-----

SES$TID = 24817

SPARE1 = MTHERIAULT \rozaccount

Der in SPARE1 gespeicherte Wert wird in Wirklichkeit in zwei Zeilen angezeigt und enthält den Rechnernamen in Kombination mit dem Benutzernamen des Kontos. Die Spalte SES$ACTIONS enthält eine Beschreibung, ob die Aktivitäten während der Sitzung protokolliert wurden. Sie enthält ein „S", wenn die Audits pro Sitzung, und ein „A", wenn sie pro Aktion durchgeführt werden. Jeder Strich (-) oder Buchstabe, den Sie sehen, ist ein Platzhalter. Die Aktionen treten in folgender Reihenfolge auf: ALT (alter), AUD (audit), COM (comment), DEL (delete), GRA (grant), IND (index), INS (insert), LOC (lock), REN (rename), SEL (select), UPD (update), REF (references), EXE (execute), CRE (create), REA (read) und WRI (write). Die protokollierten Aktionen werden für „whenever SUCCESSFUL/UNSUCCESSFUL" aufgezeichnet. Wenn Sie das Löschen in einer Tabelle **whenever successful** aktivieren, teilen Sie Oracle mit, dass jedes erfolgreiche Löschen von Informationen in der entsprechenden Tabelle aufgezeichnet werden soll.

Für die Beschreibung in der Ausgabe von AUD$, ---------SS-----, wurden die Indikatoren für SEL und UPD für die Sitzung aktiviert. Sie können auch pro Zugriff aufzeichnen lassen. Beim Auditieren pro Sitzung wird für alle Aktivitäten während einer Benutzersitzung ein einzelner Eintrag vorgenommen. Wenn Sie pro Zugriff aufzeichnen wollen, wird für jede zu protokollierende Aktion ein neuer Datensatz angelegt.

Da die Menge der Daten in der Tabelle SYS.AUD$ sehr umfangreich ist, stellt Oracle diverse Views zur Verfügung, mit denen Ihnen die Informationen deutlich lesbarer präsentiert werden. Wenn Sie den Befehl

```
select TABLE_NAME
  from DICTIONARY
 where TABLE_NAME like '%AUD%';
```

eingeben, erhalten Sie die folgenden View-Namen:

```
TABLE_NAME
---------------------------
ALL_DEF_AUDIT_OPTS
ALL_REPAUDIT_ATTRIBUTE
ALL_REPAUDIT_COLUMN
DBA_AUDIT_EXISTS
DBA_AUDIT_OBJECT
DBA_AUDIT_SESSION
DBA_AUDIT_STATEMENT
DBA_AUDIT_TRAIL
DBA_OBJ_AUDIT_OPTS
DBA_PRIV_AUDIT_OPTS
DBA_REPAUDIT_ATTRIBUTE
DBA_REPAUDIT_COLUMN
DBA_STMT_AUDIT_OPTS
USER_AUDIT_OBJECT
USER_AUDIT_SESSION
```

```
USER_AUDIT_STATEMENT
USER_AUDIT_TRAIL
USER_OBJ_AUDIT_OPTS
USER_REPAUDIT_ATTRIBUTE
USER_REPAUDIT_COLUMN
AUDIT_ACTIONS
```

Die Views, die „REPAUDIT“ in ihrem Namen enthalten, werden für das Protokollieren bei der Replikation genutzt. Die anderen unterteilen sich in DBA_-, ALL_- und USER_-Views. Jede dieser Views liefert eine Untermenge an Informationen zurück, die in der Tabelle SYS.AUD$ gespeichert sind.

Um das Auditing zu deaktivieren und die Tabellen und Views mit den Audit-Daten aus Ihrer Datenbank zu entfernen, sollten Sie catnoaud.sql unter dem Konto SYS ausführen. Wenn Sie sich später dazu entscheiden, das Auditieren wieder zu aktivieren, können Sie cataud.sql ausführen. Beide Skripte befinden sich im Verzeichnis $ORACLE_HOME/rdbms/admin.

Wie viele System- und Personalressourcen werden für das Auditing benötigt?

Wie wir schon erwähnt haben, kann das Auditieren einer Datenbank sehr ressourcenintensiv sein. Wenn Sie das Auditieren einschalten, müssen Sie festlegen, wer die gesammelten Informationen wie oft untersucht. Jemand, der damit beauftragt wird, die gesammelten Informationen zu analysieren und einen Bericht darüber zu erstellen, was entdeckt wurde, kann im Endeffekt einen sehr großen Teil seiner Arbeitszeit damit verbringen. Während diese Person die Informationen analysiert und zusammenfasst, kann er keine anderen Aufgaben durchführen.

Wenn jemand eine Abfrage erstellt, die die Audit-Tabellen durchsucht, um alle **update**-Befehle zu finden, die in einer sehr aktiven Datenbank innerhalb einer Woche ausgeführt wurden, kann der Bericht sehr lang werden und die Analyse ist sehr zeitaufwändig. Andererseits kann das Protokollieren der **delete**-Befehle eines Benutzers über eine Stunde oder einen Tag sehr schnell gehen, und das Analysieren und Berichten nur ein oder zwei Minuten dauern.

Welche Audit-Stufe ist passend?

Um mit den Überlegungen zur passenden Stufe für Sie und Ihre Firma zu beginnen, nehmen wir an, Sie glauben, dass jemand versucht, in Ihre Datenbank einzubrechen. Um diese Annahme zu überprüfen, entscheiden Sie sich dazu, das Auditing zu aktivieren, um Statistiken darüber zu erhalten, wer auf Ihre Datenbank zugreift und wie oft die Anmeldungen nicht erfolgreich sind. Sie können das Verhältnis zwischen erfolgreichen und nicht erfolgreichen Anmeldeversuchen im Laufe eines Tages ermitteln. Dann können Sie die Statistiken verfeinern, indem Sie bestimmen, wie viele Benutzer sich erfolgreich pro Stunde mit Ihrer Datenbank verbinden, um ein Gefühl für die Aktivitäten auf der Datenbank zu erhalten. Sie suchen nach einem Muster bei den fehlgeschlagenen Versuchen. Wenn Sie sehen, dass es mehrere vergebliche Verbindungsversuche in einem bestimmten Zeitfenster gibt, können Sie prüfen, welche Benutzer sich nicht verbinden können und wie oft dies geschieht. Die Anzahl der Benutzer, die aus dem System ausgesperrt werden, weil sie konsequent ein falsches Kennwort angeben, ist dann auch bestimmbar.

Tatsächlich erhalten Sie also abhängig von einer Problemstellung einen ersten groben Überblick und können dann die Kriterien einschränken, wenn mehr Informationen vorliegen. Dieser Ansatz ist sehr verbreitet und allgemein gültig. Solange Ihnen nicht die Aktivitäten eines bestimmten Benutzers seltsam vorkommen, müssen Sie auf einer sehr allgemeinen Stufe beginnen und die Kriterien nach und nach immer weiter einschränken, bis Sie das Problem isoliert haben. In jedem Iterationsschritt werden weitere Detailinformationen zusammengetragen.

Wie groß darf der Performanceverlust sein?

In Abhängigkeit von Ihrem gewählten Ansatz kann das Sammeln von Informationen einen deutlichen Einfluss auf die Performance Ihres Systems haben. Wenn Sie einen Trigger aktiviert haben, der bei jeder Aktualisierung eines Werts in einer sehr häufig genutzten Tabelle gefeuert wird, verbringt Oracle mehr Zeit mit dem Schreiben der Aktualisierungsinformationen in einen Audit-Bereich als mit den eigentlichen Transaktionen. Daher müssen Sie bei der Analyse der möglichen Einflüsse auf Ihr System durch das Auditieren sehr sorgfältig vorgehen. Bestimmen Sie, wie viel Performanceverlust akzeptabel ist und überwachen Sie genau die Auswirkungen. Sie werden eventuell feststellen, dass Sie die Frequenz, in der die Audit-Daten gesammelt werden, reduzieren oder andere Wege ausfindig machen müssen, um die benötigten Informationen zusammenzustellen.

Häufig werden Kompromisse gemacht zwischen dem Ausmaß, in dem Audit-Informationen gesammelt werden können, und dem Performanceverlust, den die Benutzer und das Management hinzunehmen bereit sind, um Ihre Firmendaten zu schützen.

Wer soll die Audit-Ergebnisse untersuchen?

Wenn Sie im Voraus festlegen, wer die gesammelten Audit-Informationen überwachen wird, können Sie vermeiden, dass eine Datenbank mit Audit-Tabellen gefüllt ist und niemand einen Blick darauf wirft. Wenn Sie die Ziele und Kriterien bei der Datensammlung bestimmt haben, weiß die Person, die dazu bestimmt wurde, was auf sie zukommt.

Es kann sehr hilfreich sein, einen Berichtsplan festzulegen. Es ist sehr sinnvoll, zu bestimmen, dass zum Beispiel jeden Dienstag ein Bericht fertig sein soll, der vom Management geprüft wird, damit auch sichergestellt ist, dass der Bericht rechtzeitig generiert wird und die korrekten Informationen enthält.

Die entsprechende Person für das Überwachen der Audit-Daten kann auch dafür verantwortlich sein, den Datenumfang und den Zeitpunkt zu bestimmen, an dem die Daten wieder gelöscht werden. Oracle stellt kein Hilfsmittel zur Verfügung, um Daten aus der Tabelle AUD$ automatisch zu entfernen, Sie können sie aber löschen oder die Tabelle komplett leeren. Übrigens, die Tabelle SYS.AUD$ ist die *einzige* Tabelle im Schema SYS, aus der Sie direkt Informationen löschen dürfen. Wir empfehlen Ihnen, in Ihrem Audit-Plan zu beschreiben, wie viele Daten wie häufig aus der Tabelle gelöscht werden sollen. Wenn die Daten in der Audit-Tabelle unbegrenzt wachsen können, kann sowohl Ihr Speicherbereich als auch die Geschwindigkeit der Audit-Berichtserstellung beeinträchtigt werden.

Welche Schritte sind nötig, wenn Datenverluste festgestellt werden?

Wenn Sie im Voraus festlegen, welche Schritte Sie einleiten können, wenn Datenverluste entdeckt werden, ist dies im Ernstfall ausgesprochen hilfreich. Wenn Sie erst bei einem aufgetretenen Schaden einen Plan aufstellen, kann es zu spät sein. Sie können eine Liste mit vordefinierten Aktionen erstellen, die im Notfall durchzuführen sind, und sie vom Management bestätigen lassen, bevor ein Schaden aufgetreten ist. Damit verfügen Sie im Schadensfall schon über eine definierte Richtlinie und einen vorgegebenen Aktionsplan, den Sie befolgen können.

Wenn Sie einen absichtlich herbeigeführten Schaden feststellen und das Management Ihren Maßnahmen zugestimmt hatte, können Sie den Eindruck vermeiden, Sie würden im Einzelfall überreagieren. Und wenn die Mitarbeiter wissen, welche Schritte nach einer absichtlichen Schädigung eingeleitet werden, werden sie von womöglich geplanten Aktivitäten Abstand nehmen, die zu Datenverlusten führen.

Wie werden Schäden protokolliert?

Wenn Sie feststellen, dass jemand in Ihre Datenbank eingedrungen ist und Schaden verursacht hat, werden Sie zunächst den Einbruch dem Management mitteilen und dann die Schäden soweit möglich ermitteln und beheben. Wenn Sie in Kontakt mit benachbarten Firmen oder anderen Institutionen stehen, die ähnliche Arbeitsinhalte haben, werden Sie sie warnen wollen und ihnen mitteilen, auf welche Weise Ihr System geschädigt wurde.

Allerdings ist es auch problematisch, zu detailliert zu beschreiben, wie in Ihr System eingebrochen wurde. Wenn Sie nämlich genau beschreiben, wie Ihre Datenbanksicherheit umgangen wurde, bieten Sie womöglich anderen Anhaltspunkte, wie sie fremde Systeme unsicher machen können. Daher sollten Sie sorgfältig abwägen, wie viele Details nötig sind, um andere Unternehmen oder auch Ihre eigenen Mitarbeiter vor einem Sicherheitsloch zu warnen.

In diesem Zusammenhang sollten Sie auch darauf achten, Ihren Sicherheits- oder Audit-Plan nicht zu detailliert zu gestalten, um einen potenziellen Hacker nicht mit genügend Informationen zu versorgen, um Ihre Audit-Aktivitäten umgehen zu können. Daher sollte Ihr Ziel sein, genügend Informationen auszugeben, um jedermann wissen zu lassen, dass Sie Auditieren, aber nicht genug, um die Audit-Prozeduren umgehen zu können. Wenn eine Sicherheitslücke entdeckt wird, müssen Sie und Ihr Management entscheiden, wie viele Informationen darüber veröffentlicht werden, um andere vor den Gefahren zu warnen, ohne allzu viel von Ihren Sicherheitseinstellungen preiszugeben.

Wie können beschädigte Daten wiederhergestellt werden?

Hoffentlich haben Sie bereits effektive Datensicherungsroutinen erstellt und umgesetzt, um sicherzustellen, dass beschädigte Daten wiederhergestellt werden können. Leider kann es sehr zeitaufwändig und schwierig sein, alle betroffenen oder gelöschten Daten zu identifizieren, und Ihre Firma viel Geld und Personaleinsatz kosten.

Abhängig von der Art und dem Umfang der Datenverluste kann es sein, dass Sie schließlich nur den Zeitpunkt bestimmen, zu dem die Schäden verursacht wurden, um dann eine etwas ältere Datensicherung einzuspielen. Wenn Sie auditieren, werden Sie feststellen, dass es viel einfacher ist, den Zeitpunkt der Datenmanipulation zu bestimmen. Sofern Sie dabei den Status sowohl vor als auch nach der Änderung festgehalten haben, haben Sie einen Anhaltspunkt, wie die Daten wiederherzustellen sind.

Wenn Sie Ihre Oracle8*i*-Datenbank im Archivmodus laufen lassen, können Sie den Oracle LogMiner nutzen, um Abbilder der Daten vor den Änderungen über die durchgeführten SQL-Befehle und die dazugehörigen „Undo"-Befehle zu erhalten. Auch wenn LogMiner dazu gedacht ist, bei der Reparatur von logischen Datenfehlern zu helfen, kann er Ihnen einen potenziellen Weg für die Wiederherstellung der Daten bei bewusst vorgenommenen Änderungen bieten. Mit dem LogMiner lassen sich Änderungen mit ihrem Zeitpunkt an einer oder mehreren Tabellen aufzeichnen, so dass Sie die Daten für die Wiederherstellung bis zum Zeitpunkt des Schadenfalls einspielen können. Zudem können Sie den LogMiner dazu verwenden, die Änderungen von bestimmten Personen zu verfolgen und ausgewählte Zugriffsmuster zu erkennen. Leider kann der LogMiner nur in einer Oracle8-Datenbank oder neuer genutzt werden, so dass Sie bei Oracle Version 7.3 oder älter nicht über diese Möglichkeit verfügen. LogMiner stellt keine Informationen über indexorganisierte Tabellen, geclusterte Tabellen/Indizes, nicht skalare Datentypen oder Chained Rows zur Verfügung.

Wie oft wird der Audit-Plan überarbeitet?

Sie sollten Ihren Audit-Plan jedes Mal überprüfen, wenn Oracle eine neue Version herausbringt. Des Weiteren sollten Sie einen Zeitplan aufstellen, der beschreibt, wie oft Sie Ihren Audit-Plan überarbeiten, um zu prüfen, wie effektiv er in Bezug auf die aktuellen Software- und Geschäftsanforderungen Ihres Unternehmens ist. Wir empfehlen zudem, Ihren Audit-Plan und die Umsetzung mindestens einmal im Vierteljahr zu checken, um sicherzustellen, dass Ihre Audit-Mechanismen immer noch effektiv sind und das tun, was Sie von ihnen erwarten.

Wenn Sie die Prüfung durchführen, kontrollieren Sie die erstellten Berichte sowie den Speicherplatz, der aktuell genutzt wird. Stellen Sie sicher, dass die genutzten Kriterien immer noch gültig sind. Wenn Sie feststellen, dass sie den Anforderungen Ihrer Firma nicht mehr genügen, müssen Sie ein Treffen mit Ihren Kollegen und dem Management arrangieren, um die Änderungen zu besprechen, die Ihrer Meinung nach notwendig sind. Sobald neue Kriterien festgelegt wurden, arbeiten Sie mit den entsprechenden Mitgliedern Ihres Teams zusammen, um sicherzustellen, dass die Änderungen auch effektiv umgesetzt werden.

16.1.2 Das Auditing der Datenbank anpassen

Weiter oben in diesem Kapitel haben wir die Audit-Tabellen und Views erwähnt. Tabelle 16-1 gibt eine kurze Beschreibung jeder Audit-View, die beim Erstellen einer Datenbank angelegt wird.

Tabelle 16-1: Audit-Sichten

Sicht	Beschreibung
STMT_AUDIT_OPTION_MAP	Enthält Informationen über die Typ-Codes der Audit-Optionen
AUDIT_ACTIONS	Enthält Beschreibungen der Typ-Codes des Audit-Trails
ALL_DEF_AUDIT_OPTS	Enthält Standardoptionen zum Auditieren von Objekten, die genutzt werden, wenn Objekte erstellt werden
DBA_STMT_AUDIT_OPTS	Beschreibt die aktuellen Audit-Optionen für das System und die Benutzer
DBA_PRIV_AUDIT_OPTS	Beschreibt die aktuell auditierten Systemberechtigungen für das System und die Benutzer
DBA_OBJ_AUDIT_OPTS	Beschreibt die Audit-Optionen für alle Objekte
USER_OBJ_AUDIT_OPTS	Beschreibt die Audit-Optionen für alle Objekte des aktuellen Benutzers
DBA_AUDIT_TRAIL	Gibt alle Einträge für den Audit-Trail aus
USER_AUDIT_TRAIL	Gibt alle Einträge für den Audit-Trail des aktuellen Benutzers aus

Tabelle 16-1: Audit-Sichten (Fortsetzung)

Sicht	Beschreibung
DBA_AUDIT_OBJECT	Enthält Informationen über den Audit-Trail für alle Objekte im System
USER_AUDIT_OBJECT	Enthält Informationen über den Audit-Trail für alle Objekte, auf die der aktuelle Benutzers zugreifen kann
DBA_AUDIT_SESSION	Führt alle Audit-Datensätze auf, die CONNECT oder DISCONNECT betreffen
USER_AUDIT_SESSION	Führt alle Audit-Datensätze des aktuellen Benutzers auf, die CONNECT oder DISCONNECT betreffen
DBA_AUDIT_STATEMENT	Führt alle Audit-Datensätze auf, die GRANT, REVOKE, AUDIT, NOAUDIT und ALTER SYSTEM betreffen
USER_AUDIT_STATEMENT	Führt alle Audit-Datensätze für den aktuellen Benutzer auf, die GRANT, REVOKE, AUDIT, NOAUDIT und ALTER SYSTEM betreffen
DBA_AUDIT_EXISTS	Führt alle Audit-Einträge auf, die durch AUDIT EXISTS und AUDIT NOT EXISTS erstellt wurden

Durchführbare Audit-Aktionen

Es gibt 144 Befehle, die in der Tabelle AUDIT_ACTIONS aufgeführt werden und auditiert werden können. Die Tabelle AUDIT_ACTIONS besteht aus den Spalten ACTION und NAME. Hier die ersten 15 Einträge:

```
ACTION     NAME
---------- ---------------------------
         1 CREATE TABLE
         2 INSERT
         3 SELECT
         4 CREATE CLUSTER
         5 ALTER CLUSTER
         6 UPDATE
         7 DELETE
         8 DROP CLUSTER
         9 CREATE INDEX
        10 DROP INDEX
        11 ALTER INDEX
        12 DROP TABLE
        13 CREATE SEQUENCE
        14 ALTER SEQUENCE
        15 ALTER TABLE
```

Wenn Sie die Rollen und Berechtigungen verfolgen wollen, die den Benutzern in Ihrer Datenbank erteilt wurden, können Sie das Auditieren für die Befehle **grant object** oder **grant role** aktivieren. Denken Sie daran, dass Sie zur Aktivierung des Auditings in Ihrer Datenbank zunächst den Parameter AUDIT_TRAIL in Ihrer Datei init.ora setzen müssen.

Auditieren über einen Proxy

Da Oracle die Identität eines Benutzers über alle Schichten hinweg verwaltet, können in einer Multitier-Umgebung Aktionen im Auftrag eines anderen durchgeführt und auch auditiert werden. Oracle stellt eine Klausel **by** <proxy> zur Verfügung, um das Auditieren auch in einer Multitier-Umgebung zu ermöglichen. Mit diesem Vorgehen können Sie SQL-Befehle protokollieren, die von einem Proxy im eigenen Auftrag, im Auftrag eines oder mehrerer bestimmter Benutzer oder aller Benutzer ausgeführt werden.

Um das Auditieren über einen Proxy zu aktivieren, nutzen Sie die folgende Syntax:

```
audit CREATE TABLE by MYPROXY on behalf of NELSON;
```

In diesem Beispiel protokollieren Sie jedes Erstellen einer Tabelle, die vom Benutzer MYPROXY im Auftrag des Benutzers NELSON durchgeführt wurde.

Befehle zum Deaktivieren des Auditings

Wenn Sie Ihren Audit-Plan überarbeiten und neu ausrichten, kann es sein, dass Sie manche Audit-Befehle wieder deaktivieren wollen, die Sie vorher eingeschaltet haben. Um eine Audit-Option wieder zu deaktivieren, können Sie den Befehl **noaudit** nutzen. Gehen wir einmal davon aus, dass Sie das Auditieren auf alle **update**-Befehle auf der Tabelle EMPLOYEES aktivierten, indem Sie den folgenden Befehl nutzten.

```
audit update on EMPLOYEES by access;
```

Um diese Option wieder auszuschalten, rufen Sie den folgenden Befehl auf:

```
noaudit update on EMPLOYEES;
```

Denken Sie daran, dass Sie mit dem Befehl **noaudit** nicht das Auditieren des gesamten Systems abschalten, sondern nur die spezifische, vorher aktivierte Option.

Audit-Daten löschen

Wenn Sie das Auditieren aktiviert haben und der Bereich für die Audit-Daten komplett gefüllt ist, werden keine weiteren Daten mehr in die Audit-Protokolle geschrieben, bis Sie Daten gelöscht haben. Daher müssen Sie den verfügbaren Speicherbereich überwachen und eventuell Prozeduren schreiben, um immer einen minimalen Speicherbereich freizuhalten.

Sie haben verschiedene Möglichkeiten, die Daten wieder zu löschen. Auch wenn Oracle es Ihnen nicht erlaubt, direkt an einer Tabelle des Eigentümers SYS Änderungen vorzunehmen, dürfen Sie die Tabelle SYS.AUD$ so verändern, dass ihre Größe begrenzt wird. Dann können Sie entweder Datensätze aus der Tabelle löschen oder sie komplett leeren. Wenn Sie bestimmte Daten behalten wollen, bietet es sich an, eine separate Tabelle zu erstellen und mit einer Routine die gewünschten Daten in diese zweite Tabelle zu kopieren, bevor sie aus der eigentlichen Tabelle AUD$ gelöscht werden.

Anmerkung:
SYS.AUD$ ist das einzige Objekt von SYS, das überhaupt direkt modifiziert werden sollte.

16.2 Ein Ansatz zum Auditieren von Tabellen

Das häufigste Problem, mit dem Sie beim Auditieren von Aktivitäten in Ihrer Datenbank konfrontiert werden, ist, dass Sie nicht einfach die Daten vor und nach einer Änderung oder die Daten vor dem Löschen sichern können. Sie sehen, obwohl die Audit-Optionen von Oracle speichern können, wer Änderungen vornimmt und wann sie stattgefunden haben, ist das Protokollieren der Änderungen selbst sehr schwierig und zeitaufwändig.

Wir haben die Erlaubnis erhalten, einen Ansatz vorzustellen, der von Peter Robson auf seiner Web-Site (peter-robson.port5.com/audit.htm) erstellt und dokumentiert wurde. Sein Vorschlag ist, SQL zu nutzen, um SQL-Befehle zu erstellen, die die Aktionen auf den für Sie interessanten Tabellen auditieren.

Das Ziel ist, ein System aufzubauen, das alle Versionen einer Tabellenzeile vor einer Änderung oder Löschung sichert. Die Informationen werden in einer Tabelle namens LOG_MODS gespeichert und enthalten das Folgende:

- Den Tabellennamen
- Das aktuelle Datum
- Die durchgeführte Aktion: Insert, Update oder Delete

Eine zweite Tabelle, genannt COPY_TABLE, wird genutzt, um ein Abbild der Zeile zu speichern, bevor sie geändert oder gelöscht wird. Dazu kommen der Name der Person, die die Änderung durchführt, das Datum der Änderung und ob die Änderung ein Update oder ein Delete war.

Sehen wir uns als Nächstes die Skripte, ihre Beschreibung und ihre Nutzung an.

16.2.1 Audit-Skripte für Tabellen

Peter Robson schrieb sechs Skripte, die wir hier als mögliche Lösung für das Implementieren des Tabellen-Auditings in Ihrer Oracle-Datenbank vorstellen wollen. Es gibt auch viele andere Lösungen. Wir mögen Peters Skripte, da sie SQL-generierendes SQL nutzen, um Ihr Audit-System anzupassen und die Audit-Aktionen automatisch zu dokumentieren. Wenn Sie Skripte beim Erstellen und Aktivieren Ihres Audit-Ansatzes nutzen, können Sie Ihr Vorgehen leicht anpassen und für ein anderes System modifizieren. Jedes Skript wird zusammen mit einer Erläuterung seiner Ziele und seiner Nutzung vorgestellt.

Skript zum Erstellen der Tabellenspalten

Um das Auditing der Tabellen zu implementieren, müssen Sie jeder gewünschten Tabelle diverse Spalten hinzufügen. Dabei müssen Sie für jede Tabelle sorgfältig prüfen, ob sie wirklich ein geeigneter Kandidat ist, da jede auditierte Aktion einen zusätzlichen feuernden Trigger und weitere Zeilen in den zwei Audit-Tabellen bedeutet. Allerdings ist die Beeinträchtigung recht gering. Trotzdem können auditierte Tabellen, auf denen täglich viele Aktionen stattfinden, die Performance Ihres Gesamtsystems durchaus beeinträchtigen. Stellen Sie also sicher, dass Sie diese Art des Auditings von Tabellen nur für die Tabellen umsetzen, die überlebenswichtig für Ihre Firma sind.

Die fünf Spalten, die Sie jeder zu auditierenden Tabelle hinzufügen müssen, sind in Tabelle 16-2 aufgeführt.

Tabelle 16-2: Benötigte Audit-Spalten für jede zu auditierende Tabelle

Spaltenname	Datentyp	Beschreibung
USER_ENTERED	varchar2(30)	Identität der Person, die die Daten eingegeben hat
DATE_ENTERED	date	Datum, zu dem die neuen Informationen eingetragen wurden
USER_MODIFY	varchar2(30)	Identität der Person, die die Daten modifiziert hat
DATE_MODIFY	date	Datum, zu dem die bestehenden Daten geändert wurden
FUNC	char(1)	Durchgeführte Aktion: **I** = Insert, **U** = Update, **D** = Delete

Jede Spalte wird mit einem eigenen SQL-Befehl hinzugefügt, um zu vermeiden, dass das gesamte Skript fehlschlägt, nur weil eine der Spalten schon in der Tabelle existiert. Es werden keine Fehlermeldungen zurückgegeben, wenn einige oder sämtliche Audit-Felder in der Tabelle schon vorhanden sind. Hier nun das Skript für das Hinzufügen der Spalten. Sie werden dabei nach dem Namen der Tabelle gefragt, zu der die Spalten hinzugefügt werden sollen.

```
set pagesize 0 verify off feedback off termout on
select ' ' from dual;
select 'Adding Audit fields to Master table:' from dual;
select ' ' from dual;
accept table prompt 'Enter TABLE_NAME to add Audit fields to: '
select ' ' from dual;
set termout off
alter table &TABLE
add (USER_ENTERED varchar2(30));
alter table &TABLE
add (DATE_ENTERED date);
alter table &TABLE
add (USER_MODIFY varchar2(30));
alter table &TABLE
add (DATE_MODIFY date);
alter table &TABLE
add (FUNC char(1));
set termout on verify on
describe &TABLE
undefine table
set echo on
```

In diesem Skript werden Sie zuerst nach dem Namen der Tabelle gefragt, der Sie die Spalten hinzufügen wollen. Dann wird die Tabelle für jede einzelne Spalte geändert. Schließlich wird der Befehl **describe** aufgerufen, so dass Sie die neu hinzugefügten Spalten sehen können. Und als Letztes wird der Wert für den Namen der Tabelle mit dem Befehl **undefine** gelöscht.

Anmerkung:
Sie können die in diesem Abschnitt beschriebenen Audit-Skripte nicht interaktiv eingeben und ausführen lassen. Sie müssen sie stattdessen als Dateien auf Ihrem Betriebssystem ablegen und mit „@<Dateiname>“ aufrufen.

Skript zum Erstellen der Kopier-Tabelle

Das nächste Skript namens create_copy_table.sql wird verwendet, um die Tabelle zu erstellen, in der die Abbilder der Zeilen gespeichert werden sollen, die geändert oder gelöscht werden. Das Skript prüft, ob die entsprechende Tabelle schon mit den erforderlichen Audit-Spalten existiert, und erstellt dann eine neue Tabelle, die den Originalnamen trägt und dazu „_cpy“ am Ende erhält, um die Tabelle als Kopie der ursprünglichen zu erkennen. Da ein Tabellenname hier höchstens 30 Zeichen lang sein kann, werden alle Zeichen eines Tabellennamens nach dem 27. abgeschnitten. Diese Begrenzung auf 30 Zeichen ist willkürlich und Sie haben die Möglichkeit, Ihr Tabellenlimit zu verändern.

```
set echo off pagesize 0 verify off feedback off
set sqlprompt ''
undefine table
select ' ' from dual;
select 'Building Copy table:' from dual;
select ' ' from dual;
accept table prompt 'Enter name of Master table: '
select ' ' from dual;
select 'Checking for existence of Master table...' from dual;
select 'If it exists, COPY table described below:' from dual;
select ' ' from dual;
select TABLE_NAME||' exists. Copy table will be '||TABLE_NAME||'_CPY.'
from USER_TABLES where TABLE_NAME = upper('&&TABLE');
select ' ' from dual;
select 'If no result, CHECK MASTER TABLE EXISTS!' from dual;
select ' ' from dual;
set termout off
create table DUMP_H
  (TNAME varchar2(30));
insert into DUMP_H (TNAME) values ('&TABLE');
spool a.sql
select
  'create table '||substr(TNAME,1,26)||'_CPY as select * from &TABLE
where 1=2;'
  from DUMP_H;
spool off
@a.sql
spool a.sql
select
  'alter table '||SUBSTR(TNAME,1,26)||'_CPY add '|| chr(10) ||
  '(AUDUSER varchar2(10) not null,'|| chr(10) ||
  'AUDDATE date not null,audfunc char (1) not null);'
  from DUMP_H;
spool off
@a.sql
spool a.sql
select 'desc '||SUBSTR(TNAME,1,26)||'_CPY' from DUMP_H;
spool off
set termout on
@a.sql
drop table DUMP_H;
set pagesize 24 verify on feedback on termout on
set sqlprompt 'SQL>'
set echo on
```

In diesem Skript prüfen Sie zunächst die Existenz der entsprechenden Tabelle. Wenn diese nicht vorhanden ist, wird eine Fehlermeldung ausgegeben. Wenn die Tabelle dagegen vorhanden ist, wird eine neue Tabelle namens DUMP_H erstellt und als Arbeitsbereich für die folgenden Routinen genutzt. Die Tabelle DUMP_H enthält eine

Spalte TNAME, in der der Name der zu auditierenden Tabelle gespeichert wird. Beachten Sie die Verwendung der Befehle **spool** und @ zum Erstellen und Ausführen der SQL-Skripte.

Der Code sieht ein bisschen seltsam aus, erstellt aber tatsächlich mehrere Skripte mittels SQL. Hier ein Beispiel für die Ausgabe, die auf dem Bildschirm angezeigt wird, wenn das Skript als Datei namens build_copy_table.sql ausgeführt wird, die sich in unserem Verzeichnis D:\scripts_to_run befindet. Als wir nach einem Tabellennamen gefragt wurden, haben wir NELSON.EMPLOYEES eingegeben, wie auch in der dritten Zeile hervorgehoben ist. Dieser Tabellenname ist der einzige Wert, den wir eingegeben haben.

```
@D:\scripts_to_run\build_copy_table.sql

Building Copy table:

Enter name of Master table: NELSON.EMPLOYEES

Checking for existence of Master table...
If it exists, COPY table described below:


If no result, CHECK MASTER TABLE EXISTS!

 Name                                      Null?    Type
 ----------------------------------------- -------- ------------------
 EMPLOYEE_NAME                             NOT NULL VARCHAR2(25)
 EMPLOYEE_ID                               NOT NULL NUMBER(6)
 HIRE_DATE                                          DATE
 SALARY                                             NUMBER(8,2)
 DEPARTMENT                                         NUMBER(3)
 USER_ENTERED                                       VARCHAR2(30)
 DATE_ENTERED                                       DATE
 USER_MODIFY                                        VARCHAR2(30)
 DATE_MODIFY                                        DATE
 FUNC                                               CHAR(1)
 AUDUSER                                   NOT NULL VARCHAR2(10)
 AUDDATE                                   NOT NULL DATE
 AUDFUNC                                   NOT NULL CHAR(1)
```

Sie werden nach einem Tabellennamen gefragt, dann erstellt das Skript eine neue Tabelle, der die Audit-Spalten angehängt werden[1]. Auch wenn Sie die Beschreibung der

---

[1] *Anm. d. Übers.*: Man mag eventuell darüber stolpern, dass die gewünschte Tabelle NELSON. EMPLOYEES nicht vorhanden sein soll. Dies liegt aber nur daran, dass der Name der Tabelle mit dem Schema zusammen angegeben wurde. Das Skript funktioniert dann tadellos, nur in der Tabelle USER_TABLES wird die Tabelle nicht gefunden, wodurch es den Anschein erweckt, sie sei nicht vorhanden.

neuen Tabelle sehen können, gibt es keine Bestätigung für den Tabellennamen. Sie können aber die Existenz und den Namen der neuen Tabelle überprüfen, indem Sie folgenden Befehl ausführen:

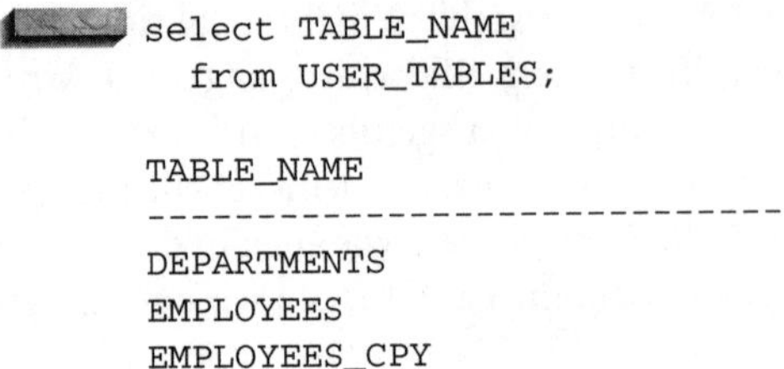

```
select TABLE_NAME
  from USER_TABLES;

TABLE_NAME
------------------------------
DEPARTMENTS
EMPLOYEES
EMPLOYEES_CPY
ORDERS

4 rows selected.
```

Skript zum Erstellen des Audit-Triggers

Bisher haben wir unserer Tabelle EMPLOYEES die Audit-Spalten hinzugefügt und die Spiegelkopie der Tabelle mit den zusätzlichen Audit-Spalten erstellt, um den Zustand vor einer Änderung oder Löschung festhalten zu können. Als Nächstes erstellen wir den Audit-Trigger. Das Skript geht davon aus, dass es vom Besitzer der Tabelle ausgeführt wird, da es diverse Verweise auf die Data Dictionary-Tabelle USER_TAB_COLUMN gibt. Beachten Sie auch die Verwendung von „||chr(10)||", um Zeilenumbrüche im Skript einzugefügen. Das Skript fragt nach dem Namen der entsprechenden Tabelle, der in der Variable TABLE gespeichert wird. Die Tabelle muss schon die entsprechenden Audit-Spalten besitzen. Zudem muss die Kopier-Tabelle existieren und ebenfalls die zusätzlichen Spalten besitzen. Einige der Skripte werden mehrfach ausgeführt. Der Trigger wird nach der Haupttabelle benannt, und an deren Namen wird _AUD angehängt.

Der Code zum Erstellen des Audit-Triggers lautet:

```
set echo off trims on feedback off pagesize 0 verify off feedback off
set sqlprompt ""
undefine table
select ' ' from dual;
accept TABLE prompt 'Enter Table_Name to build Audit trigger on: '
set termout off
spool trig_1.sql
select
'create or replace trigger '||substr('&&TABLE',1,26)||'_AUD before
insert'||chr(10)||
'or delete or update on '||'&&TABLE'||chr(10)||
'referencing new as n old as o for each row '||chr(10)||
'begin'||chr(10)||
'/*'||chr(10)||
```

```
'=========================='||chr(10)||
' Insert'||chr(10)||
'=========================='||chr(10)||
'*/'||chr(10)||
'if inserting then '||chr(10)||
'  :n.USER_ENTERED :=USER;'||chr(10)||
'  :n.DATE_ENTERED :=SYSDATE;'||chr(10)||
'  :n.FUNC :=''I'';'||chr(10)||
'end if;'||chr(10)||
'if updating then '||chr(10)||
'  :n.USER_MODIFY :=USER;'||chr(10)||
'  :n.DATE_MODIFY :=SYSDATE;'||chr(10)||
'  :n.FUNC :=''U'';'||chr(10)||
'  insert into '||substr('&&TABLE',1,26)||'_CPY '||chr(10)||
'  ( '
from dual
/
---
--- Trigger2:
---
select COLUMN_NAME,','
  from USER_TAB_COLUMNS
 where TABLE_NAME=upper('&&TABLE')
 order by COLUMN_ID
/
---
--- Trigger3
---
select
'    AUDUSER,'||chr(10)||
'    AUDDATE,'||chr(10)||
'    AUDFUNC '||chr(10)||
'  ) values ('
  from dual
/
---
--- Trigger4
---
select '    :o.'||COLUMN_NAME,','
  from USER_TAB_COLUMNS
 where TABLE_NAME=upper('&&TABLE')
 order by COLUMN_ID
/
---
--- Trigger5
---
select '    USER,'||chr(10)||
'    SYSDATE,'||chr(10)||
'    ''U'')'||chr(10)||
'    ;'||chr(10)||
```

```
' end if;'||chr(10)||
'/* '||chr(10)||
'====================='||chr(10)||
'  Deleting '||chr(10)||
'====================='||chr(10)||
'*/'||chr(10)||
' if deleting then '||chr(10)||
'    insert into '||substr('&&TABLE',1,26)||'_CPY'||chr(10)||
'    ('
from dual
/
---
--- Trigger 2
---
select COLUMN_NAME,','
  from USER_TAB_COLUMNS
 where TABLE_NAME=upper('&TABLE')
 order by COLUMN_ID
/
rem--
rem-- Trigger 3
---
select
'AUDUSER,'||chr(10)||
'AUDDATE,'||chr(10)||
'AUDFUNC '||chr(10)||
') values ('
from dual
/
---
--- Trigger 6
---
select '    :o.'||COLUMN_NAME,','
  from USER_TAB_COLUMNS
 where TABLE_NAME=upper('&&TABLE')
   and COLUMN_NAME != 'FUNC'
 order by COLUMN_ID
/
select
'    USER,'||chr(10)||
'    SYSDATE,'||chr(10)||
'    ''D'')'||chr(10)||
'    ;'||chr(10)||
'  end if;'||chr(10)||
'end;'||chr(10)||
'/'||chr(10)
from dual
/
spool off
set feedback on verify on heading on termout on
```

```
start trig_1.sql
undefine table
set pagesize 24
set sqlprompt "SQL>"
set echo on
```

Verwenden wir die Tabelle EMPLOYEES und lassen wir das Skript für den Audit-Trigger laufen. Die Ausgabe sieht so aus:

```
create or replace trigger NELSON.EMPLOYEES_AUD before insert
or delete or update on NELSON.EMPLOYEES
referencing new as n old as o for each row
begin
/*
=========================
 Insert
=========================
*/
if inserting then
 :n.USER_ENTERED :=USER;
 :n.DATE_ENTERED :=SYSDATE;
 :n.FUNC :='I';
end if;
if updating then
 :n.USER_MODIFY :=USER;
 :n.DATE_MODIFY :=SYSDATE;
 :n.FUNC :='U';
 insert into NELSON.EMPLOYEES_CPY
 (

   AUDUSER,
   AUDDATE,
   AUDFUNC
) values (

   USER,
   SYSDATE,
   'U')
   ;
 end if;
/*
=====================
  Deleting
=====================
*/
if deleting then
   insert into NELSON.EMPLOYEES_CPY
   (
```

```
AUDUSER,
AUDDATE,
AUDFUNC
) values (

   USER,
   SYSDATE,
   'D')
   ;
  end if;
end;
/
```

Skripten zum Erstellen der Log-Tabelle und des Log-Triggers

Nachdem wir unseren Audit-Trigger für unsere Tabelle erstellt haben, müssen wir noch die Log-Tabelle und den Log-Trigger anlegen. Die Tabelle LOG_MODS speichert den Namen der geänderten Tabelle, die Art der Änderung (Insert, Update oder Delete) und das Datum der Änderung. Anhand der Log-Tabelle können Sie leicht sehen, welche Tabellen wann modifiziert wurden. Sobald Sie eine interessante Tabelle gefunden haben, können Sie sich die Informationen aus den Audit-Spalten der Tabelle und den Daten der Kopier-Tabelle holen. Hier das Skript, um die Tabelle LOG_MODS zu erstellen:

```
set termout off
create table LOG_MODS
 (TABLE_NAME     varchar2(30) not null,
  AUD_FLAG      char(1) not null,
  AUD_DATE      date)
;
set termout on
desc LOG_MODS
set echo on
```

Schließlich erstellen wir den Trigger, der zum Füllen der Tabelle LOG_MODS genutzt wird und jedes Mal gefeuert wird, wenn auf die zu auditierenden Tabelle ein Insert, Update oder Delete ausgeführt wird.

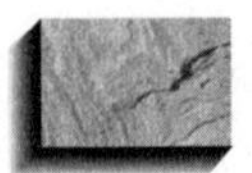

Anmerkung:
Sie müssen die Tabelle LOG_MODS schon erstellt haben, um den Trigger ohne Fehler kompilieren zu können.

Hier der Code zum Erstellen des Log-Triggers:

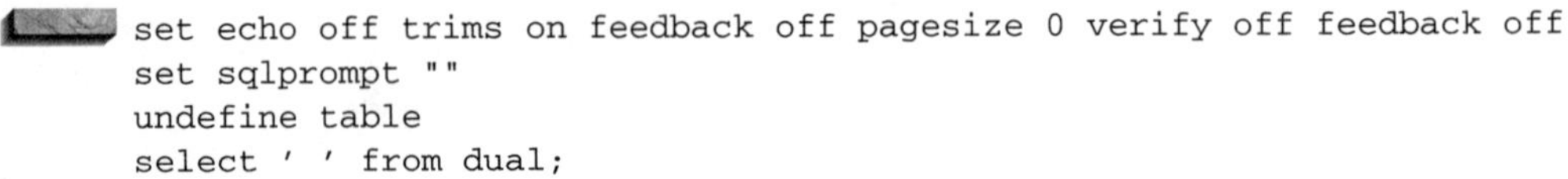

```
set echo off trims on feedback off pagesize 0 verify off feedback off
set sqlprompt ""
undefine table
select ' ' from dual;
```

```
accept TABLE prompt 'Enter Table_Name to build LOG trigger on: '
set termout off
spool trig_2.sql
select
'create or replace trigger '||upper(substr('&&TABLE',1,26))||'_LOG
'||chr(10)||
'after insert or update or delete on '||upper('&&TABLE')||chr(10)||
'referencing new as n old as o for each row '||chr(10)||
'begin'||chr(10)||
'--==========================='||chr(10)||
'-- Insert'||chr(10)||
'--==========================='||chr(10)||
'if inserting then '||chr(10)||
' insert into LOG_MODS (TABLE_NAME,AUD_FLAG,AUD_DATE) values
('||chr(10)||
' upper(''&&TABLE''),' ||chr(10)||
' ''I'',' ||chr(10)|| ' SYSDATE
);' ||chr(10)||
'end if;'||chr(10)||
'--==========================='||chr(10)||
'-- Update'||chr(10)||
'--==========================='||chr(10)||
' if updating then '||chr(10)||
' insert into LOG_MODS (TABLE_NAME,AUD_FLAG,AUD_DATE) values
('||chr(10)||
' upper(''&&TABLE''),'||chr(10)||
' ''U'','||chr(10)||
' SYSDATE
);'||chr(10)||
'end if;'||chr(10)||
'--======================='||chr(10)||
'-- Delete '||chr(10)||
'--======================='||chr(10)||
' if deleting then '||chr(10)||
' insert into LOG_MODS (TABLE_NAME,AUD_FLAG,AUD_DATE)
values ('||chr(10)||
' upper(''&&TABLE''),'||chr(10)||
' ''D'','||chr(10)||
' SYSDATE );'||chr(10)||
'end if;'||chr(10)||
'--'||chr(10)||
'end;'||chr(10)||
'/'||chr(10)
from dual;
spool off
set feedback on
set verify on
set heading on
set termout on
```

```
start trig_2.sql
set pagesize 24
undefine 1
set sqlprompt "SQL>"
set echo on
```

Der Inhalt von trig_2.sql sieht dann so aus:

```
create or replace trigger EMPLOYEES_LOG
after insert or update or delete on EMPLOYEES
referencing new as n old as o for each row
begin
--==========================
-- Insert
--==========================
if inserting then
 insert into LOG_MODS (TABLE_NAME,AUD_FLAG,AUD_DATE) values
(
 upper('EMPLOYEES'),
 'I',
 SYSDATE
);
end if;
--==========================
-- Update
--==========================
 if updating then
 insert into LOG_MODS (TABLE_NAME,AUD_FLAG,AUD_DATE) values
(
 upper('EMPLOYEES'),
 'U',
 SYSDATE
);
end if;
--======================
-- Delete
--======================
 if deleting then
 insert into LOG_MODS (TABLE_NAME,AUD_FLAG,AUD_DATE)
values (
 upper('EMPLOYEES'),
 'D',
 SYSDATE );
end if;
--
end;
/
```

Sie können ein Haupt-Skript erstellen, um alle hier vorgestellten Skripte nacheinander auszuführen. Im Folgenden ist das Skript von Peter zusammen mit seinen Kommentaren angegeben:

```
-- MASTER_AUDIT_BUILD.sql
-- Peter Robson, March 2001.
--
set echo off
--
-- This script runs the four working scripts in order to build
-- the following components for Auditing and Logging of any
-- named table:
--
-- ADD_AUDIT_FIELDS.sql Adds necessary audit fields to master table
-- BUILD_CPY_TABLE.sql Builds the Copy table to store obsolete rows from
-- the Master table
-- BUILD_AUD_TRIG.sql Builds the trigger to populate the Copy table
-- BUILD_LOG_TABLE.sql Builds the Logging table
-- BUILD_LOG_TRIG.sql Builds the trigger to populate the Logging table.
--
-- All these scripts can run one after the other. Should any of the
-- objects being created already exist, no error will occur, and the next
-- process will proceed. You will be prompted for the Master table
-- by each script - variables are not passed to each script, to
-- retain the freedom of running any script independently.
--
@@ADD_AUDIT_FIELDS.sql
@@BUILD_CPY_TABLE.sql
@@BUILD_AUD_TRIG.sql
@@BUILD_LOG_TABLE.sql
@@BUILD_LOG_TRIG.sql
--
-- end
--
set echo on
```

Ihre Datenbank gegen Hacker sichern

Ein immer wieder verwendetes Thema in Kriminalfilmen ist die Beziehung zwischen den Kriminellen und dem Detektiv, das heißt, zwischen den Guten und den Bösen. Um die Bösen zu fangen, unabhängig davon, ob es sich um Diebe, Mörder oder Spione handelt, müssen die Guten die Gruppe der Bösen unterwandern und lernen, so zu denken wie sie. Die Guten sind dazu gezwungen, in die Fußstapfen der Bösen zu treten, sich mit den Kriminellen zu identifizieren und deren nächsten Schritt vorherzusehen.

So ist es bei jedem Kampf. Die größten Generäle in der Geschichte waren großartige Strategen, weil sie dazu in der Lage waren, so zu denken wie ihr Gegner. Das Gleiche gilt auch für den Sport. Unter den Top-Athleten sind die geistigen Spielchen genauso anstrengend wie der physische Wettbewerb. Sie müssen Ihren Gegner verstehen, um bei einer Konfrontation erfolgreich sein zu können. Sowohl Athleten als auch Generäle fragen sich ständig, „Was ist der nächste Zug meines Gegners? Wo liegen seine Stärken? Welche Schwächen hat er? Ahnt er meinen nächsten Zug voraus?"

Das Verteidigen Ihrer Datenbank erfordert die gleiche Strategie. Um Ihren Angreifer zu verstehen, müssen Sie lernen, so zu denken wie er. Sie müssen förmlich in das Gehirn Ihres Gegners sehen können. Deshalb werden wir in Teilen dieses Kapitels die Perspektive eines Hackers einnehmen. Wir möchten herausfinden, wie der Hacker denkt und handelt – um die Anatomie eines Angriffs zu analysieren.

Wenn Sie ein vollbeschäftigter Datenbankadministrator sind, sind Ihre Fähigkeiten sehr gefragt und Ihre Arbeit lässt Ihnen vermutlich wenig Zeit für kontemplative Betrachtungen. So haben Sie sich vermutlich noch nie hingesetzt und sich gefragt: „Wenn ich ein Computer-begeisterter Teenager wäre, der nichts anderes zu tun hat, wie würde ich in meine Datenbank einbrechen?" Oder: „Wenn ich morgen gefeuert werden würde und mich rächen wollte, was würde ich dann tun?" Nun, zunächst sollten Sie versuchen, nicht in solche Situationen zu geraten. Dann sollten Sie sich klar machen, dass Sie, wenn Sie sich noch nie hingesetzt und über diese Aspekte nachgedacht haben, vermutlich keinen Schimmer haben, wie groß diese Gefahrenquellen sind, und dass Sie vermutlich nicht ausreichend vorbereitet sind.

Wenn Sie sich darüber Gedanken machen, wie ein Hacker angreifen könnte, müssen Sie „über den Tellerrand schauen". Nun, wir geben zu, dass wir alle ein wenig genervt von Leuten sind, die solche Phrasen dreschen, wenn sie nicht erklären, was „über den Tellerrand schauen" denn bedeutet. Was wir meinen, ist, dass Sie nicht mehr wie ein Datenbankadministrator denken sollten, sondern wie ein Hacker. Als Datenbankadministrator setzen Sie Berechtigungen, konfigurieren SSL und gehen davon aus, dass es keine Möglichkeit gibt, in Ihre Datenbank einzubrechen. Leider ist es nicht so einfach. Der Hacker denkt ganzheitlich darüber nach, wie er in Ihr System eindringen kann. Wenn Ihre Datenbank zum Beispiel sicher ist, wie sieht es dann mit dem Betriebssystem aus, und wenn das Betriebssystem sicher ist, wie steht es um den Client? Diese Gedanken sind Ihnen vielleicht noch nie in den Sinn gekommen, wenn Sie nicht die Perspektive eines Hackers eingenommen haben.

Beim Durchlesen dieses Kapitels hoffen wir, Ihnen etwas mit auf den Weg zu geben – eine neue Sicht der Datenbanksicherheit, eine, die nicht davon ausgeht, dass alles sicher ist, sondern eine, die über die Datenbank nachdenkt und die Sicherheit jedes Aspekts des gesamten Systems in Frage stellt.

Wenn Sie wirklich daran interessiert sind zu lernen, wie ein Hacker denkt, sollten Sie an einer Hacker-Convention teilnehmen. Auf diesen Konferenzen werden Sie die Kultur, die aktuellsten Angriffe und auch die neuesten Sicherheitslücken kennen lernen. Wenn Sie einen Arbeitgeber haben, der Ihnen die Teilnahme an einem solchen Ereignis im Interesse einer erhöhten Sicherheit finanziert, haben Sie wirklich Glück. Wenn dies nicht der Fall ist, können Sie an einer Konferenz in Ihrer Region teilnehmen, die meisten Konferenzen haben eine vernünftige Preisgestaltung. Einige der bekanntesten Konferenzen sind

- Defcon
- Blackhat
- Hope (Hackers on Planet Earth)
- @tlantaCon

17.1 Angreifer

Es ist schwierig, alle Risiken zu verstehen, denen Sie gegenüberstehen. Bevor Sie damit beginnen, wie ein Hacker zu denken, sollten Sie sich klar machen, wie und warum ein Angriff stattfindet und dass es natürlich stark davon abhängt, wer der Angreifer ist. Wir haben eine kleine Auswahl möglicher Angreifer zusammengestellt, aber die Liste ist potenziell viel länger:

- Ein ehemaliger Mitarbeiter, der Ihr Unternehmen kürzlich im Streit verließ
- Ein Vandale außerhalb Ihrer Firma
- Ein Benutzer Ihres Systems, der versucht, mehr Berechtigungen zu erlangen
- Ein professioneller Spion mit einem bestimmten Grund für den Angriff auf Ihre Datenbank

Die gefährlichsten Angreifer sind erfahrungsgemäß der erste und der letzte aus dieser Liste.

17.1.1 Verärgerte Mitarbeiter

Ehemalige oder noch beschäftigte verärgerte Mitarbeiter sind gefährlich, weil sie weiterhin Zugriff auf Kennwörter haben können, die Sie noch nicht geändert haben, oder weil sie mit einer Kündigung rechneten und eine Hintertür zu Ihrem System offen gelassen haben. Es gibt keine wirklich gute Lösung um zu verhindern, dass jemand, der die vollständige Kontrolle über Ihr System hatte, ein Hintertürchen offen lässt. Der beste Weg, dieses Problem zu vermeiden, ist, gar nicht erst in eine solche Situation zu geraten. Wenn sich abzuzeichnen beginnt, dass sich das Verhältnis zu einem Mitarbeiter verschlechtert, sollten Sie anfangen, Vorsichtsmaßnahmen zu treffen, bevor sich eine Sicherheitslücke nicht mehr verhindern lässt.

Eine andere Strategie, die wir schon erfolgreich in Aktion gesehen haben, ist das Begrenzen der Möglichkeiten eines Datenbankadministrators, bösartige Aktivitäten durchzuführen, indem eine „Change Management"-Abteilung genutzt wird. In einer großen Bank, in der einer der Autoren arbeitete, hatten die Datenbankadministratoren keine administrativen Rechte, sondern durften stattdessen auf die Produktionsdatenbank nur lesend zugreifen. Wenn ein Notfall eintrat, erteilte das Change Management dem Datenbankadministrator temporären Zugriff. Für tägliche Aktivitäten legte der Datenbankadministrator dem Change Management Skripte vor, das diese überprüfte und ausführte. Dies erschwerte nicht nur das Einbauen von Hintertüren, sondern schützte auch vor kritischen Fehlern. Wenn Sie jemals Daten aus einer Tabelle in der Produktionsdatenbank gelöscht haben, während Sie dachten, in der Entwicklungsdatenbank zu sein, werden Sie verstehen, was wir meinen.

Natürlich ist das Einrichten und Verwalten einer Change Management-Abteilung ein teures Unterfangen. In einer großen, international tätigen Bank kann ein Change Management notwendig sein, aber bei Ihnen ist es eventuell zu viel des Guten. Sicherlich ist das Durchführen von Routineaufgaben und das Bewältigen von Notfällen deutlich komplizierter, wenn Sie nicht immer direkten Zugriff auf die Produktionsdatenbank haben. Niemand ist glücklich darüber, mit komplexen Abläufen und verteilten Zuständigkeiten kämpfen zu müssen. Außerdem schützt Sie das Change Management nur vor Mitarbeitern, die nicht selber in dieser Abteilung arbeiten. Ein verärgerter Mitarbeiter im Change Management kann immer noch viel Schaden anrichten.

Hintertüren

Das Risiko, das durch einen verärgerten Mitarbeiter, der die Firma verlässt, entsteht, hängt sehr von dessen Fähigkeiten ab. Je besser er ist, desto besser kann er auch seine Spuren verwischen und einen Weg finden, Ihr System unbemerkt mit einer Hintertür auszustatten. Selbst der unfähigste Datenbankadministrator kann ein Sicherheitsloch hinterlassen. Für Sie ist der Schwierigkeitsgrad entscheidend, den das Aufspüren einer Lücke in Ihrer Verteidigung hat.

Die einfachste Hintertür ist ein neu angelegter Benutzer, dem die DBA-Rolle zugewiesen wurde. Sicher können Sie ein solchermaßen berechtigtes Konto aufspüren, wenn Sie wissen, wonach Sie suchen, aber wie oft sehen Sie tatsächlich in Ihrer Datenbank nach und prüfen, ob einem neuen Konto DBA-Berechtigungen erteilt wurden? Vermutlich kontrollieren Sie das nicht regelmäßig. Eine clevere Person kann einem neuen Benutzer die individuellen Berechtigungen direkt aus der DBA-Rolle erteilen und damit die gleichen Rechte gewähren wie ein DBA, ohne dass dadurch die Warnleuchten angingen, die beim direkten Zuweisen der Rolle aktiv werden. Wenn Sie nun in der DBA-Rolle nach diesem Konto suchten, würden Sie die Hintertür dort nicht finden.

Ein schlauer Angreifer könnte auch das Kennwort eines Kontos zurücksetzen, dem schon die DBA-Rolle zugewiesen wurde. Manche Konten mit DBA-Rechten existieren, werden aber selten genutzt, und Sie könnten monatelang nicht bemerken, dass das Kennwort geändert wurde. Ein gutes Beispiel dafür ist das Konto INTERNAL. Sie haben vielleicht bei der Installation ein sehr sicheres Kennwort gesetzt, nutzen dieses Konto aber nur ein Mal alle halben Jahre. Wenn ein Angreifer das Kennwort auf einen ihm bekannten Wert setzt, bemerken Sie es vielleicht nicht, bis Sie das Konto das nächste Mal benutzen.

Audits

Was können Sie also gegen einen verärgerten Mitarbeiter tun? Normalerweise sind Sie sowieso schon unterbesetzt, wenn der Mitarbeiter die Firma verlässt, so dass es schwierig ist, auch noch zusätzliche Arbeiten zu erledigen. Aber Sie sollten sich wirklich etwas Zeit nehmen, um ein notwendiges Audit des Systems durchzuführen, damit sichergestellt ist, dass Ihre Sicherheit Gewähr leistet ist.

Wie wir schon in Kapitel 16 ausführten, ist ein Audit eine Kontrolle der Berechtigungen und Dateien mit dem Zweck, Sicherheitslöcher in der Datenbank aufzuspüren. Ein komplettes Audit besteht nicht aus einem feststehenden Aufgabenset, sondern sollte eher einer stetig wachsenden Liste entsprechen, die bei jeder neu entdeckten Möglichkeit für eine Hintertür erweitert wird. In Tabelle 17-1 geben wir Ihnen eine kleine Starthilfe mit möglichen Audit-Aufgaben, die Sie durchführen können, um mit der Überprüfung Ihrer Datenbank und der Sicherheitssysteme zu beginnen.

Tabelle 17-1: Audit-Aufgaben

Aufgabe	SQL-Befehl
Nach Konten suchen, die die Rolle DBA haben	`select *` `from DBA_ROLE_PRIVS;`
Nach anderen Konten suchen, die weniger Berechtigungen haben, aber eventuell als Hintertür eingerichtet wurden	`select USERNAME, CREATED` `from DBA_USERS;`
Sicherstellen, dass keine Konten mit Standardkennwörtern durch den ehemaligen Mitarbeiter eingerichtet wurden	`select USERNAME, EXPIRE_DATE` `from DBA_USERS;`

Die Funktionen für PASSWORD_VERIFY prüfen, um sicherzustellen, dass sie nicht mit einer Hintertür versehen wurden	`select NAME, TEXT`
	`from DBA_SOURCE`
	`where TYPE = 'FUNCTION'`
	`and NAME = 'VERIFY_FUNCTION'`
	`order by NAME, LINE`

Die Job-Queue nach Jobs durchsuchen, die in Zukunft Schaden anrichten können	`select * from DBA_JOBS;`

Das Erstellungs- und Änderungsdatum der eingebauten und selbst entwickelten Pakete prüfen. Wenn etwas geändert wurde, könnte dies ein Hinweis darauf sein, dass eine Hintertür eingebaut wurde.	`select OBJECT_NAME, CREATED,`
	`LAST_DLL_TIME`
	`from DBA_OBJECTS`
	`where OBJECT_TYPE =`
	`'PACKAGE_BODY' or OBJECT_TYPE =`
	`'FUNCTION' or OBJECT_TYPE =`
	`'PROCEDURE';`

Die Liste der System- und Objektberechtigungen nach Berechtigungen durchsuchen, die nicht hätten erteilt werden sollen	`select * from DBA_SYS_PRIVS;`

Tabelle 17-1: Audit-Aufgaben (Fortsetzung)

Aufgabe	SQL-Befehl
Das letzte Änderungsdatum aller ausführbaren Betriebssystemdateien prüfen. Wenn etwas geändert wurde, könnte dies ein Hinweis darauf sein, dass eine Hintertür eingebaut wurde.	`ls -l $ORACLE_HOME`
Das Betriebssystem auf neue oder alte Konten prüfen, auf die der alte Mitarbeiter noch Zugriff haben könnte	`type /etc/passwd`
Das Betriebssystem auf Jobs überprüfen, die bösartigen Code ausführen könnten	Unter Windows: `at` Unter Unix: `crontab -l`

Wie Sie sehen, kann das Durchführen eines kompletten Audits sehr zeitaufwändig sein und gibt Ihnen keine 100-prozentige Sicherheit, dass Ihr System sauber ist. Natürlich glauben wir nicht, dass Sie je vollkommen sicher sein können, dass Ihr System geschützt ist. Sie müssen an irgendeinem Punkt entscheiden, wem Sie trauen und wie weit Sie gehen wollen, um die Sicherheit Ihrer Datenbank zu Gewähr leisten. Da Sie Oracle verwenden, gehen Sie wahrscheinlich schon davon aus, dass die Oracle-Entwickler vertrauenswürdig sind und keine Hintertür in ihren Code eingebaut haben. Es gab in der Vergangenheit schon viele Fälle, in denen Entwickler anderer Software-Pakete Hintertüren genutzt haben, um den technischen Support zu vereinfachen. Auch wenn der Hersteller zumeist die besten Absichten hegte, hätten die Auswirkungen ihrer Aktionen verheerend sein können, nicht nur für den Kunden, sondern auch für den Hersteller. Stellen Sie sich die möglichen rechtlichen Folgen für einen Hersteller vor, wenn eine Hintertür entdeckt und von einem Hacker für einen Angriff auf ein System genutzt worden wäre.

Der Angriff des verärgerten Mitarbeiters

Einer Ihrer Datenbankadministratoren, bezeichnen wir ihn als maulenden Thomas, hatte kürzlich eine ernsthafte Auseinandersetzung mit dem obersten Datenbankadministrator und führt zurzeit Bewerbungsgespräche mit anderen Firmen. Thomas war in den letzten Wochen in Ihrem Unternehmen nicht wirklich glücklich und Sie machen sich langsam Sorgen, ob er die Firma verlassen und in welchem Zustand er Ihr System hinterlassen wird.

Zwei Wochen, bevor Thomas geht, hat er einen wirklich schlechten Tag und beschließt, es Ihrer Firma heimzuzahlen, dass er sich unwohl und wütend fühlt. Daher meldet er sich am Betriebssystem mit einem gemeinsam genutzten Konto, wie zum Beispiel „oracle", an, und öffnet eines der Skripte, das Sie für die monatlichen Aufräumaktionen nutzen. Er fügt schändlicherweise ein paar Zeilen zum Skript hinzu, wodurch 100 Zeilen in der Auftragstabelle geändert werden. Natürlich weiß er, dass dieses Skript vor seinem Abschied nicht mehr gestartet werden wird, so dass er sich ziemlich sicher sein kann, für den Schaden nicht zur Verantwortung gezogen zu werden.

Diese Art des Angriffs ist sehr problematisch, da die Änderungen sehr unauffällig vorgenommen werden. Vielleicht würden Sie die von Thomas durchgeführten Aktionen nicht einmal als Problem der Datenbankssicherheit betrachten. Aber Semantik beiseite, dieser Angriff betrifft die Daten in Ihrer Datenbank und stellt somit ein Sicherheitsproblem der Datenbank dar. Da er so subtil ist, entdecken Sie ihn vielleicht erst nach Stunden oder Tagen, und finden die Ursache des Problems vielleicht nie heraus. Wenn Kunden anrufen und sich über falsche Lieferungen beschweren, entdecken Sie einige der geänderten Datensätze. An diesem Punkt beginnen Sie vielleicht mit einer Analyse, um festzustellen, was in der Datenbank alles durcheinander gebracht wurde. Solange Sie aber nicht den Ursprung des Problems entdecken, können Sie Tage oder Wochen damit verbringen, die Daten zu durchforsten um herauszufinden, was noch alles geändert wurde.

Angenommen, Thomas ist nicht ganz so teuflisch, wie wir ihn hier dargestellt haben. Bevor er geht, plant er nicht, irgendwelche Bomben oder Hintertüren einzubauen. Auch wenn er nicht glücklich ist, verlässt er die Firma doch im Guten. Nach dem Ende der Anstellung gibt es aber Meinungsunterschiede zwischen ihm und der Personalabteilung über seine Abfindung. In einem unangebrachten Wutanfall erinnert sich Thomas daran, dass das Kennwort für den Benutzer SYS „pa55W0rd5&r3c()ol“ lautet. Wow! Sicherheit wird in dieser Firma ernst genommen, dieses Kennwort erfüllt definitiv die Richtlinien für sichere Kennwörter. Leider ist es unerheblich, wie sicher Ihre Kennwörter sind, wenn sie Thomas nicht davon abhalten, in Ihre Datenbank einzudringen, da er derjenige war, der sie sich ausgedacht hat. Ihr neuer Datenbankadministrator kämpft vielleicht noch mit den Eigenheiten Ihrer Datenbank und hat die Kennwörter noch nicht erneuert, da er befürchtet, damit irgendwelche Skripte oder Batch-Jobs auszusortieren, für die sie nötig sind.

Von zu Hause aus verbindet sich Thomas nun mit Ihrer Datenbank und aktualisiert sie so, dass einige Ihrer Produkte an ihn geliefert werden. Tatsächlich könnte er im Gegenwert der Summe zu stehlen beschließen, die ihm seiner Meinung nach noch von der Personalabteilung zusteht, und noch einen kleinen Extrabonus dazu, weil er so wütend ist. Das Belasten eines fremden Kontos ist auch nicht schwierig, und vielleicht tut er das, um sich davor zu schützen, als Dieb erkannt zu werden.

Angriffe von Mitarbeitern verhindern

Wir haben zwei verschiedene Angriffsarten auf Oracle durch verärgerte Mitarbeiter beschrieben. Bei der einen wurde ein aktuell bestehender Zugriff auf die Datenbank ausgenutzt, um später Aktionen auszulösen, wenn kein Zugriff mehr besteht. Die andere Angriffsart beruht auf der statischen Eigenschaft der Datenbank, weshalb ein bekanntes Kennwort verwendet werden kann, um auf ein bestehendes Konto zuzugreifen.

Kennwörter ändern Die beste Möglichkeit, dem Problem der zu ändernden Kennwörter zu begegnen, ist, die Nutzung von Kennwörtern insgesamt, besonders aber der gemeinsam genutzten, zu reduzieren. Dazu sollten Sie nicht erst tätig werden, wenn das Problem auftritt, sondern bereits, wenn die Datenbank das erste Mal aufgesetzt wird. Wir empfehlen, Techniken wie Single Sign-On oder Betriebssystemkonten zu nutzen, um Ihrem Datenbankadministrator Zugriff zu gewähren.

Um zu demonstrieren, wie dies funktionieren kann, wollen wir uns anschauen, wie eine typische Datenbank eingerichtet wird. Es gibt mindestens zwei mächtige Datenbankkonten, die in der Datenbank vorhanden sein müssen. Dabei handelt es sich um die Konten SYS und SYSTEM. Beide Konten erhalten die Rolle DBA. Es gibt zudem ein virtuelles Konto INTERNAL, das Sie mit der Datenbank als SYS verbindet. Zusätzlich kann eine beliebige Anzahl von Benutzern in der Datenbank die Rolle SYSDBA erhalten. Jedes Betriebssystemkonto in der Betriebssystemgruppe OSDBA kann sich mit der Datenbank als SYSDBA verbinden, und jedes dieser Konten kann genutzt werden, um die Datenbank zu verwalten. Um Ihre Datenbank richtig zu sichern, müssen Sie sorgfältig auswählen, welche Konten genutzt oder gesperrt und welche eventuell gänzlich deaktiviert werden sollten. Wie Sie in Abbildung 17-1 sehen können, sind viele Wege möglich, sich mit der Datenbank als DBA zu verbinden.

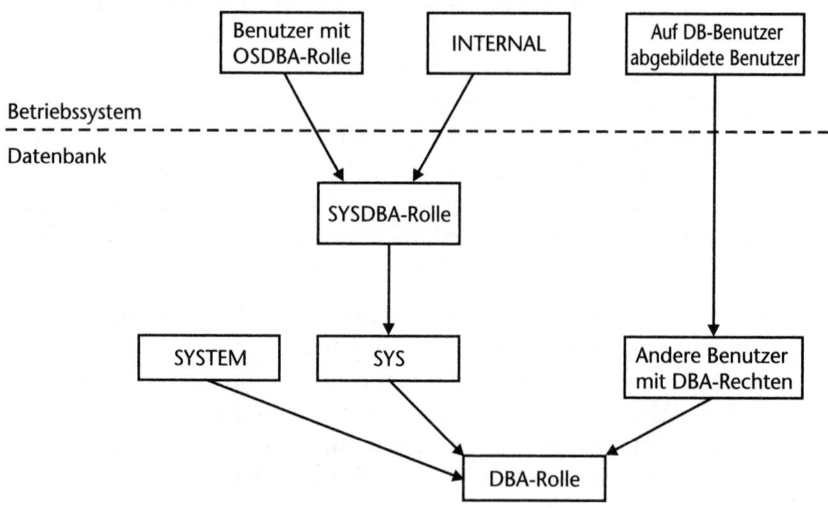

Abbildung 17-1: Wege zu DBA-Berechtigungen

Unsere Empfehlung beim Umgang mit Administratorkonten ist, Betriebssystemgruppen zu nutzen, um den Zugriff auf die Datenbank zu verwalten. Wir halten diese Methode für die beste, da sie das Entfernen von Datenbankberechtigungen von Ihrem Konto sehr vereinfacht. Das Verwenden von Betriebssystemgruppen zur Verwaltung des Zugriffs ist allerdings sehr von dem von Ihnen genutzten Betriebssystem abhängig.

Wir empfehlen, zwei Kontotypen einzurichten: Die, die Zugriff als SYSBDA benötigen, und solche, die die Rolle DBA brauchen. Der Zugriff über die Rolle SYSDBA ist noch mächtiger als der über DBA, weshalb Sie den Zugang zu SYSDBA beschränken sollten, solange keine zusätzlichen Berechtigungen benötigt werden. Wenn jemand die Firma verlässt, deaktivieren, sperren oder löschen Sie das Betriebssystemkonto, was jeglichen Zugang zur Datenbank effektiv verhindert.

Warum das besser ist? Weil nun nur der Betriebssystembenutzer zu deaktivieren ist statt eines Datenbankbenutzers und eines Betriebssystembenutzers. Für die meisten Unternehmen ist das Löschen des Hauptkontos eines Benutzers auf Betriebssystemebene deutlich einfacher als das Deaktivieren all der vielen Unterkonten, die ein Mitarbeiter in einer Firma besitzt.

Zusammenfassend schlagen wir vor, Single Sign-On so weit wie möglich anzustreben. Sie können ein Tool von einem der Fremdhersteller nutzen, aber auch einfach die von Oracle schon implementierte Betriebssystem-Kontonutzung verwenden.

Single Sign-On ist auch noch aus anderen Gründen vorteilhaft. Sie müssen keine gemeinsam genutzten Kennwörter mehr ändern, da sie nicht mehr nötig sind. Natürlich hängt dies stark davon ab, dass Sie die passenden Prozeduren umgesetzt und das Konto SYS oder SYSTEM nie direkt benutzt haben. Am besten stellen Sie sicher, dass diese Strategie befolgt wird, indem Sie die Kennwörter dieser beiden Konten auf zehnstellige Zufallswerte setzen und sie physikalisch wegschließen. Natürlich müssen Sie genau darauf achten, dass niemand das Kennwort ändert. Wie erreichen Sie das? Ganz einfach – sichern Sie die Kennwort-Hashes für diese Konten und überprüfen Sie, dass sie sich nicht ändern. Im Folgenden geben wir eine Abfrage an, um diese Werte zu finden und sie zu einem späteren Zeitpunkt vergleichen zu können.

```
select USERNAME, PASSWORD
  from DBA_USERS
 where USERNAME in ('SYS', 'SYSTEM');
```

Hintertüren Die besten Möglichkeiten, Ihr System vor Hintertüren zu schützen, sind:

- Das System regelmäßig zu auditieren, um einen Vergleich zu haben für das Auditing, nachdem der Mitarbeiter die Firma verlassen hat.
- Das System zu auditieren, sobald der Mitarbeiter gegangen ist.
- Einen Mitarbeiter aus der DBA-Rolle entfernen, bevor die Situation eskaliert.
- Das Auditieren von Systemberechtigungen aktivieren.

Betrachten wir das Auditieren zum Lösen dieses Problems näher. Für eine detaillierte Diskussion über das Aktivieren und Konfigurieren des Auditings sollten Sie Kapitel 16 lesen. Hier wollen wir einfach nur festhalten, dass Sie das Auditing aktivieren sollten, indem Sie den Wert von AUDIT_TRAIL in der Datei init.ora auf OS setzen, wenn die Audit-Daten in eine Betriebssystemdatei geschrieben werden, und auf DB, wenn die Daten in der Tabelle SYS.AUD$ abgelegt werden sollen. Dann aktivieren Sie das Auditing auf möglichst vielen Berechtigungen, ohne die Performance Ihres Systems zu sehr auszubremsen.

Das Auditieren kann, wenn es richtig konfiguriert wurde, sehr umfassend sein, ohne einzuschränken. Objekte zu auditieren verhindert kaum, dass Hintertüren eingebaut werden, wesentlich wichtiger ist, die Systemberechtigungen zu auditieren. Dies ist praktisch, da die meisten Transaktionen in einer Datenbank, wie das Aktualisieren, Löschen und Auswählen, diese Berechtigungen nicht verwendet und daher die Performance nicht sehr belastet. Aus diesem Grund können Sie auch das Auditing auf sehr vielen Systemberechtigungen aktivieren, bevor das System langsamer wird.

Standardmäßig werden manche Ereignisse im Betriebssystem protokolliert und können nicht deaktiviert werden. Dabei handelt es sich um

- das Hoch- und Herunterfahren der Instanz
- Verbindungen mit der Datenbank als SYSOPER oder SYSDBA

Dieses Standardverhalten ist gut, da Sie immer davon ausgehen können, dass jedes dieser Ereignisse aufgezeichnet wird. Leider gibt es eine Kehrseite, die gar nicht gut ist. Denn Sie können folgende Konten überhaupt nicht auditieren:

- INTERNAL (in Oracle9*i* nicht mehr vorhanden)
- Zugriffe über SYSDBA
- Den Benutzer SYS

Sie erhalten immer eine Mitteilung, wenn sich jemand mit einem dieser Konten an der Datenbank angemeldet hat, aber Sie erhalten keine zusätzlichen Audit-Ereignisse. Dies ist bedauerlich, da die Aktivitäten dieser Konten am kritischsten auditiert werden sollten. Wir vermuten, dass diese Strategie gewählt wurde, damit man sich auch bei auftretenden Audit-Problemen noch an der Datenbank anmelden und die Probleme lösen kann, ohne weitere Audit-Ereignisse auszulösen. Würden dabei Ereignisse produziert, könnte es sein, dass man sich nicht mehr mit der Datenbank verbinden kann, da jede Aktivität des Benutzers dazu führen würde, dass die Verbindung hängt, während sie darauf wartet, dass die Audit-Daten geschrieben werden.

Die fehlenden Audit-Ereignisse für den Benutzer SYS sind ein weiteres gewichtiges Argument, dieses Konto nicht zu nutzen. Stattdessen sollten Sie Benutzer und ihre Berechtigungen mit der Rolle DBA anlegen. Normale Konten der Rolle DBA werden komplett auditiert.

17.1.2 Professionelle Hacker

Gibt es wirklich professionelle Hacker? Das ist sehr wahrscheinlich. Die Mehrheit von ihnen sind vermutlich Agenten einer Regierung. Es gibt Hacker, die wie Privatdetektive arbeiten, aber die genaue Anzahl der Personen, die Industriespionage betreiben, ist nicht bekannt. Es gibt viele dokumentierte Fälle, bei denen Hacker Unternehmen um Hunderttausende Dollars erpressten. Normalerweise führen Hacker ihre Erpressungsversuche von Ländern aus durch, in denen Gesetze gegen Computer-Verbrechen noch nicht existieren, und entziehen sich dadurch dem Zugriff der Ermittlungsbehörden.

Die professionelle Hacker-Attacke

Sehen wir uns einmal an, wie ein professioneller Hacker Ihr System angreifen könnte. In diesem Beispiel gehen wir davon aus, dass es sich bei der Datenbank um eine Applikation für das Online Banking handelt, einem offensichtlich sehr lohnenden Ziel für professionelle Hacker. Nennen wir unseren Angreifer Ted. Ted hat Verbindungen zur Unterwelt und schert sich nicht darum, ein Verbrechen zu begehen. Seine einzige Sorge ist, gefasst, oder besser gesagt, nicht gefasst zu werden.

Ted beginnt damit, erst einmal Nachforschungen einzuholen. Ein sorgfältig ausgearbeiteter Plan könnte folgende Schritte beinhalten:

- Ein Konto bei der Bank eröffnen, um autorisierten Zugriff auf das System zu erhalten
- Eine Bewerbung einreichen und ein Bewerbungsgespräch mit der Bank vereinbaren, um zu versuchen, eine Anstellung zu bekommen
- Den technischen Support der Bank anrufen, um herauszufinden, wie hilfreich er ist
- Das Stellenangebot auf Informationen, wie zum Beispiel die verwendete Software und deren Versionen, abklopfen
- Versuchen, die Namen von Mitarbeitern und andere Informationen über die Benutzer der Bank herauszufinden

Für eine Applikation wie ein Online Banking-System ist es üblicherweise nicht schwierig, ein Konto zu erhalten. Bei einer Bank müssen Sie normalerweise nur zu einer Filiale gehen und Ihre persönlichen Daten angeben. Für einen Kriminellen ist das keine große Hürde. So hat Ted nun ein Konto mit dem Namen HACKERTED bei der Datenbank der Bank. Leider hat Ted den Job bei der Bank nicht erhalten, aber während des Bewerbungsgesprächs konnte er einiges über die Sicherheitsprozeduren der Bank und ihre eventuellen Schwachstellen herausbekommen. Er hat erfahren, dass die Datenbank aktuell unter Oracle8 läuft und in drei Monaten auf Oracle8*i* migriert werden soll. Weiterhin nutzt die Bank Windows NT als Betriebssystem, und während einer Vorführung des Systems notierte er sich die internen Netzwerkadressen. Außerdem bekam er heraus, dass sie keinerlei Intrusion Detection nutzen und die Betriebssysteme für die Datenbanken von den Datenbankadministratoren betreut werden.

Was kann er mit den Informationen anfangen? Zunächst weiß er jetzt, dass die Datenbankkonten über Sperrmechanismen verfügen können, da es sich um Oracle8 oder neuer handelt. Er weiß auch, dass niemand seine Aktivitäten beobachten wird, wenn er versucht, das Netzwerk anzugreifen, und dass die Betriebssysteme eine Schwachstelle sein könnten, da der Datenbankadministrator wahrscheinlich nicht so erfahren im Umgang mit dem Betriebssystem wie mit der Verwaltung der Datenbank ist.

Beim technischen Support kann er verschiedene Formen des Social Engineerings nutzen, um Informationen über das System zu erhalten. Die beste Strategie wäre, dort anzurufen um jemanden zu erreichen, der neu oder noch nicht sehr vertraut mit dem System ist. Angestellte, die erst seit kurzem beschäftigt sind, bemühen sich stärker um den Benutzer, weil sie noch um ihren Job fürchten.

Ted könnte auch versuchen, die Namen anderer Kunden der Bank herauszufinden, um über sie in das System einzubrechen. Eine Möglichkeit ist, einfach zu einer Filiale zu gehen und sich dort einige Zeit aufzuhalten. Er kann dort andere Leute dabei beobachten, wie sie Überweisungen und Formulare zur Scheckeinreichung ausfüllen und sich dabei die Namen notieren. Dann kann er bei der Bank anrufen und verschiedene Namen ausprobieren, um zu sehen, ob er vom Gegenüber eine Reaktion erhält. Bei einer großen Bank mit vielen Kunden sind die Chancen sehr hoch, dass es Kunden mit häufig vorkommenden Namen wie Robert Taylor oder John Smith gibt.

Eine andere Strategie zur Ermittlung von aktuellen Benutzernamen wäre, zu versuchen seinen eigenen Benutzernamen zu ändern, um zu sehen, wie die Datenbank reagiert. Wenn bereits ein Konto diesen Namens existiert, erhält er eine Bestätigung darüber. Er kann versuchen, andere Benutzernamen auszuprobieren, um festzustellen, ob diese auch schon vergeben sind. In diesem Fall hat er einen Kontonamen erfolgreich ermittelt.

Bei seiner ersten Informationswelle hat Ted Folgendes in Erfahrung gebracht:

- Verwendete Betriebssysteme und Software
- Angreifbare IP-Adressen
- Angreifbare Benutzerkonten
- Schwachpunkte des Systems und Fallen, mit denen er rechnen muss

Die nächste Phase beinhaltet nun die Abfrage der Datenbank selbst. Ted hat gelernt, dass es sich um ein Oracle-System handelt, weshalb er damit beginnt, festzustellen, ob irgendeine Form der Kontosperrung aktiviert wurde, indem er prüft, ob sein eigenes Konto gesperrt werden kann. Wenn dem so ist, ruft er einfach beim Support an und erzählt ihnen, dass er sein Kennwort vergessen hat. Er gibt seine Kontodaten an und sein Kennwort wird wieder zurückgesetzt.

Wenn es keine Kontosperrung gibt, hat Ted einen großen Teil der Schlacht schon gewonnen, ohne herumprobieren zu müssen. Ausgestattet mit den Kontonamen anderer Personen in der Bank, die er im ersten Schritt ermitteln konnte, kann er nun einen Brute Force-Angriff auf diese Konten starten. Dabei kann er bei nicht vorhandener Kontosperrung einen langfristigen Angriff per Wörterbuch starten, der durchaus Tage oder Wochen dauern kann. Dabei erstellt Ted ein Skript, das versucht, sich mit der Datenbank zu verbinden, indem es eine Liste von Wörtern aus einem digitalen Wörterbuch nutzt. Die Wahrscheinlichkeit ist sehr hoch, dass ein Benutzer ein Kennwort gewählt hat, das im Wörterbuch vorhanden ist. Zudem kann Ted noch weitere beliebte Kennwortkombinationen nutzen, wie zum Beispiel „password1", „username1" oder ein Datum.

Wenn Ted einen Kontonamen und ein Kennwort erraten hat, steht es ihm nun frei, die Gelder des Kontos zu transferieren, wohin er möchte. Als professioneller Krimineller ist er vermutlich mit der Möglichkeit vertraut, das Geld auf das Konto einer ausländischen Bank zu überweisen, um seine Spuren zu verwischen. Da dieser Teil des Angriffs außerhalb unseres Untersuchungsrahmens liegt, gehen wir einfach einmal davon aus, dass Ted Ihr Geld erhält, sobald er Zugriff auf das Konto besitzt. Wir sind keine Juristen, aber wir wissen, dass die Geschäftsbedingungen für Bankkonten den Kunden nicht so absichern wie die von Kreditkartenfirmen. Daher kann es sein, dass Ihr gestohlenes Geld nicht versichert ist und Sie keine Möglichkeit haben, das Geld zurückzuerhalten.

Beachten Sie auch, dass die meisten stattfindenden Angriffe zur ursprünglichen IP-Adresse zurückverfolgt werden können. Professionelle Hacker vermeiden dies, indem sie verschiedene Strategien verfolgen. Sie nutzen niemals ihre eigene Internet-Verbindung. Stattdessen verwenden sie vielleicht ein öffentliches Internet-Terminal für ihren Angriff oder hacken ein anderes System, und starten ihren Angriff von dort aus.

Den professionellen Hacker-Angriff verhindern

Wie kann der Datenbankadministrator solche Angriffe verhindern? Es könnten viele Verbesserungen vorgenommen werden, aber am besten folgt man den hier angegebenen Schritten.

Wir können gar nicht deutlich genug hervorheben, wie wichtig das Sperren von Konten ist. Ohne dies ist ein erfolgreicher Einbruch in Ihre Datenbank nur eine Frage der Zeit und des Glücks. Eine andere kritische Komponente, die man nicht ignorieren darf, ist das Auditieren. Auch wenn das Auditieren deutlich zu Lasten der Performance gehen kann, gibt es ein paar Vorgehensweisen, bei denen die Leistung nur minimal beeinträchtigt wird. Das Auditieren von fehlgeschlagenen Anmeldeversuchen sollte immer aktiviert werden. Dabei wird ein einzelnes Ereignis zusammen mit Daten wie der ursprünglichen IP-Adresse aufgezeichnet, was Ihnen wichtige Informationen liefert, wenn Sie glauben, angegriffen zu werden. Das Auditieren von erfolgreichen Anmeldungen ist zwar auch wichtig, kann aber die Performance der Datenbank mehr beeinflussen als das Protokollieren fehlgeschlagener Anmeldungen. Zudem ist der Leistungsverlust nicht substanziell. Für jeden Verbindungsaufbau geht es um das Schreiben eines einzelnen Datensatzes in die Datenbank. Das sollte kein Problem sein, solange Sie nicht täglich eine riesige Zahl von Verbindungen haben.

Natürlich müssen Sie die Protokolle auch auf böswillige Aktivitäten hin untersuchen, wenn Sie das Auditing aktivieren. Das ist die Stelle, an der viele Datenbankadministratoren falsch vorgehen. Sicherlich hat niemand die Zeit, die Protokolle in einer ruhigen Stunde durchzugehen. Die einzige Lösung ist, den Prozess zu automatisieren. Sie können eine von zwei Möglichkeiten wählen: Ihr eigenes Tool erstellen, um die Daten nach etwas zu durchsuchen, das als böswillig betrachtet wird, oder ein Tool eines Fremdherstellers erwerben. Aufgrund der Wichtigkeit dieser Aufgabe ist es am besten, einen verlässlichen Hersteller zu finden, der mit seiner Lösung den gesamten Prozess automatisiert und Sie informiert, wenn etwas Verkehrtes passiert ist. Sonst könnte es sein, dass Sie nie Zeit haben, die Protokolle zu analysieren, und eventuell den einen Eintrag übersehen, auf den es ankommt.

17.1.3 Vandalen

Vandalen sind im Allgemeinen weniger fähige Angreifer. Hacker mit überdurchschnittlichem Können sind viel zu beschäftigt als dass sie Zeit hätten, aus Spaß an der Freude Web-Sites zu zerstören. Andererseits können Sie durchaus fähige Vandalen auf den Plan rufen, wenn Sie die Leute provozieren, indem Sie so nervende Dinge wie Spam versenden. Vandalismus ist sehr häufig ein beliebiger Akt, daher ist es eher Zufall, wenn gerade Sie getroffen werden.

Vandalen tauchen dann in den Nachrichten auf, wenn sie andere Datenbankhersteller im großen Stil angegriffen haben. Im Januar 2000 wurden CD Universe 2 500 Kreditkartendaten aus ihrer Datenbank gestohlen. Im Dezember 2000 stahl ein Hacker namens Maxus über 55 000 Kreditkarten-Datensätze aus der Datenbank von CreditCards.com – einer Zwischeninstanz zum Verwalten von Kreditkarten für Hunderte von E-Commerce-Sites. Im Oktober 2000 verunstaltete ein Vandale aus Ärger über die hohen Benzinsteuern in Großbritannien 168 Web-Sites.

Der Angriff des Vandalen

Wie wurde der Vandalismus begangen? Die Hacker haben scheinbar eine große Zahl von IP-Adressen gescannt, um auf einem Datenbankport nach einer Reaktion zu suchen und sich dann mit einem Standardkennwort anzumelden. Die Angriffe richteten sich gegen Microsoft SQL Server-Datenbanken. Oracle ist bisher glücklicherweise von solchen Angriffen verschont geblieben. Nach unserer Meinung wäre ein solcher Angriff gegen Oracle deutlich verheerender, weil Oracle-Datenbanken mehr Standardkennwörter als SQL Server-Datenbanken enthalten.

Ein großes Risiko bei Oracle-Datenbanken ist heutzutage, dass irgendjemand einen umfangreichen IP-Scan quer durch das ganze Internet durchführt und nach Reaktionen auf Port 1521 sucht. Wenn er eine Antwort erhält, kann er versuchen, die Standardkonten auszuprobieren. Hoffentlich werden Sie, nachdem Sie dieses Buch gelesen haben, von solchen Angriffen nicht mehr betroffen, da Sie sich um die Sicherheit Ihrer Datenbank Gedanken gemacht und wenigstens die grundlegenden Schritte zum Schutz Ihrer Datenbank vollzogen haben. Aber für jede gut geschützte Datenbank gibt es sicherlich etliche, die noch ungeschützt sind.

Natürlich enthalten die meisten dieser Datenbanken keine wirklich wichtigen Daten. Warum sollte man sich also um sie sorgen? Es gibt viele Gründe, dies zu tun:

- Datenbanken können genutzt werden, um andere Maschinen im Netzwerk anzugreifen.
- Auf dem Rechner kann einer Hintertür eingerichtet werden, die dann ins Spiel kommt, wenn später einmal auf dem Server wichtigere Daten gespeichert werden.
- Nachrichten darüber, dass Ihre Datenbank unsicher ist, könnten das Vertrauen Ihrer Kunden in Ihre Zuverlässigkeit beeinträchtigen.

Den Vandalen-Angriff verhindern

Die beste Möglichkeit, sich gegen Angriffe von Vandalen zu schützen, ist, Ihre Datenbank sicher hinter einer Firewall zu platzieren und keinen Zugriff auf die Datenbank aus dem Internet zuzulassen. Natürlich halten diese Maßnahmen niemanden aus dem internen Netzwerk davon ab, dieselben Aktivitäten durchzuführen. Die meisten Vandalen kommen aber von außerhalb, so dass Sie mit dem Risiko interner Vandalen eher leben können.

Um sich selbst vor Vandalen zu schützen, sollten Sie sicherstellen, dass Sie keinerlei Standardkonten auf Ihrer Datenbank oder dem Betriebssystem mit den Standardkennwörtern belassen und alle notwendigen Sicherheits-Patches eingespielt haben.

17.1.4 Autorisierte Benutzer, die höhere Berechtigungen erlangen wollen

Ein Benutzer mit einer Autorisierung für Ihr System kann auch eine Gefahrenquelle darstellen. Ein Standardbenutzer kann versuchen, weitere Berechtigungen zu erlangen, um Daten einzusehen oder zu modifizieren, auf die er eigentlich nicht zugreifen dürfte. Dabei kann es sich um reguläre Mitarbeiter, befristet angestellte Personen, Geschäftspartner oder Kunden handeln. Jeder mit Zugriff auf Ihre Oracle-Datenbank könnte auch ein Benutzer sein, der Daten einsehen oder bearbeiten möchte, die ihm nicht zustehen.

Der Angriff des autorisierten Benutzers

Jeder Benutzer in Ihrer Datenbank hat Zugriff auf alle Pakete, Funktionen, Prozeduren, Tabellen oder Views, die der Rolle PUBLIC zugewiesen wurden. Die Rolle PUBLIC wird bedingungslos jedem Benutzer der Datenbank erteilt. So sollten Sie den kleinsten gemeinsamen Nenner wählen, wenn Sie PUBLIC irgendwelche Berechtigungen erteilen. Denken Sie daran, dass diese Zugriffe dem Konto mit den geringsten Berechtigungen erteilt werden, heute und in Zukunft. Wenn Sie ein Gastkonto haben, erhält auch dieses Konto die Möglichkeit, darauf zuzugreifen.

Standardmäßig gibt es einige Objekte, die der Rolle PUBLIC zugewiesen wurden. Sie können die Liste in Ihrer Datenbank ermitteln, indem Sie folgende Abfrage ausführen:

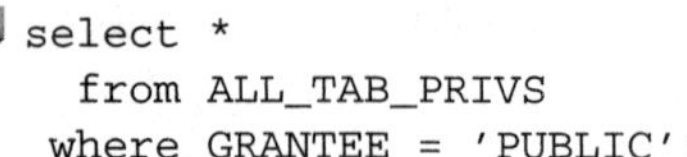

```
select *
  from ALL_TAB_PRIVS
 where GRANTEE = 'PUBLIC';
```

Wenn Sie diese Liste durchgehen, werden Sie feststellen, dass einige Informationen für jeden in der Datenbank verfügbar sind. Manche der Tabellen, mit denen Informationen gesammelt werden können, sind in Tabelle 17-2 aufgeführt. Ausgestattet mit diesen Daten kann ein Angreifer Standardkennwörter für alle diese Konten ausprobieren und versuchen, mittels Brute Force ein mächtiges Konto zu erreichen.

Tabelle 17-2: Ausgewählte Berechtigungen, die PUBLIC besitzt

Tabellenname	Risiko
ALL_USER	Bietet eine Liste von Benutzern, die angegriffen werden können
ALL_TAB_PRIVS	Ermöglicht einem Angreifer herauszufinden, welche Konten besondere Berechtigungen besitzen
ALL_DB_LINKS	Ermöglicht einem Angreifer, andere Datenbanken aufzufinden und ein Konto zu erhalten, das genutzt werden kann
ALL_SOURCE	Ermöglicht einem Angreifer, die Quellen Ihres PL/SQL-Codes einzusehen

Den Angriff eines autorisierten Benutzers verhindern

Was haben die Administratoren dieser Datenbank falsch gemacht und wie hätten sie die Situation verhindern können? Es sind viele Verbesserungsvorschläge denkbar, aber es gibt zwei einfache Wege, um Angriffe zu begrenzen. Zum einen kann man Konto- sperren für alle Ihre Konten setzen, einschließlich solcher Konten wie SYS oder SYSTEM. Es ist sogar noch wichtiger, Sperrfunktionen für die mächtigeren Konten als für die unwichtigeren Konten zu setzen. Um sich davor zu schützen, sich aus allen Konten in der Datenbank auszuschließen, können Sie Datenbankkonten einrichten, die extern identifiziert werden und daher nicht durch Brute Force-Angriffe deaktiviert werden können.

Eine weitere Möglichkeit, Angriffe einzuschränken, ist das Entziehen von öffentlichen Berechtigungen, wenn sie nicht benötigt werden. Es ist viel schwieriger, die Konten und Kennwörter in der Datenbank zu knacken, wenn Sie nicht an eine Liste der Kontonamen herankommen können.

17.2 Angriffsarten

Andere Angriffsarten beinhalten Angriffe, die auf schlechten Programmierungspraktiken beruhen. Normalerweise sind Angriffe über die Programmierung nicht der Fehler des Entwicklers, sie treten aber auf, weil dieser sich nicht der Sicherheitsprobleme bewusst war, die durch die Nutzung bestimmter Funktionen auftreten können. Zudem werden Probleme mit bestimmten Programmiertechniken meist erst entdeckt, wenn schon eine große Menge Code geschrieben wurde. Zurückzugehen und Hunderte, Tausende oder gar Millionen Zeilen von Code anzupassen, ist meistens weder praktikabel noch realistisch, so dass diese Kodierungsfehler häufig bestehen bleiben.

17.2.1 Buffer Overflows

Ein *Buffer Overflow* ist ein Angriff, bei dem mehr Daten an ein Programm geliefert werden, als dieses erwartet. Ein *Buffer* – ein Speicherbereich, der vom Programm angefordert wurde – läuft über, wenn jemand versucht, mehr Daten zu schreiben, als in den vorbereiteten Speicher passen. Der Erfolg eines Angriffs hängt davon ab, ob man auf Bereiche außerhalb des angeforderten Speichers zugreifen kann. Wenn dies möglich ist, kann ein Angreifer seinen eigenen Code schreiben und dann das Betriebssystem dazu bringen, ihn auszuführen. Das ist in der Praxis zwar ausgesprochen schwierig, aber unter den richtigen Umständen kann es ein Buffer Overflow einem entfernten Benutzer ermöglichen, den Server, wie zum Beispiel einen Oracle Datenbank-Server, dazu zu bringen, den Code seiner Wahl auszuführen.

Buffer Overflows zu verstehen erfordert ein gründliches Verständnis von tief gehenden Details des Betriebssystem. Um ein Programm zu schreiben, das einen Buffer Overflow ausnutzt, muss man die Maschinensprachen-Befehle, auch Opcodes (von Operation Codes) genannt, so zusammensetzen, dass Befehle ausgeführt werden. Jemand, der dies tun will, könnte im Prinzip Assembler-Code schreiben und einen Compiler verwenden, um die Opcodes zu erhalten, aber trotz alledem ist das Kodieren eines Buffer Overflows ausgesprochen schwierig und erfolgt auf einem sehr tief gehenden Niveau. Das Problem ist, dass man nur einen einzigen Hacker benötigt, der ein Skript zum Ausnutzen eines Buffer Overflows schreibt, um dafür zu sorgen, dass die Sicherheitslücke eine echte Gefahrenquelle wird. Nur wenige Personen verstehen wirklich, wie der Buffer Overflow funktioniert, aber nahezu jeder kann ein entsprechendes Skript herunterladen und verwenden. Warum jemand so etwas tut? Ruhm. Langeweile. Weil es machbar ist. Es spielt keine Rolle. Der entscheidende Punkt ist, dass ein Buffer Overflow nichts Besonderes ist, solange sich nicht eine einzige intelligente Person entscheidet, daraus ein großes Problem zu machen.

Der Begriff Buffer Overflow wurde etwas missverständlich verwendet, oder besser gesagt manipuliert, um mehr Panik zu erzeugen, als wirklich notwendig wäre. Wenn Sie in Speicherbereiche außerhalb des Puffers schreiben, können Sie ein Programm zum Absturz bringen. Tatsächlich lässt sich in die meisten Buffer Overflows kein fremder Code einschleusen. Wir denken, dass Buffer Overflows eher in die Kategorie der Denial-of-Service-Angriffe passen als Möglichkeiten bieten, in einen Server einzudringen. Natürlich wollen wir nicht die Tatsache verleugnen, dass Sie wirkliche Probleme bekommen, wenn für einen Buffer Overflow eine Möglichkeit zum Ausnutzen gefunden wird.

Die beste Erläuterung zu Buffer Overflows, die wir kennen, wurde von Bruce Schneier in seinem Buch *Secrets and Lies. IT-Sicherheit in einer vernetzten Welt* (dpunkt.verlag/Wiley, Juni 2001) gegeben. Wir werden seine Erklärung hier sinngemäß wiedergeben. Stellen Sie sich einen Computer als einen Angestellten vor mit einem Ordner von Schritt-für-Schritt-Anweisungen für den Umgang mit Kunden. In unserer Computerwelt muss der Angestellte nicht seinen Verstand gebrauchen und nachdenken, sondern folgt einfach buchstabengetreu den Anweisungen in seinem Ordner, genau wie ein Computer.

Wenn Sie sich dem Angestellten nähern, begrüßt er Sie und Sie reagieren, indem Sie das passende Formular ausfüllen und es dem Angestellten in seinen Eingangskorb legen. Der Angestellte nimmt sich das, was Sie im Eingangskorb abgelegt haben, und heftet es vor sich oben im Ordner ab. Dann liest er Ihr Formular, führt Ihre Anweisung aus, sofern sie gültig ist, überspringt die Anzahl an Seiten, die nach seiner Meinung zu Ihrem Formular gehören, und liest weiter in den Anweisungen. Beachten Sie, was wir gesagt haben – *die Anzahl der Seiten, die nach seiner Meinung zu Ihrem Formular gehören*. Mit anderen Worten, Sie können Ihre eigene Seite mit Anweisungen hinter Ihrer Anfrage einschmuggeln. Der Angestellte heftet dann alle Seiten Ihrer Anfrage davor ab, und wenn er Ihr Formular überspringt, findet sich Ihre Seite mit Anweisungen ganz am Anfang des Ordners. Stellen Sie sich den Spaß vor, den Sie haben können, wenn Sie einem Angestellten der Zulassungsstelle zwei Seiten anstatt einer unterjubeln! Ihre falsche Anweisungsseite könnte den Angestellten anweisen, wie ein Huhn zu gackern und Ihren Kopf zu tätscheln. Die Warteschlagen in der Zulassungsstelle wären das durchaus wert!

Um im Detail zu verstehen, wie dieser Vorgang in einem Computer stattfindet, wollen wir Schritt für Schritt durch ein Beispiel gehen. Dabei nehmen wir an, dass es einen imaginären Buffer Overflow im TNS-Protokoll noch vor der Authentifizierung gibt. Bitte interpretieren Sie das nicht so, als hätten wir behauptet, da gäbe es einen. Wir wissen nicht, ob das der Fall ist, und zeigen nur, wie einer existieren könnte.

Wie wir in früheren Kapiteln schon erläutert haben, enthält das erste Paket, das an den Listener-Dienst gesendet wird, einige Header-Informationen zusammen mit dem Verbindungs-String. Wenn Sie dieses Paket abschicken, wird die folgende erfundene Funktion aufgerufen. Sehen wir uns an, was diese Funktion tut.

1. Sie akzeptiert einen Zeiger auf Ihr gesendetes Paket
2. Sie reserviert auf dem Stack 1 000 Bytes Speicher – mehr als Sie ihrer Meinung nach jemals benötigen
3. Sie kopiert den Verbindungs-String in den gerade angeforderten Speicherbereich
4. Sie erledigt etwas anderes
5. Sie kehrt zu der Funktion zurück, die diese Funktion aufgerufen hat

Sehen Sie, wo das Problem liegt? Was passiert, wenn der Verbindungs-String länger als 1000 Bytes ist? Wenn Sie dem Listener einen 2000 Bytes langen Verbindungs-String zukommen lassen, würde die Funktion die ersten 1000 Bytes in den Puffer kopieren und die anderen 1000 Bytes in den Speicher, der direkt hinter dem Puffer liegt. Dieser Fehler wird auch nicht durch noch so intensives Testen der Client-Treiber von Oracle entdeckt, da diese niemals einen Verbindungs-String senden würden, der länger als 1000 Bytes ist. Das Listener-Programm erwartet die Eingabe in einem bestimmten Format und der Client sendet die Daten in diesem Format. Ein betrügerischer Client könnte mehr als 1000 Bytes senden, um das Problem auszulösen.

Es gibt nicht viel, was Sie gegen einen Buffer Overflow unternehmen können. Sie sind sehr abhängig davon, dass Oracle solche Bugs beseitigt, wenn ein Problem auftritt. Natürlich kümmert sich Oracle sehr gewissenhaft um die bekannten Buffer Overflows. Allerdings war man etwas nachlässiger bezüglich der Bekanntgabe dieser Löcher und der entsprechenden Patches den Kunden gegenüber. Sie werden verstehen, dass Oracle es bevorzugt, seinen Kunden nicht beibringen zu müssen, dass es Sicherheitslöcher in ihrer Software geben kann. Daher müssen Sie selbst auf Sicherheits-Patches achten, die von Oracle veröffentlicht werden. Es gibt viele Web-Sites, die der Sicherheit von Oracle-Datenbanken gewidmet sind, die Ihnen dabei helfen können. Sehen Sie außerdem auf Oracles MetaLink-Site und dem Oracle Technical Network nach.

17.2.2 SQL Injection-Angriff

Während dieses Buch geschrieben wurde, wurde als neuestes und heißestes Thema in Sachen Datenbankverwundbarkeit SQL Injection bekannt. Ein solcher Angriff wurde zuerst von einem Hacker namens Rain Forest Puppy beschrieben. Der Name ergibt sich aus der Tatsache, dass zusätzliche Befehle oder Änderungen am aktuellen Befehl vorgenommen und über eine Proxy-Applikation weitergeleitet werden. Der Angriff besteht darin, zusätzliche SQL-Befehle in eine Anweisung zwischen einem Proxy in der mittleren Schicht und einer Backend-Datenbank einzufügen.

Beispiel für eine SQL Injection

Dieses Beispiel wurde einem (natürlich genehmigten!) Versuch eines Angriffs entnommen, der von einem der Autoren gegen eine Web-Site einer Öl-Firma unternommen wurde. Die Web-Site ermöglichte es Partnern, sich an einer Applikation mit einem Oracle-Backend anzumelden. Die Anmeldeseite bestand aus einer Web-Form mit den Feldern für Benutzername und Kennwort, die als Parameter an den Web-Server über ein HTTP POST gesendet wurden. Wenn Sie auf die Schaltfläche Submit klicken, entspricht ein HTTP POST dem Befehl und den Daten, die zum Web-Server gesendet werden.

In diesem Fall ruft der HTTP POST eine Active Server Page auf. Im Folgenden ein Ausschnitt des Visual Basic Skript-Codes, der vom Web-Server ausgeführt wird. Wenn der Web-Server korrekt abgesichert ist, haben Sie natürlich nicht die Möglichkeit, eine ASP-Seite einzusehen, aber wir haben einen anderen Weg gefunden, dieses Skript anzuzeigen.

```
Dim sql
sql = "SELECT * FROM WebUsers WHERE Username='" & username & "' AND
password='" & password & "'"
Set rs = Conn.OpenRecordset(sql)
If not rs.eof() then
      ' user connected successfully'
end if
```

Dieses Skript erhält als Parameter einen Benutzernamen und ein Kennwort, verbindet sie mit einer SQL-Anweisung, startet die Anweisung und prüft das Ergebnis, um festzustellen, ob der Web-Benutzer den richtigen Benutzernamen und das richtige Kennwort angegeben hat.

Wenn ein gültiger Benutzer mit dem Namen ERIC und einem Kennwort wie „Hardtoguesspassword" die Anmeldeseite abgeschickt hat, sieht die SQL-Anweisung, die an die Datenbank geschickt wird, so aus:

```
SELECT * FROM WebUsers WHERE Username='ERIC' AND Password='Hardtoguess'
```

Dieser SQL-Befehl liefert eine einzelne Zeile zurück, wenn ein passender Benutzername samt korrektem Kennwort in der Tabelle WebUser gefunden wird. Wenn das Kennwort oder der Benutzername falsch ist, werden keine Zeilen gefunden und die Anmeldung schlägt fehl.

Was passiert aber, wenn ich stattdessen ein Kennwort wie

```
Aa' OR TRUE OR '
```

abschicke? Der SQL-Befehl sieht dann so aus:

```
SELECT * FROM WebUsers WHERE Username='ERIC' AND Password='Aa' OR TRUE OR ''
```

Damit kann man sich an der Datenbank als erster Benutzer der Datenbank anmelden, der üblicherweise der Administrator der Applikation ist.

Es gibt weitere Möglichkeiten, dieses Problem auszunutzen. Stellen Sie sich vor, Sie melden sich an der Applikation mit dem Konto ERIC an, das nur wenige Berechtigungen besitzt. In der Applikation haben Sie eine Web-Seite, die nur Ihre Bestellungen aufführt. Dabei wird ein einzelner Parameter akzeptiert – der Monat, für den Sie die Bestellungen angezeigt bekommen wollen. Hier das Visual Basic Skript innerhalb der Active Server Pages, die die Daten aus der Datenbank ermitteln:

```
Dim sql
Sql = "SELECT * FROM Orders WHERE AccountNumber=" & acct_number AND
OrderMonth='" & month & "'
Set rs = Conn.OpenRecordset(sql)
```

Wenn Sie nun **MAY** eingeben, wird der SQL-Befehl zu

```
SELECT * FROM Orders WHERE AccountNumber=123456 AND OrderMonth='MAY'
```

Beachten Sie, dass die Kontonummer automatisch für Sie gesetzt wird, so dass es viel schwieriger ist, diesen Wert zu verändern. Stattdessen geben Sie für den Monat Folgendes ein:

```
MAY' OR TRUE OR '
```

Die SQL-Anweisung lautet nun:

```
SELECT *
  from ORDERS
 where ACCOUNTNUMBER=123456
   and ORDERMONTH='MAY' or TRUE or '';
```

Damit erhalten Sie die Bestellungen aller Kunden.

Wie kann ich SQL Injections verwenden, um Daten in Tabellen einzusehen, die die Web-Applikation gar nicht direkt verwendet? Betrachten wir das Beispiel, das wir schon verwendet haben, um einen Benutzernamen und ein Kennwort aus der Tabelle DBA_USERS zu ermitteln.

Sie setzen den Monat auf

```
0' UNION select USERNAME, PASSWORD
    from DBA_USERS
union
select *
  from ORDERS
 where ORDERMONTHS='0;
```

Der SQL-Befehl lautet nun

```
select *
  from ORDERS
 where ORDERMONTH='0'
 union
select USERNAME, PASSWORD
  from DBA_USERS
 union
SELECT *
  from ORDERS
 where ORDERMONTHS='0'
   and ACCOUNTNUMBER=123456;
```

Wenn Sie diesen Befehl zum ersten Mal ausführen, werden Sie vermutlich eine Fehlermeldung erhalten, die Ihnen mitteilt, dass die Felder in einem **union**-Konstrukt übereinstimmen müssen. Mit dieser Mitteilung erhalten Sie genug Informationen, um herauszufinden, wie viele Felder Sie Ihrem verknüpften **select**-Befehl noch hinzufügen müssen. Wenn zum Beispiel „select * from orders" vier Spalten liefert, können Sie den Parameter so umändern:

```
0' union
select USERNAME, PASSWORD, 'EE', 'EE'
  from DBA_USERS
 union
select *
  from ORDERS
 where ORDERMONTHS='0;
```

Nun habe ich durch die erzeugten Dummy-Spalten die benötigten Spalten zusammengefügt und die Abfrage liefert mir nicht nur die Bestellungen, sondern auch noch die Benutzernamen und Kennwort-Hashes. Natürlich müssen die Spalten auch vom Datentyp her übereinstimmen, aber ich kann Konvertierungsfunktionen nutzen, um dies zu erreichen.

SQL Injections verhindern

Als Datenbankadministrator sind Sie etwas eingeschränkt in Ihren Möglichkeiten, solche Angriffe zu verhindern. Die Sicherheitslücke wird dadurch verursacht, dass keine einzelnen Anführungszeichen in Ihrer Web-Applikation entfernt werden. Als Datenbankadministrator können Sie den Schadensumfang dadurch begrenzen, dass Sie dem Konto, das von der Web-Applikation genutzt wird, so wenig Berechtigungen wie möglich erteilen. Natürlich muss sie weiterhin auf die Tabellen der Applikation zugreifen können, deshalb müssen Sie den Zugriff auf diese Objekte auf jeden Fall gewähren.

Eine andere Möglichkeit, die Angriffsmöglichkeiten zu begrenzen, ist die Verwendung von Prozeduren und Funktionen. Diese erlauben es Ihnen nicht, **union**-Anweisungen zu verwenden oder die **where**-Klausel zu modifizieren, und verhindern dadurch solche Angriffe.

Die Entwickler der Web-Applikation sollten dahingehend instruiert werden, die Parameter sorgfältig zu parsen, um einzelne einfache Anführungszeichen in zwei einfache Anführungszeichen zu konvertieren und damit zu verhindern, dass ein String missbraucht wird.

17.2.3 Eine Sicherheitslücke melden

Nachdem Sie sich nun dem Ende dieses Sicherheitshandbuchs nähern, sind Sie im Thema Sicherheit sehr viel bewanderter und kommen vielleicht einmal in die Situation, ein Sicherheitsloch in Oracle zu finden. Was tun Sie mit der Information? Sie für sich behalten? Es der Welt mitteilen? Oracle oder eine große Bank erpressen? Oracle bittet Sie, den offiziellen Prozess für das Melden von Sicherheitslücken zu befolgen. Im Folgenden ein Ausschnitt aus einer Mitteilung von Oracle an mehrere Newsgroups zum Thema Sicherheit und Instruktionen für den Schadensfall.

Wie man Oracle bei Sicherheitslücken kontaktiert

Oracle bedauert den Umstand sehr, dass seine Benutzergemeinde – Kunden, Partner und alle anderen interessierten Gruppen – gezwungen war, Oracle auf Sicherheitslücken in seinen Produkten hinzuweisen und die entsprechenden Patches einzufügen.

Daher hat Oracle die folgenden korrigierenden Maßnahmen ergriffen, um die Mitteilung von Sicherheitslücken und das Bekanntgeben von Patches zu erleichtern. Oracle wird Sicherheitswarnungen im Oracle Technology Network unter dem URL otn.oracle.com/deploy/security/alerts.htm veröffentlichen. (Eine Sicherheitswarnung besteht aus einer kurzen Beschreibung des Problems, dem damit verbundenen Risiko, Workarounds und dem Verweis auf Patches.) Über diesen URL können Kunden mit Supportverträgen auch zu einem Bereich gelangen, wo aufgedeckte Sicherheitslücken in Form eines iTAR (Technical Assistance Request) direkt Oracle Worldwide Support Services mitgeteilt werden können. Personen, die keinen Supportvertrag haben, aber trotzdem ein Sicherheitsproblem melden wollen, können Oracle direkt unter der E-Mail-Adresse SECALERT_US@ORACLE.COM die Details mitteilen.

Oracle ist der Meinung, dass auf diese Weise die vorhandenen Customer Support Services am besten mit eingebunden sind, und es nicht unterstützten Oracle-Benutzern und anderen an Sicherheit interessierten Gruppen dennoch möglich ist, Oracle direkt anzusprechen und mit Informationen über Sicherheitslücken zu versorgen.

Oracle behandelt Sicherheitsprobleme mit der obersten Priorität und versichert noch einmal, dass man bemüht ist, eine umfassende Sicherheit für die eigenen Produkte bereitzustellen. Oracle möchte der Benutzergemeinde für ihre Geduld und ihr Verständnis danken, und hofft auf eine gute Zusammenarbeit bei diesen gemeinsamen Bemühungen.

17.2.4 Unabhängige Sicherheitsüberprüfungen

Damit Konsumenten, die Regierung und das Militär die von IT-Produkten angebotenen Schutzmöglichkeiten überprüfen können, wurden unabhängige Untersuchungsprozesse von verschiedenen Organisationen definiert, einschließlich TCSEC, ITSEC, Common Criteria, Russian Criteria und FIPS 140-1.

Oracle unterzieht alle seine Produkte regelmäßig diesen Untersuchungen. Tabelle 17-3 zeigt die aktuelle Liste der abgeschlossenen Sicherheitsüberprüfungen. Bis zum Zeitpunkt der Drucklegung dieses Buchs war es noch zu früh, für die Oracle9*i*-Datenbank eine Sicherheitsüberprüfung durchzuführen, aber Oracle wird sicherlich eine Common Criteria-Prüfung beginnen, wenn es soweit ist.

Tabelle 17-3: Prüfergebnisse

Prüfungsart	Server	Release-Stufe
TCSEC	Trusted Oracle7 Release 7.0.13.1	B1
TCSEC	Trusted Oracle7 Release 7.0.13.1	C2
ITSEC	Oracle7 Release 7.0.13.6	E3/F-C2
ITSEC	Oracle7 Release 7.2.2.4.13	E3/F-C2
ITSEC	Oracle7 Release 7.3.4	E3/F-C2
ITSEC	Trusted Oracle7 Release 7.1.5.9.3	E3/F-B1
ITSEC	Trusted Oracle7 Release 7.2.3.0.4	E3/F-B1
Common Criteria	Oracle8*i* Release 8.1.6	EAL-4
Common Criteria	Oracle7 Release 7.2.2.4.13	EAL-4
Common Criteria	Oracle8 Release 8.0.5	EAL-4
Common Criteria	Oracle8 Release 8.1.6	EAL-4
Russian Criteria	Oracle7 Release 7.3.4	III
Russian Criteria	Oracle8 Release 8.0.3	IV
FIPS 140-1	Oracle Advanced Security für Oracle8*i* Release 8.1.6.0.2	

17.3 Tools zum Schutz Ihrer Datenbank

Das Schützen Ihrer Datenbank kann eine monumentale Aufgabe sein. Wenn Sie es richtig machen wollen, müssen Sie einige Tools zusammenstellen, die die Aufgabe bewältigbar machen. Unzählige Tools sind verfügbar, die Schutz in der einen oder anderen Form anbieten. Dabei sollte man sich aber immer vergegenwärtigen, dass ein umfassender Schutz nicht mit einer einzelnen Lösung geboten werden kann. Sicherheit ist kein Produkt, sondern eher ein Prozess der kontinuierlichen Überprüfung und Anpassung.

Die verfügbaren Tools unterscheiden sich im Preis und in der Funktionalität. Viele sind kostenlos, manche nur kostenlos für den nicht-kommerziellen Einsatz, einige kosten einen angemessenen Betrag und manche sind außerordentlich kostspielig. Normalerweise sind die Produkte an den beiden Enden des Preisspektrums nicht die besten. Verblüffenderweise sind manche kostenlosen Produkte unglaublich wertvoll, enthalten aber weder Support, Upgrades noch Patches. Am besten suchen Sie sich Produkte, die gut funktionieren, zu einem vernünftigen Preis aus, um Ihre Datenbank zu sichern.

Es gibt viele Standard-Tools, die Sie zum Schutz Ihrer Datenbank in Betracht ziehen sollten. Sie fallen in drei verschiedene Kategorien:

- Sicherheitsprüfung
- Intrusion Detection
- Verschlüsselung

Sehen wir uns diese Produktkategorien etwas näher an.

17.3.1 Sicherheitsprüfungen

Das erste Tool, das Sie Ihrem Sicherheitspaket hinzufügen sollten, ist ein Kontroll-Tool. Diese Tools bieten für ihr Geld den größten Gegenwert beim Verbessern Ihrer Sicherheit. Bei einer Sicherheitsprüfung rüttelt man an den Türen und klopft an die Fenster, um zu kontrollieren, ob in Ihrer Datenbank alles gut geschützt ist. Ein Kontroll-Tool sollte auf alle offensichtlichen Löcher, wie Standardkennwörter, prüfen, aber auch komplexere Prüfungen durchführen, beispielsweise Buffer Overflows erkennen und kontrollieren, ob Patches installiert sind.

Es gibt zwei Arten von Sicherheitsprüfungen – einen Outside-In- und einen Inside-Out-Ansatz. Beim Outside-In wird eine Situation simuliert, bei der ein Hacker, der nichts über Ihre Datenbank weiß, einen Angriff versucht. Dies kann auch als Einbruchstest betrachtet werden, da das Tool versucht, durch Ihre Sicherheitswälle in das System einzudringen. Beim Inside-Out müssen Sie sich an der Datenbank anmelden und die Einstellungen in der Datenbank kontrollieren. Dabei kann die Sicherheitsprüfung deutlich weiter gehen als beim Outside-In. Andererseits gibt Ihnen ein Einbruchstest die Möglichkeit, Ihre Datenbank aus Hackersicht zu begutachten.

17.3.2 Intrusion Detection

Intrusion Detection ist die Alarmanlage der Datenbanksicherheit. Ein solches Tool lauscht auf Angriffe auf die Datenbank und schlägt Alarm, wenn es etwas entdeckt. Manche Intrusion Detection-Systeme können sogar Angriffe in flagranti blockieren, allerdings wird dieses Feature nur von wenigen Leuten eingesetzt, aus Angst, auch gültige Verbindungen abzubrechen.

Intrusion Detection gibt es in zwei Formen – als HIDS, oder auch Host Intrusion Detection, und als NIDS, oder auch Network Intrusion Detection. HIDS wird auf derselben Maschine installiert wie die Datenbank, und liest die Audit-Protokolle mit oder untersucht Pakete im Kontroll-Stack, um einen Angriff zu entdecken. Die Nachteile von HIDS sind:

- HIDS verbraucht die Ressourcen der Datenbank.
- Wenn in das Intrusion Detection-System eingebrochen wurde, ist auch die Datenbank angreifbar.
- Wenn das Intrusion Detection-System abstürzt, kann auch die Datenbank davon betroffen sein.
- HIDS muss auf der Plattform laufen, auf der auch die Datenbank läuft.

NIDS operiert, indem es passiv dem Netzwerkverkehr auf seinem Weg zur Datenbank zuhört. Die Nachteile von NIDS sind:

- NIDS benötigt einen eigenen Rechner.
- NIDS funktioniert nicht, wenn der Netzwerkverkehr verschlüsselt ist.
- Im Vergleich zu HIDS kann man NIDS viel einfacher ausweichen oder umgehen.

17.3.3 Verschlüsselung

Verschlüsselung ist eines der am häufigsten missverstandenen Themen in der Computerwelt. Sie wird verwendet, um Informationen so zu verändern, dass sie von niemandem entziffert werden können, der versucht, sie zu lesen. Durch das Verschlüsseln können selbst Personen, die die Daten lesen, nicht erkennen, was sie bedeuten. Dabei lässt sich nicht verhindern, dass Daten gelöscht oder verändert werden, aber Verschlüsselung kann auch aufdecken, dass solche Veränderungen stattgefunden haben. Verschlüsselung schützt Ihre Informationenen, indem sie ein Geheimnis bewahrt, das andere nicht kennen. Ohne das Geheimnis wird die Verschlüsselung zur einfachen *Kodierung*. Das Kodieren einer Nachricht wandelt sie in ein Format um, das zwar keiner normalen Sprache mehr entspricht, aber gelesen werden kann, sobald das Format bekannt ist.

Wir haben die Verschlüsselung von Netzwerkkommunikation in Oracle schon in früheren Kapiteln dargestellt. Hier wollen wir die Verschlüsselung der Daten in der Datenbank behandeln. Wir haben gesehen, dass diese Verschlüsselung auf zwei Arten vorgenommen wird – Verschlüsselung der Dateien auf Betriebssystemebene und Verschlüsselung der Daten in einzelnen Zeilen oder Spalten.

Das Verschlüsseln von Dateien verhindert, dass jemand Ihre Datenbankdateien auf Betriebssystemebene ausliest. Dadurch verhindern Sie, dass jemand mit gültigem Lesezugriff auf Betriebssystemebene Ihre Dateien öffnen und lesen kann, oder sie sogar in ein anderes System kopiert, um sie dort zu lesen. Sind die Daten verschlüsselt, können sie nicht benutzt werden, selbst wenn Betriebssystembenutzer Zugriff auf die Dateien haben. Allerdings verhindert Verschlüsselung nicht, dass ein Betriebssystembenutzer die Daten löscht oder verändert.

Mit dem Verschlüsseln von Dateien auf Betriebssystemebene sind einige Einschränkungen verbunden. Der Performanceverlust ist ziemlich hoch, da Sie bei jedem einzelnen Lese- und Schreibzugriff ver- und entschlüsseln müssen, auch wenn die Daten nicht sensibel sind und nicht wirklich verschlüsselt werden müssten.

Zudem schützt Sie die Verschlüsselung auf Betriebssystemebene nicht vor einem Insider-Zugriff auf die Daten innerhalb der Datenbank. Da die Datenbank auf alle Daten mit dem gleichen Schlüssel und Algorithmus zugreifen muss, hätte jemand, der die völlige Kontrolle über die Datenbank hat, keine Probleme mit verschlüsselten Daten.

Bei der anderen Art der Datenverschlüsselung werden die aktuellen Daten ver- und entschlüsselt, wenn Sie in die Datenbank eingetragen beziehungsweise aus ihr ausgelesen werden. Nur bestimmte Daten zu verschlüsseln, hat viele Vorteile:

- Es entsteht kein Performanceverlust bei Daten, die nicht verschlüsselt sind.
- Fehler bei der Verschlüsselung betreffen nur die entsprechenden Daten, bei denen der Fehler auftrat.
- Daten können sowohl vor dem Datenbankadministrator als auch vor Hackern verborgen werden, die erfolgreich in die Datenbank eingedrungen sind.
- Sowohl unterschiedliche Schlüssel als auch Algorithmen können zum Verschlüsseln von verschiedenen Teilen der Daten genutzt werden.

Das Verschlüsseln der Daten in der Datenbank kann sehr nützlich sein, um Ihre Informationen auch vor dem Datenbankadministrator zu verbergen, und kann als letzte Sicherheitshürde für einen Hacker dienen, bevor er die vollständige Kontrolle über Ihre Datenbank erlangt.

Zudem kann Verschlüsselung auch zu einem anderen Zweck nützlich sein: für die Sicherungsdateien (*Backups*). Wenn Sie Ihre Daten sichern, erstellen Sie eine Kopie der Datei und legen diese außerhalb des Schutzes der Datenbank ab. Nachdem die Kopie gezogen wurde, kann die Datenbank nicht mehr länger auf sie zugreifen; stattdessen ist der Zugriff vom Betriebssystem aus möglich. Durch Backups können sich andere Leute einen früheren Status Ihrer Datenbank laden. Natürlich kann ein Angreifer die Daten in der Datenbank nicht durch ein Backup verändern, aber die Information kann verwendet werden, um die Datenbank anzugreifen, wenn die Tabellen des Data Dictionarys, wie zum Beispiel SYS.LINK$ oder SYS.USER$, mit gesichert wurden.

Sicherungsdateien sind für Hacker aus vielen Gründen ein Ziel. Einige sind hier aufgeführt:

- Die Dateien werden dynamisch erstellt, was zu fragwürdigen Dateiberechtigungen auf Betriebssystemebene führt.
- Eine separate Backup-Datei wird jedes Mal erstellt, wenn eine Datensicherung durchgeführt wird, was bedeutet, dass es viele Sicherungen der Daten gibt.
- Backup-Dateien werden an andere Standorte kopiert, wie zum Beispiel Tapes, die gestohlen werden können, oder an Dateiserver, die womöglich nicht so gut gesichert sind wie die Datenbank.
- Es gibt kein Datenbank-Audit für das Kopieren oder Öffnen von Sicherungsdateien.

Wie schützt nun die Verschlüsselung Sicherungsdateien? Wenn die Datenbankdateien verschlüsselt werden, können die Daten auch dann nicht ohne den passenden Schlüssel entziffert werden, wenn man die Dateien öffnet. Die Sicherungsdateien können mit einem normalen Tool zur Dateiverschlüsselung auf Betriebssystemebene verschlüsselt werden oder mit einem entsprechenden Features Ihrer Backup-Software.

Das Verschlüsseln Ihrer Daten enthebt Sie nicht der Notwendigkeit, die Backup-Berechtigungen für Ihre Benutzer restriktiv zu verwalten. Das Recht, die Datenbank zu sichern, sollte genauso sorgfältig vergeben werden, wie die Berechtigung, aus allen Tabellen zu selektieren. Wenn Sie Benutzern die Erlaubnis zum Sichern erteilen, können sie die Sicherungsdateien an einen entfernten Standort senden und die Daten dann in eine andere Datenbank importieren – eine, deren Eigentümer die Person ist, die auch die Kopie erstellt hat. Das Verschlüsseln hilft in dieser Situation nicht, da nur die Daten geschützt werden, die schon verschlüsselt waren. Es schützt nicht die Daten, die noch nicht gesichert wurden.

17.3.4 Eine Produktstrategie wählen

Am besten ist es, wenn Sie eine dieser beiden Strategien wählen: jeweils nur das Beste oder eine Gesamtlösung. Bei Ersterer suchen Sie sich jeweils die Tools für jeden Bereich aus, die für Sie am besten sind. Das heißt, das beste Intrusion Detection System von dem einen Hersteller und das beste Sicherheitskontroll-Tool von einem anderen. Der Vorteil dabei ist, dass Sie zum Schluss eine Sammlung der fantastischsten Tools haben. Der Nachteil bei dieser Strategie ist, dass die Produkte im Allgemeinen nicht gut zusammenarbeiten. Dabei ist es sehr vorteilhaft, wenn das Intrusion Detection System eng mit einem Programm zum Prüfen von Sicherheitslöchern zusammenarbeiten kann, um Ihre Datenbank intelligent zu schützen.

Die Strategie der Gesamtlösung beinhaltet das Auswählen eines Herstellers, der einen integrierten Ansatz für all Ihre Sicherheitsbedürfnisse bietet. Auch wenn es andere Produkte geben mag, die besser sind als einzelne Produkte dieses Herstellers, kann die gute Zusammenarbeit der einzelnen Komponenten des Gesamtsystems diese Nachteile durchaus ausgleichen.

Glossar

Im Folgenden bieten wir eine Zusammenstellung von kurzen Definitionen für Begriffe an, denen Sie in diesem Buch begegnen. Dabei wurde versucht, alle wichtigen Begriffe mit aufzunehmen.

Archivierungsmodus (Archive Log Mode) Eine Möglichkeit, Kopien aller Änderungen in der Datenbank in einer Redo Log-Datei zu speichern, die sich in einem anderen Bereich des Systems befindet. Dadurch bietet Oracle einen Mechanismus zum Wiederherstellen von Daten und Datenbank.

Betriebssystemrolle Eine Rolle, die auf Betriebssystemebene definiert und zugewiesen wird.

Buffer Ein Speicherbereich, der von einem Programm angefordert und zum Empfangen von Eingangsdaten eines Benutzers oder Prozesses verwendet wird.

Buffer Overflow Eine Angriffsart, bei der einem Programm mehr Eingabedaten zugespielt werden, als dieses verarbeiten kann. Ein Puffer läuft dann über, wenn jemand versucht, mehr Daten in den Puffer zu schreiben, als für diesen an Speicher angefordert wurde. Der Erfolg eines Angriffs hängt davon ab, ob man in den Speicherbereich außerhalb des angeforderten Puffers schreiben kann.

Cold Backup Erstellen einer Sicherungskopie auf Dateiebene, wenn die Datenbank heruntergefahren ist.

Datenbank-Link Ein Datensatz in der Datenbank, der auf eine entfernte Datenbank verweist. Datenbank-Links können verwendet werden, um transparent auf Daten in entfernten Tabellen so zugreifen zu können, als ob sie sich in der lokalen Datenbank befänden. Dabei wird Standort-Transparenz und das Zusammenführen von Daten aus verschiedenen Quellen erreicht.

Datenbank-Link, connected user Ein Datenbank-Link, bei dem die Daten des aktuellen Benutzers als Authentifizierungsmechanismus für das Einrichten der Verbindung zur entfernten Datenbank genutzt werden.

Datenbank-Link, fixed user Ein Datenbank-Link, der einen Benutzernamen und ein Kennwort zum Authentifizieren an der entfernten Datenbank verwendet. Wenn eine Applikation auf einen Datenbank-Link mit festem Benutzer zugreift, stellt der lokale Server eine Verbindung zu einem bestimmten festen Schema in der entfernten Datenbank her, das von allen Benutzern verwendet wird.

DES Data Encryption Standard. Ein Verschlüsselungsalgorithmus, der vom NIST als Standard für das Verschlüsseln von behördlichen Daten gewählt wurde. DES nutzt einen symmetrischen 56-Bit-Schlüssel.

Dienst (Service) Jede Oracle-Instanz auf einem NT-System startet einen eigenen Dienst, das heißt, ein ausführbares Programm, das von NT gestartet wird, sobald es selbst hochfährt. Ein Dienst kann im Hintergrund laufen, aber auch so konfiguriert sein, dass er mit dem Benutzer interagiert. Er kann auch dann laufen, wenn kein Benutzer am System angemeldet ist.

Endbenutzer Eine Person, die sich an Ihrer Oracle-Datenbank anmeldet, um die Daten zu nutzen und zu bearbeiten. Endbenutzer müssen eine Sitzung erstellen können, um sich an der Datenbank anzumelden. Sie benötigen Objektberechtigungen für die Bereiche, die sie sehen und modifizieren dürfen, erhalten aber im Allgemeinen keine Blanko-Berechtigungen zum Einsehen oder Bearbeiten aller Informationen in allen Bereichen der Datenbank.

Externe Gefahrenquelle Jede Person, die keine Berechtigung zum Zugreifen auf Ihr System oder Netzwerk besitzt und Schaden anrichten könnte.

fingerd program Ein Serverprozess unter Unix, der Anfragen zum Name/Finger-Protokoll, wie in RFC 742 beschrieben, annimmt und bearbeitet. Der Befehl **finger** gibt eine Liste der am System angemeldeten Benutzer aus und soll Administratoren eine Möglichkeit geben zu prüfen, wer mit dem System verbunden ist.

fork Ein Unix-Befehl, der dafür sorgt, dass sich ein Prozess selbst repliziert. Dieser Befehl wird häufig von Viren oder Würmern genutzt, um sich zu verbreiten.

Gefahrenquellen (Threats) Personen, Regierungen, Unternehmen oder andere Organisationen, vor denen Sie Ihr System schützen möchten. Gefahrenquellen können sowohl unabsichtlich als auch bewusst Schäden verursachen.

Globale Windows NT-Gruppen Gruppen, die nur auf der Windows NT-Domäne existieren. Globale Gruppen können Berechtigungen auf einem lokalen Computer erhalten, und nur Domänenbenutzer können Mitglied sein.

grant Das Zuweisen von Berechtigungen oder Rollen an Benutzer.

Hacker Ein heiß diskutierter Begriff, der eine technisch versierte Person beschreibt. „Hacker" wird mittlerweile als Begriff zum Beschreiben von Computerkriminellen verwendet, während die Technikgemeinde jemanden mit technischen Fähigkeiten als Hacker ansieht und für den Kriminellen den Ausdruck *Cracker* bevorzugt.

Hintergrundprozesse (Background Processes) Oracle Server-Prozesse zum Erledigen von Aufgaben. Diese bestehen hauptsächlich aus SMON, PMON, DBWR (oder DBW0, je nach Oracle-Version), LGWR, CKPT, RCON, ARCH und anderen. Hintergrundprozesse führen Code von Oracle aus, um mit den Datenbankdateien im System zu arbeiten. Keine anderen Prozesse sollten direkt mit den Daten- und Log-Dateien auf Betriebssystemebene arbeiten dürfen.

Hot Backup Eine Möglichkeit für Datenbankadministratoren, eine Kopie der Datenbankdateien zu ziehen, während die Datenbank läuft.

Integrität (Integrity) Die Eigenschaft, unverändert und vollständig zu sein. Oracle ist bestrebt, die Datenintegrität in der gesamten Datenbank sicherzustellen.

Interne Gefahrenquelle Eine Person, die für eine Firma arbeitet, und auf firmeneigene Computer im Intranet zugreifen und eventuell Schaden im System anrichten kann.

Kerberos Ein Authentifizierungsprotokoll, das vom MIT entworfen wurde und auf gemeinsam genutzten geheimen Schlüsseln basiert. Bezeichnet mythologisch die „dreiköpfige Kreatur, die das Tor des Hades bewacht". Kerberos authentifiziert zwei Teilnehmer durch einen vertrauenswürdigen Dritten.

Kernel Mode Ein privilegierter Prozessormodus, in dem der Code direkten Zugriff auf den Speicher, alle Maschinenbefehle und I/O-Operationen hat. Der Betriebssystem-Code und die I/O-Treiber laufen normalerweise im Kernel-Modus, während die Benutzerprogramme im User-Modus ablaufen. Während Unix und OpenVMS individuelle Prozesse, Unterprozesse und getrennte Prozesse nutzt, verwendet Windows NT individuelle Prozesse und Threads innerhalb dieser Prozesse.

Komplexe Sicht (Complex View) siehe View, komplex

Label Security Ein Sicherheits-Feature von Oracle, das zum Beschränken der Daten auf Basis einer Sicherheitsstufe der Benutzer arbeitet. Oracle Label Security fügt einer Tabelle eine Spalte namens Label hinzu und filtert die Daten für die Benutzer dann anhand der Werte des Labels.

Lokale Rolle Eine Rolle, die innerhalb der lokalen Datenbank definiert und zugewiesen wird und nicht für die externe Nutzung erstellt wird.

Lokale Windows NT-Gruppen Gruppen, die NT-Benutzer und globale Gruppen enthalten können. Sie können keine lokale Gruppe zu einer anderen lokalen Gruppe hinzufügen. Lokale Gruppen existieren nicht nur auf jedem Computer, sondern auch in der Domäne, was etwas verwirrend sein kann, da es dann lokale Domänengruppen sind. Lokale Gruppen auf Domänenebene können nur Domänenbenutzer enthalten.

MD5 Ein Prüfsummen-Algorithmus, der eine Signatur von 128 Bit Länge erstellt.

Morris Internet Worm Ein Programm, das versehentlich 1988 von Robert Morris, Jr., einem Doktoranden an der Cornell University, ins Internet entlassen wurde. Das Programm vervielfältigte und verbreitete sich selbstständig von Computer zu Computer. Der Wurm war nicht destruktiv und es wurden keine Dateien gelöscht oder verändert, aber der verursachte finanzielle Schaden wurde trotzdem auf etwa 100 Millionen Dollar geschätzt. Robert Morris erhielt drei Jahre auf Bewährung, eine Geldstrafe von 10 000 Dollar und musste 400 Stunden gemeinnützige Arbeit leisten.

NTLM Das von Windows-Konten genutzte Authentifizierungsprotokoll zum Anmelden an einem Domänencontroller. NTLM ist ein Challenge-Response-Protokoll und wird genutzt um sicherzustellen, dass ein Benutzer das Kennwort des Kontos weiß, ohne es über das Netzwerk zu senden.

Oracle Advanced Security (OAS) Eine Sammlung von optionalen Sicherheits-Features, die verschiedene Methoden zum Authentifizieren, Verschlüsseln und Sicherstellen der Datenintegrität von Oracle-Datenbanken bereitstellen.

Oracle Call Interface (OCI) Eine Entwicklungsschnittstelle (Application Programming Interface, API) auf sehr niedrigem Niveau, die Entwickler nutzen können, um sich mit einem Oracle-Server zu verbinden. Die OCI-Schicht bietet das Basisgerüst zum Verwalten von Verbindungen, Ausführen von SQL-Anfragen und Übermitteln von Ergebnissen aus der Datenbank. OCI stellt zudem erweiterte Features zur Verfügung, die ansonsten von den Entwicklern selbst erstellt werden müssten.

OSDBA Eine Betriebssystemrolle, deren Mitglieder sich mit der Datenbank als SYSDBA verbinden können. Der eigentliche Gruppenname hängt von Betriebssystem ab.

OSOPER Eine Betriebssystemrolle, deren Mitglieder sich mit der Datenbank als SYSOPER verbinden können. Der eigentliche Gruppenname hängt vom Betriebssystem ab. Standardmäßig sind die Gruppen SYSDBA und SYSOPER identisch, sofern sie bei der Installation nicht getrennt angelegt wurden.

Packet (Paket) Eine Zusammenfassung von Bits, die als eine Daten-Einheit über das Netz transportiert werden.

Packet Sniffing Das Untersuchen von Paketen, die durch ein Netzwerk wandern. Dabei werden diese beobachtet, ohne dass sie verändert werden.

Passcode Eine Serie von Ziffern oder Buchstaben, die von einer Smart Card erstellt werden und zum Verbinden mit der Datenbank dienen. Der Passcode ist bei jeder Verbindung ein anderer.

Preemptives Multitasking Eine Architektur, bei der das Betriebssystem die Tasks steuert und umschaltet. Es sorgt dafür, dass ein einzelner Prozess nicht die CPU oder andere Ressourcen sperrt oder so sehr beansprucht, dass kein anderer darauf zugreifen kann.

Prozess-Thread Ein kleineres Objekt, das Speicher und Ressourcen des Prozesses mit nutzt, aber einen eigenen Ausführungspfad besitzt. Oracle nutzt auf einem Windows NT- oder Windows 2000-System Prozess-Threads, die alle in einem einzelnen Programm laufen.

QAZ Trojan Ein Virus, der bei einem Angriff gegen Microsoft verwendet wurde. Der QAZ Trojan installiert seinen Code unauffällig auf einem Computersystem und kommuniziert mit dem Angreifer, wobei Informationen über das betroffene System übermittelt werden, um ihm weitere, umfangreichere Berechtigungen zu ermöglichen.

Registry Eine zentrale Verwaltung von Konfigurationswerten auf einem Windows NT- und Windows 2000-Server, die zum Beispiel Informationen zur installierten Hard- und Software enthalten.

Registry-Schlüssel Elemente der Registry. Die Registry wird in einer Reihe von Binärdateien gespeichert und besteht aus einer Sammlung von Schlüsseln und dazugehörigen Werten. Die Schlüssel sind dabei hierarchisch angeordnet.

revoke Das Entziehen von Berechtigungen oder Rollen bei einem Benutzer.

Rolle, Datenbankrolle Eine benannte Gruppe von Berechtigungen, die Benutzern oder anderen Rollen zugewiesen werden können.

Rooting your box Ein Begriff, der beschreibt, dass ein Angreifer versucht, Zugriff auf ein Unix-Betriebssystem als Benutzer „Root" zu erlangen. Die meisten Hacker verfolgen dieses Ziel, da sie dann die vollständige Kontrolle über den Unix-Rechner besitzen.

RSA Ein Algorithmus für öffentliche Schlüssel, der der De-facto-Standard für das Authentifizieren, Verschlüsseln und Signieren von Daten wurde.

Scheduler Der Bereich des Betriebssystem-Kernels, der die Aktivitäten des preemptiven Multitaskings kontrolliert.

Secure Sockets Layer (SSL) Ein Protokoll zum Authentifizieren, Verschlüsseln und Prüfen der Integrität bei der Netzwerkkommunikation. SSL ist der Standard für das Verschlüsseln über das Internet geworden, besonders zwischen Web-Servern und Client-Browsern.

Server Messaging Block (SMB) Ein von Microsoft verwendetes Protokoll, das es Benutzern ermöglicht, auf entfernte Dateisysteme zuzugreifen.

Server-to-Server-Verbindung Eine Verbindung zwischen zwei Servern. Ein Beispiel für eine Server-to-Server-Verbindung ist das Verwenden eines Datenbank-Links zum Abfragen einer entfernten Datenbank.

SHA-1 Secure Hashing Algorithm. Ein Prüfsummen-Algorithmus, der einen Schlüssel von 160 Bit Länge erzeugt.

Sicherheit (Security) Die kombinierten Methoden und Aktivitäten, die eine Firma anwendet, um ihre Daten nicht in falsche Hände geraten zu lassen.

Sicherheitsplan Eine Sammlung von festgelegten Prozeduren und Richtlinien, die die Sicherheitsrisiken beim Erstellen und Verwenden eines Computersystems reduzieren sollen.

Standorttransparenz (Location Transparency) Die Fähigkeit, Informationen zu lokalisieren, ohne dass der Benutzer wissen muss, wo sie sich genau befinden. Standorttransparenz wird erreicht, indem man Synonyme mit Datenbank-Links verbindet, um die wahre Position der Daten zu verbergen. Ein Datenbank-Link wird normalerweise zu diesem Zweck erstellt.

Synonym Ein Alias für ein Objekt. Anstatt ein Objekt in der Form <Besitzer>.<Objekt> anzusprechen, kann man mit einem Synonym das Objekt nur mit dem Synonymnamen referenzieren. Ein Synonym sorgt für Standorttransparenz.

Transparent Network Substrate (TNS) Oracles proprietäres Netzwerkprotokoll, das es den Clients ermöglicht, sich mit entfernten Oracle-Datenbanken zu verbinden. TNS liegt noch oberhalb der Betriebssystem-Netzwerk-Software.

Trigger Eine von einem Entwickler geschriebene Prozedur, die automatisch bei bestimmten Ereignissen ausgeführt wird.

Triple DES Eine modifizierte Version von DES, die drei Schlüssel verwendet und damit deutlich sicherer ist. Der erste Schlüssel wird zum Verschlüsseln der Daten genutzt, der zweite zum Entschlüsseln und der dritte wiederum zum erneuten Verschlüsseln.

Trojaner (Trojan Horse Virus) Ein Programm, das vorgibt, eine sinnvolle Funktion zu bieten, aber in Wirklichkeit Schaden am System anrichtet. Trojaner werden häufig per E-Mail gesendet. Die Viren Melissa und ILoveYou sind Beispiele für diese Form von Virus.

User Mode Ein Prozessormodus, der den Zugriff auf empfindliche Ressourcen begrenzt und für das Ausführen von Applikationen mit geringen Berechtigungen für den Speicher genutzt wird. Wenn eine Applikation auf bestimmte Speicherbereiche zugreifen muss, werden Betriebssystem-Dienste verwendet, um einen Prozess aus dem User Mode in den Kernel Mode und wieder zurück zu schalten – also von geringen Berechtigungen zu hohen und zurück.

User Process Ein Prozess, der im Benutzermodus ausgeführt wird.

Vandalen Personen, die aus Ignoranz oder Verachtung Schaden anrichten. Vandalen hacken und zerstören ohne Grund und Richtung.

Verschlüsselung (Encryption) Das Ändern von Daten mit einem geheimen Schlüssel, so dass die Daten nur noch von denjenigen gelesen werden können, die den Schlüssel kennen.

Vertrauenswürdige Verbindung (Trusted Connection) Eine Verbindung mit einer Oracle-Datenbank, die vom zugrunde liegenden Betriebssystem authentifiziert wurde und der Oracle vertraut, dass sie gültig ist.

Verzeichnisfreigabe (Share) Ein Verzeichnis im NT-Dateisystem, das von anderen Rechnern im Netzwerk erreicht werden kann. Eine Verzeichnisfreigabe kann auf einen lokalen Laufwerksbuchstaben abgebildet werden und wird dann so behandelt, als ob sie sich auf dem lokalen Rechner befände.

View (Sicht) Eine virtuelle Tabelle, mehr wie eine Maske, die über eine oder mehrere Tabellen gelegt wird und das Aussehen der Daten verändert, die ein Benutzer zu Gesicht bekommt.

View, einfach Eine View, die Spalten in einer Tabelle referenziert.

View, komplex Eine View, die Spalten in mehr als einer Tabelle referenziert.

Virus Ein Computerprogramm, das zum Infizieren eines oder mehrerer Computer geschrieben wurde. Ein Virus kann, aber muss nicht Schaden auf dem Zielrechner verursachen. Frühe Microsoft Word Dokument-Viren taten nicht mehr, als einen Text in das infizierte Dokument zu schreiben. Andere Viren haben schon immense Schäden an Festplatten verursacht.

Wallet Das Verzeichnis, in dem die Authentifizierungsdaten des Benutzers abgelegt werden. Das Wallet kann vom Sicherheitssystem oder dem Benutzer festgelegt werden und enthält einen privaten Schlüssel, mit dem der Benutzer an vielen verschiedenen Servern authentifiziert wird. Ein Wallet ist ein abstrakter Begriff, den Oracle zum Speichern und Anpassen der Sicherheitsdaten für SSL nutzt.

War Dialing Das Verwenden eines Computers, um zufällig Durchwahlen von Telefonnummern eines Unternehmens anzuwählen und nach Computern am anderen Ende der Leitung zu suchen. Der Hintergedanke ist, jemanden zu finden, der seinen Computer so eingerichtet hat, dass er eingehende Telefonverbindungen annimmt, wodurch derjenige von Zuhause aus arbeiten kann.

Windows NT-Betriebssystemgruppen Auf dem Betriebssystem gibt es Gruppen in der Domäne und auf jedem Computer. Eine Betriebssystemgruppe ist dasselbe wie eine Rolle, aber unter Windows NT wird der Begriff „Gruppe“ verwendet.

Wurm (Worm) Ein Computerprogramm, das sich selbst repliziert und verteilt, bis es alle verfügbaren Ressourcen verbraucht hat.

Zertifikat (Certificate) Eine besonders formatierte Zusammenstellung von Daten, die insbesondere einen öffentlichen Schlüssel zusammen mit anderen Informationen wie Name, Adresse und Verfallsdatum enthalten, und zum Authentifizieren, Verschlüsseln und Sicherstellen der Datenintegrität verwendet wird. Ein Zertifikat wird durch eine Zertifizierungsstelle (Certificate Authority) signiert, um zu vermeiden, dass es gefälscht wird.

Checklisten zum Prüfen des Sicherheitsrisikos

Lisa Auerbach hat eine Checkliste geschrieben und uns erlaubt, diese hier wiederzugeben. Ihr Ziel war, eine Reihe von Checklisten zu erstellen, die jeder nutzen kann, um die Bereiche in einem Unternehmen zu identifizieren, deren Sicherheitsmaßnahmen verbessert werden müssten. Viele der Angriffe auf die Sicherheit, die große Schäden verursachten, wurden mit relativ einfachen Methoden durchgeführt, oft von Mitarbeitern. Obwohl die hochkomplexen Sicherheitsmaßnahmen sowohl interessant als auch wichtig sind, wehren schon einfachere Lösungen viele Angriffe ab.

Die Checklisten sollen Ihnen als Richtlinie dienen. Auch wenn wir es hilfreich fanden, Kreuzchen zu nutzen, um anzugeben, ob ein Kriterium erfüllt wurde, können Sie auch J/N verwenden oder Kommentare eintragen, wenn Sie Ihre Sicherheitsmaßnahmen geprüft haben.

Die Spalten bei diesen Checklisten haben folgende Bedeutungen:

- **Wahrscheinlichkeit (W)** Ist es wahrscheinlich, dass ein Fehlschlagen der spezifischen Prozedur eine Sicherheitslücke verursacht?
- **Auswirkungen (A)** Welche Auswirkungen hat es auf Ihr Geschäft, wenn das Ereignis eintritt? In manchen Fällen sollte man auch eher unwahrscheinliche Risiken einplanen, wenn sie sich stark auf die Geschäftstätigkeit auswirken können.
- **Rechtliche und finanzielle Verpflichtungen (R/F)** Müssen bestimmte Aktivitäten ausgelöst werden, um rechtlichen Bestimmungen Genüge zu tun, zum Beispiel dem Bundesdatenschutzgesetz, oder weil die betroffenen Dokumente einen gewissen Vertraulichkeitsstatus hatten?

B.1 Physische Sicherheit der Hardware

Um sicherzustellen, dass Ihre Datenbank nicht physisch gestohlen oder bei einer Naturkatastrophe zerstört wird, sollten Sie die notwendigen Vorsichtsmaßnahmen treffen, um die physische Sicherheit der Hardware zu überprüfen, auf der Ihre Datenbank läuft. Viele der Punkte in Tabelle B-1 beziehen sich auf die Wiederherstellung nach einem Desaster, sie sind aber auch sicherheitsrelevant, weil sie die Datenintegrität betreffen.

Checkliste B-1: Physische Sicherheit des Servers

W	A	R/F	J/N	Physische Sicherheit der Hardware
				Ist der Server in einem Raum untergebracht, bei dem der physische Zugang durch Schlösser oder Keypads gesichert ist? Ist der Raum so gestaltet, dass er keine Aufmerksamkeit auf sich zieht? Wird die Raumtemperatur kontrolliert? Ist kein leicht entflammbares Material vorhanden?
				Werden Schlüssel oder Zugangscodes nur an Mitarbeiter ausgegeben, die im Raum des Servers arbeiten müssen?
				Wird die Tür verschlossen gehalten, wenn keine autorisierten Personen anwesend sind?
				Prüft ein autorisierter Mitarbeiter den Zugang Fremder, zum Beispiel von Consultants oder Service-Technikern?
				Gibt es eine Sprinkleranlage im Raum? (Wassersprinkler sind sowohl gut als auch schlecht! Wasser zerstört die Server, Feuer allerdings auch.)
				Befinden sich über dem Server Rohre oder andere Objekte, die undicht werden könnten?
				Wie wird Feuer in diesem Raum bekämpft? Handelt es sich um Mittel, die die Computerausrüstung nicht zerstören?
				Wie groß ist das Risiko von Überschwemmungen, Feuer, Erdbeben, Wirbelstürmen, Tornados oder anderen großen Katastrophen?
				Werden Spannungsspitzen bei allen Stromanschlüssen unterdrückt?

Checkliste B-1: Physische Sicherheit des Servers (Fortsetzung)

W	A	R/F	J/N	**Physische Sicherheit der Hardware**
				Werden Spannungsspitzen bei allen Kommunikationsverbindungen, einschließlich der Modem-Leitungen, unterdrückt?
				Gibt es ein Aggregat, um Notstrom zur Verfügung zu stellen? Ist die UPS richtig konfiguriert und installiert, so dass alle Systeme ohne Datenverlust heruntergefahren werden können?
				Wurde die Verantwortung für die Server-Sicherheit einer oder mehreren bestimmten Personen übertragen?
				Sind der Telekommunikationsraum und die Schaltschränke genauso gesichert?
				Sind Kabel und andere Drähte gut untergebracht?
				Wird die Ausrüstung vor statischen Schocks geschützt?
				Gibt es ein Änderungsprotokoll für die Änderungen an der Server-Hardware?

B.2 Ausstattung, Bänder und Festplatten

Um sich vor Datenverlusten zu schützen, ist das Verwalten von Offline-Daten genauso wichtig wie das Sichern der Online-Daten. Allerdings gehen Sie bei Offline-Daten zusätzliche Sicherheitsrisiken ein, wenn Sie keinen passenden Richtlinien einhalten. Offline-Daten können ebenso wie Backup-Bänder verwendet werden, um Informationen zu stehlen, und entsprechende Richtlinien sollten dafür sorgen, dass dies nicht geschehen kann. Tabelle B-2 enthält eine Reihe von Fragen zum Überprüfen der Sicherheit Ihrer Ausstattung, der Bänder und Festplatten.

Checkliste B-2: Ausstattung, Bänder und Festplatten

W	A	R/F	J/N	**Ausstattung, Bänder und Festplatten**
				Werden Festplatten gelöscht, wenn sie ersetzt oder verkauft werden? Werden sie gründlich gelöscht oder verbleiben Daten darauf?
				Gibt es eine Inventarliste der gesamten Ausstattung?

Checkliste B-2: Ausstattung, Bänder und Festplatten (Fortsetzung)

W	A	R/F	J/N	Ausstattung, Bänder und Festplatten
				Gibt es feste Regeln für den Verkauf von überflüssiger Hardware?
				Gibt es eine genaue Liste aller Software-Lizenzen, und wird diese regelmäßig mit der installierten Software abgeglichen, um sicherzustellen, dass niemand unautorisierte Software hinzugefügt hat?
				Werden die Sicherungsbänder an einem sicheren Platz aufbewahrt?
				Werden Sicherungsbänder gegen extreme Hitze und Kälte sowie vor magnetischen Feldern geschützt?
				Haben die Gegenstände nicht ablösbare ID-Kennungen oder Markierungen?
				Gibt es eine Abmeldepflicht für Ausrüstung, die aus dem Gebäude transportiert wird, wie zum Beispiel Laptops?
				Gibt es Pläne zum Schutz der Ausstattung und der Daten vor Dieben?
				Ist der Zugriff auf die Ausrüstung und die Informationen eingeschränkt, damit zufällige Beobachter keine Daten sehen können, die nicht für sie gedacht sind?
				Wird das Service-Personal begleitet, wenn es an der Ausstattung arbeitet, oder ist es unbewacht?
				Gibt es einen Verantwortlichen für diese Richtlinien?

B.3 Betriebssystem- und Netzwerksicherheit

Tabelle B-3 enthält eine Reihe von Fragen, mit denen Sie die Sicherheit Ihres Betriebssystems und des Netzwerks prüfen können.

Checkliste B-3: Betriebssystem- und Netzwerksicherheit

W	A	R/F	J/N	**Betriebssystem- und Netzwerksicherheit**
				Gibt es eine Firewall zwischen dem lokalen Netzwerk und dem Internet?
				Wenn es eine Firewall gibt, ist sie durch ein Kennwort geschützt?
				Hat eine Person mit entsprechender Ausbildung die Firewall eingerichtet? Wird sie regelmäßig überprüft?
				Werden Daten mit sicheren Protokollen übertragen, wie zum Beispiel SSL und SSH?
				Sind die Router durch Kennwörter gesichert?
				Sind PCs im Netzwerk so eingerichtet, dass sie so wenig Verzeichnisse wie möglich freigeben, und sind diese Freigaben durch Kennwörter gesichert? Werden sensible Dateien entweder nicht freigegeben oder aber verschlüsselt?
				Werden Server-Protokolle überprüft, um verdächtige Aktivitäten aufzudecken, wie zum Beispiel fehlgeschlagene Anmeldungen und erfolglose Versuche, den Befehl **su** zu nutzen? Gibt es einen Schutz gegen unautorisierte Veränderungen?
				Werden Server regelmäßig durch Testsoftware überprüft, um mögliche Schwachstellen aufzudecken?
				Werden angreifbare Programme überwacht und Änderungen protokolliert?
				Sind unbenutzte Netzwerk-Services deaktiviert – wie zum Beispiel bind, DNS, rhosts, rcp, RPC, sendmail, mountd, sadmind, IIS usw.?
				Werden alle bekannten Sicherheitsprobleme des Betriebssystems kontrolliert und gepatcht?

Checkliste B-3: Betriebssystem- und Netzwerksicherheit (Fortsetzung)

W	A	R/F	J/N	Betriebssystem- und Netzwerksicherheit
				Werden Hersteller- und Sicherheits-Web-Sites beobachtet, um über die neuesten Sicherheitslücken in Netzwerken und Betriebssystemen informiert zu sein?
				Ist ein Mitarbeiter für diese Überwachung zuständig?
				Gibt es einen Netzwerkadministrator? Gibt es einen Systemadministrator? Sind diese Personen mit den entsprechenden Sicherheitsfragen vertraut?
				Ist der physische Zugriff auf die Netzwerkverbindungen beschränkt?
				Gibt es ein Änderungsprotokoll, in dem Anpassungen im Netzwerk und Netzwerkprobleme aufgeführt werden?
				Ist Antiviren-Software auf allen Servern und Arbeitsplatzrechnern installiert? Gibt es Richtlinien gegen das unautorisierte Herunterladen von Software?
				Laufen Web-Server nicht als Root? Sind alle unnötigen und Demo-CGI-Programme entfernt? Läuft CGI nur, wenn es gebraucht wird? Wurden alle Interpreter aus den CGI-Verzeichnissen entfernt?
				Werden Web-Server soweit wie möglich beschränkt, damit nur so wenig Benutzer wie nötig aktiviert, und möglichst wenig Ports geöffnet sind (möglichst nur http und https)?
				Sind die Berechtigungen soweit beschränkt, dass nur Administratoren Dateien ändern, hinzufügen oder andere Dinge erledigen dürfen?
				Ist der Zugriff über das Internet beschränkt und nur über sichere Protokolle möglich?

Checkliste B-3: Betriebssystem- und Netzwerksicherheit (Fortsetzung)

W	A	R/F	J/N	**Betriebssystem- und Netzwerksicherheit**
				Gibt es bei der Anmeldung einen Hinweis, dass dieses System nur von autorisierten Benutzern verwendet werden darf, und dass die Aktivitäten protokolliert werden?
				Sind die Einwahlmöglichkeiten beschränkt, die Nummern der Modems nur denjenigen bekannt, die sie benötigen, und die Modems ausgeschaltet, wenn sie nicht gebraucht werden? Gibt es einen Kennwortschutz oder Rückrufmöglichkeiten beim Einwählen?

B.4 Kennwort- und Kontoverwaltung

Tabelle B-4 stellt eine Reihe von Fragen zur Verfügung, die Sie zum Überprüfen der Konfiguration Ihrer Kennwort- und Kontoverwaltung nutzen können.

Checkliste B-4: Kennwort- und Kontoverwaltung

W	A	R/F	J/N	**Kennwort- und Kontoverwaltung**
				Müssen neue Benutzer ein Formular mit Regeln und Verantwortlichkeiten unterzeichnen, bevor sie ein Kennwort erhalten?
				Sind Prozeduren für neue Benutzer dokumentiert?
				Muss das Formular vom Supervisor des Mitarbeiters unterzeichnet und vom Eigentümer der Daten gegengezeichnet werden?
				Werden Berechtigungen nur dann vergeben, wenn das Formular für die Regeln und Verantwortlichkeiten unterzeichnet ist und das entsprechende Berechtigungsformular ausgehändigt wurde?
				Besitzen die Systemadministratoren eine Liste der Benutzer?
				Werden die Systemadministratoren sofort informiert, wenn ein Benutzer geht? Geschieht dies schriftlich?
				Werden überflüssige Konten sofort gelöscht, wenn die Systemadministratoren informiert wurden?

Checkliste B-4: Kennwort- und Kontoverwaltung (Fortsetzung)

W	**A**	**R/F**	**J/N**	**Kennwort- und Kontoverwaltung**
				Sammeln die Systemadministratoren die unterschriebenen Formulare in einem Ordner?
				Werden alle System-Kennwörter geändert, wenn ein wichtiger Benutzer (wie ein Datenbank- oder Systemadministrator) geht?
				Müssen Kennwörter eine minimale Länge haben und Zeichen, Ziffern und Sonderzeichen enthalten?
				Werden Kennwörter regelmäßig auf eine minimale Komplexität geprüft?
				Werden Kennwörter nach einer gewissen Zeit ungültig? Gibt es eine Kennwort-Historie, damit die alten nicht gleich wiederverwendet werden können?
				Werden Kennwörter mit einem Wörterbuch verglichen, um sicherzustellen, dass keine normalen Wörter verwendet wurden?
				Werden Benutzer in den Sicherheitsrichtlinien unterwiesen, mit dem Hinweis, keine Kennwörter zu versenden oder weiterzugeben?
				Gibt es schriftliche Sicherheitsrichtlinien?
				Wird einmal jährlich eine Risiko-Analyse durchgeführt, und prüft das Management die Ergebnisse?
				Ist das Management in die Sicherheitsaspekte mit einbezogen und sich deren Wichtigkeit bewusst?
				Sind gemeinsam genutzte Konten untersagt, solange es sich nicht um erforderliche Konten für die Systemadministration handelt (zum Beispiel root oder oracle)?
				Verfallen ungenutzte Konten nach einiger Zeit im Betriebssystem?
				Meldet das System Benutzer nach einiger Zeit der Untätigkeit ab?
				Werden Konten nach einer gewissen Zahl von fehlgeschlagenen Anmeldeversuchen gesperrt?

Checkliste B-4: Kennwort- und Kontoverwaltung (Fortsetzung)

W	A	R/F	J/N	**Kennwort- und Kontoverwaltung**
				Werden fehlgeschlagene Anmeldeversuche protokolliert und überwacht?
				Wird der Sicherheitsbeauftragte über Arbeitsplatzänderungen informiert, so dass die Berechtigungen dementsprechend angepasst werden können?
				Müssen sich die Benutzer abmelden oder den Rechner sperren, wenn sie ihren Arbeitsplatz verlassen?
				Gibt es für Mitarbeiter in Schlüsselpositionen eine Vertretung, die über die entsprechenden Berechtigungen für den Zugriff auf die Daten verfügt, so dass die Integrität und Funktionsfähigkeit des Systems nicht von einer einzelnen Person abhängt?
				Wurde die Verantwortung für diese Aufgaben spezifisch festgelegt?

B.5 Datensicherung und Wiederherstellung

Tabelle B-5 bietet eine Reihe von Fragen, die Sie zur Überprüfung der Sicherheit Ihrer Backup- und Recovery-Prozeduren nutzen können.

Checkliste B-5: Backup und Recovery

W	A	R/F	J/N	**Backup und Recovery**
				Gibt es eine schriftlich festgehaltene Backup-Strategie für jedes System im Unternehmen, einschließlich einer Liste von Rechnern, die mit Absicht nicht gesichert werden?
				Ist der Datensicherungsplan für jeden Rechner bezüglich der Wiederherstellungskosten, der Wichtigkeit und dem Wert der Information geprüft worden?
				Wird die schriftlichen Vorgehensweisen befolgt?
				Werden Backups für eine gewisse Zeit, die vom Management bestimmt wurde, aufgezeichnet und aufbewahrt?
				Wurde das Recovery aus den Datensicherungen getestet?

Checkliste B-5: Backup und Recovery (Fortsetzung)

W	A	R/F	J/N	**Backup und Recovery**
				Wird die Datensicherung regelmäßig nach einem Plan durchgeführt?
				Werden das Recovery nach normalen und schweren Datenverlusten und die Ausweichpläne regelmäßig getestet?
				Sind Datensicherungs- und Wiederherstellungspläne vorhanden, bevor ein neues System in Betrieb genommen wird?
				Müssen diese Pläne innerhalb von drei Monaten nach Inbetriebnahme getestet werden?
				Werden Kopien der Datensicherungen an einem anderen Ort gelagert? Ist dieser Ort sicher und feuerfest?
				Werden die Backup-Bänder immer an einem sicheren Ort gelagert?
				Wurde die Verantwortung für die Datensicherungs- und Wiederherstellungsrichtlinien zugewiesen?
				Sind Sicherungskopien der Programme, einschließlich des Source-Codes, vorhanden? Werden diese an einem anderen Ort gelagert?
				Wurden alle Eventualitäten für eine Notfall-Verwaltung berücksichtigt?
				Wurde ein Wiederherstellungsplan für jeden möglichen Notfall festgelegt, den das Management für wahrscheinlich oder wichtig genug hält?
				Beinhalten die Notfallpläne zur Wiederherstellung Mittel für das Ersetzen von wichtiger Hard- oder Software?
				Wurde der Notfallplan zur Wiederherstellung getestet?
				Gibt es einen Verantwortlichen für die Wiederherstellung im Notfall?

B.6 Rechtliche Aspekte

Tabelle B-6 stellt eine Reihe von Fragen zur Verfügung, die Sie für eine Überprüfung bezüglich der rechtlichen Aspekte Ihrer Datenbankdaten nutzen können. Diese Checkliste ist gleichzeitig eine Prüfung der Auswirkungen und Risiken für Ihr System.

Checkliste B-6: Prüfung der Auswirkungen und Risiken für das System

W	A	R/F	J/N	**Rechtliche Aspekte**
				Gibt es medizinisch vertrauliche Daten?
				Gibt es vertrauliche Daten zum Thema AIDS?
				Gibt es vertrauliche Daten von rechtlichen Beratungen?
				Gibt es polizeiliche oder andere vertrauliche behördliche Daten?
				Wie groß ist der Wert der Informationen für die Konkurrenz?
				Welche Risiken bestehen, wenn die Site gehackt wird und an die Öffentlichkeit gelangt?
				Wie groß sind voraussichtlich die geschäftlichen Verluste, wenn Ihre Site abstürzt?
				Wie groß ist der indirekte Wert der Daten (Kreditkartennummern, Bankverbindungen usw.)?
				Gibt es eine Möglichkeit, Geld zu stehlen (Bank oder Ähnliches)?
				Haben Sie klassifizierte Informationen?

B.7 Richtlinien und Prozeduren

Tabelle B-7 bietet eine Reihe von Fragen, die Sie beim Überprüfen der Richtlinien und Prozeduren in Ihrem Unternehmen einsetzen können.

Checkliste B-7: Richtlinien und Prozeduren

W	A	R/F	J/N	Richtlinien und Prozeduren
				Wurde ein Sicherheitsverantwortlicher für die Site benannt?
				Ist die IT-Sicherheit Teil der Stellenbeschreibung dieser Person?
				Gibt es schriftliche Sicherheitsrichtlinien?
				Gibt es alle 12 Monate schriftliche Risikoabschätzungen? Müssen diese vom Sicherheitsverantwortlichen und seinem Vorgesetzten unterzeichnet werden?
				Müssen die durchgeführten Datensicherungen und deren Lagerort protokolliert werden? Muss dieses Protokoll abgezeichnet werden?
				Erfordert Ihre Richtlinie eine Inventarisierung der Hardware, Software und des wichtigen Source-Codes?
				Gibt es Richtlinien für die Entsorgung vertraulicher Daten, wie bei benutzten Festplatten, Datensicherungsbändern und anderen Datenquellen?
				Ist das Befolgen der Sicherheitsrichtlinien Teil der Management-Aufgaben und wurde es in die Leistungsbewertung aufgenommen?
				Fordert das Management schriftliche Ausweichpläne für alle Eventualitäten?
				Fordert das Management schriftliche Notfallpläne für alle Eventualitäten?
				Fordert das Management regelmäßige Hardware- und Software-Inventuren, einschließlich der Versionen der momentan installierten Programme?
				Werden regelmäßig Sicherheitsaudits durchgeführt?
				Werden die Mitarbeiter bezüglich der Sicherheitsrichtlinien trainiert?

Checkliste B-7: Richtlinien und Prozeduren (Fortsetzung)

W	A	R/F	J/N	**Richtlinien und Prozeduren**
				Hält auch die Geschäftsführung die Sicherheitsrichtlinien ein?
				Unterstützt die Geschäftsführung das Umsetzen der Sicherheitsrichtlinien?
				Wurde die Umsetzung der Sicherheitsrichtlinien, einschließlich der Zuweisung von Verantwortlichkeiten, jemandem übertragen?
				Wurden die Sicherheitsleute ausreichend trainiert?

B.8 Spezifische Aspekte bei Oracle

Tabelle B-8 bietet eine Reihe von Fragen, die Sie zur Überprüfung von spezifischen Aspekten von Oracle in Ihrem Unternehmen auswerten können.

Checkliste B-8: Spezifische Aspekte bei Oracle

W	A	R/F	J/N	**Oracle-spezifische Aspekte**
				Gibt es ops$-Konten im System?
				Wenn es ops$-Konten gibt, wurde die entfernte Authentifizierung deaktiviert?
				Wurden die Standardwerte aller Kennwörter geändert?
				Nutzt die Site die Funktionen zum Prüfen von Kennwörtern?
				Wird soweit wie nötig auditiert, einschließlich der Nutzung von Logon-Triggern, wenn dies notwendig ist?
				Gibt es einen DBA, der zum Thema Oracle-Sicherheit ausreichend trainiert ist?
				Wurde die Oracle-Software korrekt, und nicht unter dem Benutzer root installiert?
				Wurden dem Unix-Benutzer oracle die richtigen Berechtigungen und Gruppen ohne die Gruppe root zugewiesen?
				Gibt es eine Liste von schlecht zu sichernden Programmen, die regelmäßig überwacht werden?

Checkliste B-8: Spezifische Aspekte bei Oracle (Fortsetzung)

W	A	R/F	J/N	Oracle-spezifische Aspekte
				Wird die Datensicherung im Archivierungsmodus durchgeführt? Wenn nicht, ist sich das Management der möglichen Probleme bei Cold Backups bewusst?
				Wurde der Datensicherungsplan für Oracle getestet?
				Gibt es einen Standby-Server oder einen Backup-Server? Wenn ja, wurde die Übergabe getestet?
				Gibt es einen Backup-DBA, der die Systemabläufe verwaltet?
				Wurden bekannte Oracle-Fehler mit den entsprechenden Patches behoben?
				Ist das Ablaufen von Kennwörtern und Sperren von Konten auf dem System aktiviert?
				Nutzt der DBA Rollen, um die Verwaltung des Benutzerzugriffs zu vereinfachen?
				Erhalten die Benutzer nur die Rechte, die sie unbedingt brauchen?
				Müssen die Besitzer der Daten den Zugriff auf ihre Tabellen schriftlich genehmigen?
				Hat die Datenbank-Software die richtigen Betriebssystemberechtigungen?
				Ist der Zugriff über connect internal beschränkt?
				Werden vertrauliche, geheime oder finanzielle Informationen verschlüsselt übertragen, anstatt über SQL*Net im Klartext?

B.9 Weitere Punkte

Tabelle B-9 bietet eine Reihe von Fragen, die Sie zum Überprüfen von weiteren Punkten in Ihrem Unternehmen nutzen können.

Checkliste B-9: Weitere Punkte

W	A	R/F	J/N	Weitere Punkte
				Werden die Benutzer geschult, damit sie keine vertraulichen Informationen, einschließlich Kennwörter, per E-Mail verschicken?
				Ist die Applikationssoftware bezüglich der Sicherheitsaspekte geprüft worden?
				Werden Kopien des Source-Codes aufbewahrt?
				Gibt es ein Änderungsprotokoll für die Verwaltung der Software-Sourcen?
				Gibt es einen vorgegebenen Ablauf, wenn Software ausgetauscht wird, um vom Systembesitzer die Genehmigung zu erhalten?
				Gibt es einen vorgegebenen Ablauf, wenn Berechtigungen erteilt werden, um vom Systembesitzer die Genehmigung zu erhalten?
				Folgt das Entwicklungsteam Standardmodellen, einschließlich der Definition der Anforderungen, ausführlicher Entwurfsdokumente, Gegenzeichnen von Dokumenten, formaler Testmethoden und Akzeptanztests des Systems?
				Wird der Source-Code immer gesichert, bevor Änderungen vorgenommen werden?
				Befindet sich der Source-Code nur auf dem Test- oder Entwicklungsserver und nicht in gemeinsam genutzten Verzeichnissen auf dem Produktionsserver?
				Sind alle Software-Systeme dokumentiert, einschließlich der System-Handbücher?

Checkliste B-9: Weitere Punkte (Fortsetzung)

W	A	R/F	J/N	Weitere Punkte
				Werden Änderungen und Patches zuerst an einem Testsystem eingespielt und ausführlich durch Benutzer getestet, bevor sie in die Produktionsumgebung gelangen?
				Werden Benutzernamen und Kennwörter in Skripten hartkodiert? Wenn ja, wie werden die Skripte verändert, um die hartkodierten Werte zu entfernen oder wie werden sie gesichert, damit sie nicht von Unbefugten gelesen werden können?

Schritte zum Sichern Ihres Systems

Dieser Anhang ist als Checkliste gedacht, die Sie gleich nach der Installation von Oracle durchgehen sollten. Sie können sie quasi als Audit-Liste für die zu prüfenden Faktoren benutzen, und wie gesagt, optimal ist der Zeitpunkt sofort nach Beendigung einer Installation. Wenn Sie die Richtlinien in diesem Anhang befolgen, können Sie 99 Prozent der Hacker aus Ihrer Datenbank heraushalten. Das Schützen Ihrer Datenbank vor diesem einen Prozent von Angreifern ist sehr schwierig und erfordert mehr Erfahrung, als eine Checkliste abzuarbeiten. Hier die Liste der Schritte, die wir empfehlen und im Folgenden detaillierter erläutern werden.

- Standardkennwörter ändern
- Passwortmanagement-Features aktivieren
- Unbenötigte Berechtigungen entfernen, die PUBLIC erteilt wurden
- Parameter auf sichere Werte setzen
- Ihre Oracle-Datenbank(en) hinter einer Firewall platzieren
- Das Kennwort des Listeners setzen
- SSL für die Netzwerkverschlüsselung aktivieren
- Das Betriebssystem sicherer machen
- Sicherheits-Patches herunterladen und einspielen

C.1 Standardkennwörter ändern

Die genaue Liste der Standardkennwörter, die geändert werden sollten, unterscheidet sich je nach Version der Datenbank und den Features des Produkts, das Sie installieren. Um die Liste der standardmäßig installierten Konten auf Ihrer Datenbank zu erhalten, geben Sie den folgenden Befehl ein:

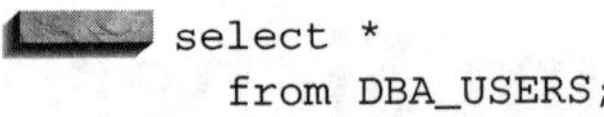

```
select *
  from DBA_USERS;
```

Man sollte sich genau überlegen, ob man unbenötigte Konten löscht oder einfach nur sperrt. Wenn sie gesperrt werden, können Sie sie später wieder freischalten, anstatt sie erneut anlegen zu müssen. Der Nachteil dabei ist, dass sie als Hintertür genutzt werden können, wenn jemand in der Datenbank sie freischaltet.

Oracle9*i* löst dieses Problem großenteils mit dem Database Client Administration Tool (DBCA). Dieses sperrt automatisch alle Konten, die standardmäßig installiert wurden, mit Ausnahme derjenigen, die in Tabelle C-1 zu sehen sind.

Tabelle C-1: Standardmäßige Benutzernamen und Kennwörter, die nicht automatisch gesperrt werden

Benutzername	Kennwort
SYS	CHANGE_ON_INSTALL
SYSTEM	MANAGER
SCOTT	TIGER
DBSNMP	DBSNMP
OUTLN	OUTLN
AURORAJISUTILITY$	Zufällig erstellt
AURORAORBUNAUTHENTICATED	Zufällig erstellt
OSE$HTTP$ADMIN	Zufällig erstellt

Nach der Installation sollten Sie alle diese Kennwörter sofort umstellen, einschließlich dem Kennwort TIGER des Kontos SCOTT. Ein scheinbar harmloses Konto wie SCOTT für Hacker offen zu lassen, ist keine gute Idee wegen der Berechtigungen, die der Rolle PUBLIC zugewiesen wurden. Jemand, der das Konto SCOTT nutzt, kann eine Liste aller Benutzer in der Datenbank mit ALL_USERS erhalten, einer View, der Select-Berechtigungen für die Rolle PUBLIC erteilt wurden.

Statt Konten mit Standardkennwörtern zu installieren, wäre es für die Datenbank eine bessere Option gewesen, Sie während der Installation nach Passwörtern für diese Konten zu fragen. Denn durch die Standardkonten mit ihren Standardpasswörtern ist die Datenbank für den kurzen Zeitraum zwischen der Installation und dem Ändern der Passwörter verwundbar. Das ist keine große Gefahrenquelle, lässt aber doch eine Möglichkeit offen, dass sich jemand darüber eine Hintertür zur Datenbank verschafft.

Das Ändern mancher Standardpasswörter erfordert etwas zusätzliche Arbeit. Wenn Sie den Intelligent Agent verwenden, müssen Sie das neue Kennwort in der Datei SNMP_RW.ORA nach dem folgenden Format ändern. Im Beispiel sollten Sie natürlich Ihren eigenen Service-Namen und Kennwort nutzen.

```
SNMP.CONNECT.<Dienstename>.world.PASSWORD = <Kennwort>
```

C.2 Features für das Passwortmanagement aktivieren

Um zu verhindern, dass jemand durch raten oder Brute-Force an Ihre Kennwörter gelangt, sollten Sie sofort Ihr eigenes Skript oder das von Oracle mitgelieferte, utlpwdmg.sql, ausführen, um die Passwortmanagement-Features zu aktivieren.

Das Skript utlpwdmg.sql schaltet diese Features für das Profil DEFAULT ein. Sie sollten dies auch für alle anderen Profile vornehmen, die Sie anlegen. Natürlich können Sie bei den anderen Profilen den Wert für die Passwortmanagement-Features auf DEFAULT setzen, so dass die Werte des Profils DEFAULT verwendet werden. Das ist normalerweise ein gangbarer Weg. Wenn Sie aber eine detailliertere Kontrolle über die verschiedenen Konten haben wollen, müssen Sie eigene Werte für die verschiedenen Profile festlegen.

Sie können die Features auch selber setzen. Im Folgenden ein Beispiel für das Setzen der Features auf passende Werte. Dabei müssen Sie eine Funktion namens MY_VERIFY_FUNCTION erstellen.

```
alter profile DEFAULT limit
PASSWORD_LIFE_TIME 90
PASSWORD_GRACE_TIME 10
PASSWORD_REUSE_TIME 1800
PASSWORD_REUSE_MAX UNLIMITED
FAILED_LOGIN_ATTEMPTS 10
PASSWORD_LOCK_TIME UNLIMITED
PASSWORD_VERIFY_FUNCTION MY_VERIFY_FUNCTION;
```

C.3 Nicht benötigte Berechtigungen für PUBLIC entziehen

Jeder in der Datenbank erhält unbegrenzten Zugriff auf die Rolle PUBLIC. Es gibt keine Möglichkeit, Benutzer davon abzuhalten, Berechtigungen zu verwenden, die PUBLIC erteilt wurden, so dass Sie sehr sorgfältig nachdenken sollten, bevor Sie PUBLIC etwas zuteilen. Manche Berechtigungen werden zur Vereinfachung schon während der Installation an PUBLIC erteilt. Einige davon sind sehr wichtig, weil Oracle vermeiden möchte, dass Personen bestimmte grundlegende Funktionen nicht ausführen können, weil die nötigen Berechtigungen fehlen. Leider ist das Zuweisen von Berechtigungen an PUBLIC den Sicherheitsbemühungen entgegengesetzt.

Wie in Kapitel 17 besprochen, hat die Rolle PUBLIC Zugriff auf viele Views, Tabellen und Prozeduren, die unserer Meinung nach zu viele Informationen zur Verfügung stellen. Wir empfehlen daher, alle nicht unbedingt notwendigen Berechtigungen zu entfernen, die PUBLIC erhalten hat. Um herauszufinden, welche Berechtigungen PUBLIC erteilt wurden, führen Sie den folgenden Befehl aus:

```
select *
  from DBA_TAB_PRIVS
 where GRANTEE = 'PUBLIC';
```

Nachdem Sie eine Liste der Berechtigungen von PUBLIC erhalten haben, können Sie diese mit dem folgenden Befehl entziehen:

```
revoke select on <Objektname> from PUBLIC;
```

Bei Prozeduren lautet die Syntax:

```
revoke execute on <Objektname> from PUBLIC;
```

C.4 Parameter auf sichere Werte setzen

Es gibt viele hundert Parameter in Ihrer Datenbank, die über die View V$PARAMETER eingesehen werden können. Manche dieser Parameter sind sicherheitsrelevant. Das korrekte Setzten der sicherheitsrelevanten Parameter ist für das richtige Schützen Ihrer Datenbank sehr wichtig. Tabelle C-2 zeigt einige der Parameter aus V$PARAMETER zusammen mit einer kurzen Beschreibung.

Tabelle C-2: Parameter aus V$PARAMETER und ihre Beschreibung

Name	Beschreibung
O7_DICTIONARY_ACCESSIBILITY	Setzen Sie diesen Wert auf FALSE, um Benutzer mit der Berechtigung Select Any Table daran zu hindern, Daten aus den Data Dictionary-Tabellen, wie zum Beispiel SYS.USER$, zu lesen.
REMOTE_OS_AUTHENT	Setzen Sie diesen Wert auf FALSE, um Hacker davon abzuhalten, vorzugeben, Betriebssystembenutzer zu sein, die sie nicht sind.
REMOTE_OS_ROLES	Setzen Sie diesen Wert auf FALSE, um Hacker davon abzuhalten, vorzugeben, in der Rolle OSDBA zu sein.
AUDIT_TRAIL	Setzen Sie diesen Wert auf DB, OS oder TRUE, um das Auditing zu aktivieren.

C.5 Ihre Oracle-Datenbank(en) hinter einer Firewall unterbringen

Wie wir schon häufiger in diesem Buch erwähnten, empfehlen wir Ihnen unbedingt, eine Firewall zwischen Ihre Datenbank und das Internet zu platzieren. Sie sollten dort bereits eine haben, daher ist es umso wichtiger, dass Sie sie nicht für Personen außerhalb Ihres Unternehmens öffnen, damit diese auf die Datenbank zugreifen können.

Warum soll die Datenbank aus dem Internet nicht zugänglich sein, wenn Sie allen Sicherheitsprozeduren ausgeführt haben? Der Hauptgrund ist, dass viele der Angriffe ausnutzen, dass der Listener angreifbar ist. Tabelle C-3 enthält einige dieser Angriffe.

Tabelle C-3: Angriffe auf den Listener

Name	Beschreibung
Fragmentierungsangriff	Der Listener-Dienst teilt Nachrichten in mehrere Pakete auf. Ein DoS-Angriff könnte erfolgen, indem die erste Hälfte eines Pakets gesendet wird, aber nie der Rest.
Multiple Weiterleitungen	Auf vielen Plattformen leitet der Listener-Dienst Nachrichten an einen anderen Port weiter. Wird der Dienst immer wieder aufgefordert, Verbindungen weiterzuleiten, ohne sie je abzuschließen, können Sie dafür sorgen, dass die Datenbank die gesamten Ressourcen des Servers verbraucht.
OFFSET_TO_DATA	Während des Verbindungsprozesses kann das Feld OFFSET_TO_DATA auf einen ungültigen Wert gesetzt werden und damit dafür sorgen, dass der Listener-Dienst abstürzt.
REQUESTER_VERSION	Wenn die Requester Version im Verbindungsstring an den Listener ungültig ist, stürzt dieser ab.
MAXIMUM_TRANSPORT_DATA_SIZE	Wenn der an den Listener gesendete Wert MTDS auf Null gesetzt wird, stürzt der Listener ab.

Die Set-Befehle können verwendet werden, um die Trace- und Log-Dateien so umzuleiten, dass sie jede beliebige Datei überschreiben können, wenn der Listener nicht mit einem Kennwort versehen wird. Um die Administration des Listeners zur Laufzeit zu unterbinden, können Sie seit Oracle 8.1.7 den Parameter RESTRICT_ADMIN_LISTENER nutzen.

C.6 Das Kennwort des Listeners setzen

Der Listener-Dienst kann aus der Ferne kontrolliert werden und nutzt ein Kennwort, um den Benutzer zu authentifizieren, der die Befehle sendet. Sie müssen für diesen Dienst ein Kennwort setzen, um Ihre Datenbank zu schützen.

Es gibt zwei Befehle, die im Zusammenhang mit dem Kennwort des Listeners stehen: **change_password** und **set password**. Der Befehl **change_password** fragt Sie nach dem alten und neuen Kennwort, bittet Sie, das neue Kennwort ein zweites Mal einzugeben und ändert dann das Kennwort des Listeners. Dabei wird Verschlüsselung eingesetzt, um das alte Kennwort zu prüfen und das neue zu setzen. Hier ein Beispiel für die Verwendung des Befehls **change_password** für einen Listener namens LISTENER, wobei er sich über ein IPC-Protokoll mit einem Dienst namens SRVR verbindet:

```
lsnrctl> change_password LISTENER
Old password:
New password:
Reenter new password:
Connecting to (ADDRESS=(PROTOCOL=ipc)(KEY=srvr))
Password changed for LISTENER
The command completed successfully
```

Wenn Sie den Parameter **change_password** verwenden, können Sie das verschlüsselte Kennwort für einen Listener setzen. Wenn es in der entsprechenden Konfigurationsdatei listener.ora unverschlüsselte Kennwörter gibt, werden sie nicht angepasst. Sie können nur ein neues, verschlüsseltes Kennwort generieren oder ein bestehendes verschlüsseltes Kennwort über das Tool lsnrctl verändern.

Auf den ersten Blick könnten Sie denken, dass der Befehl **set password** dazu dient, das Kennwort eines Listeners zu ändern. Tatsächlich wird dieser Befehl dazu genutzt, ein bestehendes Kennwort zu aktivieren. Wann verwenden Sie diesen Befehl? Angenommen, Sie kommunizieren gerade mit dem Listener namens LIST1. Sie haben ein paar Änderungen an diesem Listener vorgenommen und wollen nun die gleichen Änderungen an einem anderen Listener namens LIST2 durchführen. LIST2 hat ein Kennwort, das in der Datei listener.ora wie folgt abgelegt ist:

```
passwords_list2 = MYPWD2
```

Um zu LIST2 wechseln zu können, müssen Sie zuerst das Kennwort für diesen Listener setzen und dann Ihre Änderungen vornehmen. Also geben wir das Folgende im Tool lsnrctl ein:

```
set password <Kennwort>
```

Jedes Mal, wenn Sie den Befehl **set** nutzen und ein Kennwort für den Listener festgelegt wurde, müssen Sie vorher den Befehl **set password** verwenden. Wurde kein Kennwort angegeben, müssen Sie **set password** nicht nutzen.

C.7 SSL für die Netzwerkverschlüsselung aktivieren

Das Senden von nicht verschlüsselten Paketen durch das Netzwerk führt zu einem Datenbanksystem, dass nicht als sicher bezeichnet werden kann. Wenn zum Beispiel ein Datenbankadministrator den Enterprise Manager öffnet und auf den Knoten Users klickt, werden alle Kennwort-Hashes über das Netzwerk übertragen. Wenn Sie SSL zur Verschlüsselung nicht verwenden, haben Sie soeben jedem im Netzwerk die Kennwort-Hashes sämtlicher Benutzer mitgeteilt.

C.8 Das Betriebssystem sicherer machen

Wenn Sie das Betriebssystem nicht richtig gesichert haben, macht das Sichern Ihrer Datenbank wenig Sinn. Dazu gehören unter anderem folgende Aufgaben:

- Ändern der Kennwörter von Standardkonten
- Einspielen aller Sicherheits-Patches
- Schließen unbenutzter Ports

Diese Liste ist nur ein Anfang. Sie sollten weitere Ressourcen für Ihr Betriebssystem durchforsten.

C.9 Sicherheits-Patches herunterladen und einspielen

Oracle gibt häufig Sicherheits-Patches heraus, wenn Sicherheitslöcher entdeckt werden. Sie sollten diese Patches einspielen, sobald sie veröffentlicht werden. Um herauszufinden, welche Patches genutzt werden sollten, können Sie auf die Web-Site des Oracle Technology Network gehen (http://otn.oracle.com). Dort wechseln Sie in den Bereich Security Alerts.

Systemberechtigungen und Audit-Optionen

Es gibt 115 Berechtigungen, die in einem Oracle8*i* Release 3-System zugeteilt werden können. Dazu gibt es 144 auditierbare Optionen. In diesem Anhang wollen wir in Tabelle D-1 die vergebbaren Systemberechtigungen und in Tabelle D-2 die Audit-Optionen angeben. Die SQL-Anweisung zur Ermittlung jeder dieser Listen wird vor den Tabellendaten angezeigt. Die Liste, die auf Ihrem System ausgegeben wird, kann anders aussehen, weil mit diese View nur Berechtigungen angezeigt werden, die in unserem System zugewiesen waren. Wenn eine Berechtigung allen Benutzern und Rollen entzogen oder niemandem im System erteilt wurde, erscheint sie nicht in Ihrer Liste.

```
select distinct PRIVILEGE from DBA_SYS_PRIVS;
```

Tabelle D-1: Erteilbare Berechtigungen

ADMINISTER DATABASE TRIGGER	CREATE ANY SEQUENCE	DROP ANY OPERATOR
ADMINISTER RESOURCE MANAGER	CREATE ANY SNAPSHOT	DROP ANY OUTLINE
ALTER ANY CLUSTER	CREATE ANY SYNONYM	DROP ANY PROCEDURE
ALTER ANY DIMENSION	CREATE ANY TABLE	DROP ANY ROLE
ALTER ANY INDEX	CREATE ANY TRIGGER	DROP ANY SEQUENCE
ALTER ANY INDEXTYPE	CREATE ANY TYPE	DROP ANY SNAPSHOT
ALTER ANY LIBRARY	CREATE ANY VIEW	DROP ANY SYNONYM
ALTER ANY OUTLINE	CREATE CLUSTER	DROP ANY TABLE

Tabelle D-1: Erteilbare Berechtigungen (Fortsetzung)

ALTER ANY PROCEDURE	CREATE DATABASE LINK	DROP ANY TRIGGER
ALTER ANY ROLE	CREATE DIMENSION	DROP ANY TYPE
ALTER ANY SEQUENCE	CREATE INDEXTYPE	DROP ANY VIEW
ALTER ANY SNAPSHOT	CREATE LIBRARY	DROP PROFILE
ALTER ANY TABLE	CREATE OPERATOR	DROP PUBLIC DATABASE LINK
ALTER ANY TRIGGER	CREATE PROCEDURE	DROP PUBLIC SYNONYM
ALTER ANY TYPE	CREATE PROFILE	DROP ROLLBACK SEGMENT
ALTER DATABASE	CREATE PUBLIC DATABASE LINK	DROP TABLESPACE
ALTER PROFILE	CREATE PUBLIC SYNONYM	DROP USER
ALTER RESOURCE COST	CREATE ROLE	ENQUEUE ANY QUEUE
ALTER ROLLBACK SEGMENT	CREATE ROLLBACK SEGMENT	EXECUTE ANY INDEXTYPE
ALTER SESSION	CREATE SEQUENCE	EXECUTE ANY LIBRARY
ALTER SYSTEM	CREATE SESSION	EXECUTE ANY OPERATOR
ALTER TABLESPACE	CREATE SNAPSHOT	EXECUTE ANY PROCEDURE
ALTER USER	CREATE SYNONYM	EXECUTE ANY TYPE
ANALYZE ANY	CREATE TABLE	FORCE ANY TRANSACTION
AUDIT ANY	CREATE TABLESPACE	FORCE TRANSACTION
AUDIT SYSTEM	CREATE TRIGGER	GLOBAL QUERY REWRITE
BACKUP ANY TABLE	CREATE TYPE	GRANT ANY PRIVILEGE
BECOME USER	CREATE USER	GRANT ANY ROLE
COMMENT ANY TABLE	CREATE VIEW	INSERT ANY TABLE
CREATE ANY CLUSTER	DELETE ANY TABLE	LOCK ANY TABLE
CREATE ANY CONTEXT	DEQUEUE ANY QUEUE	MANAGE ANY QUEUE

Tabelle D-1: Erteilbare Berechtigungen (Fortsetzung)

CREATE ANY DIMENSION	DROP ANY CLUSTER	MANAGE TABLESPACE
CREATE ANY DIRECTORY	DROP ANY CONTEXT	QUERY REWRITE
CREATE ANY INDEX	DROP ANY DIMENSION	RESTRICTED SESSION
CREATE ANY INDEXTYPE	DROP ANY DIRECTORY	SELECT ANY SEQUENCE
CREATE ANY LIBRARY	DROP ANY INDEX	SELECT ANY TABLE
CREATE ANY OPERATOR	DROP ANY INDEXTYPE	UNLIMITED TABLESPACE
CREATE ANY OUTLINE	DROP ANY LIBRARY	UPDATE ANY TABLE
CREATE ANY PROCEDURE		

```
select NAME from AUDIT_ACTIONS;
```

Tabelle D-2: Auditierbare Optionen

UNKNOWN	SET TRANSACTION	LOGOFF BY CLEANUP
CREATE TABLE	ALTER SYSTEM	SYSTEM AUDIT
SELECT	CREATE USER	SYSTEM NOAUDIT
CREATE CLUSTER	CREATE ROLE	AUDIT DEFAULT
ALTER CLUSTER	DROP USER	NOAUDIT DEFAULT
UPDATE	DROP ROLE	SYSTEM GRANT
DELETE	SET ROLE	SYSTEM REVOKE
DROP CLUSTER	CREATE SCHEMA	CREATE PUBLIC SYNONYM
CREATE INDEX	CREATE CONTROL FILE	DROP PUBLIC SYNONYM
DROP INDEX	CREATE TRIGGER	CREATE PUBLIC DATABASE LINK
ALTER INDEX	ALTER TRIGGER	DROP PUBLIC DATABASE LINK
DROP TABLE	DROP TRIGGER	GRANT ROLE
CREATE SEQUENCE	ANALYZE TABLE	REVOKE ROLE
ALTER SEQUENCE	ANALYZE INDEX	EXECUTE PROCEDURE
ALTER TABLE	ANALYZE CLUSTER	USER COMMENT

Tabelle D-2: Auditierbare Optionen (Fortsetzung)

DROP SEQUENCE	CREATE PROFILE	ENABLE TRIGGER
GRANT OBJECT	DROP PROFILE	DISABLE TRIGGER
REVOKE OBJECT	ALTER PROFILE	ENABLE ALL TRIGGERS
CREATE SYNONYM	DROP PROCEDURE	DISABLE ALL TRIGGERS
DROP SYNONYM	ALTER RESOURCE COST	NETWORK ERROR
CREATE VIEW	CREATE SNAPSHOT LOG	EXECUTE TYPE
DROP VIEW	ALTER SNAPSHOT LOG	CREATE DIRECTORY
VALIDATE INDEX	DROP SNAPSHOT LOG	DROP DIRECTORY
CREATE PROCEDURE	CREATE SNAPSHOT	CREATE LIBRARY
ALTER PROCEDURE	ALTER SNAPSHOT	CREATE JAVA
LOCK	DROP SNAPSHOT	ALTER JAVA
NO-OP	CREATE TYPE	DROP JAVA
RENAME	DROP TYPE	CREATE OPERATOR
COMMENT	ALTER ROLE	CREATE INDEXTYPE
AUDIT OBJECT	ALTER TYPE	DROP INDEXTYPE
NOAUDIT OBJECT	CREATE TYPE BODY	DROP OPERATOR
CREATE DATABASE LINK	ALTER TYPE BODY	ASSOCIATE STATISTICS
DROP DATABASE LINK	DROP TYPE BODY	DISASSOCIATE STATISTICS
CREATE DATABASE	DROP LIBRARY	CALL METHOD
ALTER DATABASE	TRUNCATE TABLE	CREATE SUMMARY
CREATE ROLLBACK SEG	TRUNCATE CLUSTER	ALTER SUMMARY
ALTER ROLLBACK SEG	CREATE FUNCTION	DROP SUMMARY
DROP ROLLBACK SEG	ALTER FUNCTION	CREATE DIMENSION
CREATE TABLESPACE	DROP FUNCTION	ALTER DIMENSION
ALTER TABLESPACE	CREATE PACKAGE	DROP DIMENSION
DROP TABLESPACE	ALTER PACKAGE	CREATE CONTEXT

Tabelle D-2: Auditierbare Optionen (Fortsetzung)

ALTER SESSION	DROP PACKAGE	DROP CONTEXT
ALTER USER	CREATE PACKAGE BODY	ALTER OUTLINE
COMMIT	ALTER PACKAGE BODY	CREATE OUTLINE
ROLLBACK	DROP PACKAGE BODY	DROP OUTLINE
SAVEPOINT	LOGON	UPDATE INDEXES
PL/SQL EXECUTE	LOGOFF	ALTER OPERATOR

Sicherheits-Features von Oracle9*i*

In diesem Buch haben wir viele wunderbare Sicherheits-Features und Ansätze präsentiert, die Ihnen helfen können, sowohl Ihr Betriebssystem als auch Ihre Datenbank sicherer zu gestalten. Unser Schwerpunkt lag auf Oracle8*i*, Release 3 und älter. Wir haben versucht, Ihnen die neuesten verfügbaren Informationen zukommen zu lassen, um Ihnen bei Ihren Entscheidungen in Sachen Sicherheit behilflich zu sein.

Als wir dieses Buch geschrieben haben, wurde Oracle9*i* gerade für Sun Solaris veröffentlicht, und die Versionen für die anderen Plattformen werden bald folgen, wie uns mitgeteilt wurde. In diesem Anhang wollen wir die neuen Sicherheits-Features vorstellen, die Oracle dokumentiert hat.

Es hieß, dass Oracle viele Variablennamen und einige Produktnamen bis Ende des Sommers 2001 ändern möchte. Daher könnte es sein, dass einige der hier aufgeführten Features und manche der angegebenen Parameter ihre Namen geändert haben, nachdem dieses Buch in Druck gegangen ist. Wir entschuldigen uns für die Verwirrung, die sich daraus ergeben könnte, und bitten um Nachsicht, da wir Ihnen wenigstens ungefähr zeigen wollten, was kommen wird. Die meisten der hier vorgestellten Informationen basieren auf unserer Beteiligung am Beta-Programm von Oracle9*i* und den von Oracle zur Verfügung gestellten Dokumenten.

Die meisten der Sicherheits-Features von Oracle9*i* sind eigentlich nur Erweiterungen der Features, die in Oracle8*i* vorhanden waren oder mit der letzten Release von Oracle8*i*, Version 8.1.7, eingeführt wurden. Auch wenn wir uns in diesem Buch auf Oracle8*i* bezogen haben, werden alle Features, die nicht explizit als auslaufend angegeben wurden, weiterhin bestehen bleiben. Daher können alle hier diskutierten Features auch als Features von Oracle9*i* betrachtet werden, zum Teil weiter verbessert und ausgebaut.

Beginnen wir mit unserem Überblick über die neuen Sicherheits-Features von Oracle9*i*, indem wir zunächst einige bereits bekannte Features untersuchen um zu sehen, wie Oracle sie für die neue Release verbessert hat.

E.1 Datensicherheit

In Kapitel 12 haben wir Ihnen etwas über Virtual Private Database und Label Security erzählt. Beide Features stellen mehrschichtige Sicherheitsmechanismen zur Verfügung, um eine Umgebung aufzubauen, in der ein einzelner Fehler nicht dazu führen kann, dass das gesamte System unsicher wird. Dieser Ansatz wird als „Deep Data Protection" bezeichnet. Verbunden mit VPD und Label Security bietet Ihnen Oracle9*i* auch die Möglichkeit, ausgewählte Datenspalten in der Datenbank zu verschlüsseln.

Wie Sie sich sicherlich noch erinnern, können Sie mit VPD und Label Security Sicherheitsrichtlinien auf Datenebene umsetzen, um sicherzustellen, dass die Maßnahmen nicht umgangen werden können. Application Service Provider (ASP) profitieren davon und können auf einfache Art und Weise Applikationen für mehrere Unternehmen zur Verfügung stellen, ohne sich darum sorgen zu müssen, dass die Mitarbeiter der einen Firma ungewollt die Daten der anderen Firma einsehen oder verändern können. Durch die Verschlüsselung sensibler Daten in Spalten der Datenbank können Sie dafür sorgen, dass nicht einmal Benutzer mit besonders hohen Berechtigungen, oder Benutzer, die mithilfe von Analysen der Datenbankspalten oder der Betriebssystemdateien an die Daten zu gelangen versuchen, die gesicherten Informationen einsehen können.

In Oracle9*i* wird das Auditieren auf sehr detailliertem Niveau möglich, um leichter verfolgen zu können, wer auf Informationen in Ihrer Datenbank zugreift und wie die Daten verändert wurden. Zusammen mit dem Oracle Enterprise Manager haben Sie nun die Möglichkeit, Redo Log-Dateien zu prüfen um festzustellen, wie die Daten vor den Veränderungen aussahen, und böswillig veränderte Daten in Ihrem System zu reparieren.

E.2 Sichere Applikationsrollen

Wie wir in diesem Buch erörterten, ist es sehr schwierig, Benutzer davon abzuhalten, die Applikationslogik zu umgehen. Oracle hat versucht, dieses Problem durch sichere Applikationsrollen zu entschärfen. Eine sichere Applikationsrolle wird über ein Paket implementiert. Dieses Paket kann intern jede notwendige Prüfung vornehmen, um sicherzustellen, dass sich der Benutzer über die Applikation verbindet.

Was bedeutet das genau? Wir sind noch nicht ganz sicher, wie diese Lösung einen Client davon abhalten soll, eine Applikation zu simulieren. Tatsächlich fällt es uns schwer, dies zu glauben. Vielleicht kann man mit einem sicheren Paket ein besonderes Kennwort von der Applikation akzeptieren. Leider schützt diese Lösung nicht davor, dass ein Benutzer das Kennwort erfährt und sich als Applikation ausgibt. Oracle scheint zu versuchen, den Prozess der Applikationssimulation zu erschweren. Dies kann Ihnen helfen, wenn Sie eine eigene, im Unternehmen entwickelte Applikation nutzen, aber wenn die Applikation von Personen außerhalb des Unternehmens stammt, sollten Sie nicht davon ausgehen, dass Unwissenheit der Sicherheit dienlich ist.

Hoffentlich werden mehr Details zur Implementierung der sicheren Applikationsrollen verfügbar, damit eine tief gehende, unabhängige Analyse stattfinden kann.

E.3 Proxy-Authentifizierung

In Oracle8*i* kann die Authentifizierung über einen Proxy durch die mittlere Schicht, wie zum Beispiel einen Web-Server, durchgeführt werden. Dieses Feature ermöglicht einen Pool von Verbindungen, die von der mittleren Schicht verwaltet werden, um eine große Anzahl von Clients zu authentifizieren. Es war nur über ein Programm verfügbar, das das Oracle Call Interface (OCI) verwendete. In Oracle9*i* kann dies nun auch über die JDBC-Schnittstelle geschehen.

Die Art der Proxy-Authentifizierung wurde in Oracle9*i* auch erweitert. Oracle8*i* ermöglichte die Authentifizierung nur für Datenbankbenutzer mit Angabe eines Kennworts. Oracle9*i* erlaubt das Nutzen eines Proxys mit Konten, die auf dem Distinguished Name (DN) oder kompletten X.509-Zertifikaten basieren. Damit können Sie Konten mit SSL-Bestätigungen identifizieren, allerdings nicht authentifizieren. Die Nutzung kann auch auf die Virtual Private Database ausgedehnt werden, um die Daten abhängig vom Benutzer zu filtern, der vom Proxy verwendet wird.

E.4 Java-Sicherheit

Oracle hat in Oracle8*i* über das JDK 1.1 Java unterstützt, allerdings fehlte dabei die Möglichkeit, die Zugriffskontrolle detailliert einstellen zu können. Oracle9*i* hat einen neuen Standard für die Zugriffskontrolle übernommen, der auf dem vorigen Modell aufbaut und JDK 1.2 genannt wird. JDK 1.2 hat ein detailliertes, richtlinienbasiertes Zugriffskontrollmodell, das mehr Flexibilität und Anpassung erlaubt.

Zusätzlich wurde JDBC sicherer gestaltet. JDBC gibt es nun in zwei Varianten – „thick" und „thin". Thick JDBC-Treiber arbeiten wie ODBC-Treiber: sie bauen auf OCI auf und benötigen den kompletten Oracle Net-Kommunikationsstack auf Client und Server. Thin JDBC geht anders vor. Beide Treiber werden über die Sprache Java aufgerufen. Thin JDBC baut nicht auf OCI auf, sondern setzt stattdessen seine eigene Java-Implementierung des Oracle Net-Protokoll-Stacks ein. Oracle9*i* stellt Features der Oracle Advanced Security zur Verfügung, die von den Thin JDBC-Treibern genutzt werden können. Daher muss die Client-Funktionalität der Advanced Security-Optionen in Java umgesetzt werden. Thin JDBC beinhaltet nun auch folgende Features aus der Oracle Advanced Security:

- Datenverschlüsselung
- Prüfung der Datenintegrität
- Sichere Verbindungen mit Oracle9*i* und älteren Versionen von Oracle, die diese Features nutzen

E.5 PKI-Unterstützung

Public Key-Infrastrukturen werden immer häufiger eingesetzt, und damit steigt auch die Nutzung von PKI unter Oracle an. Die Verwendung von PKI in der Datenbank ist schon seit der Version 8.1.5 von Oracle möglich. In Oracle9*i* wurde die Integration von PKI-Standards erweitert.

Oracle arbeitet mit den folgenden Herstellern zusammen, um vertrauenswürdige Zertifizierungsstellen in Oracle9*i* mit einzubinden. Dadurch ersparen Sie sich die Installation eines Zertifikats für diese bekannten Zertifizierungsstellen auf jedem Client.

- VeriSign
- Entrust
- Baltimore Technologies

Es gibt zudem Erweiterungen der unterstützten PKI-Standards in Oracle. Diese werden im Folgenden aufgeführt:

- PKCS#12-Unterstützung
- Speicherung von Wallet-Bestätigungen in einem Oracle Internet Directory
- Mehrere Zertifikate pro Wallet
- Starke Verschlüsselung der Wallet-Dateien

E.6 Optionen der Oracle Advanced Security

Oracle hat die Oracle Advanced Security-Option ausgebaut, um Ihre Internet- und Intranet-Systeme besser zu unterstützen. Bis Oracle9*i* gab es drei verschiedene Versionen der OAS-Software: Domestic, Upgrade und Export. Die verschiedenen Versionen stellten unterschiedliche Schlüssellängen zur Verfügung und waren aufgrund der Beschränkungen der US-Regierung beim Export von Verschlüsselungsprodukten notwendig. Da diese Beschränkungen gelockert wurden, hat Oracle einen größeren Bereich von Verschlüsselungsoptionen in seiner Domestic-Version zusammengefasst und kann diese nun an nahezu alle Kunden ausliefern. Oracle unterstützt drei primäre Verschlüsselungsansätze: RSA, DES und Triple DES.

Oracles Implementierung von RSA RC4 unterstützt Verschlüsselung mit Schlüsseln von 40 Bit, 56 Bit, 128 Bit und 256 Bit Länge, während seine DES-Verschlüsselung eine verbesserte 56-Bit-Verschlüsselung und eine 40-Bit-Version aus Gründen der Abwärtskompatibilität enthält.

Wie schon in Oracle8*i* wird die Verschlüsselung über die Oracle Advanced Security auf Oracle Net-Ebene als Add-On vorgenommen und beinhaltet das Folgende:

- DES, RSA und Triple DES für die Verschlüsselung
- Kerberos, RADIUS und CyberSafe für die Authentifizierung
- MD5 und SHA für die Datenintegrität

Jedes dieser Features wurde verbessert und erweitert, um Ihnen weiterführende Sicherheitsmaßnahmen und einen Ansatz zur einfacheren Konfiguration und Implementierung zu bieten.

E.7 Oracle9*i* Data Guard

Beim Erstellen von Sicherungskopien Ihrer Datenbank ist einer der wichtigsten Punkte, die Datenintegrität und den Datenschutz sicherzustellen, so dass Sie alle Daten wiederherstellen können, die absichtlich oder unabsichtlich beschädigt wurden. In Oracle8*i* wurde ein verfeinerter Ansatz zum Sichern und Wiederherstellen in der Form einer verbesserten Version der Oracle Standby-Datenbank angeboten. Anstatt Ihre eigenen Prozeduren zu schreiben, um die archivierten Protokolle aus der primären Datenbank in die Standby-Datenbank zu kopieren, und weitere Prozeduren und Routinen zu erstellen, die die Daten in die Standby-Datenbank laden, hat Oracle8*i*, Release 3, diesen Prozess für Sie automatisiert.

In Oracle9*i* wurde die Oracle8*i* Standby-Datenbank-Option umbenannt in Oracle9*i* Data Guard. Damit stellt Ihnen Oracle einen neuen Verwaltungsrahmen zur Verfügung, mit dem die Installation und Konfiguration einer Standby-Datenbank vereinfacht wird. Gleichzeitig wurden auch die Möglichkeiten für die Überwachung der Konfigurationen der beiden Datenbanken erweitert. Es gibt zwei neue Schnittstellen im Oracle9*i* Data Guard:

- Eine grafische Benutzeroberfläche namens Oracle9*i* Data Guard Manager, die eine einfache Konfiguration einer Data Guard-Umgebung mit zwei Sites (Ihrer primären Datenbank und der Standby-Datenbank) ermöglicht. Diese Schnittstelle nutzt den Intelligent Agent, um den Transfer von Redo Log-Dateien zu unterstützen.
- Die Befehlszeilenschnittstelle des Data Guard, dgmgrl, zur Kontrolle und Überwachung Ihrer Data Guard-Konfiguration über direkte Befehle oder ein Skript.

Es gibt ein „No-Data-Loss"-Feature, bei dem die primäre Datenbank Änderungen erst dann wirklich umsetzt, wenn mindestens eine der Standby-Datenbanken die Änderungen als durchführbar bestätigt. Die neue Data Guard-Option bietet einfachen Wechsel und Fehlerbehandlung. Denken Sie daran, dass Oracles Lösung für die Sicherung sämtlicher Daten auf Software basiert, während verschiedene Hersteller Lösungen auf Hardware-Basis anbieten. Bei einer Hardware-Lösung kann es physische Grenzen für die Entfernung zwischen dem primären und dem sekundären Server geben. Bei einer Software-Lösung fallen diese Grenzen weg. Natürlich müssen Sie trotzdem sicherstellen, dass die Datenbank-Informationen in Form von Log-Dateien auf sicheren Wegen quer durch das Netz geschickt werden.

E.8 Detailliertes Auditieren

Wie in Kapitel 16 erwähnt, bietet Oracle zwar eine ziemlich stabile Audit-Lösung an, aber es gab auch Bereiche, in denen die Bedürfnisse der Benutzer nicht abgedeckt waren. Daher hat Oracle seine Audit-Lösung verbessert, um Ihnen das detaillierte Einstellen der Audit-Optionen zu ermöglichen.

Nehmen wir zum Beispiel an, dass Sie eine Tabelle EMPLOYEES besitzen, die unter anderem die Gehälter jedes Mitarbeiters in Ihrem Unternehmen enthält. Bei Oracle konnten Sie bis Oracle8*i* nur protokollieren, dass die Tabelle eingesehen oder dass etwas geändert wurde, und wer diese Änderung wann durchführte. Ohne einen Trigger auf die Tabelle, der die Daten vor und nach der Änderung dokumentierte, konnten Sie nicht festhalten, wie die Daten vor der Änderung aussahen.

Mit Oracle9*i* weisen Sie der Tabelle oder View eine Audit-Richtlinie zu, um eine definierte Benutzeraktion zu protokollieren. Angenommen, Sie wollen wissen, ob ein beliebiger Benutzer Informationen aus der Spalte SALARY ausliest, wenn die Gehaltssumme eine gewisse Grenze überschreitet. Sie können auch den Audit-Mechanismus so einrichten, dass er Sie darüber informiert, dass eine verbotene Abfrage durchgeführt werden sollte. Die Audit-Richtlinie kann mit dem SQL-Prädikat **audit_condition** angegeben werden, die entsprechende Spalte lässt sich über **audit_column** festlegen. Die Werte einer Audit-Richtlinie können also wie folgt aussehen:

```
AUDIT_CONDITION = where SALARY > 100000
AUDIT_COLUMN = SALARY
```

In diesem Beispiel suchen Sie nach jedem, der versucht, die Spalte mit den Gehältern über $ 100 000 anzuzeigen. Wenn dies jemand versucht, können Sie dafür sorgen, dass der Audit-Mechanismus einen Datensatz in das Audit-Protokoll schreibt oder Sie per E-Mail oder über einen Pager informiert werden.

E.9 Oracle Net

Als Oracle die Client/Server-Architektur in den Releases der späten Version 4 und ersten Version 5 des RDBMS einführte, wurde das Protokoll SQL*Net genannt. Als Oracle8 veröffentlicht wurde, benannte man es von SQL*Net in Net8 um. Und mit dem Erscheinen von Oracle9*i* gibt es eine erneute Namensänderung, diesmal in Oracle Net. Beachten Sie bitte, dass die Beta 9*i*-Dokumentation sowohl Net8 als auch Oracle Net verwendet, aber wir gehen davon aus, dass sich das in der Produktionsdokumentation ändert und der neue Namen benutzt wird.

Mit Oracle Net wurde der Schwerpunkt Netzwerksicherheit noch weiter verbessert, um eine sicherere Zugriffskontrolle über Firewalls zu ermöglichen. Sie können den Oracle Connection Manager benutzen, um bestimmte Client-Zugriffe zu aktivieren oder zu deaktivieren, indem Filterregeln festgelegt werden, die auf den folgenden Kriterien basieren:

- Host-Name oder IP-Adressen der Quelle für Clients
- Host-Namen oder IP-Adressen des Ziels für Server
- Service-Name der Ziel-Datenbank
- Nutzung der Oracle Advanced Security durch den Client

Der Oracle Connection Manager wird verwendet, um die Firewall-Sicherheit durch das Filtern von Client-Zugriffen über definierte Filterregeln zu verbessern. Sie können nun eine Firewall sowohl zwischen Internet, Ihrem Applikations-Gateway und Web-Server, als auch eine zweite Firewall zwischen dem Gateway, Web-Server und Ihrem Intranet mit seinen Datenbanken einrichten.

Über die Datei sqlnet.ora geben Sie Konfigurationsparameter an, die beschreiben, wie die Software feststellt, ob sich ein Client mit Ihren Datenbanken verbinden kann oder nicht.

E.10 Standardmäßige Konten und Kennwörter

Wenn Sie eine Datenbank mit Oracle-Versionen vor Oracle9*i* erstellten, gab es diverse unterschiedliche Standardbenutzerkonten, die automatisch erstellt wurden und zur Unterstützung der verschiedenen Features notwendig waren. Wir haben Ihnen die meisten dieser Standardkonten in Kapitel 7 vorgestellt und erläutert, warum sie als großes Sicherheitsrisiko betrachtet werden. Dem stimmte auch die Oracle Corporation zu und hat deshalb Änderungen vorgenommen.

Mit Oracle9*i* werden alle Standardkonten außer SYS, SYSTEM und SCOTT zunächst gesperrt, so dass niemand auf sie zugreifen kann. Um ein gesperrtes Konto nutzen zu können, müssen Sie es explizit freigeben, indem Sie die folgende Syntax verwenden:

```
alter user <Benutzername> account unlock;
```

Wir empfehlen Ihnen, sofort das Standardkennwort zu ändern, wenn Sie ein Konto freigeben, um ein potenzielles Sicherheitsloch zu schließen.

„Aber," werden Sie vielleicht fragen, „was ist mit den Konten SYS und SYSTEM? Was wurde getan, um sie zu schützen?" Ganz einfach, Oracle legt die Konten SYS und SYSTEM ohne die bekannten Kennwörter CHANGE_ON_INSTALL und MANAGER an. Sie müssen selbst Kennwörter wählen, die für diese Konten genutzt werden sollen.

Auch wenn die Konten SCOTT, SYS und SYSTEM in der ersten Release von Oracle9*i* nicht sofort gesperrt werden, haben wir doch gehört, dass dies für die Zukunft geplant ist. Sie werden sich natürlich auch weiterhin als privilegierter Benutzer mit einer neu erstellten Datenbank verbinden können, indem Sie Oracle die Betriebssystem-Authentifizierung über einen der folgenden Befehle nutzen lassen, auch wenn alle Benutzerkonten gesperrt sind:

```
connect / as SYSDBA;
```

oder

```
connect / as SYSOPER;
```

Nachdem die Konten freigegeben wurden, können Sie sich weiterhin mit dem Befehl **connect /** oder in der folgenden Form verbinden:

```
connect <Benutzername>/<Kennwort> as SYSDBA;
connect <Benutzername>/<Kennwort> as SYSOPER;
```

Wie wir in diesem Buch schon mehrfach erwähnten, wurde die Möglichkeit, sich über **connect internal** zu verbinden, in Oracle9*i* gänzlich gestrichen.

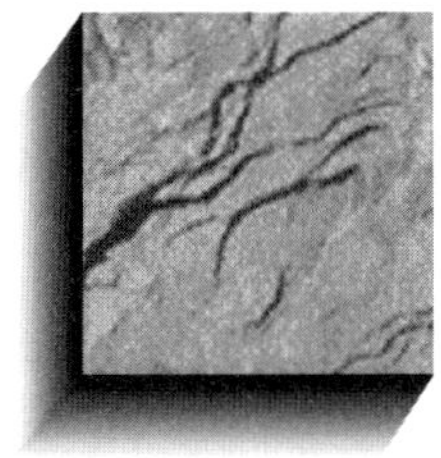

Schlagwortregister

Symbole

Zahlen

A

S